Die Chronik-Bibliothek des 20. Jahrhunderts

W0188209

Chronik 1919

Chronik Verlag

Abbildungen auf dem Schutzumschlag
(oben links beginnend)
Ministerpräsident Philipp Scheidemann (MSPD) nach seinem Rücktritt am 20. Juni
Spartakistische Barrikadenkämpfer im Berliner Zeitungsviertel
Zeitungsschlagzeile nach dem Mord an den KPD-Führern Rosa Luxemburg und Karl Liebknecht
Vertreter der Siegermächte in Versailles (v. l. n. r.): Foch und Clemenceau (Frankreich), Lloyd George (Großbritannien), Orlando und Sonnino (Italien)
Wahlaufruf an die deutschen Frauen, die erstmals an Parlamentswahlen teilnehmen dürfen (Zeichnung von Martha Jäger)
Emil Jannings und Pola Negri in dem Film »Madame Dubarry« von Ernst Lubitsch
Plakat des Kölner »Kristall-Palast-Varieté« von Adolf Uzarski

© Chronik Verlag
in der Harenberg Kommunikation Verlags- und Mediengesellschaft mbH & Co. KG
Dortmund 1988

Das Werk einschließlich aller seiner Teile ist urheberrechtlich geschützt.
Jede Verwertung außerhalb der engen Grenzen des Urheberrechtsgesetzes ist ohne
Zustimmung des Verlags unzulässig und strafbar. Das gilt insbesondere für
Vervielfältigungen, Übersetzungen, Mikroverfilmungen und die Einspeicherung
und Verarbeitung in elektronischen Systemen.

Herausgeber: Bodo Harenberg
Autor: Bernhard Pollmann
Übersichtsartikel: Rainer Wachtel (Architektur), Dr. Ingrid Loschek (Mode)
Lektorat: Christoph Hünermann
Anhang: Ludwig Hertel, Bernhard Pollmann, Karl Adolf Scherer
Bildredaktion: Christine Voges
Graphiken: Roman Necki
Redaktionelle Abwicklung: Barbara Reppold-Hinz, Annette Retinski
Leihgeber für Zeitungen und Zeitschriften: Institut für Zeitungsforschung, Dortmund

Gesamtherstellung: westermann druck GmbH, Braunschweig
ISBN 3-611-00037-X

Inhalt

Der vorliegende Band aus der »Chronik-Bibliothek des 20. Jahrhunderts« führt Sie zuverlässig durch das Jahr 1919 und gibt Ihnen — aus der Sicht des Zeitzeugen, aber vor dem Hintergrund des Wissens von heute — einen vollständigen Überblick über die weltweit wichtigsten Ereignisse in Politik und Wirtschaft, Kultur und Sport, Alltag und Gesellschaft. Sie können das Jahr in chronologischer Folge an sich vorüberziehen lassen, die »Chronik 1919« aber auch als Nachschlagewerk oder als Lesebuch benutzen. Das »Chronik«-System verbindet eine schier unübersehbare Fülle von Artikeln, Kalendereinträgen, Fotos, Graphiken und Übersichten nach einheitlichen Kriterien und macht damit die Daten dieses Bandes mit jedem anderen Band vergleichbar. Wer die »Chronik-Bibliothek« sammelt, erhält ein Dokumentationssystem, wie es in dieser Dichte und Genauigkeit nirgends sonst zu haben ist.

Hauptteil (ab Seite 8)

Jeder Monat beginnt mit einem Kalendarium, in dem die wichtigsten Ereignisse chronologisch geordnet und in knappen Texten dargestellt sind. Sonn- und Feiertage sind durch farbigen Druck hervorgehoben. Pfeile verweisen auf ergänzende Bild- und Textbeiträge auf den folgenden Seiten. Faksimiles von Zeitungen und Zeitschriften, die im jeweiligen Monat des Jahres 1919 erschienen sind, spiegeln Zeitgeist und herausragende Ereignisse.
Wichtige Ereignisse des Jahres 1919 werden — zusätzlich zu den Eintragungen im Kalendarium — in Wort und Bild beschrieben. Jeder der 350 Einzelartikel bietet eine in sich abgeschlossene Information. Die Pfeile des Verweissystems machen auf Artikel aufmerksam, die an anderer Stelle dieses Bandes ergänzende Informationen zu dem jeweiligen Thema vermitteln.
566 häufig farbige Abbildungen und graphische Darstellungen illustrieren die Ereignisse und Entwicklungen des Jahres 1919 und werden damit zu einem historischen Kaleidoskop besonderer Art. Hinter dem Hauptteil (ab S. 212) geben originalgetreue Abbildungen einen Überblick über alle Postwertzeichen, die 1919 im Deutschen Reich neu ausgegeben wurden.

Übersichtsartikel (ab Seite 37)

19 Übersichtsartikel, am blauen Untergrund zu erkennen, stellen Entwicklungen des Jahres 1919 zusammenfassend dar.
Alle Übersichtsartikel aus den verschiedenen Jahrgangsbänden ergeben — zusammengenommen — eine sehr spezielle Chronik zu den jeweiligen Themenbereichen (z. B. Film von 1900 bis 2000).

Anhang (ab Seite 215)

Der Anhang zeigt das Jahr 1919 in Statistiken und anderen Übersichten. Ausgehend von den offiziellen Daten für das Deutsche Reich, für Österreich und die Schweiz, regen die Zahlen und Fakten zu einem Vergleich mit vorausgegangenen und nachfolgenden Jahren an.
Für alle wichtigen Länder der Erde sind die Staats- und Regierungschefs im Jahr 1919 aufgeführt und werden wichtige Veränderungen aufgezeigt. Die Zusammenstellungen herausragender Neuerscheinungen auf dem Buchmarkt sowie der Premieren auf Bühne und Leinwand werden zu einem Führer durch das kulturelle Leben des Jahres 1919.
Das Kapitel »Sportereignisse und -rekorde« spiegelt die Höhepunkte des Sportjahres 1919.
Internationale und deutsche Meisterschaften, die Entwicklung der Leichtathletik- und Schwimmrekorde sowie alle Ergebnisse der großen internationalen Wettbewerbe im Automobilsport, Eiskunstlauf, Fußball, Gewichtheben, Pferde-, Rad- und Wintersport sowie im Tennis sind wie die Boxweltmeister im Schwergewicht nachgewiesen.
Der Nekrolog enthält Kurzbiographien von Persönlichkeiten, die 1919 verstorben sind.

Register (ab Seite 234)

Das *Personenregister* nennt — in Verbindung mit der jeweiligen Seitenzahl — alle Personen, deren Namen dieser Band verzeichnet.
Werden Personen abgebildet, so sind die Seitenzahlen kursiv gesetzt. Herrscher und Angehörige regierender Häuser mit selben Namen sind alphabetisch nach den Ländern ihrer Herkunft geordnet.
Wer ein bestimmtes Ereignis des Jahres 1919 nachschlagen möchte, das genaue Datum oder die Namen der beteiligten Personen aber nicht präsent hat, findet über das spezielle *Sachregister* Zugang zu den gesuchten Informationen.
Oberbegriffe und Ländernamen erleichtern das Suchen und machen zugleich deutlich, welche weiteren Artikel und Informationen zu diesem Themenfeld im vorliegenden Band zu finden sind. Querverweise helfen bei der Erschließung der immensen Informationsvielfalt.

Conditorei & fe[...]
BIER-VERLAG
FISCH HALLE
Gross-Destilla[...]

Das Jahr 1919

Mit den Pariser Friedenskonferenzen zur Beendigung des Ersten Weltkriegs, mit den Friedensverträgen von Versailles und Saint-Germain-en-Laye und mit der Gründung des Völkerbunds wird das Jahr 1919 für die Entwicklung Europas und der Welt in der ersten Hälfte des 20. Jahrhunderts zu einem Schlüsseljahr.

Auf den Pariser Friedenskonferenzen schreiben die alliierten Siegermächte des Ersten Weltkriegs die staatliche Neuordnung Europas und des Nahen Ostens fest und teilen die ehemaligen deutschen Kolonien unter sich auf. Die Neuordnung in Europa betrifft vor allem die nach dem Zusammenbruch der österreichisch-ungarischen Doppelmonarchie entstandenen »Nachfolgestaaten«, d. h. die neuen Staaten Deutschösterreich, Ungarn, Tschechoslowakei und das Königreich der Serben, Kroaten und Slowenen (Jugoslawien). Deutschösterreich und Ungarn werden zu Rumpfstaaten reduziert, wobei die Territorialforderungen der Kriegsgegner in der Regel befriedigt werden — ungeachtet des von den Siegermächten proklamierten Selbstbestimmungsrechts der Völker. Südtirol z.B. wird ohne Volksabstimmung Italien zugesprochen. Das daraus resultierende Minderheitenproblem wird die Welt noch lange beschäftigen.

Die Revision der in Paris festgelegten Grenzen ist in der Folgezeit nicht nur ein Wunsch deutscher »revisionistischer« Politiker, sondern auch der Ungarn, der Österreicher, der Siebenbürgen, der Südtiroler und anderer. Während sich die Europäer fast widerstandslos den Diktaten der Großmächte fügen, proklamiert Mustafa Kemal Pascha (Kemal Atatürk) den bewaffneten Widerstand gegen diese auch von der türkischen Regierung akzeptierte Politik und beginnt mit seinen Freischaren einen Unabhängigkeitskrieg, der zum endgültigen Sturz des Sultanats in der Türkei führt. Afghanistan ruft seine völlige staatliche Selbständigkeit von Großbritannien aus und setzt sie in einem Krieg gegen die Kolonialmacht durch. Auch in Ägypten fordert das Volk die Unabhängigkeit von Großbritannien.

Mit den Friedensschlüssen von Versailles und Saint-Germain-en-Laye zwingen die Alliierten dem Deutschen Reich und Deutschösterreich eine »Friedensordnung« auf, die im wesentlichen von Macht- und Wirtschaftsinteressen bestimmt ist und vor allem das Deutsche Reich »bestrafen« soll. Die warnenden Stimmen, die auch im Lager der Alliierten Stellung gegen diese Friedensdiktate beziehen, bleiben ungehört.

Ein internationaler Staatenbund, der Völkerbund, soll über die Friedensordnung wachen und künftige Kriege verhindern. Dieser Staatenbund wird von den Siegermächten gegründet, die Verlierermächte bleiben von ihm — vorerst — ausgeschlossen. Zwar ist der Erste Weltkrieg für die Alliierten siegreich beendet, doch auf dem Kriegsschauplatz Rußland geht der Krieg mit unverminderter Heftigkeit weiter. Hier gilt der Kampf der Alliierten dem »Bolschewismus«, vor dem sie Europa retten wollen. Gegen die Sowjetregierung in Moskau kämpfen nicht nur russische Monarchisten, sondern auch britische und französische Einheiten.

Innenpolitisch bringt das Jahr 1919 im Deutschen Reich und in Österreich das Ende der Revolutionen von 1918 und die Etablierung der Demokratie. Aufstände von Spartakisten und Kommunisten gegen die »bürgerliche« Demokratie scheitern, die Räterepubliken in Braunschweig, Bremen und München werden von Regierungstruppen und von Freikorps, in denen sich immer mehr rechtsgerichtete Offiziere und Soldaten sammeln, zerschlagen. Da vordergründig Gefahr für die bürgerlich-parlamentarische Staatsform nur von links zu drohen scheint, kann die politische Rechte weitgehend ungestört ihre Agitation gegen die neue Regierung betreiben; sie bedient sich nicht der spektakulären Kampfmittel der Kommunisten; von Anfang an ist neben gezielter Diffamierung auch Mord ein politisches Mittel der rechten Ultras: In Berlin werden die Kommunistenführer Rosa Luxemburg und Karl Liebknecht von rechtsgerichteten Offizieren erschossen, und ein Rechtsnationaler ermordet in München den sozialdemokratischen bayerischen Ministerpräsidenten Kurt Eisner.

Die bürgerlichen Parteien der Weimarer Koalition sind mit dem Odium der »Erfüllungspolitik« behaftet. Sozialdemokraten und Zentrumspolitiker unterzeichnen den »Vergewaltigungsfrieden«, der die deutsche »Schmach« besiegelt. Vor diesem Hintergrund finden viele demokratische Errungenschaften, die durch die Revolution und durch die bürgerlichen Parteien ermöglicht wurden, nicht die gebührende Beachtung oder werden abgelehnt, weil die rechtsnationale Propaganda die Demokratie mit dem Untergang der deutschen Großmachtstellung gleichsetzt. Zum ersten Mal finden freie Wahlen statt ohne Unterschied des Geschlechts. Zum ersten Mal sind auch Frauen in den Parlamenten vertreten. Die Demokratisierung des politischen Lebens läuft parallel zur Veränderung des Arbeitslebens: Der Achtstundentag wird Wirklichkeit, die Gewerkschaften sind als Tarifpartner der Arbeitgeber anerkannt. In Washington erarbeitet eine internationale Arbeitskonferenz Richtlinien für ein internationales Arbeitsrecht, das den Umwälzungen während und nach dem Ersten Weltkrieg und dem gewachsenen Selbstbewußtsein der Arbeitnehmer und ihrer Vertreter gerecht werden soll.

Kulturell ist das Jahr 1919 durch größere Offenheit gegenüber den »avantgardistischen« Künstlern gekennzeichnet. Als Symbol für dieses neue kulturelle Klima gilt die Gründung des Bauhauses in Weimar.

Allen europäischen Staaten gemeinsam ist im ersten Nachkriegsjahr ein Phänomen, das in Frankreich als »Taumel«, im Deutschen Reich als »Spiel- und Tanzwut« beschrieben wird: Die Sucht nach Vergnügen. In einer Zeit rapide steigender Inflation und einer katastrophalen Wirtschafts- und Versorgungslage schießen Vergnügungsstätten, Bars und Klubs wie Pilze aus dem Boden. Das Kino hat sich zum Unterhaltungsmedium Nr. 1 entwickelt. Niemand kann die Frage beantworten, wer diejenigen sind, die es sich leisten können, in einer Zeit der Armut und der Zerstörung viel Geld für oberflächliche Vergnügungen auszugeben. In Berlin werden sie als die »Kriegs- und Inflationsgewinnler« bezeichnet, in Paris als die »Nouveaux Riches« (die Neureichen).

Bernhard Pollmann

◁ *Während des Spartakusaufstands im Januar prägen Bewaffnete das Bild der Straßen in Berlin wie hier in der Warschauer Straße in Lichtenberg; die Erhebung von Kommunisten und Anhängern der USPD wird von Regierungstruppen und Freikorps blutig niedergeschlagen*

Januar 1919

Mo	Di	Mi	Do	Fr	Sa	So
		1	2	3	4	5
6	7	8	9	10	11	12
13	14	15	16	17	18	19
20	21	22	23	24	25	26
27	28	29	30	31		

1. Januar, Neujahr

Im Deutschen Reich tritt der Achtstundentag in Kraft. →S.36

In Berlin geht der Gründungsparteitag der Kommunistischen Partei Deutschlands (KPD) zu Ende. →S.30

Gustave Ador löst turnusgemäß Felix Calonder als Bundespräsident der Schweiz ab.

Die Weißrussische Sowjetrepublik wird gegründet. Sie ist schon am 25. Dezember 1918 in Moskau proklamiert worden, doch gelingt es der sowjetischen Führung erst im Januar, sich nach dem Abzug der deutschen Truppen in ganz Weißrußland zu etablieren (→3.1./S.21).

Die ungarische Stadt Preßburg (Bratislava) wird von tschechoslowakischen Truppen besetzt (→23.1./S.21).

2. Januar, Donnerstag

In Hohensalza (Inowroclaw) an der Netze einigen sich die Vertreter der preußischen Städte Posen (Poznań), Gnesen (Gniezno), Hohensalza und Bromberg (Bydgoszcz) mit den Vertretern Polens auf die sofortige Einstellung aller Feindseligkeiten. Der polnische Vormarsch geht trotz dieser Vereinbarung weiter. Bis Ende Januar besetzen die Polen fast die gesamte preußische Provinz Posen (→ 16.2./S.53).

3. Januar, Freitag

In Paris wird zwischen Arabern und Juden das Faisal-Weizmann-Abkommen unterzeichnet. →S.18

Der US-amerikanische Präsident Woodrow Wilson (Demokrat) trifft, aus Paris kommend, zu einem fünftägigen Besuch in Italien ein. In Rom wird er von König Viktor Emanuel III. empfangen.

Oberst Walther Reinhardt wird preußischer Kriegsminister als Nachfolger von Heinrich Scheüch.

Die Mitglieder der Unabhängigen Sozialdemokratischen Partei Deutschlands (USPD) treten aus der preußischen Regierung aus. Ihr Austritt löst eine Kettenreaktion in allen deutschen Ländern aus.

Der Freistaat Schwarzburg-Sondershausen genehmigt die Abfindung des Fürsten Günther (→18.1./S.39).

In der lettischen Hauptstadt Riga wird die Sowjetverfassung eingeführt. →S.21

4. Januar, Sonnabend

Die preußische Regierung, der Zentralrat und das Kriegsministerium beschließen die Verstärkung des Grenzschutzes gegenüber Polen (→ 16.2./S.53).

Der provisorische preußische Ministerpräsident und Innenminister Paul Hirsch (MSPD) verfügt die Entlassung des Berliner Polizeipräsidenten Emil Eichhorn (USPD; →5.1./S.24).

5. Januar, Sonntag

In Berlin beginnt der Spartakusaufstand, der u.a. von den Kommunisten und der USPD initiiert wurde. →S.24

Die Wahlen zur badischen Verfassunggebenden Nationalversammlung enden mit dem Sieg der bürgerlichen Parteien Zentrum (41 Abgeordnete), Mehrheitssozialdemokraten (MSPD) (36) und Deutsche Demokratische Partei (DDP) (25). Die Unabhängige Sozialdemokratische Partei Deutschlands (USPD) erhält kein Mandat, die Deutschnationale Volkspartei (DNVP) erringt sechs Sitze (→23.2./S.50).

Karl Harrer und Anton Drechsler gründen in München die (National)sozialistische Deutsche Arbeiterpartei (DAP). Sie versteht sich als »eine aus allen geistig und körperlich schaffenden Volksgenossen zusammengesetzte sozialistische Organisation, die nur von deutschen Führern geleitet sein darf, welche alle eigennützigen Ziele zur Seite stellen und nationale Notwendigkeiten als höchsten Programmsatz gelten lassen«.

Der Kaiser-Wilhelm-Kanal (Nord-Ostsee-Kanal, Kieler Kanal) wird als internationaler Schiffahrtskanal für den Friedensbetrieb neueröffnet.

US-Präsident Woodrow Wilson besucht im Vatikan Papst Benedikt XV. zu Gesprächen über die Lage in Europa.

6. Januar, Montag

Spartakisten, revolutionäre Obleute und Mitglieder der USPD bilden in Berlin einen Revolutionsausschuß. →S.25

Gustav Noske (MSPD) übernimmt den Oberbefehl über alle Regierungstruppen im Raum Berlin. →S.25

Sowjettruppen ziehen in der litauischen Hauptstadt Wilna ein (→3.1./S.21).

Der serbische Prinzregent Alexander erläßt die Proklamation über die Gründung des Königreichs der Serben, Kroaten und Slowenen. →S.20

Der frühere US-Präsident Theodore Roosevelt stirbt in Sagamore Hill (New York) im Alter von 60 Jahren. →S.22

7. Januar, Dienstag

Während des Spartakusaufstands in Berlin besetzen die Aufständischen die Eisenbahndirektion, das Haupttelegrafen- und das Proviantamt, das Brandenburger Tor und den Schlesischen Bahnhof. Auch in anderen deutschen Städten kommt es zu Unruhen, Spartakisten besetzen Zeitungsredaktionen (→ 6.1./S.25).

Die deutsche Regierung erteilt den im Deutschen Reich lebenden Angehörigen der deutsch-österreichischen Republik das Recht, an den Wahlen zur Deutschen Nationalversammlung am 19. Januar teilzunehmen (→30.1./S.21).

In Buenos Aires kommt es zu Massenstreiks und Barrikadenkämpfen. →S.23

US-Präsident Woodrow Wilson (Demokrat) trifft, aus Italien kommend, in Paris ein. Am 12. Januar beginnen dort die Vorbesprechungen der Alliierten für die Friedenskonferenz (→18.1./S.12).

8. Januar, Mittwoch

Großbritannien läßt der deutschen Reichsregierung eine Note überreichen mit der Aufforderung, jede Provokation der polnischen Bevölkerung in Ost- und Westpreußen, Posen und Schlesien zu unterlassen. Die Zukunft der deutschen Ostgrenze werde von den Entscheidungen der Friedenskonferenz abhängen (→ 16.2./S.53).

Die deutsche Reichsregierung in Berlin, in der die Sozialdemokraten die Mehrheit haben, erläßt während des Spartakusaufstands einen Aufruf an die Bevölkerung der Stadt, in dem sie versichert, alle notwendigen Maßnahmen zu treffen, um die spartakistische »Schreckensherrschaft zu zertrümmern und sie für immer ein- für allemal zu verhindern« (→12.1./S.28).

Deutsche Regierungstruppen und Freikorps beginnen mit der Rückeroberung der von den Spartakisten besetzten öffentlichen Gebäude in Berlin (→12.1./S. 28).

9. Januar, Donnerstag

Mehrere kommunistische Organisationen rufen in Berlin zum Generalstreik auf. →S.24

Der Polnische Oberste Volksrat übernimmt die Regierungsgewalt in der preußischen Provinz Posen (→16.2./S.53).

Die badische provisorische Volksregierung beruft die am 5. Januar gewählte Verfassunggebende Nationalversammlung für den 15. Januar ein. Am selben Tag treten die Mitglieder der USPD, die bei den Wahlen kein Mandat erringen konnte, aus der Regierung aus.

10. Januar, Freitag

Deutsche Regierungstruppen besetzen Spandau. Die Spartakisten halten weiterhin Stellungen im Berliner Zeitungsviertel und im Polizeipräsidium am Alexanderplatz (→12.1./S.28).

Während einer von Kommunisten und der USPD veranstalteten Massenversammlung auf dem Bremer Marktplatz wird der Senat für abgesetzt erklärt und die Unabhängige sozialistisch-kommunistische Republik Bremen ausgerufen. Die Regierungsgewalt übernimmt ein Rat der Volksbeauftragten (→28.2./S.50).

Die katholischen Pfarrer von Münster warnen in einem Wahlaufruf die Gläubigen vor der Sozialdemokratie.

Der britische Premierminister David Lloyd George bildet sein Kabinett um. → S.22

11. Januar, Sonnabend

Regierungstruppen erstürmen das von bewaffneten Spartakisten besetzte Gebäude des SPD-Zentralorgans »Vorwärts« in Berlin (→ 12.1./S.28).

Rumänien annektiert Siebenbürgen, das bisher zu Ungarn gehört hatte; große Teile der Bevölkerung begrüßen den rumänischen Einmarsch.

Die Alliierten verlegen das Oberkommando ihrer Ostarmee von Belgrad nach Konstantinopel (Istanbul). →S.18

Mihály Graf Károlyi von Nagykárolyi wird ungarischer Staatspräsident. →S.21

In der französischen Hauptstadt Paris konstituiert sich der alliierte Oberste Rat für die allgemeine Hilfeleistung. →S.23

Die sowjetische Regierung in Moskau erläßt ein Dekret, das die Bauern verpflichtet, große Teile ihrer Ernte an staatliche Behörden abzuliefern; die Versorgungsengpässe der Roten Armee sollen so behoben werden.

12. Januar, Sonntag

Der seit 5. Januar andauernde Spartakusaufstand bricht zusammen. →S.28

Stärkste politische Kraft bei den Landtagswahlen im rechtsrheinischen Bayern wird die Bayerische Volkspartei mit 58 Mandaten vor der MSPD (52). Die USPD, der Ministerpräsident Kurt Eisner angehört, gewinnt nur drei Sitze (→23.2./S.50).

Bei den Wahlen zur Verfassunggebenden Nationalversammlung in Württemberg erhalten die MSPD 52, die DDP 38 und das Zentrum 31 Mandate. Die USPD zählt mit vier Sitzen lediglich zu den Splitterparteien (→ 23.2./S.50).

13. Januar, Montag

Das deutsche Staatssekretariat des Auswärtigen unter Ulrich Graf von Brockdorff-Rantzau protestiert in Noten an die alliierten Siegermächte des Ersten Weltkrieges gegen die unwürdige Behandlung Deutscher im ehemaligen Reichsland Elsaß-Lothringen unter französischer Besetzung. Frankreich führe einen Vernichtungsfeldzug gegen alles, was deutsch sei.

14. Januar, Dienstag

Die letzten alliierten Kriegsgefangenen verlassen das Deutsche Reich. →S.36

Großherzogin Adelheid von Luxemburg dankt ab nach massiver Kritik der alliierten Siegermächte an ihrer prodeutschen Haltung. Den Thron besteigt ihre 23jährige Schwester Charlotte.

Im Deutschen Reich tritt die Verordnung von 12. November 1918 in Kraft, wonach der Rat der Volksbeauftragten, die provisorische deutsche Regierung, das Recht erhält, Beamte zu ernennen und in den Ruhestand zu versetzen.

15. Januar, Mittwoch

Im KPD-Organ »Die Rote Fahne« erscheint der Artikel »Trotz alledem« von Karl Liebknecht. →S.30

Die deutschen kommunistischen Politiker Karl Liebknecht und Rosa Luxemburg werden nach ihrer Verhaftung in Berlin von Soldaten ermordet. →S.29

Die Zeitschrift »Simplicissimus« fordert ihre Leser in ihrer Ausgabe vom 7. Januar 1919 auf, das Kind »Republik« nicht in einer Flut von Protesten, Flugblättern, Unruhen und Forderungen zu ersticken

16. Januar, Donnerstag

Der Waffenstillstand zwischen dem Deutschen Reich und den Alliierten wird verlängert. →S.18

Nachdem 36 Bundesstaaten der USA ein Amendment über die Aufnahme des Prohibitionsgesetzes in die Verfassung ratifiziert haben, verfügen die Befürworter des Alkoholverbots über eine Dreiviertel-Mehrheit unter den US-Bundesstaaten. Das Alkoholverbotsgesetz kann am 16. Januar 1920 in Kraft treten (→29.10./S.184).

Aus Protest gegen die »Willkür« und »Gewaltherrschaft« des überwiegend mehrheitssozialdemokratischen Dresdener Arbeiter- und Soldatenrats scheiden die Mitglieder der USPD aus der sächsischen Regierung aus.

Der russische Admiral Alexandr W. Koltschak erhält das Oberkommando der antisowjetische Truppen in Sibirien. →S.20

17. Januar, Freitag

In gleichlautenden Proklamationen fordert die gesamte deutsche Presse »das Selbstbestimmungsrecht der deutschen Nation« und den Anschluß Deutschösterreichs an das Deutsche Reich (→ 30.1./S.21).

Die deutsche Reichsregierung teilt mit, daß sie den Staatssekretär des Äußern, Ulrich Graf von Brockdorff-Rantzau, und den Volksbeauftragten Philipp Scheidemann (MSPD) zu Leitern der deutschen Delegation bei der Friedenskonferenz mit den Alliierten bestimmt hat (→18.1./S.12).

Die deutsche Reichsregierung protestiert per Funkspruch in Moskau gegen die russische Unterstützung des Spartakusaufstands (→12.1./S.28).

Die Alliierten verfügen die Auslieferung der deutschen Handelsflotte zur Versorgung Europas. →S.36

Die spanische Regierung unter Alvaro Figueroa y Torres Graf Romanones hebt die verfassungsmäßig garantierten Grundrechte in der Provinz Katalonien auf, um wachsenden politischen Aktivitäten innerhalb der Arbeiterschaft entgegenzuwirken (→24.3./S.73).

18. Januar, Sonnabend

Die Pariser Friedenskonferenz wird eröffnet. →S.12

Der französische Staatspräsident Raymond Poincaré fordert auf der Friedenskonferenz in Paris eine Bestrafung der Mittelmächte durch die Alliierten. →S.16

Zwischen Sowjetrußland und der Ukraine tritt der Kriegszustand ein, nachdem die sowjetische Regierung in Moskau ein Ultimatum der Ukraine, ihre Truppen zurückzuziehen, nur ausweichend beantwortet hat (→ 5.2./S.57).

Der provisorische ungarische Staatspräsident Mihály von Nagykárolyi ernennt Desiderius Berinkey zum Ministerpräsidenten. Seit der Proklamation der Ungarischen Republik am 16. November 1918 hatte Károlyi dieses Amt selbst ausgeübt (→11.1./S.21).

Das Deutsche Reich und das Königreich der Niederlande schließen ein Wirtschaftsabkommen über die Lieferung von Lebensmitteln in das Deutsche Reich im Austausch gegen deutsche Kohlen.

Die deutsche Reichsregierung unterstellt den Kohlenbergbau Reichsbevollmächtigten. →S.36

Der Personenverkehr der deutschen Eisenbahnen wird zugunsten von Versorgungsfahrten drastisch eingeschränkt. → S.36

Der frühere König Wilhelm II. von Württemberg erhält nach einer Entscheidung der vorläufigen Regierung des Landes in Stuttgart eine jährliche Rente von 200 000 Mark. →S.39

19. Januar, Sonntag

Die Wahlen zur Verfassunggebenden Deutschen Nationalversammlung enden mit Erfolgen der bürgerlichen Parteien. →S.32/34

Bei den Wahlen zur Deutschen Nationalversammlung dürfen Frauen erstmals mitwählen und gewählt werden. →S.33

In der russischen Stadt Taschkent in Turkestan kommt es zu einem Aufstand gegen die Bolschewisten, der in drei Tagen niedergeschlagen wird.

20. Januar, Montag

Der portugiesische Monarchistenführer Paiva Couceiro proklamiert vor dem Stadthaus in Oporto (Porto) in Gegenwart der versammelten Truppen die Monarchie und ruft den 1910 gestürzten Emanuel II. zum König aus. Die Lissaboner Regierung verhängt sofort den Kriegszustand.

Im »Deutschen Reichsanzeiger« erscheint der im Reichsamt des Innern ausgearbeitete Entwurf der künftigen Verfassung des Deutschen Reichs zusammen mit einer Denkschrift des Staatssekretärs des Innern, Hugo Preuß (ĐDP; →24.2./S.49).

21. Januar, Dienstag.

Die deutsche Reichsregierung beruft die Verfassunggebende Deutsche Nationalversammlung für den 6. Februar nach Weimar ein, »weil dieser Ort nicht so sehr wie Berlin im Zeichen der täglich wechselnden Fragen steht« (→19.1./S.32; 6.2./S.44).

Der Landesrat der Arbeiter- und Soldatenräte Sachsens wählt in Dresden nach dem Ausscheiden der USPD im Rat der Volksbeauftragten neu. Die neue Regierung besteht ausschließlich aus Mitgliedern der Mehrheitssozialdemokraten (MSPD).

Im Mansion House in Dublin von der nationalistischen irischen Partei Sinn Féin einberufene irische konstituierende Nationalversammlung (Dail Eireann) eröffnet mit der Verlesung einer Unabhängigkeitserklärung, in der die Errichtung der Republik Irland bekanntgegeben wird. Aus Freiwilligenverbänden entsteht die Irische Republikanische Armee (IRA).

22. Januar, Mittwoch

In Hamburg kommt es zu spartakistischen Unruhen.

Auf Initiative von US-Präsident Woodrow Wilson (Demokrat) laden die Alliierten die kriegführenden Parteien Rußlands zu einer Friedenskonferenz auf die Prinzeninseln im Marmarameer ein.

Eine Abordnung der spanischen Arbeiterschaft trägt dem spanischen Ministerpräsidenten Alvaro Figueroa y Torres Graf Romanones die Wünsche der Arbeiterschaft vor: Achtstundentag, Mindestlohn, Abschaffung der Akkordarbeit u.a. Am 27. Januar beschließt der Ministerrat grundsätzlich, alle Forderungen anzunehmen (→24.3./S.73).

23. Januar, Donnerstag

Tschechoslowakische Truppen besetzen Teschen (Český Těšín). →S.21

Im Schauspielhaus in Frankfurt am Main wird das Schauspiel »1913« von Carl Sternheim uraufgeführt. →S.39

24. Januar, Freitag

Die preußische Regierung regelt per Verordnung das Gemeindewahlrecht neu. Die Wahlen finden allgemein, unmittelbar und geheim nach dem Prinzip der Verhältniswahl statt.

25. Januar, Sonnabend

Die alliierten Siegermächte des Ersten Weltkriegs stimmen in Paris der Gründung eines Völkerbundes zu. →S.19

Der ermordete deutsche Kommunistenführer Karl Liebknecht wird in Berlin beigesetzt. →S.31

Die Kämpfe in der portugiesischen Hauptstadt Lissabon zwischen den monarchistischen Putschisten und den Regierungstruppen enden mit dem Sieg der Republikaner. Ministerpräsident João Tamagnini Barbosa tritt zurück und macht einer Allparteienregierung unter José Relvas Platz, die noch am selben Tag vereidigt wird.

In Braunschweig findet der Kongreß zur Gründung der nordwestdeutschen Bundesrepublik statt. Es nehmen Vertreter aus Braunschweig, Celle, Cuxhaven, Düsseldorf, Essen, Hamburg, Hannover, Hildesheim, Leipzig, Merseburg, Oldenburg und Remscheid teil (→ 28.2./S.50).

Eine Verordnung des bayerischen Kultusministeriums erklärt den Religionsunterricht für alle Schulen Bayerns zum Wahlfach. →S.39

Im Kleinen Theater in Berlin wird das Stück »Tabula rasa« von Carl Sternheim uraufgeführt (→23.1./S.39).

26. Januar, Sonntag

In Preußen finden die Wahlen zur Verfassunggebenden Landesversammlung statt, in Hessen die Wahlen zur Volkskammer, in Mecklenburg-Schwerin zum Verfassunggebenden Landtag, in Sachsen-Altenburg zur Gesetzgebenden Landesversammlung, in Lippe-Detmold zum Lippischen Landtag und in Schwarzburg-Sondershausen zum Landtag. Die MSPD stellt in allen Landesparlamenten die stärkste Fraktion (→ 23.2./S.50).

27. Januar, Montag

Der frühere deutsche Kaiser und König von Preußen, Wilhelm II., feiert in den Niederlanden seinen 60. Geburtstag.

28. Januar, Dienstag

Die sowjetische Führung gibt den Alliierten die Schuld für den Krieg in Rußland. →S.20

Im Gefängnis von Deriabinsk, einer Vorstadt von Petrograd (Leningrad), werden vier russische Großfürsten sowie 144 Männer und 28 Frauen erschossen. Die sowjetischen Behörden werfen den Hingerichteten vor, sich einer antisowjetischen britisch-französischen Organisation angeschlossen zu haben.

Der wendische Nationalausschuß in Bautzen fordert den Zusammenschluß der in Preußen und Sachsen lebenden Wenden zu einem selbständigen Wendenstaat innerhalb des Deutschen Reiches.

Die britischen Behörden übernehmen die Bagdadbahn, eine wichtige Verkehrsverbindung im Nahen Osten →S.23

Im spanischen Parlament in Madrid, der Cortes, findet die Debatte über das Selbstbestimmungsrecht Kataloniens statt. Die Katalanen lehnen einen Regierungsentwurf vom 8. Januar als nicht umfassend genug ab, der ihnen Selbstverwaltung zusagt.

Im Königreich der Serben, Kroaten und Slowenen (Jugoslawien) wird der in Europa und seit der Oktoberrevolution auch in Sowjetrußland gebräuchliche Gregorianische Kalender eingeführt.

29. Januar, Mittwoch

In Berlin wird ein Gesetzesentwurf der deutschen Reichsregierung über die vorläufige Staatsgewalt veröffentlicht.

Die deutsche Reichsregierung gibt die Gründung einer Reichsfunkverwaltung bekannt. →S.39

30. Januar, Donnerstag

Französische Truppen besetzen entsprechend den Bestimmungen des Waffenstillstandsvertrags Kehl und Umgebung.

Der deutschösterreichische Staatsrat in Wien nimmt einen Gesetzantrag an die Nationalversammlung an, der Deutschösterreich als Glied des Deutschen Reichs erklärt. →S.21

31. Januar, Freitag

Die Verfassunggebende Landesversammlung von Württemberg in Stuttgart beginnt mit der ersten Lesung des Verfassungsentwurfs des ehemaligen Königreiches.

Das Wetter im Monat Januar

Station	Mittlere Lufttemperatur (°C)	Niederschlag (mm)	Sonnenscheindauer (Std.)
Aachen	2,2 (1,8)	32 (72)	— (51)
Berlin	0,9 (- 0,4)	21 (43)	— (56)
Bremen	1,6 (0,6)	37 (57)	— (47)
München	1,1 (- 2,1)	32 (55)	— (56)
Wien	(- 0,9)	— (40)	(56)
Zürich	0,7 (- 1,0)	23 (68)	37 (46)

() Langjähriger Mittelwert für diesen Monat
— Wert nicht ermittelt

Werbung für die Wahlen
zur Nationalversammlung
am 19. Januar 1919 macht
die »Illustrirte Zeitung«
auf ihrer Titelseite

ILLUSTRIRTE ZEITUNG
A
Zur National-
Versammlung
VERLAG J. J. WEBER · LEIPZIG
Nr. 3941.
Einzelpreis 1 Mark 30 Pfg.
152. Band.

Pariser Friedenskonferenz - Beratung der Siegermächte

18. Januar. Im französischen Außenministerium am Quai d'Orsay in Paris tritt die Vorkonferenz der Siegermächte des Ersten Weltkriegs zusammen. Sie will über die Neuordnung der Welt einschließlich der Kolonien nach der Niederlage des Deutschen Reichs und seiner Verbündeten Österreich-Ungarn, Osmanisches Reich (Türkei) und Bulgarien beraten. Vertreter der besiegten Staaten sind zur Konferenz nicht zugelassen. Ihnen werden die Friedensbedingungen der Siegermächte als »Diktat« übergeben.

Das Datum der feierlichen Konferenzeröffnung hat symbolischen Charakter: Am 18. Januar 1871, vor 48 Jahren, wurde in Versailles während des Deutsch-Französischen Kriegs das Deutsche Kaiserreich gegründet.

Die Pariser Friedenskonferenz wird geleitet vom sog. Rat der Zehn, der sich aus je zwei Vertretern Frankreichs, Großbritanniens, Italiens, Japans und der USA zusammensetzt: Dem französischen Ministerpräsidenten Georges Benjamin Clemenceau und dem französischen Außenminister Stéphan Pichon, dem britischen Premierminister David Lloyd George und dem britischen Außenminister Arthur James Balfour, dem italienischen Ministerpräsidenten Vittorio Emanuele Orlando und dem italienischen Außenminister Giorgio Sidney Baron Sonnino, dem US-amerikanischen Präsidenten Woodrow Wilson und US-Außenminister Robert Lansing sowie zwei wechselnden Vertretern Japans.

Die Konferenz wird in der französischen und englischsprachigen Presse meist kurz als »Friedenskonferenz« bezeichnet, offiziell heißt sie »Vorfriedenskonferenz« (Conférence des Préliminaires de Paix). Die Bezeichnung »Interalliierte Konferenz« (Preliminary Interallied Conference) berücksichtigt den Umstand, daß die Verlierermächte des Ersten Weltkriegs zu den Beratungen nicht zugelassen sind. Die vom Rat der Zehn festgesetzte Geschäftsordnung wird den anderen Konferenzteilnehmern ausgehändigt, ohne daß eine Abstimmung darüber stattfindet. Nach dieser Geschäftsordnung tritt die Konferenz zusammen, um die Friedensbedingungen festzusetzen, und zwar zuerst für die einzelnen Vorfriedensverträge, dann für den endgültigen Friedensvertrag.

Die kriegführenden Mächte »mit allgemeinen Interessen« (USA, Großbritannien, Frankreich, Italien, Japan) nehmen an allen Sitzungen teil. Die kriegführenden Mächte »mit besonderen Interessen« (Belgien usw.) nehmen nur an den Sitzungen teil, in denen Fragen zur Verhandlung kommen, die sie betreffen. Die Staaten, die ihre diplomatischen Beziehungen zu den Mittelmächten abgebrochen haben (Bolivien, Ecuador, Peru, Uruguay), nehmen nur an den Sit-

Clemenceau leitet alliierte Friedensverhandlungen in Paris

Nach der Eröffnungsansprache des französischen Staatspräsidenten Raymond Poincaré (→ 18.1./S.16) schlägt US-Präsident Woodrow Wilson den französischen Ministerpräsidenten Georges Benjamin Clemenceau zum ständigen Präsidenten der Friedenskonferenz vor. Clemenceau wird einstimmig gewählt. In seiner ,Dankrede beschwört Clemenceau die Einigkeit der Konferenzteilnehmer. Die Friedenskonferenz sei zugleich die Geburtsstätte des Völkerbunds (→ 25.1./S.19), der nicht ohne gegenseitige Opfer und Versöhnung verwirklicht werden könne. Die drei Hauptthemen der Beratungen in Paris sind:

▷ Verantwortlichkeit der Kriegsurheber

▷ Bestrafung der während des Kriegs begangenen Verbrechen

▷ Internationale Arbeitergesetzgebung

Alle Staaten, die an der Konferenz teilnehmen, werden aufgefordert, Denkschriften zu diesen Themen einzureichen. Zur Frage der Kriegsschuld empfiehlt Clemenceau den Konferenzteilnehmer die Lektüre einer Denkschrift zweier Pariser Strafrechtslehrer. Sie kamen in ihrer »Untersuchung der strafrechtlichen Verantwortlichkeit Kaiser Wilhelms II.« zu dem Ergebnis, daß der deutsche Ex-Kaiser Wilhelm II. nach dem Straf- und Zivilrecht persönlich für den Krieg und für die von den deutschen Streitkräften begangenen Verbrechen verantwortlich zu machen sei.

Konferenzteilnehmer in Paris
(Mit Zahl der Bevollmächtigten)

Frankreich	5
Großbritannien	5
Australien	2
Britisch-Indien	2
Kanada	2
Neuseeland	1
Südafrika	2
Italien	5
Japan	5
USA	5
Belgien	3
Brasilien	3
Serbien (Jugoslawien)	3
China	2
Griechenland	2
Hedschas (Saudi-Arabien)	2
Polen	2
Portugal	2
Rumänien	2
Siam (Thailand)	2
Tschechoslowakei	2
Bolivien	1
Ecuador	1
Guatemala	1
Haiti	1
Honduras	1
Kuba	1
Liberia	1
Nicaragua	1
Panama	1
Peru	1
Uruguay	1

zungen teil, in denen über Fragen beraten wird, die für sie von Interesse sind. Die neutralen Mächte und die in der Bildung begriffenen Staaten werden auf Veranlassung des Rats der Zehn mündlich oder schriftlich gehört. Sie dürfen jedoch nur an den Beratungen zu Tagesordnungspunkten teilnehmen, die ihre Belange unmittelbar betreffen.

»Die Großen Vier« bestimmen maßgeblich die Pariser Friedenskonferenz: Der britische Premierminister Lloyd George, Italiens Ministerpräsident Vittorio Emanuele Orlando, der französische Ministerpräsident Georges Benjamin Clemenceau und der US-amerikanische Präsident Woodrow Wilson (v. l. n. r.) während einer Verhandlungspause

△ Im französischen Außenministerium am Quai d'Orsay in Paris beraten die Siegermächte des Ersten Weltkriegs über die Bedingungen der Friedensverträge; die Friedensverträge werden allerdings nicht in Paris unterzeichnet, sondern in verschiedenen Vororten, weshalb die Friedensverträge auch als »Pariser Vorortverträge« bezeichnet werden

◁ Im Salon de l'horloge des französischen Außenministeriums findet die Eröffnungssitzung der Friedenskonferenz statt; nur die Vollsitzungen sind öffentlich, alle anderen Verhandlungen finden hinter verschlossenen Türen statt; der Ausschluß der Öffentlichkeit wird vielfach als Gegensatz zu Wilsons 14-Punkte-Programm von 1918 kritisiert

Abbildung auf Seite 14/15: Eröffnungssitzung der Pariser Friedenskonferenz; die Rede des französischen Staatspräsidenten Poincaré wird auf Englisch verlesen

Poincaré: »Die Gerechtigkeit fordert Wiedergutmachung

18. Januar. Die Rede, mit der Frankreichs Staatspräsident Raymond Poincaré die Friedenskonferenz in Paris eröffnet, spiegelt die Haltung der Siegermächte des Ersten Weltkriegs. Danach tragen die »durch eine geheime Verschwörung verbundenen Mittelmächte« die Alleinschuld am Krieg. Ihnen ging es dabei, so Poincaré, um die Hegemonie in Europa und die Herrschaft über die Welt. Das Deutsche Reich und Österreich-Ungarn werden wegen ihrer geographischen Lage zwischen den Kriegsgegnern in West- und Osteuropa als Mittelmächte bezeichnet. Ihnen schlossen sich während des Ersten Weltkriegs das Osmanische Reich (Türkei) und Bulgarien an. Ihre Kriegsgegner waren die »Allierten« bzw. die »Entente«.

»Frankreich entbietet Ihnen seinen Willkommgruß und dankt Ihnen, daß Sie einmütig als Sitz Ihrer Arbeiten die Stadt gewählt haben, die über vier Jahre lang der Feind zu sei-

Raymond Poincaré, Ministerpräsident und Außenminister 1912/13, wurde 1913 zum französischen Staatspräsidenten gewählt; sein außenpolitisches Ziel war die Revision der territorialen Entscheidungen des Kriegs von 1870/71

nem hauptsächlichen militärischen Ziel genommen und die die Tapferkeit der Verbandsheere siegreich gegen unaufhörlich erneute Angriffe verteidigt hat. Lassen Sie mich in Ihrer Entscheidung eine Huldigung aller von Ihnen vertretenen Nationen sehen gegenüber einem Land, das, noch mehr als andere, die Leiden des Kriegs gekannt hat, von dem ganze, in ungeheure Schlachtfelder verwandelte Provinzen vom Eindringling systematisch verheert wurden und das dem Tod den schwersten Tribut gezollt hat ... Diese gewaltigen Opfer hat Frankreich gebracht, ohne daß es die geringste Verantwortung trüge für die furchtbare Katastrophe, die den Erdball erschüttert hat. Und mit dem Augenblick, wo dieser Schreckenssturm zu Ende geht, können sich alle Mächte, deren Abordnungen hier zusammengetreten sind, freisprechen von irgendeinem Schuldanteil an dem Verbrechen, das den Ausgangspunkt eines beispiellosen Verhängnisses bildete. Was Ihnen jede Eignung gibt zur Aufrichtung eines Friedens der Gerechtigkeit, ist die Tatsache, daß keines der Völker, deren Beauftragte Sie sind, an der Ungerechtigkeit einen Anteil hat. Die Menschheit kann Ihnen Vertrauen schenken, weil Sie nicht zu denen gehören, die die Rechte der Menschheit verletzt haben ... Es erübrigen sich weitere Mitteilungen oder besondere Untersuchungen des Dramas, von dem die Welt erschüttert wurde. Die Wahrheit, in Blut gebadet, ist schon aus den kaiserlichen Archiven entschlüpft. Der Vorbedacht des hinterlistigen Anschlags ist heute klar erwiesen. In der Hoffnung, zunächst die europäische Hegemonie und darauf die Herrschaft über die Welt zu erobern, haben die durch eine geheime Verschwörung verbundenen Mittelmächte die gehässigsten Vorwände erfunden, um darauf auszugehen, Serbien zu zerschmettern und sich einen Weg nach dem Orient zu bahnen. Zugleich haben sie die feierlichsten Verpflichtungen verleugnet, um Belgien zermalmen zu können und sich einen Weg in das Herz Frankreichs zu bahnen. Das sind die zwei unvergeßlichen Missetaten, die die Wege zum Überfall eröffneten. Die vereinigten Anstrengungen Englands, Frankreichs und Rußlands brachen sich an dieser wahnwitzigen Anmaßung. Wenn, nach langen Wechselfällen, diejenigen, die durch das Schwert herrschen wollten, durch das Schwert umgekommen sind, so haben sie es sich nur selbst zuzuschreiben ...

Gewalt gegen Gerechtigkeit

Wie Deutschland, so hatten Großbritannien und Frankreich die Unabhängigkeit Belgiens verbürgt. Deutschland hat Belgien zu erdrücken versucht. Großbritannien und Frankreich haben sich beide geschworen, es zu retten. So ringen seit Ausbruch der Feindseligkeiten die beiden Ideen miteinander, die fünfzig Monate hindurch um die Weltgeltung streiten: Die der unbeschränkten Gewalt, welche weder Kontrolle noch Zügel anerkennt, und die Idee der Gerechtigkeit, die sich auf das Schwert nur stützt, um dem Mißbrauch der Gewalt zuvorzukommen oder ihn zu unterdrükken. Unterstützt von seinen Dominien und Kolonien, hat sich Großbritannien dafür entschieden, daß es dem Konflikt nicht fernbleiben könne, mit welchem das Schicksal aller Länder verflochten war. Es hat - seine Dominien und Kolonien mit ihm - erstaunliche Anstrengungen unternommen, um zu verhindern, daß der Krieg mit dem Sieg des Eroberungsgeistes und der Zerstörung des Rechts endige. Japan seinerseits hat sich zum Eingreifen entschlossen nur aus Loyalität gegenüber seinem großen Verbündeten England und im Bewußtsein der Gefahr, welche für Asien wie für Europa die von den germanischen Reichen geträumte Hegemonie heraufbeschworen hatte ...

Amerika als Retter

Das Eingreifen der Vereinigten Staaten war etwas mehr und etwas Größeres als ein großes politisches und militärisches Ereignis. Es war ein souveränes Urteil, das vor dem Gerichtshof der Geschichte von dem erhabenen Gewissen eines freien Volkes und seiner ersten Behörde gefällt wurde über die gewaltigen Verantwortlichkeiten in dem schrecklichen Kampf, der die Menschheit zerriß.

Nicht nur, um sich selbst gegen die verwegenen Versuche des germanischen Größenwahns zu schützen, haben die Vereinigten Staaten Flotten ausgerüstet und gewaltige Armeen geschaffen, sondern auch und besonders, um ein Freiheitsideal zu verteidigen, auf welchem sie alle Tage mehr den maßlosen Schatten des kaiserlichen Adlers sich ausbreiten sahen. Amerika, die Tochter Europas, kam über den Ozean, um seine Mutter der Demütigung der Knechtschaft zu entreißen und um die Zivilisation zu retten. Das amerikanische Volk hat dem größten Skandal ein Ende setzen wollen, der jemals in der Geschichte des Menschengeschlechts vorgekommen ist ...

Kreuzzug der Menschheit

Autokratische Regierungen haben in der Heimlichkeit der Kanzleien und des Generalstabs ein unsinniges Weltherrschaftsprogramm vorbereitet. Sie haben zu der von ihrem Ränkegeist bestimmten Stunde ihre Meute losgelassen und zur Jagd geblasen ... Während sich der entfesselte Kampf schrittweise über die ganze Oberfläche der Erde ausdehnte, hörte man da und dort das Klirren von Ketten, und geknechtete Nationen riefen aus der Tiefe ihrer hundertjährigen Kerker zu uns um Hilfe. Noch mehr, sie entwichen, um uns zu Hilfe zu kommen. Das wieder lebendig gewordene Polen sandte uns Truppen. Die Tschechoslowaken eroberten in Sibirien Frankreich und Italien ihr Recht auf Selbständigkeit. Die Südslawen, die Armenier, die Syrier und Bewohner des Libanon, die Araber, alle unterdrückten Völker, alle lange Zeit machtlosen oder dumpf in ihr Schicksal ergebenen Opfer der großen geschichtlichen Ungerechtigkeiten, alle die Märtyrer der Vergangenheit, alle vergewaltigten Gewissen, alle erstickten Freiheiten belebten sich wieder beim Geklirr unserer Waffen und wandten sich zu uns als ihren natürlichen Beschützern. So hat der Krieg allmählich die Fülle seines anfänglichen Sinnes erreicht und ist in der vollsten Bedeutung des Wortes ein Kreuzzug der Menschheit für das Recht geworden. Und wenn etwas uns hinwegtrösten kann, wenigstens teilweise, über die Verluste, die uns betroffen haben, so ist es sicherlich der Gedanke, daß unser Sieg auch der Sieg des Rechts ist ...

Vollständiger Sieg

Dieser Sieg ist vollständig, da ja der Feind um den Waffenstillstand nur nachgesucht hat, um einem nicht wiedergutzumachenden militärischen Zusammenbruch zu entgehen. Und es gebührt Ihnen jetzt, im Interesse der Gerechtigkeit und des Friedens, aus diesem vollen Siege die vollen Forderungen zu ziehen. Um diese gewaltige Aufgabe durchzuführen, haben Sie beschlossen, vorerst nur die alliierten oder assoziierten Mächte und, soweit ihre Interessen von den Erörterungen berührt sind, die neutral gebliebenen Nationen zuzulassen ...

Die Solidarität, die uns während des Krieges geeint hat und uns den Erfolg unserer Waffen ermöglichte, muß unvermindert fortbestehen während der Verhandlungen und nach der Unterzeichnung des Vertrages.

nd die Bestrafung der Mächte, die schuld am Kriege sind«

»Französischer Angriff auf Höhe 196«; Ölgemälde zu den Kämpfen an der Westfront während des Ersten Weltkriegs

Es sind nicht nur Regierungen hier vertreten, sondern freie Völker. In der Prüfung der Gefahr haben sie sich kennen und einander beistehen gelernt. Sie wollen, daß ihre Intimität von gestern ihnen die Ruhe von morgen zu sichern diene. Vergeblich mögen unsere Feinde uns zu trennen suchen. Wenn sie auf ihre gewohnten Manöver noch nicht verzichtet haben, so werden sie schnell merken, daß sie, heute wie während der Feindseligkeiten, auf einen gleichgearteten Block stoßen, den nichts wird spalten können …

Gerechtigkeit ohne Günstlinge

Sie werden daher nur die Gerechtigkeit suchen, und zwar eine Gerechtigkeit, die keinerlei Günstlinge kennt, Gerechtigkeit in den Gebietsfragen, Gerechtigkeit in den Geldfragen, Gerechtigkeit in den wirtschaftlichen Fragen. Aber die Gerechtigkeit ist nicht untätig, sie unterwirft sich nicht der Ungerechtigkeit. Was sie zunächst fordert, wenn sie verletzt worden ist, das ist Wiederherstellung und Genugtuung (*restitutions et réparations*) für die Völker und für die Individuen, die beraubt oder mißhandelt worden sind. Sie gehorcht - um diesen gesetzmäßigen Anspruch zu formu-

lieren - weder dem Hasse noch einem instinktiven oder unüberlegten Wunsch nach Vergeltungsmaßnahmen. Sie verfolgt ein doppeltes Ziel: Jedem das ihm Gebührende zurückzugeben und nicht durch Straflosigkeit zum Wiederbeginn des Verbrechens zu ermutigen. Was die Gerechtigkeit noch fordert, sind die Bestrafung (*sanctions*) der Schuldigen und wirksame Bürgschaften (*garanties*) gegen eine tätige Wiederkehr des Geistes, der sie verderbt hat. Und es ist folgerichtig, wenn sie verlangt, daß diese Bürgschaften vor allem den Nationen gegeben werden, die Angriffen oder Bedrohungen am meisten ausgesetzt sind und noch ausgesetzt sein können, denen, die manchmal in Gefahr waren, unter der periodischen Flut derselben Angriffe zu versinken …

Was die Gerechtigkeit ausschließt, das sind die Träume von Eroberungen und Imperialismus, die Mißachtung des nationalen Willens, der willkürliche Tausch von Provinzen zwischen Staaten, als wenn die Völker nur Gegenstände oder Steine in einem Spiel wären. Die Zeit ist vorbei, wo die Diplomaten zusammentreten konnten, um an einer Tischecke mit einem Machtspruch die

Karte der Reiche umzuarbeiten. Wenn Sie die Weltkarte umzugestalten haben, so geschieht dies im Namen der Völker und unter der Bedingung, treu ihre Gedanken zu übersetzen, das Selbstbestimmungsrecht der kleinen und großen Nationen zu achten und es mit dem ebenso geheiligten Recht der völkischen und religiösen Minderheiten in Einklang zu bringen…

Freiheit der Völker

All diesen Völkern, die sich zu Staaten neu formen oder wieder bilden, denen, die sich mit ihren Nachbarn vereinigen wollen, denen, die sich in verschiedene Einheiten auflösen, denen, die sich gemäß ihren wiedergefundenen Überlieferungen neuerlich organisieren, all denen endlich, deren Freiheit Sie bereits geweiht haben oder bald weihen werden, werden Sie natürlich die materiellen und moralischen Existenzmittel zu sichern bestrebt sein. Sie werden sie nicht ins Leben rufen, um aus ihnen alsbald Todesverurteilte zu machen.

Es wird Ihr Wunsch sein, daß Ihr Werk hier wie überall fruchtbar und von Dauer sei …

Zu gleicher Zeit, da Sie so der größtmöglichen Harmonie Eingang in

der Welt verschaffen, werden Sie im Einklang mit dem 14. der von den verbündeten Großmächten einmütig angenommenen Punkte eine allgemeine Liga der Nationen aufrichten, die eine höchste Bürgschaft gegen neue Anschläge auf das Völkerrecht bilden wird. Nach Ihrer Absicht wird dieser internationale Bund gegen niemand gerichtet sein. Er wird seine Pforten grundsätzlich niemand verschließen, aber, organisiert von den Nationen, die sich der Verteidigung des Rechts geweiht haben, wird er von Ihnen seine Statuten und Grundsätze bekommen. Er wird Bedingungen aufstellen, denen sich seine unmittelbaren oder künftigen Anhänger unterwerfen werden.

Völkerliga gegen den Krieg

Und da er zum wesentlichen Ziel haben muß, nach Maßgabe der Möglichkeit der Wiederkehr der Kriege vorzubeugen, wird er vor allem dem von Ihnen aufgerichteten Frieden Geltung zu schaffen suchen, und er wird um so weniger Mühe haben, ihn aufrechtzuerhalten, als dieser Friede in sich selbst größere Realitäten der Gerechtigkeit und sichere Bürgschaften der Festigkeit tragen wird. Bei Aufrichtung dieser neuen Ordnung werden Sie den Bestrebungen der Menschheit entsprechen, die nach den schrecklichen Erschütterungen dieser blutigen Jahre den heißen Wunsch hat, sich von einem Bund freier Völker gegen das mögliche Wiederaufleben der primitiven Wildheit beschützt zu fühlen …

Vor 48 Jahren, genau auf den Tag, am 18. Januar 1871, wurde das Deutsche Reich von einer Invasionsarmee im Schloß von Versailles ausgerufen. Es empfing seine erste Weihe durch den Raub zweier französischer Provinzen. Es war somit befleckt schon in seinem Ursprung, und durch den Fehler seiner Gründer trug es in sich den Todeskeim. In Ungerechtigkeit geboren, hat es in Schmach geendet. Sie sind versammelt, um das Übel gutzumachen, das es angerichtet hat, und um seine Wiederkehr zu verhüten.

Sie halten in Ihren Händen die Zukunft der Welt. Ich überlasse Sie, meine Herren, Ihren schwerwiegenden Beratungen und erkläre die Pariser Konferenz für eröffnet.«

Waffenstillstand um einen weiteren Monat verlängert

16. Januar. In Trier unterzeichnen der französische Marschall Ferdinand Foch und der deutsche Staatssekretär Matthias Erzberger (Zentrum) sowie ein Vertreter Großbritanniens die einmonatige Verlängerung des Waffenstillstands zwischen dem Deutschen Reich und den Alliierten. Erzberger und Foch hatten schon am 11. November 1918 den Waffenstillstand in einem Eisenbahnwaggon im Wald von Compiègne unterzeichnet. Auch diesmal findet die Unterzeichnung in einem Eisenbahnwaggon statt, auf dem Bahnhof von Trier.

Vor der Unterzeichnung des Friedensvertrags (→ 28.6./S.122) gilt der Erste Weltkrieg als noch nicht beendet. Der Waffenstillstand zwischen dem Deutschen Reich und den Alliierten wird zwar nur um einen Monat verlängert, soll jedoch definitiv sein und bis zur Unterzeichnung des Friedensvertrags gelten. Artikel 1 lautet: »Der durch das Abkommen vom 13. Dezember 1918 bis zum 17. Januar 1919 verlängerte Waffenstillstand vom 11.

November 1918 wird von neuem um einen Monat verlängert, das heißt, bis zum 17. Februar 1919 um fünf Uhr. Diese Verlängerung um einen Monat soll, vorbehaltlich der Zustimmung der alliierten Regierungen, bis zum Abschluß des Präliminarfriedens ausgedehnt werden.« Die Bestimmungen sehen eine Erhöhung deutscher Entschädigungsleistungen an die Siegermächte vor.

Da die geforderte Lieferung von 500 Lokomotiven und 19 000 Eisenbahnwaggons nicht bzw. nur teilweise erfolgt ist, soll das Deutsche Reich bis zum 1. Juni 1919 als Ersatz bereitstellen »400 vollständige Dampfpfluggruppen mit doppelter Maschine und dazu eingerichteten Flügeln, 6500 Sämaschinen, 6500 Düngestreumaschinen, 6500 Einscharpflüge, 6500 Brabantpflüge,

12500 Eggen, 6500 Messereggen, 2500 Stahlwalzen, 2500 Croskillwalzen, 2500 Grasmähmaschinen, 2500 Heuwender, 3000 Bindemäher oder die gleichwertigen Apparate«. Dieses Material, »neu oder in sehr gutem Zustand, muß versehen sein mit dem zu jedem Gerät gehörigen Zubehör und mit den Serien der für einen Betrieb von 18 Monaten nötigen Ersatzteile«.

Verhandlungsort Salonwagen

In einem Eisenbahnwaggon fanden auch die Waffenstillstandsgespräche am 11. November 1918 statt, mit denen die Kampfhandlungen des Ersten Weltkriegs beendet wurden. Der deutsche Reichstagsabgeordnete Matthias Erzberger (Zentrum) und der französische Marschall Ferdinand Foch trafen sich am 8. November 1918 in einem Salonwagen im Wald von Compiègne (Abb.). Die deutsche Delegation mußte die Bedingungen der Alliierten ohne Verhandlungen akzeptieren.

Der französische General Franchet d'Esperay, Oberbefehlshaber der alliierten Orientarmee, beim Einmarsch in Paris

Alliierte Siegermächte besetzen die Türkei

11. Januar. Das Oberkommando der Ostarmee der alliierten Siegermächte des Ersten Weltkriegs wird von Belgrad, der Hauptstadt des Königreichs der Serben, Kroaten und Slowenen (Jugoslawien), nach Konstantinopel (Istanbul) verlegt, der Hauptstadt des Osmanischen Reichs (Türkei), das zu den Verlierermächten des Kriegs zählt.

Seit dem Waffenstillstand von Mudros vom 30. Oktober 1918 ist das

Osmanische Reich ein besetztes Land. Alliierte Truppen halten Konstantinopel besetzt, die Franzosen sind in Nordsyrien und im südostanatolischen Kilikien eingerückt, britische Truppen stehen im Irak und in Nordmesopotamien, die Italiener patrouillieren in Adalia (Antalya) in Süd-Anatolien.

Ebenfalls am 11. Januar 1919 ergibt sich die osmanische Garnison der Stadt Medina im Hedschas (Saudi-

Arabien) den Briten. Der Widerstand in Medina dauerte seit Juni 1916. Die britischen Truppen hatten auf die Erstürmung der Stadt verzichtet, da dabei die berühmte Moschee mit dem Grabmal des Propheten Mohammed schwer beschädigt oder zerstört worden wäre. Als Großbritannien aber mit der Zerstörung der türkischen Dardanellenbefestigung drohte, gaben die Türken endgültig nach.

Araber und Juden - gemeinsames Ziel

3. Januar. Der arabische Emir Faisal (König Faisal I. von Irak) und der Zionistenführer Chaim Weizmann unterzeichnen in Paris das nach ihnen benannte Faisal-Weizmann-Abkommen. Es sieht während der Neuordnung der ehemaligen Gebiete des Osmanischen Reichs (Türkei) die engstmögliche Zusammenarbeit zwischen Juden und Arabern bei der angestrebten Gründung eines Arabischen Staats und Palästinas vor.

Faisal, der Sohn des Scherifen von Mekka Husain Ibn Ali, war während des Ersten Weltkriegs maßgeblich am Aufstand der Araber gegen die Türken beteiligt. Weizmann ist der Führer der zionistischen Delegation bei der Pariser Friedenskonferenz. Beide eint der Kampf um die Gründung eines unabhängigen Staats auf dem Gebiet des Osmanischen Reichs, der Araber im syrischen Raum, der Juden in Palästina. Juden und Araber haben jedoch Schwierigkeiten, ihre Forderungen bei den Verhandlungen in Paris durchzusetzen, die von den Großmächten dominiert werden.

Engagierte Diskussionen prägen die Beratungen in Paris über den Völkerbund; US-Präsident Wilson (M.), der den Bund angeregt hat, nimmt an den Gesprächen teil

Ein französischer Vertreter fordert Sicherheitsgarantien für sein Land (Zeichnungen von den Beratungen in Paris aus der Zeitschrift »L'Illustration«)

Beschluß zur Gründung des Völkerbunds

25. Januar. Der erste Tagesordnungspunkt auf der zweiten Vollsitzung der Pariser Friedenskonferenz (→ 18.1./S.12) ist auf Wunsch von US-Präsident Woodrow Wilson die Entschließung über die Gründung des Völkerbunds. In seinem 14-Punkte-Friedensprogramm vom 8. Januar 1918 zur Beendigung des Ersten Weltkriegs hatte Wilson die Bildung eines solchen Bunds gefordert. Die Entschließung über die Gründung des Völkerbunds wird einstimmig angenommen:

»1. Es ist für die Aufrechterhaltung der Neuordnung der Welt, zu der die assoziierten Nationen jetzt in Paris zusammentreten, wesentlich, daß ein Völkerbund geschaffen wird, um die internationale Zusammenarbeit zu fördern, die Erfüllung angenommener internationaler Verpflichtungen zu sichern sowie Bürgschaften gegen den Krieg vorzusehen.

2. Der Völkerbund soll als Hauptbestandteil in den allgemeinen Friedensvertrag aufgenommen werden; er soll jeder zivilisierten Nation offenstehen, die Gewähr dafür bietet, daß sie seine Ziele fördert.

3. Die Mitglieder des Völkerbunds sollen regelmäßig in internationalen Konferenzen zusammentreten und eine ständige Organisation und ein Sekretariat unterhalten, um die Angelegenheiten des Bundes zwischen den Konferenzen zu führen. Die Konferenz bestimmt daher einen Ausschuß von Vertretern der assoziierten Regierungen, um die Einzelheiten der Ausgestaltung und der Obliegenheiten dieses Bundes auszuarbeiten.«

Die Kommission zur Vorbereitung der Völkerbundsatzung; stehend in der Mitte US-Präsident Woodrow Wilson, der die Völkerbundgründung angeregt hat

25. Januar. Vor der Pariser Friedenskonferenz begründet US-Präsident Woodrow Wilson seine Forderung nach einem Völkerbund:

»Der starke und glühende Eifer der Vereinigten Staaten für den Völkerbund entspringt nicht der Furcht oder Besorgnis, sondern jenen Idealen, die uns dieser Krieg zum vollen Bewußtsein gebracht hat ... Die oberen Klassen sind nicht länger die Beherrscher der Menschheit. Die Geschicke der Menschheit liegen in der ganzen Welt in den Händen des einfachen Mannes. Wer sein Verlangen erfüllt, der hat nicht nur sein Vertrauen erworben, sondern auch den Frieden hergestellt. Wird er nicht befriedigt, dann können keinerlei Maßnahmen den Weltfrieden stiften oder erhalten ... Wir sehen im Völkerbund den Grundstein des ganzen Programms, in dem unsere Ziele und Ideale in diesem Kriege zum Ausdruck gelangen werden ...«

Pulverfaß auf dem Balkan: 15 Völker in einem Königreich

6. Januar. Der serbische Prinzregent Alexander Karadordević (Alexander I.) erläßt die Proklamation über das neue Königreich der Serben, Kroaten und Slowenen (Jugoslawien), das er im Namen des serbischen Königs Peter I. am 1. Dezember 1918 ausgerufen hat: »Die längst ersehnte Befreiung und Vereinigung in einem einheitlichen Nationalstaat ist in Erfüllung gegangen. An der Spitze dieses Nationalitätenstaats wird König Peter I. stehen. In seinem Namen und im Einverständnis mit den Volksvertretern ist unsere erste Regierung eingesetzt worden. Die Vertreter aller südslawischen, in einem einheitlichen Staat vereinigten Stämme, auch die Vertreter aus Altserbien, Makedonien, aus der Woiwodina und Montenegro werden demnächst in die Skupschtina (Volksvertretung) nach Belgrad einberufen werden.«

Große Teile der nichtserbischen Bevölkerung wehren sich gegen die Einverleibung in einen Staat unter serbischer Führung. In dem neuen Staat leben 15 Völker.

Nationalitäten

amtliche Schätzung 1921

Serben · 6 800 000 (52,4%)	Albaner · 450 000 (3,5%)
Kroaten · 2 850 000 (22%)	Rumänen · 230 000 (1,8%)
Slowaken · 1 200 000 (9,3%)	Tschecho-slowaken 150 000 (1,2%)
Deutsche · 540 000 (4,2%)	
Magyaren · 470 000 (3,6%)	Juden · 65 000 (0,5%)

Rußland: Bürgerkrieg »Rot« gegen »Weiß«

28. Januar. Der sowjetrussische Volkskommissar des Äußern, Georgi W. Tschitscherin, gibt in einer Note an die USA den Alliierten die Schuld für den Krieg in Rußland. Sowjetrußland sei jederzeit bereit, über alle strittigen Fragen zu verhandeln und so die Voraussetzung für den Abzug der fremden Truppen zu schaffen.

Die Auflösung des alten Zarenreichs nach der Oktoberrevolution von 1917 benutzen die Gegner der Bolschewisten, um im Bund mit den Ententemächten, vor allem Großbritannien, Frankreich und Japan, zur Gegenrevolution zu schreiten. Seither ist ein von beiden Seiten grausam geführter Bürgerkrieg zwischen »Roten« (Bolschewiki) und »Weißen« (Monarchisten u. a. Konterrevolutionäre) im Gang. Bereits Ende 1917 waren die ersten ausländischen Kriegsschiffe in die Häfen im Norden und im fernen Osten Rußlands eingelaufen. Im März 1918 landeten britische Einheiten an der Murmanküste; im April besetzten japanische Verbände Wladiwostok, wo etwas später auch Truppen der USA an Land gingen; im Mai erhoben sich die tschechischen Legionen im mittleren Wolgagebiet und in Sibirien.

In Sibirien bildete sich eine gegenrevolutionäre Regierung unter Admiral Alexandr W. Koltschak (→ 16.1./S.20), der sich im November 1918 in Omsk zum russischen Reichsverweser erklärte. In Südrußland kämpft General Anton I. Denikin gegen die Sowjets, im Nordosten kämpfen die Truppen unter General Nikolai N. Judenitsch.

Die Sibirienarmee

16. Januar. *Die Alliierten stimmen der Ernennung des russischen Admirals Alexandr W. Koltschak zum Oberkommandierenden der antisowjetischen »weißen« Truppenverbände in Sibirien zu. Die Abbildung zeigt ein Plakat der gegnerischen Sowjets: »Vorwärts zur Verteidigung des Urals!«*

Propagandafotos der Alliierten sollen die Schreckensherrschaft der Bolschewiki dokumentieren; das Foto zeigt angeblich von Bolschewiki Ermordete

Ostseeprovinzen heftig umkämpft

3. Januar. Die Bolschewiki übernehmen die Macht in der lettischen Hauptstadt Riga, die am Tag zuvor von den deutschen Truppen geräumt worden ist. Die baltischen Provinzen des Zarenreichs, die sich nach der Oktoberrevolution (1917) von Rußland unabhängig erklärt haben, bleiben aber umkämpft. Am 6. Januar ziehen bolschewistische Truppen auch in die litauische Hauptstadt Wilna ein.

Während die deutschbaltische Führung in Lettland die Vereinigung mit dem Deutschen Reich angestrebt hatte, knüpften die Führer der Letten Verbindungen mit den Alliierten und proklamierten nach dem Zusammenbruch der Mittelmächte am 18. November 1918 die unabhängige Republik. Am 4. Dezember wurde eine provisorische Sowjetregierung gebildet, die von den Bolschewiki unterstützt wird. Die sowjetrussischen Verbände, die nun die Macht in Riga übernommen haben, werden im Frühjahr 1919 wieder vertrieben, doch stellen sie weiterhin eine Bedrohung dar.

Ungarns Präsident für kommende Krise

11. Januar. Der ungarische Ministerpräsident Mihály Graf Károlyi von Nagykárolyi gibt dem Exekutivkomitee des Nationalrats in Budapest den Rücktritt seines Ministeriums bekannt, tritt jedoch selbst nicht zurück. Das Exekutivkomitee beauftragt daraufhin Károlyi, »als provisorischer Präsident der Republik die heutigen und eventuell noch auftauchenden politischen Krisen« zu lösen. Damit ist Károlyi der erste Staatspräsident der am 16. November 1918 proklamierten bürgerlichen Ungarischen Republik.

Ungarn, das bis 1918 Teil der österreichisch-ungarischen Doppelmonarchie war, ist jedoch nur noch ein Rumpfstaat: Nach der weitgehenden Auflösung der ungarischen Armee am Ende des Ersten Weltkriegs besetzten die Tschechen Oberungarn (die Slowakei), die Rumänen Siebenbürgen und die Serben Südungarn. Am 1. Januar 1919 besetzten tschechische Truppen die ungarische Stadt Preßburg, die am 25. Februar in Bratislava umbenannt wird.

Mihály Graf Károlyi von Nagykárolyi, Ungarns erster Staatspräsident

Ungarn droht der Verlust von fast zwei Dritteln seines ursprünglichen Staatsgebiets: Die Tschechen fordern die Slowakei, das Königreich der Kroaten, Serben und Slowenen (Jugoslawien) fordert Kroatien-Slawonien und das Banat, Rumäniens Regierung schließlich erhebt Anspruch auf Siebenbürgen und einen Teil des Banats.

Deutschösterreich will den Anschluß

30. Januar. Der deutschösterreichische Staatsrat in Wien nimmt einen Gesetzantrag an die Provisorische Nationalversammlung an, der Deutschösterreich zum Glied des Deutschen Reichs erklärt. Am 12. November 1918 hatten sich die von Deutschen bewohnten alpenländischen Teile der früheren Doppelmonarchie Österreich-Ungarn als »Republik Deutschösterreich« konstituiert. Erklärtes Ziel dieser Republik ist die Vereinigung mit dem Deutschen Reich.

Am 7. Januar hat die deutsche Reichsregierung den im Deutschen Reich lebenden Deutschösterreichern das Recht zugestanden, an den Wahlen zur Deutschen Nationalversammlung teilzunehmen (→ 19.1./S.32). Zwei Tage später nimmt die Provisorische Nationalversammlung in Wien mit Zweidrittelmehrheit einen Gesetzentwurf an, der den in Deutschösterreich wohnenden Reichsdeutschen das Wahlrecht für die konstituierende Nationalversammlung verleiht (→ 16.2./S.54).

Tschechoslowakische Gebietsforderungen in Osteuropa

23. Januar. Tschechoslowakische Truppen besetzen gegen den Widerstand der polnischen Besatzung Teile des ehemaligen Fürstentums Teschen (Český Těšín) in Oberschlesien, auf das die Tschechoslowakei und Polen gleichermaßen Anspruch erheben (Teschener Frage). Das Industriegebiet im früheren österreichischen Herzogtum Schlesien war während des Ersten Weltkriegs bis Ende 1916 Sitz des österreichischen Hauptquartiers.

Die Tschechoslowakei gibt sich Polen gegenüber ebenso siegesgewiß wie bei ihren Forderungen gegenüber Ungarn. Nach der Gründung der Tschechoslowakischen Republik (ČSR) am 28. Oktober 1918 in Prag erklärten die zu Ungarn gehörenden Karpaten-Ukrainer ihren Anschluß an die Tschechoslowakei. Die ČSR nahm für sich die Herrschaft über Böhmen und Mähren in Anspruch; das sudetendeutsche Gebiet wurde besetzt. Außer den »historischen Ländern« Böhmen, Mähren und Schlesien sowie der Slowakei soll der tschechoslowakische Nationalstaat auch Karpato-Rußland umfassen. Innerhalb der Grenzen dieses neuen Vielvölkerstaats, den die tschechische Regierung errichten will, werden neben den Tschechen und Slowaken auch deutsche, polnische und ungarische Bevölkerungsminderheiten leben.

In der Frage der Festsetzung der tschechoslowakischen Grenzen verweist Karel Kramář, der erste Ministerpräsident der ČSR, am 14. Januar in der Nationalversammlung in Prag auf einen am 28. September 1918 mit Frankreich geschlossenen Vertrag, in dem es u.a. heißt: »Die Regierung der Französischen Republik erkennt ihrerseits mit demselben Nachdruck und unter denselben Bedingungen wie die übrigen Alliierten das tschechoslowakische Volk als verbündetes und kriegführendes Volk, dessen Souveränität und den tschechoslowakischen Nationalrat als De-facto-Regierung, in Frankreich residierend, an und verpflichtet sich, durch Gewährung ihrer Unterstützung zur abermaligen Erreichung seiner Freiheit und zur Realisierung der Rekonstruktion des unabhängigen Tschechoslowakischen Staates in den Grenzen seiner gewesenen historischen Länder.«

Kramář folgert: »Es gibt daher keinen Zweifel, wo unsere künftigen Grenzen gezogen sein werden«. Er zitiert ein Telegramm des französischen Außenministers Stéphan Pichon: »Frankreich kann nicht vergessen ... den Widerstand des Volkes und die Weigerung der Soldaten, für die österreichisch-ungarische Sache zu kämpfen - ein mit Blut geheiligtes Heldentum.«

Tschechoslowakische Soldaten, die für Frankreich und Italien sowie gegen die Bolschewiki kämpften, in Prag neben dem Wagen von Präsident Masaryk

Der Leichenwagen mit dem Sarg des verstorbenen US-Präsidenten Roosevelt

Roosevelt wird in Oster Bay beigesetzt; den Sarg schmückt eine US-Flagge

Populärer Präsident Theodore Roosevelt

Befürworter der US-Expansion

6. Januar. Im Alter von 60 Jahren stirbt in Sagamore Hill im US-Bundesstaat New York Theodore Roosevelt. Der Republikaner war von 1901 bis 1909 der 26. Präsident der Vereinigten Staaten.

Der Tod dieses Politikers findet auch im Deutschen Reich starke Beachtung. Roosevelt zählte während des Ersten Weltkriegs zu den entschiedensten Gegnern des Deutschen Reiches und befürwortete energisch den Kriegseintritt der USA. Die »Frankfurter Zeitung« würdigt Roosevelt, dessen Politik sie mit den Schlagwörtern »Imperialismus« und »Kampf der Geldherrschaft« umreißt und den sie mit dem deutschen Ex-Kaiser Wilhelm II. vergleicht, was die »imperialistische Persönlichkeit« betrifft, auf der Titelseite: »So leidenschaftlich umkämpft wie der jetzt unerwartet da-

Roosevelt, der 1895 Polizeipräsident von New York wurde, rückte nach der Ermordung von US-Präsident McKinley 1901 auf dessen Posten vor; 1904 wurde er erneut zum Präsidenten gewählt

hingegangene Theodore Roosevelt war selbst in dem aller Leidenschaften vollen Amerika noch kein Politiker und Staatsmann. Verachtet, gehaßt, umstürmt und bespien von allen Interessenten und Nachläufern und Kostgängern der riesigen Finanzmächte der Neuen Welt, aber auch besonders in den östlichen Staaten von weiteren Kreisen des wohlhabenden Bürgertums und schließlich von einem erheblichen Teil der Intelligenz. Aber ebenso stürmisch bewundert und geliebt von den großen Massen des Volkes … Man kann wohl sagen, daß Roosevelt der populärste Staatsmann und Präsident der Vereinigten Staaten seit Lincoln gewesen ist. Selbst Woodrow Wilson, der ihn vornehmlich nach diesem Kriege und seinem gewaltigen Triumph für die Neue Welt an positiven Erfolgen gewiß übertrifft, hat bisher einen solchen Grad warmblütiger Volkstümlichkeit nicht zu erreichen vermocht … Unter seiner Präsidentschaft, genau wie heute unter derjenigen Wilsons, kann nicht das Parlament, sondern nur das persönliche Oberhaupt als die eigentliche Volksvertretung angesehen werden. In seinem Kampfe stand das Volk hinter Roosevelt.«

Theodore Roosevelt wurde am 27. Oktober 1858 in New York geboren. 1901 wurde der entschiedene Verfechter der US-Expansionspolitik Vizepräsident und übernahm im selben Jahr nach der Ermordung von William McKinley das Präsidentenamt. Er vertrat die These von der Polizeifunktion der USA in Lateinamerika. Die Monroe-Doktrin von 1823 - keine Einmischung der Europäer in nord- und südamerikanische Belange - interpretierte er 1904 als internationale Ordnungsfunktion der USA in der westlichen Hemisphäre. 1906 erhielt er den Friedensnobelpreis für seine Vermittlung im Russisch-Japanischen Krieg.

Regierung starker Persönlichkeiten

10. Januar. Der britische Premierminister David Lloyd George (liberal), der seit 1916 im Amt ist, bildet sein zweites Kabinett, eine Fortsetzung der Koalitionsregierung der »starken Persönlichkeiten«. Außenminister bleibt Arthur James Balfour, das Kriegs- und Luftfahrtministerium übernimmt Winston Churchill, Schatzkanzler wird Joseph Austen Chamberlain, Kolonialminister wird Alfred Viscount Milner, Lordgeheimsiegelbewahrer wird Andrew Bonar Law.

Andrew Bonar Law war von 1911 bis 1915 Parteiführer der Konservativen und 1915/16 Kolonialminister

Arthur James Balfour, seit 1916 Außenminister, vertritt Großbritannien auf der Pariser Friedenskonferenz

Winston Churchill, ursprünglich Konservativer, seit 1904 Liberaler, bekleidete mehrere Ministerämter

Unruhen in Buenos Aires nach Streik

7. Januar. In Buenos Aires brechen Unruhen unter der Arbeiterschaft aus, die unzufrieden mit der Regierung ist. Am 10. Januar wird unter der Führung der marxistischen Internationalen Sozialistischen Partei der Generalstreik proklamiert, der die argentinische Hauptstadt und weite Teile des Landes völlig lahmlegt. Präsident Hipólito Irigoyen verhängt den Kriegszustand über die Republik.

Der Generalstreik wird von Einheiten der argentinischen Armee mit großer Härte niedergeschlagen. Nach Angaben der Marxisten beteiligen sich 150 000 Menschen am Generalstreik. Mehrere 100 Arbeiter kommen während der Kämpfe allein in Buenos Aires ums Leben. Die Marxisten sprechen von der »Blutwoche von Buenos Aires«.

Britische Kontrolle über Bagdadbahn

28. Januar. Die britischen Behörden übernehmen im Irak und Nordmesopotamien die Bagdadbahn, die wichtigste Landverbindung zwischen Europa und den Anrainern des Persischen Golfs. Die Eisenbahnen im europäischen Teil der Türkei sowie der nördliche Teil der Bagdadbahn sind nach dem Ersten Weltkrieg von den französischen Behörden übernommen worden, entsprechend den im Waffenstillstand von Mudros vereinbarten Zonen (→ 11.1./S.18).

Die Bagdadbahn ist die Eisenbahnlinie von Konya in Inneranatolien nach Bagdad am Tigris. Sie ist die Fortsetzung der Anatolischen Bahn von Konstantinopel (Istanbul) nach Konya. Britische Truppen hatten die strategisch wichtige Bahn bereits im Ersten Weltkrieg durch eine Schmalspurbahn von Bagdad zur Hafenstadt Basra am Schatt Al Arab, 130 km vor dem Persischen Golf, verlängert.

Vor dem Ersten Weltkrieg war die Bagdadbahn einer der zahlreichen Streitpunkte zwischen den Großmächten. Erbauer war die von der Deutschen Bank in Berlin abhängige Anatolische Eisenbahngesellschaft. Daher empfanden Großbritannien und das Russische Reich den Bau der Bahn als deutsche Bedrohung ihrer Interessensphären.

Die erste Specksendung aus den USA trifft in Berlin ein; im Deutschen Reich leiden die Menschen seit 1915 an Hunger

Hoover-Plan — Hilfe für Nachkriegseuropa

11. Januar. In Paris tritt der alliierte Oberste Rat für die allgemeine Hilfeleistung (Supreme Council of Supply and Relief) unter dem Vorsitz von Herbert Clark Hoover (USA) zu seiner ersten Sitzung zusammen. Der Rat besteht aus je zwei Vertretern der Alliierten. Seine Aufgabe ist, die Organisierung der Lebensmittelversorgung in den »befreiten und feindlichen« Gebieten.

Am 14. Januar bewilligt das US-Repräsentantenhaus in Washington 100 Millionen Dollar (800 Millionen Mark) für das von Hoover initiierte Lebensmittelhilfswerk für Europa (Food Relief of Europa). US-Präsident Woodrow Wilson hatte von Paris aus die Bewilligung der Gelder als den »Schlüssel zur gesamten Lage in Europa und zur Lösung der Friedensfrage« bezeichnet: »Der Bolschewismus rückt immer mehr nach dem Westen vor und vergiftet Deutschland. Er kann nicht mit Gewalt, wohl aber mit Lebensmitteln aufgehalten werden ... Das Geld wird nicht für Lebensmittel in Deutschland selbst gebraucht werden, denn Deutschland kann seine Lebensmittel kaufen, aber es muß verwendet werden, um die Lebensmittelversorgung Polens, der befreiten Völker der österreichisch-ungarischen Monarchie und unserer Bundesgenossen auf dem Balkan zu finanzieren.«

Medizinische »Kommission zum Studium der Wirkung der Hungerblockade« in Berlin; die Kommission prüft Nahrungsmittel auf Beschaffenheit und Nährwert; der alliierten »Hungerblockade« fallen nach deutschen Angaben rund 700 000 Menschen zum Opfer

Berliner Kinder durchsuchen den Abfall vor der Markthalle nach Eßbarem; zwar hat das Deutsche Reich während des Ersten Weltkriegs keine bedeutenden Zerstörungen durch Artilleriebeschuß erleiden müssen, die »Hungerblockade« stürzt jedoch die Bevölkerung in Not und Elend

Spartakusaufstand nach Entlassung von Emil Eichhorn

5. Januar. Der amtsenthobene Berliner Polizeipräsident Emil Eichhorn (USPD) weigert sich, sein Amt zu übergeben. Der neuernannte Polizeipräsident Eugen Ernst (MSPD) und der stellvertretende Berliner Stadtkommandant Anton Fischer, die Eichhorn zur Übergabe seines Amtes zwingen wollen, verlassen ohne Erfolg das Polizeipräsidium am Alexanderplatz, auf dem Tausende von Menschen warten.

Der provisorische preußische Ministerpräsident und Innenminister, Paul Hirsch (MSPD), hat am 4. Januar Eichhorns Entlassung verfügt und mit Begünstigung spartakistischer Umtriebe begründet.

Die Amtsenthebung Eichhorns ist der Auslöser für den Spartakusaufstand. Bewaffnete Spartakisten besetzen in den Abendstunden des 5. Januar die Druckerei des sozialdemokratischen Parteiorgans »Vorwärts« und die Nachrichtenagentur Wolffs Telegraphen-Bureau (WTB), das Verlagshaus Mosse, die Druckerei des Verlags Ullstein und die Druckerei Büxenstein.

Aus dem Verlagshaus Mosse wird mit schweren Maschinengewehren gefeuert, Passanten bringen sich in Sicherheit

»Auf zum Kampf, gebraucht die Waffen gegen eure Todfeinde!«

9. Januar. Die Revolutionären Obleute (Vertrauensleute) der Metallarbeiter, der Zentralvorstand der USPD Groß-Berlins und die Zentrale der KPD erlassen den gemeinsamen Aufruf »Auf zum Generalstreik! Auf zu den Waffen!«. Sie begründeten darin ihre Unzufriedenheit und rufen zum Streik auf:

»Arbeiter! Genossen! Soldaten! Grenzenlos war die Langmut der revolutionären Arbeiter Deutschlands, über alle Maßen ihre Geduld mit den vom Bruderblut besudelten Ebert-Scheidemann. Die Verbrechen dieser Verräter des Proletariats, dieser elenden Handlanger der kapitalistischen Scharfmacher, dieser Verkörperung der Gegenrevolution schrien längst zum Himmel. Der 6. Dezember oder 24. Dezember [1918], die Metzeleien unter den wehrlosen Urlaubern und Frontsoldaten, die Niederkartätschung revolutionärer Matrosen, das waren die ersten Bluttaten der Judasse in der Regierung. Sie sollten die Kraft der Revolution brechen, die auflodernde Empörung der Arbeiter- und Soldatenmassen löschen. Doch der revolutionäre Geist triumphiert, die Scheidemann-Ebert standen gebrandmarkt und verachtet vor der ganzen Welt. Aber die vom Urteil des Volkes gerichteten Mörder gaben das verruchte Spiel nicht auf. Sie gehörten ins Zuchthaus …

Eichhorn sollte davongejagt, das [Berliner] Polizeipräsidium, diese wichtige revolutionäre Machtstellung, schnöde geraubt werden. Da erhob sich der Zorn der Berliner Arbeitermassen von neuem in wuchtigen Kundgebungen. Einen ehernen Wall zogen sie um das Polizeipräsidium. Denn sie wußten, im Berliner Polizeipräsidium sollte die Revolution selbst tödlich getroffen werden … Die Scheidemann-Ebert zauderten nicht. Ihr Cäsarenwahnsinn lechzte nach neuem Blut. Zahlreiche heilige Menschenleben fielen ihrem rasenden Haß gegen das revolutionäre Proletariat am Montag [6. Januar] zum Opfer …

Arbeiter! Genossen! Jetzt ist der letzte Nebel hinweggeblasen! Klar ist die Situation! Es geht aufs Ganze, es geht ums Ganze! …

An jeden Proletarier, an jeden revolutionären Soldaten ergeht der Donnerruf des unerbittlichen Geschicks: Auf zum letzten, zum entscheidenden Kampf!

Heraus aus den Fabriken, ihr Arbeiter und Arbeiterinnen! Der Generalstreik aller Betriebe muß eure erste Antwort sein! …

Zeigt den Schurken eure Macht! Bewaffnet euch! Gebraucht die Waffen gegen eure Todfeinde, die Ebert-Scheidemann! Auf zum Kampf! Auf zum Kampfe, auf zum vernichtenden Schlage, der zerschmettern muß die blutbesudelten Ebert-Scheidemann!«

Vorbild ist ein Sklavenführer

Die Spartakisten (Kommunisten) leiten ihren Namen von dem römischen Sklaven Spartakus her. Spartakus floh 73 v. Chr. aus der Gladiatorenschule von Capua mit etwa 70 keltischen und thrakischen Sklaven. Er erhielt Zulauf von flüchtigen Sklaven, die sich eine Verbesserung ihrer Lage erhofften. Spartakus besiegte mit seinem Sklavenheer -zuletzt zwischen 40 000 und 60 000 Mann - mehrere römische Heere. Nach wechselvollem Stellungskrieg wurde er im Jahr 71 v. Chr. von Marcus Licinius Crassus geschlagen und fiel. Die Abbildung zeigt bewaffnete Spartakisten am 6. Januar am Brandenburger Tor.

Während des Spartakusaufstands kommt es in Berlin auch immer wieder zu prorepublikanischen Demonstrationen

Spartakistendemonstration am 5. Januar in Berlin; rechts oben Karl Liebknecht (x), Gründungsmitglied der KPD

Revolutionsrat in Berlin gegründet

6. Januar. Spartakisten, revolutionäre Obleute (Vertrauensleute) der Metallarbeiter und Mitglieder der USPD bilden in Berlin einen Revolutionsausschuß. In einem Aufruf, der von Georg Ledebour (USPD), Karl Liebknecht (KPD) und Paul Scholze (revolutionäre Obleute) unterzeichnet ist, erklärt der Ausschuß den Rat der Volksbeauftragten als provisorische deutsche Regierung für abgesetzt und verkündet die Übernahme der Regierungsgeschäfte. Die Absetzung des Berliner Polizeipräsidenten Emil Eichhorn (USPD; →5.1./S.24) soll zum Anlaß genommen werden, die Regierung unter Friedrich Ebert (MSPD) und Philipp Scheidemann (MSPD) gewaltsam zu stürzen.

Sofort nach dem Ausbruch des bewaffneten Konflikts versuchen gemäßigte Führer der USPD, zwischen der Regierung und den Aufständischen zu vermitteln. Nach dem Scheitern dieses Versuchs rufen die Aufständischen den Generalstreik aus (→9.1./S.24).

Noske: »Gewalt mit Gewalt bekämpfen«

6. Januar. Gustav Noske (MSPD), der Leiter des Militärressorts im Rat der Volksbeauftragten, der provisorischen deutschen Regierung, übernimmt nach dem Ausbruch des Spartakusaufstands den Oberbefehl über alle Regierungstruppen in Berlin. Er erhält von der Regierung Friedrich Ebert/Philipp Scheidemann (beide MSPD) weitgehende Vollmachten zur Wiederherstellung der Ordnung. Die Auseinandersetzung mit den kommunistischen Aufständischen erfolgt nach dem Grundsatz, den die Regierung in einem Aufruf am 8. Januar aufstellt: »Gewalt kann nur mit Gewalt bekämpft werden.«

Noch am 6. Januar greift auch das 300 Mann starke Freikorps Wilhelm Reinhard, das sich in der Kaserne in Berlin-Moabit verschanzt hat, in die Kämpfe gegen die Spartakisten ein. Der sog. Kanonenschuß von Moabit ist das Signal auch für andere rechtsgerichtete und republikfeindliche bewaffnete Gruppierungen und Freikorps »zum freien Waffengebrauch« gegen die spartakistischen Aufständischen.

Am 5. Januar besetzen Spartakisten und Mitglieder der USPD die Druckerei des »Vorwärts«

Während einer Feuerpause am Verlagshaus Mosse

Spartakisten bewaffnen sich für die Kämpfe in Berlin

Spartakisten auf dem Weg zur Demonstration

Spartakus-Posten an der Zimmerstraße

Regierungstruppen auf dem Brandenburger Tor in Erwartung eines Angriffs der Spartakisten; zeitweilig hielten Spartakisten auch dieses Tor besetzt

Garde-Jäger nach der Erstürmung des »Vorwärts«-Gebäudes

Das Fleisch eines bei den Kämpfen getöteten Pferdes wird von Passanten aufgeteilt

Unterhändler der Spartakisten fahren zu Verhandlungen in die Reichskanzlei

Barrikadenkämpfer während eines Feuergefechts in den Straßen von Berlin; während des Spartakusaufstands kommen 157 Menschen ums Leben

Spartakisten-Aufstand niedergeschlagen

12. Januar. Regierungstruppen erstürmen das von den Spartakisten zur Festung ausgebaute Polizeipräsidium am Alexanderplatz in Berlin und besetzen die Bötzowbrauerei. Der Spartakusaufstand bricht endgültig zusammen.

Am 13. Januar besetzen Regierungstruppen den Stadtteil Moabit und beginnen mit der planmäßigen »Säuberung« Berlins von Spartakistenstellungen. Ebenfalls am 13. erläßt die Reichsregierung eine Verordnung, die eine sofortige Ablieferung aller Schußwaffen nebst Munition verlangt.

Am selben Tag wendet sich die Reichsregierung in einem Aufruf »An das deutsche Volk«:

»Nach einer Woche schwerer Wirren kehrt in Berlin die Ordnung zurück. Den braven Truppen der Republik ist es gelungen, aus eigener Kraft und durch die Unterstützung der Bevölkerung einen Aufstand niederzuwerfen, der alle freiheitlichen Errungenschaften der Revolution zu vernichten drohte. Irregeleitete Fanatiker verbanden sich mit dunklen Elementen der Großstadt, um mit ihrer Hilfe und der Hilfe einer fremden Macht [gemeint ist Sowjetrußlands] die Gewalt an sich zu reißen, die ihnen das Volk ... aus freiem Willen niemals übertragen wird.«

Das von Regierungstruppen erstürmte »Vorwärts«-Gebäude, das die Spartakisten am 6. Januar besetzt hatten, zeigt mehrere Artillerie-Volltreffer

Chronologie des Januaraufstands

4. Januar: Der preußische Ministerpräsident und Innenminister Paul Hirsch (MSPD) verfügt die Entlassung des Berliner Polizeipräsidenten Emil Eichhorn (USPD) wegen offener Begünstigung spartakistischer Umtriebe.

5. Januar: Tausende demonstrieren gegen die Absetzung Eichhorns, der sich weigert, sein Amt zu übergeben (→S.24).

Am Abend beschließen der radikale Flügel von USPD und KPD sowie die revolutionären Obleute den gewaltsamen Sturz der Regierung Friedrich Ebert/Philipp Scheidemann.

In der Nacht auf den 6. Januar besetzen Spartakisten wichtige Zeitungs- und Verlagshäuser sowie Druckereien in Berlin.

6. Januar: Die revolutionären Obleute (Vertrauensleute), KPD und USPD bilden einen »Revolutionsausschuß«, erklären die Regierung für abgesetzt und proklamieren die Übernahme der Regierungsgeschäfte (→S.25).

Die Reichsregierung überträgt dem Volksbeauftragten Gustav Noske (MSPD) den Oberbefehl über die Regierungstruppen. In die bewaffneten Kämpfe mischen sich von Anfang an auch rechtsgerichtete Freikorps ein (→S.25).

7. Januar: Die Spartakisten halten zentrale Punkte in Berlin besetzt, darunter die Eisenbahndirektion, das Haupttelegrafenamt, das Proviantamt, die Reichsdruckerei, das Brandenburger Tor und den Schlesischen Bahnhof. Der Aufstand greift auf andere Städte im Deutschen Reich über.

8. Januar: Regierungstruppen und Freikorps beginnen mit der Rückeroberung von Berlin.

9. Januar: Die Spartakisten rufen zum Generalstreik auf (→ S.24).

10. Januar: Regierungstruppen besetzen Spandau.

12. Januar: Nach der Erstürmung des Berliner Polizeipräsidiums durch Regierungstruppen bricht der Aufstand zusammen (→S.28).

Straßenszene nach dem Spartakusaufstand: Patrouillen der Regierungstruppen durchsuchen Passanten nach Waffen

Drahtbericht der Münchner Neuesten Nachrichten

München, den 16. Januar 1919

Liebknecht und Rosa Luxemburg erschossen.

Berlin, 16. Januar.

Der Kraftwagen, der den verhafteten **Liebknecht** aus dem Edenhotel ins Gefängnis bringen sollte, hatte im Tiergarten eine Panne. **Liebknecht versuchte zu fliehen** und wurde von der Begleitwache **erschossen.**

Die Ermordung von Liebknecht und Luxemburg ist Hauptthema in deutschen Zeitungen; zunächst wird nur die Version der Mörder veröffentlicht

Soldaten ermorden Karl Liebknecht und Rosa Luxemburg

15. Januar. Die nach dem Spartakusaufstand untergetauchten Spartakistenführer Karl Liebknecht und Rosa Luxemburg werden nach ihrer Verhaftung in Berlin bei der Überführung in das Untersuchungsgefängnis Moabit von Angehörigen der Gardekavallerie-Schützendivision (Regierungstruppen) ermordet. Die Leiche von Rosa Luxemburg werfen die Mörder in den Landwehrkanal, sie wird erst Ende Mai gefunden (→13.6./S.129). Liebknecht wurde nach Angaben der Soldaten »bei einem Fluchtversuch« von hinten erschossen. Schon einen Tag später stellt sich heraus, daß Liebknecht gezielt getötet wurde. Über die Untersuchung seiner Leiche schreibt die kommunistische Zeitung »Die Freiheit«: »Es ist nicht zutreffend, daß Genosse Liebknecht von hinten erschossen worden ist. Es steht vielmehr fest, daß er erst einen Stirnschuß hatte. Dieser Schuß hat die Stirn getroffen und ist im Hinterkopf wieder herausgekommen. Ebenso hat er einen rechtsseitigen Brustschuß und schließlich einen rechtsseitigen Oberarmschuß. Die Ausschüsse des Oberarm- und des Brustschusses sind am Rücken. Alle drei Schüsse haben ihn also von vorn getroffen. An den Einschußstellen ist bemerkenswert, daß sich dort Brandwunden zeigten. Das läßt auf eine kurze Entfernung des Abschusses schließen. Von der Stirn nach dem Hinterkopf zu zieht sich eine von einem Schlag mit einem stumpfen Instrument herrührende Stelle.« Über den Tod von Rosa Luxemburg erfahren die Leser in der offiziellen Version durch die »Frankfurter Zeitung« folgendes: »Schnell eilte der Transportführer in den ersten Stock und brachte Frau Luxemburg unter einer Bewachung von sechs Mann auf die Straße .... In dem Augenblick, als Frau Luxemburg die Straße betrat, drang die Menge auf sie ein. Der Transportführer stellte sich mit ausgebreiteten Armen vor die Gefangene, um sie vor Mißhandlungen zu schützen. Er wurde jedoch beiseite gerissen, und Frau Luxemburg erhielt mehrere Schläge über den Kopf, sodaß sie bewußtlos zu Boden sank. Die hinzukommende Verstärkung konnte schließlich die Menge zurückdrängen, und man schaffte die Verletzte in das Auto, das eilig davonfuhr. Am Kurfürstendamm, etwa in der Höhe der Nürnberger Straße, sprang plötzlich ein unbekannter Mann auf das Trittbrett des Autos und feuerte einen Schuß auf die Verhaftete ab. Er verschwand im Dunkeln, so daß er nicht festgenommen werden konnte. Das Auto fuhr weiter, wurde jedoch an der Hitzigbrücke von einer riesigen Menschenmenge angehalten. Man stürmte auf die Soldaten ein und riß den Körper der bereits Verschiedenen aus dem Wagen heraus. Noch ehe die Soldaten sich freimachen konnten, waren unbekannte Personen mit dem Leichnam im Dunkel des Ufers verschwunden.«

Wie spätere Ermittlungen ergeben, wird Rosa Luxemburg von ihren Bewachern ermordet. Die Mörder der beiden Spartakistenführer finden jedoch äußerst milde Richter (→14.5./S.106).

In Hamburg (Abb.) u. a. Städten kommt es zu Protestkundgebungen nach der Ermordung von Liebknecht/Luxemburg

»Es gibt Niederlagen, die Siege sind«

15. Januar. In der »Roten Fahne«, dem Zentralorgan der KPD, erscheint am Morgen der Ermordung Karl Liebknechts unter der Überschrift »Trotz alledem!« ein Leitartikel des Spartakusführers über den gescheiterten Aufstand:

»Jawohl! Die revolutionären Arbeiter Berlins wurden geschlagen. Und die Ebert-Scheidemann-Noske haben gesiegt … Aber es gibt Niederlagen, die Siege sind; und Siege, verhängnisvoller als Niederlagen.

Die Besiegten der blutigen Januarwoche, sie haben ruhmvoll gestanden; sie haben um Großes gestritten, ums edelste Ziel der leidenden Menschheit, um geistige und materielle Erlösung der darbenden Massen; sie haben um Heiliges Blut vergossen, das so geheiligt wurde. Und aus jedem Tropfen dieses Bluts, dieser Drachensaat für die Siege von heute, werden den Gefallenen Rächer erstehen, aus jeder zerfetzten Fiber neue Kämpfer der hohen Sache, die ewig ist und unvergänglich wie das Firmament.

Die Geschlagenen von heute werden die Sieger von morgen sein … leben wird unser Programm; es wird die Welt der erlösten Menschheit beherrschen. Trotz alledem!«

Berlin: Gründung der KPD

1. Januar. *In Berlin geht der seit 30. Dezember 1918 tagende Gründungsparteitag der Kommunistischen Partei Deutschlands (KPD) zu Ende. Die KPD wird von Karl Liebknecht, Rosa Luxemburg, Leo Jogiches, Franz Mehring u.a. gegründet als gegenüber der USPD (Unabhängige SPD) selbständige Partei, die den Marxismus nach sowjetrussischem Muster vertritt. Hauptziel ist der Aufbau einer direkten Rätedemokratie und die Verhinderung der Wahlen zu einer Deutschen Nationalversammlung. Die Abbildung zeigt das Titelblatt des KPD-Zentralorgans*

»Opfer des Todes, den sie riefen«

Der bayerische Ministerpräsident Kurt Eisner (USPD) äußert sich in München während einer Wahlkampfveranstaltung zum Tod von Rosa Luxemburg und Karl Liebknecht: »Die beiden Toten waren die ersten in Deutschland, die gegen das Kriegsgemetzel öffentlich aufgetreten sind. Sie sind für ihren Mut in Ketten geworfen worden. Wenn ich bedenke, daß ein Wilhelm II., ein Kronprinz, ein Tirpitz, ein Ludendorff, dieser sogar in nächster Nähe Berlins, unangefochten leben, erfaßt mich ein Grausen über diesen Wahnsinn Berlins, wo verhetzte Proletarier gegen Leute aufstehen, die zwar gefehlt haben, aber aus reinem Idealismus für ihre Überzeugung eintraten. Die Verbrecher des Weltkrieges dagegen leben noch alle.«

Der Volksbeauftragte Philipp Scheidemann (MSPD) sagt: »Die beiden riefen Tag für Tag zu den Waffen und forderten zum gewaltsamen Sturz der Regierung auf. Sie veranstalteten Spazierfahrten durch Berlin mit Maschinengewehren, die sie wiederholt vor die Reichskanzlei fuhren, und peitschten Tag für Tag ihre Anhänger bis zur Siedehitze auf. Sie haben, nachdem durch ihre Schuld das Arbeiter- und Soldatenblut in Strömen geflossen ist, uns als Mörder und Bluthunde Tag für Tag in Zeitungen und Versammlungen beschimpft. So wurden sie das Opfer ihrer eigenen blutigen Terrortaktik.«

Das sozialdemokratische Zentralorgan »Vorwärts« schreibt: Luxemburg und Liebknecht »sind Opfer des blutigen Todes geworden, den sie gegen alle Bitten und Beschwörungen ihrer einstigen Freunde und Parteigenossen, von einer Wahnsinnsidee vorwärtsgetrieben, selbst in das Land gerufen hatten. Ihnen hatte die erste Revolution nicht genügt, die mit so geringen Opfern eine so unheimliche Umwälzung gebracht hatte … ihr Untergang erschüttert auch den, der ihre Schuld nicht verkennt.«

Beisetzung in Berlin: Sarg von Rosa Luxemburg bleibt leer

25. Januar. 32 kommunistische Opfer des Spartakusaufstands, unter ihnen Karl Liebknecht, werden in Berlin zu Grabe getragen. Der Sarg von Rosa Luxemburg, deren Leiche noch nicht gefunden wurde, bleibt leer (→ 15.1./S.29).

USPD und KPD wollten den Leichenzug zu einem politischen Demonstrationszug durch die ganze Reichshauptstadt gestalten. Dem beugte die Regierung durch die militärische Absperrung der Innenstadt vor, an einigen Stellen sind sogar Kanonen aufgefahren. Die Teilnehmer der Beerdigung sammeln sich außerhalb des Zentrums am Bülowplatz und ziehen von dort direkt zum städtischen Friedhof in Friedrichsfelde.

Wie das SPD-Zentralorgan »Vorwärts« meldet, hatten die Spartakusanhänger vergeblich vom Berliner Magistrat die Beisetzung von 64 gefallenen Spartakisten auf dem Friedhof der Märzgefallenen verlangt. Dort ruhen die Opfer der Märzrevolution von 1848.

Luise Zietz (l.) hält die Grabrede; in der Mitte der 32 Särge der Sarg von Liebknecht und der leere Sarg von Luxemburg

Zwei Kämpfer gegen den Krieg und für die Räterepublik

Karl Liebknecht, der Sohn des SPD-Politikers Wilhelm Liebknecht, zählte 1907 zu den Mitbegründern der Sozialistischen Jugendinternationale, deren erster Präsident er bis 1910 war. In der SPD, für die er von 1912 bis 1916 Reichstagsabgeordneter war, gehörte er zum linken Flügel. Nach dem Ausbruch des Ersten Weltkriegs fügte er sich zunächst der Fraktionsdiziplin, stimmte jedoch am 2. Dezember 1914 als einziger gegen die Kriegskredite.

1916 gründeten Liebknecht, Rosa Luxemburg und Franz Mehring die antimilitaristische Gruppe Internationale (ab 1918 Spartakusbund) und brachen mit der SPD. Am 1. Mai 1916 protestierte Liebknecht in Berlin öffentlich gegen den Krieg, wurde verhaftet und wegen Hochverrats zu vier Jahren Zuchthaus verurteilt. Nach der Begnadigung im Oktober 1918 trat er mit Rosa Luxemburg an die Spitze des kommunistischen Spartakusbunds und beteiligte sich Ende 1918/Anfang 1919 an der Gründung der KPD (→1.1./S.30).

Während der Novemberrevolution 1918 proklamierte er in Berlin die »Freie sozialistische Republik«, wenige Stunden nachdem Philipp Scheidemann (SPD) die Republik ausgerufen hatte.

Rosa Luxemburg, gebürtige Polin, entstammte einer wohlhabenden jüdischen Kaufmannsfamilie. Wegen ihres Engagements in der Arbeiterbewegung mußte sie 1889 nach Zürich emigrieren. Nach dem Abschluß ihres Volkswirtschaftsstudiums übersiedelte sie nach Berlin, wo sie eine der führenden Persönlichkeiten des linken Flügels der SPD wurde. 1905/06 nahm sie an der Revolution in Rußland teil und war ein halbes Jahr in Warschau inhaftiert, ehe sie ins Deutsche Reich zurückkehrte und 1907 Dozentin an der SPD-Parteischule in Berlin wurde. Von 1915 bis 1918 war sie fast ständig in Haft. Während der Novemberrevolution 1918 kämpfte sie für die Räterepublik.

Karl Liebknecht (l.) wurde vor 1918 bekannt durch seine antimilitaristischen Schriften, seine Ablehnung der Kriegskredite (1914) und seine Demonstration gegen den Krieg (1916); am 9. November 1918 rief er in Berlin die Freie sozialistische Republik aus; Rosa Luxemburg (r.) sah in »spontanen« Massenaktionen die Voraussetzung für eine soziale Revolution

In noch nie dagewesener Weise wird der Bürger während des ersten echten Wahlkampfs der deutschen Geschichte mit Propagandaplakaten der politischen Parteien konfrontiert

Wahlen zur Nationalversammlung ohne Störungen

19. Januar. Die Wahlen zur Verfassunggebenden Deutschen Nationalversammlung enden mit einem Sieg der bürgerlichen Parteien MSPD (163 Mandate), Zentrum (91), Deutsche Demokratische Partei (75) und Deutschnationale Volkspartei (44). Die linksradikale USPD und die Deutsche Volkspartei stellen jeweils 22 Abgeordnete (→19.1./S.34). Die Wahlbeteiligung liegt mit 83 % ungewöhnlich hoch. Die Weimarer Nationalversammlung ist das verfassunggebende Parlament im Deutschen Reich nach der Novemberrevolution von 1918. Es sind die ersten Wahlen seit dem Sturz des Kaisertums und der Proklamation der Republik. Zum ersten Mal dürfen auch die Frauen wählen und gewählt werden.

Nach der »Blutweihnacht« von 1918 und dem Spartakusaufstand (→ 5.1./S.24) rechnete der Rat der Volksbeauftragten, die provisorische deutsche Regierung unter Friedrich Ebert (MSPD) und Philipp Scheidemann (MSPD), mit Störungen vor allem durch Kommunisten (Spartakisten). Gustav Noske (MSPD), der Leiter des Militärressorts des Rats der Volksbeauftragten, hat für alle Truppen in den Kasernen und in den Bürgerquartieren in Berlin Alarmbereitschaft befohlen; auf Lastwagen patrouillieren Spezialkommandos durch die nördlichen und östlichen Stadtteile der Reichshauptstadt, wo am ehesten mit Unruhen gerechnet wird. Doch alles bleibt ruhig.

Überraschend groß ist die Wahlbeteiligung. Schon in den frühen Morgenstunden des Wahlsonntags, kurz nach acht Uhr, bilden sich vor den Wahllokalen in Cafés, Schulen und Turnhallen lange Schlangen. Familien erscheinen meist zusammen; in geschlossenen Trupps treten vielfach Soldaten aus den Kasernen und Schwestern aus den Krankenhäusern auf. Besonders auffällig ist die starke Beteiligung der Frauen (→ 19. 1./S. 33).

Auch aus den anderen deutschen Städten wird ein überwiegend ruhiger Verlauf der Wahl gemeldet. Hamburg: »Äußerst rege Beteiligung bei normalem Verkehr«. München: »Ruhe nirgends gestört. Wahlbeteiligung bei ungünstigem Wetter anscheinend geringer als bei den Landtagswahlen«. Leipzig:

Wahlrednerin in Berlin; als erste Frau in Deutschland forderte Hedwig Dohm 1873 öffentlich das Stimmrecht für Frauen; die SPD nahm 1891 diese Forderung auf; August Bebel stellte 1895 einen entsprechenden Antrag im Reichstag; 1902 gründeten Anita Augsburg und Linda Gustava Heymann die erste Frauenstimmrechts-Organisation

»Beinahe verblüffende Ruhe. Wahlbeteiligung, besonders der Frauen, sehr stark«. Kassel: »Keine Störungen, außer einem Akt von Sabotage; durch Herausreißen einer Anzahl Seiten aus den Wählerlisten ist einigen tausend Wählern die Ausübung ihres Wahlrechts unmöglich gemacht worden«. Rheinisch-westfälischer Industriebezirk: »Starke Beteiligung; Haltung der Massen im allgemeinen ruhig und würdig; in Hamborn, Dinslaken und Walsum Spartakisten-Demonstrationen, in deren Verlauf Wahlurnen und Listen auf der Straße verbrannt wurden«.

Am 21. Januar beruft der Rat der Volksbeauftragten die Nationalversammlung für den →6. Februar (S.44) nach Weimar ein, »weil dieser Ort nicht so sehr wie Berlin im Zeichen der täglich wechselnden Fragen steht«. In einer Mitteilung heißt es zur Begründung: »Die Aufgabe der Nationalversammlung aber fordert strenge Einstellung auf das Große und Bleibende. Es wird darum richtig sein, es in gesammelter Ruhe entstehen zu lassen, nicht bedrängt von der Tagespolitik. Daß mit der Verlegung des Sitzes der Nationalversammlung in eine Stadt des mittleren Deutschland den Wünschen der Süddeutschen besonders entgegengekommen worden ist, versteht sich von selbst.«

Erstmals sind an der Gestaltung der Wahlplakate Künstler wesentlich beteiligt, nicht ausschließlich für Parteien, sondern auch im Dienst der Idee einer Nationalversammlung

Frauen erstmals zur Wahl

19. Januar. Während die Frauen in Frankreich, der Schweiz, in Portugal, Bulgarien, der Türkei, in Ägypten u.a. Ländern überhaupt keine politischen Rechte besitzen, brachte die Revolution vom November 1918 den deutschen Frauen, die zunächst nur das Gemeindewahlrecht für sich erstrebten, das volle aktive und passive Wahlrecht. Die deutschen Frauen üben es bei der Wahl zur Deutschen Nationalversammlung zum ersten Mal aus.

In unzähligen Aufrufen, Flugblättern und Broschüren wurden die Frauen vor der Wahl von verschiedenen politischen Organisationen aufgefordert, ihr neues Recht auch tatsächlich wahrzunehmen. In dem Appell »Frauen! Wählt!« der Sozialpolitikerin und Frauenrechtlerin Alice Salomon z.B. heißt es: »Die Frauen müssen jetzt wählen, auch wenn sie sich bisher vielfach vor der Teilnahme am politischen Leben scheuten. Diese Scheu ist begründet; einmal dadurch, daß man jahrzehntelang die Frauen mit den Worten vom öffentlichen Leben zurückgehalten hat: Die Frau gehört ins Haus, oder sie ist zu schade dazu. Über die Ansicht, daß die Frau ins Haus gehört, sind die tatsächlichen Verhältnisse längst hinweggegangen. Millionen von Frauen haben schon vor dem Kriege in außerhäuslicher Erwerbsarbeit an dem wirtschaftlichen, sozialen und geistigen Leben der Nation teilgenommen. Die Frau ist auch nicht zu schade dazu. Denn niemand kann zu schade sein für die Mitarbeit an den höchsten und heiligen Werten, an dem Neuaufbau des nationalen Lebens.«

Die Berliner Zeitschrift »Die Woche« veröffentlicht »10 Gebote zum Frauenwahlrecht«: »I. Du sollst aus dem unerwarteten und schweren Recht, als Bürgerin zu wählen, eine gewissenhaft erfüllte Pflicht machen. II. Du sollst nicht aus falscher Vornehmheit oder aus einer engen Vorstellung von Weiblichkeit glauben, daß dich die ganze Sache nichts anginge. III. Du sollst nicht der guten alten Zeit nachtrauern, in der die Frauen es so viel leichter hatten, sondern du sollst dich fest und freudig auf den Boden der Gegenwart stellen ... IX. Du sollst den Mut der Überzeugung, aber nicht den Eigensinn des Fanatismus haben. X. Du sollst in der Politik nicht begehren deines Nächsten Recht, Besitz oder Ehre, auch nicht deine eigene Ehre suchen, sondern du sollst deinen Willen und deine ganze Kraft nur auf das Wohl deines Vaterlandes richten.«

◁ *Die Presse veröffentlicht speziell für Frauen Beilagen, in denen der Wahlvorgang genau geschildert wird*

Sechs Parteien in Weimar

19. Januar. Von den sechs größeren Parteien, die es bis zum Ausbruch des Ersten Weltkriegs gab, besteht seit der Proklamation der Republik keine mehr unverändert fort, auch die alten Namen wurden aufgegeben. Die größten Parteien, die in der neugewählten Deutschen Nationalversammlung Abgeordnete stellen, sind folgende:

Mehrheits-SPD: Die MSPD, mit 163 Abgeordneten (37,9 % der Wählerstimmen) stärkste Fraktion, vertritt den Gedanken des parlamentarischen Regierungssystems, fordert das Selbstbestimmungsrecht der Völker und versteht sich als Vertreterin der Interessen »des arbeitenden Volkes in Stadt und Land«.

Christliche Volkspartei (Zentrum): Das katholische Zentrum, das sich seit der Novemberrevolution 1918 Christliche Volkspartei (CVP) nennt, ist einschließlich der Bayerischen Volkspartei und der Deutsch-Hannoverschen Partei mit 91 Abgeordneten vertreten (19,7 % der Stimmen). Das Zentrum bekennt sich zum Föderalismus und macht die Wahrung der »christlichen Lebenswerte« zum obersten Gebot.

Deutsche Demokratische Partei: Die DDP, mit 75 Abgeordneten (18,5 % der Stimmen) drittstärkste politische Kraft, ist die Partei des Linksliberalismus. Sie bekennt sich zur Demokratie, tritt für die Erhaltung des Privateigentums, für ein staatliches Bildungswesen und ein soziales Arbeitsrecht ein.

Deutschnationale Volkspartei: Die DNVP (44 Mandate, 10,3 % der Stimmen) ist die Sammelpartei der konservativen Rechten. Sie bekennt sich zur monarchischen Staatsform und fordert ein »starkes deutsches Volkstum« als Grundlage eines »starken deutschen Staates«.

Unabhängige Sozialdemokratische Partei Deutschlands: Die USPD, die sich 1917 von der MSPD abspaltete (22 Abgeordnete, 7,6 % der Stimmen), erstrebt »die Erhaltung der politischen Macht durch das Proletariat« und will die Arbeiterklasse von der kapitalistischen Klassenherrschaft befreien; sie fordert die Vergesellschaftung der Wirtschaftsunternehmen und bekennt sich nicht zur parlamentarischen Regierungsform, sondern zum Rätesystem.

Deutsche Volkspartei: Die DVP (19 Abgeordnete, 4,4 % der Stimmen) fordert »Versöhnung und Vertiefung der liberalen und sozialen Gedanken« und bekennt sich zum nationalen Machtstaatgedanken; sie vertritt vor allem die Interessen von Schwerindustrie und Unternehmerschaft.

Diesen Parteien schließen sich in der Nationalversammlung die Abgeordneten einiger kleinerer Parteien an, z.B. der Württembergische Bauern- und Weingärtnerbund mit zwei Mandaten der Deutschnationalen Volkspartei (DNVP). Diese »Koalitionen« sind in den Zahlen bereits berücksichtigt.

Der evangelische Pfarrer Friedrich Naumann führt die Deutsche Demokratische Partei; er gehörte seit 1907 in verschiedenen Parteien dem Reichstag an

Adolf Gröber, der Führer der Zentrumsfraktion in der Nationalversammlung, zählt zu dem Flügel seiner Partei, dem auch Matthias Erzberger angehört

Hermann Müller, nach seinem Wahlkreis Müller-Franken genannt, gehört seit 1906 dem Parteivorstand der SPD an; von 1916 bis 1918 war er Mitglied des Reichstags

Übersicht über die Wahlergebnisse in der »Berliner Illustrirten Zeitung«; die ▷
Wahlen in Elsaß-Lothringen fanden auf französischen Protest hin nicht statt

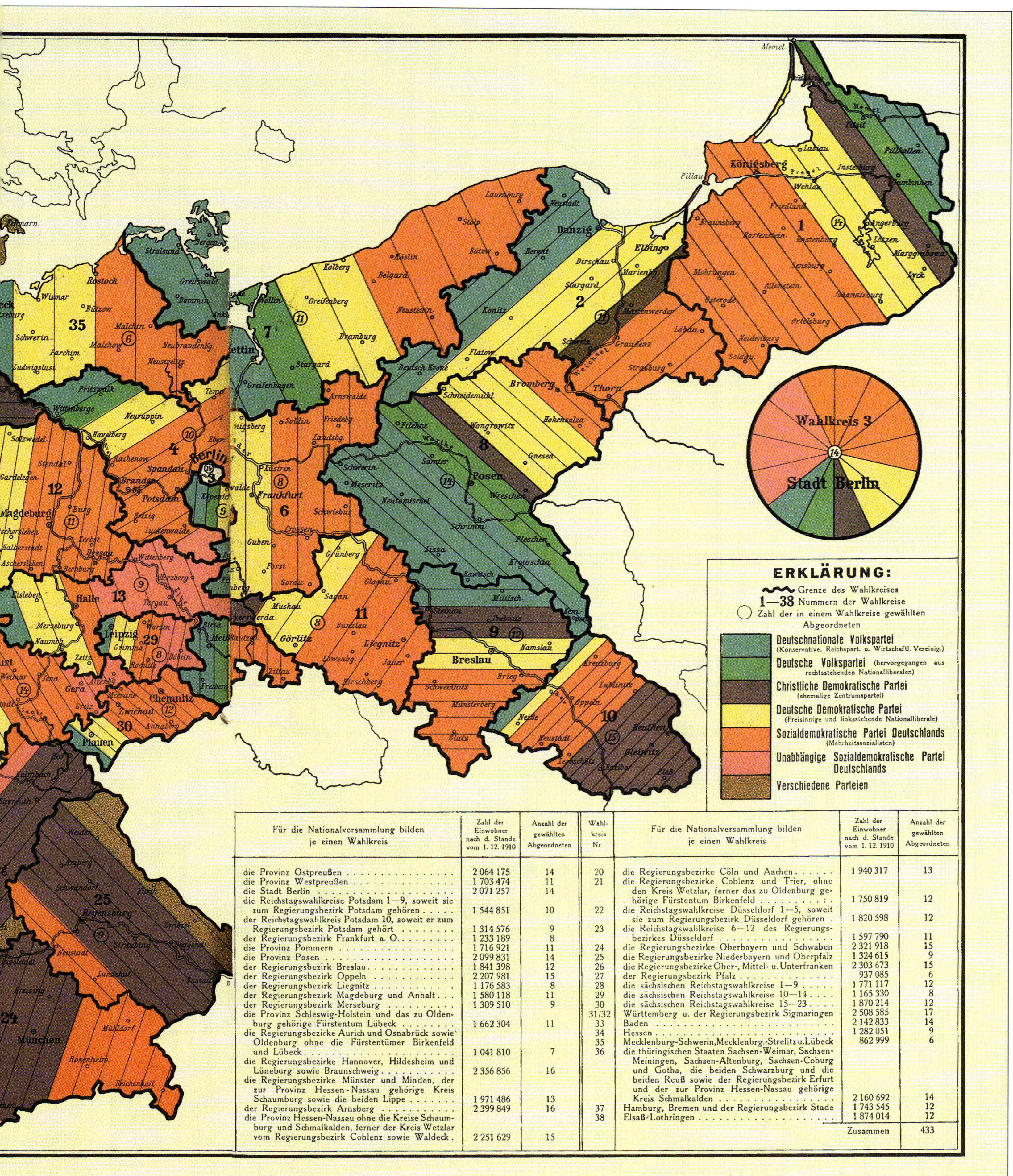

Wahlkreis Nr.	Für die Nationalversammlung bilden je einen Wahlkreis	Zahl der Einwohner nach d. Stande vom 1. 12. 1910	Anzahl der gewählten Abgeordneten
1	die Provinz Ostpreußen	2 064 175	14
2	die Provinz Westpreußen	1 703 474	11
3	die Stadt Berlin	2 071 257	14
4	die Reichstagswahlkreise Potsdam 1—9, soweit sie zum Regierungsbezirk Potsdam gehören	1 544 851	10
5	der Reichstagswahlkreis Potsdam 10, soweit er zum Regierungsbezirk Potsdam gehört	1 314 576	9
6	der Regierungsbezirk Frankfurt a. O.	1 233 189	8
7	die Provinz Pommern	1 716 921	11
8	die Provinz Posen	2 099 831	14
9	der Regierungsbezirk Breslau	1 841 398	12
10	der Regierungsbezirk Oppeln	2 207 981	15
11	der Regierungsbezirk Liegnitz	1 176 583	8
12	der Regierungsbezirk Magdeburg und Anhalt	1 580 118	11
13	der Regierungsbezirk Merseburg	1 309 510	9
14	die Provinz Schleswig-Holstein und das zu Oldenburg gehörige Fürstentum Lübeck	1 662 304	11
15	die Regierungsbezirke Aurich und Osnabrück sowie Oldenburg ohne die Fürstentümer Birkenfeld und Lübeck	1 041 810	7
16	die Regierungsbezirke Hannover, Hildesheim und Lüneburg sowie Braunschweig	2 356 856	16
17	die Regierungsbezirke Münster und Minden, der zur Provinz Hessen-Nassau gehörige Kreis Schaumburg sowie die beiden Lippe	1 971 486	13
18	der Regierungsbezirk Arnsberg	2 399 849	16
19	die Provinz Hessen-Nassau ohne die Kreise Schaumburg und Schmalkalden, ferner der Kreis Wetzlar vom Regierungsbezirk Coblenz sowie Waldeck	2 251 629	15
20	die Regierungsbezirke Cöln und Aachen	1 940 317	13
21	die Regierungsbezirke Coblenz und Trier, ohne den Kreis Wetzlar, ferner das zu Oldenburg gehörige Fürstentum Birkenfeld	1 750 819	12
22	die Reichstagswahlkreise Düsseldorf 1—5, soweit sie zum Regierungsbezirk Düsseldorf gehören	1 820 598	12
23	die Reichstagswahlkreise 6—12 des Regierungsbezirkes Düsseldorf	1 597 790	11
24	die Regierungsbezirke Oberbayern und Schwaben	2 321 918	15
25	die Regierungsbezirke Niederbayern und Oberpfalz	1 324 615	9
26	die Regierungsbezirke Ober-, Mittel- u. Unterfranken	2 303 673	15
27	der Regierungsbezirk Pfalz	937 085	6
28	die sächsischen Reichstagswahlkreise 1—9	1 771 117	12
29	die sächsischen Reichstagswahlkreise 10—14	1 165 330	8
30	die sächsischen Reichstagswahlkreise 15—23	1 870 214	12
31/32	Württemberg u. der Regierungsbezirk Sigmaringen	2 508 585	17
33	Baden	2 142 833	14
34	Hessen	1 282 051	9
35	Mecklenburg-Schwerin, Mecklenbrg.-Strelitz u. Lübeck	862 999	6
36	die thüringischen Staaten Sachsen-Weimar, Sachsen-Meiningen, Sachsen-Altenburg, Sachsen-Coburg und Gotha, die beiden Schwarzburg und die beiden Reuß sowie der Regierungsbezirk Erfurt und der zur Provinz Hessen-Nassau gehörige Kreis Schmalkalden	2 160 692	14
37	Hamburg, Bremen und der Regierungsbezirk Stade	1 743 545	12
38	Elsaß-Lothringen	1 874 014	12
	Zusammen		433

Achtstundentag für deutsche Arbeiter

1. Januar. Im Deutschen Reich treten die Vereinbarungen über die Einführung des achtstündigen Arbeitstags in Kraft.

Die Grundlage für diese Neuerung ist die am 15. November 1918 vor allem von dem Industriellen Hugo Stinnes und dem Gewerkschafter Karl Legien ausgehandelte Vereinbarung zwischen den Gewerkschaften und den Arbeitgeberverbänden. Sie brachte die ausdrückliche Anerkennung der Gewerkschaften als berufene Vertreter der Arbeiterschaft, die Ablehnung jeglicher Beschränkung der Koalitionsfreiheit, die Festsetzung des achtstündigen Höchstarbeitstags und die Akzeptierung von Tarifverträgen für alle Gewerbezweige. Mit dieser »Magna Charta« waren zentrale gewerkschaftliche Forderungen in Erfüllung gegangen.

Das Zusammenwirken von Unternehmern und Gewerkschaften wird in der revolutionären Übergangsphase nach dem Sturz des Kaisertums durch die am 4. Dezember 1918 gegründete Zentralarbeitsgemeinschaft (ZAG) der industriellen und gewerblichen Arbeitgeber und Arbeitnehmer gewährleistet.

Deutsche Handelsflotte an alliierte Siegermächte ausgeliefert

17. Januar. *In Trier wird zwischen den alliierten Siegermächten des Ersten Weltkriegs und der deutschen Waffenstillstandskommission (→ 16.1./S.18) eine Vereinbarung über die Erleichterung der Lebensmittelzufuhr durch deutsche Schiffe getroffen. Danach muß die gesamte deutsche Handelsflotte — mit Ausnahme derjenigen Schiffe, die durch eine Kommission der Alliierten »freigelassen« werden — zur Versorgung Europas mit Le-bensmitteln den Alliierten »in vollständig ausgerüstetem und seetüchtigem Zustand« sofort zur Verfügung gestellt werden; dabei ist es gleichgültig, wo sich die Schiffe befinden. Betroffen sind Passagier- und Frachtdampfer. Die Verwaltung der besonders gekennzeichneten Schiffe (Abb.) wird von den Alliierten übernommen. Dafür erhält das Deutsche Reich ca. 200 000 t Brotgetreide und ca. 70 000 t Schweinefleischprodukte.*

Staatskontrolle über den Bergbau

18. Januar. Friedrich Ebert und Philipp Scheidemann (MSPD) unterzeichnen als Leiter des Rats der Volksbeauftragten, der provisorischen deutschen Regierung, eine Verordnung zum Kohlenbergbau. Alle Bergbaugebiete werden danach Reichsbevollmächtigten unterstellt »bis zur gesetzlichen Regelung der umfassenden Beeinflussung des gesamten Kohlenbergbaues durch das Reich und bis zur Festlegung der Beteiligung der Volksgesamtheit an seinen Erträgen«. Den Reichsbevollmächtigten wird je ein Vertreter der Unternehmer und der Arbeiter zugeordnet, die auf Vorschlag der Zentralarbeitsgemeinschaft (ZAG, → 1.1./ S.36) von der Reichsregierung ernannt werden. Aufgabe ist die Überwachung aller »wirtschaftlichen Vorgänge auf dem Gebiete der Kohlenförderung, des Absatzes und der Verwertung der Kohlen ..., auch hinsichtlich der Preisbemessung«.

Gefangene kehren heim

14. Januar. Der Abtransport der alliierten Kriegsgefangenen aus dem Deutschen Reich wird offiziell für beendet erklärt. Die Alliierten hatten den 15. Januar als Stichtag bestimmt, bis zu dem alle Kriegs- und Zivilgefangenen aus den Entente-Staaten mit Ausnahme der Kranken und Verwundeten das Deutsche Reich verlassen müßten.

Die alliierten Siegermächte des Ersten Weltkriegs »vermuten« jedoch, daß auch nach dem allgemeinen Gefangenenabschub noch Kriegsgefangene bei Arbeitskommandos in deutschen Bergwerken, Gefängnissen, Fabriken, Lazaretten, Irrenanstalten u.a. zurückgehalten werden. Sie kündigen die Einsetzung einer Kommission an, die im Deutschen Reich nach zurückgehaltenen Kriegsgefangenen suchen wird. Die deutschen Behörden müssen ebenso wie Privatpersonen den alliierten Kommandobehörden die Namen aller ihnen bekannten Gefangenen angegeben.

Für die Erfüllung der Forderungen sollen die in alliierter Kriegsgefangenschaft befindlichen Deutschen als Faustpfand haften.

US-Soldaten auf der Brücke der »Leviathan« (bisher »Vaterland«), die sie in ihre Heimat zurückbringt

Einschränkung des Eisenbahnverkehrs

18. Januar. Die Folgen der Ablieferung deutscher Lokomotiven an die alliierten Siegermächte des Ersten Weltkriegs (→16.1./S.18) führen zu starken Einschränkungen des Personenverkehrs. Das wirtschaftliche Demobilmachungsamt in Berlin warnt: »Nach Erledigung der Abbeförderung des Heeres müssen die Einschränkungen im Personenverkehr erheblich verschärft werden. Selbst bei glaubhaftem Nachweis der Notwendigkeit einer Reise werden im Zivilpersonenverkehr Fahrkarten nur in den allerdringendsten Fällen verausgabt werden. Auch der Berufs- und Arbeiterverkehr wird nicht in der bisher gewohnten Weise berücksichtigt werden können.« Zweck dieser Beschränkung ist es, durch Wegfall von Personenzügen noch genügend Lokomotiven zur Aufrechterhaltung der Lebensmittel- und Kohleversorgung zu haben. Ab April soll fast der gesamte Personenverkehr entfallen.

Gesundheit 1919:

Volksgesundheit durch Hungerblockade schwer geschädigt

Obwohl der Waffenstillstand zwischen dem Deutschen Reich und den alliierten Siegermächten im November 1918 unterzeichnet worden ist, geht die von der Entente während des Ersten Weltkriegs verhängte Hungerblockade auch 1919 weiter bis zur Unterzeichnung des Friedensvertrags am →28. Juni (S.122). Die Ostseeblockade bleibt sogar das ganze Jahr über aufrechterhalten.

Etwa 760 000 Menschen sind von 1915 bis 1918 an den Folgen der Hungerblockade gestorben; auch 1919 sind es nach Schätzungen monatlich »Zehntausende«.

Folgen des Hungers bei Kindern

	Dez. 1916	Jan.1919
Volksschule A: ungenügend ernährt	11,2%	17,1%
blutarm	36,5%	50,9%
tuberkulös	2,9%	6,3%
Volksschule B: ungenügend ernährt	4,5%	16,2%
blutarm	33,7%	52,6%
tuberkulös	2,5%	4,6%

(Ergebnisse einer schulärztlichen Reihenuntersuchung in der Stadt Chemnitz)

Vor allem Kinder sind von den Folgen des Hungers betroffen. Ein Schularzt kommentiert die Entwicklung der letzten Jahre: »Während vor dem Kriege im allgemeinen die Eltern ihren heranwachsenden Kindern alles zuzuwenden suchten und sich eher die eigene Kost vom Leibe abdarbten als ihre Kinder hungern ließen, hat die unselige Kriegsernährungsnot dies, von Jahr zu Jahr zunehmend, nunmehr fast völlig unmöglich gemacht. Dazu kam und kommt, daß gerade die für die wachsenden Kinder nötigsten Dinge immer knapper wurden und schon seit geraumer Zeit gar nicht mehr vorhanden sind: Butter, Fett, Gerste, Hafer und vor allem Milch.«

Im Zuge der Neuordnung der sozialen Einrichtungen im Deutschen Reich seit 1918 erfährt die gesetzliche Regelung des Gesundheitswesens eine durchgreifende Umstrukturierung. Die Grundlage hierfür bietet die Weimarer Verfassung (→ 31.7./S.140). Danach sind dem Reich das Gesundheitswesen, der Schutz der Arbeiter und die Wohlfahrtspflege vorbehalten. Die Verfassung macht dem Staat zur Aufgabe die Reinhaltung und Gesundheit der Familie, den Schutz der Mutterschaft, den Schutz der Jugend gegen Ausbeutung, die Ausdehnung der Versicherung auf die wirtschaftlichen Folgen von Alter, Krankheit usw. Die umfangreiche gesetzgeberische Tätigkeit, um diese Vorschriften in die Alltagspraxis umzusetzen, beginnt in diesem Jahr.

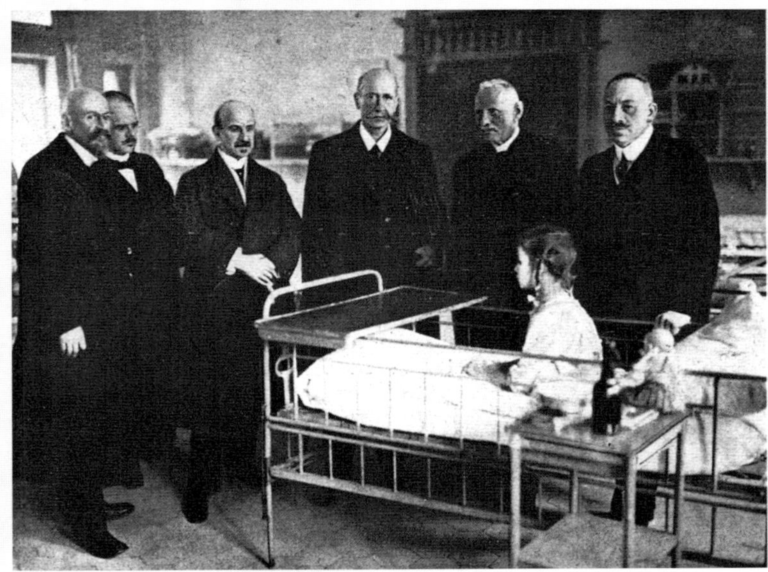

△ *Eine internationale Sachverständigenkommission untersucht die Auswirkungen der alliierten Hungerblockade auf deutsche Kinder; der Kommission gehören keine Vertreter der Alliierten an; sie besteht aus deutschen und schwedischen Ärzten; Leiter ist der schwedische Arzt Johannson (3.v.r.)*

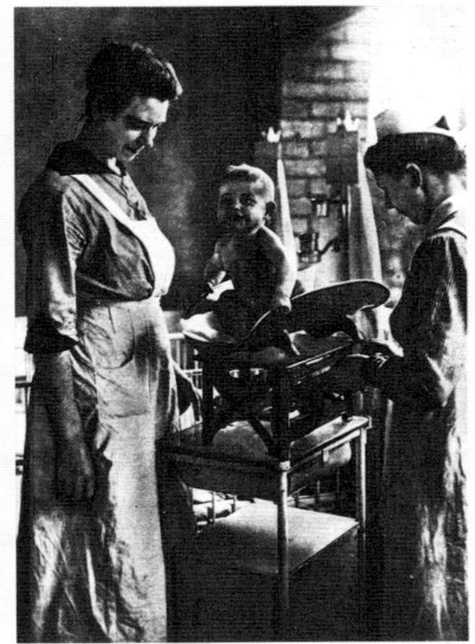

◁ *Im Säuglingsheim Westend bei Berlin; von großer Bedeutung ist der kriegsbedingte Geburtenausfall; statt 7,3 Millionen erwarteter Geburten wurden 1914 bis 1918 nur 4,4 Millionen Kinder geboren; 1919 liegt die Neugeborenenzahl um 500 000 unter den Erwartungen*

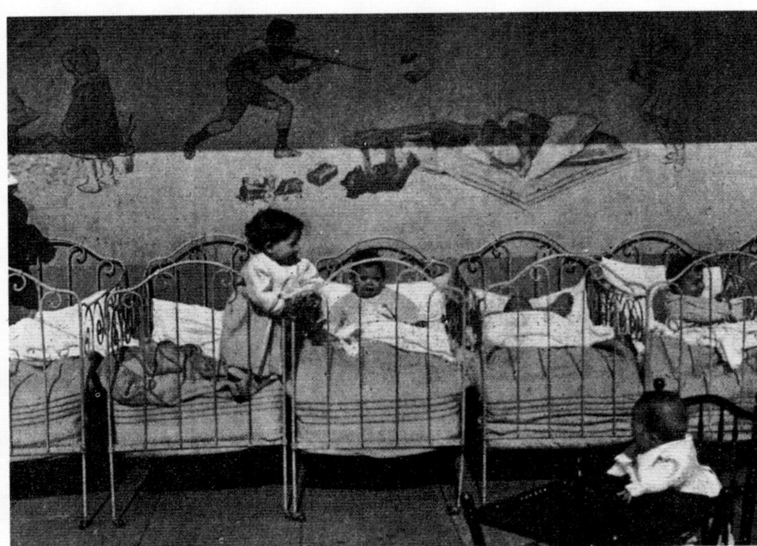

In Aufrufen werden die Franzosen dazu angehalten, Kriegswaisen zu adoptieren; die Abbildung zeigt den Schlafsaal eines französischen Waisenheims

Für Schulkinder, die in den Ferien zu Hause bleiben, stellt die Stadt Berlin Heime bereit, wo die Kinder beaufsichtigt und verpflegt werden

Film 1919:

Kriegsbedingter Neuanfang

Fünf Kriegsjahre haben die blühende Filmindustrie Frankreichs zugrunde gerichtet, die vor dem Ersten Weltkrieg die Märkte beherrschte. Umgekehrt hat im Deutschen Reich der Weltkrieg dem Medium Film zu einem Aufschwung verholfen. Während die Deutschen vor dem Krieg fast nur ausländische Filme aus Frankreich, Italien, den USA und Dänemark sahen und neben Altmeister Oskar Meßter nur wenige Produzenten tätig waren, hat sich die Zahl der Filmfirmen bis 1919 verzehnfacht; das Kapital in der Filmindustrie ist um mehr als das Hundertfache gewachsen.

Nach Kriegsausbruch konnten keine ausländischen Filme aus den Feindstaaten mehr bezogen werden; die deutsche Filmindustrie war auf sich selbst angewiesen. 1917 schlossen sich auf Veranlassung von General Erich Ludendorff die wichtigsten Produzenten in der Universum Film AG (Ufa) zusammen; die deutsche Führung wollte den Film für propagandistische Zwecke nutzen. 1919 stellen weit über 100 Unternehmen im Deutschen Reich rund 500 Filme her, die in 3000 Lichtspieltheatern vorgeführt werden. Nach offiziellen Schätzungen besuchen im zweiten Halbjahr 1919 täglich rund eine Million Menschen die Lichtspielhäuser. Der Film hat sich in knapp zwei Jahren zum Unterhaltungsmedium Nr. 1 entwickelt.

Neben Berlin bildet sich ein zweites Filmzentrum in München heraus: Die Münchner Lichtspielkunst AG wird 1919 von Filmunternehmen und Banken als süddeutsches Gegengewicht zur Ufa gegründet. Doch Berlin bleibt die dominierende Filmmetropole im Deutschen Reich. Die Projektions-AG Union mit ihren kolossalen Glaspalästen in Berlin-Tempelhof gehören ebenso zur Ufa wie die Meßter-Film-Gesellschaft mit ihrem Star Henny Porten, der zur Zeit populärsten deutschen Diva. Bei der Union spielen Pola Negri, die den Typ der rassigen schönen Frau und Künstlerin verkörpert, die Lustspielheldin Ossi Oswalda, Paul Wegener, Emil Jannings und Harry Liedtke. Star der May-Film-Gesellschaft ist Mia May. Die Greenbaum-Film-Gesellschaft zählt Künstler wie Albert Bassermann zu ihrem Stab.

Fast alle bedeutenden Schauspieler wirken auch im Film mit, der das Sprechen allerdings noch nicht gelernt hat. Bassermann stellt die Filmkunst gleichwertig neben die Schauspielkunst und versucht im Film, durch Minenspiel, Sprache der Augen und Haltung alle Empfindungen auszudrücken.

Der Aufschwung der Filmindustrie bringt neue Arbeitsplätze. 2500 Beschäftigte zählt die Ufa 1919 allein in Berlin, wo sie elf große Theater mit durchschnittlich 1500 Plätzen unterhält - im übrigen

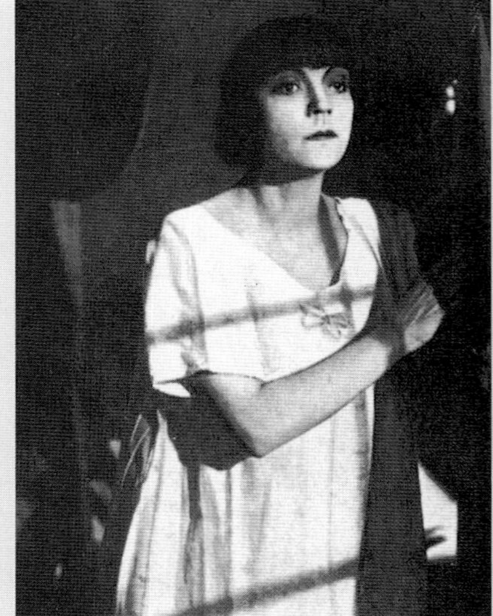

»Rausch« von Ernst Lubitsch ist der erste deutsche Nachkriegsfilm, in dem Asta Nielsen wieder auftritt

Richard Barthelmess spielt die Hauptrolle in »Gebrochene Blüten« von David Wark Griffith

Die Sterbeszene aus Richard Oswalds Homosexuellenfilm »Anders als die anderen«, der im Deutschen Reich großes Aufsehen erregt; auf dem Bett Conrad Veidt, links Anita Berber

In »Die Pest in Florenz« verfällt die ganze Stadt der Kurtisane Julia, ehe ihre Bewohner von der Pest getötet werden

Deutschen Reich sind es weitere hundert. In der sog. Filmbörse Berlins warten täglich 2000 Menschen auf Arbeit als Komparsen. Nur ein kleiner Teil von ihnen bekommt jedoch ein Engagement.

Zu den wichtigsten Produktionen des Jahres 1919 gehört Ernst Lubitschs Kostümfilm »Madame Dubarry« (→ 18. 9./S 173) und sein Lustspiel »Die Austernprinzessin«. Richard Oswald drehte den Homosexuellen-Film »Anders als die Anderen«, Fritz Lang debütiert als Regisseur mit »Halbblut«. Auch die Oswald-Verfilmung eines Jules Verne-Romans in »Die Reise um die Welt« mit Conrad Veidt als Phileas Fogg wird ein großer Publikumserfolg.

»Monika Vogelsang« lehnt sich an die gleichnamige Novelle von Felix Phillippi an; der Film führt in die Zeit der Renaissance zurück; das beliebte Genre »Kostümfilm« zeichnet sich durch den Hang zu großen Ausstattungen aus

Der Antikriegsfilm »Ich klage an« von Abel Gance wird ein Welterfolg; Millionen Gefallener steigen aus ihren Gräbern und kehren in die Heimat zurück, um Rechenschaft zu fordern, ob sich ihr Tod gelohnt hat

Den bisher größten Triumph ihrer Laufbahn feiert Gloria Swanson in »Mann und Frau« von Cecil Blount De Mille; sie spielt eine Schiffbrüchige, die auf einer Insel dem Charme des intelligenten Butlers (Eddi Sutherland, r.) erliegt

Ossi Oswalda ist die »Austernprinzessin« — hier in der Badewanne mit ihren Zofen — in Ernst Lubitschs gleichnamiger Verwechslungskomödie; neben ihr spielen u. a. Harry Liedtke als Prinz Nuki und Victor Jansen

Hans Bredow leitet Funkverwaltung

29. Januar. Friedrich Ebert und Philipp Scheidemann (beide MSPD) als Leiter des Rats der Volksbeauftragten, der provisorischen deutschen Regierung, unterzeichnen den Erlaß über die Gründung der »Reichsfunkbetriebsverwaltung«. In ihr wird das gesamte deutsche Funkwesen vereinigt. Leiter wird der Ingenieur Hans Bredow, seit 1903 Mitarbeiter der AEG. Die Neuregelung des deutschen Funkwesens, die am 1. Februar in Kraft tritt, soll eine »freie neuzeitliche« Entwicklung gewährleisten. Bredow zählt zu den Pionieren des (Rund-)Funks. 1917 übertrug er erstmals mit Rückkopplungsgeräten Musik an der Westfront.

Bühnenerfolge für Sternheims Werke

23. Januar. In Frankfurt am Main wird das Schauspiel »1913« von Carl Sternheim uraufgeführt. Während des Ersten Weltkriegs durfte es wegen möglicher Störung des »inneren Friedens« nicht gespielt werden. Zwei Tage später hat im Kleinen Theater in Berlin Sternheims »Tabula rasa« Premiere, ein Stück über das Verhalten eines Wohlstandsbürgers während der Kaiserzeit. Beide Stücke gehören zum Dramenzyklus »Aus dem bürgerlichen Heldenleben«. Seit der Revolution erobern die sozialkritischen, expressionistischen Stücke Sternheims die deutschen Bühnen.

200 000 Mark Rente für früheren König

18. Januar. Aus Stuttgart wird gemeldet, daß die vorläufige Regierung der Republik Württemberg dem früheren König Wilhelm II. eine jährliche Rente von 200 000 Mark zugestanden hat. Der Staat übernimmt ferner die Ausgaben für die bisherigen Hofbeamten, für die Schlösser und Gebäude des Königshauses sowie für das Theater.
Am 3. Januar hat auch der Landtag des Freistaats Schwarzburg-Sondershausen den ehemaligen Fürsten Günther entschädigt, der am 22. November 1918 auf den Thron verzichtet hatte. Der Fürst erhält in Zukunft eine Jahresrente von 210 000 Mark und das Nutzungsrecht für bestimmte Gebäude.

Die bürgerliche Gesellschaft ist das Ziel des Spotts in Bühnenstücken von Carl Sternheim wie »1913«

Zank um Konfessionsschule

25. Januar. Durch eine Verordnung des von Johannes Hoffmann (MSPD) geleiteten Kultusministeriums wird der Religionsunterricht in den Schulen Bayerns zum Wahlfach erklärt. Bislang war die Teilnahme am Religionsunterricht in den bayerischen Schulen Pflicht.
Die Auseinandersetzung um die konfessionelle Schule, die seit der Revolution mit großer Härte geführt wird, erreicht damit einen neuen Höhepunkt.
Am 10. Januar hatten die katholischen Pfarrer von Münster folgenden Wahlaufruf erlassen: »Die bevorstehenden Wahlen bedeuten einen Kampf für und gegen das Christentum, für und gegen die Freiheit der Kirche, für und gegen die konfessionelle Schule ... Für jeden gläubigen und seiner Kirche ergebenen Katholiken gilt heute die Frage: Was habe ich zu tun, damit keine Majorität in die Nationalversammlung einzieht, die der Kirche und der konfessionellen Schule feindlich ist? Die Antwort kann keinen Augenblick zweifelhaft sein. Die sozialdemokratische Partei ist religionsfeindlich, von ihr geht der Ansturm aus, der uns droht .... Den ersten Anspruch auf unsre Stimme hat die Zentrumspartei ..., die tapfere Vorkämpferin für unsere religiös-kirchlichen Rechte!«

Februar 1919

Mo	Di	Mi	Do	Fr	Sa	So
					1	2
3	4	5	6	7	8	9
10	11	12	13	14	15	16
17	18	19	20	21	22	23
24	25	26	27	28		

1. Februar, Sonnabend

Ernst Rowohlt gründet in Berlin zum zweiten Mal einen Verlag →S.60

2. Februar, Sonntag

Die MSPD wird klar stärkste Fraktion bei den Wahlen zur sächsischen Volkskammer (→23.2./S.50).

Aus den in der Pfalz stattfindenden Wahlen zum bayerischen Landtag geht die MSPD mit neun Mandaten als Siegerin hervor; die Bayerische Volkspartei (BVP) erhält acht Sitze, die USPD kein Mandat (→22.3./S.50).

Bei den Landtagswahlen im Freistaat Reuß ältere Linie erhält die USPD sieben, die Deutsche Demokratische Partei (DDP) vier, die MSPD zwei und die Deutschnationale Volkspartei (DNVP) ebenfalls zwei Mandate (→23.2./S.50).

Durch Verordnung des französischen Staatspräsidenten Raymond Poincaré wird die Verwaltung der französischen Privatbahnen vom Staat wieder den Besitzern übertragen (Vorkriegsstand).

3. Februar, Montag

Die oberste Heeresleitung (OHL) unter Paul von Hindenburg und Wilhelm Groener übernimmt den deutschen Ostschutz (→12.2./S.53).

In der Reichshauptstadt Berlin beginnen dreitägige preußisch-polnische Verhandlungen über die Lage in der von Polen besetzten preußischen Provinz Posen. Die Polen lehnen die Einstellung der Kampfhandlungen ab (→ 16.2./S 53).

Die erste Internationale Sozialistenkonferenz nach dem Ende des Krieges findet in Bern statt. →S.55

US-Präsident Woodrow Wilson wird in der französischen Abgeordnetenkammer in Paris feierlich empfangen.

4. Februar, Dienstag

Der Zentralrat der Sozialistischen Republik Deutschland, der sich u.a. mit sozial- und arbeitspolitischen Fragen befaßt, überträgt seine Macht der Weimarer Nationalversammlung (→ 6.2./S.44).

Die Freikorps-Division Gerstenberg zerschlägt die Räterepublik Bremen. Auf Anordnung der deutschen Reichsregierung wird noch am selben Tag ein provisorische Regierung gebildet, der fünf Mitglieder des MSPD angehören (→ 28.2./S.50).

5. Februar, Mittwoch

Sowjetische Truppen erobern die ukrainische Hauptstadt Kiew. →S.57

6. Februar, Donnerstag

Die Weimarer Nationalversammlung wird eröffnet. →S.44

Die rheinisch-westfälischen Arbeiter- und Soldatenräte fordern von der Reichsregierung die Anerkennung ihrer Sozialisierungskommission. →S.51

Die USPD lehnt eine Regierungsbeteiligung ab, »bis die gegenwärtige Gewaltherrschaft beseitigt ist und bis sämtliche Mitglieder der Regierung nicht nur das Bekenntnis abgeben, sondern auch den entschlossenen Willen bestätigen, die demokratischen und sozialistischen Errungenschaften der Revolution gegen die Bourgeoisie und gegen die Militärautokratie sicherzustellen«.

Die erste staatliche regelmäßige Luftpostverbindung zwischen Berlin und Weimar wird in Betrieb genommen. → S.53

7. Februar, Freitag

Eduard Heinrich Rudolph David (MSPD) wird zum Präsidenten der Weimarer Nationalversammlung gewählt. Der frühere Reichstagspräsident Konstantin Fehrenbach (Zentrum) wird einer der drei Vizepräsidenten (→6.2./S.44).

8. Februar, Sonnabend

Die Alliierten bilden in Paris den Obersten Wirtschaftsrat. →S.56

Der deutsche Staatssekretär des Innern, Hugo Preuß (DDP), eröffnet in Weimar die erste Lesung des Gesetzentwurfs über die vorläufige Reichsgewalt.

Zwölf Vertreter Elsaß-Lothringens beantragen in Weimar vergeblich die Zulassung zur Nationalversammlung. Gegen die Zulassung wenden sich vor allem die Volksbeauftragte Friedrich Ebert (MSPD) und Matthias Erzberger (Zentrum). Erzberger, der Vorsitzende der deutschen Waffenstillstandskommission, befürchtet für den Fall der Zulassung eine Erschwerung der Friedensverhandlungen.

Zwischen dem Deutschen Reich und den Alliierten wird im belgischen Spa ein Abkommen über Lebensmittellieferungen an das Deutsche Reich im Wert von 100 Millionen Mark unterzeichnet. Die Alliierten haben sich außerdem bereit erklärt, auf Wunsch der deutschen Regierung die weitere Lebensmittelversorgung Deutschlands bis zur nächsten Ernte »in Erwägung zu ziehen« (→ 16.1./S.18).

In Glasgow findet eine Versammlung von Streikenden statt, die von der Polizei gewaltsam aufgelöst wird. →S.57

Im Wiener Burgtheater wird die Tragödie »Dies irae …« von Anton Wildgans uraufgeführt, Beispiel des »Wiener Expressionismus«.

9. Februar, Sonntag

Bei den Wahlen zur Gesetzgebenden Landesversammlung für den deutschen Staat Koburg erhält die MSPD sieben und die DDP drei Mandate. Der Bund der Landwirte ist mit einem Abgeordneten vertreten (→23.2./S.50).

Bei den Bürgerschaftswahlen in Lübeck erringen die Sozialdemokraten mit 42 Mandaten die absolute Mehrheit. Die DDP erhält 29, die DNVP sechs Abgeordnetensitze, die DNVP-nahen Landbewohner sind mit drei Abgeordneten vertreten (→ 26.3./S.68).

10. Februar, Montag

Die Weimarer Nationalversammlung nimmt gegen die Stimmen der USPD und weniger anderer Abgeordneter den Gesetzentwurf über die vorläufige Reichsgewalt an (vorläufige Verfassung). Danach überträgt der Rat der Volksbeauftragten, die bisherige provisorische deutsche Regierung, ihre Macht der Nationalversammlung.

Im Landschaftlichen Haus wird der am 22. Dezember 1918 gewählte Landtag von Braunschweig eröffnet. Am 11. Februar nimmt er gegen die Stimmen der USPD den Antrag an, die Bildung eines nordwestdeutschen Freistaats nicht nur zu fördern, sondern die Bildung eines Freistaats Niedersachsen vorzubereiten, der auch Hannover umfassen soll.

In Braunschweig tagt bis zum 11. Februar der Zweite Kongreß zur Gründung einer nordwestdeutschen Bundesrepublik. 85 Vertreter der Arbeiter- und Soldatenräte Westdeutschlands nehmen an der Versammlung teil.

Der am 26. Januar gewählte Landtag von Lippe tritt in Detmold zur Konstituierenden Sitzung zusammen. Am selben Tag stellt der Lippesche Volks- und Soldatenrat seine Tätigkeit ein. Am 13. Februar nimmt der Landtag den Verfassungsentwurf an, nach dem das frühere Fürstentum in einen Freistaat umgewandelt wird, dessen gesetzgebende Verwaltung beim Landtag liegt.

Der britische König Georg V. eröffnet in London das Parlament. In seiner Thronrede weist er wiederholt auf die militärischen Leistungen der Alliierten während des Ersten Weltkriegs hin.

11. Februar, Dienstag

Die Weimarer Nationalversammlung wählt den früheren Volksbeauftragten Friedrich Ebert (MSPD) zum ersten deutschen Reichspräsidenten. →S.45

Der deutsche Reichspräsident Friedrich Ebert (MSPD) beauftragt Philipp Scheidemann (MSPD) mit der Regierungsbildung (→13.2./S.46).

Der durch das Gesetz über die vorläufige Reichsgewalt errichtete Staatenausschuß, die Vertretung der deutschen Länder, hält in Weimar seine erste Sitzung ab.

Der Volksrat der Republik Hessen in Darmstadt löst sich auf und überträgt der Volkskammer die gesetzgebende Gewalt.

12. Februar, Mittwoch

Der sowjetische Politiker Karl Radek wird in Charlottenburg bei Berlin wegen kommunistischer Agitation verhaftet. →S.50

Die deutschösterreichische Regierung in Wien protestiert in einer Note an die Alliierten gegen den Abtransport von Kunstgegenständen aus Wien (→ Februar/S.60).

Die alliierten Mächte USA, Großbritannien, Frankreich und Italien beschlagnahmen in Spanien deutsch-österreichische Schiffe, mit denen sie Waren »zum Zweck der Erleichterung der Lebensmittelnot in einem großen Teil Europas« transportieren wollen (→8.2./S.56).

13. Februar, Donnerstag

Die Weimarer Nationalversammlung wählt den früheren Volksbeauftragten Philipp Scheidemann (MSPD) zum deutschen Reichsministerpräsidenten. → S.45

Im ersten Kabinett Philipp Scheidemann sind sieben MSPD-Minister, je drei aus der DDP und dem Zentrum und ein Parteiloser. →S.46

Der finnische General und Reichsverweser Carl Gustaf Emil Freiherr von Mannerheim besucht die schwedische Hauptstadt Stockholm. →S.57

In München beginnt die Landeskonferenz der Arbeiter-, Bauern- und Soldatenräte Bayerns. Als Ministerpräsident Kurt Eisner (USPD) zu Beginn der bis zum 20. Februar dauernden Tagung die Presse beschimpft, verlassen zahlreiche Journalisten die Konferenz (→21.2./S.52).

In Darmstadt konstituiert sich die hessische Volkskammer.

14. Februar, Freitag

Konstantin Fehrenbach (Zentrum) wird zum Präsidenten der Weimarer Nationalversammlung gewählt als Nachfolger von Eduard Heinrich Rudolph David (MSPD), der als Minister ohne Geschäftsbereich in das Kabinett Philipp Scheidemann (MSPD) eingetreten ist (→13.2./S.46).

Der deutsche Generalfeldmarschall Paul von Hindenburg trifft mit der Obersten Heeresleitung (OHL) aus Wilhelmshöhe bei Kassel in Kolberg ein. Das Große Hauptquartier wird nach Osten verlegt. Hindenburg erläßt den Appell »An Deutschlands Söhne«. →S.53

15. Februar, Sonnabend

US-Präsident Woodrow Wilson tritt die Heimreise von Frankreich in die Vereinigten Staaten an. In Brest schifft er sich auf dem US-amerikanischen Dampfer »George Washington« ein, am 24. Februar landet er in Boston.

Die tschechoslowakische Regierung beschließt die Umbenennung von Preßburg in Bratislava (→23.1./S.21).

Die »Wiener Zeitung« veröffentlicht Angaben des Kriegsministeriums über Verlustzahlen der ehemaligen Doppelmonarchie Österreich-Ungarn während des Ersten Weltkriegs. Danach fielen bis Ende September des Jahres 1918 687 543 Soldaten, 855 283 gelten als vermißt, 1 229 289 sind in Gefangenschaft geraten.

Das ungarische Bodenreformgesetz wird veröffentlicht. Es geht davon aus, daß die arbeitende Bevölkerung auf den Boden, den sie bearbeitet, Eigentumsrecht hat. Am 20. Februar beginnt in Gödöllö die Bodenverteilung der ehemaligen Krongüter (→21.3./S.71).

Die »Berliner Illustrirte Zeitung« ruft auf ihrer Titelseite am 9. Februar 1919 zur Beilegung der Auseinandersetzungen zwischen Arbeiterschaft und Unternehmern auf, die für einen Neuanfang in der Nationalversammlung zusammenarbeiten sollen

16. Februar, Sonntag

In Deutschösterreich finden die Wahlen zur Konstituierenden Nationalversammlung statt. →S.54

Der Waffenstillstand zwischen den Alliierten und dem Deutschen Reich wird auf unbestimmte Zeit verlängert. →S.53

Der französische Ministerpräsident und Vorsitzende der Pariser Friedenskonferenz, Georges Benjamin Clemenceau, empfängt in Paris eine Delegation der Berner Arbeiter- und Sozialistenkonferenz, die ihm eine Friedensentschließung überreicht (→3.2./S.55).

Stärkste Fraktion bei den Wahlen zur Landesversammlung von Schaumburg-Lippe wird die MSPD mit acht Mandaten. Vertreten sind ferner die DNVP (2), die DVP (1), die DDP (2) und zwei Parteilose (→23.2./S.50).

Generalfeldmarschall Paul von Hindenburg protestiert in einem Schreiben an den deutschen Reichsministerpräsidenten Philipp Scheidemann (MSPD), der General Erich Ludendorff am 13. Februar in der Weimarer Nationalversammlung als »Hazardeur« bezeichnet hatte. Scheidemann stellt in seiner Antwort am 19. Februar klar, daß er von diesem Wort nicht abgehen könne: »Hazardeur nenne ich den Mann, der alles auf eine Karte setzt, ohne die Folgen zu bedenken, die ein Versagen dieser Karte nach sich zieht.«

Der tschechoslowakische Außenminister Eduard Beneš teilt aus Paris mit, daß die USA 50 % und Großbritannien und Frankreich je 25 % der Verpflegung der tschechoslowakischen Länder übernehmen (→23.1./S.21).

17. Februar, Montag

Aufgrund des am Vortag unterzeichneten Waffenstillstandsvertrags (→16.2./S.53) stellen deutsche Truppen die militärischen Aktionen gegen Polen ein. Polnische Einheiten setzen ihre Angriffe jedoch fort.

Der französische General Maurice Pellé übernimmt den Oberbefehl des tschechoslowakischen Heeres (→23.1./S.21).

In Berlin findet die 26. Generalversammlung des Bunds der Landwirte statt. →S.53

18. Februar, Dienstag

Die Vertretung der deutschen Länder in Weimar beschließt, die Traditionsfarben Schwarz-Rot-Gold als deutsche Nationalfarben einzuführen. → S.49

Die Regierung in Braunschweig, der ausschließlich von USPD-Mitgliedern besetzte Rat der Volksbeauftragten unter August Merges, tritt geschlossen zurück. Sie will so die Bildung einer Koalition unter Beteiligung der MSPD ermöglichen.

In Zürich beginnt die jüdisch-orthodoxe Weltkonferenz. Vertreter aus 14 Ländern fordern auf der bis zum 26. dauernden Veranstaltung u.a. die Anerkennung Palästinas als das Land, im Israel »berufen ist, seine nationalen Aufgaben gemäß der jüdischen Tradition zu verwirklichen« (→3.1./S.18).

19. Februar, Mittwoch

In Paris wird ein Revolverattentat auf den französischen Ministerpräsidenten Georges Benjamin Clemenceau verübt, der aber nur leicht verletzt wird. →S.56

Französische Zeitungen berichten über einen Beschluß des Obersten Alliierten Kriegsrats in Paris, der deutschen Regierung den Friedensvertrag erst vorzulegen, wenn er ganz fertiggestellt ist. →S.56

Als erste Frau spricht Marie Juchacz (MSPD) vor der Weimarer Nationalversammlung. →S.49

Im rheinisch-westfälischen Industriegebiet streiken etwa 120 000 Bergleute für die Sozialisierung der Bergbaubetriebe.

Estland erklärt alle Rittergüter des Landes zu Staatseigentum. →S.57

In Paris beginnt der Panafrikanische Kongreß, auf dem u.a. über Maßnahmen zum Schutz und zur Besserstellung der Eingeborenen beraten wird. →S.56

Bei den Beratungen des Staatenausschusses, der Vertretung der deutschen Länder in Weimar, verzichtet Bayern auf die Herausgabe eigener Briefmarken und auf eigene Gesandtschaften im Ausland.

20. Februar, Donnerstag

Habib Ullah Khan, Emir von Afghanistan seit 1901, wird in Kallagusch im Laghmantal von dem Obersten Ali Raza ermordet (→28.2./S.57).

Die Weimarer Nationalversammlung nimmt gegen die Stimmen von USPD und Deutschnationaler Volkspartei (DNVP) die von der Regierung Philipp Scheidemann (MSPD) eingebrachte Kreditvorlage in Höhe von 25,3 Milliarden Mark an.

Das bayerische Gesamtministerium unter Kurt Eisner (USPD) in München billigt den Entwurf eines neuen vorläufigen Staatsgrundgesetzes des Freistaats Bayern, das an die Stelle des vorläufigen Staatsgrundgesetzes vom 4. Januar treten soll.

Die deutsch-österreichischen Sozialdemokraten beschließen in Wien ein Aktionsprogramm gegen die Monarchie und ihre Anhänger. →S.54

21. Februar, Freitag

Der bayerische Ministerpräsident Kurt Eisner (USPD) wird auf dem Weg zur Eröffnung des Landtags in München von dem Reserveleutnant Graf Anton von Arco-Valley ermordet. →S.52

Kommunisten und andere linke Gruppierungen besetzen die Münchner Zeitungshäuser. Es kommt zur sog. zweiten Revolution in Bayern. Die politische Führung übernimmt ein aus MSPD, USPD und KPD sowie aus Mitgliedern der Arbeiter-, Soldaten- und Bauernräte gebildeter Aktionsausschuß; leitendes Organ ist der elfköpfige Zentralrat.

Die Weimarer Nationalversammlung nimmt das Diätengesetz an, das die wirtschaftliche Unabhängigkeit der Angeordneten sicherstellen soll. →S.49

19. Februar, Mittwoch (2)

Der deutschen Reichsregierung unter Ministerpräsident Philipp Scheidemann (MSPD) wird in der Weimarer Nationalversammlung das Vertrauen ausgesprochen. Der Arbeitsplan, den die Regierung vorgelegt hat, wird bei der Abstimmung ausdrücklich gebilligt.

Der am Vortag zurückgetretene hessische Ministerpräsident Karl Ulrich (MSPD) wird von der Volkskammer erneut gewählt. Ulrich war zurückgetreten, nachdem sein Verfassungsentwurf vom verfassunggebenden Ausschuß der Volkskammer abgelehnt worden war.

22. Februar, Sonnabend

Eine Versammlung von Vertretern der Arbeiter-, Soldaten- und Bauernräte in München beschließt die Bewaffnung des Proletariats und die Errichtung einer bayerischen Räterepublik (→21.2./S.52).

Die USPD und die KPD proklamieren in Mannheim die Räterepublik Baden (→28.2./S.50).

Der Landtag der Republik Braunschweig nimmt den Entwurf einer vorläufigen Verfassung an und wählt den Rat der Volksbeauftragten neu. An der Spitze der Regierung steht nun Sepp Oerter (USPD) als Nachfolger von August Merges (USPD; →28.2./S.50).

23. Februar, Sonntag

In Preußen finden Stadtverordnetenwahlen, in Oldenburg und Gotha Landtagswahlen statt. →S.50

Die deutsche Reichsregierung unter dem Ministerpräsidenten Philipp Scheidemann (MSPD) beschließt die Errichtung einer besonderen Abteilung für elsaß-lothringische Fragen im Reichsamt des Innern.

Aus Rom wird gemeldet, daß König Viktor Emanuel III. eine weitgehende Amnestie für Heeres- und Marineangehörige und deren Familienmitglieder erlassen hat, die während des Ersten Weltkriegs wegen politischer oder wirtschaftlicher Delikte, wegen Verrats oder unerlaubter Spekulationen verurteilt worden waren.

24. Februar, Montag

Der deutsche Reichsminister des Innern, Hugo Preuß (DDP), begründet vor der Weimarer Nationalversammlung den Entwurf der Reichsverfassung. →S.49

25. Februar, Dienstag

In Weimar beginnen Vorverhandlungen über den Anschluß der Republik Deutschösterreich an das Deutsche Reich. →S.54

Im bayerischen Landtag in München tritt der Kongreß der Arbeiter-, Soldaten- und Bauernräte Bayerns zusammen. Er wird von Ernst Niekisch, dem Vorsitzenden des Zentralrats der bayerischen Republik, eröffnet (→7.4./S.83).

26. Februar, Mittwoch

Die Sowjetregierung in Kiew proklamiert die Föderation der Ukraine mit Sowjetrußland (→5.2./S.57).

Die Arbeiterschaft Leipzigs

Die Arbeiterschaft Leipzigs proklamiert für den 27. Februar den Generalstreik, um die Bergleute in Mitteldeutschland in ihrem Streik für die Sozialisierung zu unterstützen. Auch im rheinisch-westfälischen Industriegebiet wird gestreikt.

27. Februar, Donnerstag.

Die Weimarer Nationalversammlung nimmt in dritter Lesung gegen die Stimmen der USPD den Gesetzentwurf über die Bildung einer vorläufigen Reichswehr an.

Aus Peking wird gemeldet, daß Unbekannte das Sühnetor, das die chinesische Regierung nach dem Boxeraufstand 1901 zur Erinnerung an den von den Boxern ermordeten deutschen Gesandten Klemens Freiherr von Ketteler errichten mußte, beschädigt haben. Die Regierung ließ daraufhin die Gedenkzeichen entfernen. An einer anderen Stelle in Peking ist nun das Denkmal zur Erinnerung an den »Sieg des Rechts über die Macht« errichtet worden.

800 Delegierte von Arbeitgebern und Arbeitnehmern beraten im britischen Westminster über die Schaffung einer Organisation zur Verhinderung von Streiks (→8.2./S.57).

Der österreichische Schauspieler und Regisseur Max Reinhardt inszeniert am Deutschen Theater in Berlin William Shakespeares Komödie »Wie es euch gefällt«. →S.60

28. Februar, Freitag

Auf dem Schloßplatz in Braunschweig wird die Räterepublik und die Diktatur des Proletariats proklamiert; der Landtag der Republik Braunschweig wird für aufgelöst erklärt. →S.50

Der deutsche Reichswehrminister Gustav Noske (MSPD) läßt den Präsidenten der Republik Oldenburg und Ostfriesland, den Obermatrosen Bernhard Kuhnt, als Mitverantwortlichen für einen Kommunistenaufstand in Wilhelmshaven am 27./28. Januar verhaften.

Der Kongreß der Arbeiter-, Soldaten- und Bauernräte Bayerns in München lehnt den Antrag des Schriftstellers Erich Mühsam ab, die Räterepublik auszurufen; der Kongreß proklamiert sich selbst zum provisorischen Nationalrat des freien Volksstaates Bayern. (→7.4./S.83).

Die sächsische Volkskammer in Sachsen nimmt das vorläufige Grundgesetz für den Freistaat Sachsen an. Angenommen wird ferner der Antrag auf »Sozialisierung der Wirtschaft«.

Der Emir von Afghanistan, Aman Ullah, verkündet die staatliche Unabhängigkeit seines Landes. →S.57

Das Wetter im Monat Februar

Station	Mittlere Lufttemperatur (°C)	Niederschlag (mm)	Sonnenscheindauer (Std.)
Aachen	1,4 (2,1)	45 (59)	— (74)
Berlin	0,2 (0,4)	13 (40)	— (78)
Bremen	0,4 (0,9)	22 (48)	— (68)
München	- 0,3 (- 0,9)	26 (50)	— (72)
Wien	— (0,6)	— (41)	— (81)
Zürich	- 0,2 (0,2)	74 (61)	69 (79)

( ) Langjähriger Mittelwert für diesen Monat
— Wert nicht ermittelt

Die satirische Zeitung »Kladderadatsch« wirft Frankreich, symbolisiert durch den gallischen Hahn, vor, es gefährde mit seinen überzogenen Forderungen den Weltfrieden

Nr. 8
Berlin, den 23. Februar 1919
Preis 40 Pfennig
einschl. Teuerungszuschlag.
LXXII. Jahrgang
Kladderadatsch
Die unruhige Weltfriedens=Kiste
„Meine Kiste wäre an sich ganz schön, nur der gallische Hahn steckt jeden Augenblick seinen Kopf heraus und kräht ‚Revanche'!"

Der Volksbeauftragte Friedrich Ebert während der Eröffnungsrede vor der Verfassunggebenden Deutschen Nationalversammlung in Weimar

Verfassunggebende Nationalversammlung in Weimar

6. Februar. Im Neuen Theater in Weimar tritt die am 19. Januar (→ 19.1./S.32) gewählte Verfassunggebende Deutsche Nationalversammlung zusammen, das erste demokratisch gewählte deutsche Parlament, in dem auch Frauen vertreten sind. Sie wird eröffnet vom Volksbeauftragten Friedrich Ebert (MSPD): »Meine Damen und Herren! Die Reichsregierung begrüßt durch mich die verfassunggebende Versammlung der deutschen Nation. Besonders herzlich begrüße ich die Frauen, die zum ersten Male gleichberechtigt im Reichsparlament erscheinen ... Sobald das Selbstbestimmungsrecht des deutschen Volkes gesichert ist, kehrt es zurück auf den Weg der Gesetzmäßigkeit ... Deshalb begrüßt die Regierung in dieser Nationalversammlung den höchsten und einzigen Souverän in Deutschland. Mit den alten Königen und Fürsten von Gottes Gnaden ist es für immer vorbei. [Lebhafter Beifall links, Zischen rechts] ... Das deutsche Volk ist frei, bleibt frei und regiert in alle Zukunft sich selbst.«

Die Nationalversammlung tagt wegen der dortigen Unruhen nicht in Berlin. Die Goethe- und Schiller-Stadt Weimar wurde aber auch aus symbolischen Gründen als Sitz der Volksvertretung gewählt: Der Geist der deutschen Klassik soll die Nationalversammlung inspirieren.

Die Ehrenkompanie der Landesschützen bei der Eröffnung der Nationalversammlung vor dem Goethe-Schiller-Denkmal

Ebert Reichspräsident

11. Februar. Die Weimarer Nationalversammlung wählt den früheren Volksbeauftragten Friedrich Ebert (MSPD) zum ersten deutschen Reichspräsidenten. Die Wahl findet in geheimer namentlicher Abstimmung statt.

Die Nationalversammlung*

Sozialdemokratische Partei Deutschlands	165
Zentrum	89
Deutsche Demokratische Partei	74
Deutschnationale Volkspartei	42
Unabhängige Sozialdemokratische Partei Deutschlands	22
Deutsche Volkspartei	22
Splitterparteien	9
Insgesamt	423

*(In den ersten Wochen ergeben sich Mandatsverschiebungen durch Nachwahlen und Parteiübertritte.)

Die Reichspräsidentenwahl

Friedrich Ebert (MSPD)	277
Arthur Graf von Posadowsky-Wehner (DNVP)	49
Philipp Scheidemann (MSPD)	1
Matthias Erzberger (Zentrum)	1

Grundlage für die Wahl ist die am Tag zuvor verabschiedete provisorische Reichsverfassung (Notverfassung), das »Gesetz über die vorläufige Reichsgewalt«. Artikel 6 dieser provisorischen Verfassung bestimmt: »Die Geschäfte des Reichs werden von einem Reichspräsidenten geführt. Der Reichspräsident hat das Reich völkerrechtlich zu vertreten, im Namen des Reichs Verträge mit auswärtigen Mächten einzugehen, sowie Gesandte zu beglaubigen und zu empfangen.« Ebert ist nach dieser Verfassung nur vorläufig Präsident: »Sein Amt dauert bis zum Amtsantritt des neuen Reichspräsidenten, der aufgrund der künftigen Reichsverfassung gewählt wird.« Diese künftige Reichsverfassung auszuarbeiten, ist die Aufgabe der Weimarer Nationalversammlung.

In seiner Antrittsrede sagt Ebert u.a.: »Den Frieden zu erringen, der Nation das Selbstbestimmungsrecht zu sichern, die Verfassung auszubauen und zu behüten, die allen deutschen Männern und Frauen die politische Gleichberechtigung unbedingt verbürgt, dem deutschen Volke Arbeit und Brot zu schaffen, sein ganzes Wirtschaftsleben so zu gestalten, daß die Freiheit nicht Bettelfreiheit, sondern Kulturfreiheit werde, das sei das Ziel, dem wir zustreben.«

Reichspräsident Friedrich Ebert

Verfechter einer Ausgleichspolitik

Friedrich Ebert, gelernter Sattler, wurde 1912 Abgeordneter der SPD im Deutschen Reichstag und übernahm 1913 neben Hugo Haase als Nachfolger von August Bebel den Vorsitz seiner Partei. 1916 wurde er neben Philipp Scheidemann Fraktionsvorsitzender als »Burgfriedens«-Politiker, der von den gemäßigten bürgerlichen Parteien geachtet, von der USPD und den Kommunisten angefeindet wurde. Am 9. November 1918 übergab ihm Max Prinz von Baden unter Zustimmung aller Staatssekretäre das Reichskanzleramt. Nach der Ausrufung der Republik durch Philipp Scheidemann übernahm er am 10. November die tatsächliche Leitung im Rat der Volksbeauftragten, der provisorischen deutschen Regierung nach der Revolution. Er wurde zum Repräsentanten einer antirevolutionären Ordnungspolitik, deren Hauptziele die Erhaltung der Reichseinheit und die Einberufung einer Nationalversammlung waren.

In seiner Antrittsrede als Reichspräsident betont Ebert, daß er »als Beauftragter des ganzen deutschen Volkes handeln« werde, »nicht als Vordermann einer einzigen Partei«. Er verweist jedoch darauf, daß er »ein Sohn des Arbeiterstandes« ist, »aufgewachsen in der Gedankenwelt des Sozialismus«.

Kabinett Scheidemann

13. Februar. Der deutsche Reichspräsident Friedrich Ebert (MSPD) beruft in Weimar die erste parlamentarische Reichsregierung seit der Revolution. Reichsministerpräsident wird Philipp Scheidemann (MSPD), den Ebert bereits am 11. Februar mit der Kabinettsbildung beauftragt hat. Die Verteilung der Ministerien (→ 13.2./S.46) wird nach einer Absprache zwischen den drei größten Parteien, MSPD, Zentrum und DDP vorgenommen. Die drei Parteien bilden die sog. »Weimarer Koalition«.

Der Reichsministerpräsident hat nicht die Stellung des Reichskanzlers der Vorkriegszeit, da er nicht allein dem Parlament verantwortlich ist: Die Minister sind nicht seine »Untergebenen«, sondern der Ministerpräsident ist »Erster unter Gleichen«. Jeder Minister ist für die Führung seines Ressorts verantwortlich. Auch in anderer Hinsicht ist die Machtfülle des Reichsministerpräsidenten geringer als die des früheren Reichskanzlers: Die Reichskanzler waren in der Regel zugleich preußische Ministerpräsidenten; diese Ämterverbindung gab ihnen eine herausragende Machtstellung im Kaiserreich.

In seiner Antrittsrede sagt Scheidemann: »Das erste Wort der ersten verantwortlichen Regierung der Deutschen Republik muß ein Bekenntnis zu dem Gedanken der Volksherrschaft, den diese Versammlung verkörpert, sein. Aus der Revolution geboren, ist es ihr Beruf, das geistige Gut der Revolution vor Verschleuderung zu wahren und zum dauernden Besitz des ganzen deutschen Volkes zu machen. In gerechter freier Wahl, bei der es keinen Unterschied gab des Ranges, Besitzes und Geschlechtes, hat das Volk Sie zu seinen Vertretern bestellt, durch Sie wird es sich seine Gesetze geben, denen unverbrüchlichen Gehorsam zu leisten unser aller Pflicht ist ... Ich glaube, die Prophezeiung wagen zu dürfen, daß die Zeiten der Gewaltherrschaft ein für allemal vorüber sind, daß keine Macht der Welt jemals ungestraft es wagen dürfte, das gleiche politische Recht aller Volksgenossen anzutasten.«

Regierungschef Scheidemann

Mitbegründer der Weimarer Republik

Philipp Scheidemann, gelernter Buchdrucker, wurde 1903 Reichstagsabgeordneter für die SPD, deren Parteivorstand er seit 1911 angehört. 1912 wurde er als erster Sozialdemokrat zum Ersten Vizepräsidenten des Reichstags gewählt. Während des Ersten Weltkriegs waren Scheidemann und Friedrich Ebert die Führer der SPD bzw. MSPD, 1917/18 wurden sie beide Parteivorsitzende. Im Oktober 1918 trat Scheidemann als Staatssekretär ohne Geschäftsbereich in das Kabinett des letzten Kaiserlichen Ministerpräsidenten, Max, Prinz von Baden, ein.

Am 9. November 1918 rief er um 14 Uhr ohne Wissen und gegen den Willen Eberts von einem Balkon des Reichstags in Berlin die Republik aus, um der Proklamation einer sozialistischen Republik durch die Kommunisten zuvorzukommen. Nach der Revolution war er neben Ebert die führende Persönlichkeit im Rat der Volksbeauftragten.

Über das Verhältnis zwischen den Sozialdemokraten und den anderen Mitgliedern seiner Regierung sagt er in seiner Antrittsrede: »Auch die nichtsozialistischen Mitglieder der Regierung wissen, daß die sozialistischen nicht aufhören werden, Sozialisten zu sein und demgemäß nach ihrer sozialistischen Überzeugung zu handeln.«

Erste frei gewählte deutsche Reichsregierung im Amt

13. Februar. Der ersten parlamentarischen Reichsregierung gehören sieben Mitglieder der MSPD, drei DDP- und drei Zentrumspolitiker sowie ein Parteiloser an. Das Kabinett hat folgende Ressorts (in Klammern die offiziellen Bezeichnungen der Ministerien ab 21. März 1919):
Reichsministerpräsident: Philipp Scheidemann (MSPD)
Stellvertreter des Ministerpräsidenten und Finanzminister: Eugen Schiffer (DDP)
Auswärtiges Amt: Ulrich Graf von Brockdorff-Rantzau (parteilos)
Reichsamt des Innern (Reichsministerium des Innern): Hugo Preuß (DDP)
Reichsarbeitsamt (Reichsarbeitsministerium): Gustav Bauer (MSPD)
Reichswirtschaftsamt (Reichswirtschaftsministerium): Rudolf Wissell (MSPD)
Reichsernährungsamt (Reichsernährungsministerium): Robert Schmidt (MSDP)
Reichsjustizamt (Reichsjustizministerium): Otto Landsberg (MSDP)
Landesverteidigungsamt (Reichswehrministerium): Gustav Noske (MSPD)

Sitzung der ersten Reichsregierung im Schloß zu Weimar; 4.v.l. Ministerpräsident Scheidemann

Reichskolonialamt (Reichskolonialministerium): Johannes Bell (Zentrum)
Reichspostamt (Reichspostministerium): Johann Giesberts (Zentrum)

Als Minister ohne Geschäftsbereich gehören Eduard Heinrich Rudolph David (MSDP), Matthias Erzberger (Zentrum) und Georg Gothein (DDP) der Regierung an. Der Leiter des Reichsdemobilmachungsamts, Joseph Koeth, hat in der Reichsregierung einen Sitz ohne Stimme ebenso wie der preußische Kriegsminister Walther Reinhardt, der beratend an Kabinettssitzungen teilnimmt.

Mitglieder der Fraktion der Christlichen Volkspartei (Zentrum): 1. Kuhetzko, 2. Hofmann-Ludwigshafen, 3. Legendre, 4. Andre, 5. Gilsing, 6. Hagemann, 7. Dransfeld, 8. Zettler, 9. Trimborn (Staatssekretär des Innern in der letzten kaiserlichen Regierung unter Reichskanzler Max), 10. Gröber (1917/18 Vorsitzender der Zentrumsfraktion im Reichstag, Staatssekretär ohne Portefeuille unter Reichskanzler Max von Baden, Fraktionsführer in der Nationalversammlung), 11. Meyer-Schwaben, 12. Otte, 13. Erzberger (Reichsminister ohne Geschäftsbereich, Leiter der deutschen Waffenstillstandskommission), 14. Wirth (badischer Finanzminister), 15. Jaud, 16. Bolz, 17. Kaas, 18. von Brentano di Tremezzo, 19. Allekotte, 20. Joos, 21. Weber, 22. Becker-Arnsberg, 23. Neuhaus, 24. Bitta, 25. Kossmann, 26. Astor, 27. Blum, 28. Giesberts (Reichspostminister), 29. Richter-Pfalz, 30. Schirmer, 31. Kreutz, 32. Schlack, 33. Bergmann, 34. Taucher, 35. Imbusch, 36. Rheinländer, 37. Schümmer, 38. Becker-Nassau, 39. Tremmel, 40. Bell (Reichskolonialminister), 41. Teusch, 42. Herschel, 43. Irl, 44. Schefbeck, 45. Ulitzka, 46. Ehrhardt, 47. Koch-Münster, 48. Strzoda, 49. Heim, 50. Beyerle, 51. Burlage, 52. Marx, 53. Fleischer, 54. Frerker, 55. Wieber, 56. Lensing, 57. Schwarzer, 58. Maxen, 59. Ollmert, 60. Sagawe, 61. Stegerwald, 62. Pfeiffer, 63. Diez, 64. Puschmann, 65. Nacken, 66. Stapfer, 67. Farwick, 68. Schwarz, 69. Ersing; bei den Wahlen am 19. Januar hat die Christliche Volkspartei (einschließlich der Bayerischen Volkspartei und der in Oberschlesien kandidierenden Katholischen Volkspartei) mehr als 5,9 Millionen Stimmen erhalten; sie stellt nun 89 Abgeordnete in Weimar

Fraktionsmitglieder der Deutschen Demokratischen Partei (DDP): 1. Hesse, 2. Erkelenz, 3. Gleichauf, 4. Hartmann-Berlin, 5. Quidde, 6. Bartschat, 7. Ziegler, 8. Brönner, 9. Pachnicke, 10. Siehr, 11. Neumann-Hofer, 12. Dernburg (Staatssekretär des Reichskolonialamts 1907-1910), 13. Baum, 14. Weinhausen, 15. Bruckhoff, 16. Heile, 17. Payer, 18. Bäumer, 19. Schiffer (Stellvertreter des Reichsministerpräsidenten, Reichsfinanzminister), 20. Pohlmann, 21. Gothein (Reichsminister ohne Geschäftsbereich), 22. Schneider-Sachsen, 23. Delius, 24. Luppe, 25. Günther, 26. Ekke, 27. Seyfert, 28. Ritter von Langheinrich, 29. Ludewig, 30. Ablaß, 31. Sivkovich, 32. Weiß, 33. Hermann-Württemberg, 34. Pick, 35. Koch-Hessen-Nassau, 36. Petersen, 37. Schmidthals, 38. Koch-Merseburg, 39. Koch-Hamburg, 40. Waldstein, 41. Kerschbaum, 42. Böhmert-Bremen, 43. Herrmann-Posen, 44. Haußmann (Staatssekretär ohne Portefeuille unter dem letzten kaiserlichen Ministerpräsidenten Max, Prinz von Baden, in der Weimarer Nationalversammlung Vizepräsident und Vorsitzender des Verfassungsausschusses), 46. Naumann, 47. Schücking, 48. Tantzen, 49. Raschig, 50. Remmers, 51. Wieland, 52. Bahn, 53. Engelhard, 54. Kloß, 55. Wachhorst de Wente, 56 Nuschke, 57. Freiherr von Richthofen, 58. Grünewald, 59. Henrich, 60. Lippmann, 61. Bärwald; die Deutsche Demokratische Partei erhielt (einschließlich der Deutschen Volkspartei in Bayern) bei den Wahlen am 19. Januar 5,6 Millionen Stimmen und stellte ursprünglich 75 Abgeordnete in Weimar (davon vier von der Deutschen Volkspartei in Bayern); nach dem Übertritt eines auf der Liste der DDP gewählten Abgeordneten zur Deutschen Volkspartei ist die DDP nur noch mit 74 Abgeordneten im verfassunggebenden deutschen Parlament vertreten. Mit Eugen Schiffer (Reichsfinanzminister), Hugo Preuß (Reichsinnenminister) und Georg Gothein (Minister ohne Geschäftsbereich) stellt die DDP drei wichtige Mitglieder des ersten Kabinetts der Weimarer Republik. Die DDP wurde 1918 aus der Fortschrittlichen Volkspartei und dem linken Flügel der Nationalliberalen gebildet

Fraktionsmitglieder der Mehrheitssozialdemokraten (MSPD): 1. Fischer-Hannover, 2. Taubadel, 3. Rauch, 4. Löbe, 5. Pfannkuch, 6. Sachse, 7. Brey, 8. Bollmann, 9. Stolten, 10. Feldmann, 11. Schöpflin, 12. Frohme, 13. Körsten, 14. Fischer-Berlin, 15. Kähler, 16. Lodahl, 17. Heimann, 18. Eichler, 19. Sidow, 20. Liebig, 21. Tesch-Hessen-Nassau, 22. Stahl, 23. Riedmiller, 24. Hauke, 25. Kotzur, 26. Lübbring, 27. Davidsohn, 28. Lesche, 29. Schmidt, 30. Severing, 31. Schlüter, 32. Schumann, 33. Meerfeld, 34. Hörsing, 35. Käppler, 36. Buck, 37. Becker-Oppeln, 38. Stelling, 39. Reichsministerpräsident Scheidemann, 40. Starosson, 41. Müller-Potsdam, 42. Steinkopf, 43. Schäfer, 44. Kenngott, 45. Ryneck, 46. Krüger (Landeshauptmann von Mecklenburg-Strelitz), 47. Girbig, 48. Reißhaus, 49. Wolff, 50. Bader, 51. Hoch, 52. Kürbis, 53. Reichsarbeitsminister Bauer, 54. Gewerkschaftssekretär Voigt-Breslau, 55. Lüttich, 56. Hack, 57. Reitze, 58. Jäcker, 59. Quarck, 60. Thabor, 61. Gradnauer (sächsischer Minister für Justiz und Inneres), 62. Jantzen, 63. Schreck, 64. Vesper, 65. Bias, 66. Dietrich-Liegnitz, 67. Reichswirtschaftsminister Wissel, 68. Reek, 69. Osterroth, 70. Dröhner, 71. Gehl, 72. Schulz-Posen, 73. Binder-Pfalz, 74. Schulz, 75. Keil, 76. Silberschmidt, 77. Geck, 78. Brühne, 79. Janscheck, 80. Budde, 81. Trinks, 82. König, 83. Rückert, 84. Hansmann, 85. Schädlich, 86. Hellmann, 87. Stock; bei den Wahlen am 19. Januar erhielt die MSPD 11,4 Millionen Stimmen und stellt 163 Abgeordnete; hinzu kommen zwei Abgeordnete, die am 14. Februar von den Soldaten im Osten gewählt werden. Die MSPD war 1917 nach der Abspaltung der USPD von der SPD entstanden

Fraktionsmitglieder der USPD in der Weimarer Nationalversammlung: 1. Merges, 2. Kunert, 3. Raute, 4. Simon-Franken, 5. Bock, 6. Haase-Berlin, 7. Geyer-Leipzig, 8. Wurm, 9. Henke, 10. Zietz, 11. Laukant, 12. Agnes, 13. Düwell, 14. Hübler, 15. Cohn, 16. Seger, 17. Geyer-Sachsen, 18. Koenen, 19. Braß, 20. Brühl; bei den Wahlen am 19. Januar erhielt die USPD 2,3 Millionen Stimmen und ist mit 22 Abgeordneten in Weimar vertreten; die USPD will so lange keine Regierungsverantwortung übernehmen, bis »Mitglieder der Regierung … den entschlossenen Willen bestätigen, die demokratischen und sozialistischen Errungenschaften der Revolution gegen die Bourgeoisie und gegen die Militärautokratie sicherzustellen«

Fraktionsmitglieder der Deutschnationalen Volkspartei: 1. Semmler, 2. Deglerk, 3. Ohler, 4. Költzsch, 5. Kreft, 6. von Gierke, 7. Malkewitz, 8. Weinlböck, 9. Behm (Hauptvorsitzende des Gewerkvereins der Heimarbeiterinnen), 10. Schiele, 11. Arnstadt, 12. Roesicke, 13. Düringer (1917/18 badischer Justizminister), 14. Kraut, 15. Mumm, 16. Gebhart, 17. Vogt-Württemberg, 18. Noske, 19. Wallbaum, 20. Hugenberg, 21. Baerecke, 22. Warmuth, 23. Biener, 24. Philipp, 25. Traub, 26. von Graefe, 27. Koch, 28. Hartmann, 29. Veidt, 30. Oberfohren, 31. Laverrenz, 32. Jandrey, 33. Richter-Ostpreußen, 34. Wetzlich, 35. Knollmann; die DNVP erhielt bei den Wahlen 2,8 Millionen Stimmen und ist in Weimar mit 42 Abgeordneten vertreten

Fraktionsmitglieder der Deutschen Volkspartei: 1. Winnefeld, 2. Stresemann, 3. Becker-Hessen, 4. Heinze (sächsischer Justizminister Juli bis November 1918), 5. Mittelmann, 6. Rießer, 7. Kahl, 8. Mende, 9. Weidtmann, 10. Maretzky, 11. Dusche, 12. Hugo, 13. Most, 14. Kempkes, 15. Beuermann, 16. Oertel, 17. Graf zu Dohna, 18. Vögler, 19. Runkel, 20. Witthoefft; die DVP erhielt bei den Wahlen am 19. Januar 1,6 Millionen Stimmen. Sie sollte in der Weimarer Nationalversammlung ursprünglich 21 Abgeordnete stellen; nach dem Übertritt eines Abgeordneten der DDP ist die DVP nun mit 22 Abgeordneten vertreten; die DVP zählt ebenso wenig wie DNVP und DDP zu den Parteien der sog. Weimarer Koalition; für die DVP sind »die neuen Parteiformen« nur »Gärungsprodukte einer gärenden Zeit« (Rießer)

Freie Zugfahrt für die Abgeordneten

21. Februar. Die Weimarer Nationalversammlung nimmt das Diätengesetz an. Danach erhalten die Mitglieder der Nationalversammlung freie Fahrt auf den deutschen Eisenbahnen und eine monatliche Aufwandsentschädigung von 1000 Mark rückwirkend ab 1. Februar. Abzüge von dieser Aufwandsentschädigung sollen bei Fernbleiben von einer Vollsitzung nur dann nicht gemacht werden, wenn der oder die Abgeordnete am selben Tag bereits an einer Ausschußsitzung teilgenommen hat.

Diäten als Aufwandsentschädigungen, die den Verdienstausfall der Abgeordneten ausgleichen und ihre Unabhängigkeit sichern sollen, wurden im Deutschen Reich erstmals 1906 durch Gesetz eingeführt. Bereits seit 1874 erhielten die Reichstagsabgeordneten während sowie acht Tage vor und acht Tage nach den Sitzungsperioden freie Fahrt auf den deutschen Eisenbahnen. Die Einführung der Diäten war eine der grundlegenden Forderungen der Sozialdemokratie.

Schwarz-Rot-Gold als deutsche Farben

18. Februar. Der Staatenausschuß in Weimar, die Vertretung der deutschen Länder, beschließt, die Farben Schwarz-Rot-Gold als deutsche Nationalfarben einzuführen.

Schwarz-Rot-Gold wird als Symbol des großdeutschen Gedankens angesehen. Die politische Rechte hingegen will Schwarz-Weiß-Rot beibehalten; diese Farben wurden mit der Gründung des Deutschen Kaiserreichs 1871 die deutschen Farben. Die Kommunisten können sich mit ihrer Forderung nach einer roten Fahne nicht durchsetzen.

Die Farbenkombination Schwarz-Rot-Gold geht auf die Uniformen des Lützowschen Freikorps (1813) während der Befreiungskriege gegen die Napoleonische Fremdherrschaft zurück. Auf dem Wartburgfest wurde sie 1817 zum Zeichen der deutschen Burschenschaft und erhielt allgemein Symbolwert als Sinnbild der nationalstaatlichen Bewegung. Der Deutsche Bund verbot die Farben 1832; die Frankfurter Nationalversammlung erklärte sie 1848 zu Bundesfarben.

Luise Zietz (USPD)

Marie Juchacz (MSPD)

Marie Zettler (Zentrum)

Erste Rede einer Frau vor dem Parlament

19. Februar. Als erste Frau spricht Marie Juchacz (MSPD) vor der Weimarer Nationalversammlung: »Meine Herren und Damen! Der Revolution verdanken wir unsere Sitze. Wir danken nicht im althergebrachten Sinne dafür. Die Revolutionsregierung tat damit nur ihre Pflicht, denn die deutsche Demokratie war ohne die deutschen Frauen nicht möglich. Als Sozialdemokratin freut es mich, daß es eine sozialdemokratische Regierung war, die die deutschen Frauen von der politischen Unmündigkeit befreit hat. Für Deutschland ist die Frauenfrage damit gelöst. Die neuen Rechte können uns nicht wieder genommen werden. Wir werden aber niemals unser Frauentum verleugnen, weil wir nun auch in die politische Arena gestiegen sind. Bei Beratung der neuen Verfassung werden wir dafür zu sorgen haben, daß nun auch in der Verwaltung die Frau als gleichberechtigt mit herangezogen wird. Vor allem gilt das für die Jugendfrage, die Volksbildung und die Wohlfahrtspflege.«

»Selbstregierung des deutschen Volkes«

24. Februar. Der deutsche Reichsminister des Innern, Hugo Preuß (DDP), begründet vor der Verfassunggebenden Nationalversammlung in Weimar den unter seiner Leitung erarbeiteten Entwurf für die neue Reichsverfassung: »Die Staatsgewalt liegt beim Volk, das ist der leitende Grundgedanke der freistaatlichen deutschen Verfassung. Selbst die sog. Präambel, in der es heißt, daß das deutsche Volk sich diese freiheitliche Verfassung gegeben hat, bedeutet einen großen Fortschritt über die frühere Verfassung hinaus. Nicht ein Bund der Fürsten ist das neue Reich, aber auch nicht ein Bund der Gliedstaaten, sondern der Ausgangspunkt für die neue Verfassung ist die Selbstregierung des deutschen Volkes. Darum konnte auch dem Wunsche nicht entsprochen werden, dem neuen Staatswesen den Namen Vereinigte Staaten von Deutschland zu geben. Dieser Name würde einen partikularistischen Rückschritt

Vater der Weimarer Verfassung
Der linksliberale Hugo Preuß (DDP) gilt als Vater der Weimarer Verfassung. Der Verfassungsentwurf, den er als Staatssekretär des Innern im Rat der Volksbeauftragten erarbeitet hat, ruft wegen seiner unitarischen Ausrichtung den Widerspruch der Länder und weiter Kreise in Preußen hervor, das seine bevorrechtigte Stellung bedroht sieht. Der Entwurf erfährt daher noch einschneidende Änderungen. Er wird von der Nationalversammlung am 31. Juli (→ S. 140) angenommen.

bedeuten. Es ist auch gewünscht worden, statt der Bezeichnung Reich zu sagen: Deutsche Republik. Der Entwurf scheut sich nicht etwa, sich zur Republik zu bekennen, aber das Wort und der Gedanke des Reiches haben für das deutsche Volk einen so tiefwurzelnden Gefühlswert, daß man diesen Namen nicht aufgeben kann. Traditionen von Jahrhunderten, die ganze Sehnsucht des zersplitterten deutschen Volkes nach nationaler Einigung hängen an dem Namen Reich, und wir würden tiefwurzelnde Gefühle verletzen, wenn wir von diesem Wort ... absehen wollten.«

Radek vertrat die sowjetische Führung bei der KPD-Gründung

Radek als Moskauer Rädelsführer in Haft

12. Februar. Der sowjetische Politiker Karl Radek wird in Charlottenburg bei Berlin als einer der Rädelsführer des Spartakusaufstands (→ 5.1./S.24) verhaftet. Der Rat der Volksbeauftragten, die provisorische deutsche Regierung nach der Revolution, hatte bereits am 17. Januar gegen die sowjetrussische Unterstützung des Aufstands in Moskau protestiert. Radek hatte u.a. am Gründungskongreß der KPD teilgenommen (→ 1.1./S.30).

Räterepubliken nicht durchsetzungsfähig

28. Februar. Auf dem Schloßplatz in Braunschweig proklamieren Kommunisten die Räterepublik und die Diktatur des Proletariats; der Landtag der Republik Braunschweig wird für aufgelöst erklärt. Nachdem im Deutschen Reich die Entscheidung für eine parlamentarische Republik gefallen ist, bilden sich lokale Räterepubliken, die meist von Mitgliedern der KPD und der USPD ausgerufen werden. Sie bleiben jedoch erfolglos, weil sie isoliert sind, vielfach keine klaren Vorstellungen über die Ziele bestehen und die Reichsregierung die

Ernst Thälmann (Mitte, stehend) zählt zum linken Flügel der USPD

Aufstände durch regierungstreue Truppen und gegenrevolutionäre Freikorps niederschlagen läßt.

So spricht sich bereits am 1. März, einen Tag nach Ausrufung der Räterepublik, die Braunschweiger Arbeiterschaft mit 169 zu 59 gegen die Räterepublik aus, da sie »zu früh« komme. Beschlossen wird, in allen Betrieben eine Urabstimmung durchzuführen. Bei dieser Abstimmung spricht sich zwar eine geringe Mehrheit für die Räterepublik aus, doch wegen der geringen Abstimmungsbeteiligung verzichtet der »Revolutionäre Aktionsausschuß« auf die »definitive« Proklamation der Räterepublik.

Am 4. Februar hat die Freikorps-Division Gerstenberg Bremen besetzt und die dort seit dem 10. Januar bestehende Räterepublik zerschlagen. Auf Anordnung der Reichsregierung wurde noch am selben Tag eine Übergangsregierung gebildet, der fünf Mitglieder der republiktreuen MSPD angehören.

Am 22. Februar proklamierten KPD und USPD in Mannheim die Räterepublik Baden. Ministerpräsident Anton Geiß (MSPD) ließ den Belagerungszustand über das Land verhängen. Verhandlungen führten am 24. Februar dazu, daß die Räterepublik Baden für nicht bestehend erklärt wurde; der Revolutionäre Arbeiterrat trat zurück.

Nach der Zerschlagung der Räterepublik Bremen posieren Soldaten der Freikorps-Division Gerstenberg am 4. Februar vor dem Rathaus der Hansestadt

Wahltrend zu den bürgerlichen Parteien setzt sich fort

23. Februar. Erstmals finden in Preußen die Stadtverordnetenwahlen nach allgemeinem, gleichem und direktem Wahlrecht statt. In Berlin wird die USPD stärkste Fraktion mit 47 Mandaten vor den Mehrheitssozialdemokraten (MSPD) mit 46 Sitzen; die verbundenen rechtsbürgerlichen Parteien DNVP, Zentrum und DVP kommen auf 30 Mandate, die linksliberale DDP erhält 21 Sitze. Die bei den Anhängern aller Parteien zu beobachtende Wahlmüdigkeit hat sich am stärksten bei der MSPD und der DDP bemerkbar gemacht. Vor allem die weiblichen Stimmberechtigten zeigten für die Gemeindewahlen nicht das geringste Interesse.
Bei den am selben Tag stattfindenden Landtagswahlen in Gotha erhält die USPD mit elf Mandaten die absolute Mehrheit gegenüber drei Abgeordneten der DNVP, vier Abgeordneten der DDP und einem der MSPD. Die Landtagswahlen in Oldenburg vom 23. Februar bringen folgendes Ergebnis: MSPD und DDP je zwölf, Zentrum zehn und DVP fünf Mandate.

Bei den Wahlen zu den Landtagen setzt sich der Trend zu den bürgerlichen Parteien fort, die auch in der Weimarer Nationalversammlung die Mehrheit stellen. Die USPD kann Überraschungserfolge erzielen, vor allem im thüringischen Raum. Die Sozialdemokraten stellen wie in Weimar meist die stärkste Fraktion. Bei den Wahlen zur sächsischen Volkskammer am 2. Februar erhalten sie 42 Mandate, die DDP stellt 22, die USPD 15 und die DNVP 13 Abgeordnete.

Die Ergebnisse der Wahlen im Reich und in den Ländern im Januar und Februar 1919

	Deutsche Nationalversammlung		Badische Nationalversammlung		Bayerischer Landtag		Württembergische Landesversammlung		Preußische Landesversammlung		Sächsische Volkskammer	
Wahlbeteiligung	19. 1. 1919 82,7 %		5. 1. 1919 88,1 %		12. 1. 1919 86,3 %		12. 1. 1919 90,9 %		26. 1. 1919 75 %		2. 2. 1919 75,1 %	
Ergebnis	%	Sitze	%	Sitze	%	Sitze	%	Sitze	%	Sitze	%	Sitze
DNVP	10,3	42	7,0	6	—	—	—	—	11,2	48	14,3	13
DVP	4,4	22	—	—	5,8	9	7,4*	11	5,7	23	3,9	4
DDP	18,5	74	22,8	25	14	25	25	38	16,2	65	22,9	22
Zentrum	19,7	89	36,6	40	35**	66	20	31	22,3	93	1	—
MSPD	37,9	165	32.1	36	33	61	35,4	52	36,4	145	41,6	42
USPD	7,6	22	1,5	—	2,5	3	3,1	4	7,4	24	16,3	15
KPD	—	—	—	—	—	—	—	—	—	—	0,6	—
andere	1,8	19	—	—	9,7	16	9,1	14	0,8	3	—	—

* Württembergische Bürgerpartei   ** Bayerische Volkspartei

Verhaftung des »Spartakistenführers« Fuldzennek in Bottrop; er wird später »im Handgemenge erschossen«

Offizielles Foto vom »Polizeigebäude in Hamborn nach der Vertreibung der Spartakisten — Blick in das Bekleidungsamt«; die Streikenden werden pauschal als »Spartakisten« bezeichnet

Ruhrgebiet: Mit Artillerie gegen streikende Bergleute

6. Februar. Die Gesamtkonferenz der Arbeiter- und Soldatenräte des rheinisch-westfälischen Industr reviers verlangt von der Reichsregierung in Berlin ultimativ die Anerkennung der sog. Neunerkommission als Kontrollorgan für den Ruhrbergbau und der seit Mitte Januar auf den Revierzechen gewählten Zechenräte. Bei einer Ablehnung ihrer Forderungen droht die Konferenz mit der Ausrufung des Generalstreiks. Die Neunerkommission besteht aus Mitgliedern von MSPD, USPD, KPD und der Bergarbeitergewerkschaften. Dem Ultimatum sind Verhandlungen zwischen Vertretern der Gewerkschaften, der Industrie und der Reichsregierung vorausgegangen. Die Regierungsvertreter hatten jede Anerkennung der Neunerkommission und der Zechenräte verweigert, auf den zentralen Weg der Gesetzgebung in der Sozialisierungsfrage verwiesen und drei Bevollmächtigte der Regierung (→ 18.1./S.36) entsandt.

Ohne auf die Forderungen des Ultimatums einzugehen, läßt die Reichsregierung am 10. Februar Truppen im nördlichen Ruhrgebiet aufmarschieren. Die Lage spitzt sich zu, als der Kommandeur des VII. Armeekorps, General Oskar von Watter, noch am selben Tag den Generalsoldatenrat in Münster durch Truppen des Freikorps Lichtschlag verhaften läßt.

Die Soldaten des Freikorps gehen mit äußerster Brutalität gegen de

Kumpel streiken für die Vergesellschaftung des Bergbaus

Regierungstruppen auf dem Rathausplatz von Bottrop

monstrierende Arbeiter vor, dringen gewaltsam in Bergarbeiterwohnungen ein und mißhandeln die Arbeiter. Sicherheitswehren der Arbeiter können gegen Artillerie und Gasgranaten der Truppen nichts ausrichten.

Arbeiter- und Soldatenrätekonferenzen in Essen und Mülheim an der Ruhr am 13., 14. und 18. Februar reagieren mit der Ausrufung des Generalstreiks. Am 19. Februar befinden sich im gesamten Ruhr gebiet nach Angaben des Streikkomitees etwa 120 000 Bergarbeiter im Streik. Die Freikorpseinheiten zerschlagen den Streik jedoch mit Waffengewalt. Die schlecht ausgerüsteten Arbeiterwehren sind Kavallerie und Artillerie unterlegen.

Auch in Mitteldeutschland kommt es zu Streiks der Bergleute für die Sozialisierung. Die Arbeiterschaft Leipzigs proklamiert am 26. Februar den Generalstreik aus Solidarität mit den Mitteldeutschen. Die »Frankfurter Zeitung« kommentiert am 28. Februar: »Die Streiks im Ruhrgebiet sind beendet, die Streiks in Mitteldeutschland nehmen ihren Fortgang. Es kann nicht zweifelhaft sein, welchen Hintergrund diese Bewegungen haben. Es sind nicht wirtschaftliche Vorgänge, sondern politische Unternehmungen der radikalsten Elemente, die darauf ausgehen, der Reichsregierung solche Schwierigkeiten zu bereiten, daß sie sich nicht halten könne.«

Die Bevölkerung Münchens am Schauplatz des Mordes an Eisner; links das Ministerium des Äußeren, aus dem Eisner kam, als er zum Landtag gehen wollte

Das von revolutionären Soldaten besetzte Landtagsgebäude wird nach dem Eisner-Mord und den Schießereien im Landtag hermetisch abgeriegelt

Mord an Eisner löst zweite Revolution in München aus

21. Februar. Der bayerische Ministerpräsident Kurt Eisner (USPD) wird am Vormittag um zehn Uhr auf dem Weg zur Landtagseröffnung in München von dem nationalistischen Studenten Anton Graf von Arco auf Valley durch zwei Revolverschüsse ermordet.

Als die Bluttat bekannt wird, kommt es im bayerischen Landtag, wo Eisner den Rücktritt seines Kabinetts bekanntgeben wollte und der aus Sicherheitsgründen von revolutionären Soldaten besetzt ist, zu Schießereien. Innenminister Erhard Auer (MSPD) wird dabei schwer verletzt, zwei weitere Abgeordnete kommen ums Leben. Im weiteren Verlauf des Tages besetzen Kommunisten und Anhänger der Linken Münchner Zeitungshäuser, es kommt zur sog. Zweiten Revolution in Bayern. Die politische Führung übernimmt ein Aktionsausschuß aus Mitgliedern von MSPD, USPD, KPD und der Arbeiter-, Soldaten- und Bauernräte. Ein elfköpfiger Zentralrat wird als leitendes Organ für die bayerische Republik gebildet. Eisner initiierte 1918 die Revolution in München, die ohne großen Widerstand zum Sturz des Könighauses der Wittelsbacher führte. Als Führer des Arbeiter-, Bauern-und Soldatenrats wurde er am 8. November 1918 Ministerpräsident und Minister des Auswärtigen des von ihm proklamierten republikanischen Freistaats Bayern. Sein Ziel war eine republikanische Erneuerung über alle Parteigrenzen hinweg auf der Basis eines humanitären Sozialismus. Den Gegnern der Revolution galt er als Symbolfigur des »Juden« und »Bolschewisten«. Seine Ermordung löst die Ausrufung der Räterepublik in München am 7. April aus (→ 7.4./S.83).

Die Lage in München bleibt nach dem Mord an Eisner unüberschaubar. Am 25. Februar eröffnet Ernst Niekisch als Vorsitzender des Zentralrats den Kongreß der Arbeiter-, Bauern- und Soldatenräte in München. Am 28. Februar wird der Antrag des Dichters und Politikers Erich Mühsam, die Räterepublik zu proklamieren, abgelehnt.

Das letzte Foto von Eisner (x, im Wagen sitzend), aufgenommen bei einer Demonstration des Münchner Arbeiterrats

Eisner, im Ausland hoch geachtet

Internationales Echo auf den Eisner-Mord

Die Ermordung Kurt Eisners findet ein großes internationales Echo. Eisner gilt im Ausland als einer der »ehrlichsten« und fähigsten deutschen Politiker; seine Ermordung wird als Erstarken nationalistischer Kreise gewertet.

Die Pariser Tageszeitung »Le Temps« schreibt: »Wir haben das Recht es auszusprechen, daß Eisner nicht wegen seiner Fehler, sondern wegen seiner Verdienste starb, und man hat in ihm den Mann treffen wollen, der als erster eine deutsche Dynastie gestürzt hat ... Man hat auch den Mann treffen wollen, der mit dem Ausland verhandeln wollte, ohne über Berlin zu gehen, und der auch die Kriegsschuld der deutschen Regierung enthüllt hat.«

Die »Neue Zürcher Zeitung« schreibt: »Eisners reine, für Freiheit und Recht glühende Seele mußte auch solche für ihn gewinnen, die andere politische Ziele hatten. Jedenfalls wirkte in ihm ein ungewöhnlicher Schöpferwille, und fraglos hat er sofort und mehr als irgendein anderer deutscher Politiker im Ausland Sympathien erobert.«

Lage im deutschen Osten weiter kritisch

16. Februar. Der Waffenstillstand zwischen den alliierten Siegermächten des Ersten Weltkriegs und dem Deutschen Reich wird in Trier auf unbestimmte Zeit verlängert (→ 16.1./S.18). Das Deutsche Reich verpflichtet sich in der Übereinkunft, auf »alle Offensivbewegungen gegen die Polen in dem Gebiet von Posen oder in jedem anderen Gebiet« zu verzichten. Die preußische Provinz Posen wird polnisch, Westpreußen bleibt preußisch.

Aufgrund dieses Abkommens stellt das Deutsche Reich am 17. Februar die Feindseligkeiten gegen Polen ein. Die Polen setzen den bewaffneten Kampf jedoch fort.

Am 8. Januar hat Großbritannien die deutsche Regierung aufgefordert, jede »Provokation« der polnischen Bevölkerung in Ost- und Westpreußen, Posen und Schlesien zu unterlassen. Die Zukunft der deutschen Ostgrenze werde von den Entscheidungen der Pariser Friedenskonferenz abhängen.

Einen Tag später proklamierte der Polnische Oberste Volksrat darauf-

Deutsches Anwerbungsplakat; der polnische Adler als Bedrohung

hin die Übernahme der Regierungsgewalt in der preußischen Provinz Posen: »Durch die Macht der Ereignisse der letzten Tage ist sowohl die Regierungs- als auch die Militärgewalt auf die Polen übergegangen.

Die »Osthilfe« schreckt auch vor übelster Propaganda nicht zurück

Die bisherigen (deutschen) Behörden haben sich außerstande erklärt, Ruhe, Ordnung und öffentliche Sicherheit aufrechtzuerhalten. Der Arbeiter- und Soldatenrat ist machtlos.«

Deutsche Landwirte für die Monarchie

17. Februar. In Berlin findet die 26. Generalversammlung des Bunds der Landwirte statt, der politischen Organisation der deutschen Bauern. Die Eröffnungsrede des Vorsitzenden Konrad Freiherr von Wangenheim ist eine Lobrede auf das Königshaus der Hohenzollern und das alte Regime.

Die Versammlung verabschiedet eine Resolution, in der die Revolution von 1918 zum »Unheil« erklärt wird und die Monarchie als »die für Deutschland geeignetste Staatsform«. Der Landwirte-Bund will jedoch »an dem Wiederaufbau des Deutschen Reiches, insbesondere seines Wirtschaftslebens, auch unter der jetzigen und jeder verfassungsmäßigen Regierung mit Ernst und Hingabe mitarbeiten«.

Die »B.Z. am Mittag« wird als erste Zeitung per Flugzeug befördert

Erste regelmäßige Luftpostlinie

6. Februar. Anläßlich der Konstituierung der Weimarer Nationalversammlung (→6.2./S.44) wird im Deutschen Reich die erste regelmäßige Luftpostlinie Berlin-Weimar eröffnet. Aus diesem Anlaß erscheinen erstmals Luftpostmarken.

Zwar wurden im Deutschen Reich bereits 1912 Postsendungen mit Flugzeugen und Luftschiffen befördert, Berlin-Weimar ist jedoch die erste regelmäßige Luftpostlinie. Sie soll den Informationsaustausch zwischen Regierungsbehörden in Berlin und der Nationalversammlung sicherstellen.

Hindenburg-Appell »An Deutschlands Söhne«

14. Februar. In dem Appell »An Deutschlands Söhne« ruft Generalfeldmarschall Paul von Hindenburg in Kolberg zur freiwilligen Meldung für den deutschen Ostschutz auf; mit Truppen will er die östlichen Grenzen des Deutschen Reiches verteidigen:

»Nachdem der Grenzschutz Ost der Obersten Heeresleitung übertragen ist, habe ich mit dem heutigen Tage mein Hauptquartier nach dem Osten verlegt. Als ich im August 1914, zum Oberbefehlshaber der 3. Armee ernannt, im Osten eintraf, standen mir schwere Aufgaben bevor. Dank der Vortrefflichkeit von Führer und Truppen gelang es, bei Tannenberg und den Masurischen Seen unsere Ostmarken vor feindlichem Einfall zu bewahren.

Wenn ich heute nochmals nach dem Osten zurückkehre, um dort im Auftrage der Reichsregierung das Kommando zu führen, so erfüllt mich schwere Sorge um die Zukunft unseres Vaterlandes. Nicht, weil wir, von der Übermacht unserer Feinde und der Hungerblockade erdrückt, um Frieden bitten mußten, sondern weil ich unser Volk in sich zerrüt-

Hindenburg gilt seit 1914 als der »Verteidiger des deutschen Ostens«

tet und erschlafft im Wollen sehe! Viele stehen abseits und haben mit der Freude am Vaterland auch jeden Opfersinn verloren. Wohin soll uns dieser Zustand führen? Wir müssen hindurch: Entschlossen an die Arbeit zum Besten des Vaterlandes! Dazu gehört in erster Linie, daß wir eins sind in der Liebe zur Heimat und den alten deutschen Boden schirmen vor dem neuen Feinde, dem Bolschewismus, der die Kulturwelt bedroht.

Ihr freiwilligen und jungen Kameraden, die ihr zum Schutze der Ostmarken euer Leben einzusetzen entschlossen seid, denkt an die Getreuen vom Jahre 1914! Und ihr, meine alten Kameraden und Mitkämpfer von Tannenberg und den Masurischen Seen, eilt herbei, um mir zu helfen! Mein Appell an Deutschlands Söhne darf nicht ungehört verhallen; welchen Stammes ihr seid, ob Bayern, Sachsen, Schwaben oder Preußen, welcher Partei ihr angehört, wir sind alle Deutsche! Vergeßt, was uns trennen könnte, findet euch wieder zusammen in Liebe zur Heimat, in Selbstzucht, Disziplin und Vertrauen zu euren Führern!

gez. von Hindenburg«

Deutschösterreich wählt

16. Februar. In Deutschösterreich finden die Wahlen zur Konstituierenden Nationalversammlung statt. Wie im Deutschen Reich werden sie auch in Deutschösterreich erstmals frei, gleich und ohne Unterschied des Geschlechts durchgeführt. Stärkste Fraktion werden die Sozialdemokraten mit 69 Mandaten vor den Christlichsozialen (63). Die Deutschnationalen erhalten 24 Mandate.

Da die Wahlen in Südtirol, Deutschböhmen und den Sudetenländern wegen der Besetzung durch Italiener und Tschechen nicht durchgeführt werden können, werden nur 159 von 255 Sitzen besetzt. Durch nachträgliche Einberufung von elf Abgeordneten aus Südtirol sowie Mittel- und Untersteier erhöht sich die Zahl der vergebenen Sitze in der Nationalversammlung auf 170; davon entfallen auf die Sozialdemokraten 72, auf Christlichsoziale 69 und auf Deutschnationale 26.

Die Wahl wird in Deutschösterreich als historisches Ereignis gefeiert. Sie ist zur vollen Zufriedenheit derjenigen ausgefallen, die sich zur Revolution von 1918 und zum Anschluß des Landes an das Deutsche Reich (→ 25. 2./S. 54) bekennen. Niemand hatte es vor der Wahl für möglich gehalten, daß die Wähler so energisch mit dem Kaisertum abrechnen und sich so deutlich für eine Änderung der Staatsform aussprechen würden.

Die »Wiener Abendpost« kommentiert: »Das Volk hat sich gegen die Kriegspolitik und für den Frieden, gegen die Monarchie und für die Republik, gegen die Wiederherstellung einer unnatürlichen und freudlosen Verbindung mit den Nationalstaaten und für den Anschluß an Deutschland entschieden. Zwei Gruppen haben am besten bestanden: die Partei der industriellen Arbeit und die Vertretung der selbstarbeitenden Bauernschaft.«

Die Wahlplakate richten sich an 3,5 Millionen Stimmberechtigte

Wahllokal in der österreichischen Hauptstadt; 83,7 % der Stimmberechtigten wählen die Nationalversammlung

Polizei und Soldaten patrouillieren in großer Zahl am Wahltag in den Straßen, um Anschlägen vorzubeugen

Einigung über den Anschluß

25. Februar. Der deutschösterreichische Staatssekretär des Äußern, Otto Bauer (SPÖ), trifft in Weimar zu Vorverhandlungen über den Anschluß der Republik

Otto Bauer Vertreter der These, daß der Zerfall des Habsburgerreichs im Interesse des Proletariats liege, weil er zum Anschluß Deutschösterreichs an das industrialisierte Deutsche Reich führen werde

Deutschösterreich an das Deutsche Reich ein. Über die Verhandlungen wird am 3. März bekanntgegeben: Der Zusammenschluß soll sich durch einen Staatsvertrag vollziehen, der den Nationalversammlungen in Weimar und Wien vorgelegt wird, sobald die eigentlichen Verhandlungen über Einzelfragen beendet sind. Nach der Ratifizierung des Vertrags soll die Durchführung des Zusammenschlusses durch Reichsgesetz erfolgen, bei dessen Beratung bereits jetzt deutschösterreichische Vertreter in den gesetzgebenden Körperschaften des Deutschen Reichs mitwirken. Wien soll den Rang einer zweiten Reichshauptstadt erhalten. Nach der grundsätzlichen Einigung über den Zusammenschluß reist Bauer am 3. März nach Wien zurück. Die Festlegung der weiteren formalen Vorgehensweise wird paritätisch besetzten Fachkommissionen übertragen.

Die alliierten Siegermächte des Weltkriegs stehen jedoch dem Zusammenschluß grundsätzlich ablehnend gegenüber.

Rückkehr der Habsburger?

20. Februar. Der Verband der deutschen sozialdemokratischen Abgeordneten in der deutschösterreichischen konstituierenden Nationalversammlung be-

Karl I., ab 1916 der letzte Kaiser von Österreich, als Karl IV. zugleich König von Ungarn; am 11. November 1918 verzichtete er für Österreich, zwei Tage später für Ungarn auf die Ausübung seines Amtes

schließt in Wien ein Aktionsprogramm. Sein Hauptziel ist die endgültige Sicherung der republikanischen Verfassung durch einen feierlichen Beschluß der Nationalversammlung. Das Haus Habsburg soll für alle Zeiten für abgesetzt erklärt werden, Ex-Kaiser Karl I. soll diesen Rechtszustand anerkennen. Die Führung aller aus monarchistischen Einrichtungen hervorgegangenen Titel soll verboten, die Krongüter und sämtliche Familiengüter des Hauses Habsburg sollen in den Besitz des Staates übernommen werden.

Während die Sozialdemokraten, die in der Nationalversammlung die stärkste Fraktion bilden, eindeutig Stellung gegen die Monarchie nehmen, haben die Christlichsozialen bei der Wahl für ihre monarchiefreundliche Haltung einen deutlichen Denkzettel verpaßt bekommen (→ 16.2./S.54). Im Wahlkampf agitierten Christlichsoziale offen für die Zurückführung des alten Kaiserhauses und die Wiederherstellung einer monarchischen Staatsform.

Bern: Sozialisten ringen um internationalen Neuanfang

3. Februar. Arthur Henderson, der Vorsitzende der britischen Labour Party, eröffnet die Arbeiter- und Sozialistenkonferenz in Bern. An dieser ersten internationalen Nachkriegskonferenz der Sozialdemokratie, die bis zum 10. Februar dauert, nehmen 103 Delegierte teil, die überwiegend aus europäischen Ländern kommen.

Ziel der Konferenz ist die Schaffung einer neuen »Internationale« (→ 2.3./S.72). Weitere Hauptthemen sind die Konsequenzen, die sich für den Sozialismus nach den Revolutionen am Ende des Ersten Weltkriegs ergeben.

Der schwedische Politiker Hjalmar Branting sagt nach seiner Wahl zum Vorsitzenden der Sozialistenkonferenz in einer Grundsatzrede: »Der Krieg, der die Welt verheert hat, war nur möglich innerhalb einer kapitalistischen Gesellschaftsordnung, welche immer bestrebt war, die Internationale abzuschaffen. Die Versuche, welche bis zum letzten Moment gemacht wurden, die Internationale zum gemeinsamen Widerstand gegen den Krieg zu vereinigen, sind vollständig gescheitert. Es muß jetzt an uns die Reihe sein, mit Bestimmtheit gegen den Annexionismus, von welcher Seite er auch kommen mag, aufzutreten, im Namen der gesamten sozialistischen Demokraten in Europa, und einstimmig Friedensbedingungen zu fordern für die neuen Republiken, welche aus den Ruinen der alten Kaiserreiche entstanden sind.« Die Konferenz beschließt die Einsetzung einer Ständigen Kommission mit einer Exekutive, der Branting, Henderson und der Belgier Kamiel Huysmans angehören. Sie soll Maßnahmen ergreifen, um die Internationale in kürzester Zeit wiederherzustellen.

Große Beachtung findet die Rede des bayerischen Ministerpräsidenten Kurt Eisner (USPD), der sich eindeutig zur deutschen Kriegsschuld bekennt, zugleich aber klarstellt: »Das deutsche Volk hat in den letzten Jahren im Aufstand gegen den Krieg mehr geopfert als irgendein Volk ... Die Revolution in Deutschland ist nicht das feige Werk des Zusammenbruchs, sondern das Ergebnis unermüdlicher Arbeit, die gerade damals einsetzte, als Deutschland [1914] militärisch auf der Höhe stand.«

△ Sitzung der Arbeiter- und Sozialistenkonferenz in der »Maison du Peuple« (Volkshaus) in Bern; in der Eröffnungsrede sagt der Vorsitzende H. Branting: »Die sozialistische Arbeiterklasse warnt die Sieger davor, ihren Sieg zu mißbrauchen und dadurch die Samen neuer Konflikte auszusäen ... Es ist gefordert worden, daß eine Magna Charta der Arbeit, die Grundlinien einer internationalen Arbeitergesetzgebung im kommenden Friedensvertrage wie auch im Völkerbundsvertrage mit inbegriffen werden. Grundlage unserer Anschauungen ist das Recht der Demokratie, die Freiheit des Wortes und des Gedankens sowie die Durchführung des Sozialismus durch Schaffung einer geordneten gemeinsamen Produktion«

◁ Friedrich Adler im Gespräch mit der Frau von Karl Kautsky; Adler bekämpfte während des Ersten Weltkriegs als Führer der sozialistischen Linken die Kriegsziele der österreichischen Sozialdemokraten; während der Revolution war er Führer der Arbeiterräte; er lehnt jedoch die Errichtung einer österreichischen Räterepublik entschieden ab; in Bern bringt er einen Antrag ein, der sich gegen die Verurteilung der Politik der sowjetischen Führung in Rußland richtet, »solange noch keine genauen Nachrichten vorliegen und die Gegenseite nicht persönlich gehört worden ist«; diese Resolution findet keine Mehrheit; in seiner Eröffnungsrede hatte dagegen Branting die Zustände in Sowjetrußland scharf kritisiert: Das Terrorregime einer Minderheit untergrabe dort die Diktatur des Proletariats und errichte das Gegenteil von Demokratie und Sozialismus

◁ Branting (l.) im Gespräch mit Kurt Eisner, dessen zweistündige Rede großes Aufsehen erregt: »Wir Deutsche wollen unsere Schuld dadurch sühnen, daß wir auf dem Wege zum Sozialismus ernst und kraftvoll voranschreiten. Unsere Revolution ist keine Camouflage ... Noch im August 1914 konnten viele, vielleicht alle, im Zweifel sein, ob Deutschland einen Verteidigungs- oder Angriffskrieg führt. Aber als ich das erste deutsche Weißbuch las, da war es mir schon beinahe klar, daß wir getäuscht worden waren ... Dieser Krieg ist von einer kleinen Horde größenwahnsinniger Militärs in Deutschland im Verein mit Kapitalisten und Fürsten ohne jede politische und militärische Einsicht gemacht worden. Die deutsche Sozialdemokratie hätte nach 14 Tagen Krieg ihre Aufgabe darin sehen müssen, die Regierung zu stürzen und Frieden zu machen«

Harte Friedensbedingungen der alliierten Siegermächte

19. Februar. Die Zeitung »Le Progrès« in Lyon meldet, der Oberste Kriegsrat der Alliierten in Paris habe beschlossen, dem Deutschen Reich keinen Teil des Friedensvertrags vorzulegen, bevor nicht der ganze Vertrag fertig sei. Mit diesem auf Wunsch Frankreichs gefaßten Beschluß sind die Alliierten von der ursprünglichen Absicht abgerückt, zunächst die militärischen Bedingungen bewilligen zu lassen.

Die Alliierten befürchten, daß die deutsche Regierung ihre Zustimmung zum Friedensvertrag verweigert, wenn sie die Härte der militärischen Bedingungen erfährt, »ohne Kenntnis von den anderen Teilen des Vertrags zu haben, in denen es vielleicht eine Entschädigung finden könnte«. Bei einer Ablehnung bedürfe es einer »lang andauernden Anwendung von Gewalt«, damit die Friedensbedingungen »erzwungen« werden könnten,

Großbritannien fordert die Zerstörung der Helgoland-Befestigungen

Die Hungerblockade der Alliierten ist einer der Gründe für die im Deutschen Reich immer wieder aufflackernden Lebensmittelunruhen, wie hier in Berlin

schreibt die Zeitung. Bei der nun festgelegten Methode werde die Hungerblockade gegen das Deutsche Reich nach Vertragsschluß sofort aufgehoben.

Nach der aufsehenerregenden Veröffentlichung rätselt die Presse, ob der französische Marschall Ferdinand Foch seine harte Haltung bei den Verhandlungen mit dem Deutschen Reich noch verstärken werde. Foch soll wörtlich erklärt haben: »Mit dem Finger am Hahn erreichen wir alles, mit der Hand auf dem Herzen würden wir hereinfallen.«

Wirtschaftsrat der Alliierten in Paris

8. Februar. Auf Antrag von US-Präsident Woodrow Wilson bildet der alliierte Oberste Kriegsrat in Paris den Obersten Wirtschaftsrat als Kommission zur Klärung und Koordinierung nichtmilitärischer Fragen. Der Oberste Wirtschaftsrat versammelt sich am 27. Februar zum ersten Mal im französischen Handelsministerium in Paris. Ihm gehören je fünf Vertreter Frankreichs, Großbritanniens, Italiens und der Vereinigten Staaten an. Er übernimmt die Koordinierung folgender Gremien: Alliierter Verpflegungsrat, Oberster Interalliierter Verpflegungsrat, Programmkomitee und Oberster Blockaderat.

Die Lebensmittelversorgung Europas nach dem Ersten Weltkrieg ist eines der dringendsten Probleme. Am 12. Februar beschlagnahmen die Alliierten in Spanien deutsche und österreichische Schiffe, mit denen sie Waren »zum Zweck der Erleichterung der Lebensmittelnot in einem großen Teil Europas« transportieren wollen. Die Hungerblockade, die von den Alliierten während des Krieges gegen das Deutsche Reich verhängt wurde, soll solange aufrechterhalten werden, bis die Deutschen den Friedensvertrag unterzeichnet haben.

Die Limousine, in der Clemenceau bei dem Mordanschlag leicht verletzt wurde, vor seinem Domizil; die Wagenfenster weisen Einschußlöcher auf

Attentat auf Clemenceau

19. Februar. Der Anarchist Émile Cottin verübt in Paris ein Attentat auf den französischen Ministerpräsidenten Georges Benjamin Clemenceau, der leicht verletzt wird. Cottin wird verhaftet und am 14. März zum Tode verurteilt.

Als Clemenceau, der auch Vorsitzender der Pariser Friedenskonferenz ist, mit dem Auto ins Kriegsministerium fährt, feuert der 24jährige Kunsttischler fünf Schüsse auf ihn ab. Bei der Vernehmung sagt er aus, er habe das Haupthindernis für einen schnellen und gerechten Frieden beseitigen wollen.

Cottin ist bereits dreimal von Kriegsgerichten wegen »antimilitaristischer Äußerungen und Aufforderungen von Soldaten zum Ungehorsam« verurteilt worden. Die Presse sieht in ihm einen durch die Lektüre revolutionären Schrifttums irregeleiteten Einzeltäter.

Afrikaner fordern Rechte und Schutz

19. Februar. In Paris beginnt der dreitägige Panafrikanische Kongreß, an dem rund 50 Delegationen u.a. aus den USA, aus Haiti, aus Südamerika, aus mehreren europäischen Ländern und Abessinien (Äthiopien) teilnehmen.

Der Kongreß faßt folgende Beschlüsse, die der Friedenskonferenz übermittelt werden, die in Paris tagt (→18.1./S.12): »200 Millionen Schwarze, die unsere Erde bevölkern, fordern die Annahme nachstehender Punkte:

1. Die Einführung eines internationalen Schutzkodex für die Eingeborenen.

2. Ein der Völkerliga [dem zu gründenden Völkerbund; → 25.1./S. 19] angegliedertes permanentes Sekretariat, das sich mit der Lage der Eingeborenen in bezug auf Land, Arbeit, Wohnung, ärztliche Hilfe, Kultur und Religion befaßt.

3. Die Zulassung der afrikanischen Eingeborenen gemäß ihrer intellektuellen Entwicklung zur Bekleidung öffentlicher Ämter.

4. Die Ausdehnung der internationalen Arbeitergesetzgebung .auch auf die eingeborenen Arbeiter.

5. Die Förderung der Interessen der schwarzen Bevölkerung durch die Einrichtung der Völkerliga.«

Sowjettruppen erobern die Ukraine

5. Februar. Russisch-ukrainische Einheiten der Roten Armee besetzen Kiew und bilden in den von den Sowjets eroberten Gebieten eine »Ukrainische Provisorische Regierung der Arbeiter und Bauern«. Am 26. Februar proklamiert Christian Rakowski, Leiter der Sowjetregierung in Kiew, die Föderation der Ukraine mit Sowjetrußland.

Lenin ist Vorsitzender des Rates der Volkskommissare der Regierung in Sowjetrußland; von Anfang an hat er die Durchsetzung der bolschewistischen Politik mit Härte verfolgt

Die Ukrainische Volksrepublik, die nach der Oktoberrevolution im November 1917 proklamiert wurde, hat sich während des Ersten Weltkriegs mit den Mittelmächten gegen die Bolschewiki verbündet. Ziel war die Schaffung eines unabhängigen ukrainischen Nationalstaats. Nach der Niederlage der Mittelmächte übernahm ein ententefreundliches Direktorium die Macht, das Sowjetrußland den Krieg erklärte. Die Sowjets werden noch zweimal vorübergehend aus der Ukraine verdrängt.

Unmut und Freude über Mannerheim

13. Februar. Carl Gustaf Emil Freiherr von Mannerheim, der Reichsverweser des ehemaligen russischen Großfürstentums Finnland, trifft zu einem Besuch des schwedischen Königs Gustav V. in Stockholm ein. Der Besuch wird in Skandinavien als Ereignis von großer politischer Tragweite gewertet, als Symbol der Zusammengehörigkeit der nordischen Länder. Überschattet wird die Reise Mannerheims von Protesten der Sozialisten, die ihm als Bekämpfer der Bolschewiki einen unfreundlichen Empfang bereiten. Am 18. Februar besucht Mannerheim den dänischen Hof in Kopenhagen; ein Besuch in Kristiania (Oslo) muß wegen der Proteste der norwegischen Sozialisten abgesagt werden.

Afghanistan unabhängig

28. Februar. Aman Ullah, der Emir von Afghanistan, proklamiert die völlige staatliche Unabhängigkeit seines Landes. Der Vertreter der antibritischen Jungafghanen hat nach der Ermordung von Habib Ullah Khan am 20. Februar die Macht übernommen. Unter dem seit 1901 regierenden Habib war die Außenpolitik Afghanistans von Großbritannien bestimmt worden. Im Weltkrieg blieb das Land neutral.

Der 27jährige Emir Aman Ullah (2. v. r.) entzieht sich nach dem Ersten Weltkrieg als erster dem britischen Einfluß im Orient; kurz nach der Proklamation der Unabhängigkeit erklärt Afghanistan Großbritannien den Krieg

Glasgower Streik niedergeschlagen

8. Februar. *In Glasgow, der größten Stadt Schottlands, findet eine Massenversammlung streikender Arbeiter statt. Sie wird von der Polizei gewaltsam aufgelöst.*

Der »Arbeiteraufruhr« von Glasgow ist eine Aktion, die im Rahmen des Generalstreiks im Industriegebiet am Clyde durchgeführt wird; der Streik wurde am 27. Januar ausgerufen und dauert bis zum 12. Februar. Rund 100 000 Hafenarbeiter, Schiffsbauer, Metall- und Bauarbeiter fordern Lohnerhöhungen, die Einführung der 40-Stunden-Woche und die Verstaatlichung des Bergbaus. Führer auf seiten der Arbeiter sind William Gallacher, David Kirkwood und Thomas Bell. Der Streik wird durch Truppen niedergeschlagen. Die Abbildung zeigt eine Sonderseite aus dem »Illustrierten Blatt«. Am 27. Februar findet in Westminster unter dem Vorsitz des britischen Arbeitsministers Robert Stevenson Horne eine Konferenz statt, an der 800 Arbeitgeber und Arbeitnehmerdelegierte aus allen Wirtschaftsbereichen des Vereinigten Königreichs teilnehmen. Vereinbart wird die Schaffung eines paritätischen Ausschusses, der die Streikursachen untersuchen und weitere Arbeitskämpfe verhindern soll.

Deutsche Ritter in Estland enteignet

19. Februar. Die Regierung der Republik Estland erklärt alle rund 250 Rittergüter im Land zu Staatseigentum. Dies bedeutet das Ende der jahrhundertealten Herrschaft deutscher Geschlechter in diesem Bereich des Baltikums.

Die Esten wurden zu Beginn des 13. Jahrhunderts von Deutschen und Dänen christianisiert. 1346 verkauften die Dänen das Land an den Deutschen Orden. Die Beherrschung durch deutsche Rittergeschlechter dauerte auch unter der Zugehörigkeit Estlands zu Schweden (ab 1561) bzw. zu Rußland (ab 1721) fort. Zar Peter der Große sicherte der deutschen Ritterschaft Vorrechte in Estland zu, die bis zur Unabhängigkeitserklärung im Februar 1918 Bestand hatten.

Architektur 1919:

Neuanfang nach Kriegserfahrung: Bauhaus und Neues Bauen

Nach Kriegsende prägen Revolution, Wirtschaftskrise und zerstörte Ideale die Atmosphäre im Deutschen Reich. Für kurze Zeit - bis Ende 1920 - beherrschen Weltschmerz und Weltfluchtgedanken die Köpfe der deutschen Architekten. Sie suchen Zuflucht in phantasievollen Visionen und Utopien. Hermann Finsterlin und Bruno Taut malen stahlende »Glaspaläste« und glitzernde »Kristalldome« auf eisigen Gipfeln. »Kathedralen der Zukunft« sollen nach den Kriegsgreueln den Glauben an das Klare, Reine und Gute im Menschen beschwören. »Glas« steht für unverdorbene Schuldlosigkeit.

Durch Bruno Tauts Initiative bildet sich im Dezember die »Gläserne Kette«, eine gezeichnete und gedichtete Korrespondenz zwischen gleichgesinnten Architekten (Bruno und Max Taut, Wassili und Hans Luckhardt, Hermann Finsterlin u.a.), die sich gegenseitig ihre filigranen »Lichtgestalten« präsentieren, sich Mut machen und ihr »Tun« als geistige Lockerungsübung für bessere Zeiten betrachten. Richtungsweisend für das gestalterische und architektonische Schaffen in der Nachkriegszeit ist die Gründung des »Bauhauses« durch Walter Gropius (→ 21.3./S.75). Es entsteht aus der Vereinigung der »Hochschule für bildende Künste« mit der »Kunstgewerbeschule«. Der Begriff »Bauhaus« wird schnell zum Synonym für moderne Architektur. Die Absicht von Gropius ist es, die Architektur aus ihrer handwerklichen Tradition zu lösen und sie in die industrielle Bauproduktion zu integrieren.

Die Architekten-Avantgarde der Jahrhundertwende (Peter Behrens, Hans Poelzig, Heinrich Tessenow, Hermann Muthesius) hatte zwar das historisierende, den klassischen Baustilen verhaftete Bauen verdrängt, aber keine eigenständige neue Formensprache hinterlassen. Erst Gropius gelingt es mit seiner Bauhauskonzeption, das Werkbund-Erbe mit den Theorien der »de Stijl«-Gruppe (Theo van Doesburg, Gerrit Thomas Rietveld, Jacobus Johannes Pieter Oud) und der russischen Konstruktivisten (El Lissitzky, Wladimir J. Tatlin, Kasimir S. Malewitsch) sowie der Lehre des jungen Le Corbusier von den »Reinen Formen« zu verschmelzen. Durch die Zusammenarbeit der eigenwilligsten Künstler der Zeit (Lyonel Feininger, Oskar Schlemmer, László Moholy-Nagy, Wassily Kandinski u.a.) bildet sich allmählich die Formensprache des »Neuen Bauens« heraus. Das Ergebnis, die Reduktion aller Bauteile auf ihre geometrischen Grundformen (Quader, Kubus, Zylinder u.a.), bietet zwei Vorteile: Zum einen sind diese Formen ästhetisch unbelastet, sie eignen sich deshalb gut als Ausdrucksmittel einer neuen Architektur; zum anderen sind sie »Industrieformen«, d.h. die industrielle Fertigung von Bauteilen ist wenig problematisch.

Die Entwürfe der Bauhaus-Architekten orientieren sich in der Hauptsache an Funktionalität und Variabilität; bestmögliche Benutzbarkeit ist das Ziel. »Schönheit« entsteht durch die Harmonisierung von Gebäudezweck, Baukörper, Material und Konstruktionsprinzip.

Die Zielvorstellung von Gropius bei der Gründung der Bauhaus-Hochschule ist es, den Architekt weniger als Bau-Künstler denn als Koordinator aller formaler, technischer, sozialer und wirtschaftlicher Aspekte des Bauens tätig werden zu lassen.

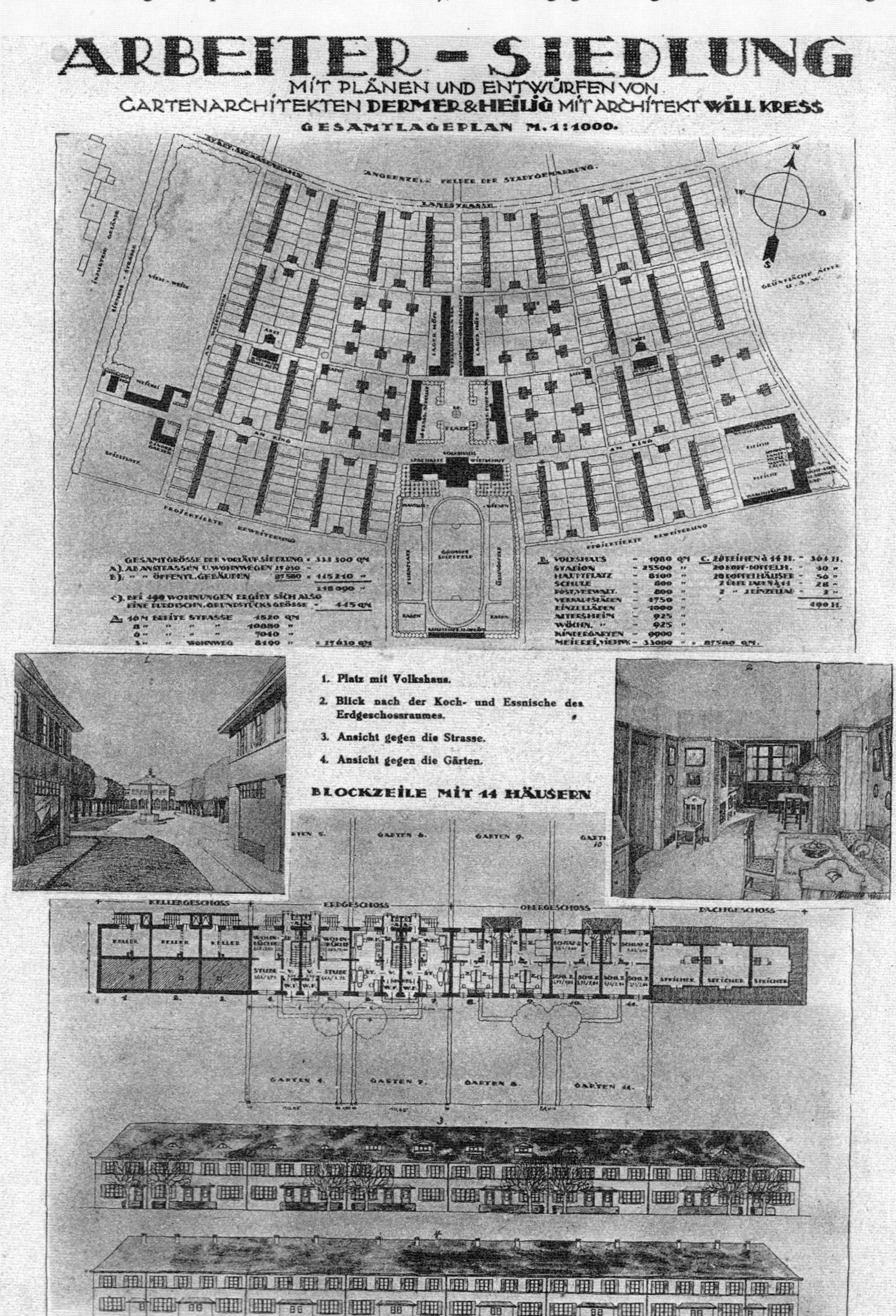

◁ Mit der zunehmenden Industrialisierung im 19. Jahrhundert beginnen fortschrittliche Unternehmer — zuerst in Großbritannien — verstärkt mit dem Bau von Fabriken außerhalb der Städte. Daran anschließend werden sog. Arbeitersiedlungen errichtet, z.T. mit beträchtlichen Garten- und Freizeitflächen. Einerseits förderten diese Siedlungen die Bindung der Arbeiter an die Fabrik, andererseits widerlegten sie die Auffassung, daß sich Industrie und städtische Siedlungsformen nicht in die Landschaft einfügen lassen würden. Im Deutschen Reich wurde die erste Arbeiter- und Werkssiedlung in Oberhausen-Eisenheim 1844 errichtet. Ende 1919 wird in Mühlheim an der Ruhr mit dem Bau von 90 zweigeschossigen Wohnungen für die Belegschaft der Thyssen-Werke begonnen.

Entwurf einer »Festhalle aus Glas« von Wassili Luckhardt, einem Mitglied der »Gläsernen Kette«

Auguste und Gustave Perret verbinden Stahlkonstruktion und antikisierende Formelemente

Wohnblock »Eigen Haard« in Amsterdam, entworfen vom Architekten Michel de Klerk

Das Hauptwerk von Paul Bonatz ist der monumentale Stuttgarter Bahnhof (1913-1928)

Bildungswesen 1919:

Konfessionelle contra weltliche Schule

Die Bildungsdiskussion im Deutschen Reich steht 1919 im Zeichen der Auseinandersetzung zwischen Staat und Kirche. Am 25. Januar wird im katholischen Bayern Religion zum Wahlfach degradiert. Am 11. Juli verbietet Sachsen den Religionsunterricht an den Volksschulen, am 18. Juli trifft Braunschweig die gleiche Entscheidung. Ebenfalls am 18. Juli wird im größten deutschen Land, in Preußen, die geistliche Ortsschulinspektion aufgehoben.

Die ersten Reaktionen auf diese Entscheidungen sind Proteste von kirchlichen Behörden und Zentrumssorganisationen, Hirtenbriefe von Bischöfen, Wahlaufrufe von Pfarrern. Im Zusammenhang mit einem Vorfall an einer Münchner Knabenschule, wo der Lehrer das Schulgebet nicht mehr verrichten ließ, regt der »Bayerische Kurier« wegen dieser »religiösen Vergewaltigung der Kinder« einen Schulstreik an.

Die Trennung der Kirche vom Staat und der Schule von der Kirche gehört zu den bereits im »Eisenacher Programm« von 1869 erhobenen Forderungen der Sozialdemokratie. Der Versuch, nach der Revolution diese Forderung in mehreren deutschen Einzelstaaten zu verwirklichen, ruft den erbitterten Widerstand der Kirchen hervor. Sie sind Träger einer gegen die »Entchristlichung« der Schule gerichteten Protestbewegung von großer politischer Tragweite, die erheblich die Wahlen beeinflußt (→25.1./S.39).

Um die Gesundheit der Schulkinder zu fördern, werden im Deutschen Reich »Freiluftschulen« errichtet, wie diese »Waldschule« in Charlottenburg/Berlin

Der Reichsminister des Innern, Eduard Heinrich Rudolph David (MSPD), umreißt am 18. Juli die unterschiedlichen Standpunkte so: »Die ältere Auffassung sieht in der Schule keine rein weltliche Angelegenheit, sondern meint, die Kirche müsse kraft der ihr vom Staate verliehenen Autorität hier bestimmend eingreifen können. Unter dieser Auffassung stand im wesentlichen auch die frühere Simultanschule als konfessionell gemischte Schule, über die die Kirche ihre Autorität gleichfalls erstreckte. Die jüngere Auffassung sieht in der Schule eine rein staatliche Einrichtung mit nur staatsbürgerlichen Erziehungsaufgaben. Den Religionsunterricht hält sie allein für eine Aufgabe der Religionsgemeinschaften. Sie will eine rein weltliche konfessionslose Schule.« Der Kompromiß, auf den sich die Parteien in der Weimarer Nationalversammlung einigen, sieht vor, daß künftig allein der Wille der Erziehungsberechtigten darüber entscheiden soll, welche der drei Schularten - konfessionelle, Simultan- oder weltliche Schule - das Kind besuchen soll. Die Entscheidung soll den Schulgemeinden überlassen werden derart, daß jede Gemeinde über die Schulform befindet. In jeder Gemeinde soll alle fünf bis acht Jahre ermittelt werden, wieviel Anhänger der einen oder anderen Schulform es gibt. Nach dem Ergebnis soll die Einrichtung von konfessionellen, Simultan- oder weltlichen Schulen prozentual erfolgen.«

Die Genossenschaft sozialistischer Künstler in Berlin veranstaltet die Ausstellung »Ersatz für Kaiserbilder in den Schulen«; das scheint dringend geboten, denn in mehreren Großstädten fordern Schüler 1919 das Wiederaufhängen von Kaiserbildern in den Klassen

Zweiter Verlag Rowohlts

1. Februar. In einer Etagenwohnung eines Hauses an der Potsdamer Brücke in Berlin gründet der 32jährige Ernst Rowohlt seinen zweiten Verlag, finanziell unterstützt von dem Leipziger Verlegersohn Hans Thieme. Rowohlt hatte schon 1908 in Leipzig einen Verlag gegründet, der 1913 von Kurt Wolff übernommen worden war.

Der Lektor Paul Meyer berichtet über den Beginn des neuen Rowohlt-Verlags: »Als ich zum vereinbarten Termin das Verlagsdomizil betrat, war dort außer einer Schreibmaschine und einem Haufen Manuskripte nichts vorhanden … Rowohlt trällerte eines seiner Lieblingslieder … und meinte: Sie können einige der verflixten Manuskripte mit nach Hause nehmen.«

Als erstes erscheint im Ernst Rowohlt Verlag die Schriftenreihe »Umsturz und Aufbau«. Als Band 2 der Reihe erscheint »Der politische Dichter« von Walter Hasenclever. Rowohlt verlegt in der Folgezeit u.a. expressionistische Dramatiker, Er-

Oskar Kokoschka fertigt 1919 diese Kreidezeichnung von Ernst Rowohlt

zähler und Lyriker. Außerdem bereitet er eine Anthologie vor, die 1920 unter dem Titel »Menschheitsdämmerung. Symphonie jüngster Dichtung« erscheinen soll, herausgegeben von Kurt Pinthus.

Erfolgreich: Max Reinhardt

27. Februar. Max Reinhardt inszeniert am Deutschen Theater in Berlin William Shakespeares Komödie »Wie es euch gefällt« mit Alexander Moissi, Ernst Deutsch, Hermann Thimig und Helene Thimig. Das Stück zählt zu den erfolgreichsten Schauspielen dieses Jahres. Der Kritiker Stephan Grossmann schreibt über die Premiere: »Das Licht Shakespeares leuchtete in die Finsternis unserer Tage. Die Menschen fanden an diesem Abend ihr Lachen wieder.« Siegfried Jacobsohns »Weltbühne« urteilt: »Man kehrt aus dieser lichten Phantasiewelt äußerst ungern in den pechschwarzen Alltag zurück.« Die Zeitschrift rechnet mit mindestens 500 Aufführungen, »vorausgesetzt, daß wir nicht nächstens alle verhungern oder totgeschlagen werden«. Max Reinhardt ist bekannt für seine illusionistischen Inszenierungen zeitgenössischer und klassischer Bühnenwerke.

Helene Thimig als Rosalinde (l.) und Johanna Terwin als Celia in der äußerst erfolgreichen Inszenierung des Shakespeare-Stücks »Wie es euch gefällt« von Max Reinhardt am Deutschen Theater in Berlin

»Kunstraub« zur Aufstockung der Bestände des Pariser Louvre

Februar. Nach und nach öffnen wieder die Museen im Deutschen Reich, die während des Weltkriegs geschlossen wurden. Bei vielen Museumsdirektoren und Kunstfreunden in den besiegten Ländern kann darüber jedoch keine rechte Freude aufkommen.

In der französischen Zeitschrift »L'Illustration« hat der Kunstforscher Auguste Marguillier, Herausgeber der »Gazette des Beaux-Arts«, eine Liste mit den Kunstgegenständen in deutschem Besitz veröffentlicht, die Frankreich für sich beansprucht. Das Argument Marguilliers: »Wir verlangen einen Akt der Gerechtigkeit und der Buße. Vor dem Angesicht der Welt müssen die neuen Barbaren der Ehre für verlustig erklärt werden, die heiligen Manifestationen des Ideals zu hüten, so wie man vor der Front einer Armee einen Soldaten degradiert, der nicht mehr würdig ist, die Waffen zu tragen.«

Die Liste mit Kunstwerken, derer das Deutsche Reich unwürdig ist, enthält alles Bedeutende, was deutsche Museen, Schlösser und Kirchen beherbergen und französischen Ursprungs ist, von den Gemälden Jean Antoine Watteaus bis zum »Goldenen Rössl« in Altötting, das eine Pariser Goldschmiedearbeit aus dem 15. Jahrhundert ist. Marguillier betont, dies sei der Augenblick, »Lücken in den Beständen des Louvre aufzufüllen«, und verweist auf ähnliche kunsträuberische Aufrufe in der deutschen Presse zu Beginn des Ersten Weltkriegs.

Marguillier fordert allerdings mehr als nur französische Kunstwerke: Auch Albrecht Dürers »Apostel« sollen aus München nach Paris gebracht werden, da sich Dürer im Grabe umdrehen und erschauern würde bei dem Gedanken, »daß seine erhabenen Schöpfungen den Blicken von Grabschändern und Brandstiftern preisgegeben wären«.

Wie den Deutschen ergeht es auch den Österreichern. Die Italiener sichten deren Bestände.

◁◁ Der Raub von Kunstwerken ist seit der Antike ein Mittel, einen im Krieg errungenen Sieg zu manifestieren; die Abbildung zeigt die Venus von Milo im Pariser Louvre, dessen Bestände durch Kunstschätze aus dem Deutschen Reich aufgefüllt werden sollen

◁ Die Nike von Samothrake, die um 190 v. Chr. als Weihegabe der Rhodier auf dem Vorderteil eines Schiffs aufgestellt wurde, befindet sich ebenfalls in dem ehemals königlichen Schloß

Beim Paarlaufen in Davos nehmen auch deutsche Sportler teil; Hoffmann-Grauel/Berlin gewinnen

Start zu einer gemeinsamen Abfahrt auf der Rodelbahn im Stadtpark von Schöneberg

Frenssen-Petersdorf vom Berliner Schlittschuh-Klub bei den Paarlauf-Meisterschaften in Davos

Wintersport unter schlechtem Stern

Februar. Der Wintersport im ersten Nachkriegsjahr steht, was internationale Turniere betrifft, unter einem schlechten Stern. Die Friedensverträge sind nicht unterzeichnet, offiziell herrscht noch Krieg, trotz Waffenstillstand.

Nicht ausgetragen werden in diesem Jahr z.B. die Europa- und die Weltmeisterschaften im Eiskunstlauf, nicht einmal der Deutsche Meister wird ermittelt.

In den »Feindländern« sind deutsche Sportler unerwünscht. Lediglich in der neutralen Schweiz können deutsche Sportler an den Wettkämpfen teilnehmen, so z. B. an den Meisterschaften in Davos.

Trotz der widrigen Umstände reisen noch Menschen zum Skilaufen in die verschiedenen Wintersportorte

Eissegler am Start bei der Eissegelregatta auf dem Berliner Wannsee

Rodeln bleibt der beliebteste Volkssport bei den Kindern im Winter

März 1919

Mo	Di	Mi	Do	Fr	Sa	So
					1	2
3	4	5	6	7	8	9
10	11	12	13	14	15	16
17	18	19	20	21	22	23
24	25	26	27	28	29	30
31						

1. März, Sonnabend

In Korea beginnen die Proteste der Unabhängigkeits-»Bewegung des 1. März« gegen die japanische Vorherrschaft. →S.73

Die Weimarer Nationalversammlung fordert in einer von allen Parteien mit Ausnahme der USPD unterstützten Resolution »die Wiedereinsetzung Deutschlands in seine kolonialen Rechte«.

Die deutsche Reichsregierung unterstreicht in einem Aufruf ihre Entschlossenheit, »um des Lebens des Volkes willen »jede Art von Gewalttätigkeit rücksichtslos zu bekämpfen (→3.3./S.66).

Der Vorstand der MSPD erläßt in Berlin einen Aufruf, in dem er den Massenstreik als politisches Kampfmittel ablehnt.

Auf dem Rätekongreß in München bilden MSPD, USPD und Bauernbund eine Koalitionsregierung. Die meisten auf dem Rätekongreß gewählten Minister lehnen es allerdings ab, ohne Zustimmung der rechtmäßigen Volksvertretung ihr Amt zu übernehmen (→17.3./S.68).

In Frankreich wird die Sommerzeit eingeführt (bis 5. Oktober; →28.4./S.93).

In Moskau findet ein Gründungskongreß der Kommunistischen Internationale, Komintern, statt. →S.72

Bei den Parlamentswahlen in Finnland erhalten die Sozialisten 80 (1917: 92), die Agrarier 42 (26), die Jungfinnen 26 (28), die Altfinnen 28 (33) und die schwedische Volkspartei 22 (21) Mandate.

In Berlin beginnt ein außerordentlicher Parteitag der USPD (→6.3./S.68).

General Paul von Lettow-Vorbeck zieht mit seiner Truppe nach der Rückkehr aus Ostafrika in Berlin ein. →S.69

3. März, Montag

Die provisorische Regierung von Deutschösterreich unter Karl Renner (SPÖ) erklärt ihren Rücktritt. Sie wird vom Staatsrat mit der vorläufigen Weiterführung der Amtsgeschäfte betraut (→4.3./S.70).

Der Groß-Berliner Arbeiterrat beschließt und proklamiert den Generalstreik. →S.66

Nach Abschluß der Verhandlungen über den Zusammenschluß von Deutschösterreich mit dem Deutschen Reich reist der deutschösterreichische Staatssekretär des Äußeren, Otto Bauer (SPÖ), aus Berlin nach Wien zurück. Der Zusammenschluß soll durch einen Staatsvertrag vollzogen werden, über den beide Nationalversammlungen abstimmen.

4. März, Dienstag

Die deutschösterreichische Konstituierende Nationalversammlung tritt in Wien zu ihrer Eröffnungssitzung zusammen. →S.70

In Deutschböhmen, im Sudetenland und in Südmähren finden tschechenfeindliche Kundgebungen der deutschen Bevölkerung statt. →S.71

Nach zweitägiger Debatte verweist die Weimarer Nationalversammlung den Entwurf der Reichsverfassung an einen 28köpfigen Ausschuß. Am 5. März hält der Verfassungsausschuß seine erste Sitzung ab.

Der russische Admiral Alexandr W. Koltschak, der 1917 in Sibirien eine antibolschewistische Armee gebildet und sich 1918 zum Reichsverweser ernannt hat, beginnt eine Offensive an der Ostfront. Am 14. März erobert er Ufa und stößt in der Folgezeit bis zur Wolga vor (→16.1./S.20).

Vertreter der bayerischen MSPD, der USPD und des Bauernbunds vereinbaren in Nürnberg ein Aktionsprogramm, in dem u. a. die sofortige Einberufung des Landtags, die Bildung einer sozialistischen Regierung, die Schaffung einer Notverfassung und die Übertragung weitgehender Vollmachten auf die Regierung gefordert werden (→17.3./S.68).

Die provisorische Landesregierung von Sachsen-Weimar erläßt eine Bekanntmachung über die vorläufige Beschlagnahmung des Vermögens des früheren Großherzoglichen Hauses (→25.3./S.69).

5. März, Mittwoch

Die deutschösterreichische Konstituierende Nationalversammlung in Wien wählt den sozialdemokratischen Abgeordneten Karl Seitz zum Ersten Präsidenten und (vorläufigen) Staatsoberhaupt Deutschösterreichs (→4.3./S.70).

Teile der Republikanischen Soldatenwehr und der Volksmarinedivision gehen in Berlin zu den aufständischen Streikenden über, denen die Erstürmung des Polizeipräsidiums am Alexanderplatz jedoch nicht gelingt (→3.3./S.66).

6. März, Donnerstag

Der Verfassungsausschuß der Weimarer Nationalversammlung nimmt den Antrag der Deutschen Demokratische Partei (DDP) an, den Artikel 1 der Reichsverfassung mit den Worten »Das Deutsche Reich ist eine Republik« zu beginnen.

Die USPD verabschiedet auf ihrem außerordentlichen Parteitag in Berlin ein neues Programm. →S.68

In Bern beginnt eine internationale Vorbereitungskonferenz zur Gründung des Völkerbunds, die bis zum 14. März dauert (→28.4./S.80).

7. März, Freitag

Die Verfassunggebende Landesversammlung von Württemberg in Stuttgart wählt Ministerpräsident Wilhelm Blos (MSPD) zum Staatspräsidenten. Der 70jährige Journalist und Schriftsteller ist ein »Veteran« der Sozialdemokratie.

In Posen beginnen die Verhandlungen der deutschen und der interalliierten Kommission über den Verlauf der Demarkationslinie zwischen dem Deutschen Reich und Polen. Die Verhandlungen werden am 19. März ergebnislos abgebrochen (→ 23.3./S.73).

8. März, Sonnabend

Der Groß-Berliner Arbeiterrat beschließt, den am 3. März ausgerufenen Generalstreik für beendet zu erklären und die Arbeiter aufzufordern, ihre Arbeit am 10. März wieder aufzunehmen (→3.3./S.66).

Der ungarische Ministerrat unter Desiderius Berinkey genehmigt das Volksgesetz über die Autonomie der Slowakei. Aus dem von Slowaken bewohnten Teil Oberungarns soll ein autonomes Rechtsgebiet mit dem Namen Slowenska Krajina geschaffen werden (→23.1./S.21; → 21.3./S.71).

Bei den Landtagswahlen in Sachsen-Weimar erhalten die Mehrheitssozialdemokraten (MSPD) 18, DNVP und DVP zusammen elf, DDP und Christliche Volkspartei (Zentrum) zusammen zehn und die USPD drei Sitze (→23.2./S.50).

Bei den Landtagswahlen in Sachsen-Meiningen erhalten die MSPD 14; der Bauernbund fünf, die DDP drei Sitze; DNVP und USPD erringen je ein Mandat im Landtag (→23.2./S.50).

Die Wahlen zur Landesversammlung von Waldeck-Pyrmont bringen folgende Mandatsverteilung: MSPD 7, DNVP 6, DDP 4, Waldeckischer Volksbund 3, DVP 1 (→ 23.2./S.50).

Die Wahlen zur bremischen Nationalversammlung einschließlich Landgebiet, Bremerhaven und Vegesack ergeben folgende Sitzverteilung: MSPD 66, DDP 40, USPD 39, Landeswahlverband (DNVP und DVP) 27, KPD 14, Kleinhändler 9, Christliche Volkspartei 3, Angestelltenvertreter 2 (→23.2./S.50).

10. März, Montag

Papst Benedikt XV. gibt in einem Geheimen Konsistorium, einer Kardinalsversammlung im Vatikan, dem Wunsch Ausdruck, die Pariser Friedenskonferenz möge die heiligen Stätten Palästinas den Christen übergeben.

11. März, Dienstag

Die gesetzgebende Gewalt im deutschen Freistaat Koburg geht vom Vollzugsausschuß der Arbeiter- und Soldatenräte auf die Landesversammlung über.

12. März, Mittwoch

Die deutschösterreichische Konstituierende Nationalversammlung in Wien erklärt noch einmal: Deutschösterreich ist eine demokratische Republik. Deutschösterreich ist ein Bestandteil des Deutschen Reiches (→4.3./S.70).

In London wird amtlich mitgeteilt, daß alle Rohstoffe wieder ungehindert nach Großbritannien eingeführt werden dürfen.

13. März, Donnerstag

Das italienische Telegrafen- und Nachrichtenbüro »Agenzia Stefani« veröffentlicht das der Pariser Friedenskonferenz übergebene Memorandum über die territorialen Forderungen Italiens: Alpengrenze im Norden (auch Bozen und Brixen sollen italienisch werden), Ostgrenze am Julischen Alpen, Einverleibung des gesamten cisalpinischen Gebiets und eines Teils von Dalmatien.

Die Verfassunggebende Deutsche Nationalversammlung in Weimar nimmt das Sozialisierungsgesetz und das Gesetz über die Kohlenwirtschaft an. →S.68

Die letzte größere Militäraktion während des Aufstands in Berlin, der mehr als 1200 Tote gefordert hat, ist die Besetzung von Lichtenberg durch Regierungstruppen. → 3.3./S.66

Reichswehrminister Gustav Noske (MSPD) gibt vor dem Weimarer Nationalversammlung einen Bericht über die Kämpfe gegen die »Hyänen der Revolution« in Berlin und Lichtenberg ab. →S.68

In Berlin wird die Verfassunggebende Landesversammlung Preußens eröffnet. →S.68

14. März, Freitag

Die deutschösterreichische Konstituierende Nationalversammlung in Wien verabschiedet das Gesetz über die Volksvertretung. Danach übernimmt sie als höchstes Organ des Volkes die Gewalt in der Republik (→4.3./S.70).

Die sächsische Volkskammer in Dresden wählt Georg Gradnauer (MSPD) zum Ministerpräsidenten des Freistaats Sachsen. Die USPD hat bereits am 10. März eine Beteiligung an der Regierung abgelehnt, da sie sich gegen die Einführung des Rätesystems ausgesprochen haben.

Die Landesversammlung von Schaumburg-Lippe in Bückeburg verabschiedet die Verfassung des Freistaats.

In Brüssel wird zwischen dem Deutschen Reich und den Alliierten ein Abkommen über die Lebensmittelversorgung und die Schiffahrt unterzeichnet. Danach kann der deutsche Handelsschiffahrt wieder aufgenommen werden.

15. März, Sonnabend

Die deutschösterreichische Konstituierende Nationalversammlung in Wien wählt die Staatsregierung (→4.3./S.70).

Bei den Wahlen zur Verfassunggebenden Versammlung (Bürgerschaft) in Hamburg erringt die MSPD mit 81 Mandaten die absolute Mehrheit. Die übrigen Mandate fallen an DDP (33), DVP (14), USPD (13), Wirtschaftsbund (13), DNVP (4), Christliche Volkspartei (2; →26.3./S.68).

Die Landtagswahlen in Schwarzburg-Rudolfstadt enden mit der absoluten Mehrheit der MSPD (10 Mandate). Die übrigen Sitze fallen an DDP (3), Bauernbund (2), DVP (1) und USPD (1; → 23.2./S.50).

Das »Illustrierte Blatt« aus Frankfurt am Main berichtet im März in seiner Titelgeschichte über die krisenhafte Situation an der deutschen Ostgrenze

Das Illustrierte Blatt

Die Krise an der deutschen Ostgrenze.

Ein Pole, der sich durch sein Benehmen und durch den Besitz von Munition verdächtig gemacht hat, wird gefangen, mit einem Sack über dem

17. März, Montag

Der bayerische Landtag in München wählt Johannes Hoffmann (MSPD) zum Ministerpräsidenten. →S.68

Im Königreich der Serben, Kroaten und Slowenen (Jugoslawien) eröffnet Prinzregent Alexander (Alexander I.) die Nationalversammlung. Der Sohn von König Peter I. bringt dabei »die unbegrenzte Freude über die … Vereinigung der Brudervölker der Serben, der Kroaten und der Slowenen« zum Ausdruck →S.73

Deutsche und britische Regierungs- und Wirtschaftsvertreter schließen in Rotterdam ein Abkommen über die Lieferung von 30 000 t Kalisalz aus dem Deutschen Reich nach Großbritannien; Verträge dieser Art sollen dem Deutschen Reich die dringend benötigten Devisen zum Wiederaufbau der deutschen Industrie bringen.

Die deutsche Nachrichtenagentur Wolffs Telegraphen-Bureau (WTB) in Berlin meldet, daß die deutsche Reichsregierung beschlossen habe, astronomische Instrumente, die 1901 nach dem Boxeraufstand aus China ins Deutsche Reich gebracht wurden, wieder zurückzugeben.

18. März, Dienstag

In Moskau beginnt der dritte Kongreß der Kommunistischen Partei Rußlands. Parteichef Wladimir I. Lenin wendet sich gegen die Formel von der »Selbstbestimmung der arbeitenden Klassen«.

Der bayerische Landtag in München nimmt das Gesetz über die Aufhebung des Adels an. Der bayerische Adel wird aufgehoben, bayerischen Staatsangehörigen wird verboten, die Verleihung eines Adelstitels eines anderen Staats anzunehmen.

Aus Darmstadt wird gemeldet, daß der hessische Großherzog Ernst Ludwig offiziell auf den Thron verzichtet hat.

19. März, Mittwoch

Die Vollversammlung der Seeleute in Hamburg beschließt, die von den Alliierten geforderte Auslieferung der deutschen Handelsflotte zu verhindern. Zwei Tage später, am 21., beschließt jedoch eine neue Vollversammlung mit 1770 zu 804 Stimmen, die Schiffe nicht am Auslaufen zu hindern (→17.1./S.36).

Die italienische Sozialistische Partei beschließt auf einer Tagung in Mailand den Austritt aus der (Genfer) Zweiten Internationalen und den Anschluß an die (Moskauer) Dritte Internationale (→ 2.3./S.72).

20. März, Donnerstag

Der Vorschlag von US-Präsident Woodrow Wilson zur Entsendung einer alliierten Kommission nach Syrien stößt auf massive Kritik der Kolonialmächte Frankreich und Großbritannien. →S.69

Die Verfassunggebende Preußische Landesversammlung in Berlin verabschiedet das Gesetz zur vorläufigen Ordnung der Staatsgewalt in Preußen. Anders als die anderen deutschen Länder sieht die Verfassung keinen Staats-, sondern nur einen Ministerpräsidenten vor.

Die deutsche Reichsregierung protestiert bei den alliierten Siegermächten des Ersten Weltkriegs gegen die Landung polnischer Truppen in Danzig.

Das Drama »Der arme Vetter« von Ernst Barlach wird an den Kammerspielen in Hamburg uraufgeführt. →S.75

21. März, Freitag

Der provisorische ungarische Staatspräsident Mihály Graf Károlyi von Nagykárolyi tritt zurück; der Budapester Arbeiterrat übernimmt die Regierungsgewalt in Ungarn. →S.71

Die badische Nationalversammlung in Karlsruhe verabschiedet die Verfassung des Freistaats Baden. Damit erhält Baden als erster deutscher Staat der Weimarer Republik eine Verfassung.

Der französische Staatspräsident Raymond Poincaré ernennt Alexandre Millerand zum Generalkommissar von Elsaß-Lothringen mit Sitz in Straßburg.

Die Auslieferung der deutschen Handelsflotte an die Alliierten beginnt. »Bürgermeister Schröder« und »Bürgermeister von Melle« verlassen als erste Schiffe den Hamburger Hafen Richtung Liverpool (→ 17.1./S.36).

In Weimar wird das von Walter Gropius gegründete Bauhaus, eine Hochschule für Gestaltung, eröffnet. →S.75

22. März, Sonnabend

In Ungarn wird die Räterepublik proklamiert (→21.3./S.71).

23. März, Sonntag

Der ehemalige österreichische Kaiser und ungarische König Karl I. verläßt Österreich. →S.71

Mehrere tausend Menschen demonstrieren in Berlin »gegen Deutschlands Zerstückelung« und gegen einen »Vergewaltigungsfrieden«. →S.73

Der frühere sozialistische Politiker Benito Mussolini gründet in Mailand die faschistische Organisation »Fasci di combattimento«. →S.72

Als erste Autonome Sozialistische Sowjetrepublik innerhalb der Russischen Sozialistischen Föderativen Sowjetrepublik wird die Baschkirische Autonome Sozialistische Sowjetrepublik gegründet.

24. März, Montag

Die Verfassunggebende Preußische Landesversammlung in Berlin nimmt bei Stimmenthaltung des Zentrums eine Entschließung an, in der sie sich »mit Entschiedenheit gegen alle Bestrebungen einzelner Gebietsteile, sich von Preußen abzutrennen, insbesondere gegen die Errichtung einer westdeutschen Republik« wendet.

Auf Initiative von Sachsen-Altenburg treten in Weimar Vertreter aller thüringischen Staatsregierungen zusammen, um über die staatliche Neuordnung Thüringens zu beraten (→ 16. 2./S. 207).

In Barcelona beginnt der Generalstreik, mit dem die Arbeiterschaft u.a. den Achtstundentag durchsetzen will. →S.73

Käthe Kollwitz, Lovis Corinth, Theodor Fischer u.a. werden an die Berliner Akademie der Künste berufen. →S.75

25. März, Dienstag

In Paris tritt erstmals der Rat der Vier zusammen. →S.72

Paul Hirsch (MSPD) wird zum zweiten Mal zum preußischen Ministerpräsidenten gewählt. In seiner Regierungserklärung entwickelt er das Programm »dieser ersten verfassungsmäßigen Regierung der Republik Preußen«.

Die badische Nationalversammlung in Karlsruhe nimmt das Fürstenabfindungsgesetz an. →S.69

Der Ausschuß für auswärtige Angelegenheiten des bayerischen Landtags in München nimmt einstimmig eine Entschließung an, in der er seine schwere Sorge über die bisher gefaßten Beschlüsse des Verfassungsausschusses der Weimarer Nationalversammlung zum Ausdruck bringt.

Im Hamburger Hafen trifft der erste ausländische Lebensmitteldampfer ein, die »West Carnifax« aus den USA.

Der deutsche Bildhauer und Grafiker Wilhelm Lehmbruck scheidet in Berlin im Alter von 38 Jahren durch Freitod aus dem Leben. →S.75

26. März, Mittwoch

In den USA wird das größte Schlachtschiff der Welt, die »Idaho« mit 1407 Mann Besatzung, in Dienst gestellt.

Die Kriegsflotte der ehemaligen Doppelmonarchie Österreich-Ungarn läuft im Hafen von Venedig ein.

Die Berliner Nachrichtenagentur Wolffs Telegraphen-Bureau (WTB) veröffentlicht die Vorschläge der deutschen Reichsregierung über die Einsetzung einer internationalen Kommission zur Feststellung der Kriegsschuldfrage. Großbritannien hatte den deutschen Vorschlag unbeantwortet gelassen, »da nach der Meinung der verbündeten Regierungen die verantwortlichkeit Deutschlands für den Krieg längst unzweifelhaft festgestellt ist«.

In Hamburg und Lübeck treffen die zuständigen Gremien wichtige Entscheidungen über die zukünftigen Verfassungen der beiden Hansestädte. →S.68

27. März, Donnerstag

Sowjetrußland erkennt als erster Staat die im Februar proklamierte Unabhängigkeit Afghanistans an (→ 28.2./S.57).

28. März, Freitag

Gegen die Stimmen der USPD nimmt die Weimarer Nationalversammlung das Gesetz über die Schaffung einer vorläufigen Reichsmarine an. Die Marine soll Reichswehrminister Gustav Noske (MSPD) unterstellt werden.

Die sowjetische Rote Armee erleidet eine schwere Niederlage bei Wladikawkas (Ordschonikidse) und ist gezwungen, fast den ganzen nördlichen Kaukasus zu räumen.

Die Hamburger Bürgerschaft nimmt die Vorlage über die sofortige Errichtung einer Universität und einer Volkshochschule an (→10.5./S.112).

29. März, Sonnabend

Das Schwurgericht des Seine-Departments in Paris spricht den Mörder des französischen Sozialistenführer Jean Jaurès, Villain, frei. Am 6. April findet in Paris eine große Demonstration der Sozialisten und Gewerkschaften gegen das Urteil statt.

Die Weimarer Nationalversammlung nimmt den Nachtragshaushalt an. Der Reichspräsident erhält wie ursprünglich vorgesehen, 100 000 Mark monatlich, sondern ein persönliches Gehalt von 100 000 Mark jährlich und einen Betrag von 500 000 Mark jährlich für die mit seinem Amt verbundenen Ausgaben.

30. März, Sonntag

Michail I. Kalinin wird als Nachfolger des verstorbenen Jakow M. Swerdlow zum Vorsitzenden des Zentralexekutivkomitees der Sowjets gewählt (Staatsoberhaupt).

Bei den Wahlen zum ersten ordentlichen Landtag des Freistaats Mecklenburg-Strelitz erhält die MSPD 18 Mandate, eines mehr als die anderen bürgerlichen Parteien zusammen (→23.2./S.50).

Die italienische Regierung in Rom hebt die Blockade des Adriatischen Meeres auf, die sie zum Schutz des eigenen Hoheitsgebiets errichtet hatte.

31. März, Montag

Wegen des für den 1. April ausgerufenen Generalstreiks verhängt die deutsche Reichsregierung den Belagerungszustand über das Ruhrrevier (→6.2./S.51).

In Württemberg beginnt ein Generalstreik, nachdem die Spartakisten in Stuttgart den »allgemeinen Ausstand des Proletariats« proklamiert haben.

Die sächsische Volkskammer in Dresden bestimmt den 1. Mai und den 9. November zu gesetzlichen Feiertagen.

Im Verfassungsausschuß der Weimarer Nationalversammlung beginnt die fünftägige Generaldebatte über die Grundrechte des deutschen Volkes, über das Verhältnis zwischen Staat und Kirche und über das Verhältnis zwischen Staat und Schule.

Die MSPD zählt nach neuesten Angaben etwas über eine Million Mitglieder.

Das Wetter im Monat März

Station	Mittlere Lufttemperatur (°C)	Niederschlag (mm)	Sonnenscheindauer (Std.)
Aachen	4,0 (5,5)	73 (49)	— (125)
Berlin	3,2 (3,9)	40 (31)	— (151)
Bremen	3,4 (4,0)	49 (42)	— (117)
München	4,1 (3,3)	103 (46)	— (142)
Wien	— (4,9)	— (42)	— (135)
Zürich	4,4 (4,2)	145 (69)	96 (149)

( ) Langjähriger Mittelwert für diesen Monat
— Wert nicht ermittelt

Auf ihrem Titelblatt fordert die Zeitschrift »Welt-Echo« sportliche Erziehung statt der von rechten und linken Gruppen betriebenen Militarisierung von Kindern und Jugendlichen

1200 Tote bei Generalstreik

3. März. Knapp zwei Monate nach dem Spartakusaufstand (→ 5.1./ S.24) wird die deutsche Reichshauptstadt erneut von kommunistischen Unruhen erschüttert. Die blutige Bilanz: Mehr als 1200 Tote, fast zehnmal soviel wie während des Aufstands der Spartakisten.

Erschießung von Spartakisten

Am 9. März erläßt der Oberbefehlshaber der Regierungstruppen, Reichswehrminister Gustav Noske (MSPD), folgenden Tagesbefehl: »Die Grausamkeit und Bestialität der gegen uns kämpfenden Spartakisten zwingen mich zu folgendem Befehl: Jede Person, die mit Waffen in der Hand gegen Regierungstruppen kämpfend angetroffen wird, ist sofort zu erschießen.«

Trotz der Warnungen und Appelle der Reichsregierung und der MSPD beschließt der Groß-Berliner Arbeiterrat die Proklamation des Ge-

Als Gouverneur sorgte der von den Kommunisten als »Bluthund« beschimpfte Noske im November 1918 in Kiel für Ordnung; im Januar 1919 schlug er den Spartakusaufstand nieder, seit Februar ist er erster Reichswehrminister

neralstreiks. In den Vollzugsrat, der die Streikleitung übernehmen soll, entsenden USPD und MSPD je zehn Mitglieder, während die Kommunisten eine gemischte Streikleitung ablehnen und eine eigene Zentrale einrichten.

Der Generalstreik, von dem zunächst die lebenswichtigen Betriebe ausgenommen sind, trägt politischen Charakter. In ihrem Parteiorgan »Die Rote Fahne« nennt die KPD am 3. März die Hauptziele: »Nieder mit der Regierung Ebert/Scheidemann! Nieder mit der Nationalversammlung! Alle Macht den Arbeiterräten!« Für die KPD, die sich an den Wahlen zur Weimarer Nationalversammlung am 19. Januar (→ S.32) nicht beteiligt hat, ist die Revolution vom November 1918 noch nicht beendet. Ihr Ziel ist die Errichtung einer Räterepublik nach sowjetrussischem Vorbild.

Das »Mitteilungsblatt des Vollzugsrats der Arbeiter- und Soldatenräte« nennt u.a. folgende politische Forderungen des Streiks: Anerkennung der Arbeiter- und Soldatenräte, Freilassung aller politischen Gefangenen, Aufhebung der Militärgerichtsbarkeit, sofortige Bildung einer revolutionären Arbeiterwehr, sofortige Aufhebung aller durch Werbung zustandegekommenen Freiwilligenverbände, sofortige Anknüpfung der politischen und wirtschaftlichen Beziehungen zur Sowjetregierung Rußlands.

Das preußische Staatsministerium verhängt noch am 3. März den Belagerungszustand über Berlin, Spandau, Teltow und Niederbarnim. Die vollziehende Gewalt geht auf Reichswehrminister Noske über, der auch die außerhalb Berlins stationierten freiwilligen Truppen, das Freikorps Lüttwitz und die Gardetruppen, in Alarmbereitschaft versetzen läßt. Diese Truppen treffen am Vormittag des 4. März in Berlin ein, wo es sofort zu bewaffneten Auseinandersetzungen kommt, insbesondere am Alexanderplatz. Am selben Tag lehnt die Reichsregierung in Weimar bei Verhandlungen mit Vertretern der Berliner Arbeiterschaft die Forderungen der Streikenden ab, stellt jedoch ein Arbeitsprogramm über Verstaatlichung, Militärgerichtsbarkeit, Arbeitsrecht u.a. in Aussicht.

Am 5. März verschlechtert sich die Lage für die Regierung, da Teile der Republikanischen Soldatenwehr und der Volksmarinedivision zu den Aufständischen übergehen. Besonders heftig umkämpft ist immer noch der Alexanderplatz, doch gelingt den Spartakisten die Erstürmung des dortigen Polizeipräsidiums nicht. In den folgenden Tagen gewinnen die Regierungstruppen und Freikorps wieder die Oberhand, die Spartakisten werden aus der Innenstadt vertrieben, am 8. März müssen sie die Brauerei Bötzow, ihr Hauptquartier, aufgeben. Die letzte größere militärische Aktion ist am 13. März die kampflose Besetzung von Lichtenberg durch Regierungstruppen.

Am 7. März beschließt die Streikleitung, aus der die MSPD-Mitglieder wegen Meinungsverschiedenheiten ausgeschieden sind, den Generalstreik abzubrechen. Am 10. wird die Arbeit wieder aufgenommen.

Kämpfe im Berliner Scheunenviertel; die Regierung versucht vergeblich, die Arbeiterschaft durch vage Sozialisierungsversprechen zu beruhigen

Kommunisten beschießen am Alexanderplatz ein Regierungsflugzeug; »zwei Millionen Proletarier«, so die Streikleitung, seien am Ausstand beteiligt

Am 4. März wird in der Reichshauptstadt der gesamte Straßenbahn- und Hochbahnverkehr eingestellt; Passanten müssen auf Droschken umsteigen

Eine Zwei-Zentner-Mine liegt als Blindgänger hinter Stacheldraht in einer der Straßen Berlins

Patrouillen mit Panzerautomobilen fordern die Bevölkerung auf, in den Häusern zu bleiben

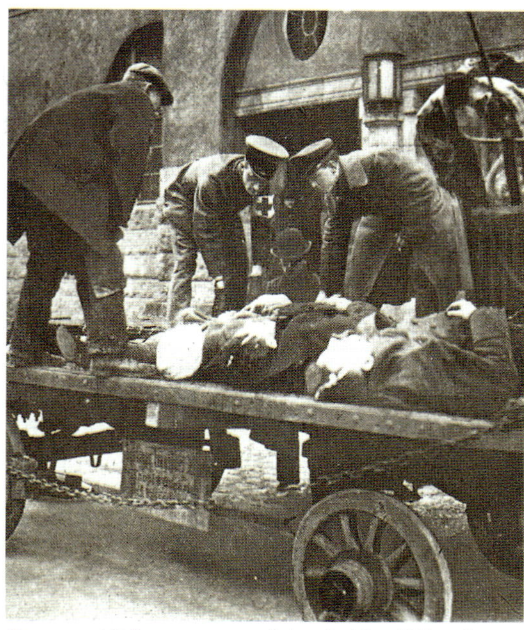

Transport Schwerverwundeter; bei den Kämpfen gehen beide Seiten grausam gegen ihre Gegner vor

Der Maler Max Pechstein fordert in einem Plakat, die erst durch die Revolution vom November 1918 errungene Freiheit nicht durch Bürgerkrieg zu zerstören

Regierungstruppen rücken mit einem im Ersten Weltkrieg erbeuteten britischen Tank zur Verteidigung des Polizeipräsidiums zum Alexanderplatz vor

Mitglieder der Republikanischen Soldatenwehr, die sich mit den Aufständischen verbündet hatten, werden von regierungstreuen Soldaten abgeführt

Erste Gesetze in Weimar verabschiedet

13. März. Die Weimarer Nationalversammlung nimmt gegen die Stimmen der Rechtsparteien die Gesetze über die Sozialisierung (Verstaatlichung) und die Kohlenwirtschaft in dritter Lesung an. Nach § 1 des Sozialisierungsgesetzes hat jeder Deutsche »unbeschadet seiner persönlichen Freiheit die sittliche Pflicht, seine geistigen und körperlichen Kräfte so zu betätigen, wie es das Wohl der Gesamtheit erfordert«. Nach § 2 ist das Reich befugt, »im Wege der Gesetzgebung gegen angemessene Entschädigung 1. für eine Vergesellschaftung geeignete wirtschaftliche Unternehmungen, insbesondere solche zur Gewinnung von Bodenschätzen und zur Ausnutzung von Naturkräften, in Gemeinwirtschaft überzuführen; 2. im Falle dringenden Bedürfnisses die Herstellung und Verteilung wirtschaftlicher Güter gemeinwirtschaftlich zu regeln«.

Nach dem Gesetz über die Kohlenwirtschaft übernimmt das Reich »die gemeinwirtschaftliche Organisation der Kohlenwirtschaft.« Die Leitung soll einem bis zum 30. Juni zu bildenden Reichskohlenrat übertragen werden. Ebenfalls bis zum 30. Juni muß die Reichsregierung »die Kohlenerzeugung für bestimmte Bezirke zu Verbänden und diese zu einem Gesamtverband« zusammenschließen. Bis dahin wird ein Sachverständigenrat ernannt, von dessen 50 Mitgliedern »15 Arbeitnehmer- und 13 Arbeitgebervertreter auf Vorschlag der der Arbeitsgemeinschaft der deutschen Arbeitgeber- und Arbeitnehmerverbände angeschlossenen Berufsorganisationen von der Reichsregierung ernannt« werden.

Preußenverfassung

13. März. Der vorläufige preußische Ministerpräsident und Innenminister Paul Hirsch (MSPD) eröffnet in Berlin die Verfassunggebende Landesversammlung des größten deutschen Staates, die Preußische Nationalversammlung (Abb.).

Plenum der Weimarer Nationalversammlung: Aufmerksam folgen die Abgeordneten der Debatte um die Sozialisierung und die Kohlewirtschaft

USPD für »Diktatur des Proletariats«

6. März. Der außerordentliche USPD-Parteitag, der seit 2. März in Berlin tagt, verabschiedet ein neues Programm, in dem es u.a. heißt: »Die USPD stellt sich auf den Boden des Rätesystems, sie unterstützt die Räte in ihren Ansprüchen auf die wirtschaftliche und politische

Hugo Haase, einer der beiden Vorsitzenden der USPD, sagt auf dem Parteitag den bürgerlichen Klassen den offenen Kampf an; bewaffnete Aufstände wie die der Spartakisten lehnt er jedoch ab

Macht. Sie erstrebt die Diktatur des Proletariats als notwendige Vorbedingung für die Verwirklichung des Sozialismus. Die USPD bedient sich, um dieses Ziel zu erreichen, aller wirtschaftlichen und politischen Kampfmittel. Sie verwirft planlose Gewalttätigkeiten.«
Hugo Haase wird als Parteivorsitzender wiedergewählt, Arthur Crispien neugewählt.

Tumulte in Weimar bei »Hyänen«-Rede

13. März. Zu Tumulten kommt es in der Weimarer Nationalversammlung, als Reichswehrminister Gustav Noske (MSPD) die Aufständischen in Berlin als »Hyänen der Revolution« bezeichnet und seine Befehle (→3.3./S. 66) so verteidigt: »Diese Hyänen der Revolution haben mit ihrem Treiben begonnen, ehe der Belagerungszustand verhängt war ... Wenn in den Straßen Berlins Tausende von Menschen die Waffen gegen die Regierung führen, wenn Plünderer und Mörder Orgien feiern, dann besteht ein Zustand außerhalb jeden Rechts, und die Staatsnotwendigkeit gebot hier, so zu handeln, daß so rasch wie möglich Ruhe und Sicherheit wiederhergestellt wird. Mögen die Rasenden, die das Reich zerstören wollen, wieder zur Vernunft kommen, damit ein normaler Rechtszustand bald wieder eintreten kann. Je früher ich die furchtbare Bürde meines Amtes in Berlin los werden kann, um so lieber wird es mir sein. Was geschah, verantworte ich vor dem Staate, dem Lande und dem Volke. Ich scheue das Urteil der Nation nicht.«

Eisner-Nachfolger Johannes Hoffmann

17. März. Auf Beschluß des Rätekongresses tagt der bayerische Landtag in München. Das von dem ermordeten (→21.2./S.52) Ministerpräsidenten Kurt Eisner (USPD) vorgelegte vorläufige Staatsgrundgesetz wird einstimmig angenommen. Dann wird der

Johannes Hoffmann bezeichnet sein Regierungsprogramm als »ein Programm des Friedens ... und des wirtschaftlichen Wiederaufbaus nach neuen [sozialistischen] Grundsätzen«

bisherige Kultusminister Johannes Hoffmann (MSPD) zum neuen bayerischen Ministerpräsidenten gewählt. Hoffmann stellt am folgenden Tag sein Kabinett vor, eine Koalition aus MSPD, USPD und Bauernbund. In einer programmatischen Rede erklärt Hoffmann: »Die Revolutionsregierung übergibt die Gewalt an das vom Volk gewählte Parlament.«

Hansestädte für ihre Bürgerschaften

26. März. Die Verfassunggebende Versammlung (Bürgerschaft) von Hamburg genehmigt die vorläufige Verfassungsvorlage. Durch sie wird die Stellung der Volksvertretung (Bürgerschaft) gegenüber dem Senat deutlich gestärkt. Die bisherige selbständige Stellung des Senats wird aufgehoben. Der Senat, bestehend aus 18 mindestens 30 Jahre alten Mitgliedern, hat nur noch die vollziehende Gewalt, die gesetzgeberische Gewalt üben Bürgerschaft und Senat zusammen aus. Die Bürgerschaft wählt den Senat. Der Senat wiederum wählt jährlich die zwei Bürgermeister.
Am gleichen Tag genehmigt auch die Bürgerschaft in der Hansestadt Lübeck mehrere Verfassungsänderungen. So muß die Kaufmannschaft auf das Privileg verzichten, über eine festgelegte Zahl von Sitzen im Senat zu verfügen. Die Senatsmitglieder werden nicht mehr auf Lebenszeit gewählt, sondern eine Hälfte für zwölf, die andere Hälfte für sechs Jahre. Auch wird die Wahl zum Senat nicht mehr durch Wahlkammern vollzogen, sondern direkt von der Bürgerschaft.

Lettow-Vorbecks Truppen zurück in Berlin

2. März. General Paul von Lettow-Vorbeck, der als Kommandant der Kolonialen Schutztruppe von Deutsch-Ostafrika während des Ersten Weltkriegs die Kapitulation bis Kriegsende vermeiden konnte, zieht mit seinen Truppenverbänden aus Ostafrika in Berlin ein. Der aus Rotterdam kommende Zug wird am lorbeergeschmücken Lehrter Bahnhof von Zehntausenden erwartet. Von den 2500 Deutsch-Ostafrikanern, die bei Kriegsausbruch in der deutschen Kolonie überrascht wurden, sehen allerdings nur 250 die Heimat wieder. 800 befinden sich noch in britischer Gefangenschaft, die übrigen Deutsch-Ostafrikaner sind gefallen. Vom Bahnhof ziehen Lettow-Vorbeck und seine Mitkämpfer sowie der frühere Gouverneur von Deutsch-Ostafrika, Heinrich Schnee, vorbei an jubelnden Zuschauern zum Brandenburger Tor. Der Zentrumspolitiker Johannes Bell, der Chef des Reichskolonialamts (Reichskolonialministerium),

Reichskolonialminister Bell (x) empfängt Lettow-Vorbeck am Brandenburger Tor; anwesend auch der preußische Kriegsminister Reinhardt

begrüßt die Heimkehrer: »Mit Stolz blickt das deutsche Vaterland auf seine braven deutschen Heldenkrieger, die so Glänzendes zu seiner Verteidigung geleistet haben, und der Dank des Vaterlandes wird Ihnen gewiß sein … Die Rückkehr ins Vaterland werden Sie mit anderen Vorstellungen während Ihres Heldenkampfes draußen begleitet haben, als wie sie die rauhe Wirklichkeit Ihnen jetzt bescheiden läßt … In zäher Arbeit helfen Sie uns nun, das neue Deutschland wieder aufbauen und ihm den alten Platz an der Sonne, der ihm gebührt, zurückerobern.«

Kontroverse der Großmächte um Nahen Osten

20. März. US-Präsident Woodrow Wilson schlägt die Entsendung einer interalliierten Kommission nach Syrien vor, um die Wünsche der Bevölkerung hinsichtlich eines künftigen Staates zu erkunden. Frankreich, das bei der Friedenskonferenz in Paris ganz Syrien für sich beansprucht, und Großbritannien boykottieren den Vorschlag des Präsidenten. Im Ersten Weltkrieg war Syrien, das bis 1918 einen Teil des Osmanischen Reichs bildete, Schauplatz der Rückzugsgefechte des türkischen Heeres. Seit Oktober 1918 halten die Briten das Landesinnere besetzt, an der Küste stehen die Franzosen, denen das Gebiet bereits am 16. Mai 1916 im Sykes-Picot-Abkommen zugesprochen worden war. In diesem Abkommen hatten Großbritannien und Frankreich den Nahen Osten in ein britisches und ein französisches Interessengebiet aufgeteilt: Großbritannien sollte Mesopotamien sowie die Mittelmeerhäfen von Haifa und Jaffa erhalten; Syrien sollte an Frankreich fallen, das von Frankreich beanspruchte Palästina internationaler Verwaltung unterstellt werden.

Libanesische Schulkinder empfangen den französischen General Gouraud mit Blumen

Militärisches Zeremoniell im Hafen von Beirut beim Empfang des britischen Feldmarschalls Allenby durch General Gouraud

Millionenbeträge für Ex-Fürsten

25. März. Die badische Nationalversammlung in Karlsruhe nimmt das Abfindungsgesetz an. Der frühere Großherzog Friedrich II. erhält eine Abfindung in Höhe von elf Millionen Mark. Außerdem werden ihm einer der ertragreichsten badischen Wälder, der Forst bei Kaltenbronn, und die Schlösser Baden-Baden, Freiburg und Badenweiler zugewiesen. Prinz Max von Baden erhält eine Abfindung von drei Millionen Mark.

Die Fürstenabfindung, d.h. die Regelung der Vermögensverhältnisse der durch die Novemberrevolution von 1918 entthronten deutschen Fürstenhäuser, beschäftigt das ganze Jahr die Länderparlamente. Das Problem wird erschwert durch die Rechtsunsicherheit, inwieweit das Vermögen der Fürstenhäuser Privateigentum ist oder auf öffentlich-rechtlichen Erwerbsgründen beruht. Die Regierung in Berlin hat die Gelegenheit nicht wahrgenommen, das Problem durch Verordnungen reichsweit zu lösen. So bleibt den Länderregierungen die Auseinandersetzung mit den Vermögensansprüchen der Fürsten überlassen. Vielfach kommt es zu langwierigen Prozessen. In Österreich dagegen wird durch Gesetz vom 3. April 1919 das gesamte Vermögen des Hauses Habsburg von der Republik enteignet.

Beispiele für Barabfindung

Baden (Großherzog):
 Abfindung 11 Millionen Mark
Hessen (Großherzog):
 Abfindung 10,9 Millionen Mark
 Jahresrente 440 000 Mark
Lippe-Detmold (Fürst):
 Abfindung 1,9 Millionen Mark
Oldenburg (Großherzog):
 Jahresrente 150 000 Mark
Reuß (Fürst):
 Abfindung 12,5 Millionen Mark
Schwarzburg-Sondershausen (Fürst):
 Jahresrente 210 000 Mark

Die in der Tabelle aufgeführten Abfindungen betreffen reine Geldzahlungen. Der ehemalige Großherzog von Mecklenburg-Schwerin z.B. erhält zwar »nur« sechs Millionen Mark in bar; darüber hinaus werden ihm jedoch zugesprochen: Vier Güter im Wert von ca. 2,1 Millionen Mark, ausgedehnte Waldungen, eine große Anzahl Grundstücke, zwei Schlösser samt Nebengebäuden und Gärten, drei »Sommerwohnungen« und ein »Kavaliergehöft«.

Österreichs Nationalversammlung tritt zusammen

4. März. Die deutschösterreichische Konstituierende Nationalversammlung, die erste demokratisch gewählte Volksvertretung Österreichs (→ 16.2./S.54), tritt in Wien zu ihrer Eröffnungssitzung zusam-

Karl Seitz, 1901 bis 1918 im österreichischen Reichsrat, übernimmt gemäß der neuen Verfassung als erster Präsident der Konstituierenden Nationalversammlung die Aufgaben des Staatsoberhaupts

men. Am folgenden Tag wählt sie den sozialdemokratischen Abgeordneten Karl Seitz zum Ersten Präsidenten Deutschösterreichs.

Am 12. März verabschiedet die Nationalversammlung das Gesetz über die Staatsform: »1. Deutschösterreich ist eine demokratische Republik. Alle öffentlichen Gewalten werden vom Volke eingesetzt. 2. Deutschösterreich ist ein Teil des Deutschen Reiches.«

Nach der Verabschiedung des Gesetzes über die Volksvertretung wird am 15. März der bisherige provisorische Staatskanzler Karl Renner (SPÖ) zum Staatskanzler gewählt. Er bildet eine Regierung, der sozialdemokratische, christlichsoziale und parteilose Politiker angehören:

Alterspräsident David hält die Eröffnungsrede vor der deutschösterreichischen Konstituierenden Nationalversammlung

Staatskanzler, Inneres und Unterricht: Karl Renner (SPÖ)
Vizekanzler: Jodok Fink (CP)
Äußeres: Otto Bauer (SPÖ)
Justiz: Richard Bratusch
Finanzen: Joseph Schumpeter
Übergangswirtschaft: Wilhelm Ellenbogen (SPÖ)
Land- und Forstwirtschaft: Joseph Stöckler (CP)
Handel und Gewerbe, Industrie und Bauten: Johann Zerdik (CP)
Soziale Verwaltung: Ferdinand Hanusch (SPÖ)

Heerwesen: Julius Deutsch (SPÖ)
Volksernährung: Hans Löwenfeld-Ruß
Verkehrswesen: Ludwig Paul
Gesundheit: Julius Tandler (SPÖ)

In seiner Regierungserklärung umreißt Staatskanzler Renner nach seiner Wahl die Grundzüge der Politik seines Koalitionskabinetts: »Die erste Sorge und heiligste Aufgabe der Regierung wird es sein, das Selbstbestimmungsrecht auch für die Brüder in den besetzten Gebieten vor der ganzen Welt in Anspruch zu

nehmen. Unsere Außenpolitik soll in demselben Geiste, von dem sie bisher geleitet war, fortgeführt werden, im Geiste der Völkerversöhnung, der die Völkerbundsidee Wilsons zugrundliegt.

Unsere Außenpolitik wird ständig dem einzigen Leitstern folgen, der Wiedervereinigung mit unserem Mutterland. Die Regierung wird die Verhandlungen mit dem Deutschen Reich ... fortführen, um sie so rasch wie möglich zum Abschluß zu bringen.«

Der neue Regierungschef von Deutschösterreich, Staatskanzler Karl Renner (sitzend, 4.v.l.) mit seinem Kabinett aus christlichsozialen, sozialdemokratischen und parteilosen Politikern: u.a. Richard Bratusch (sitzend, 2.v.l., Justiz), Joseph Schumpeter (stehend, 3.v.l., Finanzen) und Otto Bauer (stehend, 3.v.r., Äußeres)

Ex-Kaiser Karl geht ins Exil in die Schweiz

23. März. Der ehemalige österreichische Kaiser und ungarische König Karl I., der sich weiterhin weigert, einen förmlichen Thronverzicht auszusprechen, verläßt mit seiner Familie inkognito das Land und begibt sich in einem Sonderzug unter britischem Schutz ins Exil in die Schweiz.

Die Abreise des Ex-Monarchen erfolgt elf Tage, nachdem die Nationalversammlung Deutschösterreich per Gesetz zur Republik erklärt hat (→ 4.3./S.70). Die deutschösterreichische Staatsregierung unter Karl Renner (SPÖ) besteht dennoch darauf, daß die Absetzung des Hauses Habsburg durch ein besonderes Gesetz ausgesprochen wird. In der Begründung der entsprechenden Geset-

Erzherzog Otto, ältester Sohn von Ex-Kaiser Karl I. und Kaiserin Zita

Ex-Kaiserin Zita und Karl I. am 3. April auf Schloß Wartegg/Schweiz

Ex-Kronprinz Otto (Mitte), bei einem Spaziergang auf der Insel Wieringen inmitten einer Gruppe von Kindern; auch nach der Abdankung Kaiser Karls I. - die Familie ist ins Exil in die Schweiz übergesiedelt - ist der Ex-Souverän in der Lage, seinen Angehörigen ein »fürstliches« Leben zu bieten

zesvorlage, die am 27. März der Nationalversammlung unterbreitet wird, heißt es: »Die Anwesenheit des ehemaligen Monarchen sowie der Mitglieder seines Hauses bedeutet eine dauernde Gefährdung der Republik, da diese Personen immer wieder der Mittelpunkt von reaktionären, monarchistischen Bewegungen werden können.

Was speziell die Absichten des ehemaligen Kaisers betrifft, so gibt seine keineswegs vorbehaltlos abgegebene Verzichtserklärung vom 11. November 1918 zu ernsten Bedenken Anlaß. Daß sie kein Thronverzicht ist und nicht sein will, ist allgemein bekannt und

wird überdies von monarchistischen Organen ausdrücklich betont. Der ehemalige Kaiser erklärte nur lediglich, auf jeden Anteil an den Staatsgeschäften zu verzichten. Und auch dieser beschränkte Verzicht ist lediglich für Deutschösterreich, nicht aber für die anderen, auf dem Gebiete des ehemaligen Österreich entstandenen Nationalstaaten ausgesprochen. In seinem Herrschertitel erhebt überdies der ehemalige Monarch Ansprüche auf die Beherrschung von Staatsgebieten, die der Republik unmittelbar benachbart sind und mit denen die Republik in Frieden und Freundschaft leben will. Die Republik hat

das lebhafte Interesse, daß sich innerhalb ihrer Grenzen nicht ein Herd politischer Unternehmungen bildet, die auf die Wiedereinsetzung der Habsburger in Böhmen, Ungarn, Polen, Jugoslawien und so weiter gerichtet sind. Aus diesem Grunde ist es notwendig, alle Mitglieder des Hauses Habsburg-Lothringen des Landes zu verweisen. Das gleiche gilt für die mit dieser Familie verschwägerten Mitglieder des Hauses Bourbon-Parma.«

Am 3. April nimmt die Nationalversammlung das Gesetz über die Landesverweisung und Übernahme des Vermögens des Hauses Habsburg-Lothringen an.

Anti-tschechische Kundgebungen

4. März. An dem Tag, als in Wien die deutschösterreichische Konstituierende Nationalversammlung eröffnet wird (→4.3./S.70), finden im Sudetenland, in Deutschböhmen und Südmähren tschechenfeindlichen Kundgebungen statt. Die Deutschen in den von der Tschechoslowakei beanspruchten Gebieten (→ 23.1./S.21) protestieren dagegen, daß sie nicht an den Wahlen zur Nationalversammlung teilnehmen durften. Es kommt zu blutigen Zusammenstößen zwischen den Demonstranten und Regierungstruppen. Am 7. März verhängt das Militärkommando in Bratislava das Kriegsrecht über die gesamte Slowakei.

Das deutschösterreichische Staatsamt für Äußeres betont am 7. März in einer Zirkularnote, daß die Demonstrationen nur den Zweck gehabt hätten, für das Selbstbestimmungsrecht öffentlich einzutreten und »gegen das Joch, das auf der deutschen Bevölkerung dieser Gebiete lastet«, zu protestieren.

Räte übernehmen Macht in Ungarn

21. März. Der provisorische ungarische Staatspräsident Mihály Graf Károlyi von Nagykárolyi (→ 11.1./S. 21) tritt aus Protest gegen die Entscheidung der Alliierten zurück, Siebenbürgen an Rumänien zu geben. Auch Ministerpräsident Desiderius Berinkey tritt mit dem gesamten Kabinett zurück.

Am selben Abend übernimmt der Budapester Arbeiterrat die Regierungsgewalt in Ungarn und bildet in der Nacht einen Revolutionären Regierenden Rat unter Sándor Garbai; Volkskommissar des Äußeren wird Béla Kun. Am 22. proklamiert der Rat die Räterepublik und erklärt die Sozialistenpartei zur Einheitspartei: »Das Proletariat Ungarns hat mit dem heutigen Tage jede Macht in seine eigene Hand genommen ... Das Land kann von der Anarchie des Zusammenbruchs nur durch Schaffung des Sozialismus und Kommunismus gerettet werden ... Die Macht der Gesetzgebung, die Exekutive und die Richtergewalt werden von der Diktatur der Arbeiter-, Bauern- und Soldatenräte ausgeübt.«

Rat der Vier tritt erstmals zusammen

Benito Mussolini im Kreis seiner faschistischen Schwarzhemden

Mussolini gründet faschistischen Bund

23. März. Der italienische Politiker Benito Mussolini gründet in Mailand die »Fasci di combattimento« (»Kampfbünde«). Die neue faschistische Bewegung rekrutiert sich vor allem aus früheren Interventisten (Befürwortern eines italienischen Kriegseintritts auf seiten der Alliierten im Ersten Weltkrieg) sowie aus antisozialistisch und antikapitalistisch orientierten Kräften. Mussolini war früher Mitglied der Sozialistischen Partei.

25. März. In Paris tritt erstmals der Rat der Vier zusammen, der den alliierten Rat der Zehn ersetzt (→ 18.1./S.12). Dem Rat der Vier gehören der US-amerikanische Präsident Woodrow Wilson, der britische Premierminister David Lloyd George, der französische Ministerpräsident Georges Benjamin Clemenceau und der italienische Ministerpräsident Vittorio Emanuele Orlando an. Japan wollte, wie es in einer offiziellen Erklärung heißt, in dem Rat nicht vertreten sein.

Die Schaffung des neuen Rats, der sich ausschließlich mit militärischen Fragen beschäftigt, ist u.a. eine Reaktion auf die Proklamation der Räterepublik in Ungarn (→ 21.3./S.71). Die alliierten Siegermächte befürchten, daß »der Bolschewismus auch auf andere Länder überspringt«. US-Präsident Wilson äußert zu Beginn der Gespräche Unmut über den schleppenden Verlauf der Pariser Friedenskonferenz.

Lloyd George legt der Konferenz am 25. März eine Denkschrift mit Vorschlägen für einen gerechten Frieden vor. Auch wenn man dem Deutschen Reich seine Kolonien nehme, seine Wehrmacht auf die Stärke einer Polizeitruppe herabsetze und seine Flotte zu einer fünftklassigen Macht reduziere, würden die Deutschen, so Lloyd George,

Der Rat der Vier im Arbeitszimmer von US-Präsident Woodrow Wilson (von l. nach r.): V. E. Orlando, D. Lloyd George, G. B. Clemenceau und W. Wilson

Mittel finden, um Vergeltung an den Siegern zu üben. Daher müßten die Friedensbedingungen zwar streng, aber gerecht sein.

Ungerechtigkeit und Anmaßung würden niemals vergessen werden. Daher sei es abzulehnen, mehr Deutsche, als bisher vorgesehen, der Herrschaft anderer Nationen zu unterstellen (→4.3./S.71). Polen z. B. fordere die Eingliederung eines Gebiets mit 2,1 Millionen Deut-

schen (→ 16.2./S.53); eine Erfüllung dieser Forderung würde früher oder später zu einem neuen Krieg in Osteuropa führen. Menschliche Erwägungen müßten auf jeden Fall Vorrang vor strategischen, wirtschaftlichen und verkehrspolitischen Rücksichten haben, betont der britische Premierminister :»Wir können Deutschland nicht zum Krüppel machen und gleichzeitig verlangen, daß es zahle.«

Dritte Internationale gegen die Sozialdemokratie

2. März. In Moskau beginnt der Gründungskongreß der Dritten bzw. Kommunistischen Internationale (Komintern). Anwesend sind 52 Delegierte von 35 kommunistischen und linkssozialistischen Parteien und Gruppen aus Amerika, Asien und Europa, darunter Vertreter aus dem Deutschen Reich, aus Deutschösterreich und der Schweiz. Der Vorsitzende des Rates der Volkskommissare, Wladimir I. Lenin, bezeichnet in der Eröffnungsrede die Teilnehmer an der Sozialistenkonferenz in Bern (→ 3.2./S.55) als »Leichen«, die wirkliche Vertreterin der Proletarier sei die Kommunistische Internationale.

Im »Manifest an das Proletariat der ganzen Welt«, das die Delegierten am 4. März verabschieden, heißt es über das Ziel der Internationale: »Unsere Aufgabe besteht darin, die

revolutionäre Erfahrung der Arbeiterklasse zusammenzufassen, die Bewegung von den zersetzenden Beimischungen des Opportunismus und Sozialpatriotismus zu reinigen, die Kräfte aller wirklich revolutionären Parteien des Welt-

proletariats zu sammeln und dadurch den Sieg der Kommunistischen Revolution in der ganzen Welt zu erleichtern und zu beschleunigen.« Der Kongreß, der am 6. März zu Ende geht, will durch die Gründung der Komintern den

Grundstein legen für den ideologischen und organisatorischen Zusammenschluß der »Proletarier aller Länder« auf der Grundlage der marxistischen Lehre. Gefordert wird der Kampf gegen die »opportunistische Sozialdemokratie«.

Der Vorsitzende des Rates der sowjetischen Volkskommissare Wladimir I. Lenin (stehend) auf dem Gründungskongreß der III. Internationale; Lenin setzt besondere Hoffnungen auf die Kommunisten im Deutschen Reich

Proteste gegen Forderungen Polens

23. März. Mehrere tausend Menschen beteiligen sich an zwei Protestveranstaltungen im Zirkus Busch in Berlin und im Berliner Sportpalast »Für die Einheit Deutschlands« und »Gegen die Vergewaltigungsabsichten der Entente«. Reichsminister Matthias Erzberger (Zentrum) prangert im Sportpalast »die maßlosen Ansprüche der Polen« und die Diktatpolitik der alliierten Siegermächte an: »In den Verhandlungen, bei denen der französische Botschafter Noulens den Vorsitz führte, war es immer so, daß der Pole Recht, der Deutsche aber Unrecht hatte. Die Forderungen waren so unerhört, daß sie abgelehnt werden mußten.«

Diese Verhandlungen zwischen der deutschen und der interalliierten Kommission über den Verlauf der Demarkationslinie zwischen dem Deutschen Reich und Polen waren am 7. März in Posen (Poznań) begonnen und am 19. März ohne Ergebnis abgebrochen worden.

Polen fordert die Eingliederung von Teilen der Provinzen Ostpreußen und Pommern, der Provinzen Posen (→16.2./S.53) und den größten Teil der Provinz Westpreußen sowie den größten Teil des oberschlesischen Industriebezirks mit seinen reichen Bodenschätzen. Betroffen ist ein Gebiet von knapp 50 000 km² und einer Einwohnerzahl von über vier Millionen Menschen. In der angekündigten Landung polnischer Truppen in Danzig sieht das Deutsche Reich den Versuch, auch diese Stadt dem künftigen polnischen Staat einzugliedern.

Der polnische Staat, der nach den drei Teilungen Ende des 18. Jahrhunderts zu existieren aufgehört hatte, wurde 1916 von den Mittelmächten als »Königreich Polen« ohne Territorialabgrenzung neu ins Leben gerufen. Die Alliierten erkannten das 1917 in Paris gegründete Polnische Nationalkomitee als offizielle Vertretung des künftigen polnischen Staats an.

Ursprünglich sollten nach den Vorstellungen von US-Präsident Woodrow Wilson keine deutschen Gebiete an Polen abgetreten werden. Diese Haltung ist während der Pariser Friedenskonferenz aufgegeben worden. Der britische Premierminister David Lloyd George plädiert für Volksabstimmungen in den betroffenen Gebieten.

◁ Die Absicht der Alliierten, weite Gebiete Ostpreußens, Westpreußens - einschließlich der Stadt Danzig - Pommerns und Oberschlesiens an Polen abzutreten, stößt bei einer breiten Mehrheit der deutschen Bevölkerung auf Ablehnung; man ist nicht bereit, die hinter der Abtretungsforderung stehende Annahme zu akzeptieren, Deutschland habe 1914 den Weltkrieg mutwillig ausgelöst; Nationalisten betonen zudem die allgemeine Überlegenheit der Deutschen gegenüber den Polen, die eine polnische Herrschaft über Deutsche widernatürlich erscheinen lasse; das Plakat fordert zur Unterschrift für eine Protestresolution gegen die Abtretung Ostpreußens auf

△ Protestveranstaltung unter dem Motto »Danzig soll deutsch bleiben!« auf dem Danziger Heumarkt am 23. März; der Reichsministerpräsident Scheidemann am 25. März vor der Nationalversammlung: »Aber selbst wenn Deutschland aller Verbrechen, deren man es bezichtigt, wirklich schuldig wäre, hat es darum das heilige Recht verloren, gegen Vergewaltigungen zu protestieren?«

◁ Der DDP-Abgeordnete Freiherr von Richthofen während einer Straßenrede vor der Reichskanzlei bei der großen Protestkundgebung; während der Demonstration hält sich General Ludendorff »zufällig« in der Wilhelmstraße auf, rechtsgerichtete Offiziere bejubeln ihn; die Alliierten deuten den Vorfall als Zeichen für den wiedererstarkenden deutschen Militarismus

Korea im Aufstand gegen die Japaner

1. März. Die seit Anfang des Jahres andauernden antijapanischen Kundgebungen im japanischen Generalgouvernement Chosen (Korea) erreichen mit der Proklamation der unabhängigen Republik durch die koreanische Unabhängigkeitsbewegung ihren Höhepunkt. Während des sog. Märzaufstands demonstrieren rund zwei Millionen Koreaner gegen die Kolonialmacht Japan. Die sog. Bewegung des 1. März wird bis Ende April von den Kolonialherren blutig niedergeschlagen, doch erklärt sich Japan zur Gewährung eines Mindestmaßes an Rede-, Presse-, Versammlungs- und Koalitionsfreiheit bereit.

Nationen in Belgrad beisammen

17. März. Der serbische Prinzregent Alexander (Alexander I.) eröffnet im Namen von König Peter I. in Belgrad die erste Nationalversammlung des Königreichs der Serben, Kroaten und Slowenen (Jugoslawien). In der Thronrede gibt er der »unbegrenzten Freude über die zum ersten Mal in einer geeinten Staatenversammlung, in einer einheitlichen Nationalvertretung erfolgte Vereinigung der Brudervölker der Serben, Kroaten und Slowenen« Ausdruck. Große Bevölkerungsteile des Vielvölkerstaats lehnen die serbische Führung ab.

Streik in Spanien für Achtstundentag

24. März. In Barcelona beginnt ein Generalstreik, der rasch auf Valencia, La Coruña und andere Städte übergreift. Neben sozialen Forderungen ist die Rückgängigmachung von Senkungen des Arbeitslohns das Hauptziel. Schon im Februar hatte es deswegen zahlreiche Arbeitsniederlegungen gegeben.

Die Regierung des Ministerpräsidenten Alvaro Figueroa y Torres Graf Romanones verhängt über die Streikzentren den Ausnahmezustand und versucht, durch den Einsatz von Militär den Streik zu unterdrücken. Doch der Ausstand wird ein Erfolg: Am 3. April wird das Gesetz über die Einführung des Achtstundentags erlassen.

Werbung 1919:

Künstlerisch gestaltete Werbung im Dienst der Agitation

Das Jahr 1919 wartet mit einem neuen Element in der Werbung auf: der künstlerisch gestalteten politischen Werbung. Das Jahr 1919 ist das Geburtsjahr des politischen Plakats im deutschen Sprachraum - eine Folge der Revolution vom November 1918.

In Sowjetrußland wird das Plakat bereits seit der Oktoberrevolution von 1917 als Mittel eingesetzt, um die Volksmassen zum sozialistischen Aufbau des neuen Staats bzw. zur Abwehr der Intervention der Alliierten zu mobilisieren (→ 16.1./S.20). Auch die Räterepublik in Ungarn (→21.3./S.71) bringt bedeutende politische Kampfplakate hervor.

Bisher wurde das politische Plakat im Deutschen Reich wie jedes andere Reklamebild nach rein ästhetischen Kriterien behandelt: Gefällige Einteilung der Fläche, geschmackvolle Wahl der Farben. Dekorative Arbeiten solcher Art waren während des Ersten Weltkriegs die Kriegsanleiheplakate: Gut entworfene kunstgewerbliche Reißbrettarbeiten, denen jedes »überzeugende Pathos« fehlte.

Dies hat sich mit einem Schlag nach der Revolution geändert: Das politische Plakat soll Aufreizung sein, Ansporn zur Tat und will durch Lebendigkeit, Aktion, Bewegung und Geste überzeugen. Weniger der beigefügte Text dieser Werbeplakate trägt die politische Aussage, jeder Strich will leidenschaftlicher Aufruf sein.

Starke Einflüsse gehen dabei vom Expressionismus aus. Käthe Kollwitz ist eine der profiliertesten Vertreterinnen dieser politischen Werbekunst. John Heartfield entwickelt 1919 im Rahmen der Experimente, die er gemeinsam mit den radikalen Berliner Dadaisten George Grosz, Raoul Hausmann und Hannah Höch unternimmt, die Fotomontage zum agitatorischen, satirischen Ausdrucksmittel politisch-sozialer Inhalte. Neben dieser politischen Werbung verblaßt die Wirtschaftswerbung. Allerdings gehen von der Gründung des Bauhauses (→ 21.3./S.75) neue Impulse auch für die Gestaltung der wirtschaftlichen und kulturellen Werbung aus.

Aufruf zur Tat: Wählt sozialistisch

Revolutionsplakat von Max Pechstein

Werbung für Benz-PKW, die Firma nimmt 1919 die Produktion wieder auf

Die Werbung soll Vertrauen schaffen

Werbung für eine Fluggesellschaft

Krupp-Werbung von Adolf Uzarski

Muskelkraft als Abbild für Leistung

Barlach-Stück feiert Premiere

20. März. In den Hamburger Kammerspielen wird das Schauspiel »Der arme Vetter« von Ernst Barlach uraufgeführt. Es ist die erste Bühnenpremiere des bekannten Bildhauers und Grafikers, der bereits 1912 in dem noch nicht aufgeführten Stück »Der tote Tag« sein dramatisches Bekenntnis formuliert hat: »Die Welt ist Leiden.« Das unter dem Eindruck des Expressionismus entstandene Schauspiel hat die Einsamkeit des Menschen, die Langeweile des Alltäglichen und die Fluchtversuche aus dieser Lage zum Thema. Hans Iver, der von der Gesellschaft geächtete »arme Vetter«, zeigt dem kaltschnäuzigen Geschäftsmann Siebenmark, daß persönliche Probleme nicht mit Geld fortzuschaffen sind. Der Verlobten Siebenmarks, Fräulein Isenbarn, weist Ivar den Weg zu einem sinnvolleren Leben, während er selbst sich das Leben nimmt.
Barlach hat die Aussage des Stücks durch eine Folge von Lithografien ergänzt. Am →22. November (S. 199) wird Barlachs Stück »Der tote Tag« in Leipzig uraufgeführt.

Käthe Kollwitz zur Berliner Akademie

24. März. Nicht nur Lob erntet die Berliner Akademie der Künste für die Berufung der neuen Mitglieder und Professoren, die nun vom preußischen Ministerium für Kunst und Wissenschaft bestätigt worden sind. Die einzige Frau unter den Neulingen ist die sozialistische Grafikerin und Bildhauerin Käthe Kollwitz. Ferner wurden während der letzten Monate berufen der Maler und Grafiker Lovis Corinth, der Maler Leopold Graf von Kalckreuth, der Maler, Grafiker und Kunstgewerbler Ludwig von Hofmann, der Bildhauer, Grafiker und Dichter Ernst Barlach (→20.3./ S.75), der Bildhauer Georg Kolbe, der Bildhauer und Grafiker Wilhelm Lehmbruck (→25.3./S.75), der Maler Hugo Freiherr von Habermann, der Maler und Zeichner Wilhelm August Theodor Steinhausen, der Architekt Theodor Fischer u.a. Viele erwarteten, daß die Revolution auch auf dem Bereich der Kunst Privilegierungen wie diese Professorenernennungen beseitigt.

Feiningers »Kathedrale des Sozialismus« aus dem Bauhaus-Manifest

Die von dem Belgier Henry van de Velde begründete und errichtete Kunstgewerbeschule in Weimar wird 1919 Sitz des neugegründeten Staatlichen Bauhauses

Bauhaus in Weimar feierlich eröffnet

21. März. Im Nationaltheater in Weimar findet die Eröffnung des Bauhauses statt (→S.58). Dieses Kunstinstitut ist unter der Leitung von Walter Gropius entstanden durch den Zusammenschluß der Weimarer Hochschule für Bildende Kunst mit den Resten der 1915 aufgelösten Weimarer Kunstgewerbeschule Henry van de Veldes.
Der Name Bauhaus soll an die Bauhütten des Mittelalters erinnern. Wie diese soll das Bauhaus unter der Führung der Architektur die Künste zusammenführen und die Trennung zwischen Kunst und Handwerk aufheben. Die traditionellen Akademieklassen werden in Werkstätten umgewandelt, an deren Spitze ein Handwerksmeister und ein Formmeister stehen. Produktion und Lehre sind im Werkstättenbetrieb eng verbunden. Ausgangspunkt der gestalterischen Tätigkeit soll das Material sein. Kunst und Industrie sollen im Sinne einer umfassenden Lebensgestaltung zusammenwirken. Das Ziel umreißt Gropius mit folgenden Worten: »Erschaffen wir gemeinsam den neuen Bau der Zukunft, der alles in einer Gestalt sein wird - Architektur und Plastik und Malerei -, der aus Millionen Händen der Handwerker einst gen Himmel steigen wird, als kristallenes Sinnbild eines neuen, kommenden Glaubens.«
Als Formmeister hat Gropius u.a. den Maler Lyonel Feininger, den Bildhauer Gerhard Marcks und den Maler und Kunstpädagogen Johannes Itten berufen.

Wilhelm Lehmbruck begeht Selbstmord

25. März. Der deutsche Bildhauer und Maler Wilhelm Lehmbruck scheidet in Berlin durch Freitod aus dem Leben, vereinsamt nach dem Verlust seiner besten Freunde während des Ersten Weltkrieges.
Der aus Meiderich bei Duisburg stammende Lehmbruck, ein Vertreter des Expressionismus, zählt zu den Hauptmeistern der deutschen Plastik zu Beginn des 20. Jahrhunderts. Seine feingliedrigen Schöpfungen haben vielfach sinnbildhaften Charakter und erinnern an Werke der Gotik. 1911 wurde Lehmbruck mit der Plastik »Die Kniende« bekannt.

Mit der Bronzeplastik »Die Kniende« (1911) wurde Lehmbruck bekannt

Aus dem Jahr 1918 datiert die Lehmbruck-Plastik »Sitzender Jüngling«

April 1919

<table>
<tr><td>Mo</td><td>Di</td><td>Mi</td><td>Do</td><td>Fr</td><td>Sa</td><td>So</td></tr>
<tr><td></td><td>1</td><td>2</td><td>3</td><td>4</td><td>5</td><td>6</td></tr>
<tr><td>7</td><td>8</td><td>9</td><td>10</td><td>11</td><td>12</td><td>13</td></tr>
<tr><td>14</td><td>15</td><td>16</td><td>17</td><td>18</td><td>19</td><td>20</td></tr>
<tr><td>21</td><td>22</td><td>23</td><td>24</td><td>25</td><td>26</td><td>27</td></tr>
<tr><td>28</td><td>29</td><td>30</td><td></td><td></td><td></td><td></td></tr>
</table>

1. April, Dienstag

Gemäß dem Beschluß der Delegiertenkonferenz der revolutionären Bergarbeiter in Essen beginnt im Ruhrrevier erneut ein Generalstreik (→ 6.2./S.51).

In Württemberg beginnt der bürgerliche Abwehrstreik gegen den am Vortag von den Spartakisten ausgerufenen Generalstreik.

In der sowjetrussischen Parteizeitung »Prawda« erscheint ein aufsehenerregender »Offener Brief« an den sowjetischen Regierungs-und Parteichef Wladimir I. Lenin über die »unglaublichen Bedingungen«, unter denen die Intelligenz unter dem Sowjetsystem leben muß.

Der Landtag von Schwarzburg-Sondershausen in Sondershausen verabschiedet die Verfassung des Freistaats.

Die französischen Sozialisten veröffentlichen ein Grundsatzmanifest über die Politik der Partei. Gefordert wird u. a. eine neue Verfassung, die Einziehung der Kriegsgewinne, die Verstaatlichung von Eisenbahnen, Transport- und Verkehrswesen sowie die Herabsetzung der Arbeitszeit (→ 22.4./S.82).

In Bayern nimmt das neuerrichtete Staatsministerium für Land- und Forstwirtschaft seine Tätigkeit auf. Leiter wird Martin Steiner vom Bayerischen Bauernbund.

Die hessische Volkskammer in Darmstadt streicht die Zivilliste des früheren Großherzogs in Höhe von 1,41 Millionen Mark (→ 25.3./S.69).

Norwegen, Schweden und Dänemark heben die Ausfuhrverbote ins Deutsche Reich auf.

2. April, Mittwoch

Die deutsche Völkerrechtskommission bestätigt das Todesurteil, das am 27. Juli 1916 an dem britischen Kapitän Charles Fryatt vollstreckt worden war. Fryatt, der nicht der britischen Marine angehörte, war für schuldig befunden worden, am 28. März 1915 mit seinem Dampfer »Brussels« einen Rammversuch gegen das deutsche U-Boot »U 35« unternommen zu haben.

Die britische Admiralität gibt die Auflösung der Großen Flotte bekannt. → S.82

3. April, Donnerstag

Die französische Abgeordnetenkammer in Paris fordert die Regierung auf, sich bei der Friedenskonferenz dafür einzusetzen, »daß Deutschland weder eine Armee noch eine militärische Organisation noch irgendeine Art der Bewaffnung beibehalten darf«.

Die deutschösterreichische Konstituierende Nationalversammlung in Wien nimmt das Gesetz über die Landesverweisung der Habsburger an. → S.86

In Deutschösterreich wird die Todesstrafe abgeschafft. → S.86

Die Adelstitel und Adelsprivilegien werden in Deutschösterreich aufgehoben. → S.86

Der ungarische Revolutionäre Regierende Rat in Budapest erläßt eine Verordnung über die Sozialisierung des Grundbesitzes: »Der Boden Ungarns ist Eigentum der arbeitenden Gesellschaft« (→ 21.3./S.71).

Im Ruhrrevier befinden sich von 375 300 Bergarbeitern 250 700 im Ausstand.

4. April, Freitag

Der bayerische Zentralrat in München teilt mit, daß er die Einberufung des Landtags für den 8. April rückgängig gemacht habe. Die Einberufung des Landtags gilt als gegenrevolutionäre Maßnahme. Am 5. April protestiert der Ältestenrat des Landtags gegen das Vorgehen des Zentralrats und fordert die Bevölkerung auf, sich hinter die Regierung und den gewählten Landtag zu stellen (→ 7.4./S.83).

Der gemeinsame Landtag der beiden Freistaaten Reuß jüngere Linie und Reuß ältere Linie beschließt die Verschmelzung der Freistaaten zum Volksstaat Reuß mit Hauptstadt Gera. Der Landtag führt nach der Annahme der provisorischen Verfassung die Bezeichnung Volksrat.

Der deutsche Reichsminister ohne Geschäftsbereich Matthias Erzberger (Zentrum) und der französische Marschall Ferdinand Foch unterzeichnen in Spa in Belgien das Abkommen über den Durchzug polnischer Truppen durch das Deutsche Reich. Ab Mitte April werden zwei Monate lang polnische Truppen von Westen über Koblenz, Gießen und Kassel sowie über Frankfurt am Main, Bebra, Erfurt und Leipzig in ihre Heimat zurückziehen.

Antanas Smetona wird zum ersten Staatspräsidenten des Freistaats Litauen gewählt.

Das britische Unterhaus in London nimmt eine Gesetzesvorlage zur rechtlichen Gleichstellung der Frau an. → S.87

5. April, Sonnabend

Die deutsche Reichsregierung verhängt wegen des anhaltenden Streiks im ganze Ruhrgebiet den verschärften Belagerungszustand (→ 6.2./S.51).

Der polnische Landtag in Warschau nimmt einen Antrag zur Eingliederung der Stadt Danzig, Ermelands (Ermland) und des preußischen Masuren einstimmig an (→ 23.3./S.73).

6. April, Sonntag

Truppen der sowjetischen Regierung besetzen die Stadt Odessa an der Nordwestküste des Schwarzen Meeres. → S.82

Die deutsche Reichsregierung in Weimar genehmigt einen Gesetzentwurf, der die Verankerung des Rätesystems in der Verfassung vorsieht.

Die Flugreise von Berlin nach Weimar wird für 450 Mark angeboten, der Hin- und Rückflug kostet 700 Mark. Von Berlin nach Breslau kosten Hin- und Rückflug 750 Mark.

7. April, Montag

In München wird die Räterepublik ausgerufen. → S.83

Der am 31. März von den Spartakisten ausgerufene Generalstreik in Württemberg bricht zusammen. Die Arbeit wird überall wieder aufgenommen.

8. April, Dienstag

Robert Leinert (MSPD), der Vorsitzende des Zentralrats der Deutschen sozialistischen Republik, eröffnet in Berlin den zweiten Kongreß der Arbeiter-, Bauern- und Soldatenräte Deutschlands. Der Kongreß dauert bis zum 14. April. → S. 85

Der Bühnenvolksbund, eine christlich und national orientierte Vereinigung, wird gegründet. → S.91

9. April, Mittwoch

In Braunschweig übernimmt der spartakistische Revolutionäre Aktionsausschuß die Gewalt. → S.85

Die deutsche Sozialisierungskommission, die sich mit Möglichkeiten der Verstaatlichung wichtiger Industrieunternehmen befaßt, tritt wegen unüberbrückbarer Meinungsunterschiede mit dem Wirtschaftsministerium zurück.

Das britische Unterhaus in London nimmt das Gesetz über die Errichtung eines Gesundheitsministeriums an.

10. April, Donnerstag

Der mexikanische Revolutionär Emiliano Zapata wird in Süd-Mexiko von Regierungssoldaten ermordet. → S.82

Die belgische Abgeordnetenkammer in Brüssel nimmt einen Gesetzentwurf zur Wahlrechtsreform an. Danach wird das einfache gleiche Wahlrecht ab dem 21. Lebensjahr für Männer eingeführt. Bei den Frauen wird nur Witwen und Müttern gefallener Soldaten das Wahlrecht zuerkannt. Linksliberale und Sozialisten hatten die Einführung des Frauenwahlrechts heftig bekämpft. Die Klerikalen hatten es befürwortet, weil sie sich davon die Sicherung ihrer parlamentarischen Mehrheit erhofften (→ 4.4./S.87).

In Braunschweig beginnt der Gegenstreik von Bürgertum und Beamtenschaft gegen den am Vortag von Spartakisten proklamierten Generalstreik (→ 9.4./S.85).

11. April, Freitag

Der deutsche Reichsminister der Finanzen, Eugen Schiffer (DDP), der zugleich Stellvertreter von Reichsministerpräsidenten Philipp Scheidemann (MSPD) ist, erklärt seinen Rücktritt »wegen Meinungsverschiedenheiten grundsätzlicher Art, die bei der Aufstellung des Etats zutage traten«.

Die sächsische Volkskammer in Dresden billigt die Errichtung einer Landesstelle für Gemeinwirtschaft beim Wirtschaftsministerium. Sie hat die Aufgabe, die Volkswirtschaft zu erforschen, um für die Wirtschaftsministerium Vorschläge zur Einführung einer gemeinwirtschaftlichen Ordnung zu erarbeiten.

12. April, Sonnabend

Kriegsbeschädigte ermorden in Dresden den sächsischen Kriegsminister Gustav Neuring (MSPD). → S.85

In Berlin wird der Reichsverband der deutschen Industrie gegründet. Er ist der Spitzenverband der wirtschaftspolitischen Unternehmerverbände.

Im Depot des Moskauer Rangierbahnhofs findet der erste kommunistische Subbotnik (freiwillige Arbeit ohne Bezahlung) statt.

13. April, Sonntag

Britische Soldaten eröffnen im Amritsar in Britisch-Indien das Feuer auf eine illegale Protestversammlung. → S.82

In der Nacht auf den 13. April putschen Teile der Münchner Garnison gegen die Räteregierung, verhaften mehrere Mitglieder des Zentralrats und erlassen am Morgen des 13. eine Proklamation, in der die Bevölkerung zur Unterstützung der nach Bamberg geflohenen sozialdemokratischen Regierung unter Johannes Hoffmann aufgerufen wird (→ 7.4./S.83).

Die kommunistischen Arbeiter- und Soldatenräte Münchens erklären am Vormittag den bisherigen Zentralrat für »erledigt« und übertragen die gesetzgebende Gewalt einem verköpfigen Vollzugsrat unter der Leitung von Max Levien und Eugen Leviné. Es ist die sog. Vierte Revolution in München (→ 7.4./S.83).

Mit der Erstürmung des Münchner Hauptbahnhofs nach schweren Straßenkämpfen durch die Kommunisten ist die einzigste Diktatur der Münchner Garnison beendet (→ 7.4./S.83).

In der Republik Baden findet erstmals im Deutschen Reich eine Volksabstimmung statt. → S.85

Auf einer gemeinsamen Tagung genehmigen die Landesversammlungen der deutschen Freistaaten Coburg und Gotha einen Staatsvertrag, der die seit 1826 bestehende gemeinsame Verwaltung aufhebt: »Die Freistaaten Coburg und Gotha regeln ihre Angelegenheiten unabhängig voneinander« (→ 29.7./S.143).

In Berlin findet der erste Parteitag der 1918 gegründeten rechtsliberalen Deutschen Volkspartei (DVP) statt. → S.85

14. April, Montag

Der Münchner Stadtkommandant, der Matrose Rudolf Eglhofer, ordnet die Entwaffnung des Bürgertums an. Bürger, die innerhalb von zwölf Stunden ihre Waffen nicht abgegeben haben, sollen erschossen werden. Zugleich wird das Proletariat bewaffnet (→ 7.4./S.83).

Der Münchner Vollzugsrat proklamiert den Generalstreik, der erst am 22. April abgebrochen wird (→ 7.4./S.83).

Die spanische Regierung unter Alvaro Figueroa y Torres Graf Romanones tritt zurück. Am selben Tag wird Antonio Maura y Montomer, der Führer der spanischen Konservativen, zum vierten Mal zum Ministerpräsident gewählt.

"

Die Zeitschrift »Die Woche« berichtet am 19. April über die neueste Entwicklung in Bayern nach der Ausrufung der Räterepublik und der Flucht der bisherigen Landesregierung nach Bamberg

Oben: Ministerpräsident Hoffmann. (Phot. Hoffmann) Links und rechts: Oberst v. Epp und Militärminister Schneppenhorst, die Führer der regierungstreuen Truppen. (Phot. Dittmar u. Phot. Werner). Unten: Ansicht von Bamberg, dem gegenwärtigen Sitz der bayrischen Regierung.

Der französische Gewerkschaftsbund Confédération Générale du Travail (C.G.T.), der fast zwei Millionen Mitglieder zählt, veröffentlicht einen Aufruf, in dem der Abschluß eines »wahren Friedens«, dem alle Völker zustimmen könnten« gefordert wird.

15. April, Dienstag

Die Weimarer Nationalversammlung beschließt, den 1. Mai zum allgemeinen Nationalfeiertag zu erheben (→ 1.5./S.98). Der Antrag der USPD, auch den 9. November als Jahrestag der Ausrufung der Republik zum allgemeinen Feiertag zu erklären, wird abgelehnt.

In Bochum hat Franz Grillparzers Trauerspiel »Des Meeres und der Liebe Wellen« in der Inszenierung von Saladin Schmitt Premiere. → S.91

Der Deutsche Reichsausschuß für Leibesübungen beschließt die Veranstaltung von sog. Kampfspielen. → S. 93

16. April, Mittwoch

Der bisherige Stadtkommandant von München, der Matrose Rudolf Eglhofer, wird Kommandeur der Roten Armee in München (→ 7.4./S.83).

Der Schriftsteller Ernst Toller, einer der Frontabschnittskommandeure der Roten Armee, durchbricht in der Schlacht bei Dachau den Ring aus preußischen, württembergischen und bayerischen Regierungstruppen (Weiße Garde), die gegen München marschieren (→ 7.4./S.83).

Der in Braunschweig am 9. April (→ S.85) ausgerufene Generalstreik bricht zusammen. In der Nacht auf den 17. April besetzen Truppen unter General Georg Maercker auf Anordnung von Reichswehrminister Gustav Noske (MSPD) Braunschweig.

Die tschechoslowakische Nationalversammlung in Prag nimmt das Gesetz über die Beschlagnahmung des Großgrundbesitzes im Lande an.

17. April, Donnerstag

In Wien kommt es zu einem kommunistischen Putschversuch. → S.86

Karl Deichmann, MSPD-Abgeordneter der Weimarer Nationalversammlung, wird zum Ersten Bürgermeister von Bremen gewählt.

Die französische Abgeordnetenkammer in Paris nimmt die Gesetzesvorlage über die grundsätzliche Einführung des Achtstundentags an. → S.87

In den USA gründen mehrere Filmstars, darunter Charlie Chaplin, Douglas Fairbanks und Regisseur David Wark Griffith die Film-Produktions- und Verleihgesellschaft United Artists. → S.91

18. April, Karfreitag

Der Oberste Rat der alliierten und assoziierten Mächte in Paris lädt die deutsche Delegation offiziell zur Entgegennahme der Friedensbedingungen nach Versailles ein (→ 29.4./S.81).

Der deutschösterreichische Kabinettsrat in Wien beschließt die völlige Aufhebung des während des Ersten Weltkriegs verhängten Ausnahmezustands.

19. April, Sonnabend

Polnische Kavallerie erobert die von Sowjets besetzte litauische Hauptstadt Wilna. Der polnische Staatspräsident Jósef Klemens Pilsudski erläßt wenig später eine Proklamation, in der er die Einsetzung einer polnischen Zivilverwaltung im eroberten litauischen Gebiet bekanntgibt. Sowjetrußland wertet die Eroberung Wilnas durch Polen als Kriegsfall.

Der deutsche Reichspräsident Friedrich Ebert (MSPD) ernennt Bernhard Dernburg (DDP) zum Reichsminister der Finanzen als Nachfolger des zurückgetretenen Eugen Schiffer (DDP). Dernburg wird zugleich Stellvertreter des Reichsministerpräsidenten Philipp Scheidemann (MSPD).

20. April, Ostersonntag

Bayerische und württembergische Regierungstruppen besetzen im Kampf gegen die Rote Armee Augsburg (→ 30.4./S.84).

Der zentrale Soldaten-, Arbeiter- und Bauernrat der Räterepublik Ungarn in Budapest beschließt zur Verteidigung der Errungenschaften der Proletarierdiktatur den Verteidigungskrieg. Er ordnet an, daß die Hälfte der Arbeiterschaft aller Betriebe gegen die tschechischen, rumänischen und südslawischen Truppen zu den Waffen greifen soll (→ 21.3./S.71).

In Belgrad, der Hauptstadt des Königreichs der Serben, Kroaten und Slowenen (Jugoslawien), beginnt der viertägige Gründungsparteitag der Sozialistischen Arbeiterpartei Jugoslawiens.

21. April, Ostermontag

Wegen des Streiks im Ruhrgebiet stehen über die Ostertage vielerorts die Räder still. Die Straßenbahnen bleiben im Depot, die Fahrkartenschalter der Bahnhöfe sind geschlossen, den Bürgern wird das Gas gesperrt, spätestens um 22 Uhr sollen alle Lichter gelöscht sein. Die »räderlosen« Ostertage werden für Spaziergänge genutzt, die Droschkenkutscher verzeichnen Vollbeschäftigung (→ 6.2./S.51).

In Berlin-Karlshorst wird die erste Pferderennsaison nach dem Ersten Weltkrieg eröffnet. → S.93

22. April, Dienstag

Die französischen Sozialisten verabschieden ihr neues Parteiprogramm. Sie fordern u.a. eine neue Verfassung, Arbeitszeitverkürzung und Verstaatlichungsmaßnahmen. → S.82

Die Regierung der Vereinigten Staaten von Amerika erkennt das Protektorat Großbritanniens über Ägypten an. → S.82

23. April, Mittwoch

Nach blutigen Unruhen während der Ostertage wird über Hamburg, Altona und Wandsbek der Belagerungszustand verhängt. → S.85

24. April, Donnerstag

Die italienische Delegation verläßt wegen des Konflikts in der Fiumefrage (→ 12.9./S.170) die Pariser Friedenskonferenz. Der italienische Ministerpräsident Vittorio Emanuele Orlando wird in Rom begeistert empfangen, in ganz Italien finden antiamerikanische Demonstrationen statt.

Ostkarelische Bauern und finnische Freischärler erobern die Stadt Olonez in Sowjetrußland und bilden eine provisorische Regierung, die so lange im Amt bleiben soll, bis eine Nationalversammlung aufgrund des Selbstbestimmungsrechts über das Schicksal Ostkareliens entscheidet.

In Reval wird die Verfassunggebende Nationalversammlung der Republik Estland eröffnet. Die Sozialdemokraten mit 41 und die Arbeitspartei mit 30 Abgeordneten haben die absolute Mehrheit.

In Basel wird die dritte schweizerische Mustermesse eröffnet.

25. April, Freitag

Die bayerische Regierung des nach Bamberg geflohenen Ministerpräsidenten Johannes Hoffmann (MSPD) proklamiert für das rechtsrheinische Bayern das Standrecht (→ 30.4./S.84).

Die deutschösterreichische Konstituierende Nationalversammlung in Wien nimmt das Gesetz über die Erklärung des 12. November und des 1. Mai zu allgemeinen Ruhe- und Feiertagen an.

Die deutschösterreichische Konstituierende Nationalversammlung in Wien nimmt das Invaliden- und Hinterbliebenenversorgungsgesetz an.

Die provisorische Landesversammlung von Vorarlberg beschließt die Durchführung einer Volksabstimmung über den Anschluß an die Schweiz (→ 11.5./S.108).

26. April, Sonnabend

Die württembergische Landesversammlung in Stuttgart nimmt die Verfassung des Freistaats an.

27. April, Sonntag

Bei den Wahlen zur Landesversammlung von Vorarlberg erhalten die Christlichsozialen 22 und die Sozialdemokraten fünf Mandate. Gewählt werden ferner zwei Freiheitliche und ein Kandidat der Unabhängigen Bauernpartei (→ 11.5./S.108).

Das finnische Parlament in Helsingfors (Helsinki) lehnt eine monarchische Regierungsform ab. → S.82

Das Schauspiel »Die Wupper« von Else Lasker-Schüler wird am Deutschen Theater in Berlin unter der Regie von Max Reinhardt uraufgeführt.

28. April, Montag

Die Pariser Friedenskonferenz verabschiedet die Völkerbundsatzung. → S.80

Im Deutschen Reich wird die Sommerzeit eingeführt; am 15. September werden die Uhren wieder zurückgestellt. → S.93

29. April, Dienstag

Die deutsche Friedensdelegation trifft in Versailles ein; Reichsaußenminister Ulrich Graf Brockdorff-Rantzau leitet die Delegation. → S.81

In München wird die Diktatur der Roten Garde errichtet. Die oberste Gewalt übt der 21jährige desertierte Matrose Rudolf Eglhofer aus (→ 7.4./S.83).

In die Kämpfe gegen die Münchner Räterepublik greifen mehrere Freikorps ein, in denen sich viele rechtsgerichtete ehemalige Kaiserliche Soldaten zusammengeschlossen haben. → S.84

Der polnische Landtag in Warschau lehnt einen Dringlichkeitsantrag der Sozialisten über die Proklamation des 1. Mai als Arbeiterfeiertag zum allgemeinen Ruhe- und Festtag ab. Angenommen wird dagegen ein Antrag, der den 3. Mai als Jahrestag der polnischen Verfassung von 1791 zum Nationalfeiertag erklärt.

30. April, Mittwoch

Soldaten der Roten Garde erschießen in München zehn Geiseln, um die vorrückenden Regierungstruppen vor einem weiteren Vormarsch abzuschrecken. Am gleichen Tag erobern bayerische Regierungs- und Reichstruppen Dachau, den stärksten Stützpunkt der revolutionären Münchner Roten Armee. → S.83

Das im November 1918 als Reichsamt für wirtschaftliche Demobilmachung unter Oberstleutnant Joseph Koeth gegründete und am 13. Februar 1919 in ein Reichsministerium umgewandelte Demobilmachungsamt in Berlin wird nach der Durchführung der Demobilmachung im Deutschen Reich aufgelöst.

Die hessische Volkskammer in Darmstadt billigt die Vereinbarungen mit dem ehemaligen Großherzog Ernst Ludwig und dem hessischen Volksstaat. Ernst Ludwig erhält jährlich 440 000 Mark und eine Abfindungssumme von 10,9 Millionen Mark sowie das Jagdschloß Wolfsgarten, Schloß Romrod und das Dominialgrundstück von Schloß Kranichstein. Das Neue Palais in Darmstadt ist Privateigentum des ehemaligen Großherzogs, das Hoftheater geht an den hessischen Staat über (→ 25.3./S.69).

Der Deutsche Museumsbund erläßt die Erklärung »An unsere Gegner«, in der er sich gegen die Entfernung von Kunstschätzen aus deutschen Museen durch die alliierten Siegermächte wendet. → S.91

Die Ballets Russes von Sergei Diaghilew , die bei einem Gastspiel in London u.a. Werke von Igor Strawinski zur Aufführung bringen, werden vom Publikum begeistert aufgenommen. → S.90

Das Wetter im Monat April

Station	Mittlere Lufttemperatur (°C)	Niederschlag (mm)	Sonnenscheindauer (Std.)
Aachen	6,0 (8,8)	57 (63)	— (178)
Berlin	6,6 (8,3)	62 (41)	— (193)
Bremen	6,8 (8,2)	37 (50)	— (185)
München	5,1 (8,0)	87 (59)	— (173)
Wien	— (9,6)	— (54)	— (173)
Zürich	5,3 (8,0)	107 (88)	106 (173)

( ) Langjähriger Mittelwert für diesen Monat
— Wert nicht ermittelt

Die Ankunft US-amerikanischer Mehllieferungen im Hamburger Hafen, die ein Ende der alliierten Hungerblockade gegen das Deutsche Reich bedeutet, zeigt die Zeitschrift »Das Weltbild« im April auf ihrer Titelseite

Ankunft des ersten amerikanischen Mehls im Hamburger Hafen:
Der Dampfer „West Carnifax" wird ausgeladen.

Friedenskonferenz nimmt die Völkerbundsatzung an

28. April. Auf der fünften Vollsitzung der Pariser Friedenskonferenz wird der endgültige Entwurf für die Verfassung des Völkerbunds (→ 25.1./S.19) einstimmig angenommen. Der US-amerikanische Präsident Woodrow Wilson, auf dessen Initiative die Gründung dieser internationalen Organisation zur Sicherung des Weltfriedens zurückgeht, umreißt das Hauptziel des Bundes auf der Konferenz so: »Das Wichtigste an diesem Vertrag sind die Erwartungen, die man an seine Zukunft und an seine Regelung der Weltangelegenheiten knüpft, und das deutliche Zeugnis, daß er ein Übereinkommen der freien Völker darstellt, die Gerechtigkeit in den internationalen Beziehungen und dem Zusammenleben der Völker zu verteidigen.«

Satzung des Völkerbunds:
»In der Erwägung, daß es zur Förderung der Zusammenarbeit unter den Nationen und zur Gewährleistung des internationalen Friedens und der internationalen Sicherheit wesentlich ist, bestimmte Verpflichtungen zu übernehmen, nicht zum Kriege zu schreiten, in aller Öffentlichkeit auf Gerechtigkeit und Ehre gegründete internationale Beziehungen zu unterhalten, die Vorschriften des internationalen Rechts, die fürderhin als Richtschnur für das tatsächliche Verhalten der Regierungen anerkannt sind, genau zu beobachten, die Gerechtigkeit herrschen zu lassen und alle Vertragsverpflichtungen in den gegenseitigen Beziehungen der organisierten Völker peinlich zu achten, nehmen die Hohen vertragschließenden Teile die gegenwärtige Satzung, die den Völkerbund errichtet, an...« (Präambel-Auszug)

Der Völkerbund übt seine Tätigkeit durch eine Bundesversammlung und durch einen Rat aus, denen ein ständiges Sekretariat beigegeben ist. Die Bundesversammlung besteht aus Vertretern der Bundesmitglieder; jeder Mitgliedsstaat darf höchstens drei Vertreter in die Bundesversammlung entsenden und verfügt über nur eine Stimme. Bundessitz ist Genf. Die Bundesversammlung »tagt zu festgesetzten Zeitpunkten und außerdem dann,

Wilson (in der Mitte stehend) bei seiner Ansprache vor den Delegierten der Pariser Friedenskonferenz

wenn die Umstände es erfordern, am Bundessitz...« Sie »befindet über jede Frage, die in den Tätigkeitsbereich des Bundes fällt oder den Weltfrieden berührt«. Ähnliche Bestimmungen gelten für den Rat, der aus Vertretern der alliierten und assoziierten Hauptmächte (USA, Frankreich, Italien, Großbritannien, Japan) und aus Vertretern vier weiterer Bundesmitglieder besteht (vorläufig Belgien, Brasilien, Spanien und Griechenland). Eine der wichtigsten Bestimmungen ist die Vorschrift zur Einstimmigkeit der Beschlußfassung.

Ziel des Völkerbundes ist die weltweite Sicherung des Friedens. In Artikel 8 heißt es dazu: »Die Bundesmitglieder bekennen sich zu dem Grundsatz, daß die Aufrechterhaltung des Friedens eine Herabsetzung der nationalen Rüstungen auf das Mindestmaß erfordert...«

Internationaler Staatenbund
Der Völkerbund wird gegründet von 32 alliierten Kriegsgegnern der Mittelmächte und 13 neutralen Staaten (→ 25.1./S.19). Die Völkerbundsatzung wird jeweils als Teil I den Friedensverträgen eingefügt, die den Ersten Weltkrieg beenden sollen. Da die USA, Ecuador und Hedschas (Saudi-Arabien) diese Verträge nicht ratifizieren, reduziert sich die Zahl der Mitglieder schon am Anfang um drei.
Zur Gründung nicht geladen waren die neutralen Staaten Mexiko und Costa Rica; keine Mitglieder des Völkerbunds sind das Deutsche Reich, Deutschösterreich, Sowjetrußland, Ungarn und die Türkei.

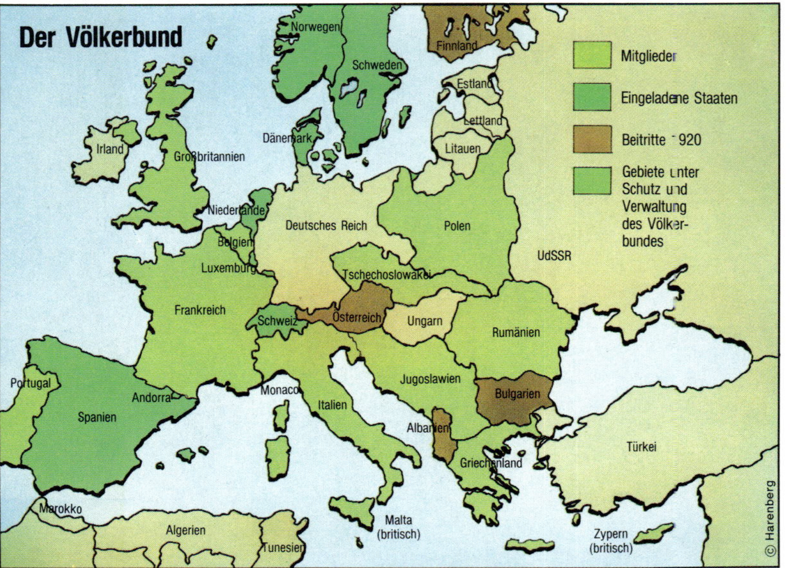

Die deutsche Delegation vor der Abfahrt nach Versailles; im hellen Mantel Reichsaußenminister und Delegationsleiter Graf von Brockdorff-Rantzau

Von Neugierigen umlagert wird das Hotel des Réservoirs, in dem die deutsche Delegation vor der Entgegennahme der Friedensbedingungen untergebracht ist

Deutsche Friedensdelegation trifft in Versailles ein

29. April. Die deutsche Friedensdelegation unter dem Reichsminister des Auswärtigen, Ulrich Graf von Brockdorff-Rantzau (parteilos), trifft in Versailles ein, um von den Siegermächten des Ersten Weltkriegs die Friedensbedingungen in Empfang zu nehmen. Die Übergabe erfolgt am 7. Mai (→ S.100).

Am 18. April hatten die Alliierten die deutsche Reichsregierung aufgefordert, Delegierte zu entsenden, wiesen jedoch die einen Tag später benannten Delegationsmitglieder zurück mit der Begründung: »Die alliierten und assoziierten Regierungen können nicht Abgesandte empfangen, die lediglich zur Entgegennahme des Wortlauts der Friedensartikel ermächtigt sind, so wie es die deutsche Regierung vorschlägt. Die alliierten und assoziierten Regierungen sind verpflichtet, von der deutschen Regierung zu fordern, daß sie Bevollmächtigte nach Versailles entsendet, die ebenso vollständig ermächtigt sind, die Gesamtheit der Friedensfrage zu verhandeln wie die Vertreter der alliierten und assoziierten Regierungen.« Die Reichsregierung ernannte daraufhin außer Brockdorff-Rantzau Reichsjustizminister Otto Landsberg (MSPD), Reichspostminister Johann Giesberts (Zentrum), den Präsidenten der Preußischen Landesversammlung Robert Leinert (MSPD), den Wirtschafts- und Finanzexperten Carl Melchior und den Staats- und Völkerrechtler Walther Schücking (DDP).

△ *Die deutsche Delegation in Versailles bei einem Fototermin, v.r.n.l.: Schücking, Landsberg, Brockdorff-Rantzau, Giesberts, Melchior und Leinert; die Delegation wurde in Versailles vom Präfekten des Departements begrüßt; Oberst Henry, der Chef der französischen Militärmission, fungiert als »Mittelsperson«*

◁ *Die Bewegungsfreiheit der deutschen Delegation in Versailles ist stark eingeschränkt; die deutschen Unterhändler dürfen z.B. die Stadt nicht betreten; die Abbildung zeigt die Absperrung des Teils des Parks von Versailles, in dem sich die Deutschen ungehindert bewegen dürfen; nach Pressemeldungen werden sie ansonsten sehr korrekt behandelt*

Sozialisten gegen Imperialismus

22. April. Der Nationalkongreß der französischen Sozialisten, der seit 20. April in Paris tagt, endet mit der Verabschiedung des neuen Parteiprogramms. Gefordert werden u.a. eine neue Verfassung, die Einziehung der Kriegsgewinne, die Verstaatlichung der Eisenbahnen und des Transport- und Verkehrswesens sowie eine Herabsetzung der Arbeitszeit. Mit Blick auf die Friedensverhandlungen (→ 28.4./S.80) verabschiedet der Kongreß eine Resolution, in der »die imperialistische Politik« der französischen Regierung verurteilt wird. Abgelehnt wird ferner der Beitritt zur Dritten Internationale (→ 2.3./S.72).

Die Rote Armee auf dem Vormarsch

6. April. Truppen der sowjetischen Roten Armee besetzen Odessa, nachdem sich die französischen Interventionstruppen (→ 28.1./S.20) aus der Ukraine und von der Krim zurückgezogen haben. Am 10. April fordert der sowjetische Volkskommissar für Verteidigung, Leo D. Trotzki, die Ententetruppen in Nordrußland angesichts ihrer aussichtslosen Lage zur Übergabe auf. Die militärische Situation der Roten Armee hat sich gefestigt, seit der Oberste Rat der Alliierten in Paris am 27. März den vom französischen Marschall Ferdinand Foch entwickelten Plan eines »Kreuzzugs« gegen Moskau abgelehnt hat.

US-Anerkennung für Briten in Ägypten

22. April. Die USA erkennen das britische Protektorat über Ägypten an. Edmund Henry Hynman Allenby, der Oberbefehlshaber der britischen Truppen, nimmt in Kairo die Note entgegen, in der US-Präsident Woodrow Wilson das im Dezember 1914 von Großbritannien proklamierte Protektorat anerkennt. In Ägypten selbst häufen sich antibritische Unruhen. Auf den Pariser Friedenskonferenzen fordert eine ägyptische Abordnung (arabisch »Wafd«) die Unabhängigkeit ihres Landes. Führer der ägyptischen Nationalisten ist Sad Saghlul, den die Briten im März verhaften ließen.

Britische Große Flotte aufgelöst

2. April. Die britische Admiralität gibt in London bekannt, daß die Große Flotte (Grand Fleet) zu bestehen aufhört. In der Grand Fleet bzw. Home Fleet (Heimatflotte) waren während des Ersten Weltkriegs fast alle modernen britischen Kriegsschiffe vereinigt. Die Grand Fleet operierte u.a. in der Nordsee. In der Schlacht vor dem Skagerrak erlitt sie 1916 erhebliche Verluste. Der Haupthafen der Home Fleet war Scapa Flow, eine Bucht zwischen den südlichen Orkneyinseln, wo nun die Schiffe der deutschen Hochseeflotte interniert sind. Am → 21. Juni versenkt sich dort die deutsche Kriegsflotte selbst (S.128).

Trotzki bei einer Regimentsbesichtigung in Moskau; Trotzki baut die Rote Armee auf und legt damit den Grundstein für den Sieg der Sowjetregierung

Demonstration in Kairo für die Unabhängigkeit Ägyptens von Großbritannien; der Nationalistenführer Saghlul wurde von den Briten nach Malta deportiert

Briten feuern auf indische Zivilisten

13. April. Der britische General Reginald Edward Harry Dyer läßt in der indischen Stadt Amritsar im Pandschab das Feuer auf eine Protestversammlung eröffnen, an der etwa 10 000 unbewaffnete Menschen teilnehmen. Dabei werden 400 Zivilisten getötet und fast 1 200 Demonstranten verletzt. Die antibritischen Demonstrationen im Pandschab begannen, als die britische Kolonialmacht die »Rowlatt Acts« verabschiedete. Sie verlängern den Ausnahmezustand, der während des Ersten Weltkriegs 1915 über Britisch-Indien verhängt wurde, und beschneiden die Rechte der einheimischen Bevölkerung.

Kein Königshaus für freies Finnland

27. April. Der finnische Landtag in Helsingfors (Helsinki) verwirft mit 138 zu 16 Stimmen die Verfassungsentwürfe, die eine monarchische Regierungsform vorsehen. Finnland war im 19. Jahrhundert ein russisches Großfürstentum. Nach der Oktoberrevolution in Rußland 1917 beschloß der finnische Landtag, die höchste Gewalt selbst auszuüben. Die russischen Truppen wurden in einem blutigen Bürgerkrieg aus Finnland vertrieben, viele finnische Kommunisten und Sozialisten kämpften dabei auf der Seite der Bolschewiki. Die neue Verfassung Finnlands wird dem Landtag im Juni vorgelegt.

Revolutionär Zapata brutal ermordet

10. April. Der mexikanische Revolutionär Emiliano Zapata wird in Südmexiko von Regierungstruppen ermordet. Während der Diktatur des Generals Porfirio Díaz (bis 1911) führten Zapata und Pancho Villa den Kampf der Bauern gegen die Großgrundbesitzer, wobei Zapata die Bauern des Südens leitete. 1914 eroberten Zapata und Pancho Villa die mexikanische Hauptstadt.

Emiliano Zapata (Abb.) und Pancho Villa waren die Symbolfiguren der Partisanen- und Bauernbewegung in Mexiko; während Villa das Agrarproletariat des viehzüchtenden Nordens um sich scharte, kämpfte Zapata mit den Bauern des Südens von Mexiko gegen die Ausbeutung der Großgrundbesitzer

ohne jedoch die Möglichkeit zur Machtübernahme im Bündnis mit der Arbeiterschaft zu nutzen. Der seit 1915 amtierende Präsident Venustiano Carranza verkündete 1917 eine bürgerlich-demokratische Verfassung, die u.a. die Enteignung des Grundbesitzes und eine weitgehende Arbeitsgesetzgebung vorsah. Gleichzeitig versucht Carranza, mit Hilfe des zur Macht gelangten agrarischen und industriellen Bürgertums die Bauern und Arbeiter gegeneinander auszuspielen und die von Zapata und Villa geführte Partisanenbewegung mit Hilfe sog. Roter Bataillone zu zerschlagen.

Zur Ausrufung der Räterepublik in München versammelt sich am 7. April eine große Menschenmenge auf dem Stachus

Dritte und Vierte Revolution in München

7. April. München ist Schauplatz der sog. Dritten und Vierten Revolution nach der Novemberrevolution von 1918 und der Revolution vom Februar (→ 21.2./S.52). Der Zentralrat der bayerischen Republik (→ 17.3./S.68) und der Revolutionäre Arbeiterrat München proklamieren an diesem Tag die Räterepublik. Die Regierung des Ministerpräsidenten Johannes Hoffmann (MSPD) flieht nach Nürnberg und weiter nach Bamberg.

Durch diese sog. Dritte Revolution erhalten die Räte anstelle reiner Kontrollbefugnisse wieder gesetzgebende und vollziehende Gewalt in München. In der Nacht auf den 13. April putschen Teile der Münchner Garnison gegen die Räteregierung. Die eintägige »Diktatur der Garnison« wird jedoch von den Kommunisten niedergeschlagen. Am selben Tag erklären die kommunistischen Arbeiter- und Soldatenräte Münchens den Zentralrat für »erledigt« und übertragen die gesetzgebende Gewalt einem vierköpfigen Vollzugsrat unter der Leitung von Max Levien und und Eugen Leviné. Es ist die sog. Vierte Revolution in der bayerischen Hauptstadt.

Zur Bewaffnung

Die Bewaffnung der Arbeiter erfolgt in den Betrieben durch die Betriebsräte. In erster Linie werden die Waffenkundigen bewaffnet.

Für Waffenunkundige werden sofort Uebungen unter Leitung von Waffengeübten abgehalten. Alle Waffendienste sind nur von Waffenkundigen auszuüben.

Die Arbeiter müssen ihre Waffen auf dem Wege zu und von der Arbeitsstelle ständig bei sich tragen.

Die Betriebsräte haben an Hand von Listen, welche Namen und Waffennummern enthalten, eine strenge Waffenkontrolle auszuüben.

München, den 14. April 1919

Aufruf zur Arbeiterbewaffnung

Opfer der Unruhen: Gräfin v. Westarp

Bedrängte Garde ermordet Geiseln

30. April. Soldaten der Roten Garde erschießen im Münchner Luitpold-Gymnasium zehn Geiseln. Am Tag zuvor ist in München die Diktatur der Roten Garde proklamiert worden. Die oberste Gewalt übt der 21jährige desertierte Matrose Rudolf Eglhofer aus. Durch den Geiselmord will die Rote Garde die auf München vorrückenden Regierungstruppen und Freikorps abschrecken. Der Vorschlag, die Angehörigen des Münchner Bürgertums auf der

Der Literat Ernst Toller wurde nach dem Tod Kurt Eisners Vorsitzender der bayerischen Arbeiter-, Bauern- und Soldatenräte; während der Räterepublik kommandiert er einen Teil der Roten Armee. Er distanziert sich jedoch vom Radikalismus der Räteregierung

Theresienwiese zusammenzutreiben und bei einem Einmarsch der Regierungstruppen zu erschießen, ist vom Aktionsausschuß der Roten Garde mit sieben zu sechs Stimmen abgelehnt worden.

In der Münchner Räterepublik ist es am 26. April zum Zerwürfnis zwischen den radikalen Kommunisten unter der Führung von Max Levien und dem USPD-nahen Flügel der Revolutionäre um Ernst Toller gekommen. Toller bezeichnete die Räteregierung als Unheil für das werktätige Volk, da die Revolutionäre nur zerstörten, ohne aufzubauen. Bis zum →2. Mai zerschlagen Regierungstruppen die Räterepublik (S.99).

Die Rätepolitiker Gustav Landauer, Erich Mühsam und Ernst Niekisch sowie Otto Neurath, Leiter des Wirtschaftsamts

Deutsche Freikorpsführer: Graf Dohna-Schlodien, Lettow-Vorbeck, Reinhardt, Ritter von Epp, Lüttwitz (Oberkommandierender der Berliner Freikorps), Oven

Antirepublikanische Freikorps gegen Räterepubliken

29. April. Am Kampf um die Zerschlagung der Münchner Räterepublik (→ 2.5./S.99) sind nicht nur Regierungstruppen beteiligt, sondern auch Freikorps, darunter das Werdenfelser Freikorps.

Seit der Auflösung des kaiserlichen Heeres werden seit Ende 1918 solche militärischen Freiwilligenverbände von ehemaligen Soldaten gebildet, mit Billigung der deutschen Regierung. Sie kämpfen auf dem Baltikum, übernehmen den sog. Ostschutz (→ 14.2./S.53) und helfen bei der Zerschlagung der kommunistischen Räterepubliken (→ 28.2./S.50).

Werbung für Freikorps

»Wer schützt unseren vergewaltigten Osten? Wer schützt uns vor Bolschewismus und Terror? Wer sichert die Nationalversammlung? Wer steht hinter der Regierung? Das ist das Landesschützenkorps Detachement Werthern ... « »Pioniere nach vorn! Das schwarze Korps ruft! ... Nur solche deutsche Männer, welche das Herz auf dem rechten Fleck haben, wollen sich melden« (aus dem MSPD-Zentralorgan »Vorwärts«).

Reichswehrminister Gustav Noske (MSPD) hat die kaiserlichen Offiziere zum Schutz der Regierung und zur Wiederherstellung von Ruhe und Ordnung mobilisiert. Seit der Niederschlagung des Spartakusaufstands (→ 12.1./S.28) haben sich die von den Kommunisten als »Noske-Hunde« bezeichneten Freikorps als ernstzunehmende Macht etabliert. Sie rekrutieren sich vielfach aus antirepublikanischen Kräften.

◁ *In Berliner Cafés werden Werbebüros eingerichtet, die mit Erfolg Freiwillige für die Freikorps anwerben; in einem Aufruf der Reichsregierung heißt es: »Ihr sollt als republikanische Wehrmänner die Errungenschaften der Revolution sicherstellen und die im Innern geschaffenen Neueinrichtungen verteidigen. Noch jede Revolution, die französische wie die russische, hat unter der Fahne ihrer neuen Ideale freiwillige Armeen aus der Erde gestampft!«*

▽ *Am 27. April spricht Reichswehrminister Gustav Noske (x) vor Truppenverbänden in Königsberg. Viele Freikorps werden im sog. Ostschutz eingesetzt, um zu verhindern, daß »Fremde nach Deutschland wie ein herrenloses Haus eindringen und sich dort festsetzen.«*

Putschisten in Braunschweig

9. April. In Braunschweig übernimmt der kommunistische Revolutionäre Aktionsausschuß die Gewalt, verhängt den Belagerungszustand, ordnet die Bewaffnung des Proletariats an und proklamiert den Generalstreik. Führer sind der frühere Leitende Volksbeauftragte August Merges (USPD) und Emil Eichhorn (USPD), der abgesetzte Berliner Polizeipräsident (→ 5.1./ S.24). In der Nacht auf den 17. April zerschlägt das Freikorps unter General Georg Maercker die Herrschaft der Revolutionäre.

Stresemann erster DVP-Vorsitzender

13. April. In Berlin findet der erste Parteitag der 1918 gegründeten rechtsliberalen Deutschen Volkspartei (DVP) statt. Die programmatische Grundsatzrede hält Gustav Stresemann, der am Tag zuvor vom Zentralvorstand der Partei zum Ersten Vorsitzenden gewählt worden ist. Stresemann betont, daß an eine Wiederherstellung der Monarchie nicht zu denken sei und die politische Weiterarbeit nur auf dem Boden der Republik erfolgen könne, »bei aller Wahrung der Treue für die Überlieferungen einer großen und ruhmreichen Vergangenheit«. Die DVP wird von der Industrie unterstützt.

Osterkrawalle in Hamburg

23. April. Nach blutigen Unruhen während der Ostertage wird über Hamburg, Altona und Wandsbek der Belagerungszustand verhängt. Die Unruhen werden als »unpolitische Pöbelkrawalle« eingestuft, beteiligt sind jedoch zahlreiche Spartakisten (Kommunisten). Am Osterdienstag verteilen in Sankt Pauli Unbekannte Waffen. Daraufhin ziehen rund 500 Menschen durch die Straßen, rauben Passanten aus, stürmen Bekleidungskammern am Paulinenplatz und versuchen, Polizeiwachen zu besetzen. Das SPD-Zentralorgan »Vorwärts« bezeichnet »das organisierte Räuber- und Plünderunwesen« als »unwillkommene Gefolgschaft politischer Bewegungen«.

Zentralrat der Sozialistischen Republik Deutschland am Ende

8. April. *Robert Leinert (MSPD) eröffnet in Berlin als Vorsitzender des Zentralrats der Sozialistischen Republik Deutschlands den zweiten Reichskongreß der Arbeiter-, Bauern- und Soldatenräte, an dem u.a. Reichswirtschaftsminister Rudolf Wissell (MSPD; im Bild 2. v.r.), der preußische Kultusminister Konrad Haenisch (MSPD; r.) und der württembergische Kultusminister Bertold Heymann (MSPD; 3. v.r.) teilnehmen.*

Nach Auseinandersetzungen mit der USPD erklären am 16. April die MSPD- und DDP-Mitglieder den Austritt aus dem Zentralrat, der damit faktisch zu existieren aufhört. Das Gremium, das bereits am 4. Februar seine Befugnisse der Deutschen Nationalversammlung in Weimar übertragen hatte, befaßte sich hauptsächlich mit sozial- und arbeitspolitischen Problemen sowie mit Fragen der Verstaatlichung.

Volksabstimmung in Baden

13. April. Im Freistaat Baden findet erstmals im Deutschen Reich eine Volksabstimmung statt. Die Beteiligung ist mit rund 35 % weit niedriger als erwartet. Mit 355 000 zu 20 000 Stimmen nehmen die abstimmungsberechtigten Männer und Frauen die demokratische Verfassung an, die von der badischen Nationalversammlung in Karlsruhe am 21. März verabschiedet wurde. Mit 354 000 zu 21 000 Stimmen bejahen die Stimmberechtigten außerdem die Frage, ob die derzeitige Nationalversammlung bis 1921 den ersten ordentlichen badischen Landtag bilden soll.

Die Abstimmung gilt als Test für die Stimmung der Bevölkerung gegenüber der Politik der Mehrheitsparteien. Das Ergebnis wird als Vertrauensbeweis für die sog. Weimarer Koalition aus MSPD, DDP und Zentrum gewertet, die auch im Freistaat Baden die Regierung stellt, sowie als Absage an die radikalen Kommunisten. Zum ersten Staatspräsidenten von Baden hat die Nationalversammlung am 2. April Anton Geiß (MSPD) gewählt. Jährlich wechselnd soll künftig eine andere der drei großen Parteien den Staatspräsidenten stellen.

Der Sozialdemokrat Anton Geiß, der erste Staatspräsident von Baden

Kriegsbeschädigte lynchen Minister

12. April. Kriegsbeschädigte und Spartakisten lynchen in Dresden den sächsischen Kriegsminister Gustav Neuring (MSPD).

Während mehrere hundert Kriegsbeschädigte vor dem Ministerium auf ein Wort des Ministers über die Verbesserung ihrer sozialen Lage warten, wirft nach offizieller Verlautbarung »ein unbedachter junger Soldat zwei Übungshandgranaten in den Lichtschacht«, angeblich, nachdem bewaffnete Kommunisten in das Ministerium eingedrungen sind. Daraufhin entsteht auf der Straße das Gerücht, Neuring habe Befehl gegeben, Granaten auf die Wartenden zu werfen. Die aufgebrachte Menge zerrt den Minister auf die Straße, mißhandelt ihn, schleppt ihn auf die Augustabrücke und wirft ihn in die Elbe. Als Neuring schwimmend das Ufer zu erreichen versucht, werden mehrere Gewehrsalven auf ihn abgefeuert. Neuring wird getroffen und sinkt.

Österreich schafft Todesstrafe ab

3. April. Die deutschösterreichische Konstituierende Nationalversammlung in Wien nimmt das Gesetz über die Abschaffung der Todesstrafe an. Die Todesstrafe soll nur noch in standrechtlichen, aber nicht mehr in ordentlichen Verfahren verhängt werden können.

Dies ist das zweite Mal, daß in Österreich die Todesstrafe abgeschafft wird. Kaiser Joseph II. hatte sie 1787 abgeschafft. Nach dem Tod des im Geist der Aufklärung und des modernen Naturrechts erzogenen Monarchen wurde sie 1795 für Hochverrat, im Westgalizischen Gesetzbuch 1796 auch für bestellten Mord an Verwandten und für Raubmord wieder eingeführt. Durch das Strafgesetzbuch von 1803 kam sie in sehr erweitertem Umfang in allen Kronländern wieder zur Anwendung.

Im Deutschen Reich haben seit November 1918 viele Vertreter der Linksparteien ihre ablehnende Haltung gegenüber der Todesstrafe aufgegeben. Frühere Gegner plädieren nun für die Aufnahme der Todesstrafe ins Strafgesetzbuch.

In ganz Wien kommt es zu Zusammenstößen zwischen der Polizei und den Kommunisten, wie hier vor der Universität

Abtransport von Toten und Verletzten nach den Feuergefechten in der Hörlgasse bei den Unruhen im Juni

Straßenkämpfe sind in Wien nichts Außergewöhnliches mehr; ein verletzter Demonstrant bekommt keine Hilfe

Wien hebt Adelstitel und Privilegien auf

3. April. Die deutschösterreichische Konstituierende Nationalversammlung in Wien nimmt das Gesetz über die Aufhebung des Adels, der weltlichen Ritter- und Damenorden und zahlreicher Titel und Würden aus der Zeit der k.u.k. Monarchie an. Die Führung von Adelsbezeichnungen ist künftig verboten. Verabschiedet wird ferner das Gesetz über die Abschaffung der Exterritorialität; dadurch werden Privilegien einflußreicher Adelshäuser (Bourbon, Liechtenstein, Cumberland u.a.) aufgehoben. Außerdem wird das Gesetz über die Landesverweisung und die Übernahme des Hauses Habsburg-Lothringen angenommen (→ 23.3./ S.71). In diesem Gesetz heißt es: »Alle Herrscherrechte und sonstigen Vorrechte des Hauses Habsburg-Lothringen sowie aller Mitglieder dieses Hauses sind in Deutschösterreich für immerwährende Zeiten aufgehoben ... In der Republik Deutschösterreich ist jedes Privatfürstenrecht aufgehoben.«

Gründonnerstagsputsch scheitert

17. April. Ein kommunistischer Putschversuch in Wien, der sog. Gründonnerstagsputsch, scheitert. Nach dem ungarischen Vorbild (→ 21.3./ S.71) wollten Kommunisten auch in Deutschösterreich eine Räterepublik errichten. Bei den Kämpfen vor dem Parlament in Wien kommen fünf Polizisten und eine Demonstrantin ums Leben.

Vor dem Rathaus versammeln sich am Nachmittag mehr als 10 000 Arbeitslose, Kriegsversehrte und Heimkehrer aus der Kriegsgefangenschaft. Sie verlangen von der Regierung eine Verbesserung ihrer sozialen Lage, z.B. eine tägliche Unterstützung in Geld und die Erhöhung der Brotration auf ein halbes Kilo pro Tag. Als ein Redner mitteilt, die Organisatoren der Kundgebung seien in Haft genommen worden, zieht die Menge vom Rathaus zum Parlament.

Staatskanzler Karl Renner (SPÖ) betont im Parlament einer Abordnung der Invaliden gegenüber, der Staat sei finanziell an die Grenze der Belastbarkeit gelangt.

Auf diese Nachricht hin stürmen Demonstranten um vier Uhr einen Kohlenlastwagen, der in der Nähe des Parlamentsgebäudes hält, und beginnen, das Gebäude mit Kohlen zu bewerfen. Die Warnschüsse der

Zusammenstoß eines Demonstrationszugs mit der Polizei

Polizei werden mit der Errichtung von Barrikaden beantwortet. Der erste Versuch, das Parlament zu stürmen, schlägt fehl. Auf beiden Seiten fallen Schüsse. Beim zweiten Sturmversuch geht die Wohnung des Gebäudeinspektors in Flammen auf, die Löschzüge der Feuerwehr werden nicht vorgelassen. Abteilungen der sog. Roten Garde umstellen das Parlament und verlangen die Entwaffnung der Polizeiwache, was nach und nach durchgeführt wird. Die gemäßigten Arbeiter- und Soldatenräte versuchen währenddessen zu vermitteln, bis neun Uhr haben sich die Demonstranten wieder zurückgezogen.

Daß der Putsch mißlingt, wird allgemein als Zeichen dafür gewertet, daß nur eine radikale kommunistische Minderheit in Deutschösterreich am gewaltsamen Sturz der Republik interessiert ist. Noch am Tag vor dem Putschversuch hatten die Soldatenräte und die gemäßigten Führer der Kommunisten in mehreren Versammlungen jeden Umsturzversuch abgelehnt.

Frauen kämpfen für Gleichberechtigung

4. April. Das britische Unterhaus in London nimmt die von der Labour Party eingebrachte Vorlage über den Ausbau der Gleichberechtigung an. Frauen erhalten Zugang zu staatlichen und Richterämtern.

Länder mit Frauenwahlrecht:

Neuseeland	1893
Finnland	1906
Norwegen	1907
Island	1914
Dänemark	1915
Niederlande	1917
Sowjetrußland	1917
Deutsches Reich	1918
Deutschösterreich	1918
Schweden	1918
Tschechoslowakei	1918
Polen	1918

In fast allen nordischen Ländern haben Frauen gesetzliche Maßnahmen zu ihrer Gleichberechtigung, u.a. das Wahlrecht erstritten, die Norwegerinnen z.B. durch eine von Frauen organisierte »Frauenabstimmung«, an der sich 1904 rund 300 000 norwegische Frauen beteiligten. Die Frauen in den südlichen Ländern besitzen dagegen keinerlei politische Rechte. In Großbritannien durften 1918 Frauen erstmals an den Wahlen zum Unterhaus teilnehmen; zugelassen wurden allerdings nur Frauen über 30, sofern sie einen eigenen Hausstand nachweisen konnten oder Ehefrauen eines Haushaltsvorstands waren.

»Überfall« zweier Suffragetten auf den britischen Ex-Premier Asquith

Mit der Hundepeitsche gegen Männer; Helen Ogston in der Albert Hall

Eine Suffragette hat sich an das Gitter vor dem Parlament gekettet

Britische Frauenrechtlerinnen malen ihre Forderungen aufs Pflaster

Aufrufe an Frauen

In vielen Ländern Europas und in den USA wird die Frage des Frauenwahlrechts diskutiert. In den Ländern, die das Wahlrecht für Frauen bereits eingeführt haben wie Finnland, Norwegen, Dänemark und dem Deutschen Reich werden die Frauen von Frauenorganisationen und Parteien zur Teilnahme an den Wahlen mit Aufrufen und Plakaten aufgefordert (Abb.). Die Parteien haben Frauen als politische Kraft erkannt und versuchen, sie mit viel Propaganda für sich zu gewinnen. Die Gegner des Frauenwahlrechts fürchten die politische Macht der Frauen, die durch ihre Stimmen neue Sitzverteilungen in Parlamenten herbeiführen könnten.

Achtstundentag für Arbeiter in den wichtigen Industriestaaten

17. April. Die französische Abgeordnetenkammer in Paris billigt die Vorlage über die grundsätzliche Einführung des Achtstundentags in Frankreich.

Die Einführung des Achtstundentags, die im Deutschen Reich und in Deutschösterreich nach den Revolutionen von 1918 verwirklicht wurde (→ 1.1./S.36), wird 1919 auch in fast allen bedeutenden Industriestaaten eingeführt. Am 15. Mai schließen der dänische Arbeitgeberverband und die dänischen Gewerkschaftsverbände ein entsprechendes Übereinkommen, von dem die Bereiche Seeschiffahrt und Landwirtschaft jedoch ausgeschlossen bleiben. Am 27. Juni billigt die schweizerische Bundesversammlung die Einführung der 48-Stunden-Woche ab 1. Januar 1920. Am 20. Juni hat das norwegische Storting in Kristiania (Oslo) ein entsprechendes Gesetz beschlossen, von dem die kleineren Betriebe ausgenommen sind. Am 11. Juli folgt die niederländische Abgeordnetenkammer in Den Haag, am 29. September das schwedische Abgeordnetenhaus in Stockholm. Auch in Spanien wird per Gesetz am 1. Oktober der Achtstundentag verabschiedet.

Wie im Bergbau sind fast überall mehr als acht Stunden Arbeitszeit die Regel

In die Friedensproduktion fließen Kriegserfahrungen mit ein

Der Straßen- und Eisenbahnerstreik, der im Sommer 1919 Berlin lahmlegt, wäre in den Vereinigten Staaten wirkungslos verpufft: In den USA kommt auf 24 Einwohner ein Kraftwagen, im Deutschen Reich besitzt nur jeder 684. ein Auto. Während in Europa der Erste Weltkrieg tobte, machten die Produzenten in den Vereinigten Staaten im Automobilbau rasante Fortschritte. Die Fließbänder (S.89) sorgen inzwischen für Stückzahlen, die in Europa nicht einmal annähernd erreicht werden.

Dabei hat der Krieg zahlreiche Produktionsstätten für Motoren entstehen lassen: Rolls-Royce baut Flugzeugmotoren in Großbritannien, Marc Birkigt in der Schweiz, im Deutschen Reich produzierten die Bayerischen Motorenwerke (BMW) für den Krieg, in Italien fertigt Ettore Bugatti, in Frankreich André Citroën für das Militär. Vier Jahre lang hat die deutsche Automobilindustrie produziert, was der Kriegsalltag verlangte, ohne daß Zeit blieb für Neuentwicklungen. Die großen Stückzahlen an Kriegsautomobilen wurden mit denselben Fertigungsmethoden hergestellt wie vor dem Krieg, ohne daß die Produktionsanlagen modernisiert wurden.

Mit dem Knight-Schiebermotor, der seit 1910 bei Daimler gebaut wird, beginnt in Untertürkheim 1919 die Friedensproduktion von Personenwagen. Dabei fließen die Erfahrungen im Flugzeugmotorenbau in die neuen Kraftwagen ein: Der für die Aufladung von Flugmotoren entwickelte Kompressor wird auch für Fahrzeugmotoren genutzt.

Mit der Fertigstellung der »Einfahrbahn« von Opel wird 1919 bei Rüsselsheim die erste Teststrecke dieser Art im Deutschen Reich in Betrieb genommen. Im April 1919 nimmt Opel die Automobilproduktion wieder auf, nachdem die von den Franzosen 1918 besetzte Fabrik vorübergehend nur Fahrräder mit 1,1-PS-Motoren hergestellt hat.

Ab Sommer bietet Opel zwei neue Sechszylinder an: 21/55 PS und 30/75 PS. Eine markante Erscheinung unter den Opel-Modellen ist auch das sportliche Modell 8/25 PS mit seinem Spitzkühler und dem schlanken Bootsheck.

Giovanni Agnelli verlegt sich 1919 auf Großserienwagen, Fiat wird zum Massenproduzenten: 1919 kommt der Typ »501« auf den Markt mit einem 1,5-Liter-Vierzylinder-Motor und 23 PS Leistung.

Der Däne Joergen Skafte Rasmussen, der seit 1907 in Zwickau in Sachsen arbeitet, stellt 1919 ein Fahrzeug mit Zweitaktmotor vor, das er »Des Knaben Wunsch« nennt. Mit dem Zeichen DKW (auch als »Das Kleine Wunder« gedeutet) versieht er auch seine Fahrradhilfsmotoren und Motorräder.

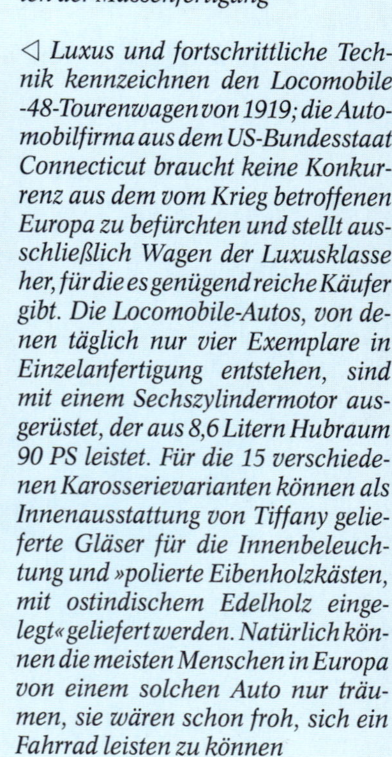

◁ *Der Turiner Ingenieur Giovanni Agnelli stellt 1919 die Produktion in seinem 1899 gegründeten Automobilwerk auf Großserienherstellung um. Einen großen Verkaufserfolg erzielt er mit dem Typ Fiat 501, dessen Vierzylindermotor aus 1500 ccm Hubraum 23 PS erzeugt und den Mittelklassewagen auf eine Spitzengeschwindigkeit von rund 80 km/h beschleunigt. Der Fiat 501, der bis 1926 in hohen Stückzahlen produziert wird, ist auch in einer überarbeiteten Version als Rennwagen erfolgreich und erfreut sich als Cabriolet als wendiges Taxi in Italien großer Beliebtheit. Damit nutzt Agnelli neben dem Franzosen André Citroën als erster in Europa die Möglichkeiten der Massenfertigung*

◁ *Luxus und fortschrittliche Technik kennzeichnen den Locomobile -48-Tourenwagen von 1919; die Automobilfirma aus dem US-Bundesstaat Connecticut braucht keine Konkurrenz aus dem vom Krieg betroffenen Europa zu befürchten und stellt ausschließlich Wagen der Luxusklasse her, für die es genügend reiche Käufer gibt. Die Locomobile-Autos, von denen täglich nur vier Exemplare in Einzelanfertigung entstehen, sind mit einem Sechszylindermotor ausgerüstet, der aus 8,6 Litern Hubraum 90 PS leistet. Für die 15 verschiedenen Karosserievarianten können als Innenausstattung von Tiffany gelieferte Gläser für die Innenbeleuchtung und »polierte Eibenholzkästen, mit ostindischem Edelholz eingelegt« geliefert werden. Natürlich können die meisten Menschen in Europa von einem solchen Auto nur träumen, sie wären schon froh, sich ein Fahrrad leisten zu können*

Fließbandfertigung für Europa noch neu

Der Franzose André Citroën, der während des Ersten Weltkriegs Zahnräder und Munition produziert hat, überträgt 1919 die in den USA praktizierte Methode der Fließbandfertigung nach Europa. Auf dieser Grundlage läßt er den 20 PS starken 1,3-Liter-Vierzylinder 10 CV Typ A herstellen, das erste Großserienauto in Europa.

Die Fließbandarbeit ist eine Neuerung, die aus der Automobilbranche kommt. Der US-amerikanische Automobilindustrielle Henry Ford führte 1913 als erster die Fließbandherstellung ein und verkauft dank standardisierter Massenfertigung, Rationalisierung und Arbeitsteilung das für ein breites Publikum erschwingliche und seit Jahren erfolgreichste Automobil, die »Tin Lizzie«. Während des Weltkriegs stellten viele Firmen in den USA auf Fließbandarbeit um, während Massenfertigung in Europa noch immer etwas Neues ist.

Mit dem »Puppchen«, der bereits 1914 vorgestellt wurde, nimmt Opel die Autoproduktion nach dem Krieg wieder auf

Benz 17/45 PS Pritschenwagen

Mercedes 28/60 Kettenwagen Phaeton

Im Krieg verwendete Fahrzeuge werden vielfach umgerüstet und auf dem Privatmarkt angeboten

Der Erste Weltkrieg hat die deutsche Automobilwirtschaft um Jahre zurückgeworfen

Der Erste Weltkrieg hat die Industrienationen Europas wirtschaftlich um Jahre zurückgeworfen, nur wenige Menschen können sich ein Automobil leisten. Die meisten Firmen produzierten nach 1914 für den Krieg, während die Stückzahlen für PKW drastisch sanken.

1919 wird die Friedensproduktion wieder aufgenommen, dafür sinkt die Produktion von Lastkraft- und Lieferwagen bis um mehr als die Hälfte. Dieser Trend trifft vor allem das Transportwesen, das nicht genügend Kapazitäten bereitstellen kann.

KFZ-Produktion bei Opel

Jahr	PKW	LKW
1909	798	47
1913	2930	151
1914	3335	184
1915	791	1117
1916	276	1090
1917	871	1134
1918	453	1112
1919	512	463

Die Konstruktion der deutschen Automobile entspricht im wesentlichen dem Vorkriegsstand, die Qualität liegt auf noch geringerem Niveau. Zudem wird der bescheidene Markt durch renoviert angebotene Kraftwagen blockiert, die im Krieg verwendet wurden.

Diaghilews Ballets Russes im Alhambra

30. April. Im Londoner »Alhambra Theatre« beginnt die sog. Zweite Woche des Gastspiels von Sergei Diaghilews Ballets Russes. Auf dem Programm stehen Werke wie »Der Feuervogel«, zu dem Igor Strawinski die Musik komponierte und Michail M. Fokin das Libretto nach einem Volksmärchen schrieb. Fokin und Strawinski sind außerdem die Schöpfer der Burleske »Petruschka«. Der Tänzer und Choreograph Fokin, der zu den Wegbereitern des modernen Balletts zählt, schrieb

C. Debussy

zudem die Libretti zu »Le Carnaval« (Musik: Robert Schumann) und zeichnet für die Idee zu dem klassischen Ballett »Les Sylphides« (Musik nach Frédéric Chopin) verantwortlich,

S. Diaghilew

das unter seiner choreographischen Leitung 1907 uraufgeführt wurde. Die Ballets Russes wurden von Diaghilew aus Mitgliedern des Petersburger (Leningrader)

Igor Strawinski

und Moskauer Hofballetts gebildet und traten erstmals 1909 in Paris auf. Für die Ballets Russes arbeiten seither einige der bekanntesten Tänzer, Choreographen, Ausstatter und Maler. Auch die Karriere von Igor Strawinski ist eng mit den Ballets Russes verknüpft. Für sie schrieb er seine ersten Werke, die viel Beifall fanden.

Plakat für das Gastspiel des »Ballets Russes« mit einem Kostümentwurf von Pablo Picasso ▷

Griffith, Pickford, Chaplin und Fairbanks (im Vordergrund v.l.n.r.) gründen ihre eigene Produktions- und Verleihgesellschaft, die United Artists (UA)

Filmstars gründen die UA

17. April. Die US-amerikanischen Filmschauspieler, Regisseure und Produzenten Charlie Chaplin, Douglas Fairbanks, Mary Pickford und David Wark Griffith gründen die Produktions- und Verleihgesellschaft United Artists Corporation (UA). Oscar Price, der die Gründung angeregt hat, wird der erste Präsident der Gesellschaft.

Ziel der Gesellschaft ist die Unabhängigkeit von anderen Produktions- und Verleihfirmen und damit eine bessere Kontrolle über eigene Profite. Darüber hinaus will die UA qualitative Filme unabhängiger Filmemacher finanzieren.

Der Gründung voraus gingen Pläne der großen Produktionsfirmen Zukors Famous Players und First National, die teilweise astronomischen Gagen der Stars herabzusetzen. Diesem Vorhaben begegnen die UA-Gesellschafter mit der Gründung ihrer eigenen Firma.

Die UA verfügt über kein eigenes Studio, da alle Gesellschafter eigene Ateliers besitzen. Sie kommt auch ohne aufwendiges Vertragssystem mit Stars, Regisseuren, Technikern usw. aus. Die ersten UA-Erfolge sind Filme der Gründungsmitglieder, z.B. Davids Wark Griffiths »Gebrochene Blüten«.

Bühnenvolksbund gegen freie Bühnen

8. April. Mit Sitz in Frankfurt am Main wird der Bühnenvolksbund (BVB) gegründet. Der Volksbund versteht sich als »Vereinigung zur Theaterpflege im christlichen deutschen Volksgeist« und als Gegengewicht zu den freien Bühnen.

Initiator der Gründung ist der Journalist Wilhelm Karl Gerst. Entstanden ist der Bühnenvolksbund aus dem Verband zur Förderung deutscher Theaterkultur. In der Folgezeit schließen sich dem BVB Lehrer- und Studentenvereine, der Caritas-Verband, der Katholische Frauenbund, kaufmännische Vereine und die Leo-Filmgesellschaft an.

Der Bühnenvolksbund entwickelt sich zu einer einflußreichen Besucherorganisation mit eigener Zeitschrift (»Das Nationaltheater«), eigenem Verlag und eigenem Vertrieb. Der Schwerpunkt seines Wirkungskreises liegt auf der Arbeit in Theatergemeinden und beim Laienspiel. Er unterhält auch mehrere Wanderbühnen.

Die freien Bühnen, zu denen der Bühnenvolksbund eine christliche Alternative bilden will, entstanden nach dem Vorbild des 1889 in Berlin von Otto Brahm gegründeten Vereins Freie Bühne. Dieser Verein förderte die Aufführung avantgardistischer und vor allem gesellschaftskritischer Stücke von Autoren, die von der Zensur bedroht waren, und brach im Deutschen Reich dem Naturalismus die Bahn.

Saladin Schmitt, der erste Intendant des Ensembles in Bochum

Saladin Schmitt in Bochum erfolgreich

15. April. In einer Inszenierung von Saladin Schmitt bringt das am 1. April gegründete Bochumer Schauspielensemble Franz Grillparzers Trauerspiel »Des Meeres und der Liebe Wellen« auf die Bühne.

Unter der Leitung seines ersten Intendanten Schmitt erringt das Bochumer Stadttheater internationalen Ruf. Schon nach der ersten Aufführung merkt die Presse an, daß sich Schmitt »kaum von Aktualität, Konvention und Unterhaltungsbedürfnissen« leiten läßt, sondern die »Verschmelzung von Stil- und Illusionsbühne« anstrebt.

Protest deutscher Museen gegen alliierten Kunstraub

30. April. Der Deutsche Museumsbund, in dem die Mehrzahl der deutschen Kunstmuseen vertreten ist, erläßt in Berlin die Erklärung »An unsere Gegner«. Darin wird die Forderung der alliierten Siegermächte des Ersten Weltkriegs, das Deutsche Reich und seine ehemaligen Verbündeten, vor allem Österreich sollten Kunstschätze ausliefern als Ersatz für die im Krieg von ihren Soldaten beschädigten und vernichteten Kunstwerke, entschieden zurückgewiesen:

»Um die Zerstörung, die der Krieg den Kunstschätzen von Frankreich, Belgien und Italien gebracht hat, zu ersetzen, wird von den Gegnern der Mittelmächte die Herausgabe von Kunstwerken hohen Ranges aus den öffentlichen Sammlungen von Deutschland und Österreich verlangt. Zum Teil ist dieses Verlangen bereits unter Androhung von Gewalt befriedigt worden. Eine italienische Kommission hat aus den Galerien und der Hofbibliothek von Wien eine Anzahl von Gemälden, Handschriften und kostbaren Drucken entnommen, um sie nach Italien zu schicken …

Die Ansprüche, die an den deutschen Kunstbesitz erhoben werden, sind noch nicht von den Regierungen formuliert worden, doch betreffen sie nach den Erörterungen der Presse ausschließlich Kunstwerke, die nicht nur als rechtmäßige Erwerbungen den deutschen Staaten gehören, sondern zum Teil kostbare

Auf der französischen Wunschliste: Das Goldene Rössel in Altötting

Erzeugnisse deutscher Kunst sind. Die Verwalter der deutschen Kunstmuseen weisen diese Ansprüche unter feierlichem Protest zurück.

Dieser Protest richtet sich nicht an die unversöhnlichen Feinde unseres Volkes, die nur darauf bedacht sind, uns zu erniedrigen und auszubeuten, denn jeder Appell an die Gerechtigkeit würde bei ihnen ungehört verhallen.

Er richtet sich vielmehr an jene unter unseren Gegnern, die in allen Schrecken des Krieges nicht vergessen haben, daß die Zeit wiederkehren muß, wo die jetzt noch verfeindeten Völker Europas wieder in einem friedlichen Austausch der Gedanken und der Kulturgüter wieder miteinander leben.«

Künstler verarbeiten Kriegs- und Nachkriegserfahrungen

Das Jahr 1919, das letzte Kriegs- und erste Friedensjahr, bringt der »modernen Malerei« die Anerkennung als legitimen Stilausdruck der Zeit, auch wenn diese Malerei von großen Teilen des Bürgertums weiterhin abgelehnt wird.

Während die Umwälzungen der ganzen Gesellschaft durch den Ersten Weltkrieg die Entwicklung der Malerei nur am Rande berührt haben, finden sich die zur Zeit des Kaiserreichs abgelehnten Avantgardisten nach der Revolution von 1918 in ein äußerlich günstigeres Klima versetzt. Die jetzt die Kultur bestimmenden Schichten stehen den »Modernen« sehr aufgeschlossen gegenüber.

Während sich die Meister des Expressionismus, z.B. Emil Nolde und die Maler der »Brücke«, einem ruhigeren Stil zuwenden, registrieren die Künstler, die während und durch den Krieg geformt wurden, das soziale und menschliche Elend der Nachkriegswirklichkeit: Ganoven, Kriegskrüppel, Zuhälter, Huren, Hungernde, Spießer. Als Verismus wird diese sozialkritische, antimilitaristische Richtung bezeichnet, deren bedeutendste Vertreter George Grosz und Otto Dix sind. Sie hat formal Verbindungen zu den Dadaisten, die sich als Vertreter einer nihilistischen Anti-Kunst-Bewegung verstehen, und zum Futurismus; sie verfolgt jedoch anders als der nur aggressive, anarchische, alle Konventionen verhöhnende Dadaismus eine politisch-soziale Absicht. Unverkennbar ist auch die Nähe zu den Zeichnern der satirischen Monatsschrift »Simplicissimus«.

Ein völliger Neuanfang für Architektur, Design aber auch für die Malerei wird durch die Gründung des Bauhauses gemacht (→ 21.3./ S.75). Von den Malern, die dem ersten Meisterrat angehören, kommt Lyonel Feininger aus dem Umkreis des »Blauen Reiter«; er entwickelt eine deutsche Variante des Kubismus. Johannes Itten führt die Harmonielehre der farbigen Formen seines Lehrers Adolf Hoelzel fort, hat aber auch die abstrakte Malerei Wassily Kandinskys aufgenommen und wirkt prägend in der Frühzeit des Bauhauses.

»Spiralen«, ein Werk des italienischen Futuristen Tato (Guglielmo Sansone), in dem auf für den Futurismus typische Weise Bewegung und Energie als ein Sichdurchringen von Formen und Farben wiedergegeben wird

»Leda« von Otto Dix, eine allegorisierende Darstellungsweise mit der Formensprache des Expressionismus

George Grosz: »Der Mensch ist gut«; die Darstellung des Bösen im Menschen im ironischen Kontrast zum Titel

»Selbstbildnis« von Miró; der Erfolg einer Ausstellung in Barcelona (1919) ermutigt den Spanier, nach Paris zu reisen, wo er von Picasso beeinflußt wird

Paris - Treffpunkt der Maler-Avantgarde

Paris bleibt auch nach dem Ersten Weltkrieg das Zentrum der künstlerischen Avantgarde. Dabei sind es 1919 weniger Franzosen, von denen die entscheidenden Impulse ausgehen, als Ausländer, die sich in der Seinemetropole niedergelassen haben und hier z.T. schon seit Jahren wirken.

Im Mittelpunkt steht der Spanier Pablo Picasso, der u.a. für die Ballets Russes von Sergei Diaghilew (→30.4./S.90) tätig ist. Viele seiner Bilder dieses Jahres sind rein geometrische Abstraktionen, die 1919 von vielen Künstlern erprobt und bis zur reinen, absoluten Form weiterentwickelt werden. Die Räumlichkeit von Picassos kubistischen Bildern wird flach, die Form knapp und geometrisch.

Für den ebenfalls aus Spanien stammenden und in Paris lebenden Juan Gris veranstaltet 1919 der Kunsthändler Léonce Rosenberg die erste Einzelausstellung:

Die 50 Bilder dokumentieren seine Wandlung vom analytischen zum synthetischen Kubismus nach der Formel: »Es ist nicht das Bild X, das mit einem Gegenstand in Übereinstimmung zu kommen sucht, sondern der Gegenstand X, der mit meinem Bild zur Deckung zu kommen sucht.«

Der Katalane Joan Miró reist Anfang 1919 ebenfalls nach Paris und befreundet sich mit Picasso, der ihn auf Arbeiten des 1910 gestorbenen Henri Rousseau aufmerksam macht; Mirós Gemälde von 1919 mit ihrer Verbindung von streng geometrischer Komposition und naiver Unmittelbarkeit zeigen deutlich Einflüsse Picassos und Rousseaus. Miró verzichtet bei seiner Interpretation des Kubismus auf die völlige Zerlegung des Gegenstandes und benutzt einen eigenen Farbenkanon; die betonte Gegenständlichkeit signalisiert eine Wende zum Realismus.

Die »Kampfspiele« werden eingeführt

15. April. Auf seiner ersten Sitzung nach dem Ersten Weltkrieg beschließt der Deutsche Reichsausschuß für Leibesübungen in Berlin die Einführung der »Deutschen Kampfspiele«. Sie sollen erstmals 1922 durchgeführt werden.

An den Spielen dürfen alle Deutschen teilnehmen, gleichgültig ob sie im Deutschen Reich selbst, in Deutschösterreich, in der Tschechoslowakei, in den ehemaligen deutschen Kolonien oder in den USA leben. Bei diesem alle vier Jahre stattfindenden Nationalfest des deutschen Sports sollen nach dem Willen von Carl Diem, dem Generalsekretär des Deutschen Reichsausschusses für Leibesübungen, »deutsche Kunst, deutsches Lied und deutsche Volksgemeinschaft zum Ausdruck kommen«. Die sportlichen Wettkämpfe, an denen Turner und Leichtathleten teilnehmen, bilden den Mittelpunkt dieser »Olympischen Spiele«.

Der Deutsche Reichsausschuß für Leibesübungen setzt sich seit seiner Gründung 1917 das Ziel, neben der Vorbereitung der deutschen Teilnahme an Olympischen Spielen auch sog. nationale Olympische Spiele durchzuführen.

Sommerzeit durch Gesetz geregelt

28. April. Im Deutschen Reich tritt das Gesetz über die Sommerzeit in Kraft. Bis zum 15. September gehen die Uhren um eine Stunde vor.

Im Deutschen Reich und in Österreich ist die Sommerzeit in den Kriegsjahren ab 1916 eingeführt worden »zur besseren Ausnutzung des Tageslichts«. Die Beibehaltung der Sommerzeit auch nach dem Krieg stieß in der Bevölkerung und der Weimarer Nationalversammlung auf heftigen Widerstand. Die Regierung erklärte die Sommerzeit jedoch angesichts der Kohlennot zur »unumgänglichen Maßnahme«. Die Ersparnis bei den Gas- und Elektrizitätswerken habe 1918 rund 250 000 t Kohlen betragen.

Die Ablehnung der Sommerzeit zieht sich quer durch die Fraktionen, auch bei den Regierungsparteien. Als Argument gegen die Sommerzeit dient u.a. die schlechte Ernährungslage der Bevölkerung, der durch das Frühaufstehen eine Stunde Schlaf geraubt würde. Befürworter der Sommerzeit weisen darauf hin, daß es gesundheitsfördernd für die geschwächte Bevölkerung sei, »mehr als sonst den heilsamen Einfluß des Sonnenlichts genießen« zu können.

60 000 in Berlin-Karlshorst

21. April. Die erste Berliner Pferderennsaison nach dem Krieg wird am Ostermontag in Karlshorst eröffnet. Obwohl infolge des großen Kohlenmangels keine Sonderzüge verkehren und der Stadtbahnverkehr nach dem Osten in den Mittagsstunden ganz gesperrt wird, ist die Karlshorster Bahn so stark besucht wie nie zuvor: Mehr als 60 000 Pferdesportanhänger sind gekommen, um die Eröffnung der Rennsaison mitzuerleben.

Das große Ereignis am Ostermontag ist traditionell der Osterpreis, der noch nie so hoch dotiert war wie in diesem Jahr: 30 000 Mark stehen zur Verfügung. Gerade diese Glanznummer mißlingt jedoch, da der Favorit, Lilienstein, einer der besten jüngeren Steepler, gleich beim ersten Hindernis ausbricht und wenig später Savoyard eine falsche Bahn einschlägt. Gewinner des Osterpreis-Jagdrennens wird Sellos Rosendaal. Einen doppelten Erfolg erringt P. Lewicki vom Allgemeinen Deutschen Sportverein: Er gewinnt das Glückauf-Hürdenrennen (8000 Mark) und das Frühjahrs-Hürdenrennen (15 000 Mark).

Die Trabrennbahn Berlin-Mariendorf wird im April wieder eröffnet

Mai 1919

Mo	Di	Mi	Do	Fr	Sa	So
			1	2	3	4
5	6	7	8	9	10	11
12	13	14	15	16	17	18
19	20	21	22	23	24	25
26	27	28	29	30	31	

1. Mai, Donnerstag

Im Deutschen Reich finden die ersten Maifeiern nach der Revolution statt. →S. 98

Während Reichswehrtruppen bis vor München heranrücken, bildet sich in der Stadt eine Bürgerwehr gegen die Herrschaft der Roten Armee (→ 2.5./S.99)

Der ungarische Volkskommissar für Äußeres, Béla Kun, sendet »an alle Arbeiter der Welt« einen Funkspruch, in dem er mitteilt, daß er die tschechoslowakische, die südslawische und die rumänische Regierung im Namen der ungarischen Räteregierung um sofortige Einstellung der Feindseligkeiten gebeten und gleichzeitig alle territorialen und nationalen Ansprüche dieser Regierungen anerkannt habe (→ 25.6./S.130).

In Moskau und Petrograd (Leningrad) erscheint die erste Ausgabe der »Kommunistischen Internationale«, des Organs der Dritten Internationale. Sie erscheint in russischer, deutscher, französischer und englischer Sprache (→2.3./S.72).

Die Kommunistin Clara Zetkin beginnt mit der Herausgabe des KPD-Organs »Die Sozialistin«, das ab September unter dem Titel »Die Spartakistin« und ab 1920 als »Die Kommunistin« erscheint (→1.1./S. 30).

Die Inselgruppe Dodekanes im südöstlichen Ägäischen Meer proklamiert ihren Anschluß an Griechenland. →S.109

Die Berliner Nachrichtenagentur Wolffs Telegraphen-Bureau (WTB) meldet aus Danzig, daß sich die polnische Regierung nach Verhandlungen mit den Behörden des Deutschen Reichs verpflichtet hat, sofort 90 000 t Speisekartoffeln in das Deutsche Reich zu liefern.

2. Mai, Freitag

Bayerische Regierungs- und Reichstruppen sowie Freikorps erobern die Landeshauptstadt München und zerschlagen die Herrschaft der Roten Armee. →S.99

Der deutschösterreichische Kabinettsrat verabschiedet eine Protesterklärung an die Pariser Friedenskonferenz gegen die Annexion Südtirols durch Italien. → S. 108

Die Berliner Nachrichtenagentur Wolffs Telegraphen-Bureau (WTB) veröffentlicht das Rücktrittsgesuch von Generalfeldmarschall Paul von Hindenburg. →S. 104

Die »Frankfurter Zeitung« veröffentlicht Stellungnahmen von Thomas Mann und Alfred Kerr über die Zukunft der deutschen Literatur nach dem Weltkrieg. →S.113

Im Berliner Opernhaus findet die Premiere einer Neuinszenierung von Wolfgang Amadeus Mozarts Oper »Don Giovanni« statt; die musikalische Leitung hat der Komponist Richard Strauss →S.113

3. Mai, Sonnabend

In der deutschen Reichshauptstadt Berlin kommt es zu bewaffneten Auseinandersetzungen, als die Polizei am Andreasplatz gegen den illegalen Straßenhandel und gegen die Schwarzhändler vorgeht.

Die Gemeinderatswahlen in Wien bringen mit einem Sieg der Sozialdemokratischen Arbeiterpartei Österreichs (SPÖ) das Ende der 20jährigen Herrschaft der Christlichsozialen. →S.108

5. Mai, Montag

Die italienische Delegation unter Vittorio Emanuele Orlando nimmt wieder an der Pariser Friedenskonferenz teil, nachdem sie die Verhandlungen am 24. April aus Protest gegen die Behandlung der Fiumefrage verlassen hatte. (→12.9./S.170)

Der französische Historiker Ernest Lavisse veröffentlicht in der Zeitung »Temps« einen »Offenen Brief« an die deutsche Friedensdelegation in Paris. Er bezeichnet die deutschen Unterhändler als »vom alten Regime« und als »die kompromittierten Beauftragten einer zweideutigen, übrigens wenig soliden Regierung« (→7.5./S.100).

In der von den Franzosen besetzten ungarischen Stadt Arad, die nach dem Willen der Alliierten an Rumänien fallen soll, wird eine ungarische Gegenregierung zur Budapester Räteregierung gebildet unter der Leitung des letzten österreichisch-ungarischen Außenministers Gyula Graf Andrássy d. J. (→25.6./S.130).

6. Mai, Dienstag

Konterrevolutionäre Soldaten ermorden in München 21 katholische Gesellen, die fälschlicherweise als Spartakisten denunziert worden waren (→2.5./S.99).

Die ungarische Räteregierung in Budapest bezeichnet die Bedingungen, die Rumänien an einen Waffenstillstand knüpft, als unannehmbar und proklamiert den »Kampf bis zum Äußersten« (→25.6./S.130).

7. Mai, Mittwoch

Der deutschen Friedensdelegation werden in Versailles die Friedensbedingungen übergeben. →S.100

Die Friedensbedingungen der alliierten Siegermächte des Ersten Weltkriegs sehen die Anerkennung der alleinigen Kriegsschuld durch die deutsche Regierung vor. →S.101

Die polnische Universität in Posen (Poznań) wird eröffnet.

8. Mai, Donnerstag

Das niederländische Abgeordnetenhaus in Den Haag nimmt den Antrag auf Einführung des aktiven Frauenwahlrechts mit 64 zu zehn Stimmen an (→4.4./S.87).

Der deutsche Reichspräsident Friedrich Ebert (MSPD) und die Reichsregierung sowie die Volksvertretungen der deutschen Einzelstaaten erlassen Aufrufe gegen den »Gewaltfrieden von Versailles«. →S.102

9. Mai, Freitag

Der Vorstand der deutschen MSPD erläßt einen Aufruf an die Sozialisten aller Länder, in dem die Friedensbedingungen der Alliierten als unerträglich und als Hohn auf die 14 Punkte von US-Präsident Woodrow Wilson bezeichnet werden. In dem Aufruf heißt es: »Wird die sozialistische Internationale ihre Stimme gegen einen Gewaltfrieden so laut erheben, daß in den siegreichen Ländern die Machthaber von heute auf sie hören müssen? Wir erwarten es, aber es ist die höchste Zeit!« (→ 8.5./S.102)

10. Mai, Sonnabend

In der Freien und Hansestadt Hamburg wird nach jahrzehntelanger Planung die Universität eröffnet. →S.112

In Bayern wird nach der Niederschlagung der Herrschaft der Roten Armee durch Regierungserlaß eine Volksaufklärungsstelle gegründet, die in volkstümlichen, für die Tageszeitungen bestimmten Aufsätzen, in öffentlichen Vorträgen und anderen öffentlichkeitswirksamen Aktionen »die Erkenntnis der großen brennenden wirtschaftlichen, sozialen und kulturellen Fragen der Zeit sachlich fördern und die breiten Massen zur tatkräftigen Mitarbeit an deren Lösung anregen« soll (→2.5./S.99).

Die Bevölkerung von Vorarlberg entscheidet sich in einer Volksabstimmung für den Anschluß an die Schweiz. →S.108

Bei den Landtagswahlen im nicht besetzten Teil der Steiermark erhalten die Christlichsozialen 33 und die Sozialisten 24 Mandate. Gewählt werden ferner zehn andere bürgerliche Kandidaten (→4.5./S. 108).

Regierungstruppen unter General Georg Maercker besetzen Leipzig, um einen angekündigten Generalstreik zu verhindern; Maercker proklamiert das Standrecht und läßt mehrere Führer der Spartakisten verhaften. →S.106

In mehreren deutschösterreichischen Städten finden Kundgebungen für den Anschluß an das Deutsche Reich statt (→25.2./S.54).

Großbritannien und die USA erkennen Finnland an (→27.4./S.82).

12. Mai, Montag

Die Weimarer Nationalversammlung tritt in der Aula der Berliner Universität zu einer Protestkundgebung gegen die Versailler Friedensbedingungen zusammen (→ 8.5./S.102).

In der preußischen Landesversammlung in Berlin ruft der preußische Ministerpräsident Paul Hirsch (MSPD) das Volk auf, sich hinter die Reichs- und Staatsregierung zu stellen, damit der von den Alliierten geplante »Gewaltfrieden in einen wirklichen Frieden der Gerechtigkeit« umgewandelt werden kann. →S.102

Der Vorstand der britischen Labour Party verabschiedet ein Protestmanifest gegen den Friedensvertragsentwurf von Versailles. → S.102

13. Mai, Dienstag

Der deutsche Reichspräsident Friedrich Ebert (MSPD) richtet in Berlin einen Aufruf an die US-amerikanische Öffentlichkeit. Er bezeichnet die Versailler Friedensbedingungen nicht nur als Verdrehung, sondern als völlige »Negierung« des vom US-amerikanischen Präsidenten Woodrow Wilson aufgestellten 14-Punkte-Programms. Ebert betont, das deutsche Volk wolle nun trotz des Friedensdiktats am Glauben festhalten, der in dem Namen Wilson und Amerika, in den Begriffen Demokratie, Versöhnungsfrieden, Völkerbund seinen Ausdruck fand (→8.5./S.102).

Eugen Leviné, einer der Führer der gestürzten Münchner Räterepublik, wird in München verhaftet (→3.6./S.129).

14. Mai, Mittwoch

Die Friedensdelegation Deutschösterreichs trifft in Saint-Germain-en-Laye ein, um die Friedensbedingungen der Alliierten in Empfang zu nehmen. →S.108

Im Prozeß gegen die mutmaßlichen Mörder der Spartakusführer Karl Liebknecht und Rosa Luxemburg werden in Berlin die Urteile verkündet. →S.106

15. Mai, Donnerstag

Alliierte Streitkräfte besetzen die osmanische Stadt Smyrna (Izmir/Türkei). → S. 109

Die Berliner Nachrichtenagentur Wolffs Telegraphen-Bureau (WTB) teilt halbamtlich mit, keine verantwortliche Stelle im Deutschen Reich denke daran, angesichts der Versailler Friedensbedingungen zu den Waffen zu rufen bzw. Kriegsvorbereitungen zu treffen (→27.5./S. 102).

Aufgrund des Abfindungsvertrags zwischen dem Freistaat Oldenburg und dem ehemaligen Großherzog geht das gesamte fürstliche Vermögen auf den Staat über, der dem ehemaligen Landesfürsten eine jährliche Rente von 150 000 Mark zahlt. Solange die Rente gezahlt wird, überläßt der Großherzog seine Gemäldegalerie, die Kupferstichsammlung und die Privatbibliothek dem Staat (→30.5./S.112).

Der dänische Arbeitgeberverband und die dänischen Gewerkschaftsverbände schließen ein Übereinkommen über die Einführung des Achtstundentags ab spätestens 1. Januar 1920. Ausgenommen von dieser Regelung sind die Bereiche Seefahrt und Landwirtschaft (→ 17.4./S.87).

16. Mai, Freitag

Die Berliner Nachrichtenagentur Wolffs Telegraphen-Bureau (WTB) veröffentlicht die bis zum 30. April erfaßten Kriegsverluste des Deutschen Reichs: 1,7 Millionen Tote, 0,37 Millionen Vermißte, 4,2 Millionen Verwundete. 615 922 Soldaten befinden sich noch in Gefangenschaft.

Der Versailler Friedensvertrag als Schreckgespenst am Horizont des Deutschen Reiches; so sieht es die Zeitschrift »Simplicissimus« am 27. Mai 1919

„Was Frankreich betrifft, so zeigte es sich, daß das edle, alte Deutschland mit seiner Frömmigkeit und seiner unüberwindlichen, verschwiegenen Tapferkeit, mit seinen menschlichen und göttlichen Reichtümern, sich inmitten seiner Verwüstung durch neue und alte Wirren nicht vierteilen und zwingen läßt, nach der Versailler oder einer andern Pfeife zu tanzen."

Carlyle, Das Leben Friedrichs des Großen.

17. Mai, Sonnabend

Der frühere US-Generalstaatsanwalt William Christian Bullitt, einer der Berater des amerikanischen Präsidenten Woodrow Wilson bei den Friedensverhandlungen in Paris, tritt nach der Veröffentlichung seiner Kritik am Versailler Friedensvertrag aus der US-amerikanischen Friedensdelegation aus (→ 29.5./S.104)

In Speyer fordern Separatisten, die von der französischen Regierung unterstützt werden, die Proklamation der Pfalz als einen selbständigen neutralen Staat. → S.107

Die ungarische gegenrevolutionäre Regierung unter Gyula Graf Andrássy siedelt von Arad nach Szeged über. Beide Städte sind von französischen Truppen besetzt (→ 21.3./S.71)

Die nationalistischen irischen Sinn-Féin-Politiker Eamon de Valera, Arthur Griffith u.a. richten eine Protestnote an den französischen Ministerpräsidenten Georges Benjamin Clemenceau als den Vorsitzenden der Pariser Friedenskonferenz. Sie wenden sich gegen die Nichtbeteiligung Irlands an den Friedenverhandlungen und den Anspruch der britischen Regierung, im Namen Irlands zu verhandeln.

Mit dem US-amerikanischen Riesenflugboot »N.C.4« gelingt der erste Flug über den Atlantik. → S.112

18. Mai, Sonntag

In Speyer findet eine Massenkundgebung für den Verbleib der Pfalz beim Deutschen Reich statt (→ 17.5./S.107).

Der Zentralrat der deutschen sozialistischen Republik in Berlin verwirft die Bedingungen des Versailler Friedensvertrags als »unerfüllbar«; zugleich lehnt er jedoch die Einberufung eines Rätekongresses zu diesem Thema ab.

19. Mai, Montag

In Berlin beginnt der Prozeß gegen Georg Ledebour (USPD) wegen Rädelsführerschaft beim Spartakusaufstand. → S.106

Die estländische Verfassunggebende Nationalversammlung in Reval schließt mit einer russischen Stimme die Unabhängigkeit von Esti (Estland und Nordlivland) als unabhängige und demokratische Republik. Betont wird der Wille, sich »gegen das bolschewistische und tyrannische Rußland« zu verteidigen »bis zum letzten Blutstropfen« (→ 19.2./S.57).

20. Mai, Dienstag

Die französische Abgeordnetenkammer in Paris nimmt mit 344 zu 97 Stimmen ein Gesetz an, das den Frauen in Frankreich und Algier das aktive und passive Wahlrecht für die Gemeinderats-, Generalrats- und Bezirksratswahlen verleiht (→ 4.4./S. 87).

In Weimar treten die Präsidenten der thüringischen Landtage zusammen, um über die Schaffung eines Freistaats Thüringen zu beraten. Sie beschließen die Ausarbeitung eines Staatsvertrags (Gemeinschaftsvertrags) als provisorische Verfassung, die am 1. Juli in Kraft treten soll .

Der Landtag von Sachsen-Weimar-Eisenach wählt Arnold Paulßen (DDP) zum Ministerpräsidenten. Am Vortag hatte der Landtag einen Verfassungsentwurf für den Freistaat verabschiedet.

21. Mai, Mittwoch

Der nach der Revolution im April von München nach Bamberg übergesiedelte bayerische Landtag tritt zu seiner ersten ordnungsgemäß durchgeführten Sitzung seit seiner Neuwahl im Januar zusammen (→ 2.5./S.99).

Das US-Repräsentantenhaus in Washington nimmt den Zusatzantrag zur Verfassung betreffs Einführung des Frauenstimmrechts mit 304 zu 89 Stimmen an. Obwohl am 4. Juni auch der Senat den Entwurf mit 56 zu 25 Stimmen annimmt, ist das Schicksal des Frauenstimmrechts ungewiß, da die Ablehnung von nur 13 Parlamenten der Bundesstaaten die Verfassungsänderung unmöglich machen kann. Fast der gesamte Süden der Vereinigten Staaten steht dem Frauenstimmrecht ablehnend gegenüber, u. a. »aus Besorgnis vor dem weiblichen Negerelement« (→ 4.4./S.87).

Der belgische König Albert I. eröffnet in Brüssel die Interparlamentarische Handelskonferenz, an der über 200 belgische und ausländische Abgeordnete teilnehmen. Die Konferenz spricht sich u. a. für die Internationalisierung der Donau und des Rheins sowie für freie Schiffahrt aus.

Der spanische König Alfons XIII. verleiht per Dekret allen Universitäten des Landes vollständige Autonomie.

22. Mai, Donnerstag

Der neue Gemeinderat von Wien wählt mit 110 zu 52 Stimmen den Sozialdemokraten Jakob Reumann zum Bürgermeister der deutschösterreichischen Hauptstadt (→ 4.5./S.108).

Deutsche und verbündete Truppen erobern die seit Januar von Truppen der Moskauer Sowjetregierung besetzte lettische Hauptstadt Riga zurück (→ 3.1./S.21).

Die tschechoslowakische Nationalversammlung in Prag nimmt das Gesetz über die Reform des Eherechts an. Dadurch wird u.a. die Lösbarkeit der Ehe eingeführt. Ein Antrag auf Einführung der obligatorischen Zivilehe wurde abgelehnt.

23. Mai, Freitag

Der bayerische Landtag in Bamberg protestiert gegen die von ihm als »Hochverräter« bezeichneten Separatisten im bayerischen Regierungsbezirk Pfalz und verurteilt die »Rechtsbeugung« der französischen Besatzungsbehörden in der Pfalz (→ 17.5./S.107).

Der Landtag von Schwarzburg-Rudolstadt in Rudolstadt verabschiedet als erste thüringische Volksvertretung das Gesetz über den Zusammenschluß der thüringischen Staaten zum Einheitsstaat Thüringen.

Die Frühjahrsausstellung der Akademie der Künste in Berlin mit Werken von Lovis Corinth, Käthe Kollwitz, Georg Kolbe, Wilhelm Lehmbruck, Max Liebermann u.a. wird eröffnet. → S.113

24. Mai, Sonnabend

Der Anfang Mai ausgebrochene Aufstand in Albanien gegen die italienische Besatzungsmacht fordert zahlreiche Menschenleben. Der Führer des noch monatelang andauernden Aufstands ist der Heerführer und frühere Staatspräsident Albaniens, Essad Pascha Toptani.

25. Mai, Sonntag

Während des Parteitags der Welfen in Hannover finden Demonstrationen »für ein freies Hannover im freien Deutschland« statt.

Der außerordentliche Parteitag der bayerischen Mehrheitssozialdemokraten (MSPD) in Nürnberg erklärt sich mit 217 zu 41 Stimmen bereit, der Bildung einer Koalitionsregierung zuzustimmen (→ 2.5./S.99).

In Berlin wird der vom Bund der technisch-industriellen Beamten einberufene erste Industriebeamtentag eröffnet. Er endet am 27. Mai mit dem Zusammenschluß der technischen Angestellten- und Beamtenvereinigungen zum Bund der technischen Angestellten und Beamten (Butab) als einheitlicher Gewerkschaftsorganisation.

Die Münchnerin Marie Kießling stellt bei einem Leichtathletik-Turnier in ihrer Heimatstadt mit 13,5 sec einen deutschen Rekord auf der 100-m-Strecke auf. → S.113

26. Mai, Montag

Der Oberste Rat der Alliierten in Paris beschließt die Unterstützung der antisowjetischen russischen Gegenregierung des Admirals Alexandr W. Koltschak. → S. 109

27. Mai, Dienstag

Der Nationalausschuß der französischen Gewerkschaft Confédération Générale du Travail (C.G.T.) in Paris nimmt mit überwältigender Mehrheit einen Antrag an, in dem der Versailler Friedensvertrag abgelehnt wird, weil u.a. das Selbstbestimmungsrecht der Völker verletzt und die Basis für verschleierte Annexionen sowie die Fortführung des Kolonialismus sei. (→ 8.5./S.102).

Der Verfassungsausschuß der Weimarer Nationalversammlung setzt in Berlin die Beratungen über die künftige deutsche Reichsverfassung fort. → S.107

Die deutsche Oberste Heeresleitung muß auf Anordnung der Reichsregierung eine Umfrage einstellen, mit der sie in Erfahrung bringen wollte, wie die Bevölkerung zu einer Wiederaufnahme des Krieges steht angesichts der alliierten Friedensbedingungen. → S.102

Die deutsche Reichsregierung ernennt den Zentrumspolitiker Diego von Bergen, einen Protestanten, zum ersten Reichsgesandten beim Heiligen Stuhl.

In Marienburg (Malbork) in Westpreußen tritt der Parlamentarische Aktionsausschuß für Ostpreußen, Westpreußen und den Regierungsbezirk Bromberg zusammen. Am 30. Mai richtet die Reichsregierung unter Philipp Scheidemann (MSPD) einen Appell »an die Deutschen im Osten«, mit allen Mitteln Blutvergießen zu verhindern (→ 16.2./S.53).

28. Mai, Mittwoch

Das britische Unterhaus in London verabschiedet ein sog. Wohnungsbill (Housing and Town Planning Bill) zur Wohnungsbauförderung. Seit dem Ende des Ersten Weltkriegs leben drei Millionen Briten in beengten Wohnverhältnissen.

Die deutsche Reichsregierung unter Ministerpräsident Philipp Scheidemann (MSPD) erklärt die rheinischen Separatisten zu Hochverrätern und kündigt ihre Verfolgung »mit der ganzen Schärfe des Gesetzes« an (→ 17.5./S.107).

Ein Gutachten, das im Auftrag der deutschen Regierung von einer Expertenkommission erstellt wurde, kommt zu dem Schluß, daß die alleinige Schuld an der Entfesselung des Ersten Weltkriegs nicht beim Deutschen Reich liegt. → S.104

29. Mai, Donnerstag

Der zweite Teil der deutschen Gegenvorschläge zum Entwurf eines Friedensvertrags werden den Vertretern der Alliierten in Paris überreicht. Am Tag zuvor hatte der Reichsaußenminister, Ulrich Graf von Brockdorff-Rantzau, bereits den ersten Teil der deutschen Vorschläge übergeben. → S.104

Der britische Staatssekretär für Indien, Edwin Samuel Montagu, legt im Unterhaus in London einen Entwurf über die Reform der indischen Verwaltung vor. Die Reformen sehen die allmähliche Übertragung der Macht von der britischen Verwaltung auf einheimische Organe vor (→ 13.4./S.82).

30. Mai, Freitag

In Goslar im Harz wird der erste Reichs-Bauern- und Landarbeitertag eröffnet. Er dauert zwei Tage.

Die sächsische Regierung in Dresden berät über die Abfindung des früheren Königshauses. → S.112

31. Mai, Sonnabend

Johannes Hoffmann (MSPD) wird vom Landtag in Bamberg erneut zum bayerischen Ministerpräsidenten gewählt (→ 2.5./S.99).

Die Landesversammlung des Freistaats Gotha genehmigt einstimmig den Gesetzentwurf über den Zusammenschluß der thüringischen Staaten zum Freistaat Thüringen, dem Gotha beitritt.

Die Leiche der am 15. Januar (S.29) ermordeten kommunistischen Politikerin Rosa Luxemburg wird aus dem Landwehrkanal in Berlin geborgen; Rosa Luxemburg war von Soldaten getötet und in den Kanal geworfen worden.

Das Wetter im Monat Mai

Station	Mittlere Lufttemperatur (°C)	Niederschlag (mm)	Sonnenscheindauer (Std.)
Aachen	13,6 (12,8)	29 (67)	— (205)
Berlin	12,1 (13,7)	18 (46)	— (239)
Bremen	12,7 (12,8)	20 (56)	— (231)
München	11,6 (12,5)	39 (103)	— (217)
Wien	— (14,6)	— (71)	— (173)
Zürich	12,7 (12,5)	38 (107)	281 (207)

( ) Langjähriger Mittelwert für diesen Monat
— Wert nicht ermittelt

Das US-amerikanische »Theatre Magazine« mit Berichten aus der Bühnenwelt zeigt auf seinen Titelbildern künstlerisch gestaltete Porträts der aktuellen Stars; im Mai 1919 Miss Elsie Ferguson gemalt von Hamilton King

Friedliche Kundgebungen im Deutschen Reich; hier ein Demonstrationszug in der Berliner Tauentzienstraße

Berittene Polizei treibt auf dem Place de l'Opéra in Paris militante Demonstranten auseinander

Die Feiern zum 1. Mai verlaufen im Deutschen Reich ohne Zwischenfälle

1. Mai. *Die Maifeiern im Deutschen Reich, in Deutschösterreich und der Schweiz verlaufen ohne größere Zwischenfälle. In Frankreich hingegen werden bei Zusammenstößen zwischen Demonstranten und der Polizei zwei Arbeiter getötet und etwa 400 Menschen verwundet. In Paris kommt es zu Straßenschlachten. Auch aus den USA werden blutige Unruhen gemeldet. Die Weimarer Nationalversammlung hat den 1. Mai am 15. April provisorisch zum Feiertag erklärt. Wegen der Unruhen der letzten Monate haben einige Länderregierungen allerdings öffentliche Kundgebungen verboten. Wo größere Veranstaltungen stattfinden, z.B. in Berlin, Wien und Zürich, bleiben Krawalle aus. Kommunistische Veranstalter haben die Arbeiter aufgerufen, sich von der »Bourgeoisie« nicht zu Gewalttätigkeiten »provozieren« zu lassen. Auf dem Königsplatz in Berlin bezeichnet Ministerpräsident Philipp Scheidemann (MSPD) die Mai-Kundgebungen angesichts der Pariser Friedensverhandlungen als Demonstration »für Freiheit, Gleichheit, Brüderlichkeit in der gesamten Welt«. Der ruhige Verlauf der Maifeiern ist angesichts der Lage in München (→ 2.5./S. 99) durchaus erstaunlich.*

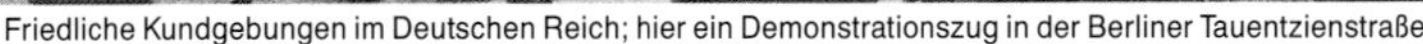

Münchner Räte am Ende

2. Mai. München wird von Regierungstruppen und mehreren Freikorps besetzt. Damit endet der Versuch, in München eine Räteherrschaft nach sowjetischem Vorbild zu errichten (→ 7.4./S.83).

Am 1. Mai begann die sog. Weiße Garde aus preußischen, bayerischen und aus württembergischen Regierungstruppen sowie verschiedenen Freikorps mit der Eroberung Münchens in blutigen Straßenkämpfen gegen die Rote Garde und die Anhänger der Räterepublik. Die Niederschlagung der Räterepublik durch die Weiße Garde fordert mehr als 1 000 Todesopfer. Neben mehreren hundert bewaffneten Verteidigern werden auch zahlreiche unbeteiligte Münchner von der Weißen Garde z.T. brutal ermordet. Die Straßenkämpfe dauern mehrere Tage. Die Weiße Garde geht mit Maschinengewehren, Handgranaten und Artillerie gegen die Häuser vor, in denen sich die Kommunisten verschanzt haben. Am 6. Mai erschießen Soldaten der Weißen Garde 21 Mitglieder eines katholischen Gesellenvereins in deren Vereinslokal; ein Denunziant hatte sie fälschlich als Spartakisten bei den Weißgardisten gemeldet.

Über München wird noch am 2. Mai der Kriegszustand verhängt.

Bewaffnete Oberländler Bauern nehmen auf seiten der Regierungstruppen an den Kämpfen teil

◁ *Der Stachus-Kiosk in München ist nur eines von zahlreichen Gebäuden, die bei den bewaffneten Auseinandersetzung in Flammen aufgehen*

Einige der Führer der zusammengebrochenen Räterepublik werden sofort verhaftet. Gustav Landauer wird nach der Einlieferung ins Gefängnis Stadelheim von Freikorpssoldaten erschlagen. Rudolf Eglhofer, der Leiter der Roten Garden, wird am 3. Mai »bei einem Fluchtversuch« im Hof der Münchner Residenz erschossen. Andere Führer der Räterepublik entkommen zunächst. Am 13. Mai wird Eugen Leviné in München, am 14. Mai Tobias Axelrod in der Nähe von Innsbruck und am 4. Juni Ernst Toller in München verhaftet.

Am 9. Mai erläßt der mit seiner Regierung nach Bamberg geflohene bayerische Ministerpräsident Johannes Hoffmann (MSPD) aus Bamberg einen Aufruf an die Bevölkerung Münchens, in dem es heißt: »An Euch, Arbeiter, besonders wendet sich Euere sozialistische Regierung. Ihr habt es jetzt selbst erlebt: Der Kommunismus und Spartakismus führt zur Anarchie, zum Verbrechen, zum Hunger und Elend. Ihr waret das Werkzeug landfremder gewissenloser Menschen; Wahnsinnige und Verbrecher haben Euch mißbraucht und getäuscht. Kehrt um! Kehrt zurück zum Sozialismus Euerer großen Führer Marx und Engels! Arbeiter, Ihr fürchtet die Reaktion. Der Kampf, die Selbstzerfleischung der Arbeiter nur kann die Reaktion bringen. Seid Ihr geeint im Geiste des Sozialismus, dann ist jede Reaktion unmöglich.«

Am 21. Mai tritt der bayerische Landtag in Bamberg zu seiner ersten ordnungsgemäß durchgeführten Sitzung seit der Neuwahl im Januar zusammen. Am 31. Mai wird Hoffmann erneut zum Ministerpräsidenten gewählt. Dem Koalitionskabinett gehören fünf Politiker der MSPD, je zwei von der Bayerischen Volkspartei und DDP sowie ein Parteiloser an. Im Programm der Regierung heißt es: »Die überaus harten und grausamen Friedensbedingungen der Entente bedrohen unser deutsches und bayerisches Volk auf das schwerste in seiner Existenz. Eine Hoffnung, den völligen wirtschaftlichen und moralischen Zusammenbruch und die soziale Verelendung des Volkes zu verhindern, besteht nur bei festem Zusammenhalten und gemeinsamer Arbeit des ganzen Volkes.«

Regierungstruppen (die »Weiße Garde«) gehen mit einem Fliegerabwehrgeschütz vor dem Sendlinger Tor in Stellung; sie werden von Freikorps unterstützt

Das Freikorps Oberland ist eine der Einheiten aus ehemaligen Soldaten, die sich durch eine antirepublikanische, militaristische Haltung auszeichnen

Nach dem Ende der Räterepublik marschiert das streng monarchistisch ausgerichtete Freikorps Werdenfels in Lederhosentracht in München ein

Überreichung der Friedensbedingungen an die deutsche Delegation im Speisesaal des Trianon-Palast-Hotels; links vor dem Fenster die deutsche Delegation

»Stunde der Abrechnung« für die Sieger des Weltkriegs

7. Mai. Die alliierten Siegermächte des Ersten Weltkriegs überreichen in Versailles der deutschen Delegation die Friedensbedingungen. Der Akt findet im großen Speisesaal des Hotels Trianon-Palast am Rand des Versailler Parks statt.

Frankreichs Ministerpräsident Georges Benjamin Clemenceau wendet sich vor der Übergabe an die deutsche Delegation (→29.4./S.81): »Meine Herren Delegierten des Deutschen Reiches! Es ist hier weder der Ort noch die Stunde für überflüssige Worte. Sie haben vor sich die Versammlung der Bevollmächtigten der kleinen und großen Mächte, die sich vereinigt haben, um den fürchterlichsten Krieg auszufechten, der ihnen aufgezwungen worden ist. Die Stunde der Abrechnung ist da. Sie haben uns um Frieden gebeten. Wir sind geneigt, ihn Ihnen zu gewähren.

Wir übergeben Ihnen das Buch des Friedens. Ich rechne darauf, daß Sie diese Prüfung in dem Geiste der Höflichkeit vornehmen werden, welche zwischen den Kulturnationen vorherrschen muß; der zweite Versailler Friede ist zu teuer von uns erkauft worden, als daß wir es auf uns nehmen könnten, die Folgen dieses Kriegs allein zu tragen. Um auch die andere Seite meines Gedankens zu Ihrer Kenntnis zu bringen, muß ich notwendigerweise hinzufügen, daß dieser zweite Versailler Friede, der den Gegenstand unserer Verhandlungen bilden wird, von den hier vertretenen Völkern zu teuer erkauft worden ist, als daß wir nicht einmütig entschlossen sein sollten, sämtliche uns zu Gebote stehenden Mittel anzuwenden, um jede uns geschuldete berechtigte Genugtuung zu erlangen. Ich werde die Ehre haben, die Herren Bevollmächtigten von dem Unterhandlungsverfahren ... in Kenntnis zu setzen. Wenn alsdann jemand Bemerkungen vorzubringen hat, so wird ihm natürlich das Wort erteilt werden. Es wird keine mündliche Verhandlung geben, und die Bemerkungen werden schriftlich vorgebracht werden müssen...«

US-Präsident Woodrow Wilson (2.v.l.) und der britische Premierminister David Lloyd George (M.) beim Verlassen der Konferenz; die Überreichung des Friedensvertragsentwurfs (Conditions de Paix des Puissances Alliés et Associés), der in Englisch und Französisch abgefaßt ist, dauert weniger als eine Stunde

Das Deutsche Reich muß die Kriegsschuld anerkennen

7. Mai. Die wichtigsten Artikel des von den alliierten Siegermächten des Ersten Weltkriegs in Versailles vorgelegten Friedensvertrags sind im Folgenden aufgeführt:

»**Art. 42.** Es ist Deutschland untersagt, auf dem linken Ufer des Rheins und auf dem rechten Ufer westlich einer 50 km östlich des Stroms verlaufenden Linie Befestigungen beizubehalten oder anzulegen.

Art. 45. Als Ersatz für die Zerstörung der Kohlengruben in Nordfrankreich und als Anzahlung auf die von Deutschland geschuldete völlige Wiedergutmachung der Kriegsschäden tritt Deutschland das volle und unbeschränkte, völlig schulden- und lastenfreie Eigentum an den Kohlengruben im Saarbecken, wie es im Artikel 48 abgegrenzt ist, mit dem ausschließlichen Ausbeutungsrecht an Frankreich ab.

Art. 51. Die infolge des Versailler Vorfriedens vom 26. Februar 1871 und des Frankfurter Vertrags vom 10. Mai 1871 [nach dem Deutsch-Französischen Krieg] an Deutschland abgetretenen Gebiete fallen mit Wirkung des Waffenstillstands vom 11. November 1918 ab unter die französische Souveränität zurück. Die Bestimmungen der Verträge über die Grenzführung vor 1871 treten wieder in Kraft.

Art. 80. Deutschland erkennt die Unabhängigkeit Österreichs innerhalb der durch Vertrag zwischen diesem Staat und den alliierten und assoziierten Hauptmächten festzusetzenden Grenzen an und verpflichtet sich, sie unbedingt zu achten.

Art. 81. Deutschland erkennt, wie die alliierten und assoziierten Mächte es schon getan haben, die vollständige Unabhängigkeit der Tschechoslowakei an.

Art. 87. Deutschland erkennt, wie die alliierten und assoziierten Mächte es bereits getan haben, die völlige Unabhängigkeit Polens an und verzichtet zugunsten Polens auf alle Rechte und Ansprüche auf das Gebiet … [das Polen von Deutschland erhält].

Art. 99. Deutschland verzichtet zugunsten der alliierten und assoziierten Hauptmächte auf alle Rechte und Ansprüche auf die Gebiete zwischen der Ostsee, der … Nordostgrenze Preußens und den alten deutsch-russischen Grenzen [Memelgebiet].

Art. 100. Deutschland verzichtet zugunsten der alliierten und assoziierten Hauptmächte auf alle Rechte und Ansprüche auf das Gebiet, das von den nachstehend angegebenen Grenzen [Freie Stadt Danzig] umschlossen wird.

Art. 119. Deutschland verzichtet zugunsten der alliierten und assoziierten Hauptmächte auf alle seine Rechte und Ansprüche bezüglich seiner überseeischen Besitzungen [Kolonien].

Art. 160. Spätestens am 31. März 1920 darf das deutsche Heer nicht mehr als sieben Infanterie- und drei Kavalleriedivisionen umfassen. Von diesem Zeitpunkt ab darf die gesamte Iststärke des Heeres der sämtlichen deutschen Einzelstaaten nicht mehr als 100 000 Mann, einschließlich der Offiziere und Depots, betragen. Das Heer ist nur für die Erhaltung der Ordnung innerhalb des deutschen Gebiets und als Grenzpolizei bestimmt … Der deutsche Große Generalstab … [wird] aufgelöst und [darf] unter keiner Gestalt neu gebildet werden.

Art. 231. Die alliierten und assoziierten Regierungen erklären, und Deutschland erkennt an, daß Deutschland und seine Verbündeten als Urheber für alle Verluste und Schäden verantwortlich sind, die die alliierten und assoziierten Regierungen und ihre Staatsangehörigen infolge des ihnen durch den Angriff Deutschlands und seiner Verbündeten aufgezwungenen Kriegs erlitten haben.

Art. 428. Um die Ausführung des gegenwärtigen Vertrags sicherzustellen, bleiben die deutschen Gebiete westlich des Rheins einschließlich der Brückenköpfe während eines Zeitraums von 15 Jahren nach Inkrafttreten des gegenwärtigen Vertrags durch die Truppen der alliierten und assoziierten Mächte besetzt.«

◁ *Die deutsche Friedensdelegation (x) in der Sitzung vom 7. Mai in Versailles; der Friedensvertragsentwurf enthält auf 208 Seiten 440 Artikel in 15 Kapiteln: Völkerbundsvertrag, deutsche Grenzen, deutsche Rechte und Interessen außerhalb des Deutschen Reichs, militärische Bestimmungen, Kriegsgefangene und Kriegsgräber, Sanktionen (gegen Ex-Kaiser Wilhelm II. und sogenannte Kriegsverbrecher), Bestimmungen über Wirtschaft, Wasserstraßen, Luftschifffahrt, Häfen, Eisenbahnen u.a. Diese Bedingungen stoßen in ganz Europa auf Protest (→8.5./S.102).*

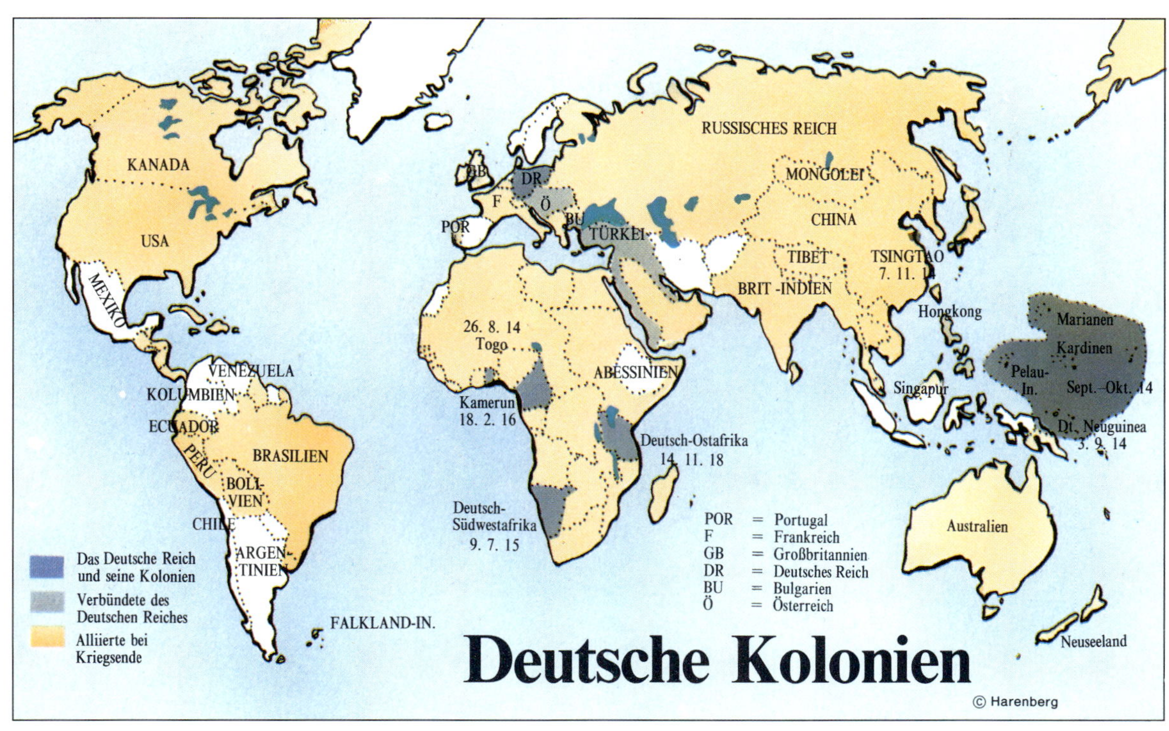

Deutsche Kolonien

»Zum Henker mit dem Höllenfrieden« fordern diese Demonstranten in der Wilhelmstraße in Berlin bei einer Kundgebung gegen den Versailler Vertrag

Gegen »Gewaltfrieden«

8. Mai. Einen Tag, nachdem die deutschen Delegierten in Versailles von den alliierten Siegermächten des Ersten Weltkriegs den Text des Friedensvertrags erhalten haben (→ 7.5./S.100), finden in ganz Europa Protestveranstaltungen gegen den »Gewaltfrieden« statt.

Die britische Labour Party verurteilt den Friedensvertragsentwurf ebenso wie die französische Gewerkschaft Confédération Générale du Travail (C.G.T), weil er das Selbstbestimmungsrecht der Völker verneine und die Basis für verschleierte Annexionen sowie für die Fortführung des Kolonialismus bilde. Am 17. Mai tritt William Christian Bullitt, einer der Berater von US-Präsident Woodrow Wilson, nach der aufsehenerregenden Veröffentlichung seiner Kritik am Versailler Vertrag aus der US-Friedensdelegation aus. In den Notizen von US-Außenministers Robert Lansing heißt es zum Vertrag:

»Prüft den Vertrag und ihr werdet finden, daß Völker gegen ihren Willen in die Macht jener gegeben sind, die sie hassen, während ihre wirtschaftlichen Quellen ihnen entrissen und anderen übergeben sind. Haß und Erbitterung, wenn nicht Verzweiflung, müssen die Folgen derartiger Bestimmungen sein. Es mag Jahre dauern, bis diese unterdrückten Völker imstande sind, ihr Joch abzuschütteln, aber so gewiß wie die Nacht auf den Tag folgt, wird die Zeit kommen, da sie den Versuch wagen.«

Am 12. Mai tritt die Weimarer Na-

Im Protest gegen den Versailler Vertrag sind sich alle politischen Parteien im Deutschen Reich einig; der DDP-Vorsitzende Naumann bei einer Rede in Berlin

tionalversammlung in der Aula der Berliner Universität zu einer Protestkundgebung zusammen. Reichsministerpräsident Philipp Scheidemann (MSPD) wendet sich gegen die Friedensbedingungen: »Heute, wo jeder die erdrosselnde Hand an der Gurgel fühlt, lassen Sie mich ganz ohne taktisches Erwägen reden: Was unseren Beratungen zugrunde liegt, ist dies dicke Buch, in dem 100 Absätze beginnen: Deutschland verzichtet, verzichtet, verzichtet! Dieser schauerliche und mörderische Hexenhammer, mit dem einem großen Volke das Bekenntnis der eigenen Unwürdigkeit, die Zustimmung zur erbarmungslosen Zerstückelung abgepreßt werden soll, dies Buch darf nicht zum Gesetzbuch der Zukunft werden ... Wer kann als ehrlicher Mann - ich will gar nicht sagen als Deutscher - nur als ehrlicher, vertragstreuer Mann solche Bedingungen eingehen? Welche Hand müßte nicht verdorren, die sich und uns in solche Fesseln legte? ... Dieser Vertrag ist ... unannehmbar.«

Paul v. Hindenburg tritt von der OHL zurück

27. Mai. Die deutsche Reichsregierung ordnet die sofortige Beendigung einer Umfrage an, die von der deutschen Obersten Heeresleitung (OHL) im Deutschen Reich durchgeführt wird. Die OHL erfragte darin, wie die Bevölkerung zu einer etwaigen Wiederaufnahme des Kriegs nach Bekanntwerden der Friedensbedingungen steht.

Generalfeldmarschall Paul von Hindenburg hat Reichspräsident Friedrich Ebert (MSPD) schon am 2. Mai seinen Rücktritt angekündigt: »Der Beginn der Friedensverhandlungen veranlaßt mich, schon jetzt der Reichsregierung

Generalfeldmarschall Hindenburg

folgendes zur Kenntnis zu bringen: Ich bin im Wechsel der Zeiten an der Spitze der Obersten Heeresleitung geblieben, weil ich meine Pflicht darin sah, dem Vaterlande in seiner höchsten Not weiter zu dienen. Sobald der Vorfrieden geschlossen ist, halte ich aber meine Aufgabe für erfüllt. Mein Wunsch, mich dann ins Privatleben zurückzuziehen, wird bei meinem hohen Alter allgemein verstanden werden, um so mehr, als ja bekannt ist, wie schwer es mir meinen Anschauungen und meiner ganzen Persönlichkeit und Vergangenheit nach geworden ist, in der jetzigen Zeit mein Amt weiter auszuüben.«

Ministerpräsident Scheidemann (x) bei seiner Protestrede vor der Nationalversammlung in Berlin

Demonstration in Kattowitz gegen eine Lostrennung von Teilen Oberschlesiens vom Deutschen Reich

Protest auf dem Knivsberg bei Apenrade »gegen die Preisgabe deutschen Landes« am 11. Mai

Am 13. Mai findet auf dem Berliner Königsplatz eine Protestveranstaltung aller Parteien statt

Zehntausende demonstrieren in Königsberg

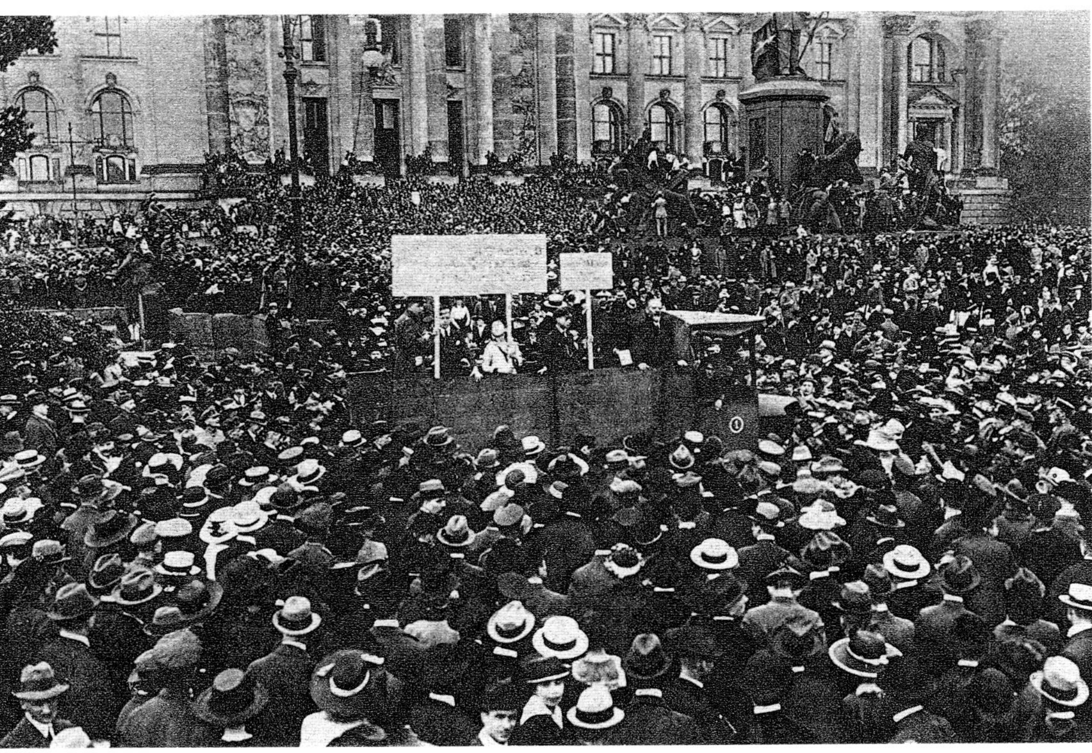

Massenkundgebung »gegen den Versailler Gewaltfrieden« in der Reichshauptstadt Berlin

Deutsches Reich weist »alleinige Kriegsschuld« zurück

28. Mai. Der deutsche Reichsminister des Auswärtigen, Ulrich Graf von Brockdorff-Rantzau (parteilos), übersendet dem französischen Ministerpräsidenten Georges Benjamin Clemenceau als dem Vorsitzendem der Pariser Friedenskonferenz die Denkschrift der deutschen Viererkommission zur Frage der Kriegsschuld. Sie ist unterzeichnet von dem Historiker Hans Delbrück, dem Völkerrechtler Albrecht Mendelssohn-Bartholdy, General Max Graf von Montgelas und dem Wirtschaftshistoriker und Soziologen Max Weber.

Nach Artikel 231 des Entwurfs zum Versailler Friedensvertrag (→ 7.5./ S. 101) soll das Deutsche Reich die alleinige Schuld für den Ersten Weltkrieg übernehmen. Eine alliierte Kommission hatte der Friedenskonferenz der Siegermächte am 29. März einen Bericht vorgelegt, in dem das Deutsche Reich als Urheber des Kriegs bezeichnet worden war. Darin heißt es: »Nachdem die Kommission die zahlreichen amtlichen Urkunden … geprüft hat, hat sie in der Frage der Verantwortlichkeit der Urheber des Krieges festgestellt, daß die Verantwortung in vollem Umfang den Mächten zukommt, die ihn erklärt haben, um einer Angriffspolitik zu dienen, deren Verheimlichung dem Ursprunge dieses Krieges den Charakter einer geheimen Verschwörung gegen den Frieden verleiht. Diese Verantwortung lastet: 1. auf Deutschland und Österreich, 2. auf der Türkei und Bulgarien.«

Die deutsche Viererkommission hingegen erklärt in ihrer Denkschrift: »Man kann nach unserer Ansicht grundsätzlich nicht in der Art, wie es der gegnerische Kommissionsbericht tut, die Frage einer Kriegsursache durch Aufzählung von formellen Anlässen lösen, welche einen bestehenden Zustand politischer Hochspannung in einen Krieg hinübergleiten ließen. Neben der Irrtümlichkeit der Darstellung der Einzeltatsachen liegt darin der grundsätzliche Fehler des ganzen Verfahrens. Man wird vielmehr die Fragen aufwerfen müssen: 1. Welche Regierungen hatten in der Vergangenheit am meisten jenen Zustand dauernder Kriegsbedrohtheit gefördert, unter welchem Europa vor dem Krieg jahrelang gelitten hat? Ferner und im Zusammenhang damit: 2. Welche Regierungen haben politische und wirtschaftliche Interessen verfolgt, welche nur durch einen Krieg verwirklicht werden konnten? Was zunächst die zweite Frage anlangt, so können wir die Bemerkung nicht unterdrücken, daß künftig für die Antwort darauf wohl auch die Friedensbedingungen, vor allem diejenigen wirtschaftspolitischer und territorialer Art, welche jetzt zur Diskussion stehen, als Beweismittel dienen werden, wenn auf ihnen beharrt werden sollte.«

Eine Vorstellung davon, wieviel ▷ *Reparationszahlungen das Deutsche Reich leisten soll, vermittelt diese Grafik aus dem »Illustrierten Blatt«*

»Das deutsche Volk zu dauernder Sklavenarbeit verurteilt«

29. Mai. In Paris überreicht der deutsche Reichsminister des Auswärtigen, Ulrich Graf von Brockdorff-Rantzau (parteilos), dem französischen Ministerpräsidenten Georges Benjamin Clemenceau als dem Vorsitzenden der Pariser Friedenskonferenz den zweiten Teil der deutschen Vorschläge zum Entwurf des Friedensvertrags. In der Mantelnote weist er die Forderungen der alliierten Siegermächte des Weltkriegs als unzumutbar zurück:

»Die Zumutungen dieses Vertrags gehen über die Kraft des deutschen Volkes. Wir sollen zur Wiederherstellung des polnischen Reiches auf unbestritten deutsches Gebiet verzichten, fast auf die ganze überwiegend deutsche Provinz Westpreußen, auf deutsche Teile Pommerns, auf das kerndeutsche Danzig, sollen die alte Hansestadt in einen Freistaat polnischer Souveränität umwandeln lassen. Wir sollen darein willigen, daß Ostpreußen vom Staatskörper amputiert, zum Absterben verurteilt und seines nördlichsten Teiles mit dem rein deutschen Memel beraubt wird. Wir sollen zugunsten Polens und Tschechoslowakiens auf Oberschlesien verzichten, obgleich es seit mehr als 750 Jahren in enger politischer Verbindung mit Deutschland steht, von deutschem Leben erfüllt ist und die Grundlage für die Industrie im ganzen östlichen Deutschland bildet. Überwiegend deutsche Kreise sollen an Belgien abgetreten werden. Das rein deutsche Saargebiet soll von unserem Reich gelöst und seine spätere Angliederung an Frankreich vorbereitet werden, obgleich wir Frankreich keine Menschen, nur Kohlen schulden. 15 Jahre lang soll rheinisches Gebiet besetzt sein … Ein so zerstückeltes Deutschland soll sich … grundsätzlich bereit erklären, alle Kriegskosten der Gegner zu tragen, Summen, die das gesamte deutsche Staats- und Privatvermögen um ein Mehrfaches übersteigen würden. Einstweilen fordern die Gegner über die vereinbarte Grundlage hinaus Ersatz der Schäden der Zivilbevölkerung, wobei Deutschland auch für seine Bundesgenossen haften soll. Die zu zahlende Summe soll von den Gegnern einseitig festgesetzt und späterer Abänderung und Erhöhung unterliegen. Die Grenze soll die Leistungsfähigkeit des deutschen Volkes bilden, abgestuft nicht nach seiner Lebenshaltung, sondern lediglich nach seiner Fähigkeit, die Forderungen der Feinde durch seine Arbeit zu erfüllen. Das deutsche Volk wäre also zu dauernder Sklavenarbeit verurteilt.«

»Deutschland will das Zeitalter des Rechtsfriedens herbeiführen«

Die ersten beiden Punkte der deutschen Gegenvorschläge zum Friedensvertragsentwurf der alliierten Siegermächte betreffen den Völkerbund und Gebietsabtretungen. Sie berufen sich dabei auf Wilsons Friedensvorschläge aus dem Jahre 1918. Das Deutsche Reich erklärt sich bereit abzurüsten, will jedoch gleichberechtigt im Völkerbund vertreten sein; es ist ferner bereit, nichtdeutsche Gebiete abzutreten, fordert jedoch in den »deutschen« Gebieten die Verwirklichung des Selbstbestimmungsrechts der Völker durch Volksabstimmungen:

»1. Deutschland bietet an, mit der eigenen Entwaffnung allen anderen Völkern voranzugehen, um zu zeigen, daß es helfen will, das neue Zeitalter des Rechtsfriedens herbeizuführen. Es gibt die allgemeine Wehrpflicht auf und verringert, von Übergangsstimmungen abgesehen, sein Heer auf 100 000 Mann. Es verzichtet sogar auf die Schlachtschiffe, die ihm seine Feinde noch lassen wollen. Aber es setzt voraus, daß es sofort als gleichberechtigter Staat in den Völkerbund aufgenommen wird. Es setzt voraus, daß ein echter Völkerbund entsteht, der alle Nationen einschließt, die guten Willens sind, auch die Feinde von heute. Der Bund muß von einem Verantwortungsgefühl gegenüber der Menschheit getragen werden und über eine Zwangsgewalt verfügen, die stark und zuverlässig genug ist, um die Grenzen seiner Mitglieder zu schützen.

2. In territorialen Fragen stellt sich Deutschland rückhaltlos auf den Boden des Wilsonprogramms [Friedensvorschläge des US-amerikanischen Präsidenten Woodrow Wilson von 1918]. Es verzichtet auf seine Staatshoheit in Elsaß-Lothringen, wünscht aber dort freie Volksabstimmung. Es tritt den größten Teil der Provinz Posen, die unbestreitbar polnisch besiedelten Gebiete nebst der Hauptstadt Posen an Polen ab. Es ist bereit, den Polen durch Einräumung von Freihäfen in Danzig, Königsberg und Memel, durch eine Weichsel-Schiffahrtsakte und durch besondere Eisenbahnverträge freien und sicheren Zugang zum Meer unter internationaler Garantie zu gewähren. Deutschland ist bereit, die wirtschaftliche Versorgung Frankreichs mit Kohlen, besonders aus dem Saargebiet, bis zur Wiederherstellung der französischen Bergwerke zu sichern. Die vorwiegend dänischen Gebiete Schleswigs werden auf Grund einer Volksabstimmung Dänemark überlassen. Deutschland verlangt, daß das Selbstbestimmungsrecht auch zugunsten der Deutschen in Österreich und Böhmen geachtet wird. Es ist bereit, seine sämtlichen Kolonien der Gemeinschaftsverwaltung des Völkerbunds zu unterstellen, wenn es als dessen Mandatar anerkannt wird.«

Was sind 100 Milliarden?

Leipzig: Standrecht gegen Spartakisten

11. Mai. Auf Befehl der deutschen Reichsregierung und mit Zustimmung der sächsischen Landesregierung rücken in den frühen Morgenstunden Regierungstruppen unter Generalmajor Georg Maercker in Leipzig ein. 18 000 Soldaten besetzen die Stadt, ohne auf großen Widerstand zu treffen. Anlaß für die Besetzung ist die offene Auflehnung des radikalen Flügels der USPD und der Spartakisten gegen die Regierung von Ministerpräsident Georg Gradnauer (MSPD). Für den 12. Mai hatten sie den Generalstreik proklamiert.

Generalmajor Maercker gibt durch öffentlichen Anschlag bekannt, daß über die Stadt das Standrecht verhängt wurde und daß er den Auftrag hat, die Gewalt der sächsischen Regierung wiederherzustellen, die unzuverlässigen Sicherheitstruppen aufzulösen und die Zivilbevölkerung zu entwaffnen. Mehrere Spartakisten werden verhaftet. Der Leipziger Arbeiterrat wird aufgelöst, da er ohne gesetzliche Grundlage gebildet wurde.

Nach dem Einzug in Leipzig errichten die Regierungstruppen unter Generalmajor Maercker ihr Heerlager mitten in der Stadt auf dem Augustaplatz

In der Nacht zum Montag bleibt es in Leipzig ruhig. Am Montag wird in den meisten Betrieben wie gewohnt die Arbeit aufgenommen; der Aufruf zum Generalstreik wird allgemein nicht befolgt. Die Arbeiterschaft Leipzigs wird von der Reichsregierung und der sächsischen Regierung aufgefordert, die Soldaten nicht als »Feinde« anzusehen; sie solle sich jedoch von den »Hetzern« fernhalten und ruhig ihrer gewohnten Arbeit nachgehen.

Am 21. Mai lehnt die sächsische Volkskammer in Dresden in namentlicher Abstimmung den Antrag der USPD auf Aufhebung des Belagerungszustands ab.

Milde Urteile im Liebknecht-Prozeß

14. Mai. Der Prozeß gegen die mutmaßlichen Mörder der Spartakistenführer Karl Liebknecht und Rosa Luxemburg (→15.1./S.29) vor dem Gericht des Garde-Kavallerie-Schützenkorps in Berlin endet mit drei Verurteilungen zu geringfügigen Gefängnisstrafen und insgesamt sechs Freisprüchen.

Die Anklage beschuldigte den Husaren Otto Runge des versuchten Mordes in Tateinheit mit Waffenmißbrauch in zwei Fällen und des Wachvergehens sowie des Mißbrauchs falscher Urkunden. Runge soll Liebknecht einen und Rosa Luxemburg zwei Karabinerschläge über den Kopf versetzt haben. Kapitänleutnant Horst von Pflug-Harttung, die Leutnants zur See Ulrich von Rittgen, Heinrich Stiege, Bruno Schulze und Rudolf Liepmann wurden beschuldigt, Liebknecht auf dem Transport ins Untersuchungsgefängnis im Tiergarten ermordet zu haben, indem sie ihn in eine Seitenallee führten und ihn durch einen Schuß in den Kopf und zwei in den Rücken töteten. Oberleutnant Kurt Vogel wurde zur Last gelegt, als Transportführer nicht gegen Runge eingeschritten zu sein, Rosa Luxemburg erschossen und zwei Begleitmannschaften den Befehl zur Beseitigung der Leiche der Kommunistin erteilt zu haben.

Das Gericht verurteilt Runge zu zwei Jahren und zwei Wochen Gefängnishaft, die wegen der Untersuchungshaft als verbüßt gelten; da Runge »ein Mann von starker Minderwertigkeit und großer Reizbarkeit« sei, wurden ihm »mildernde Umstände« zugebilligt trotz seiner »Roheit«. Vogel wird zu zwei Jahren und vier Monaten Gefängnis verurteilt wegen Wachvergehens und Beiseiteschaffung einer Leiche.

Aufgrund der sich stark widersprechenden Zeugenaussagen hat das Gericht »mit Rücksicht auf die ganzen Umstände, die Schnelligkeit, in der sich die Dinge abgespielt haben, und die dunkle Beleuchtung die

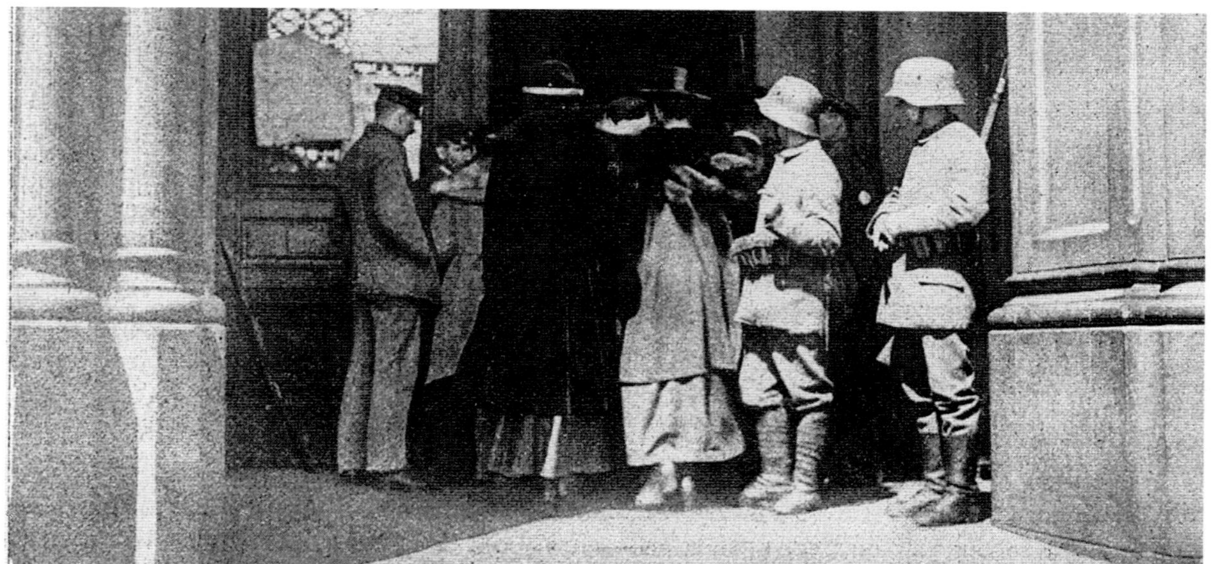

Soldaten halten den Eingang zum Gerichtsgebäude besetzt und kontrollieren die Ausweise von Prozeßbeobachtern

Berlin: Freispruch für Georg Ledebour

19. Mai. Vor dem Schwurgericht des Landgerichts I in Berlin-Moabit beginnt der Prozeß gegen den USPD-Politiker Georg Ledebour, der nach dem Spartakusaufstand (→ 5.1./S.24) wegen Rädelsführerschaft und anderer Vergehen verhaftet worden war.

Aufsehen erregt die Verteidigungsrede Ledebours am 20. Mai:»Ich habe versucht, eine internationale revolutionäre Bewegung in die Wege zu leiten. In diesem Sinne habe ich auf der Zimmerwalder Konferenz gewirkt ... Ich fand Zustimmung bei der revolutionären Arbeiterschaft Berlins, die eine revolutionäre Bewegung für notwendig hielt. Aus dieser Stimmung entstand der große Munitionsarbeiterstreik im Januar 1918. Durch ihn sollte ein Druck ausgeübt werden auf die Regierung und das Parlament zur Herbeiführung eines gerechten Ausgleichsfriedens.«

Am 23. Juni wird Ledebour freigesprochen, da die Geschworenen alle Schuldfragen verneinen.

Überzeugung gewonnen«, daß gegen Vogel ein voller Schuldbeweis wegen Mordes oder Totschlags nicht erbracht worden ist.

Rechtsmittel, z.B. Berufung, gegen das kriegsgerichtliche Urteil werden nicht zugelassen.

Am 17. Mai wird Oberleutnant Vogel von einem Kameraden mit Hilfe eines gefälschten Ausweises aus dem Gefängnis in Moabit befreit und flieht in die Niederlande.

Regiment der 3. französischen Kolonialdivision auf der Schiffsbrücke bei Oppenheim südlich von Mainz

Offiziere eines französischen Spahi-Regiments, das aus den Kolonien nach Wiesbaden verlegt wurde

Linksrheinische Gebiete bleiben besetzt

17. Mai. In Speyer, der Hauptstadt des von Frankreich besetzten bayerischen Regierungsbezirks Pfalz, fordern von den Franzosen unterstützte Separatisten die Proklamierung der Pfalz als eines selbständigen neutralen Staats.

Einen Tag später bekennen sich in Speyer Führer aller politischen Parteien, Mitglieder der Weimarer Nationalversammlung, pfälzische Landtagsabgeordnete und Vertreter der Gewerkschaften und der Wirtschaft zum Deutschen Reich und lehnen die Proklamation einer unabhängigen Pfalz ab.

Gemäß dem Waffenstillstand von 1918 hat das Deutsche Reich alle linksrheinischen Gebiete geräumt. Diese Gebiete sind von den alliierten Siegermächten des Weltkriegs besetzt. Die Alliierten halten ferner Brückenköpfe mit 30 km Durchmesser auf rechtsrheinischem Gebiet bei den Städten Mainz, Koblenz und Köln. Der Friedensvertragsentwurf (→ 7.5./ S.100) sieht vor, daß die linksrheinischen Gebiete mit den Brückenköpfen Mainz, Koblenz und Köln vom 10. Januar 1920 an 15 Jahre besetzt bleiben. Bei getreuer Erfüllung des Vertrags durch die Deutschen soll der Brückenkopf Köln einschließlich Umgebung bereits nach fünf Jahren geräumt werden (Erste Zone). Nach zehn Jahren soll Koblenz (Zweite Zone), nach 15 Jahren der Rest (Dritte Zone) frei werden.

Um die Begleitmannschaften der US-Kommisionen in Berlin möglichst geschlossen unterzubringen, wurde ein Hotel gepachtet; Soldaten in der Küche

Mit den Besatzungstruppen sind viele Soldaten aus Kolonien gekommen, wie diese Inder in Köln

Mit einem riesigen Scheinwerfer bewachen Franzosen nachts den Rhein bei St. Goar (Burg Maus)

Grundrechte in der Verfassung

27. Mai. Der Verfassungsausschuß der Weimarer Nationalversammlung setzt in Berlin die Beratungen über die Reichsverfassung fort. Vom 28. Mai bis zum 2. Juni berät er über die verfassungsmäßigen Grundrechte des deutschen Volkes. In der bisherigen Reichsverfassung gab es keinen Grundrechtekatalog.

Auszüge aus den Grundrechten
Grundrechte und Grundpflichten der Person: Gleichheit vor dem Gesetz, Rechtsschutz, Postgeheimnis, Presse- und Zensurfreiheit u.a.
Grundlagen des Gemeinschaftslebens: Schutz der Ehe, Jugendschutz, Armenpflege, Volkshygiene, Fürsorge für Kriegsbeschädigte, Versammlungs- und Vereinsfreiheit, Wahlfreiheit, Selbstverwaltung, Beamtenrecht, Wehrmacht, Steuerpflicht u.a.
Grundrecht und Grundpflichten in bezug auf Religion und Schule: Freiheit der Religion und der Religionsgesellschaften, Trennung von Staat und Kirche, Freiheit von Kunst und Wissenschaft, Schulpflicht u.a.
Grundrechte und Grundpflichten auf dem Gebiet des Wirtschaftslebens: Freiheit des Wirtschaftslebens, Arbeiterschutz, Koalitionsrecht, Arbeitspflicht und Recht auf Arbeit, Schutz des Eigentums, Bodenreform und Siedlungswesen, Sozialisierung u.a.

Der Reichsminister des Innern, Hugo Preuß (DDP), verteidigt die Aufnahme von Grundrechten in die neue Verfassung: »In Abweichung von der früheren deutschen Verfassung hat der Verfassungsentwurf auch wieder Grundrechte des deutschen Volkes aufgenommen, nicht nur aus Pietät gegen die Verfassung der Paulskirche von 1849. Es ist wohl ohne weiteres zuzugeben: Ein großer Teil dieser Grundrechte oder wenigstens ihre Aufstellung und Proklamierung hat insofern an praktischer Bedeutung verloren, weil sie zum großen Teil seitdem in der Gesetzgebung, namentlich in der Gesetzgebung der Gliedstaaten, verankert sind. Aber trotzdem war es, glaube ich, richtig, daß der Entwurf sie wieder aufgenommen hat, weil er ... ihnen die reichsverfassungsmäßige Garantie gibt.«

Deutschösterreich wartet auf die Friedensbedingungen

14. Mai. Die deutschösterreichische Friedensdelegation trifft in Saint-Germain-en-Laye bei Paris ein zur Entgegennahme der Friedensbedingungen der Alliierten.

Die alliierten Siegermächte des Ersten Weltkriegs haben die Delegation von Deutschösterreich, das sie als Nachfolgestaat der ehemaligen Doppelmonarchie Österreich-Ungarn behandeln, zur Prüfung der Friedensbedingungen eingeladen. Der Leiter der deutschösterreichischen Delegation ist Staatskanzler Karl Renner (SPÖ).

Die Bekanntgabe der Friedensbedingungen, die in Österreich mit Spannung und Unruhe erwartet wird, verzögert sich jedoch, da auf seiten der Alliierten einige Fragen noch nicht geklärt sind. Der französische Ministerpräsident und Leiter der Friedenskonferenz, Georges Benjamin Clemenceau, setzt nach einer Protestnote Renners die Bekanntgabe - ausschließlich der Bestimmungen über die künftige Stärke der militärischen Kräfte und der Höhe der Wiedergutmachungszahlungen - auf den 30. Mai fest. Gegen dieses Datum protestieren wiederum die Vertreter der Tschechoslowakei, Polens und des Königreichs der Serben, Kroaten und Slowenen (Jugoslawien), da ihnen nicht genügend Zeit geblieben sei, den Vertrag zu prüfen. So werden die Friedensbedingungen erst am 2. Juni an die deutschösterreichische Friedensdelegation übergeben (→ 6.9./S.168).

Die deutschösterreichische Delegation (in der Mitte Karl Renner) wird am Bahnhof von Saint-Germain empfangen

Gegen italienische Annexion Südtirols

2. Mai. Das deutschösterreichische Kabinett unter Staatskanzler Karl Renner (SPÖ) verabschiedet eine Erklärung an die Siegermächte des Ersten Weltkriegs gegen die Annexion Südtirols durch Italien.

Die Regierung schlägt vor, Südtirol solle staatsrechtlich und wirtschaftlich ein Bestandteil Deutschösterreichs bleiben, militärisch aber neutralisiert werden, damit das strategische Interesse Italiens ebenso gewahrt bleibe wie bei einer Annexion. Eine Annexion werde Deutschösterreich u.a. aus wirtschaftlichen Gründen noch mehr als bisher zum Anschluß an das Deutsche Reich zwingen.

Vorarlberg will zur Schweiz

11. Mai. Bei der Volksabstimmung im deutschösterreichischen Vorarlberg entscheiden sich rund 80% der Stimmberechtigten für den Anschluß an die Schweiz, nur knapp 20% votieren für den Verbleib bei Deutschösterreich.

Die Unsicherheit über die Lage in Deutschösterreich und das Bekanntwerden der Verhandlungen über den Anschluß Deutschösterreichs an das Deutsche Reich (→ 25.2./S.54) haben in Vorarlberg den Gedanken an einen Anschluß des Landes an die Schweiz gefördert. Die Schweiz hatte zwar 1918 eine »Vergrößerung der Schweiz nicht für wünschbar« erklärt, doch aus politischen, wirtschaftlichen und militärischen Gründen fand der Gedanke einer Osterweiterung durchaus Interesse in der Schweiz.

Demonstration am Rennweg in Innsbruck, der Hauptstadt von Tirol, »gegen die italienischen Ansprüche auf die reindeutschen Gebiete Südtirols«

Herrschaft der CP in Wien zerschlagen

4. Mai. Die Gemeinderatswahlen in Wien bringen das Ende der 20jährigen Herrschaft der Christlichsozialen Partei (CP). Die SPÖ erhält 100 Mandate, die Christlichsozialen erhalten nur die Hälfte. Gewählt werden ferner acht Tschechoslowaken, drei Deutsch- und drei Jüdischnationale sowie ein Kandidat der vereinigten Demokraten.

Der neue Oberbürgermeister von Wien, der Sozialdemokrat Jakob Reumann, erhält bei seiner Wahl 110 Stimmen bei 52 Gegenstimmen; damit ist er der erste sozialdemokratische Oberbürgermeister im Wiener Rathaus

Bei den Wahlen zur niederösterreichischen Landesversammlung werden in Wien 50 (auf dem Land 20) Kandidaten der SPÖ, 22 (26) Kandidaten der CP, 1 (6) Deutschnationaler, vier tschechische Sozialisten und ein Jüdischnationaler gewählt. Der Umschwung wird am 22. Mai durch die Wahl von Jakob Reumann (SPÖ) zum neuen Bürgermeister von Wien besiegelt.

Alliierte besetzen türkische Gebiete

15. Mai. Truppen der alliierten Siegermächte des Ersten Weltkriegs besetzen die türkische Hafenstadt Smyrna (Izmir) in Kleinasien. Die Franzosen besetzen die Forts, die Griechen beziehen Stellungen in den wichtigsten Stadtteilen, Briten und Italiener besetzen die Umgebung der Stadt. Im Hafen werfen mehrere Kriegsschiffe der Alliierten Anker. Die türkische Regierung wurde vorher von der Besetzung verständigt, die gemäß Artikel 7 des Waffenstillstands von Andros vom 30. Oktober 1918 erfolgt. Die türkischen Soldaten ziehen sich aus dem besetzten Gebiet zurück.

Begründet wird die Besetzug von den Alliierten mit Gerüchten, daß türkische Gruppierungen Massaker an Griechen planten. Die griechischen Truppen werden von der türkischen Bevölkerung erbittert bekämpft. Als sie landen, werden sie mit Gewehrfeuer empfangen. In

Türken demonstrieren in Konstantinopel gegen eine Annexion der Gebiete um das kleinasiatische Smyrna durch die griechischen Besatzungstruppen

der Folgezeit kommt es zu antigriechischen Massenkundgebungen. Mustafa Kemal Pascha (Kemal Atatürk) organisiert als Führer der nationalen Bewegung den Widerstand gegen die alliierte Besetzung.

Die griechischen Truppen dringen 1919 auch in Konstantinopel (Istanbul) ein und rücken in das Hinterland von Smyrna vor. Diese Aktionen lösen einen Unabhängigkeitskrieg der Türken aus.

Dodekanes fordert Freiheit von Italien

1. Mai. Die Einwohner des Dodekanes, einer Inselgruppe in der Ägäis, proklamieren den Anschluß an Griechenland. Diese Proklamation hat mehr demonstrativen Charakter, da die Inselgruppe in den Geheimverträgen der Alliierten von 1915 Italien zugesprochen worden ist. Italien hält seit 1912 Rhodos, die zwölf größeren Inseln des Dodekanes sowie etwa 40 Eilande und Klippen vor der Südwestküste Kleinasiens besetzt. Ihre Bewohner sind überwiegend Griechen.

Am 5. Mai stellt Griechenland bei der Pariser Friedenskonferenz vergeblich den Antrag auf Übernahme der Verwaltung des Dodekanes. Auch ein italienisch-griechisches Geheimabkommen vom Juli 1919, das die Abtretung der Inseln gegen griechische Unterstützung bei der Durchsetzung italienischer Gebietsforderungen im Adriaraum vorsieht, bleibt folgenlos.

Alliierte Hilfe für Antibolschewisten

26. Mai. Der Oberste Rat der Alliierten in Paris beschließt, die antisowjetische russische Gegenregierung von Admiral Alexandr W. Koltschak in Omsk anzuerkennen und mit Waffen und Nahrungsmitteln zu unterstützen. Koltschak hat 1918 in Sibirien eine antibolschewistische Front errichtet und den Titel »Reichsverweser« angenommen. Zeitweilig beherrscht er das fernöstliche Rußland (→ 16.1./S.20).

Die Alliierten knüpfen an ihre Unterstützung mehrere Bedingungen. So soll sich Koltschak bereit erklären, nach der Eroberung Moskaus eine auf demokratischer Basis gewählte konstituierende Nationalversammlung einzuberufen; Adelsprivilegien dürfen nicht wieder eingeführt werden, die Unabhängigkeit Finnlands und Polens muß Koltschak anerkennen. Koltschak nimmt das Angebot an.

Unterdessen gehen die Kämpfe in Rußland weiter. Am 19. Mai sind alliierte Truppen bei Pernau im Finnischen Meerbusen gelandet. Ihr Versuch, in Richtung Petrograd (Leningrad) vorzustoßen, wird von den Sowjets aber gestoppt. Am 15. Mai hat der antisowjetische General Anton I. Denikin Samara (Kuibyschew) erobert.

◁ *General Anton I. Denikin wurde 1917 Oberbefehlshaber der russischen Westfront und befehligt seit 1918 eine russische Freiwilligenarmee gegen die Bolschewiki; im Mai beginnt er im Süden eine erfolgreiche Offensive; bis Ende Juli erobert er u.a. Samara und Charkow*

▽ *Von den Truppen des Admirals Alexandr W. Koltschak gefangengenommene Bolschewiki; am 21. Juni beginnt eine Offensive der Roten Armee gegen die Koltschak-Armee; bis Ende Juli drängen die Sowjets Koltschak über den Ural zurück, Ende des Jahres ist Koltschak geschlagen*

Frauenliga gegen Versailler Frieden

12. Mai. In Zürich beginnt der zweite Kongreß des 1915 gegründeten Internationalen Frauenbunds für dauernden Weltfrieden. Er dauert bis zum 18. Mai.

Die US-amerikanische Sozialreformerin und Frauenrechtlerin Jane Addams wird zur ersten Präsidentin der Internationalen Frauenliga für Frieden und Freiheit (Women's International League for Peace and Freedom) gewählt, die sie 1915 als »Internationalen Frauenbund für dauernden Weltfrieden« mitbegründete

Rund 100 Delegierte aus 13 Ländern, darunter Vertreterinnen aus dem Deutschen Reich, Deutschösterreich und der Schweiz, beschließen eine Neuorganisation der Vereinigung. Sie wird künftig »Internationale Frauenliga für Frieden und Freiheit« heißen. Sie will alle fortschrittlichen politischen und humanitären Maßnahmen unterstützen »im Einklang mit den Grundsätzen des wahren Internationalismus«. Die Liga, die u. a. eine Protestnote gegen den Versailler Frieden verabschiedet, wählt Jane Addams zur ersten Präsidentin.

Essen und Trinken 1919:

Ersatzkaffee und Ziegenmilch

Die Hungerblockade der Alliierten hat seit 1915 mehr als 700 000 Deutschen das Leben gekostet. Sie wird erst nach der Unterzeichnung des Friedensvertrags im Juni 1919 aufgehoben. Der Mangel an Nahrungsmitteln, insbesondere an nährstoffreichen, hat die Widerstandsfähigkeit der Bevölkerung, vor allem von Kindern, Jugendlichen und alten Menschen gegen Krankheiten herabgesetzt.

Die völlige Umstellung der Ernährungsgewohnheiten hat jedoch nach Meinung von Wissenschaftlern auch positive Seiten: Aufgrund des verminderten Alkohol- und Fleischgenusses sind Gichtkrankheiten erheblich zurückgegangen ebenso wie die Fälle von Zuckerharnruhr. Alkoholische Exzesse und ihre Folgeerscheinungen sind fast völlig verschwunden. Aus diesem Grunde wird vielfach dafür plädiert, den Fleischkonsum, der im letzten Friedensjahr 70 bis 90 kg pro Kopf der Bevölkerung betrug, nur mäßig wieder anwachsen zu lassen, nämlich auf 30 bis 35 kg pro Kopf, was dem Durchschnittsverbrauch der 90er Jahre des 19. Jahrhunderts entspricht.

Die Deutschen werden aufgefordert, beim Essen und Trinken auf den Luxus ausländischer Spezialitäten zu verzichten und damit einen Beitrag zur Stärkung der Volkswirtschaft zu leisten. Jedem Deutschen soll klar sein, daß durch den Kauf von Brüsseler Weintrauben und Poularden, russischem Kaviar oder französischem Champagner der innere Markt geschädigt wird. Die Lösung der »Magenfrage« besteht eben nicht, so heißt es, in der Befriedigung des Gaumenkitzels einzelner, sondern in der Lieferung der für die Gesundung des gesamten Volkes erforderlichen Nahrungsmittel durch den inneren Markt.

Der Binnenmarkt ist aber 1919 noch nicht einmal fähig, die Nachfrage selbst bei Grundnahrungsmitteln voll zu befriedigen. Vielfach müssen die Deutschen Brot, Mehl, Kartoffeln u. a. auf dem schwarzen Markt zu überhöhten Preisen kaufen, da selbst solche Nahrungsmittel in den Geschäften nicht angeboten werden. Außerdem muß

sich die Bevölkerung weiter von Ersatznahrungsmitteln ernähren, die von offizieller Seite angepriesen werden, mit dem Ziel, ihnen zu einem besseren Ruf zu verhelfen: Der heimische Gerstenkaffee, »gut gekocht und ohne minderwertige Streckmittel«, wird als weit gesünder und nahrhafter bezeichnet als z. B. ausländischer Bohnenkaffee. Auch die Vorurteile gegenüber Ziegenmilch, Kaninchen-, Ziegen- und Pferdefleisch sind weitgehend verschwunden. Graupen, »in der Kochkiste weich gedämpft«, haben den Reis verdrängt bei Suppen, als Beilage zu Fleisch, Obstpuddings und Kuchen. »Im Eiweißreichtum und im Fett des Salzherings hat die Not die richtige Zukost zur Kartoffel entdeckt« .

Für die vor dem Krieg noch wenig bekannten ostfriesischen Milchschafe werden Höchstpreise gezahlt: Unter 400 Mark ist ein ausgewachsenes Tier nicht zu haben, und selbst für wenige Wochen alte Lämmer werden Phantasiepreise geboten. Die fettreiche Milch dieser Schafe schmeckt nicht »nach Bock« wie Ziegenmilch und läßt sich leicht verbuttern.

Ein zentrales Problem ist auch die Lagerung der Lebensmittel. Wem es gelingt, größere Vorräte an Kartoffeln, Wurzeln und Gemüse zu hamstern, dem verderben sie vielfach. Tausende von Zentnern Kartoffeln, Gemüse und Kohl verfaulen in stockigen, vernachlässigten Kellern. Hausfrauenvereine führen in den Städten »Musterkeller« vor, mit denen sie Tips für die Überwinterung von Nahrungsmitteln geben: Rüben z.B. werden schichtweise in trockenem Sand gelagert, eine Schicht Sand, eine Schicht Rüben, damit sich die Wurzeln nicht berühren; Petersilie wird stehend in den Sand gesteckt, so daß nur der Kopf herausschaut. Während sich viele Menschen um die Deckung ihres Nahrungsmittelbedarfs sorgen müssen, schauen Winzer und Weinliebhaber optimistisch in die Zukunft. In den europäischen Weinanbaugebieten wird in diesem Jahr ein guter Jahrgang geerntet, auch wenn die Ernteerträge mengenmäßig unterdurchschnittlich bleiben.

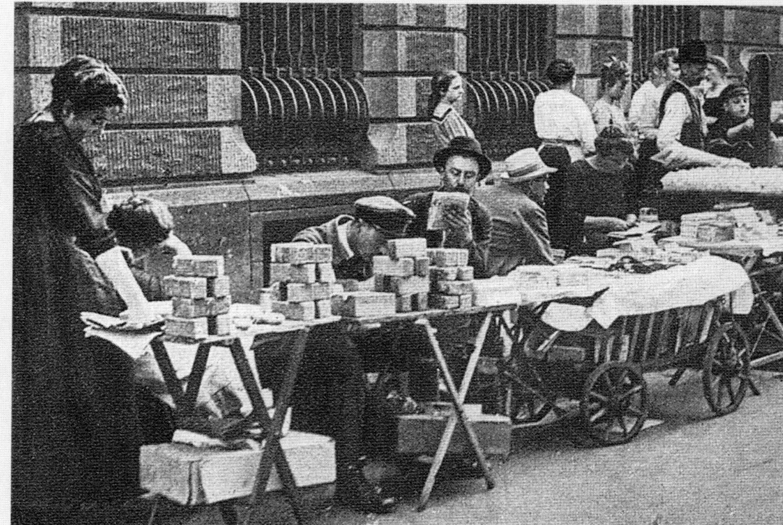

In den Städten grassiert der »wilde Straßenhandel«: Schwarzhändler bieten knappe Waren wie Seife, Schokolade, Zigaretten u.a. zu Höchstpreisen an

Zur Bekämpfung des »wilden Straßenhandels« - hier in der Weinmeisterstraße in Berlin - werden wiederholt Polizei und Truppen aufgeboten

Große Probleme bereitet die Versorgung der Städte mit frischem Gemüse; das Gemüse wird vor dem Verladen angefeuchtet, damit es frisch bleibt

△ Suppen-Austeilung im Sachsenhausener Luft- und Sonnenbad in Frankfurt am Main; die während des Weltkriegs eingeführte Lebensmittelzwangswirtschaft wird im Deutschen Reich auch nach der Unterzeichnung des Waffenstillstands beibehalten, da die Alliierten die Wirtschaftsblockade nicht aufgehoben haben; auf dem Schwarzmarkt werden Höchstpreise gezahlt

◁◁ Bergung von Mehl aus den USA in den Berliner Getreidespeichern; Herbert Clark Hoover leitet das US-amerikanische Lebensmittelhilfswerk für Europa; US-Präsident Woodrow Wilson sieht in der ausreichenden Versorgung Europas durch Lebensmittel die einzige Möglichkeit, dem Bolschewismus wirksam zu begegnen

◁ Werbeplakat für ein vegetarisches Restaurant; die Versorgung mit Fleisch funktioniert auch nach Ende des Krieges nur unzureichend, so daß Nahrungsmittel wie Kartoffeln und Gemüse Hauptbestandteile der Ernährung in den meisten Familien sind. In den meisten Großstädten ist Fleisch besonders schwer zu bekommen

Hamburg erhält eigene Universität

10. Mai. Die Universität Hamburg wird offiziell eröffnet. Die Kurse und Vorlesungen sind bereits im Januar aufgenommen worden.

Trotz ihrer bedeutenden Stellung als Handelszentrum und Hafenstadt erhält die Freie und Hansestadt damit erst relativ spät eine eigene Hochschule. Pläne dazu existierten seit dem frühen 19. Jahrhundert. Ihre Umsetzung wurde aber mehrfach verzögert, u. a. durch den Weltkrieg. Voraussetzung für die Gründung war das Bestehen zahlreicher wissenschaftlicher Institute, z.B. des Botanischen Gartens und der Sternwarte in Bergedorf, des Chemischen und Physikalischen Staatslaboratoriums und des Kolonialinstituts. Gleich nach der Gründung entfaltet die Universität dank der Berufung renommierter Wissenschaftler und durch großzügige Institutsgründungen ein intensives wissenschaftliches Leben. Bedeutende Gelehrte wie der Philosoph Ernst Cassirer, der Kunsthistoriker Erwin Panofsky und der Psychologe William Stern lehren in Hamburg.

Mit Riesenflugboot »NC-4« erstmals über den Atlantischen Ozean

17. Mai. Der erste Flug über den Atlantik geht erfolgreich zu Ende. Das US-Riesenflugboot »NC-4«, das am 16. Mai in Trepassey auf Neufundland aufgestiegen ist, landet nach einem 2485-km-Flug von 13 Stunden und 19 Minuten in Horta auf Faial (Azoren), ein Durchschnitt von immerhin 187,5 km/h. Die Abbildung zeigt das Flugboot vor dem Start. Am 17. Mai legt der US-amerikanische Pilot Albert Cushing Read in zwei Stunden die 200 km von Horta nach Ponta Delgada auf der Azoreninsel Sao Miguel zurück, wo er durch Regen und heftige Böen aufgehalten wird. Am 27. Mai fliegt er in zehn Stunden die 1600 km lange Strecke nach Lissabon. Der US-amerikanische Pilot, über dessen Flug die internationale Presse detailliert berichtet, wird bei seinen Zwischenaufenthalten in London und Paris und bei seiner Rückkehr in den Vereinigten Staaten wie ein Held gefeiert.

Büros, Museen und Lazarette in Fürstenschlössern

30. Mai. Das sächsische Ministerium unter Ministerpräsident Georg Gradnauer (MSPD) in Dresden beschließt, dem früheren König Friedrich August III. und den Mitgliedern seines Hauses das königliche Privatvermögen zur freien Verfügung zu stellen. Ausgenommen sind jedoch Besitztümer von öffentlichem Interesse, so die königlichen Sammlungen, die Gemäldegalerie, die Kupferstich-, Naturalien- und Münz-Kabinette, die Bibliothek, die Kunst-, Rüst- und Gewehrkammer, Gold- und Silbergeräte, Porzellan und vieles andere mehr.

Seit der Revolution von 1918 werden viele Schlösser als Museen hergerichtet oder anderweitig verwendet. Schloß Charlottenburg in Berlin z.B. ist seit Dezember 1918 durch ein Lazarett des Gardekorps und durch städtische Fürsorgestellen besetzt; freigeblieben ist lediglich das künstlerisch und historisch wertvolle Mittelgebäude. Das Berliner Schloß Monbijou war und ist weiterhin ein Museum; der in den letzten Jahren angebaute Teil wird jetzt allerdings vom Staatstheater als Probebühne benutzt. Das Prinzessinnenpalais in Berlin enthält zum großen Teil Privatwohnungen, die vermietet sind; in den Zimmern des Kopfbaus sind militärische Büros untergebracht. Im Nordbau des Berliner Kronprinzenpalais ist eine Ausstellung moderner Gemälde eingerichtet worden, der Rest des Gebäudes dient der Zentrale der Sicherheitspolizei. Das alte Schloß in Berlin, in dem noch alle verfügbaren Räume von Truppen belegt sind, soll vorläufig staatliche Behörden aufnehmen. Das Potsdamer Stadtschloß wird vom Magistrat der Stadt zum Rathaus umgebaut.

Jagdschloß Springe dient seit der Überführung in des Eigentum der Stadt Hannover als Kindererholungsheim; die Abbildung zeigt den »Großen Speisesaal«

Das Schloß Vincennes; auch die Franzosen nutzen Schlösser neu

Mann und Kerr zur deutschen Literatur

2. Mai. Die »Frankfurter Zeitung« veröffentlicht Stellungnahmen von Thomas Mann und Alfred Kerr über die Zukunft der Literatur nach dem Ersten Weltkrieg.

Kerr schreibt: »Die künftige Literatur wird chaotisch und glühend sein - als Nachwirkung des chaotischen und glühenden Krieges. Die künftige Literatur wird banal sein - im Verkünden der Lehre: Es ist falsch, zwölf Millionen Menschen zu schlachten. Die durch den Krieg bewiesene Dummheit der Welt zwingt kommende Schriftsteller, etwas so Banales als neue Entdeckung zu äußern. Die künftige deutsche Literatur wird für den Fall, daß uns die Entente einen schändlichen, un-

Thomas Mann beurteilt die Aussichten der Literatur optimistisch

möglichen, brutalen Frieden aufzwingt, mit Recht rebellisch, rastlos agitierend … sein - bis dieser Friede so umgestoßen ist wie der Friede von Brest.« Mann schreibt: »Es sieht aus, als stehe der Literatur im allgemeinen eine große Zeit bevor, als werde sie nach dem Kriege eine bedeutende Rolle im Leben der Völker spielen. In Deutschland wenigstens … bestand eine der kulturell-wirtschaftlichen Begleiterscheinungen des Krieges in einem gewaltigen Aufschwung des Buchhandels, einem wahren Hunger nach dem Buche, der als Ausdruck der geistigen An- und Aufgeregtheit breiter Massen durch die Weltereignisse zu verstehen ist, eines allgemeinen Denkzwanges … und diese Bewegung wird auch nach dem Zur-Ruhe- Kommen der äußeren Dinge noch lange nachschwingen, so meine ich. Die Lebensform des Schriftstellers wird im Bewußtsein der Nation an Würde gewinnen.«

Ausstellungen moderner Malerei prägen das Nachkriegs-Berlin

23. Mai. *Die Frühjahrsausstellung der Akademie der Künste in Berlin wird eröffnet (→ 24.3./S.75). Gezeigt werden Gemälde, Grafiken und Plastiken von Lovis Corinth, Georg Kolbe, Käthe Kollwitz, Wilhelm Lehmbruck (→25.3./S.75), Max Liebermann, Emil Orlik u.a. Ein halbes Jahr nach dem Waffenstillstand beginnt an der Spree wieder der Kunstbetrieb mit zum Teil bedeutenden Ausstellungen von Werken der modernen Male-* *rei: Das Graphische Kabinett Neumann zeigt einen Überblick über das Schaffen von Lyonel Feininger, der inzwischen am Weimarer Bauhaus lehrt (→ 21.3./S.75); bei Cassirer läuft eine Ausstellung über den Expressionisten Otto Mueller. Nach den entbehrungsreichen Kriegsjahren finden Ausstellungen regen Zuspruch des interessierten Publikums. Die Abbildung zeigt Corinth (x) bei der Eröffnung der Frühjahrsausstellung.*

Leichtathletik-Rekorde

25. Mai. Zwei Deutsche Rekorde stellen deutsche Sportlerinnen bei einem Leichtathletik-Turnier in der bayerischen Landeshauptstadt auf. Die Münchnerin Marie Kießling läuft die 100 m in 13,5 sec. Die Damenstaffel des TSV 1860 München siegt über 4 x 100 m in der deutschen Rekordzeit von 56,4 sec.

Vor dem Ersten Weltkrieg gab es nur wenige Sportarten, die von Frauen ausgeübt wurden. Tennis konnten sich nur reiche Frauen leisten; Radfahren oder die Beteiligung in der »Damenriege« eines Turnvereins waren häufiger möglich. Erst seit der Revolution betätigen sich Frauen auch in anderen Disziplinen.

Marie Kießling beim 100-m-Rekordlauf in München; der Frauensport wird nach dem Krieg gefördert zur Stärkung des »geschwächten Volkskörpers«

Strauss begeistert mit »Don Giovanni«

2. Mai. Im Berliner Opernhaus Unter den Linden hat eine Neuinszenierung von Wolfgang Amadeus Mozarts Oper »Don Giovanni« Premiere, die erste große Opernaufführung seit der Revolution von 1918. Die musikalische Leitung hat Richard Strauss. Karl Armster singt den Don Giovanni, Paul Knüpfer den Komtur, und Barbara Kemp verkörpert Donna Anna.

Das Interesse des Publikums richtet sich von Anfang an weniger auf die Ausstattung der Inszenierung, die angesichts des Materialmangels spärlich ist, sondern auf die Interpretation der Musik. So schreibt ein Kritiker: »Ein paar neue Dekorationen und der Ballsaal mit den drei Orchestern waren gut gemeint, aber in Ausführung und Anlage schlechtes Hoftheater. So blieb von Anfang an die Musik. Richard Strauss saß am Dirigentenpult, spielte die Rezitative am Klavier mit und musizierte mit einer solchen Hingabe, daß sich die Musik gleich in alle Herzen hineinsang.«

Juni 1919

<table>
<tr><th>Mo</th><th>Di</th><th>Mi</th><th>Do</th><th>Fr</th><th>Sa</th><th>So</th></tr>
<tr><td></td><td></td><td></td><td></td><td></td><td></td><td>1</td></tr>
<tr><td>2</td><td>3</td><td>4</td><td>5</td><td>6</td><td>7</td><td>8</td></tr>
<tr><td>9</td><td>10</td><td>11</td><td>12</td><td>13</td><td>14</td><td>15</td></tr>
<tr><td>16</td><td>17</td><td>18</td><td>19</td><td>20</td><td>21</td><td>22</td></tr>
<tr><td>23</td><td>24</td><td>25</td><td>26</td><td>27</td><td>28</td><td>29</td></tr>
<tr><td>30</td><td></td><td></td><td></td><td></td><td></td><td></td></tr>
</table>

1. Juni, Sonntag

In Mainz und Wiesbaden wird die Rheinische Republik im Verband des Deutschen Reichs proklamiert. Obwohl Frankreich das Gelingen dieses Separatistenputschs begünstigt, scheitert er an der Gegnerschaft der Bevölkerung (→ 17.5./S.107).

In Speyer proklamieren Separatisten die Pfälzische Republik. Auch hier ist der Putsch wie bei anderen separatistischen Aktionen wegen der ablehnenden Haltung der Bevölkerung zum Scheitern verurteilt (→ 17.5./S.107).

Die Parlamentswahlen in Spanien enden mit dem Sieg der konservativen Regierungspartei des Ministerpräsidenten Antonio Maura y Montomer; nur in Madrid erzielen die Republikaner Erfolge.

2. Juni, Montag

Durch eine Verordnung des ungarischen Revolutionären Rats in Budapest wird die allgemeine Wehrpflicht für jeden männlichen Proletarier von 17 bis 45 Jahren eingeführt (→ 25.6./S.130).

Der bayerische Ministerpräsident Johannes Hoffmann (MSPD) führt im Landtag in München das Entstehen der Münchner Räterepublik auf die »Besonderheit Münchens als Fremden- und Kunststadt« und auf den »weichen Charakter der Bevölkerung zurück, der allen Beeinflussungen nur zu leicht zugänglich ist«. Um dem Bolschewismus entgegenzuwirken, kündigt Hoffmann den Ausbau der Selbstverwaltung an (→ 2.5./S.99).

In Berlin erscheint ein »Dadaistisches Manifest«. → S.132

Raoul Hausmann gründet die Zeitschrift »Der Dada«. → S.132

3. Juni, Dienstag

Eugen Leviné, eine der führenden Persönlichkeiten der Münchner Räterepublik, wird vom Standgericht in München wegen Hochverrats zum Tod verurteilt. → S.129

4. Juni, Mittwoch

Das britische Unterhaus in London nimmt mit 187 zu 34 Stimmen einen Antrag an, der die sofortige Einsetzung eines parlamentarischen Ausschusses fordert zur Ausarbeitung eines Gesetzentwurfs für einen großbritischen Bundesstaat.

5. Juni, Donnerstag

In einer gemeinsamen Note an die Alliierten lehnen die skandinavischen Staaten die Beteiligung an der geplanten Verschärfung der Wirtschaftsblockade des Deutschen Reichs ab (→ 12.7./S.144).

Der Landtag von Sachsen-Weimar in Weimar billigt den Staatsvertrag über den Zusammenschluß der thüringischen Staaten zum Freistaat Thüringen.

6. Juni, Freitag

In Berlin beginnt ein 24stündiger Generalstreik aus Protest gegen die Hinrichtung des Münchner Räteführers Eugen Leviné (→ 3.6./S.129).

Durch Erlaß der deutschen Reichsregierung unter Ministerpräsident Philipp Scheidemann (MSPD) wird der am 19. April über den Freistaat Braunschweig verhängte Belagerungszustand aufgehoben (→ 9.4./S.85).

7. Juni, Sonnabend

Die deutschösterreichische Konstituierende Nationalversammlung in Wien protestiert gegen die Friedensbedingungen der Alliierten. Nationalversammlungs-Präsident Karl Seitz (SPÖ) erklärt, »daß dieses Urteil ein Todesurteil ist. Ein solches Urteil ist undurchführbar« (→ 20.7./S.145).

Der Staatenausschuß in Weimar, die Vertretung der deutschen Länder in der Weimarer Nationalversammlung, nimmt den Gesetzentwurf über die Errichtung eines Staatsgerichtshofs an.

Nach der tschechischen Niederlage von Kaschau (Košice) im Konflikt mit Ungarn richtet der französische Ministerpräsident Georges Benjamin Clemenceau als Präsident der Pariser Friedenskonferenz im Telegramm an den ungarischen Revolutionären Regierenden Rat in Budapest. Er stellt Ungarn darin eine Einladung nach Paris in Aussicht und fordert die Einstellung der Kampfhandlungen (→ 25.6./S.130).

8. Juni, Pfingstsonntag

Mit 1:0 gewinnt in Berlin die Mannschaft Norddeutschlands den Länderpokal des Deutschen Fußball-Bunds für Amateure gegen Süddeutschland.

9. Juni, Pfingstmontag

Die Sowjettruppen erobern Riga zurück. Die Reste der Armeen des antibolschewistischen Admirals Alexandr W. Koltschak ziehen sich fluchtartig nach Jekaterinburg (Swerdlowsk) zurück. Am 21. Juni beginnt die Großoffensive der Sowjets zur Zerschlagung der Koltschak- Armeen (→ 26.5./S.109).

In Frankreich weiten sich Streiks der Metallarbeiter, Straßenbahn- und Metroangestellten, Elektrizitätsarbeiter u.a. aus. Ursachen dieser Streikbewegung sind der Widerstand der Arbeitgeber gegen die Einführung des achtstündigen Arbeitstags und die ständige Verteuerung von Lebensmitteln. Forderungen der Streikenden sind die sofortige Demobilmachung und die Beschleunigung der Friedensverhandlungen.

10. Juni, Dienstag

In Weimar beginnt der 26. Parteitag der MSPD. Auf der bis zum 14. Juni dauernden Veranstaltung wird vor allem über die Zukunft des Rätesystem im Deutschen Reich und die Reichsverfassung beraten.

11. Juni, Mittwoch

Die britische Presse teilt mit, daß John Maynard Keynes als Delegationsführer des britischen Schatzamts bei der Pariser Friedenskonferenz zurückgetreten ist. Nach Keynes Ansicht führen die dem Deutschen Reich aufgezwungenen wirtschaftlichen Bedingungen zu einer weltweiten finanziellen und politischen Katastrophe (→ 28.6./S.122).

Das deutsche Auswärtige Amt in Berlin veröffentlicht ein »Weißbuch betreffend die Verantwortlichkeit der Urheber am Kriege«, in dem eine alleinige Kriegsschuld des Deutschen Reichs zurückgewiesen wird.

Das finnische Außenministerium in Helsingfors (Helsinki) bezeichnet sowjetrussische Meldungen über Kriegsmaßnahmen Finnlands gegen Sowjetrußland als »wie gewöhnlich lügenhaft«. Die »von den bolschewistischen Horden verübten bestialischen Grausamkeiten« hätten die finnische Jugend veranlaßt, ihr Leben für die Befreiung der finnischen Völker und Rußlands zu wagen. Von regulären finnischen Truppen sei nicht ein Schuß abgefeuert worden, ohne daß ein Angriff vorausgegangen wäre (→ 23.6./S.130).

Der deutsche Arbeiter-Turn-Bund wird bei seiner Bundestagung in Leipzig in Arbeiter-Turn- und Sportbund umbenannt. → S.133

12. Juni, Donnerstag

Das Standgericht in München verurteilt Gustav Klinglhöfer, den stellvertretenden Führer der Roten Garde während der kommunistischen Herrschaft in München, wegen Hochverrats zu fünf Jahren und sechs Monaten Festungshaft (→ 3.6./S.129).

Das Standgericht in Würzburg verurteilt die Führer der Würzburger Räterepublik zu zehn bis 15 Jahren Festungshaft (→ 3.6./S.129). Wie in München war auch im unterfränkischen Würzburg die Räterepublik proklamiert worden.

Die Alliierten richten ein zweites Ultimatum an die ungarische Räteregierung in Budapest, die Kampfhandlungen auf tschechoslowakischem Gebiet sofort einzustellen. Die ungarische Armee wird aufgefordert, sich »hinter die für Ungarn bestimmten Grenzen« zurückziehen (→ 25.6./S.130).

Die Kölner Universität wird eröffnet; bei dem Festakt spricht u.a. Kölns Oberbürgermeister Konrad Adenauer. → S.133

13. Juni, Freitag

Rosa Luxemburg, die am → 15. Januar (S.29) ermordert wurde, wird in Berlin beigesetzt. → S.129

Das Deutsche Reich und die Schweiz ratifizieren das deutsch-schweizerische Ausfuhrabkommen. Die Schweiz erhält Kohlen, Eisen, Stahl und Kalisalz und liefert Nahrungsmittel ins Deutsche Reich.

In Berlin beginnt der achte deutsche Pazifistenkongreß. Die bis zum 15. Juni dauernde Veranstaltung ist verbunden mit den Generalversammlungen der Deutschen Friedensgesellschaft und der Zentralstelle Völkerrecht.

14. Juni, Sonnabend

Hermann Müller und Otto Wels werden auf dem Parteitag der MSPD in Berlin zu Parteivorsitzenden gewählt.

15. Juni, Sonntag

Die nach der neuen Gemeindeverfassung durchgeführten Gemeindewahlen in Bayern bringen der politischen Linken in München große Stimmengewinne, während in der Provinz die bürgerlichen Parteien die Mehrheit erringen.

Sieger bei den Wahlen zum Nordtiroler Landtag wird die Tiroler Volkspartei mit 18 Mandaten. Sechs Mandate gehen an die Sozialdemokraten, drei an die Deutschfreiheitliche Partei. Gewählt wird ferner ein Kandidat der Wirtschaftlichen Vereinigung (→ 2.5./S.108).

16. Juni, Montag

Die deutsche Friedensdelegation in Versailles erhält die abschlägige Antwort der Alliierten auf ihre Gegenvorschläge zu einem Friedensvertrag. → S.118

In Frankreich beginnt ein Generalstreik der Bergarbeiter um die Einführung des Achtstundentags (→ 17.4./S.87).

17. Juni, Dienstag

Die Parteileitung der USPD tritt in einem Aufruf »An das Proletariat« für die Unterzeichnung des Friedensvertrags ein.

Der Landtag von Oldenburg nimmt die Verfassung als demokratisch-parlamentarischer Freistaat an.

18. Juni, Mittwoch

Die von der deutschen Reichsregierung ernannten Sachverständigen lehnen die Unterzeichnung des Versailler Friedensvertrags ab. → S.119

US-Präsident Woodrow Wilson besucht in Begleitung des belgischen Königs Albert I. das belgische Kriegsgebiet; am Abend trifft er in Brüssel ein. Am 19. hält die Abgeordnetenkammer eine Festsitzung zu Ehren des Präsidenten ab.

19. Juni, Donnerstag

Der italienische Ministerpräsident Vittorio Emanuele Orlando tritt zurück, nachdem ihm das Parlament in Rom wegen seines widersprüchlichen Auftretens auf der Pariser Friedenskonferenz das Mißtrauen ausgesprochen hat. Am 23. Juni bildet Francesco Saverio Nitti eine neue Regierung.

Der Landtag der Republik Braunschweig fordert bei Stimmenthaltung der MSPD die beiden USPD-Regierungsmitgliedern zum Austritt aus der Regierung auf. Am 20. Juni legen sie ihre Ämter nieder.

AU CHATEAU DE SAINT-GERMAIN-EN-LAYE. — Départ des plénipotentiaires autrichiens après la séance du 2 juin.

Phot. H. Manuel. — Voir l'article et les autres documents photographiques aux pages suivantes.

20. Juni, Freitag

Die deutsche Reichsregierung unter dem Ministerpräsident Philipp Scheidemann (MSPD) tritt wegen Meinungsverschiedenheiten über die Annahme des Versailler Friedensvertrags zurück. → S.119

Die französische Abgeordnetenkammer in Paris verabschiedet den Gesetzentwurf über die Einführung des Achtstundentags in Bergwerken (→ 17.4./S.87).

21. Juni, Sonnabend

Der Arbeitsminister im früheren Kabinett Philipp Scheidemanns (MSPD), Gustav Bauer (MSPD), bildet eine neue Reichsregierung. → S.120

Im britischen Marinestützpunkt in Scapa Flow versenken die Mannschaften der dort internierten deutschen Hochseeflotte ihre Schiffe, um sie nicht in die Hände der Alliierten fallen zu lassen. → S.128

22. Juni, Sonntag

Die Weimarer Nationalversammlung billigt unter Vorbehalt die Unterzeichnung des Versailler Friedensvertrags. → S.120

Aus Protest gegen die Entscheidung, den Versailler Friedensvertrag zu unterzeichnen, scheidet der preußische Kriegsminister Walther Reinhardt (parteilos) aus der Reichsregierung aus. Mit Zustimmung von Reichspräsident Friedrich Ebert (MSPD) wird er jedoch weiterhin mit beratender Stimme an den Sitzungen des Reichsministeriums teilnehmen.

23. Juni, Montag

Die Weimarer Nationalversammlung billigt die bedingungslose Unterzeichnung des Versailler Friedensvertrags. → S.121

Soldaten der Berliner Freikorps verbrennen französische Fahnen, aus Protest gegen den Friedensvertrag von Versailles. →S.121

Der deutsche Generalfeldmarschall Paul von Hindenburg teilt der Reichsregierung unter Gustav Bauer (MSPD) in Weimar telegrafisch mit, daß er sich mit der bedingungslosen Unterzeichnung des Versailler Friedensvertrags nicht einverstanden erklären könne.

Der deutsche Reichswehrminister Gustav Noske (MSPD) appelliert in einem Aufruf »An die Reichswehr!«, ihm weiter zur Seite zu stehen, nachdem sein Rücktrittsgesuch von Reichspräsident Friedrich Ebert (MSPD) abgelehnt wurde. → S.121

Das Standgericht in München verurteilt Ernst Niekisch, den früheren Vorsitzenden des Revolutionären Zentralrats, wegen Beihilfe zum Hochverrat zu zwei Jahren Festungshaft (→ 2.5./S.99).

Das finnische Parlament in Helsingfors (Helsinki) nimmt die republikanische Verfassung an. → S.130

Der seit dem 14. Juni in Budapest tagende Landeskongreß der revolutionären ungarischen Arbeiter-, Soldaten- und Bauernräte genehmigt den Verfassungsentwurf der Ungarländischen Sozialistischen Räterepublik (→ 25.6./S.130).

Das Internationale Olympische Komitee beschließt in Lausanne, daß die Gastgeberländer für Olympische Spiele über eine Teilnahme deutscher Sportler entscheiden sollen. → S.133

24. Juni, Dienstag

Der Berliner Nachrichtenagentur Wolffs Telegraphen Bureau (WTB) veröffentlicht den von Reichspräsident Friedrich Ebert und Reichsministerpräsident Gustav Bauer (MSPD) unterzeichneten Aufruf »An das deutsche Volk!«. → S.121

Das preußische Kriegsministerium und der Chef der Admiralität geben Erlasse heraus, in denen die Soldaten aufgefordert werden, ihren Dienst trotz der bedingungslosen Unterzeichnung des Versailler Friedensvertrags weiter zu tun, in denen aber zugleich der Überzeugung Ausdruck gegeben wird, daß die Versailler Friedensbedingungen mit der Soldatenehre unvereinbar seien.

Der Danziger Oberbürgermeister Heinrich Sahm gibt eine Erklärung ab zur Errichtung der Freien Stadt Danzig. → S.130

Die Feindseligkeiten zwischen Ungarn und der Tschechoslowakei an der slowakischen Front werden eingestellt.

Der ungarische Zentralvollzugsausschuß in Budapest wählt eine neue Regierung, der fast ausschließlich Kommunisten angehören. Zum Präsidenten des Regierenden Rats wird Anton Dovcsak gewählt. Volksbeauftragter für auswärtige Angelegenheiten wird Béla Kun (→ 25.6./S.130).

Christopher Addison übernimmt die Leitung des neugeschaffenen britischen Gesundheitsministeriums.

25. Juni, Mittwoch

Der deutsche Generalfeldmarschall Paul von Hindenburg legt den militärischen Oberbefehl nieder (→ 3.7./S.142).

In Hamburg kommt es zu Lebensmittelunruhen, die sich an den wucherischen Preissteigerungen entzünden. Es werden fast 200 Menschen getötet. → S.130

Der dänische Ministerpräsident Carl Theodor Zahle ernennt den als Führer der dänischen Bevölkerung in Schleswig bekannten Politiker Hans Peter Hanssen, von 1906 bis 1918 Mitglied des Deutschen Reichstags, zum Minister ohne Geschäftsbereich (nach der Unterzeichnung des Versailler Friedensvertrags führt er den Titel »Minister für Süd-Jütland«).

Der frühere kaiserliche deutsche Reichskanzler Theobald von Bethmann Hollweg bietet sich den alliierten Siegermächten als Geisel anstelle des deutschen Ex-Kaisers Wilhelm II. an. → S.129

Der Zentralvollzugsausschuß der ungarischen Räterepublik in Budapest nimmt eine Entschließung über die Diktatur des Proletariats an. → S.130

In Southport an der britischen Westküste beginnt die Jahreskonferenz der britischen Labour Party. Sie dauert bis zum 27. Juni. Zentrale Themen sind der Versailler Friedensvertrag und die Politik gegenüber Sowjetrußland.

Der Film »Die Austernprinzessin« von Ernst Lubitsch mit Ossi Oswalda in der Titelrolle wird in Berlin uraufgeführt.

26. Juni, Donnerstag

Die preußische Landesversammlung in Berlin lehnt nach zweitägiger Debatte den Versailler Friedensvertrag ab als einen »allem Rechtsgefühl hohnsprechenden« Frieden, »der unser Volk in der schlimmsten Weise vergewaltigt«.

In Berlin kommt es wegen steigender Lebensmittelpreise zu einem Eisenbahnerstreik (→ 25.6./S.130).

Eduard Schmid (MSPD) wird zum Ersten Bürgermeister der bayerischen Hauptstadt München gewählt.

27. Juni, Freitag

In Vollzug der Änderung des Fabrikgesetzes wird in der Schweiz per 20. Januar 1920 die 48-Stunden-Woche eingeführt.

In Neuseeland findet eine Volksabstimmung über das Verkaufsverbot von Alkohol statt. Für ein solches Verbot stimmen 246 104 Zivilisten und 7 723 Armeeangehörige. Gegen das Verbot stimmen 232 208 Zivilisten und 31 981 Armeeangehörige. Das Verbot wird also mit einer Mehrheit von 10 362 Stimmen abgelehnt.

Die französische Zeitung »L'Humanité« veröffentlicht einen Friedensaufruf an die »Geistesarbeiter« der Welt. → S.133

Die Kommandantur der italienischen Truppen in Kärnten teilt dem deutschösterreichischen Landesbefehlshaber in Kärnten die vom Obersten Rat der Alliierten festgesetzte Demarkationslinie zwischen Deutschösterreich und dem Königreich der Serben, Kroaten und Slowenen (Jugoslawien) mit. Danach fallen Klagenfurt und das ganze Nordufer des Wörther Sees samt Velden in den deutschösterreichischen Besetzungsbereich.

Die Offiziere der ehemaligen Königlichen Preußischen Armee und der ehemaligen kaiserlichen deutschen Marine richten an Königin Wilhelmina der Niederlande einen Aufruf mit der Bitte, den früheren deutschen Kaiser und preußischen König Wilhelm II. nicht an die Alliierten auszuliefern (→ 25.6./S.129).

Die tschechoslowakische Nationalversammlung in Prag nimmt den Antrag an über die Errichtung der dritten tschechoslowakischen Universität in Bratislava nach Prag und Brünn.

28. Juni, Sonnabend

Der Versailler Friedensvertrag zwischen dem Deutschen Reich und den Alliierten wird unterzeichnet. → S.122

Die deutsche Friedensdelegation unterzeichnet in Versailles u.a. eine Vereinbarung über die militärische Besetzung des Rheinlands. → S.123

US-Präsident Woodrow Wilson und der britische Premierminister David Lloyd George unterzeichnen in Paris Garantieverträge zugunsten Frankreichs bei einem deutschen Revancheangriff. → S.127

Polen und die Hauptmächte der alliierten Sieger des Weltkriegs unterzeichnen in Paris einen Vertrag über den Schutz der nationalen Minderheiten. → S.130

94,4% der stimmberechtigten Bevölkerung der zu Finnland gehörenden Ålandinseln sprechen sich bei einer Volksabstimmung für den Anschluß an Schweden aus.

Der französische Ministerpräsident Georges Benjamin Clemenceau fordert in einer Note die Regierung der Niederlande auf, den deutschen Kronprinzen Wilhelm, der in den Niederlanden interniert ist, gut zu bewachen. Die Niederlande weisen die Note zurück (→ 25.6./S.129).

29. Juni, Sonntag

Die stimmberechtigten Männer des schweizerischen Kantons Neuenburg lehnen bei der ersten Volksabstimmung in der Schweiz über die Gleichberechtigung der Geschlechter mit 12 000 zu 5 300 die politische Gleichberechtigung der Frauen ab. Die Mehrheit fürchtet, durch das Frauenstimmrecht könne der Sozialismus gefördert werden (→ 4.4./S.87).

Der britische Premierminister David Lloyd George trifft, von den Pariser Konferenzen kommend, in London ein, wo er am Bahnhof von König Georg V. und den Kabinettsmitgliedern feierlich empfangen wird.

Der US-amerikanische Präsident Woodrow Wilson schifft sich in Brest auf der »George Washington« zur Rückreise in die Vereinigten Staaten ein.

In Berlin wird die erste Ausstellung von »Merz-Bildern« des Malers und Schriftstellers Kurt Schwitters eröffnet, einem führenden Vertreter des deutschen Dadaismus und Expressionismus.

30. Juni, Montag

Die Vertreter der Republiken Aserbaidschan, Estland, Georgien, Lettland, Nordkaukasus, Weißrußland und Ukraine fordern in Paris von den Alliierten die Anerkennung ihrer Unabhängigkeit.

Die ungarische Rote Armee beginnt mit dem Rückzug auf die Grenzen, die Ungarn von den alliierten Siegermächten des Weltkriegs aufgezwungen wurden. Die ungarische Räteregierung gibt damit das gesamte eroberte Gebiet der Slowakei und der slowakischen Räterepublik sowie große Gebiete des eigentlichen magyarischen Landes preis (→ 25.6./S.130).

In Nürnberg beginnt der zehnte Deutsche Gewerkschaftskongreß (→ 5.7./S.145).

Die italienische Regierung in Rom hebt die während des Ersten Weltkriegs verhängte Zensur auf.

Das Wetter im Monat Juni

Station	Mittlere Lufttemperatur (°C)	Niederschlag (mm)	Sonnenscheindauer (Std.)
Aachen	14,9 (15,9)	85 (77)	— (200)
Berlin	15,9 (16,5)	61 (62)	— (244)
Bremen	15,1 (16,0)	48 (59)	— (218)
München	16,3 (15,8)	114 (121)	— (201)
Wien	— (17,6)	— (68)	— (246)
Zürich	16,4 (15,5)	96 (138)	254 (220)

( ) Langjähriger Mittelwert für diesen Monat
— Wert nicht ermittelt

Reichsaußenminister Ulrich Graf Brockdorff-Rantzau leitet die deutsche Delegation bei den Friedensverhandlungen in Versailles; Titelseite der Zeitschrift »Über Land und Meer«

Die Alliierten bleiben hart

16. Juni. Begleitet vom Johlen und Pfeifen antideutscher Demonstranten, fährt die deutsche Friedensdelegation, die vom Reichsminister des Auswärtigen, Ulrich Graf von Brockdorff-Rantzau (parteilos), geleitet wird, vom »Hôtel des Réservoirs« in Versailles zum Bahnhof von Noisy-le-Roi. Von hier aus bringt sie ein Sonderzug nach Weimar zurück. Die Wagenkolonne der Delegierten wird mit Steinen beworfen, mehrere Delegationsmitglieder werden durch Steinwürfe und Glassplitter verletzt.

Der heutige Tag hat das endgültige Aus für die Hoffnungen der Deutschen gebracht, die alliierten Siegermächte des Ersten Weltkriegs könnten auf die deutschen Gegenvorschläge (→ 29.5./S.104) zum Friedensvertragsentwurf (→ 7.5./S.101) eingehen. Um Viertel vor sieben Uhr abends wurde der deutschen Delegation in ihrem Hotel die Antwort der Alliierten überreicht: Der Friedensvertrag muß, abgesehen von kleinen Änderungen, so unterzeichnet werden, wie er von den Alliierten diktiert worden ist. Binnen fünf Tagen muß die deutsche Delegation erklären, ob sie den Vertrag so unterzeichnen will oder nicht. Die »Verhandlungen« werden für beendet erklärt.

Die Antwort der Alliierten auf die deutschen Gegenvorschläge ist in denkbar schroffer und zum Teil beleidigender Form gehalten: Das Deutsche Reich trage alle Schuld am Krieg und müsse deshalb bestraft werden; es könne froh sein, wenn es noch so gnädig davonkomme; die überreichten Friedensbedingungen entsprächen dem Wunsch nach einem »Frieden der Gerechtigkeit«. Wörtlich heißt es in der Begründung der Alliierten, die eine Änderung des von ihnen erarbeiteten Friedensvertrags grundsätzlich ablehnen: »Der Protest der deutschen Delegation beweist, daß diese die Lage, in der sich Deutschland heute befindet, gänzlich verkennt. Die deutsche Delegation scheint zu denken, Deutschland habe nur Opfer zu bringen, um zum Frieden zu gelangen, als ob dieser Frieden einzig und allein nur der Abschluß eines Kampfes um territorialen oder Machtgewinn wäre ... Gerechtigkeit soll Deutschland werden. Aber es muß das eine Gerechtigkeit für alle sein. Es muß das sein die Gerech-

tigkeit für die Toten, für die Verwundeten, für die Waisenkinder, für alle, die in Trauer sind, auf daß Europa von dem preußischen Despotismus erlöst werde ... Deshalb haben die alliierten und assoziierten Mächte nachdrücklichst erklärt, Deutschland müsse als grundlegende Bedingung des Vertrags ein Werk der Wiedergutmachung bis zur äußersten Grenze seiner Fähigkeit unternehmen, ist doch die Wiedergutmachung des Unrechts, das man verursacht hat, das eigentlichste Wesen der Gerechtigkeit ... Deswegen auch muß Deutschland sich auf einige Jahre gewissen Beschränkungen und gewissen Sonderanordnungen unterwerfen. Deutschland hat die Industrien, die Bergwerke und die Fabriken der ihm benachbarten Länder ruiniert. Es hat sie nicht während des Kampfes zerstört, sondern in der wohlüberlegten und erwogenen Absicht, seiner eigenen Industrie zu ermöglichen, sich der Märkte jener Länder zu bemächtigen, bevor ihre Industrie sich von der Verwüstung, die es ihnen in frivoler Weise zugefügt hatte, wieder hat erholen können. Deutschland hat seine Nachbarn alles dessen beraubt, was es nutzbar machen oder fortschleppen konnte. Es hat die Schiffe aller Nationen auf hoher See zerstört, da, wo es für die Passagiere und Besatzungen keine Rettungsaussicht gab. Es ist nur gerecht, daß Ersatz geleistet wird und daß die so mißhandelten Völker einige Zeit gegen die Konkurrenz einer Nation geschützt werden, deren Industrien intakt sind, ja sogar durch die in den besetzten Gebieten gestohlenen Ausrüstungsgegenstände eine Stärkung erfahren haben. Wenn dies harte Prüfungen für Deutschland sind, so ist es Deutschland selber, welches sie sich zugezogen hat. Einer muß unter den Folgen des Krieges leiden. Wer soll leiden? Deutschland oder nur die Völker, denen Deutschland Böses zugefügt hat ... Zum Schluß müssen die alliierten und assoziierten Mächte es offen aussprechen, daß dieser Brief und die angeschlossene Denkschrift ihr letztes Wort in der Angelegenheit darstellen. Sie haben die deutschen Bemerkungen und Gegenvorschläge mit ernster Aufmerksamkeit ... geprüft. Sie müssen jedoch die Grundsätze des Vertrags aufrechterhalten.«

Brockdorff-Rantzau (2.v.r.) am Bahnhof vor der Rückfahrt nach Weimar

16. Juni:
Keine Kolonien für das Deutsche Reich

In ihrem abschließenden Schreiben an die deutsche Friedensdelegation in Versailles begründen die alliierten Siegermächte des Ersten Weltkriegs, warum dem Deutschen Reich seine Kolonien genommen werden: »Endlich haben die alliierten und assoziierten Mächte sich davon überzeugen können, daß die eingeborenen Bevölkerungen der deutschen Kolonien starken Widerspruch dagegen erheben, daß sie wieder unter Deutschlands Oberherrschaft gestellt werden, und die Geschichte dieser deutschen Oberherrschaft, die Traditionen der deutschen Regierung und die Art und Weise, in welcher diese Kolonien verwandt wurden als Ausgangspunkte für Raubzüge auf den Handel der Erde, machen es den alliierten und assoziierten Mächten unmöglich, Deutschland die Kolo-

nien zurückzugeben oder dem Deutschen Reiche die Verantwortung für die Ausbildung und Erziehung der Bevölkerung anzuvertrauen.«

Die Revolution und die anschließende Entwicklung im Deutschen Reich beurteilen die Alliierten so: »Diese Umwandlung stellt eine große Friedenshoffnung und eine Neuordnung für die Zukunft Europas dar. Aber sie kann die Liquidierung des Krieges selbst nicht berühren. Die deutsche Revolution wurde verzögert, bis die deutschen Heere im Felde geschlagen worden waren, bis jede Hoffnung, aus einem Eroberungskriege Nutzen zu ziehen, sich verflüchtigt hatte. Sowohl während des ... Krieges wie auch vor dem Kriege ist das ganze deutsche Volk und sind seine Vertreter für den Krieg gewesen; sie haben für die Kredite gestimmt, sie haben die Kriegsanleihen gezeichnet, sie haben allen Befehlen ihrer Regierung, so roh auch diese Befehle sein mochten, gehorcht.«

Vor dem Sitzungsgebäude der Weimarer Nationalversammlung warten die Menschen auf die Entscheidungen um den Versailler Friedensvertrag

Ministerpräsident Scheidemann (MSPD) spricht sich gegen die Unterzeichnung des Versailler Vertrages aus, kann sich aber im Kabinett nicht durchsetzen

18. Juni:
»Nicht erfüllbare Bedingungen«

Die von der deutschen Reichsregierung unter Philipp Scheidemann (MSPD) ernannten Sachverständigen lehnen die Unterzeichnung des Versailler Friedensvertrags wegen »Unerfüllbarkeit« ab.

Die Sachverständigen fassen folgenden Beschluß: »Das durch den Krieg finanziell und in seiner Bevölkerungszahl durch die Hungerblockade in der Arbeitsfähigkeit geschwächte Deutschland soll nach der Antwort der Entente ungezählte Milliarden zahlen. Das könnte es zur Not nur dann, wenn es … produzieren und exportieren könnte. Daran ist es aber durch die von der Entente aufrechterhaltenen Bestimmungen gehindert. Deutschland soll den Ententestaaten die uneingeschränkte Meistbegünstigung nicht nur hinsichtlich der Behandlung der Waren, sondern auch der Staatsangehörigen gewähren. Die Meistbegünstigung wird ihm selbst aber von den Ententestaaten auf mindestens fünf Jahre versagt. Deutschland soll seinen Zolltarif in wichtigen Punkten auf die dem Friedensschluß folgende nächste Zeit binden, steht aber im Ausland völlig freien Zolltarifen gegenüber. Vertragliche Grundlagen für seine Rechte im internationalen Wirtschaftsverkehr fehlen Deutschland so gut wie ganz. Rechte hat nur die Entente gegenüber Deutschland. Bei dieser Sachlage ist die Aufnahme von Handelsbeziehungen zu den Ententestaaten und der Export dorthin ausgeschlossen. Denn irgend eine auf fester Grundlage aufgebaute Kalkulation ist kaum möglich. So muß Deutschland seinen bisherigen Markt den Fremden überlassen, denn alle anderen Staaten werden die Deutschen aus dem Felde schlagen können. Hierdurch werden die deutsche Produktion und Valuta dauernd niedergehalten. Dieses wird verschlimmert durch die gleichfalls aufrechterhaltene Liquidation des deutschen Eigentums im Auslande und die Auslieferung der deutschen Handelsflotte, wodurch zwei Faktoren, die vor dem Krieg die deutsche Zahlungsbilanz trotz passiver Handelsbilanz aktiv machten, weggefallen sind. Deutschland würde also selbst bei territorialer Unversehrtheit nur schwer produktiv arbeiten können. Durch die gleichfalls auch nach der Antwort der Entente weiter geforderten territorialen Abtretungen wird die deutsche Erzeugung an Kohle, Erzen und landwirtschaftlichen Produkten über alle Maßen beschränkt. Außer den früher schon in großen Mengen aus dem Auslande bezogenen Rohstoffen müßte Deutschland auch die auf diese Weise verlorengegangenen Erzeugnisse importieren. Da ihm aber der Außenhandel genommen ist, ist er außerstande, diese Erzeugnisse zu bezahlen. Es ergibt sich also die wirtschaftliche Unmöglichkeit, die neuen Ententebedingungen zu erfüllen. Einen nicht erfüllbaren Vertrag zu unterzeichnen, verbietet die Achtung vor der Vertragstreue und vor sich selbst.«

20. Juni:
Regierungsrücktritt wegen Uneinigkeit

Die deutsche Reichsregierung unter Philipp Scheidemann (MSPD) tritt kurz nach ein Uhr zurück. Der Grund sind Meinungsverschiedenheiten im Kabinett über die Unterzeichnung des Versailler Vertrags. Scheidemann zieht die politische Konsequenz aus der Tatsache, daß es in der Weimarer Nationalversammlung keine Mehrheit für seine den Versailler Friedensvertrag ablehnende Politik gibt. Von den Kabinettsmitgliedern lehnen außer Scheidemann Ulrich Graf von Brockdorff-Rantzau (parteilos), Otto Landsberg (MSPD) und die DDP-Minister Bernhard Dernburg, Hugo Preuß und Georg Gothein die Unterzeichnung ab. Die Annahme der Vertragsbedingungen befürworten die Minister Matthias Erzberger (Zentrum), Eduard Heinrich Rudolph David (MSPD), Rudolf Wissell (MSPD), Johannes Bell (Zentrum), Gustav Bauer (MSPD), Gustav Noske (MSPD) und Robert Schmidt (MSPD).
Die Minister erklären sich bereit, bis zur Bildung der neuen Regierung die Geschäfte weiterzuführen (→ 21.6./S. 120).

»Entspannung der Haß- und Rachegefühle«

Der deutsche Reichsminister des Auswärtigen, Ulrich Graf von Brockdorff-Rantzau (parteilos), begründet gegenüber Reichspräsident Friedrich Ebert seinen Rücktritt:

»In vollem Bewußtsein ihrer Tragweite habe ich für den kommenden Frieden gewisse Mindestforderungen in so scharfer Form aufgestellt, daß ich sie nicht fallen lassen kann … Absichtlich habe ich mich in diesen Fragen vor der Öffentlichkeit festgelegt und den Feinden gegenüber gebunden, denn sie sollten wissen, daß ihrem Siegerübermut in einem festen Willen eine Grenze gesetzt war. Ich bin von Versailles zurückgekehrt in der zuversichtlichen Hoffnung, mit meiner Politik zu einem Erfolge zu kommen, wenn das deutsche Volk hinter mir stand und bereit war, die schweren Gefahren, mit denen die Feinde es bedrohen und einzuschüchtern versuchen, und die ich keineswegs verkenne, auf sich zu nehmen … Wenn Deutschland jetzt die Friedensbedingungen der Feinde annimmt, so ist der politische Erfolg, den dieses ungeheuerliche Opfer eintragen soll, die Beruhigung unserer äußeren Lage, die Entspannung der Haß- und Rachegefühle … Dieser Vorteil würde gefährdet, vielleicht gar preisgegeben, wenn die neuen Beziehungen von demselben Manne angeknüpft werden müßten, der die Bedingungen der Gegner so scharf verworfen hat wie ich … so muß diese Politik von … einem Manne getrieben werden, der weniger belastet ist als ich.«

Das neue Kabinett unter Gustav Bauer (stehend) will den Versailler Friedensvertrag unterzeichnen

21. Juni:
Neue Regierung unter Gustav Bauer

Der deutsche Reichspräsident Friedrich Ebert (MSPD) beauftragt den bisherigen Reichsarbeitsminister Gustav Bauer (MSPD) mit der Neubildung des Kabinetts und ernennt am selben Tag auf Vorschlag Bauers die neue Reichsregierung. Ihr gehören nur Mitglieder von MSPD und Zentrum an. Die linksliberale DDP weigert sich, in das neue Kabinett einzutreten, da sie Gustav Bauers Absicht, den Versailler Friedensvertrag zu unterzeichnen, strikt ablehnt.

Zur neuen Regierung gehören folgende Politiker:
Reichsministerpräsident: Gustav Bauer (MSPD)
Stellvertreter und Finanzen: Matthias Erzberger (Zentrum)
Auswärtiges: Hermann Müller (MSPD)
Inneres: Eduard Heinrich Rudolph David (MSPD)
Wirtschaft: Rudolf Wissell (MSPD)
Arbeit: Alexander Schlicke (MSPD)
Wehr: Gustav Noske (MSPD)
Post: Johann Giesberts (Zentrum)
Ernährung: Robert Schmidt (MSPD)
Verkehr und Kolonien: Johannes Bell (Zentrum)
Schatz: Wilhelm Mayer (Zentrum)

In seiner Regierungserklärung sagt Bauer am 22. Juni, das Kabinett weiche »der Gewalt … in dem Entschluß, dem unsagbar leidenden deutschen Volke einen neuen Krieg, die Zerreißung seiner nationalen Einheit durch weitere Besetzung deutschen Gebietes … zu ersparen«. Bauer nennt folgende Einschränkungen: »Die Regierung der Deutschen Republik ist bereit, den Friedensvertrag zu unterzeichnen, ohne jedoch damit anzuerkennen, daß das deutsche Volk der Urheber des Kriegs sei und ohne eine Verpflichtung nach Artikel 227 bis 230 [Strafbestimmungen wie Auslieferung des Kaisers] des Friedensvertrags zu übernehmen.«

22. Juni:
Alliierte lehnen alle Vorbehalte ab

Die Weimarer Nationalversammlung billigt unter Vorbehalt die Unterzeichnung des Versailler Friedensvertrags. Der Antrag, eine Kompromißlösung, wird nach stürmischer Debatte mit 237 zu 138 Stimmen bei sechs Enthaltungen angenommen. Die Mehrheit besteht aus MSPD, USPD, Zentrum und sechs DDP-Mitgliedern. Gegen den Antrag stimmen die DNVP, die DVP und der größte Teil der DDP-Abgeordneten.

Nationalversammlungsbeschluß
»Die Regierung der Deutschen Republik ist bereit, den Friedensvertrag zu unterzeichnen, ohne jedoch damit anzuerkennen, daß das deutsche Volk der Urheber des Krieges sei und ohne eine Verpflichtung nach Art. 227 bis 230 [Strafbestimmungen wie Auslieferung des Ex-Kaisers Wilhelm II.] des Friedensvertrags zu übernehmen.«

Im Anschluß an die Annahme des Antrags spricht die Weimarer Nationalversammlung in einer namentlichen Abstimmung mit 236 gegen 89 Stimmen bei 68 Enthaltungen (DDP) der Reichsregierung das Vertrauen aus.

Noch am selben Tag läßt Ministerpräsident Bauer den alliierten Siegermächten des Ersten Weltkriegs in Versailles eine Note überreichen, in der er das Abstimmungsergebnis mitteilt und erklärt, daß die Reichsregierung bereit sei, den Friedensvertrag unter Vorbehalt zu unterzeichnen.

Wenige Stunden später erfolgt die Antwort der Alliierten: Sie lehnen jede weitere Änderung des Friedensvertrags ab und fordern unverzüglich eine Antwort darüber, ob das Deutsche Reich gewillt ist, den Friedensvertrag in seinem ganzen Umfang anzunehmen oder nicht. Die Zeit für Diskussionen und Vorbehalte sei vorbei.

Am 23. Juni ersucht die deutsche Reichsregierung daraufhin die Alliierten um eine Fristverlängerung von 48 Stunden, um die neue Sachlage parlamentarisch beraten zu können. Die Alliierten lehnen jede Fristverlängerung und jede weitere Diskussion um den Vertrag ab.

Verfechter einer Politik der Verständigung

*Der neue Reichsministerpräsident, der Mehrheits-Sozialdemokrat Gustav Bauer (Abb., *6.1.1870), war von 1912 bis 1918 Mitglied des Deutschen Reichstags. Am 4. Oktober 1918 trat er als Staatssekretär des Reichsamts des Innern in die letzte kaiserliche Regierung unter Max Prinz von Baden ein. Seit Januar gehört er der Weimarer Nationalversammlung an. Im Kabinett Philipp Scheidemann (→13.2./S.46) hatte er das Reichsarbeitsministerium übernommen. Bauers Stellvertreter ist Reichsfinanzminister Matthias Erzberger (*20.9.1875). Der Zentrumspolitiker gehörte von 1903 bis 1918 dem Reichstag an und befürwortete anfänglich die wilhelminische Flotten- und Heerespolitik. Während des Ersten Weltkriegs wandelte er sich vom Anhänger eines sog. Siegfriedens zum Verfechter eines Verständigungsfriedens und war maßgeblich an der Friedensresolution des Reichstags vom Juli 1917 beteiligt. Unter Max Prinz von Baden war er 1918 Staatssekretär ohne Geschäftsbereich. Als Vorsitzender der Waffenstillstandskommission unterzeichnete er am 11. November 1918 den Waffenstillstand mit den Alliierten. Als Reichsminister ohne Geschäftsbereich in der Regierung Scheidemanns leitete er die Verhandlungen über die Waffenstillstandsbedingungen (→16.1./S.18).*

Auf der Titelseite der satirischen Zeitschrift »Simplicissimus« vom 8. Juli 1919 wird der Versailler Vertrag als mörderischer »Friedenskuß« dargestellt

Protest gegen Versailles an der Siegessäule (für 1871) in Berlin

Demonstration für das Selbstbestimmungsrecht von Elsaß-Lothringen

23. Juni:
Versailler Frieden in Weimar gebilligt

Die Weimarer Nationalversammlung bestätigt in einfacher Abstimmung, daß die Regierung unter Ministerpräsident Gustav Bauer (MSPD) weiterhin ermächtigt ist, den Versailler Friedensvertrag zu unterzeichnen, obwohl die alliierten Siegermächte die deutschen Vorbehalte (→22.6./S.120) ablehnen und die bedingungslose Unterzeichnung verlangen.

Nicht nur das Zentrum und die beiden sozialdemokratischen Fraktionen erheben sich bei der Abstimmung, sondern auch der größte Teil der DDP, die gesamte DVP sowie ein Teil der DNVP. Die Fraktionen bekunden in der Debatte ausdrücklich, daß sie den Befürwortern des Friedensvertrags nicht Mangel an vaterländischer Gesinnung vorwerfen würden.

Um 16 Uhr 40 läßt Unterstaatssekretär Edgar Haniel im Auftrag des Reichsministers des Auswärtigen, Hermann Müller (MSPD), dem französischen Ministerpräsidenten und Vorsitzenden der Friedenskonferenz, Georges Benjamin Clemenceau, folgende Note über die bedingungslose Unterzeichnung des Vertrags zustellen: »Die Regierung der Deutschen Republik hat aus der letzten Mitteilung der alliierten und assoziierten Regierungen mit Erschütterung gesehen, daß sie entschlossen sind, von Deutschland auch die Annahme derjenigen Friedensbedingungen mit äußerster Gewalt zu erzwingen, die, ohne eine materielle Bedeutung zu besitzen, den Zweck verfolgen, dem deutschen Volke seine Ehre zu nehmen. Durch einen Gewaltakt wird die Ehre des deutschen Volkes nicht berührt. Sie nach außen hin zu verteidigen, fehlt dem deutschen Volke nach den entsetzlichen Leiden der letzten Jahre jedes Mittel. Der übermächtigen Gewalt weichend und ohne damit ihre Auffassung über die unerhörte Ungerechtigkeit der Friedensbedingungen aufzugeben, erklärt deshalb die Regierung der Deutschen Republik, daß sie bereit ist, die von den alliierten und assoziierten Regierungen auferlegten Friedensbedingungen anzunehmen und zu unterzeichnen.«

23. Juni:
Noske-Appell an die Reichswehrführung

Der deutsche Reichswehrminister Gustav Noske (MSPD) reicht sein Rücktrittsgesuch ein. Noske reagiert damit auf die Ankündigung des Offizierskorps der Truppen in Weimar und der Freikorpsführer, ihren Dienst für den Fall der bedingungslosen Unterzeichnung des Versailler Vertrags zu quittieren. Als sein Rücktrittsgesuch von Reichspräsident Friedrich Ebert (MSPD) abgelehnt wird, erläßt Noske einen dringenden Aufruf an die Reichswehr, ihm zur Seite zu stehen »in der schwersten Stunde, die das deutsche Volk erlebt«.

23. Juni:
Berlin: Soldaten verbrennen Fahnen

Aus Protest gegen die von der Weimarer Nationalversammlung gebilligte bedingungslose Unterzeichnung des Versailler Friedensvertrags stürmen Soldaten der Berliner Freikorps das Zeughaus. Sie rauben französische Fahnen, die im Deutsch-Französischen Krieg von 1870/71 erbeutet wurden und nach den Bestimmungen des Versailler Vertrags an Frankreich zurückgegeben werden müssen. Mit den Fahnen marschieren die Soldaten zum Denkmal Friedrichs des Großen und verbrennen sie. Die Aktion erregt großes Aufsehen im Ausland.

40 000 Menschen demonstrieren in Magdeburg gegen den »Schmachfrieden«

24. Juni:
»Kein Friede ohne Vertragserfüllung«

Reichspräsident Friedrich Ebert und Reichsministerpräsident Gustav Bauer (MSPD) fordern die Bevölkerung auf, den Versailler Vertrag zu erfüllen: »Die Reichsregierung hat mit der Zustimmung der Nationalversammlung erklärt, den Friedensvertrag zu unterschreiben. Schwersten Herzens, unter dem Druck der rücksichtslosen Gewalt, nur in dem einen Gedanken: Unserem wehrlosen Volke neue Kriegsopfer und Hungerqualen zu ersparen ... Ohne innere Ordnung keine Arbeit! Ohne Arbeit keine Vertragserfüllung! Ohne Vertragserfüllung keinen Frieden ...!«

Der Spiegelsaal des Schlosses von Versailles während der Unterzeichnung des Friedensvertrags; unter dem mittleren Spiegel Wilson und Clemenceau

Versailler Friedensvertrag beendet Ersten Weltkrieg

28. Juni. Im Spiegelsaal des Schlosses von Versailles bei Paris wird der Friedensvertrag zwischen dem Deutschen Reich und den alliierten Siegermächten des Ersten Weltkriegs unterzeichnet. Die Unterzeichnung des Vertrags findet an derselben Stelle statt, an der am 18. Januar 1871 das Deutsche Kaiserreich proklamiert wurde.

Die deutsche Delegation wird geleitet von Reichsaußenminister Hermann Müller (MSPD) und Reichskolonialminister Johannes Bell (Zentrum). Der französische Ministerpräsident und Vorsitzende der Friedenskonferenz, Georges Benjamin Clemenceau, eröffnet die Zeremonie um 15 Uhr mit folgenden Worten: »Meine Herren! … Über die Bedingungen des Friedensvertrags zwischen den alliierten und assoziierten Mächten und dem Deutschen Reiche wurde eine Einigung erzielt … Der Präsident der Konferenz bestätigt schriftlich, daß der zu unterzeichnende Text mit dem Text der den deutschen Delegierten übergebenen 200 Exemplaren übereinstimmt. Die Unterschriften werden nun erfolgen. Sie stellen die unwiderrufliche Verpflichtung dar, alle festgesetzten Bedingungen … zu erfüllen. Unter diesen Umständen habe ich die Ehre, die deutschen Bevollmächtigten einzuladen, ihre Unterschrift auf dem mir vorliegenden Vertrage geben zu wollen.«

Um 15 Uhr 12 unterschreiben die deutschen Reichsminister Müller und Bell als erste den Friedensvertrag, das Protokoll (→28.6./S.123) und die Vereinbarung über die Besetzung des Rheinlands durch die Alliierten. Anschließend unterschreiben der Reihe nach die Delegierten der alliierten und assoziierten Mächte mit Ausnahme Chinas. China lehnt die Unterzeichnung ab, weil die Friedenskonferenz nicht China, sondern Japan die deutschen Rechte in Schantung übertragen hat. Südafrika unterzeichnet den Vertrag nur unter Protest, da seine Regierung eine Mäßigung der Siegermächte für angemessen hält.

Kurz nach 16 Uhr ist die Unterzeichnung beendet. Clemenceau hebt die Sitzung auf mit der Bemerkung: »Der Friede ist geschlossen.« Er bittet die Delegierten der alliierten und assoziierten Mächte zu warten, bis die deutschen Bevollmächtigten sich entfernt hätten; die Militärmission werde die Deutschen in das »Hôtel des Réservoirs« zurückbegleiten. Daraufhin verlassen die deutschen Bevollmächtigten als erste den Spiegelsaal.

Nach der Unterzeichnung müssen Soldaten die alliierten Regierungschefs vor der neugierigen Menge schützen

Lloyd George, Clemenceau und Wilson (v.l.) begeben sich nach der Unterzeichnung unter Polizeischutz zum Senat

Reichsaußenminister Hermann Müller unterzeichnet als erster den Versailler Friedensvertrag, hinter ihm der zweite deutsche Bevollmächtigte, Bell

Der US-amerikanische Präsident Woodrow Wilson (sitzend) unterzeichnet im Spiegelsaal des Versailler Schlosses den Versailler Friedensvertrag

Der französische Ministerpräsident und Vorsitzende der Pariser Friedenskonferenz, Georges Benjamin Clemenceau, unterzeichnet den Vertrag stehend

Rheinland bleibt von Alliierten besetzt

28. Juni. Außer dem eigentlichen Friedensvertrag (→7.5. /S.101; → 28.6./S.126) unterzeichnen die deutschen Bevollmächtigten im Spiegelsaal von Schloß Versailles ein Protokoll über die Ausführungsbestimmungen des Vertrags sowie eine Vereinbarung über die militärische Besetzung des Rheinlands (→17.5./S.107).

Hauptpunkte des Protokolls sind: »1. Von den alliierten und assoziierten Hauptmächten wird ein Ausschuß ernannt, der die Zerstörung der Befestigungen Helgolands, wie sie gemäß dem Vertrage erfolgen soll, zu überwachen hat …

3. Das Verzeichnis der [von den Alliierten als Kriegsverbrecher bezeichneten] Personen, die Deutschland nach Artikel 228 Absatz 2 den alliierten und assoziierten Mächten auszuliefern hat, wird der deutschen Regierung im ersten Monat nach Inkrafttreten des Vertrags mitgeteilt.«

Bezüglich der militärischen Besetzung des Rheinlands durch Streitkräfte der Vereinigten Staaten, Belgiens, Frankreichs und Großbritanniens muß das Deutsche Reich folgende Vereinbarung unterzeichnen:

»**Art. 1.** Gemäß Artikel 428ff. des am heutigen Tage unterzeichneten Vertrags halten die Streitkräfte als Bürgschaft für die Ausführung des genannten Vertrags durch Deutschland die deutschen Gebiete weiter besetzt. Kein deutscher Truppenkörper, mit Ausnahme der auf der Rückbeförderung begriffenen Kriegsgefangenen, hat zu den besetzten Gebieten Zutritt, auch nicht im Durchgangsverkehr; doch können Polizeikräfte in einer von den alliierten und assoziierten Mächten zu bestimmenden Zahl in diesen Gebieten zwecks Aufrechterhaltung der Ordnung beibehalten werden.

Art. 2 Es wird eine Zivilbehörde unter der Bezeichnung Interalliierter Hoher Ausschuß für die Rheinlande errichtet … Sie besteht aus vier Mitgliedern Belgiens, Frankreichs, Großbritanniens und der USA.

Art. 6. Die deutsche Regierung hat weiterhin die Unterhaltungskosten der Besetzungsarmeen unter den im Vertrag festgesetzten Bedingungen zu tragen…

Art. 8. a) Die deutsche Regierung verpflichtet sich, den alliierten und assoziierten Truppen alle für sie erforderlichen militärischen Gebäude zur Verfügung zu stellen und sie in gutem Zustande zu erhalten; desgleichen die erforderli-

Volksfest in Paris nach der Unterzeichnung des Friedensvertrags

chen Einrichtungsgegenstände, Heizung und Beleuchtung …

b) Die Mannschaften und Unteroffiziere werden, abgesehen von Fällen außergewöhnlicher Dringlichkeit, in Kasernen untergebracht und nicht bei der Zivilbevölkerung einquartiert. Erweisen sich die bestehenden militärischen Anlagen als unzureichend oder ungeeignet, so dürfen die alliierten und assoziierten Truppen jedes öffentliche oder private Gebäude mit seinem Personal in Anspruch nehmen, wenn es ihnen für diesen Zweck geeignet erscheint, oder, falls dies nicht ausreicht, die Errichtung neuer Kasernen fordern. Die Zivilbeamten, die Offiziere und ihre Familien dürfen bei der Zivilbevölkerung nach Maßgabe der bei jeder einzelnen Armee zur Zeit in Kraft befindlichen Einquartierungsbestimmungen untergebracht werden.

Art. 13. Der Hohe Ausschuß ist befugt … den Belagerungszustand über das ganze Gebiet oder einen Teil davon zu verhängen.«

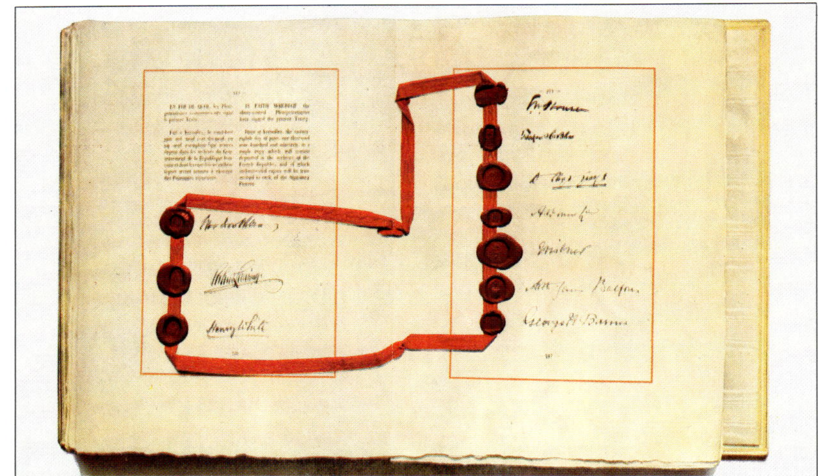 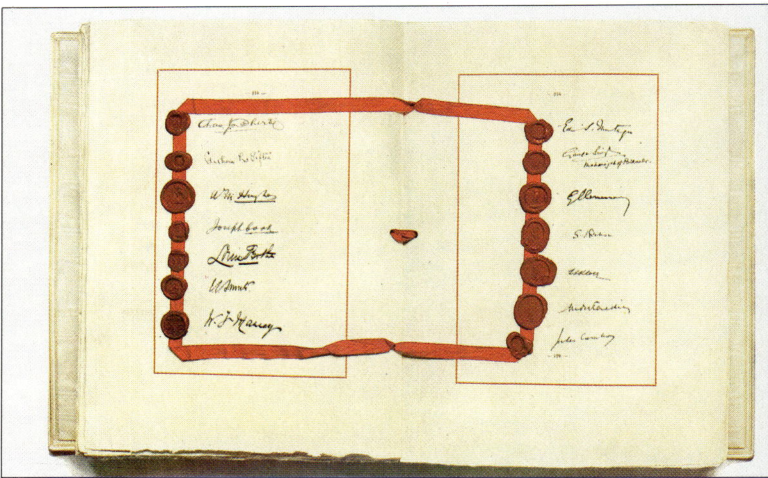

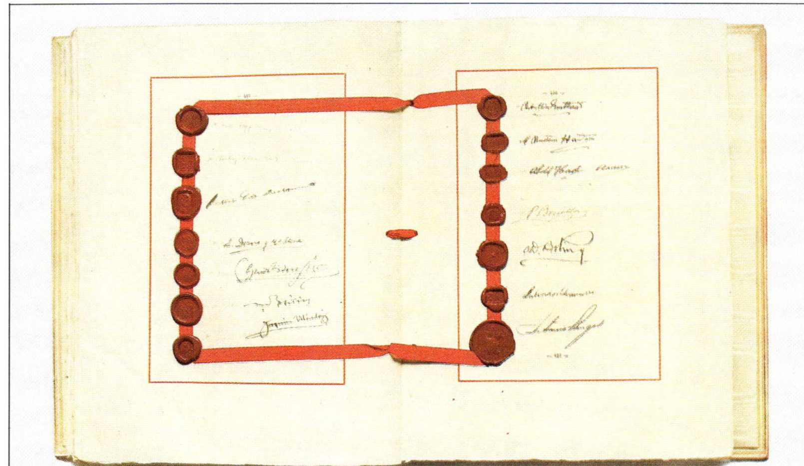 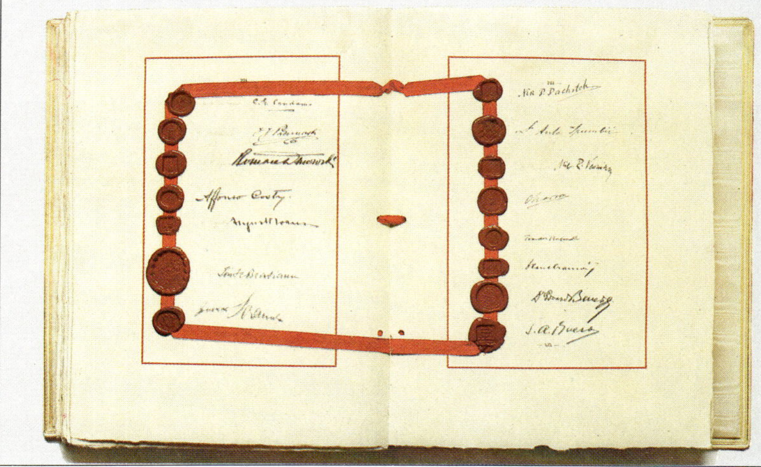

Sämtliche Unterschriften der Staats- und Parteichefs unter dem

28. Juni. Der Versailler Friedensvertrag wird im Schloß zu Versailles vom Deutschen Reich, von den alliierten und assoziierten Siegermächten des Ersten Weltkriegs, von den nach dem Zusammenbruch der österreichisch-ungarischen Doppelmonarchie entstandenen Staaten sowie von neutralen Staaten unterzeichnet. China unterzeichnet den Vertrag nicht aus Protest gegen die Entscheidung, Japan die deutschen Rechte in Schantung zu übertragen. Als erste unterzeichnen die beiden Vertreter des Deutschen Reichs. Ihre Unterschriften stehen im Vertrag am Schluß.

Die von den Staats- bzw. Regierungschefs der einzelnen Länder ernannten Bevollmächtigten leisten die Unterschriften. Bekleiden sie außerdem ein Minister- oder Staatsamt bzw. sind sie selbst Regierungs- oder Staatschefs, ist dies in Klammern vermerkt.

Abbildung oben links:
USA:
—Woodrow Wilson (Präsident)
—Robert Lansing (Außenminister)
—Henry White, E.M. House, Tascher H. Bliss
Großbritannien:
—David Lloyd George (Premierminister)
—Andrew Bonar Law (Lordgeheimsiegelbewahrer)
—Alfred Viscount Milner (Kolonialminister)
—Arthur James Balfour (Außenminister)
—George Nicoll Barnes
Abbildung oben Mitte:
Kanada:
—Ch. Joseph Doherty
—A.L. Sifton
Australien:
—William Morris Hughes (Ministerpräsident)
—Joseph Cook
Südafrika:
—Louis Botha (Ministerpräsident)

—Jan Christiaan Smuts
Neuseeland:
—William Ferguson Massey (Premierminister)
Britisch-Indien:
—Edwin Samuel Montagu (britischer Staatssekretär für Indien)
—Ganga Singh (Maharadscha)
Frankreich:
—Georges Benjamin Clemenceau (Ministerpräsident und Kriegsminister sowie Vorsitzender der Pariser Friedenskonferenz)
—Stéphan Pichon (Außenminister)
—Louis-Lucien Klotz
—André Tardieu
—Jules Cambon
Abbildung oben rechts:
Italien:
—Giorgio Sidney Baron Sonnino
—Marquis Imperiali
—Silvio Crespi
Japan:
—Kimmotschi Fürst Saiondschi
—Baron Makino

—Vicomte Chinda
—K. Baron Matsui
—Mikokitschi Ijuin
Belgien:
—Paul Hymans (Außenminister)
—van den Heuvel
—Émile Vandervelde (Justizminister)
Bolivien:
—Ismael Montes
Brasilien:
—P. Calogeras
—(Raul Fernandes, bei der Unterzeichnung nicht anwesend)
—Rodrigo Octavio
Abbildung unten links:
China:
—China unterschreibt nicht
Kuba:
—Antonio Sanchez de Bustamente
Ecuador:
—Enrique Dorn y de Alsua
Griechenland:
—Eleftherios Weniselos (Ministerpräsident)

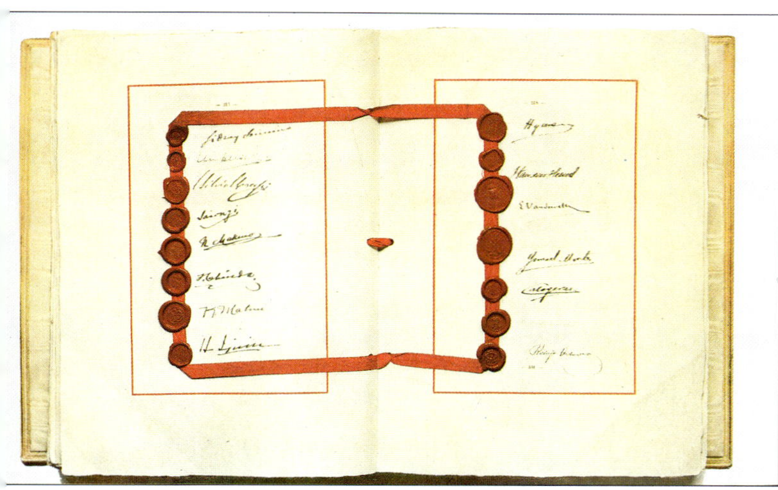

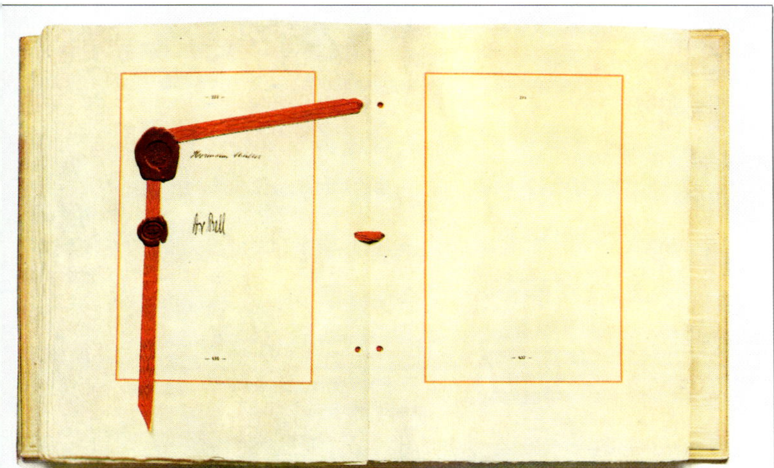

Versailler Friedensvertrag

—Nikolaos Politis (Außenminister)

Guatemala:
—Joaguin Mendez

Haiti:
—Tertullien Guilbaud

Hedschas (Saudi-Arabien):
—Rustem Haidar
—Abdul Hadi Aouni

Honduras:
—Policarpo Bonilla

Liberia:
—Charles Dunbar Burgess King

Nicaragua:
—Salvador Chamorro

Panama:
—Antonio Burgos

Abbildung unten Mitte:

Peru:
—Carlos G. Candamo

Polen:
—Ignacy Jan Paderewski (Ministerpräsident)
—Roman Dmowski

Portugal:
—Alfonso Augusto da Costa

—Augusto Soares

Rumämien:
—Ion C. Bratianu (Ministerpräsident und Außenminister)
—General Coanda

Königreich der Serben, Kroaten und Slowenen (Jugoslawien):
—Nikola Pašić
—Ante Trumbić (Außenminister)
—Mil. R. Vesnić

Siam (Thailand):
—Prinz Charoon
—Prinz Traidos Probandhu

Tschechoslowakei:
—Karel Kramář (Ministerpräsident)
—Eduard Beneš (Außenminister)

Uruguay:
—I. A. Buero

Abbildung unten rechts:

Deutsches Reich:
—Hermann Müller (Reichsminister des Auswärtigen)
—Johannes Bell (Reichskolonialminister)

Versailler Schloß als Verhandlungsort

28. Juni. Die Unterzeichnung des Versailler Friedensvertrags findet im Spiegelsaal des Schlosses zu Versailles statt, in genau dem Saal, in dem am 18. Januar 1871 der preußische König Wilhelm I. von den deutschen Fürsten zum Deutschen Kaiser proklamiert wurde.

Außer den Delegationen der Unterzeichnerstaaten und geladenen Gästen wohnen dem feierlichen Akt Abordnungen britischer, US-amerikanischer und französischer Soldaten sowie eine Gruppe französischer Kriegsinvaliden bei. Die internationale Presse ist vertreten durch zahlreiche Journalisten, Maler, Fotografen und Filmteams.

Die Sitzordnung (Abb.):

1) Georges Benjamin Clemenceau, Vorsitzender der Friedenskonferenz und französischer Ministerpräsident

2) Woodrow Wilson, Präsident der Vereinigten Staaten

3) David Lloyd George, britischer Premierminister

4) Delegation der USA

5) Delegation Großbritanniens

6) Delegationen der britischen Dominions

7) Französische Delegation

8) Italienische Delegation

9) Japanische Delegation

10) Deutsche Delegation

11) Hermann Müller, deutscher Reichsminister des Auswärtigen

12) Johannes Bell, deutscher Reichskolonialminister

Die weiteren Delegationen, in der Regel nur aus dem Unterschriftsleistenden bestehend:

13) Brasilien

14) Bolivien

15) Kuba

16) Ecuador

17) Guatemala

18) Haiti

19) Honduras

20) Liberia

21) Nicaragua

22) Panama

23) Peru

24) Uruguay

25) Königreich der Serben, Kroaten und Slowenen (Jugoslawien)

26) Rumänien

27) Portugal

28) Polen

29) Tschechoslowakei

30) Siam (Thailand)

31) Hedschas (Saudi-Arabien)

32) China (abwesend)

Sitzordnung im Schloß Versailles

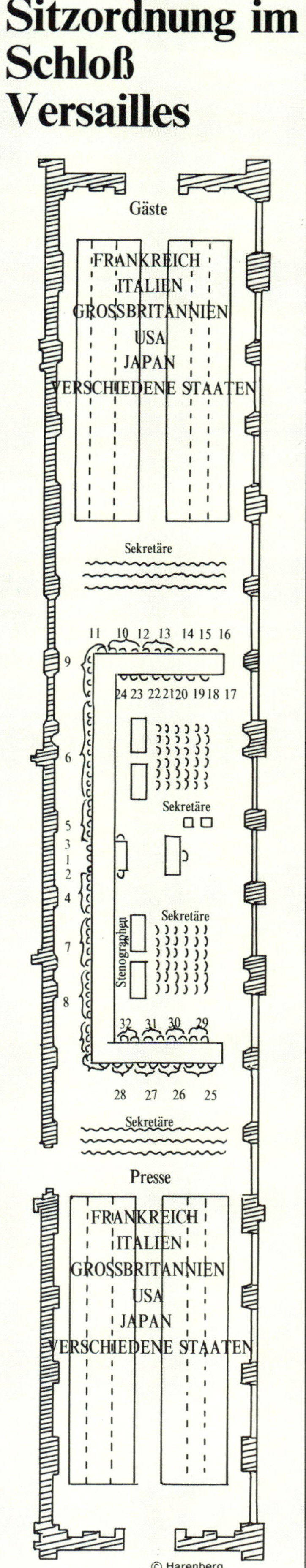

Versailles besiegelt Verlust deutscher Weltmachtstellung

Das Vertragswerk von Versailles umfaßt 15 Teile mit 440 Artikeln und zahlreichen Anlagen.

Teil I enthält die Bestimmungen über die Völkerbundsatzung (→ 28.4./S.80). Eines der Hauptziele von US-Präsident Woodrow Wilson war es, den Völkerbund zum untrennbaren Bestandteil des Vertrags zu machen (→25.1./S.19). Im Unterschied zu den anderen Unterzeichnerstaaten des Versailler Vertrags ist das Deutsche Reich jedoch kein Mitglied des Völkerbunds, die alliierten Siegermächte haben seine Aufnahme am 16. Juni (S.118) abgelehnt mit der Begründung: »Die deutsche Revolution ist bis auf die letzten Augenblicke des Krieges verschoben worden, und es besteht bisher keine Gewähr dafür, daß die durch sie vollzogene Änderung einen dauernden Zustand darstellt. Mit Rücksicht auf die gegenwärtige Stimmung unter den Völkern der Welt ist es nicht möglich zu erwarten, daß die freien Völker der Erde sich sofort in gleichberechtigter Gemeinschaft mit jenen zusammenniederlassen, von denen sie so schweres Unrecht erlitten haben. Diesen Schritt in einem zu frühen Zeitpunkt zu versuchen, würde heißen, den Prozeß der Versöhnung, den alle wünschen, aufzuhalten statt zu fördern.«

Durch diesen Teil des Versailler Vertrags wird das Deutsche Reich aus der Versammlung der »freien Völker« ausgeschlossen. Zugleich wird es gezwungen, durch seine Unterschrift anzuerkennen, daß es nicht »gleichberechtigt« ist.

Die Verknüpfung von Völkerbundsatzung und Versailler Vertrag und der gleichzeitige Ausschluß des Deutschen Reichs aus dem Völkerbund führt dazu, daß der Völkerbund von weiten Kreisen der deutschen Bevölkerung, insbesondere von den politischen Rechten als bloßes Werkzeug der Siegermächte angesehen wird.

Außer durch die Gebietsabtretungen wird das Deutsche Reich durch die wirtschaftlichen Bestimmungen hart getroffen. In erster Linie wollen die Sieger Wiedergutmachung für Schäden und Verluste durch den Krieg in Form von Reparationszahlungen (Artikel 232ff.). Das Deutsche Reich muß den Vertrag unterzeichnen, ohne daß die Höhe der Reparationszahlungen im Endbetrag festgelegt worden ist. Auf den Protest der deutschen Delegation antworteten die Alliierten am 16. Juni: Die Artikel über die Wiedergutmachungen »verfolgen das Ziel, die Zahlung der Reparationen, die von Deutschland geschuldet wird, so leicht und so angenehm als möglich für beide Teile zu gestalten, und werden auch in diesem Sinne ausgelegt werden...

Es ist nicht möglich, diese Summe heute zu bestimmen, da der Umfang des Schadens und die Kosten der Wiederherstellung noch nicht festgestellt worden sind.« Die wirtschaftlichen Bestimmungen, die zusammen mit dem sog. Kriegsschuldartikel 231 (→29.5./S.104) das Kernstück des Versailler Vertrags bilden, zielen aber auch auf eine Zerstörung der Grundlagen der deutschen Wirtschaftsmacht. An Sachleistungen werden vom Deutschen Reich gefordert die Auslieferung des größten Teils der deutschen Handelsflotte (→ 17.1./S.36) und die Abtretung fast aller deutschen Strom- und vor allem Telegraphenkabel sowie Kohle und Kohleprodukte. Darüber hinaus beschlagnahmen die Alliierten das gesamte deutsche Privatvermögen im Ausland, was von deutschen Rechtsexperten als Verstoß gegen das Völkerrecht angesehen wird; der Vertrag legt dem Deutschen Reich in diesem Punkt die Verpflichtung auf, seine Angehörigen zu entschädigen. Die weiteren

Mehr als 70 000 km² vom deutschen Staatsgebiet abgetrennt

Durch Gebietsabtretungen verliert das Deutsche Reich nach den Bestimmungen des Versailler Friedensvertrags unter Ausschluß der Kolonien 70 579 von 540 787 km², das entspricht 13,05 % seines Staatsgebiets. Auf dieser Fläche lebten 1910, als die bisher letzte Volkszählung im Deutschen Reich durchgeführt wurde, 6,5 Millionen Menschen.

An Belgien, dessen Neutralität durch Artikel 31 aufgehoben wird, fallen ohne Volksabstimmung Moresnet (Artikel 32/33) sowie Eupen-Malmedy (Artikel 34/35). An Frankreich fällt Elsaß-Lothringen ohne Volksabstimmung und ohne daß der Verlust des deutschen Staatseigentums auf die Reparationszahlungen angerechnet wird (Artikel 51ff.). An Frankreich fallen ferner der Hafen von Kehl für sieben Jahre, die elsässischen Rheinbrücken (Artikel 65/66) und die Saarkohlengruben. Das Saargebiet wird trotz überwiegend deutscher Bevölkerung für 15 Jahre der Souveränität des Völkerbunds unterstellt (Artikel 50).

An Polen fällt der Hauptteil der Provinzen Posen und Westpreußen (Artikel 87). Dadurch wird der sog. Polnische Korridor geschaffen, ein Gebietsstreifen zwischen Pommern und der Weichsel, den das Deutsche Reich an Polen abtreten muß (15 865 km² mit rund 330 000 Einwohnern), damit Polen Zugang zur Ostsee erhält. Der Polnische Korridor trennt Danzig und Ostpreußen vom Deutschen Reich. Volksabstimmungen sind vorgesehen für Oberschlesien (Artikel 88) und für die west- und ostpreußischen Bezirke Allenstein und Marienwerder (Artikel 94ff.). Danzig wird vom Deutschen Reich abgetrennt (Artikel 100ff.) und als Freie Stadt unter den Schutz des Völkerbunds gestellt. Die außenpolitische Vertretung von Danzig, sein Strom- und Eisenbahnsystem wird Polen übertragen, außerdem wird die Freie Stadt in das polnische Zollgebiet eingegliedert.

An die Tschechoslowakei fällt das Hultschiner Ländchen ohne Volksabstimmung (Artikel 83), während für Nordschleswig eine Volksabstimmung vorgesehen ist (Artikel 109ff.). Das Memelgebiet muß an die Alliierten abgetreten werden (Artikel 99). Luxemburg scheidet aus dem deutschen Zollgebiet aus. Der Anschluß Österreichs an das Deutsche Reich wird verboten (Artikel 80). Das Deutsche Reich muß auch auf alle seine kolonialen Besitzungen zugunsten der Alliierten verzichten (Artikel 119ff. und 156ff.). Die deutsche Souveränität wird zudem innerhalb des Deutschen Reichs eingeschränkt. Die großen Flüsse Elbe, Oder, Memel, Donau, Rhein und Mosel sowie ein zu erbauender Rhein-Donau-Kanal werden internationalisiert (Artikel 331ff.). Eine dauernde Einschränkung der deutschen Souveränität stellt schließlich die Entmilitarisierung des Rheinlands dar (Artikel 42ff.). Danach ist es dem Deutschen Reich untersagt, auf dem linken Rheinufer und in einer 50-km-Zone auf dem rechten Rheinufer Befestigungen beizubehalten oder anzulegen, Streitkräfte zu unterhalten oder zu sammeln und militärische Übungen vorzunehmen. Von den Alliierten besetzt werden das linke Rheinufer und die Brückenköpfe von Mainz und Kehl auf 15 Jahre, der Brückenkopf von Koblenz auf zehn Jahre und der Brückenkopf von Köln auf fünf Jahre (→ 28.6./S.123). Nach Maßgabe der Abmachung kann diese befristete Besetzung von den Alliierten bei Nichterfüllung des Versailler Vertrags verlängert werden.

wirtschaftlichen Bedingungen zielen darauf ab, das Deutsche Reich vom Welthandel weitgehend auszuschließen. So müssen die Deutschen den Alliierten bis zum 10. Januar 1925 die Meistbegünstigung ohne Gegenseitigkeit gewähren (Artikel 264ff.); die Staatsangehörigen der Alliierten erhalten für ihre Güter und Schiffe in allen deutschen Häfen und auf den Binnenschiffahrtsstraßen Gleichberechtigung und Verkehrsfreiheit ohne jegliche Gegenseitigkeit (Artikel 327ff.). Die deutsche Zivilluftfahrt wird grundsätzlich gestattet, jedoch erhalten die Flugzeuge der Alliierten volle Flug- und Landefreiheit auf deutschem Staatsgebiet bis zum 1. Januar 1925.

Verluste durch Versailles

Eisenerz	74,8 %
Stahl	rund 30,0 %
Steinkohle	28,3 %
Kohle	rund 50,0 %
Kartoffeln	19,7 %
Roggen	18,2 %
Gerste	17,2 %
Weizen	12,6 %

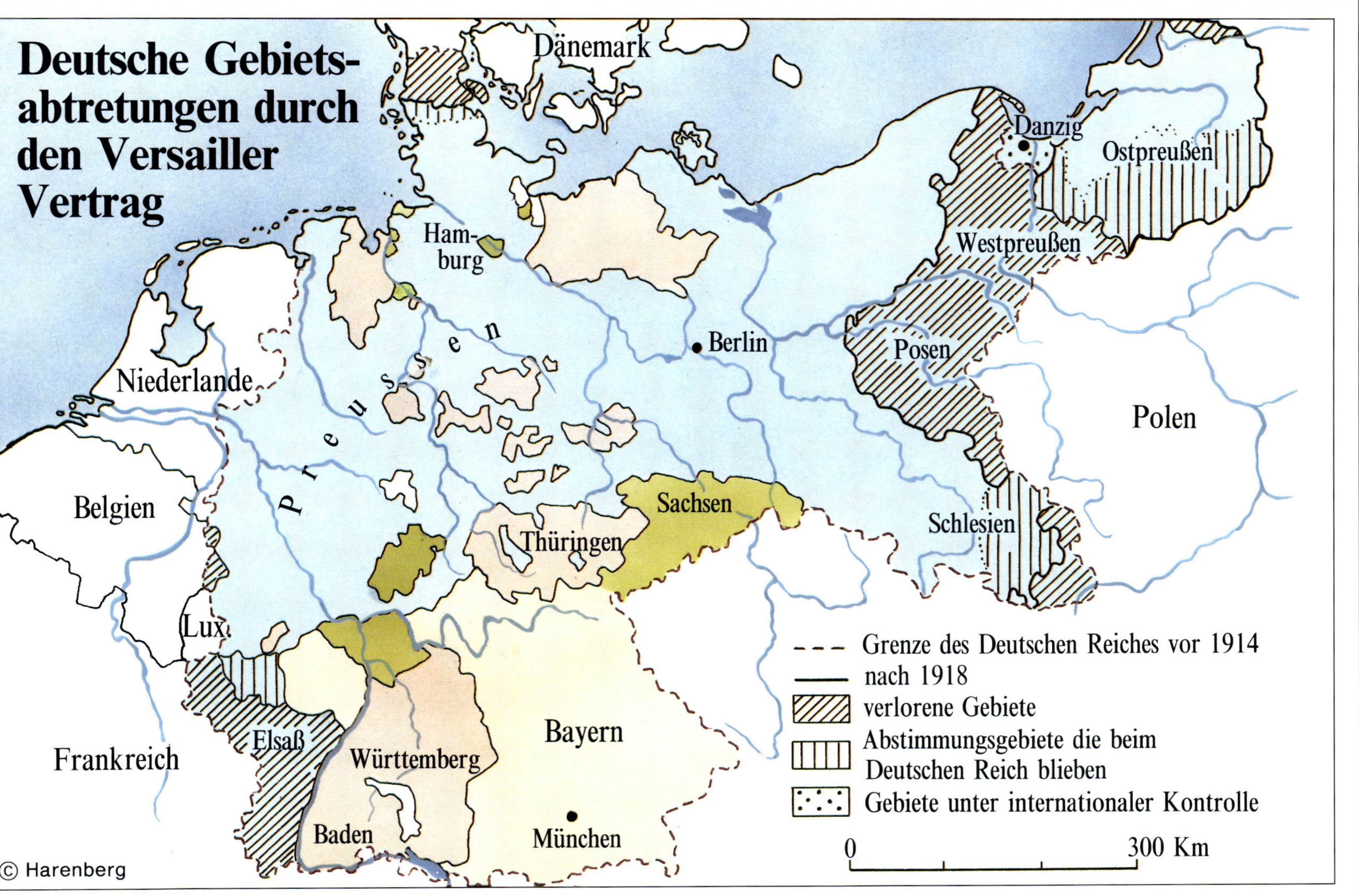

Frankreich fürchtet deutschen Revancheakt trotz Entwaffnung

Am selben Tag, als im Schloß von Versailles der Friedensvertrag zwischen dem Deutschen Reich und den alliierten Siegermächten des Ersten Weltkriegs unterzeichnet wird, werden in Paris zwischen Frankreich und den USA sowie zwischen Frankreich und Großbritannien Garantieverträge zugunsten Frankreichs für den Fall eines deutschen Angriffs geschlossen. Trotz der militärischen Besetzung des Deutschen Reichs, trotz der wirtschaftlichen Bestimmungen des Friedensvertrags, die von der deutschen Reichsregierung als untragbar bezeichnet werden, trotz der festgeschriebenen Entmilitarisierung des Rheinlands und trotz der Entwaffnungsbestimmungen fühlt sich Frankreich nicht sicher vor einem deutschen Revancheakt. Der Versailler Vertrag und die beiden Pariser Garantieverträge mit den USA und mit Großbritannien bilden deshalb für Frankreich eine Einheit. Durch diese beiden Abkommen will Frankreich die Sicherheit finden, die ihm der Versailler Vertrag nicht zu bieten scheint. Die Pariser Garantieverträge gehen davon aus, »daß die Bestimmungen über das linke Rheinufer, die in dem erwähnten Vertrag von Versailles niedergelegt sind, fürs erste nicht hinlänglich sind, um Frankreich einerseits und den USA [bzw. Großbritannien] als einer der Signatarmächte des Vertrages andererseits Sicherung und Schutz zu geben«, wie es in den Präambeln heißt. Frankreich fürchtet die deutsche Revanche, obwohl das Deutsche Reich durch die Entwaffnungsbestimmungen militärisch so zurückgeworfen ist, daß es gegen die europäischen Großmächte und die USA nicht bestehen kann. Die Entwaffnungsbestimmungen des Versailler Vertrags sollen, wie es in der Einleitung zu Teil V heißt, den »Anfang einer allgemeinen Rüstungsbeschränkung aller Nationen« ermöglichen. Die allgemeine Wehrpflicht wird dem Deutschen Reich untersagt ebenso wie die Aufstellung einer Miliz. Die militärische Verteidigung wird auf ein Berufsheer mit zwölfjähriger Dienstzeit und einem Höchstbestand von 100 000 Mann beschränkt. Der Große Generalstab muß aufgelöst werden, alle Mobilmachungsmaßnahmen werden verboten. Unterrichtsanstalten, Hochschulen und Vereine dürfen sich nicht mit militärischen Angelegenheiten befassen.

Die Bewaffnung des deutschen Berufsheeres wird genau festgelegt und so beschränkt, daß sie nach Meinung weiter Kreise im Deutschen Reich nicht einmal für Verteidigungsmaßnahmen ausreicht. So sind schwere Geschütze, Tanks (Panzer) und Luftabwehrgeschütze verboten. Die Ein- und Ausfuhr Kriegsmaterial ist untersagt. Die deutsche Marine wird beschränkt auf sechs Schlachtschiffe, sechs kleine Kreuzer, zwölf Zerstörer und zwölf Torpedoboote mit insgesamt 15 000 Mann. Unterseeboote dürfen nicht in Dienst gestellt werden. Auch die Aufstellung einer Luftwaffe verbietet der Vertrag. Mit Ausnahme weniger Festungen im Osten und Süden müssen alle Befestigungen geschleift werden. Das gleiche gilt für die Küstenbefestigungen sowie für die Befestigungs- und Hafenanlagen Helgolands. Zur Überwachung der Entwaffnung wird die internationale Militärkontrolle eingerichtet. Das Deutsche Reich muß sich verpflichten, alle Arten von Untersuchungen zuzulassen, die der Völkerbundsrat anordnet und die Militärkontrolle durchführt.

Selbstversenkung der deutschen Flotte in Scapa Flow

21. Juni. Die im britischen Scapa Flow internierte deutsche Hochseeflotte versenkt sich selbst. Der befehlführende deutsche Konteradmiral Ludwig von Reuter hatte die Order zur Öffnung der Bodenventile gegeben, um die Schiffe nicht an die Alliierten fallen zu lassen.

Auf ein verabredetes Signal hin öffnen die Mannschaften die Ventile und setzen die Kriegsflaggen. Mit wehenden Flaggen sinken die Schiffe vor den Augen der Briten, die das Feuer auf die in die Boote gegangenen Besatzungen eröffnen. Mehrere deutsche Marineoffiziere und Mannschaften werden dabei getötet oder verwundet. 1860 Offiziere und Mannschaften werden danach in einem nahegelegenen Kriegsgefangenenlager interniert.

Aufgrund des Waffenstillstandsabkommens vom 9. November 1918 wurden die neuesten und stärksten Schiffe der deutschen Hochseeflotte in Scapa Flow zwischen den südlichen Orkneyinseln interniert: Elf Linienschiffe, fünf Schlachtkreuzer, acht kleine Kreuzer und 50 Torpedoboote. Die Schiffe waren abgerüstet und hatten nur kleine deutsche Besatzungen an Bord. Nach der Unterzeichnung des Versailler Friedensvertrags (→28.6./ S.122) wären die Schiffe automatisch an die alliierten Siegermächte des Ersten Weltkriegs gefallen.

Ein deutscher Zerstörer, der beim Sinken auf einem bereits versenkten Schlachtschiff liegengeblieben ist

Nur die Schornsteine und die Masten des gesunkenen Schlachtkreuzers »Hindenburg« ragen noch aus dem Wasser heraus

Nach Öffnen der Bodenventile gehen die unbewaffneten deutschen Schiffsbesatzungen in die Boote

Ein versenkter deutscher Zerstörer bei Scapa Flow; nur durch die Luft im Bug wird das endgültige Sinken des Schiffes verhindert; die Flotte ist zerstört

Wilhelm II.: Tauziehen um Auslieferung

25. Juni. Der frühere deutsche Reichskanzler Theobald von Bethmann Hollweg bietet den alliierten Siegermächten des Ersten Weltkriegs an, anstelle des deutschen Ex-Kaisers, Wilhelm II., vor Gericht zu erscheinen. In seiner Note an den französischen Ministerpräsidenten Georges Benjamin Clemenceau als dem Vorsitzenden der Pariser Friedenskonferenz schreibt er: »In Artikel 227 der Friedensbedingungen haben die alliierten und assoziierten Mächte Seine Majestät Wilhelm II. von Hohenzollern, den früheren deutschen Kaiser, wegen schwerster Verletzung des internationalen Sittengesetzes und der geheiligten Macht der Verträge unter öffentliche Anklage gestellt ... Mit Bezug hierauf erlaube ich mir, an die alliierten und assoziierten Mächte die Bitte zu richten, das gegen Seine Majestät den Kaiser beabsichtigte Verfahren gegen mich stattfinden zu lassen. Zu diesem Zweck stelle ich mich hierdurch zur Verfügung ... Als ehemaliger deutscher Reichskanzler trage ich für meine Amtszeit die im deutschen Staatsrecht geregelte alleinige Verantwortung für die politischen Handlungen des Kaisers.«

Die Alliierten verlangen von den Niederlanden die Auslieferung von Wilhelm II., der in dem neutralen Staat im Asyl lebt.

Der deutsche Ex-Kronprinz Wilhelm

Wilhelm II. (r.) und seine Frau

Nach der Flucht aus dem Deutschen Reich hat sich Wilhelm II. (l.) den Bart stehen lassen; die Abbildung zeigt ihn im Park von Schloß Amerongen

Todesurteil gegen Räteführer Leviné

3. Juni. Eugen Leviné, einer der Führer der Münchner Räterepublik (→2.5./S.99), wird von einem Standgericht in München wegen Hochverrats zum Tod verurteilt.

In der Begründung des Urteils wird darauf hingewiesen, daß Leviné im April die Gewalt an sich gerissen habe und gegen die rechtmäßige Regierung von Johannes Hoffmann (MSDP) »positiv tätig« gewesen sei; er habe u.a. den Generalstreik veranlaßt, das Proletariat bewaffnet, die Rote Armee organisiert und eine besondere Gerichtskommission zur Bekämpfung gegenrevolutionärer Aktivitäten gebildet.

Ein Gnadengesuch wird am 4. Juni vom bayerischen Ministerrat abschlägig beschieden. Das Todesurteil wird daraufhin am 5. Juni in München-Stadelheim durch die Militärbehörde vollstreckt. Am 6. Juni beginnt in Berlin als Protest gegen den Vollzug dieses Urteils ein 24stündiger Generalstreik.

Die Justiz in Bayern verurteilt die Mitglieder der Münchner Räterepublik, die verhaftet wurden, zu teilweise sehr harten Strafen. Am 12. Juni verhängt das Münchner Standgericht gegen Gustav Klinglhöfer fünf Jahre und sechs Monate Festungshaft. Am 23. Juni verurteilt das Standgericht auch Ernst Niekisch zu zwei Jahren Festungshaft.

Rosa Luxemburg in Berlin Friedrichsfelde beigesetzt

13. Juni. Unter starker Beteiligung der kommunistischen und unabhängigen Arbeiterschaft wird die am →15. Januar (S.29) ermordete Politikerin Rosa Luxemburg auf dem Gemeindefriedhof in Berlin-Friedrichsfelde beigesetzt.

Die Leiche ist am 31. Mai im Landwehrkanal gefunden worden, rund viereinhalb Monate nach der Ermordung Rosa Luxemburgs. Sie war offenbar durch ein Stauwehr festgehalten worden. Die Obduktion ergibt einen Schädelbasisbruch und Verletzungen am linken Ohr.

Die Hauptfeier zum Begräbnis findet auf der Spielwiese in Friedrichshain statt. Dort wird der mit Kränzen der KPD, der russischen und der ungarischen Sowjetrepublik und der Moskauer Sozialistischen Akademie der Wissenschaften geschmückte Sarg aufgestellt.

Die Feier verläuft ohne die erwarteten Störungen rechter Gruppen.

Die von der USPD erhobene Forderung nach Arbeitsruhe am Begräbnistag findet nur wenig Resonanz.

Selbst die Angestellten der Großen Berliner Straßenbahn, die sich am Tag zuvor für einen Streik ausgesprochen haben, halten den Verkehr aufrecht. Der Betrieb der Hoch- und Untergrundbahn erleidet ebenfalls keine Unterbrechung. Auch in anderen Städten werden Streikaufrufe anläßlich der Beerdigung nicht befolgt.

Die Kranzabordnung im Trauerzug anläßlich der Beisetzung von Rosa Luxemburg; Tausende folgen dem Sarg

An den Straßen, durch die der Trauerzug kommt, stehen Zuschauer mit Bildern von R. Luxemburg und K. Liebknecht

Unruhen in Hamburg: Tote und Verletzte

25. Juni. Lebensmittelunruhen in Hamburg führen in der Nacht auf den 25. Juni zu blutigen Tumulten, zur Stürmung des Rathauses, zu Plünderungen und Zerstörungen und zum Zusammenbruch des öffentlichen Lebens.

Die Unruhen, die sich am Lebensmittelwucher entzünden, werden von radikalen Kommunisten links der KPD initiiert. »Lichtscheues Gesindel aller Art, das sich die Lage zunutze macht, zieht plündernd und brandschatzend durch die inneren Stadtteile, stürmt die Gefängnisse und besetzt die öffentlichen Gebäude«, heißt es in der Presse. Die in Parteien organisierte Arbeiterschaft, die USPD und die MSDP sowie die KPD distanzieren sich von den Ausschreitungen.

Die Radikalen besetzen die Hamburger Bahnhöfe und zerstören die Gleisanlagen, um den Transport von Reichstruppen mit der Eisenbahn zu verhindern. Am Vormittag befindet sich die Innenstadt Hamburgs im Kriegszustand. Gewehrfeuer unterbindet jeden Straßen- und Geschäftsverkehr, die Börse bleibt geschlossen. Bis zum Abend des 25. werden 185 Tote und mehrere 100 Verwundete gemeldet.

In der Nacht auf den 26. werden die Aufständischen nach und nach entwaffnet. Die Gewalt in Hamburg übernimmt ein Bürgerausschuß aus Mitgliedern der Volkswehr und der Betriebsräte der organisierten Arbeiterschaft. Da die Mitglieder einer »Freien Sozialistischen Vereinigung« die Auslieferung der Waffen verweigert, ruft der Hamburger Senat die Reichsregierung zu Hilfe, die am 26. Juni die Reichsexekution gegen Hamburg anordnet. Am frühen Morgen des 1. Juli wird die Stadt von Truppen unter Paul von Lettow-Vorbeck (→2.3./S.69) besetzt, die erst am 27. Juli wieder abziehen.

Die Lebensmittelteuerung führt auch in Berlin zu einem Streik, den radikale Kommunisten für ihre Zwecke auszunutzen versuchen. Am 26. Juni beginnt ein Streik der Berliner Eisenbahner, einen Tag später erklärt sich die preußische Staatsregierung bereit, gemeinsam mit den Gemeinden und dem Reich zur Senkung der Preise für ausländische Lebensmittel beizutragen; außerdem soll eine »geordnete Interessenvertretung« der Eisenbahner geschaffen und die Frage der Betriebsräte geregelt werden. Obwohl sich daraufhin die Vertreter der großen Eisenbahnerorganisationen, die sich ohnehin gegen den Streik ausgesprochen hatten, für die sofortige Wiederaufnahme der Arbeit einsetzen, geht der Streik weiter. Erst als das Ministerium am 1. Juli die Entlassung der Streikenden androht, beenden sie den Ausstand.

Truppen am Hamburger Rathaus

Menschenansammlung auf dem Hamburger Rathausmarkt bei Ausbruch der Lebensmittelunruhen in der Hansestadt

Verfassung für die Republik Finnland

23. Juni. Der finnische Landtag in Helsingfors (Helsinki) nimmt die neue, republikanische Verfassung an. Bis 1917 war Finnland ein russisches Großfürstentum (→ 27.4./S.82). Die Verfassung wird am 17. Juli vom Reichsverweser Carl Gustaf Emil Freiherr von Mannerheim (→13.2./S.57) bestätigt.

Nach der Verfassung übt der von 300 Wahlmännern mit einfacher Mehrheit auf sechs Jahre gewählte Präsident die vollziehende Gewalt aus. Er kann den Reichstag (Eduskunta) auflösen. Der Reichstag zählt 200 auf drei Jahre gewählte Mitglieder und übt die gesetzgebende Gewalt aus. Wahlberechtigt und wählbar sind alle über 24 Jahre alten männlichen und weiblichen Staatsbürger Finnlands.

»Gegenrevolution in Blut ersticken«

25. Juni. Der Zentralausschuß der Räterepublik Ungarn (→21.3./S.71) in Budapest nimmt eine Entschließung zur Diktatur des Proletariats an; sie wurde vom Volksbeauftragten für Auswärtiges und eigentlichen Leiter der Revolutionsregierung, Béla Kun, eingebracht; »Mit Rücksicht darauf, daß die milde Handhabung der Diktatur die Bourgeoisie nicht nur nicht zur Vernunft bringt, sondern sie zu einer gegenrevolutionären Haltung ermutigt, beschließt der Zentralvollzugsausschuß, die Diktatur des Proletariats im vollstem Maße und mit den schonungslosesten Mitteln anzuwenden und den Regierenden Rat zu beauftragen, daß die Gegenrevolution der Bourgeoisie, wenn nötig, in Blut erstickt werde.«

Garantie Polens für Minderheitsschutz

28. Juni. Am Tag der Unterzeichnung des Versailler Friedensvertrags (→28.6./S.122) unterschreiben Polen und die Hauptmächte der Alliierten, die USA, Frankreich, Großbritannien, Italien und Japan, in Paris einen Vertrag über den Schutz der Minderheiten in Polen. Dieser Vertrag bestätigt zugleich die Anerkennung Polens als unabhängiger Staat durch die Alliierten. Nach dem Versailler Vertrag erhält Polen den größten Teil der preußischen Provinzen Posen und Westpreußen; eine Abstimmung soll über die Zugehörigkeit Oberschlesiens, Masurens und eines Teils von Westpreußen entscheiden. In dem Pariser Vertrag verpflichtet sich Polen, die ethnischen Minderheiten (Deutsche) zu schützen.

Danzig: Trauer über Versailler Regelung

24. Juni. Der Danziger Oberbürgermeister Heinrich Sahm gibt vor den Stadtverordneten eine Erklärung ab, in der er zur Errichtung einer Freien Stadt Danzig und Lösung der Stadt vom Deutschen Reich gemäß dem Versailler Friedensvertrag sagt: »Wir, die wir immer die Treue zu unserem geliebten Vaterlande bewahrt und ausdrücklich betont haben, müssen uns trauernd dieser Entscheidung beugen. Hoffnung und Wille, unvermindert das Deutschtum dieser schönen alten Stadt zu erhalten, bleiben in unser aller Herzen bestehen. Wir sind deutsch und wollen immerdar deutsch bleiben, und ... wollen mit Altdanziger Mut und Entschlossenheit ... an den Aufbau des neuen Staatswesens herantreten.«

Sozialisierung und Steuerreform - Wege zum »Sozialismus«

Das Jahr 1919 markiert für die deutsche Wirtschaft nicht nur einen völligen Neuanfang nach der Zwangswirtschaft des Ersten Weltkriegs, sondern bringt zugleich gesetzliche Maßnahmen, die auf eine grundlegende Verschiebung der Machtverhältnisse in der Wirtschaft zielen. Reichskanzler Gustav Bauer (MSPD) charakterisiert die Situation so: »Auf der einen Seite außerordentliche Entwertung des Kapitals, auf der anderen außerordentliche Steigerung der Löhne, das hat von Grund auf das Verhältnis zwischen Arbeitnehmer und Arbeitgeber umgestaltet. Der Anteil, den der eine und der andere aus der gemeinsamen Arbeit zieht, duldet keinen Alleinbesitz und kein alleiniges Bestimmungsrecht des Unternehmers mehr. Die Macht des Arbeiters … ist gewachsen, seine einstige Rechtlosigkeit gehört der Geschichte an.«

Die Grundpfeiler dieser neuen Wirtschaftsordnung sind die Reform des Steuerwesens, die Verstaatlichung der Elektrizitätswerke und der Braunkohlewirtschaft und der Schaffung eines reichseigenen Eisenbahnwesens. Die Grundlagen für diese Umgestaltung der Wirtschaft liefern die Artikel 7 und 8 der Weimarer Verfassung. Nach Artikel 7 liegt beim Reich die Gesetzgebung u.a. für:
▷ das Arbeitsrecht, die Versicherung und den Schutz der Arbeiter und Angestellten
▷ die Einrichtung beruflicher Vertretungen für das Reichsgebiet
▷ das Enteignungsrecht
▷ die Vergesellschaftung von Naturschätzen und wirtschaftlichen Unternehmungen sowie die Erzeugung, Herstellung, Verteilung und Preisgestaltung wirtschaftlicher Güter für die Gemeinwirtschaft
▷ das Bank- und das Börsenwesen
▷ das Gewerbe und den Bergbau
▷ die Eisenbahnen, die Binnenschiffahrt usw.
Die Reichsregierung begeht mit ihrer Wirtschaftspolitik nach eigenem Bekunden einen »Weg zum Ideal des Sozialismus«. Sie folgt aber nicht den Forderungen nach weitgehender Vergesellschaftung

Schwierigkeiten in der Versorgung lassen den »wilden Straßenhandel« florieren; die Polizei nimmt häufig Straßenhändler fest, wie hier in Berlin aus der alten Schönhauser Straße auf dem Weg zur Polizeiwache (Abb.)

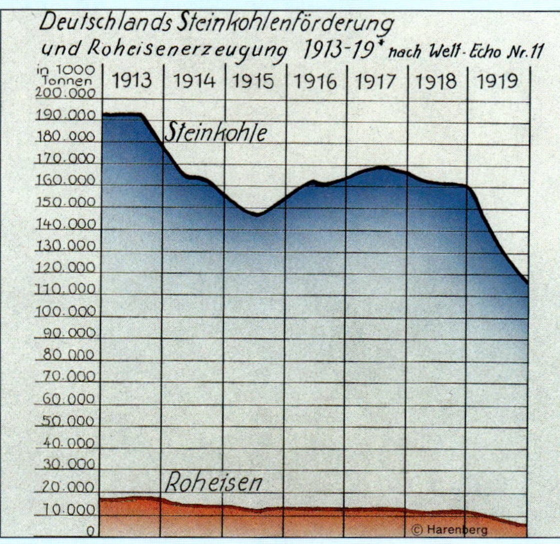

Nach dem Beginn des Weltkrieges waren die Förderung von Steinkohle und die Erzeugung von Koks wegen der Einziehung von Arbeitern und Transportmitteln rückläufig, ab 1916 war wieder eine Steigerung zu verzeichnen; auch die Eisenerzeugung stabilisierte sich

der Schlüsselindustrien. Die ersten grundlegenden Sozialisierungsmaßnahmen richten sich auf den Kohlenbergbau. Die Privatwirtschaft bleibt jedoch grundsätzlich erhalten, durch das Kohlenwirtschaftsgesetz vom 23. März und die Ausführungsbestimmungen vom 21. August werden aber gemeinwirtschaftliche Regelungen eingeführt. Erstrebt wird eine gemeinwirtschaftliche Organisation unter Aufsicht des Staats; die Träger der Kohlenwirtschaft sind danach elf Syndikate, denen sich die Bergbauunternehmen anschließen müssen.

An der Spitze der Selbstverwaltung steht der Reichskohlenrat, der die Brennstoffwirtschaft nach gemeinwirtschaftlichen Grundsätzen leitet und für die Ausschaltung unwirtschaftlichen Wettbewerbs und für den Schutz der Verbraucher sorgen soll.

Die weitere grundlegende Änderung der Wirtschaftspolitik bringt die sog. Erzbergersche Finanzreform. Durch die Reichsabgabenordnung vom 13. Dezember und das Landessteuergesetz vom 30. März 1920 zieht das Reich die Steuererhebung an sich (→8.7./ S.142). Dadurch wird die Reichseinkommensteuer geschaffen. Das Umsatzsteuergesetz vom 24. Dezember dehnt die während des Kriegs 1918 für gewerbliche Leistungen eingeführte Umsatzsteuer auf freie Berufe aus. Das Grunderwerbssteuergesetz vom 12. September macht die Grunderwerbsteuer zur ausschließlichen Reichssteuer. Das Gesetz vom 31. Dezember über das Reichsnotopfer bildet die Grundlage für eine einmalige Vermögensabgabe zur teilweisen Abdeckung der Kriegsschuldzahlungen. Durch derartige Gesetzesinitiativen sichert sich die Reichsregierung die Kontrolle über den größten Teil des Steueraufkommens. Das ermöglicht ihr erstmals in diesem Umfang, planend und ordnend in alle Wirtschaftsbereiche einzugreifen. Zahlreiche Vorhaben können dabei jedoch nicht sofort verwirklicht werden. Die geplante Reichseisenbahn kann z.B. erst 1924 geschaffen werden.

Wegen der Rohstoffknappheit werden Kriegswaffen umgearbeitet oder eingeschmolzen; die Abbildung zeigt zwei demontierte U-Boote; sie wurden einfach in der Mitte auseinandergeschnitten

Das »Narrenspiel« des Dada

2. Juni. Der österreichische Maler Raoul Hausmann gründet in Berlin die Zeitschrift »Der Dada«. Der Dadaismus, eine internationale Kunst- und Literaturrichtung, ist 1916 in Zürich als kabarettistische Unternehmung einer Gruppe von Literaten und Künstlern entstanden. Die

Protest gegen »Wahn der Zeit«

Für Hugo Ball ist Dada ein »Narrenspiel aus dem Nichts, in das alle höheren Fragen verwickelt sind«.
Tristan Tzara geht es bei Dada um die »Erfindung einer neuen Kunstrichtung«.
Marcel Janco sieht in Dada »die Wiedergeburt der Volkskunst als der sozialen Kunst«.
Für Hans Arp ist Dada Protest gegen »den Wahnsinn der Zeit«.

Dadaisten der ersten Stunde waren weltanschauliche Emigranten, Kriegsdienstverweigerer, Anarchisten, Heimatlose.
Am 5. Februar 1916 wurde in Zürich das von dem deutschen Literaten und Kulturkritiker Hugo Ball gegründete »Cabaret Voltaire« eröffnet. Es wurde zum Ausgangspunkt einer neuen Kunstrichtung,

die bald in ganz Europa Aufsehen erregte. Mit dem »Cabaret Voltaire« wollte Ball ein Instrument für die Umwertung der moralischen, kulturellen und weltanschaulichen Werte schaffen. Schon die Findung des Namens Dada als Bezeichnung dieser Kunstrichtung entspricht dieser Vorstellung: Ein Federmesser wurde in ein deutsch-französisches Lexikon gesteckt; auf der so ermittelten Seite fiel der Blick auf das Wort »dada«, das in der Kindersprache »Holzpferdchen« bedeutet. In der Art und Weise, wie dieser Name gefunden wurde, drückt sich bereits ein wesentliches Element des Dadaismus aus: Das Aufgreifen des Zufälligen und Überraschenden, die Verfremdung, das ironisch Spielerische, die Verbindung von Sinnlosem mit tieferer Bedeutung, die Wahrheit im Mantel des Nonsens. Neben Ball gehören zu den Dadaisten der rumänische Dichter Tristan Tzara, der elsässische Maler, Bildhauer und Dichter Hans (Jean) Arp und der rumänische Maler Marcel Janco. Deutsche Dada-Zentren sind Köln (mit Max Ernst und Johannes Baargeld) und Berlin (mit George Grosz, Walter Mehring, John Heartfield, Richard Huelsenbeck, Johannes Baader u.a.).

Höch, Montage für die »Dada-Rundschau«; Dada propagiert die »Anti-Kunst«, den Protest an sich; Mittel ist das Schockieren durch Witz, Skandal, Ironie

Hans Arp: Ohne Titel; Arp ist Mitbegründer der Dadabewegung in Zürich

Letzte Seite des »Dadaistischen Manifests«, das Dadaismus definiert

Marcel Janco: »Trophée austère« (Feindliche Trophäe)

»Das gewaltige Hokuspokus des Daseins beschwingt die Nerven des echten Dadaisten«

2. Juni. *In Berlin wird das »Dadaistische Manifest« veröffentlicht. Über das Wesentliche eines Dadaisten heißt es hier: »Dadaist sein, heißt, sich von den Dingen werfen lassen, gegen jede Sedimentsbildung sein … Man sagt ja zu einem Leben, das durch Verneinung höher wird. Ja-sagen - Nein-sagen: das gewaltige Hokuspokus des Daseins beschwingt die Nerven des echten Dadaisten - so liegt er, so jagt er, so radelt er - halb Pantagruel, halb Franziskus und lacht und lacht. Gegen die ästhetischethische Einstellung! Gegen die blutleere Abstraktion des Expressionismus! Gegen die weltverbessernden Theorien literarischer Hohlköpfe! Für den Dadaismus in Wort und Bild … Gegen dieses Manifest sein, heißt Dadaist sein«.*

Zweite Universität der Domstadt Köln feierlich eröffnet

12. Juni. Die neugegründete Kölner Universität wird feierlich eröffnet. In seiner Festrede weist der Kölner Oberbürgermeister Konrad Adenauer auf die besonderen Aufgaben der neuen Universität hin. Härter denn je würden am Rhein deutsche Kultur und die demokratische Kultur des Westens zusammenstoßen. Wenn es nicht gelinge, die beiden Gruppen zusammenzubringen, werde es mit Europas Vormachtstellung in der Welt vorbei sein, sagt Adenauer. An Völkerversöhnung solle die

Universität arbeiten, »deutsches Wesen den deutschen Stämmen erhalten und deutsche Art dem Ausland näherbringen«. Die neue Hochschule ist die zweite Universitätsgründung in der Domstadt. 1388 wurde die Alte Universität als erste deutsche Universität auf Initiative eines städtischen Rats gegründet. Sie wurde 1798 während der Napoleonischen Kriege von den Franzosen aufgehoben. Die Abbildung zeigt die Hauptansicht des Universitätsgebäudes.

Größeres Angebot im Arbeitersport

11. Juni. In Leipzig findet die zwölfte Bundestagung des Arbeiter-Turn-Bundes (ATB) statt. Beschlossen wird die Umbenennung des ATB in Arbeiter-Turn- und Sportbund (ATSB). Der neue Name trägt dem erweiterten Wirkungsfeld Rechnung: Außer den Turnern werden ab 1919 auch Fußballer, Wassersportler, Leichtathleten und Tennisspieler im ATSB betreut.

Die Zahl der Mitglieder der Organisation wird in Leipzig mit 42 000 angegeben. Von den 187 000 ATB-Mitgliedern im Jahre 1914 sind während des Ersten Weltkriegs 35 000 gefallen. Wie die Organisationsführung erklärt, wird sich der ATSB künftig intensiv um die Mitgliederwerbung kümmern, um gegen den großen Konkurrenzverband bestehen zu können: Der Deutsche Reichsausschuß für Leibesübungen zählt nach offiziellen Angaben mehr als sechs Millionen Mitglieder.

IOC lädt Deutsche nicht ein

23. Juni. In Lausanne findet die 17. Session des Internationalen Olympischen Komitees (IOC) statt. Es ist die erste Sitzung seit dem Ersten

Pierre Coubertin ist der Initiator der modernen Olympischen Spiele

Weltkrieg und zugleich ein Jubiläumstag: Heute vor 25 Jahren wurde das IOC in Paris gegründet.

IOC-Präsident Pierre Baron de Coubertin hat die beiden deutschen Mitglieder, Graf Adalbert von Sierstorpff und Adolf Graf von Arnim-Muskau, nicht eingeladen. Coubertin versucht auf der Sitzung, die deutsche Frage auszuklammern. Auf der einen Seite will er die Sportler des Deutschen Reichs nicht ausschließen, auf der anderen Seite will er den Siegermächten des Ersten Weltkriegs die Teilnahme deutscher Sportler bei den Olympischen Spielen 1920 nicht zumuten.

Es gibt deshalb in Lausanne keinen förmlichen Ausschluß des Deutschen Reichs aus der olympischen Völkerfamilie. Die Lösung ist einfach: Der Ausrichter der nächsten Spiele, Belgien, kann einladen, wen er will. Das bedeutet, daß Sportler aus dem Deutschen Reich nicht eingeladen werden.

»Freie Menschheit ohne Schranken«

27. Juni. Die französische Zeitung »L'Humanité« veröffentlicht einen Friedensaufruf an die »Geistesarbeiter« der Welt. Der Aufruf ist unterzeichnet von der US-amerikanischen Sozialreformerin Jane Addams (→12.5./ S.109), dem deutschen Physiker Albert Einstein, dem britischen Mathematiker und Philosophen Bertrand Russell, dem französischen Schriftsteller Henri Barbusse, den Literaturnobelpreisträgern Romain Rolland (Frankreich) und Verner von Hei-

Der Pysiker Albert Einstein, der Begründer der allgemeinen und der speziellen Relativitätstheorie, seit 1914 Direktor des Kaiser-Wilhelm-Instituts in Berlin, nimmt als überzeugter Pazifist auch öffentlich zu politischen Themen Stellung

Der deutsche Pazifist und Schriftsteller Hermann Hesse schreibt seit 1914 in Zeitungen gegen »den blutigen Unsinn des Krieges« und ist bei den Rechten als Landesverräter und »Gesinnungslump« verschrien; während des Krieges war er Helfer des Roten Kreuzes in Bern

denstam (Schweden), dem belgischen Architekten und Kunstgewerbler Henry van de Velde, den deutschen Schriftstellern Hermann Hesse und Heinrich Mann, der schwedischen Pädagogin Ellen Key, dem österreichischen Schriftsteller Stefan Zweig u.a.

Der Aufruf gegen Unterdrückung und Krieg an die »in der ganzen Welt zerstreuten Gefährten« schließt mit dem folgenden Appell: »Wir ehren allein die freie Menschheit, ohne Grenzen, ohne Schranken und ohne Rassen- und Kastenvorurteile. Wir kennen keine Völker! Wir kennen ein Volk, das einzige universelle Volk, welches leidet, kämpft, fällt und sich wieder erhebt! Das Volk aller Menschen, die alle gleichermaßen unsere Brüder sind. Damit ihnen wie uns diese Brüderschaft zum Bewußtsein kommt, erheben wir über ihre blinden Kämpfe und Bündnisse den freien einzigen und vielfältigen ewigen Geist.«

Mo	Di	Mi	Do	Fr	Sa	So
	1	2	3	4	5	6
7	8	9	10	11	12	13
14	15	16	17	18	19	20
21	22	23	24	25	26	27
28	29	30	31			

1. Juli, Dienstag

Die Angestellten der Berliner Verkehrsanstalten treten in den Streik, in dessen Folge der Verkehr in der Reichshauptstadt weitgehend zum Erliegen kommt. →S.143

Deutsche Reichstruppen unter Paul von Lettow-Vorbeck besetzen Hamburg (→25.6./S. 130)

Die Landesversammlung von Coburg genehmigt die Abfindung des früheren Herzogs. →S.143

Der Verfassunggebende Landtag von Tirol in Innsbruck nimmt eine Entschließung über den Anschluß Tirols an die Republik Deutschösterreich an und fordert für Tirol »von Kufstein bis Salurn« das Selbstbestimmungsrecht (→ 2.5./S.108).

In der Republik Tschechoslowakei tritt das Gesetz über die Krankenversicherung der Arbeiter in Kraft.

2. Juli, Mittwoch

Der Allgemeine Syrische Kongreß in Damaskus fordert die sofortige Unabhängigkeit des Landes, das unter britischer Kontrolle steht, einschließlich des Libanon und Palästinas (→20.3./S.69).

Die Weimarer Nationalversammlung beginnt mit der zweiten Lesung des Verfassungsentwurfs. Der Antrag, in der Überschrift »Verfassung der Deutschen Republik« zu setzen, wird abgelehnt. Angenommen wird die Überschrift »Verfassung des Deutschen Reiches« (→ 31.7./S.140).

Heinrich Schulz (MSPD), der Vizepräsident der Weimarer Nationalversammlung, wird zum Unterstaatssekretär im Reichsministerium des Innern ernannt.

Das britische Luftschiff »R 34« überquert als erstes Luftschiff den Atlantischen Ozean. →S.146

3. Juli, Donnerstag

Der als militärischer Oberbefehlshaber der deutschen Truppen zurückgetretene Generalfeldmarschall Paul von Hindenburg verläßt sein Hauptquartier in Kolberg. → S.142

Bei der zweiten Lesung des Verfassungsentwurfs nimmt die Weimarer Nationalversammlung einen Kompromißantrag hinsichtlich der Reichsfarben an: »Die Reichsfarben sind schwarz-rot-gold, die Handelsflagge ist schwarz-weiß-rot mit einer Gösch in schwarz-rot-gold in der oberen inneren Ecke« (→31.7/S.140).

Papst Benedikt XV. teilt bei einer geheimen Kardinalsversammlung, einem Konsistorium, im Vatikan mit, daß es gelungen sei, auf der Pariser Friedenskonferenz das Fortbestehen der deutschen katholischen Missionen zu erreichen.

4. Juli, Freitag

Bei einem Militärputsch in Peru wird Präsident José Pardo y Barreda verhaftet und abgesetzt. Zum neuen Staatspräsidenten wird Augusto Bernardino Leguía proklamiert, der eine offene Diktatur errichtet.

Der tschechoslowakische Ministerpräsident Karel Kramář tritt mit seinem Kabinett zurück. Am 8. Juli bildet Wlastimil Tusar eine Regierung, der überwiegend gemäßigte Sozialisten angehören.

Jack Dempsey (USA) wird Boxweltmeister im Schwergewicht. → S.149.

5. Juli, Sonnabend

Der zehnte Deutsche Gewerkschaftskongreß in Nürnberg endet mit der Gründung des Allgemeinen Deutschen Gewerkschaftsbunds (ADGB). →S.145

Prinz Eitel Friedrich von Preußen stellt sich in einem Telegramm an König Georg V. von Großbritannien zusammen mit seinen vier jüngeren Brüdern »an Stelle seines kaiserlichen Herrn Vaters für den Fall seiner Auslieferung zur Verfügung, um ihm durch unser Opfer den entehrenden Gang zu ersparen« (→2.8./S.155).

In den italienischen Provinzen Romagna, Emilia und Toskana kommt es nach Teuerungen bei Nahrungsmitteln und anderen Gütern zu Unruhen.

In Italien werden die Bewegungsbeschränkungen für die bisher feindlichen Ausländer aufgehoben; Ausnahmen bilden die Bezirke der Seehäfen und die im Ersten Weltkrieg eroberten Gebiete.

6. Juli, Sonntag

Die interalliierte Kommission für die Durchführung des Friedensvertrags von Versailles hält ihre konstituierende Sitzung ab. Zum Vorsitzenden wird André Tardieu gewählt (→28.6./S.122).

Kurt Freiherr von Lersner wird als Nachfolger von Ulrich Graf von Brockdorff-Rantzau zum Vorsitzenden der deutschen Friedensdelegation in Versailles gewählt.

Der Todestag des Reformators Jan Hus wird in der Tschechoslowakei als Nationalfeiertag begangen.

In mehreren Stellungnahmen zur geplanten Abstimmung in Schleswig lehnen Mitglieder der dänischen Regierung die Einverleibung nichtdänischer deutscher Gebiete ab. »Dagegen haben wir immer das Recht der Abstimmung in den Teilen Schleswigs anerkannt, wo dänische Sprache und Gesinnung sich auch früher kundgegeben haben, z.B. in Flensburg«, betont Thorvald Stauning (→22.8./S.156).

7. Juli, Montag

Der Staatenausschuß, die Vertretung der deutschen Länder in der Weimarer Nationalversammlung, stimmt der Ratifikation des Versailler Friedensvertrags zu (→28.6./S.122).

Die deutsche Waffenstillstandskommission verläßt den belgischen Verhandlungsort Spa (→16.1./S.18).

Prinz Heinrich von Preußen bittet König Georg V. von Großbritannien in einem Telegramm, »von der Auslieferung Seiner Majestät des Kaisers Wilhelm Abstand nehmen zu wollen. Ich … bin Zeuge, wie der Kaiser und seine Ratgeber bemüht waren, mit allen nur erdenklichen Mitteln einen Krieg als Unheil für die Menschen abzuwenden« (→2.8./S.155).

Prinz Friedrich Wilhelm zur Lippe veröffentlicht in der »Deutschen Tageszeitung« einen offenen Brief: »Deutsche Ohnmacht durch unseres Volkes Selbstentwaffnung verschuldet - hat unseren Feinden die Befriedigung ihrer Rachsucht zugestanden, mit der ihr gieriger Sinn nach unserem Kaiser steht, um den sie uns noch vor nicht langer Zeit beneideten. Die Schmach, die sie ihm antun wollen, trifft auch uns. Wollen wir abseits stehen, wenn unser Kaiser den Weg des Leidens geht? Das darf nicht, nein, das kann nicht sein! Wir deutschen Prinzen … wollen jetzt uns neben ihn stellen und unseren Feinden zurufen: 'Nehmt uns für ihn oder mit ihm!'« (→2.8./S.155).

Die Firma Siemens in Berlin-Lichtenberg stellt wegen Kohlenmangel den Betrieb ein und kündigt 1 500 Arbeiter.

8. Juli, Dienstag

Der deutsche Reichsfinanzminister Matthias Erzberger (Zentrum) gibt vor der Weimarer Nationalversammlung einen Überblick über die von ihm angestrebte Finanzreform, mit der er die Finanzhoheit des Reiches gegenüber den Ländern stärken will. →S.142

9. Juli, Mittwoch

Die Weimarer Nationalversammlung ratifiziert den Versailler Friedensvertrag und die Vereinbarung über die militärische Besetzung des Rheinlands (→ 28.6./S.122).

Der französische Bergarbeiterstreik, der am 16. Juni begonnen hat, wird durch einen Schiedsspruch beigelegt. Die Bergarbeiter, die vor allem die Einführung der Achtstundenschicht gefordert hatten, setzen fast alle ihre Forderungen durch.

10. Juli, Donnerstag

Der neue tschechoslowakische Ministerpräsident Wlastimil Tusar gibt vor der Nationalversammlung in Prag seine Regierungserklärung ab. Er betont, daß die Tschechoslowakei mit allen Nachbarn in Frieden leben will. »Es ist fernab der Augenblick gekommen, wo wir an die Schaffung der gesetzlichen Bedingungen für das Zusammenleben mit den nationalen Minderheiten und ihre Mitwirkung herantreten werden« (→23.1./S.21).

Das britische Unterhaus in London nimmt den Antrag auf Errichtung eines Verkehrsbzw. Transportministeriums an (Ministry of Ways and Communications). Das Parlament betont die Bedeutung nationaler Verkehrspolitik. (→28.10./S.179).

11. Juli, Freitag

Die niederländische Abgeordnetenkammer in Den Haag nimmt den Gesetzentwurf über die Einführung der 45-Stunden-Woche (Achtstundentag) an. (→ 17.4./S.87)

Die sächsische Volkskammer in Dresden nimmt gegen die Stimmen der bürgerlichen Parteien das Übergangsgesetz für Volksschulen an. Danach darf in den Volksschulen künftig kein Religionsunterricht mehr erteilt werden (→25.1./S.39).

Die Abgeordnetenkammer des Großherzogtums Luxemburg verabschiedet ein neues Wahlgesetz, nach dem alle Luxemburger und Luxemburgerinnen ab 21 Jahren das Recht und die Pflicht zu wählen haben (→4.4./S.87).

12. Juli, Sonnabend

Die Alliierten heben die Wirtschaftsblockade gegen das Deutsche Reich auf. → S.144

Die französische Regierung gestattet die Wiederaufnahme der Handelsbeziehungen mit dem Deutschen Reich. →S.145

Der Linienverkehr zwischen dem Hamburger Hafen und den Vereinigten Staaten wird wieder aufgenommen.

Der deutsche Reichsernährungsminister Robert Schmidt (MSPD) übernimmt zugleich das Reichswirtschaftsministerium, nachdem Rudolf Wissell (MSPD) sein Abschiedsgesuch eingereicht hat. Wissell fühlte sich als erklärter Befürworter der Planwirtschaft von seinen Parteikollegen im Stich gelassen (→23.7./S.141).

Bei einem Zusammenstoß zwischen deutschen Zivilisten und französischen Soldaten in Berlin wird ein französischer Sergeant erstochen. →S.142

Über die preußische Provinz Pommern wird wegen eines Landarbeiterstreiks der Belagerungszustand verhängt.

Das Münchner Standgericht verurteilt den Schriftsteller und Rätepolitiker Erich Mühsam wegen Hochverrats zur Höchststrafe von 15 Jahren Festung unter »Zubilligung« der ehrlosen Gesinnung (→ 3.6./S.129).

13. Juli, Sonntag

In Berlin geht der erste Parteitag der Deutschnationalen Volkspartei (DNVP) zu Ende. →S.142

14. Juli, Montag

Frankreich veranstaltet in Paris am französischen Nationalfeiertag die offizielle Feier zum Sieg über die Mittelmächte. →S.138

In Weimar tritt erstmals der thüringische Staatsrat zusammen zu Beratungen über die Schaffung des neuen Freistaats Thüringen. Der entsprechende Staatsvertrag ist mit Ausnahme von Coburg und Sachsen-Meiningen von allen thüringischen Staaten gebilligt worden.

In Birkenfeld wird die Loslösung vom Freistaat Oldenburg und die »Republik Birkenfeld mit eigener Verwaltung im Verbande des Deutschen Reiches« proklamiert. Die Reichsregierung unter Ministerpräsident Gustav Bauer (MSPD) verurteilt diesen Schritt, der letztlich auf Lösung vom Deutschen Reich abziele (→ 17.5./S.107).

Die erstmals seit 1914 wieder durchgeführte Tour de France gewinnt der Belgier Firmin Lambot. →S.149

Die Berliner Verkehrsbetriebe nehmen den Stadt- und Ringbahnverkehr wieder auf; Titelseite der Berliner Wochenzeitschrift »Das Weltbild«

„Voll"-Ring!
Wiederaufnahme des Stadt- und Ringbahnverkehrs in Berlin.

15. Juli, Dienstag

Der frühere König von Sachsen, Friedrich August III., appelliert an König Georg V. von Großbritannien, seinen Einfluß geltend zu machen, »daß auf der Auslieferung des deutschen Kaisers nicht weiter bestanden wird« (→2.8./S.155).

Die ungarische gegenrevolutionäre Regierung im französisch besetzten Szeged wählt Desiderius Abraham zum Ministerpräsidenten als Nachfolger von Gyula Graf Andrássy d.J. (→1.8./S.158).

16. Juli, Mittwoch

Die Mitglieder der MSPD und der DDP beschließen, den Vollversammlungen des Vollzugsrats der Arbeiter- und Soldatenräte Groß-Berlins künftig fernzubleiben, weil sie von Kommunisten und USPD »zum Tummelplatz der politischen Agitation« benutzt würden. Gleichzeitig beschließen sie, Vollversammlungen ohne Kommunisten und USPD abzuhalten.

Das Münchner Standgericht verurteilt den Dramatiker und Rätepolitiker Ernst Toller wegen Hochverrats zur Mindeststrafe von fünf Jahren Festung. Toller konnte keine »ehrlose Gesinnung« nachgewiesen werden. (→3.6./S.129).

17. Juli, Donnerstag

Der Landtag von Lippe in Detmold verabschiedet das Landesgesetz über die Verstaatlichung des gesamten fürstlichen Besitzes ohne Abfindung des fürstlichen Hauses (→25.3./S.69).

Das britische Kriegsministerium gibt bekannt, daß seit dem Eintritt des Waffenstillstands am Ende des Zweiten Weltkriegs drei Millionen britische Soldaten demobilisiert wurden.

In Würzburg beginnt der erste Allgemeine Deutsche Studententag. Die Veranstaltung dauert bis zum 19. Juli.

Erfolgreichste Teilnehmerin am Tennisturnier in Wimbledon ist die Französin Suzanne Lenglen. →S.149

18. Juli, Freitag

Die preußische Landesversammlung in Berlin nimmt gegen die Stimmen des Zentrums die Vorlage über die Aufhebung der geistlichen Ortsschulinspektion an (→ 25.1./S.39).

Die konstituierende Landesversammlung von Anhalt in Dessau verabschiedet das Verfassungsgesetz. Anhalt wird Freistaat.

Der Landtag der Republik Braunschweig beschließt die völlige Trennung von Kirche und Schule. Außerdem wird ein Antrag zur Ausschaltung des Religionsunterrichts in den Schulen des Freistaats angenommen (→25.1./S.39).

19. Juli, Sonnabend

In London wird die Siegesfeier der Alliierten veranstaltet (→14.7./S.138).

Die Weimarer Nationalversammlung nimmt in dritter Lesung das Reichssiedlungsgesetz an. →S.145

In Berlin beginnt der erste Parteitag der Deutschen Demokratischen Partei (DDP). Er dauert bis zum 22. Juli. Zum Vorsitzenden wird der evangelische Theologe Friedrich Naumann gewählt. Dem Vorstand gehört u.a. Gertrud Bäumer an. Nach eigenen Angaben zählt die 1918 gegründete Partei rund 900 000 Mitglieder.

20. Juli, Sonntag

Die deutschösterreichische Friedensdelegation in Saint-Germain-en-Laye erhält den Text des Friedensvertrags. →S.145

Auf dem Trafalgar Square in London findet eine von der Labour Party und dem Gewerkschaftsrat veranstaltete Protestkundgebung gegen die Intervention der Alliierten in Sowjetrußland statt (→ 26.5./S.109).

Die ungarische Rote Armee beginnt eine Offensive gegen Rumänien, um die Ungarn zugesprochenen, aber von Rumänien noch nicht geräumten Gebiete zu erobern. Der Vorstoß über die Theiß endet nach anfänglichen Erfolgen am 26. Juli mit der völligen Niederlage der Rätetruppen (→1.8./S.158).

21. Juli, Montag

Im Deutschen Reich, in Deutschösterreich und Italien finden nach einem Aufruf der sozialistischen und kommunistischen Parteien Demonstrationen und Streiks gegen den Versailler Vertrag und den Friedensvertrag von Saint-Germain-en-Laye statt (→28.6./S.122; 10.9./S.168).

In Norwegen findet ein Generalstreik statt. Die Arbeiter protestieren gegen die Intervention der Alliierten in Sowjetrußland (→26.5./S.109), für die Durchführung von Neuwahlen zum Storting (Parlament) in Kristiania (Oslo) und für die Verstaatlichung der Wirtschaft.

Der französische Staatspräsident Raymond Poincaré trifft zusammen mit Marschall Ferdinand Foch zu einem mehrtägigen Staatsbesuch in Brüssel ein. In Mitteilungen der Regierungen beider Länder heißt es, der Besuch sei eine »Manifestation der französisch-belgischen Freundschaft«.

22. Juli, Dienstag

Das britische Unterhaus in London nimmt in dritter Lesung die Landansiedlungsgesetz an (Land Settlement Bill). Dadurch wird ehemaligen Soldaten die Möglichkeit gegeben, zu günstigen Krediten kleine Landgüter zu erwerben.

Zwischen den Vereinigten Staaten und dem Deutschen Reich wird der Postverkehr wieder aufgenommen. Auch die britische Post befördert ab heute wieder Briefe ins Deutsche Reich. →S.146

Die Flugzeugmeisterei Adlershof in Berlin, die während des Ersten Weltkriegs als Zentraldepot der Luftwaffe tätig war, wird geschlossen. →S.146

23. Juli, Mittwoch

Der deutsche Reichsministerpräsident Gustav Bauer (MSPD) stellt vor der Weimarer Nationalversammlung das Programm und die Ziele seiner Regierung vor. →S.141

Der von der türkischen Regierung wegen separatistischer und alliiertenfeindlicher Aufrufe für vogelfrei erklärte General Mustafa Kemal Pascha (Kemal Atatürk) eröffnet in Erzurum den ersten Nationalkongreß. Er erklärt sich als von der Türkei unabhängig und beschuldigt die Regierung, das Vaterland an die Alliierten verkauft zu haben. Mustafa Kemal Pascha fordert alle Anhänger des Islam auf, sich ihm und seinen zwei Divisionen anzuschließen (→ 11.9./S.170).

24. Juli, Donnerstag

Der Landtag der Republik Braunschweig verabschiedet das Betriebsrätegesetz.

25. Juli, Freitag

Der finnische Reichstag in Helsingfors (Helsinki) wählt Kaarlo Juho Ståhlberg, der maßgeblich an der Ausarbeitung der republikanischen Verfassung beteiligt war, zum ersten Staatspräsidenten der Republik Finnland (→23.6./S.130).

Die sowjetische Regierung in Moskau verzichtet in einem Manifest an das chinesische Volk auf alle aus der Zarenzeit stammenden Gebietsansprüche gegenüber China (→ 9.8./S.158).

Otto Bauer (SPÖ), der Leiter des deutschösterreichischen Staatsamts des Äußern, erklärt seinen Rücktritt (→24.8./S.157).

In Amsterdam beginnt der Internationale Gewerkschaftskongreß. Hauptaufgabe der bis zum 2. August tagenden Veranstaltung ist der Wiederaufbau des Internationalen Gewerkschaftsbunds.

Das Münchner Standgericht verurteilt Tobias Axelrod, Mitglied der Münchner Räteregierung, wegen Beihilfe zum Hochverrat unter Annahme »ehrloser Gesinnung« und unter Verweigerung mildernder Umstände zu 15 Jahren Zuchthaus (→3.6./S.159).

26. Juli, Sonnabend

Der Oberste Rat der Alliierten in Paris fordert in einem Funkspruch das ungarische Volk zum Sturz der Räteregierung auf (→1.8./S.158).

Das französische Oberkommando beginnt mit der Rückführung der französischen Truppen, die seit Oktober 1917 in Italien stationiert sind.

27. Juli, Sonntag

Die Deutsche Friedensgesellschaft erläßt in Berlin einen Aufruf, in dem die Gründung des Völkerbunds als einzige Möglichkeit für eine Revision des Versailler Friedensvertrags bezeichnet wird.

In Berlin wird der Schwimm-Wettkampf »Quer durch Berlin« veranstaltet. Es ist der erste Wettbewerb dieser Art auf der Spree. →S.149

28. Juli, Montag

Die italienische Nachrichtenagentur Agenzia Stefani veröffentlicht einen Regierungserlaß über die Wiederaufnahme der Handelsbeziehungen mit dem feindlichen Ausland (→12.7./S.141).

29. Juli, Dienstag

Die Beratungen zwischen Vertretern des Freistaats Coburg und dem bayerischen Gesamtministerium unter Ministerpräsident Johannes Hoffmann (MSPD) in Bamberg führen zur grundsätzlichen Einigung über den Anschluß Coburgs an Bayern. →S.143

Theodor Leipart (MSPD), der erste Vorsitzende des Deutschen Holzarbeiterverbands, wird zum württembergischen Arbeitsminister ernannt.

Die Tiroler Landesregierung und der Tiroler Landesrat in Innsbruck protestieren in einer gemeinsamen Entschließung gegen die Friedensbedingungen der Alliierten: »Unsere Gegner haben Wilsons Grundsätze vergessen, laut welchen die Grenze Italiens nach einer klar erkennbaren nationalen Linie gezogen werden soll. Wie zum Hohn erklärt die englische Regierung, südlich des Brenners gebe es nur ein Trentino« (→2.5./S.108).

30. Juli, Mittwoch

Der bayerischen Landtag in Bayern nimmt das »Gesetz über außerordentliche Maßnahmen zum Schutze des Freistaats« an.

Eine Kommission deutscher Arbeitgeber und Arbeitnehmer reist nach Versailles zu Verhandlungen über den Einsatz von deutschen Zivilarbeitern beim Wiederaufbau Nordfrankreichs.

31. Juli, Donnerstag

Die Weimarer Nationalversammlung billigt die neue Reichsverfassung. →S.140

Der polnische Landtag in Warschau ratifiziert den Versailler Friedensvertrag und den polnischen Vertrag mit den Hauptmächten der Entente (→28.6./S.130; 28.6./S.122).

Die deutsche Reichsregierung unter Ministerpräsident Gustav Bauer (MSPD) legt der Weimarer Nationalversammlung ein Weißbuch über die »Vorgeschichte des Waffenstillstands« vor.

Generalfeldmarschall Paul von Hindenburg nimmt in einem Telegramm an die Berliner Nachrichtenagentur Wolffs Telegraphen-Bureau (WTB) General Erich Ludendorff gegen Angriffe in Schutz. Er erklärt, »daß für alle Entschließungen der Obersten Heeresleitung ich allein die volle Verantwortung trage. General Ludendorff hat stets im Einverständnis mit mir gehandelt. Wer den General Ludendorff trifft, trifft also mich« (→3.7./S.142).

Frankreich nimmt den Postverkehr mit dem Deutschen Reich für Handelsbriefe, Kataloge, Warenproben u.a. wieder auf. Privatkorrespondenz ist nur auf Postkarten zulässig (→12.7./S.145).

Das Wetter im Monat Juli

Station	Mittlere Lufttemperatur (°C)	Niederschlag (mm)	Sonnenscheindauer (Std.)
Aachen	13,9 (17,5)	101 (75)	— (190)
Berlin	16,1 (18,3)	34 (70)	— (242)
Bremen	14,7 (17,4)	77 (92)	— (207)
München	14,8 (17,5)	142 (137)	— (226)
Wien	— (19,5)	— (84)	— (265)
Zürich	14,8 (17,2)	135 (139)	188 (238)
() Langjähriger Mittelwert für diesen Monat — Wert nicht ermittelt			

Die Werbewirtschaft kommt langsam wieder in Gang; Titelseite der Berliner Zeitschrift des Vereins der Plakatfreunde »Das Plakat«

JULI 1919
10. Jahrgang Heft 4
Das Plakat
HOYER
Mit dem Beiblatt
Die Kultur der Reklame
VERLAG DAS PLAKAT
CHARLOTTENBURG 2

Invalide führen Siegesparade an

14. Juli. Am französischen Nationalfeiertag findet in Paris die offizielle Siegesfeier Frankreichs nach dem Ersten Weltkrieg mit einem Festzug, Festdiner, Volksbelustigungen u. a. statt. Die Sozialisten, die an diesen offiziellen Feiern nicht teilnehmen, veranstalten auf dem Friedhof Père-Lachaise eine besondere Gedenkfeier zu Ehren der zwölf Millionen Kriegsopfer.

Vor der Siegesfeier in Paris gab es einen Eklat: Neben dem Triumphbogen, durch den die Truppen ziehen sollen, wurde außer dem kleinen Schaugerüst des Präsidenten der Republik ein großes Gerüst für 20 000 Freunde, Bekannte und Verwandte der Minister, Generale u.a. einflußreiche Personen errichtet. Als daraufhin Proteste der Bevölkerung laut wurden, die einen Teil der Sitze für die Kriegsbeschädigten sowie für die Eltern und Kinder der Gefallenen verlangte, wurde das Gerüst schnell wieder abgetragen.

An der Spitze der Truppen, die am 14. Juli in einer Stunde und 20 Minuten durch den Arc de Triomphe zur Place de la République marschieren, gehen, humpelnd auf Krücken und fahrend in Rollwagen, 1000 Kriegsverstümmelte.

Hinter den Krüppeln reiten die beiden Marschälle Ferdinand Foch und Joseph Jacques Césaire Joffre. Das Nebeneinander der beiden Marschälle, die jeder innerhalb von vier Jahren an der Marne siegten, war nicht ohne Peinlichkeiten zustandegekommen. Viele hätten lieber Foch allein an der Spitze der Truppen gesehen. Doch hatte sich die Überlegung durchgesetzt, daß ein siegreicher Feldherr der Republik gefährlich werden könnte, während zwei »ruhmgekrönte Bonapartes« nebeneinander »keinen Napoleon« ausmachen. Foch erhielt allerdings das Privileg, sein Streitroß »Emir« reiten zu dürfen.

Fünf Tage nach der Feier in Paris wird auch in London mit großem Pomp die Siegesfeier der Alliierten des Ersten Weltkriegs begangen. Den Höhepunkt bildet der Marsch der alliierten Truppen durch die Stadt unter der Führung des britischen Generals Douglas Haig, des britischen Admirals David Beatty, des US-Generals John Joseph Pershing und des französischen Marschalls Ferdinand Foch.

Die französischen Marschälle Foch und Joffre reiten an der Spitze der interalliierten Truppen durch den Arc de Triomphe über die Place de l'Étoile (Place Charles de Gaulle) zur Place de la République; der Triumphbogen ist nicht nur ein Wahrzeichen der Stadt Paris, sondern auch ein nationales und politisches Symbol Frankreichs; den Bau des Arc de Triomphe befahl Kaiser Napoleon I. nach der Dreikaiserschlacht bei Austerlitz (1805), 1840 wurde der Sarg mit den sterblichen Überresten des Kaisers unter dem Bogen aufgestellt, 1852 empfing Napoleon III. hier Schlüssel und Huldigung der Stadt

Auch Panzerfahrzeuge nehmen an der Truppenparade teil; Panzer (»Tanks«) wurden erstmals von Großbritannien im Ersten Weltkrieg eingesetzt; 1916 wurden über 100 Tanks nach Frankreich verschifft; als wirksame Waffe erwiesen sie sich u.a. in der sog. Tankschlacht von Cambrai (1917)

Am Vorabend der Siegesfeier werden von den feindlichen Mittelmächten erbeutete Kanonen auf dem Rond-Point der Champs-Élysées in Paris aufeinandergetürmt und mit Girlanden geschmückt; auf diesem Haufen sitzt der »coq vainyueur«, der siegreiche gallische Hahn

Eine unübersehbare Menschenmenge wälzt sich am Vorabend der Siegesfeier auf den Champs-Élysées und den anderen Straßen, die sternförmig auf die Place de l'Étoile und den Arc de Triomphe (im Hintergrund) zulaufen; die Menge feiert den Sieg über die »boches«, über die Deutschen

Das Defilee der britischen Bluejackets vor der königlichen Tribüne, in der zwischen König Gustav V. und dem französischen Marschall Foch der britische Admiral Beatty steht; die Bluejackets (Marineangehörigen) waren wesentlich beteiligt am Sieg der Alliierten über die Mittelmächte

Admiral Beatty marschiert an der Spitze der Marineoffiziere und Matrosen an der königlichen Tribüne vorbei; Beatty führte das britische Geschwader in den Gefechten bei Helgoland (1914), an der Doggerbank (1915) und vor dem Skagerrak (1916) und wurde 1916 Chef der Großen Flotte

Die Siegesfeier der Alliierten in London findet am 19. Juli statt; von Charing Cross kommend, zieht die Parade der verschiedenen Truppenteile durch den Bogen an der Admirality auf der Allee The Mall in Richtung Buckingham Palace; London ist auch der Ort, an dem das Gerichtsverfahren gegen den deutschen Ex-Kaiser Wilhelm II. stattfinden soll; in der Unterhausdebatte am 21. Juli fordert die liberale Opposition, den Prozeß »in einer stilleren Stadt« in einem neutralen Staat stattfinden zu lassen

Der französische Staatspräsident Poincaré verleiht Lüttich das Kreuz der Ehrenlegion wegen der »heldenhaften Verteidigung« gegen die Deutschen zu Beginn des Ersten Weltkriegs; die Abbildung zeigt die Ehrentribüne in Lüttich mit dem französischen Marschall Foch (sitzend l.) im Gespräch mit der belgischen Königin sowie König Albert I. zwischen Poincaré und dessen Frau

Der Besuch des französischen Staatspräsidenten Poincaré und des französischen Marschalls Foch in Belgien gestaltet sich zu einer Demonstration der französisch-belgischen Freundschaft; rechts das Rathaus von Brüssel mit dem Königspaar und den Gästen unter dem Ehrenbaldachin; König Albert I. erklärt: »Belgien ist stolz darauf, sich am Siegestag mit Frankreich zu vereinigen« (24. Juli)

Kritik an der Weimarer Verfassung von links und rechts

31. Juli. Die Weimarer Nationalversammlung nimmt in dritter Lesung mit 262 zu 75 Stimmen bei einer Enthaltung die neue Reichsverfassung an. Dafür stimmen die Regierungsparteien MSPD und Zentrum sowie die DDP, dagegen stimmen DNVP, DVP und USPD. Reichspräsident Friedrich Ebert (MSPD) unterzeichnet die Verfassung am 11. August.

In der allgemeinen Aussprache haben die Rechtsparteien und die USPD die Gründe für ihre ablehnende Haltung dargelegt. So lehnt die DNVP die Verfassung ab, »weil sie uns nicht konservativ genug ist. Wir achten den Willen der Volksmehrheit, der sich für die republikanische Staatsform entschieden hat. Wir wünschen eine Stärkung der Stellung des Präsidenten, der jetzt nur noch ein Dekorationsstück ist. Man braucht keine Prophetengabe, um vorauszusagen, daß das deutsche Volk sich noch einmal nach dem alten Obrigkeitsstaat zurücksehnen wird.« Der Redner der DVP, Heinze, faßt die Auffassung seiner Partei so zusammen: »Wir können uns nicht auf den Boden der neuen Verfassung stellen. Der Geist, der in ihr vorherrscht, ist der Geist einer extremen Demokratie, und daraus folgt das Bestreben, alles gleich zu machen … Das markanteste Zeichen dieser neuen Verfassung ist ein extremer Parlamentarismus. Der Reichspräsident hat gegenüber dem Parlament so gut wie gar kein Recht. Das muß zu einer Parlamentsherrschaft führen; aus ihr geht dann die Parteiherrschaft hervor, die sich vielfach zu einer reinen Geldherrschaft auswachsen wird, und das bedeutet, daß wichtige Kräfte unseres Staatslebens einfach ausgeschaltet werden.«

Die USPD meint: »Für diese Verfassung ist der Zeitpunkt unrichtig, weil verfrüht … Gegen die Entwicklung zu einem zentralen Parlamentarismus erscheint die Rückkehr zu einem System, das Verwaltung und Gesetzgebung vereinigt, geboten. Wir brauchen Abkehr von dem engen Nationalismus, von dem die deutsche Politik bisher beherrscht war, und Aufstieg zum Internationalismus. Wir brauchen Abgehen von der Scheindemokratie und Wendung zur wahren Demokratie!«

»Vater der Weimarer Verfassung«
Hugo Preuß (DDP; Abb.), der die Verfassung im wesentlichen ausgearbeitet hat, empfiehlt den Abgeordneten der Nationalversammlung die Annahme der Verfassung: »Diese Verfassung wird nur verstehen, wer Deutschland und seine Eigenart versteht. Stramme Zentralisation widerspricht der deutschen Natur. Das Reich hat alle Verfügungsmöglichkeit, und den Ländern bleibt die gebührende Bewegungsfreiheit … Wird die Verfassung gehandhabt im Geiste Goethes, so wird Deutschland einst unter ihr auf freien Füßen stehen …«

Verfassung von Weimar verleiht dem Reichspräsidenten eine

Auszüge aus der deutschen Reichsverfassung, der sog. Weimarer Verfassung, die am 31. Juli von der Nationalversammlung in Weimar verabschiedet und am 11. August von Reichspräsident Friedrich Ebert (MSPD) unterzeichnet wird:

Reich und Länder
»Art. 1. Das Deutsche Reich ist eine Republik. Die Staatsgewalt geht vom Volke aus.

Art. 2. Das Reichsgebiet besteht aus den Gebieten der deutschen Länder. Andere Gebiete können durch Reichsgesetz in das Reich aufgenommen werden, wenn es ihre Bevölkerung kraft des Selbstbestimmungsrechts begehrt.

Art. 3. Die Reichsfarben sind schwarz-rot-gold. Die Handelsflagge ist schwarz-weiß-rot mit den Reichsfarben in der oberen inneren Ecke.

Art. 4. Die allgemein anerkannten Regeln des Völkerrechts gelten als bindende Bestandteile des deutschen Reichsrechts.

Art. 5. Die Staatsgewalt wird in Reichsangelegenheiten durch die Organe des Reichs auf Grund der Reichsverfassung, in Landesangelegenheiten durch die Organe der Länder auf Grund der Landesverfassungen ausgeübt.

Art. 13. Bestehen Zweifel oder Meinungsverschiedenheiten darüber, ob eine landesrechtliche Vorschrift mit dem Reichsrecht vereinbar ist, so kann die zuständige Reichs- oder Landeszentralbehörde nach näherer Vorschrift eines Reichsgesetzes die Entscheidung eines obersten Gerichtshofs des Reichs anrufen.

Art. 17. Jedes Land muß eine freistaatliche Verfassung haben. Die Volksvertretung muß in allgemeiner, gleicher, unmittelbarer und geheimer Wahl von allen reichsdeutschen Männern und Frauen nach den Grundsätzen der Verhältniswahl gewählt werden. Die Landesregierung bedarf des Vertrauens der Volksvertretung. Die Grundsätze für die Wahlen zur Volksvertretung gelten auch für die Gemeindewahlen. Jedoch kann durch Landesgesetz die Wahlberechtigung von der Dauer des Aufenthalts in der Gemeinde bis zu einem Jahre abhängig gemacht werden.

Der Reichstag
Art. 20. Der Reichstag besteht aus den Abgeordneten des deutschen Volkes.

Art. 21. Die Abgeordneten sind Vertreter des ganzen Volkes. Sie sind nur ihrem Gewissen unterworfen und an Aufträge nicht gebunden.

Art. 22. Die Abgeordneten werden in allgemeiner, gleicher, unmittelbarer und geheimer Wahl von den über zwanzig Jahre alten Männern und Frauen nach den Grundsätzen der Verhältniswahl gewählt. Der Wahltag muß ein Sonntag oder öffentlicher Ruhetag sein …

Art. 23. Der Reichstag wird auf vier Jahre gewählt …

Art. 25. Der Reichspräsident kann den Reichstag auflösen, jedoch nur einmal aus dem gleichen Anlaß. Die Neuwahl findet spätestens am sechzigsten Tag nach der Auflösung statt.

Art. 32. Zu einem Beschlusse des Reichstags ist einfache Stimmenmehrheit erforderlich, sofern die Verfassung kein anderes Stimmenverhältnis vorschreibt …

Der Reichspräsident und die Reichsregierung
Art. 41. Der Reichspräsident wird vom ganzen deutschen Volk gewählt. Wählbar ist jeder Deutsche, der das fünfunddreißigste Lebensjahr vollendet hat.

Art. 43. Das Amt des Reichspräsidenten dauert vier Jahre. Wiederwahl ist zulässig.

Art. 45. Der Reichspräsident vertritt das Reich völkerrechtlich. Er schließt im Namen des Reichs Bündnisse und andere Verträge mit auswärtigen Mächten. Er beglaubigt und empfängt die Gesandten. Kriegserklärung und Friedensschluß erfolgen durch Reichsgesetz. Bündnisse und Verträge mit fremden Staaten, die sich auf Gegenstände der Reichsgesetzgebung beziehen, bedürfen der Zustimmung des Reichstags.

Art. 46. Der Reichspräsident ernennt und entläßt die Beamten und Offiziere, soweit nicht durch Gesetz etwas anderes bestimmt ist. Er kann das Ernennungs- und Entlassungsrecht durch andere Behörden ausüben lassen.

Art. 47. Der Reichspräsident hat den Oberbefehl über die gesamte Wehrmacht des Reichs.

Art. 48. Wenn ein Land die ihm nach der Reichsverfassung obliegenden Pflichten nicht erfüllt, kann der Reichspräsident es dazu mit Hilfe der bewaffneten Macht anhalten. Der Reichspräsident kann, wenn im Deutschen Reiche die öffentliche Sicherheit und Ordnung erheblich gestört oder gefährdet wird, die zur Wiederherstel-

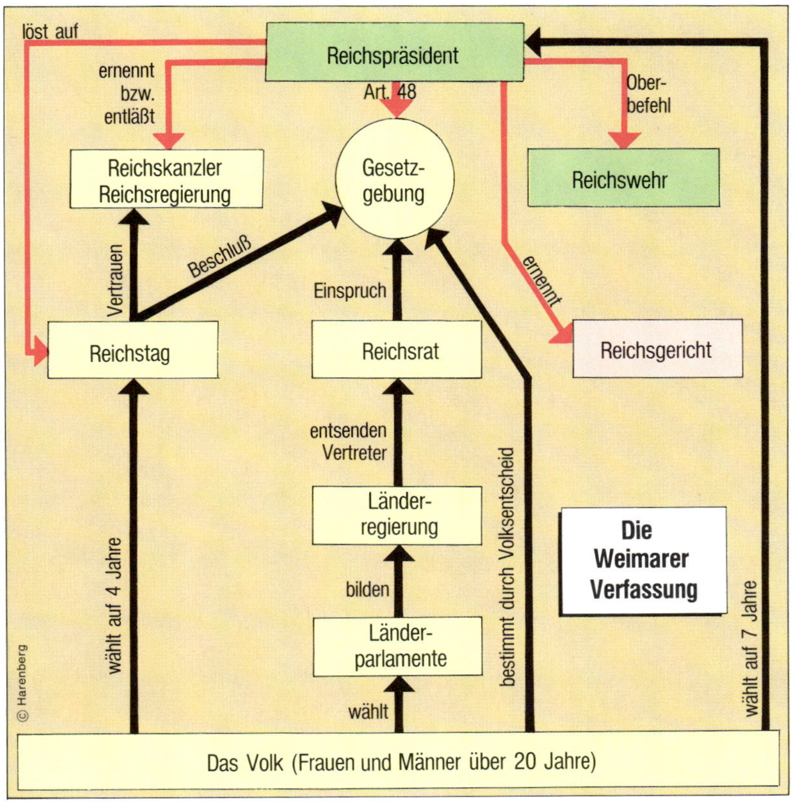

Das Regierungsprogramm

23. Juli. Der deutsche Reichsministerpräsident Gustav Bauer (MSDP) stellt in der Weimarer Nationalversammlung sein Regierungsprogramm vor. Als erste Ziele nennt er die Erfüllung, Abtragung und Revision des Versailler Friedensvertrags (→ 28.6./S.122).

Weitere Hauptpunkte seines Programms sind im wirtschaftlichen Bereich die Verneinung der »Idee des Kapitalismus« durch eine gesetzlich geregelte neue Stellung des Arbeiters zum Unternehmer sowie die Verstaatlichung der Braunkohleerzeugung und die Einführung einer Reichseinkommensteuer. Abgelehnt wird die »Planwirtschaft« zugunsten einer »planvollen, zielklaren Wirtschaftspolitik«. Die neue Regierung will die katastrophale Ernährungslage verbessern und den sozial Schwachen durch umfassende staatliche Unterstützung helfen. Außenpolitisch ist »das höchste Ziel« die Aufnahme in den Völkerbund (→28.4./S.80).

Alles dies, so Bauer, müsse vor dem Hintergrund des Versailler Friedensvertrags geschehen: »Sie haben vor 14 Tagen unter dem Zwang der Weltlage den Friedensvertrag ratifiziert. Damit ist eine Epoche abgeschlossen, die den gewaltigen Aufstieg Deutschlands und seinen tragischen Zusammenbruch umfaßte. Auch diejenigen, die im alten Reich in der schärfsten Opposition standen, haben in diesem Augenblick von manchem Abschied nehmen müssen, was ihnen teuer und wert gewesen ist. Aber das Leben geht weiter. Selbst der Abschiedsschmerz muß für jeden einzelnen ein Ansporn sein, mit beiden Händen bei der Aufgabe zuzufassen, unter der sich heute die Zukunft darstellt: bei der Erfüllung, bei der Abtragung und schließlich bei der Revision des Vertrages von Versailles.«

Am 29. Juli lehnt die Nationalversammlung mit 243 zu 53 Stimmen ein von der DNVP eingebrachtes Mißtrauensvotum gegen die Regierung Bauer ab. Am selben Tag spricht sie der Regierung gegen die Stimmen von DNVP, DVP und USPD bei Stimmenthaltung der DDP das Vertrauen aus.

Reichsministerpräsident Gustav Bauer (l.) und Reichspräsident Ebert

überragende Machtstellung

lung der öffentlichen Sicherheit und Ordnung nötigen Maßnahmen treffen, erforderlichenfalls mit Hilfe der bewaffneten Macht. Zu diesem Zwecke darf er vorübergehend die in den Artikeln 114 [Unverletzlichkeit der persönlichen Freiheit], 115 [Unverletzlichkeit der Wohnung], 117 [Postgeheimnis], 118 [Recht der freien Meinungsäußerung], 123 [Versammlungsfreiheit], 124 [Koalitionsfreiheit] und 153 [Sicherheit des Eigentums] festgesetzten Grundrechte ganz oder zum Teil außer Kraft setzen. Von allen … getroffenen Maßnahmen hat der Reichspräsident unverzüglich dem Reichstag Kenntnis zu geben. Die Maßnahmen sind auf Verlangen des Reichstags außer Kraft zu setzen …

Art. 52. Die Reichsregierung besteht aus dem Reichskanzler und den Reichsministern.

Art. 53. Der Reichskanzler und auf seinen Vorschlag die Reichsminister werden vom Reichspräsidenten ernannt und entlassen.

Art. 54. Der Reichskanzler und die Reichsminister bedürfen zu ihrer Amtsführung das Vertrauen des Reichstags. Jeder von ihnen muß zurücktreten, wenn ihm der Reichstag durch ausdrücklichen Beschluß sein Vertrauen entzieht.

Art. 55. Der Reichskanzler führt den Vorsitz in der Reichsregierung und leitet ihre Geschäfte nach einer Geschäftsordnung …

Art. 56. Der Reichskanzler bestimmt die Richtlinien der Politik und trägt dafür gegenüber dem Reichstag die Verantwortung. Innerhalb dieser Richtlinien leitet jeder Reichsminister den ihm anvertrauten Geschäftszweig selbständig und unter eigener Verantwortung gegenüber dem Reichstag.

Die Reichsgesetzgebung

Art. 68. Die Gesetzesvorlagen werden von der Reichsregierung oder aus der Mitte des Reichstags eingebracht …

Art. 69. Die Einbringung von Gesetzesvorlagen durch die Reichsregierung bedarf der Zustimmung des Reichsrats. Kommt eine Übereinstimmung zwischen der Reichsregierung und dem Reichsrat nicht zustande, so kann die Reichsregierung die Vorlage gleichwohl einbringen, hat aber hierbei die abweichende Auffassung des Reichsrats darzulegen.«

Ankunft von Reichspräsident Friedrich Ebert in Weimar; er unterzeichnet am 11. August die Weimarer Verfassung, die ihm große Machtfülle verleiht

Die Erzbergerschen Finanzreformen

8. Juli. Der deutsche Reichsfinanzminister, der Zentrumspolitiker Matthias Erzberger (Zentrum) erläutert in einer programmatischen Rede vor der Weimarer Nationalversammlung die von ihm angestrebte Finanzreform. Die sog. Erzbergersche Finanzreform will im Gegensatz zum bisherigen deutschen Steuerwesen eine reichseigene Steuerverwaltung mit Finanzämtern schaffen. Die Finanzhoheit des Reichs soll gestärkt werden durch die Einführung der Reichseinkommensteuer, durch eine Reichsabgabenordnung und ein Finanzausgleichsgesetz; d.h., die Einkommensteuer soll als Reichssteuer erhoben werden; die Länder, deren Einkommensteuergesetze dann außer Kraft gesetzt werden, sollen an den Steuereinnahmen durch das Finanzausgleichsgesetz beteiligt werden. Erzberger sagt dazu: »Gerechtigkeit im gesamten Steuerwesen zu schaffen, ist mein oberstes Ziel. Gerechte Steuern stellen eine rasch wirkende vorzügliche Sozialisierung dar; sie treffen alle und haben eines voraus: die private Initiative bleibt bestehen. Der begründete Eigennutz sucht nach höchster Einnahme, der erzielte Überschuß wird aber zum erheblichen Teil wieder im Wege der Steuer für die Volksgemeinschaft abgenomen.«

Die Deutschnationale Volkspartei (DNVP) hält ihren ersten Parteitag in der Berliner Philharmonie ab; sie tritt für eine monarchistische Verfassung ein

Nationale Sammelpartei

13. Juli. In Berlin geht der erste Parteitag der Deutschnationalen Volkspartei (DNVP) zu Ende. Nach zweitägigen Debatten wird einstimmig die Entschließung über die »volle Ablehnung des Schmachfriedens unserer Feinde« verabschiedet: »Deutschland geht vollends ganz zugrunde, wenn es die verderbenbringende Wirksamkeit der Revolutionsregierung und ihrer Parteien nicht rücksichtslos bekämpft. Dieser Frieden ist kein Frieden. Er muß die Geister aufrütteln.«

Die DNVP wurde nach der Novemberrevolution 1918 von Deutschkonservativen, Freikonservativen, Deutschvölkischen und Christlichsozialen als Sammelpartei der Anhänger des alten kaiserlichen Deutschland gegründet. In der Weimarer Nationalversammlung stimmen ihre Abgeordneten gegen den Versailler Vertrag und gegen die Weimarer Verfassung. Vorsitzender der Rechtspartei ist der frühere kaiserliche preußische Finanzminister Oskar Hergt.

Eine Million in Gold für toten Franzosen

12. Juli. Bei einem nächtlichen Zusammenstoß zwischen deutschem »Straßenpublikum« und alliierten Soldaten auf der Berliner Friedrichstraße wird der französische Sergeant Paul Manheim erstochen.

Am 16. Juli fordert der französische Marschall Ferdinand Foch die deutsche Reichsregierung unter Gustav Bauer (MSPD) auf, sich wegen des

Der französische Marschall Ferdinand Foch ist bekannt für seine harte Haltung gegenüber dem Deutschen Reich; er erzwang das deutsche Waffenstillstandsersuchen von 1918; auf der Friedenskonferenz scheiterte er jedoch mit seiner Forderung, die französische Militärgrenze bis zum Rhein vorzuschieben

Mordes zu entschuldigen, die Überführungs- und Bestattungskosten zu übernehmen und die Angehörigen des Getöteten mit 100 000 Mark zu entschädigen. Außerdem soll die Stadt Berlin eine Buße in Höhe von einer Million Franken in Goldwährung zahlen.

Den Protest der deutschen Reichsregierung lehnt die Siegermacht Frankreich ab. Am 1. September wird bekanntgegeben, das Deutsche Reich habe eine Million Goldfranken an Frankreich gezahlt.

Generalfeldmarschall Paul von Hindenburg wird am Bahnhof von Hannover von mehreren tausend Menschen bejubelt

Begrüßung Hindenburgs durch Bürgermeister Weber

Hindenburg und seine Frau in Hannover

Zurückgetretener Hindenburg bittet Foch um sein Votum für früheren deutschen Kaiser

3. Juli. *Der als militärischer Oberbefehlshaber zurückgetretene deutsche Generalfeldmarschall Paul von Hindenburg (→27.5./S.102) verläßt Kolberg in Pommern und übersiedelt nach Hannover, wo er sich zur Ruhe setzen will. Gleichzeitig wird die Oberste Heeresleitung (OHL) aufgelöst.*

An den französischen Marschall Ferdinand Foch als den Oberkommandierenden der Entente-Streitkräfte richtet Hindenburg am selben Tag einen offenen handschriftlichen Brief: »Als dienstältester Soldat und zeitweise erster militärischer Berater meines Kaisers und Königs halte ich es für meine Pflicht, im Namen der alten deutschen Armee an Sie, Herr Generalissimus, als den obersten Vertreter der alliierten und assoziierten Mächte, diese Zeilen zu richten und Sie zu bitten, dafür einzutreten, daß von der Forderung der Auslieferung Seiner Majestät des Kaisers Abstand genommen wird.«

Berliner Stadtbahnzug während des großen Verkehrsstreiks; wo Züge verkehren, sind sie hoffnungslos überfüllt

An die Stelle von Straßen- und Hochbahn treten Pferdedroschken

Verkehrschaos in Berlin: Streik von Eisen- und Straßenbahnern läßt alle Räder stillstehen

1. Juli. *Die Angestellten der Berliner Verkehrsanstalten treten in einen Lohnstreik, der zwei Wochen andauert und ein beispielloses Verkehrschaos auslöst. Anders als bei früheren Ausständen der Straßenbahner wird die Lage dadurch verschärft, daß auch der gesamte Verkehr auf der Stadt- und Ringbahn sowie auf den Vorortstrecken stillgelegt ist, u.a. durch das Wiederaufleben des Eisenbahnerstreiks. Wo Vorortzüge noch verkehren, be-steht wegen der Überfüllung Lebensgefahr. Die Angestellten der Omnibusgesellschaften sind ebenfalls in den Streik getreten. Nur Droschken und Privatwagen nutzen diese Situation und stellen gegen hohe Gebühren die Verkehrsverbindungen zwischen den Stadtteilen her. Die Reichsregierung stuft den Streik als »politisch« ein, sie wertet ihn als von Kommunisten initiierten Versuch, die demokratische Regierung zu stürzen.*

Freistaat Coburg entscheidet für Anschluß an Bayern

29. Juli. Verhandlungen zwischen der bayerischen Regierung und dem Freistaat Coburg führen in Bamberg zu einer Vereinbarung, nach der sich Coburg grundsätzlich zum Anschluß an Bayern bereit erklärt. In der sog. Bamberger Stipulation werden die Coburger Wünsche und ihre Erfüllung durch Bayern festgeschrieben: Einbeziehung Coburgs in die bayerische Ernährungswirtschaft, Bau der Itzgrund- und der Grabfeldbahn, Projektierung des Itzkanals von Coburg nach Bamberg, Übernahme des Schul- sowie des Theaterbudgets. Bayern übernimmt das gesamte Staatseigentum Coburgs an Wäldern, Liegenschaften usw. abzüglich der Entschädigung, die dem früheren herzoglichen Haus gewährt wird. Über den Anschluß soll in Coburg eine Volksabstimmung stattfinden. Am 31. Juli wird von bayerischer Seite amtlich mitgeteilt, daß sich die Parteien des bayerischen Landtags bereit erklärt haben, dem Wunsch Coburgs auf Anschluß an Bayern zuzustimmen. Bei der Volksabstimmung am 30. November votieren bei einer Beteiligung von 75 % 26 102 Coburger (rund 88 %) für den Anschluß an Bayern, nur 3 466 sprechen sich für den Anschluß an Thüringen aus, ein eindeutiges Votum. Nach der Novemberrevolution von 1918 war das Herzogtum Sachsen-Coburg und Gotha zerfallen, Coburg trennte sich von Gotha. Am 13. April 1919 genehmigten die Landesversammlungen beider Staaten einen Vertrag, durch den die seit 1826 bestehende gemeinsame Verwaltung aufgehoben wurde. Während Gotha Verhandlungen über eine Aufnahme in den neu zu schaffenden Staat Thüringen führt, tendiert Coburg zu Bayern, obwohl auch Coburg in Verhandlungen mit Thüringen eingetreten war. Der Arbeiter- und Soldatenrat hatte jedoch schon im November 1918 seinen in Thüringen verhandelnden Abgesandten telegrafiert: »Die Bevölkerung Coburgs wird ausnahmslos Anschluß an Republik Bayern wünschen ... keine Zusagen an Thüringer Republik.«

Das Votum der Bevölkerung für Bayern am 30. November fällt eindeutig aus. Die meisten Coburger haben die schlechten Erfahrungen aus dem Ersten Weltkrieg noch gut in Erinnerung, als sich die Thüringer bei der Zuteilung von Lebensmitteln nur auf den eigenen Vorteil bedacht zeigten. Viele Coburger würden daher lieber noch preußisch als thüringisch werden, behauptet die bayerische Presse; dem großen Nachbarn im Süden geben sie jedoch entschieden den Vorzug vor allen anderen Ländern. Allein kann der kleine Stadtstaat aus finanziellen und wirtschaftlichen Gründen nicht existieren. Am 1. Juli 1920 wird Coburg offiziell in den Freistaat Bayern aufgenommen.

Millionenabfindung für Coburger Ex-Herzog

Der frühere Herzog Karl Eduard mit Prinzessin Caroline Mathilde

1. Juli. Die Landesversammlung des Freistaats Coburg genehmigt einstimmig die Abfindung des früheren Herzogs Karl Eduard von Sachsen-Coburg und Gotha. Er erhält als Eigentum seinen bisherigen Sommersitz, das Schloß Kallenberg bei Coburg einschließlich Gut und Park, das Schloß Eichhof und die Meierei Rosenau, außerdem 1,5 Millionen Mark in bar und Wohnrecht auf Lebenszeit auf der Veste Coburg. Ebenfalls im Juli bietet der Freistaat Gotha dem Ex-Herzog als Abfindung fünf Millionen Mark in bar sowie Rechte und Besitztümer im Wert von 15 Millionen Mark an. Als der Herzog ablehnt, reagiert die Landesversammlung mit Beschlagnahmung aller Besitztümer.

Endlich: Aufhebung der alliierten »Hungerblockade«

12. Juli. Die alliierten Siegermächte des Ersten Weltkriegs heben die seit Ende 1914 bestehende Wirtschaftsblockade gegen das Deutsche Reich auf. Ab sofort können wieder normale Handelsbeziehungen aufgenommen werden. Die Ostseeblockade bleibt allerdings bestehen, da noch immer deutsche Truppen im Baltikum kämpfen.

Die Blockade wird oft als »Hungerblockade« bezeichnet, da sie die Aushungerung des Deutschen Reichs während des Weltkriegs zum Ziel hatte. Nach deutschen Angaben sind ihr über 700 000 Menschen zum Opfer gefallen.

Großbritannien erklärte im November 1914 die Nordsee zum Kriegsgebiet und stellte auch neutrale Schiffe, die durch den Ärmelkanal und an der Ostküste entlang fahren wollten, unter militärische Bewachung. Die Absperrung des deutschen Außenhandels wurde durch ein umfangreiches Kontrollsystem ergänzt. Neutrale Handelsfirmen mußten sich z.B. gegen Hinterlegung einer Kaution verpflichten, keine Waren an das Deutsche Reich oder seine Verbündeten zu liefern. Damit hörte die Lieferung von Wa-

Kleinhändler warten an der Grenze zur besetzten Zone vor Frankfurt am Main auf Waren aus dem besetzten Gebiet

ren über die Niederlande und die Schweiz in das Deutsche Reich so gut wie ganz auf. In »weißen« Listen wurden »zuverlässige«, d.h. nicht an die Mittelmächte liefernde Firmen aufgenommen, in »grauen« Listen verdächtige. Die Aufnahme in die »schwarze« Liste der Alliierten bedeutete für ein Unternehmen Abbruch der Bank- und Handelsbeziehungen, Ausschluß von der Be- und Entfrachtung, von der Belieferung von Kohle und Öl, Sperrung der Durchfahrt durch den Sues- und Panamakanal und andere Verbote.

Internationaler Handel kann wieder aufgenommen werden

12. Juli. Die formelle Aufhebung der Wirtschaftsblockade gegen das Deutsche Reich schafft die Grundlage für die Aufnahme des freien Handelsverkehrs zwischen deutschen Firmen und Unternehmen in den bisherigen Feindstaaten und den neutralen Staaten. Die Blockade ist auch nach dem Waffenstillstand von 1918 aufrechterhalten worden. Nur in sehr begrenztem Umfang, hauptsächlich zur Lebensmittelversorgung, wurde sie hin und wieder durchbrochen. In den besetzten Gebieten (→ 17.5./S.107) bieten die Besatzungsmächte Waren aus eigener Produktion, um die deutsche Wirtschaft auszuschalten. In den unbesetzten Gebieten blüht kräftig der Schwarzhandel.

Eine Frauenkommission untersucht die Auswirkungen der Blockade im Deutschen Reich; links Jane Addams

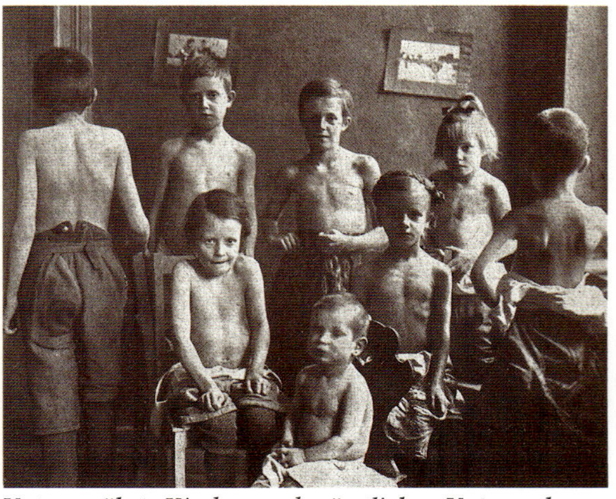

Unterernährte Kinder vor der ärztlichen Untersuchung; Mangelkrankheiten treten besonders in Städten auf

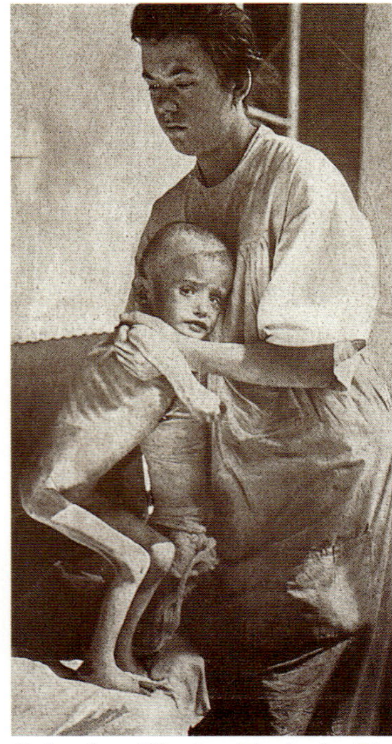

Opfer der alliierten Blockade: Ein schwindsüchtiges Kind

Frankreich-Handel bleibt beschränkt

12. Juli. Die französische Regierung unter Ministerpräsident Georges Benjamin Clemenceau in Paris gestattet die Wiederaufnahme der Handelsbeziehungen zum Deutschen Reich. Am selben Tag haben die alliierten Siegermächte des Ersten Weltkriegs die Wirtschaftsblockade gegen das Deutsche Reich aufgehoben (→ 12.7./S.144).

Der Handelsverkehr bleibt allerdings eingeschränkt. Während französische Waren im allgemeinen ohne Formalitäten in das Deutsche Reich ausgeführt werden dürfen, bedarf es bei deutschen Waren, die nach Frankreich eingeführt werden sollen, einer besonderen Genehmigung des französischen Finanzministeriums. Bezüglich der Zahlungsbedingungen bleiben viele alte Beschränkungen bestehen. Der Ver- und Ankauf von Mark ist in Frankreich nur durch ein besonderes Geldinstitut möglich.

Gewerkschaften gründen den ADGB

5. Juli. Der zehnte Deutsche Gewerkschaftskongreß in Nürnberg endet mit der Gründung des Allgemeinen Deutschen Gewerkschaftsbunds (ADGB). Zum ersten Vorsitzenden wird Karl Legien gewählt. Legien ist seit 1890 Vorsitzender der Generalkommission der Gewerkschaften Deutschlands.

Der ADGB ist die Spitzenorganisation der inzwischen 52 Arbeitnehmerorganisationen, die zu den Freien Gewerkschaften gehören. Er vertritt rund fünf Millionen Mitglieder. Im Unterschied zu den Christlichen Gewerkschaften und den Hirsch-Dunckerschen Gewerbevereinen sehen die Freien Gewerkschaften im wirtschaftlichen Sozialismus ihr Ziel.

Den Kongreß überschatten Auseinandersetzungen zwischen Rechten und Linken. Legien muß sich wegen der angeblich kapitalfreundlichen Haltung der Gewerkschaftsfüh-

Karl Legien führt die gewerkschaftliche Spitzenorganisation ADGB an

rung während des Ersten Weltkriegs verteidigen. Dabei erteilt er den Kommunisten und den unabhängigen Sozialisten als denen, »die die Arbeiterklasse gesprengt haben«, eine eindeutige Absage.

Regierung fördert Neuansiedlung

19. Juli. Die Weimarer Nationalversammlung nimmt in dritter Lesung das Reichssiedlungsgesetz an. Es verpflichtet die Länder, gemeinnützige Siedlungsunternehmen zur Schaffung neuer Ansiedlungen und zur Förderung bestehender Kleinbetriebe zu bilden. Aufgrund des neuen Gesetzes sollen Neusiedlerstellen errichtet und bereits vorhandene Siedlerstellen in beträchtlichem Maß erweitert werden.

Die DDP bezeichnet das Gesetz als »das bedeutendste Agrargesetz, das seit 100 Jahren die Gesetzgebung beschäftigt hat. Es wird, wenn es loyal durchgeführt wird, Verordnungen in der Grundbesitzverteilung herbeiführen, die auf Jahrhunderte das deutsche Wirtschaftsleben beeinflussen werden.«

Die MSPD weist darauf hin, daß nicht nur der Staat, sondern auch Großgrundbesitzer Grundstücke zur Verfügung stellen müssen.

Deutschösterreich erhält Vertragstext

20. Juli. Eine Delegation der Pariser Friedenskonferenz überreicht in der vom deutschösterreichischen Staatskanzler Karl Renner (SPÖ) bewohnten Villa in Saint-Germain-en-Laye bei Paris der deutschösterreichischen Friedensdelegation ohne weitere Formalitäten den Text des Friedensvertrags. Im Begleitschreiben des französischen Ministerpräsidenten und Vorsitzenden der Friedenskonferenz, Georges Benjamin Clemenceau, wird der »österreichischen« Delegation eine Frist von zehn Tagen eingeräumt, um schriftlich Anmerkungen zum Vertrag einzureichen. Diese Frist wird am 29. Juli um weitere sieben Tage verlängert.

Die Friedensverhandlungen begannen erst am 2. Juni. Sie wurden nach Art der Versailler Friedensverhandlungen (→7.5./S.100) als Diktat geführt. Während die Tschechoslowakei und das Königreich der Serben, Kroaten und Slowenen (Jugoslawien) als Verbündete der Alliierten Siegermächte die Friedenskonferenz beeinflussen konnten, werden Deutschösterreich und Ungarn mit der alleinigen Verantwortung der kaiserlichen Politik belastet.

Die Proteste der deutschösterreichischen Delegation gegen die Friedensbedingungen (→10.9./S.168) richtet sich gegen die wirtschaftlichen Bestimmungen ebenso wie gegen Grenzfragen. Das Nationalitätenprinzip und das Selbstbestimmungsrecht der Völker würden, z.B. im Fall Südtirols (→2.5./S.108), völlig außer acht gelassen: »Wir wissen uns besiegt, wir sind dem Sieger zu jeder aufgetragenen Leistung verhalten, aber wenn wir uns den Friedensbedingungen der Mächte, mit denen die österreichisch-ungarische Monarchie im Krieg war, unterwerfen, halten wir dagegen fest, daß sich die Nachfolgestaaten untereinander nach Friedensrecht oder wenigstens nach nachbarlichen Rücksichten auseinandersetzen sollten.«

Die deutschösterreichische Delegation unter Leitung von Staatskanzler Karl Renner (x) verläßt das Schloß von Saint-Germain. Hier begannen nach langer Verzögerung am 2. Juni die Friedensverhandlungen mit den Alliierten

Österreichs Rolle im Ersten Weltkrieg

Nach dem Attentat von Sarajevo - hier wurde am 28. Juni 1914 Erzherzog Ferdinand ermordet - begann Österreich-Ungarn am 28. Juli 1914 unter Ausschaltung des Parlaments den Krieg gegen Serbien. Die k.u.k. Armee geriet ab 1915 in militärische Abhängigkeit vom Deutschen Reich. Die Ermordung des Ministerpräsidenten Karl Graf Stürgkh 1916 war Ausdruck des Widerstands gegen die Kriegspolitik der Regierung. Nach dem Tod von Franz Joseph I. 1916 wurde Karl I. Kaiser von Österreich und König von Ungarn. Ihm gelang es nicht, den Widerstand gegen die Kriegspolitik zu brechen und die von Separatisten (Tschechen, Ungarn u.a.) aufgeheizte innenpolitische Situation zu beruhigen. Ab 1917 kam es zu Streiks, im Januar 1918 wurden Arbeiter- und Soldatenräte gegründet. Das Bekanntwerden der Friedensmission von Sixtus Prinz von Bourbon-Parma (Sixtus-Affäre) brachte Wien 1918 in völlige Abhängigkeit von Berlin.

Testerfolg für die »drahtlose Telephonie«

22. Juli. Der Postverkehr zwischen den Vereinigten Staaten von Amerika und dem Deutschen Reich wird offiziell wieder aufgenommen.

Der Erste Weltkrieg hat nicht nur den Post- und Telefonverkehr zwischen den verfeindeten Mächten unterbrochen, sondern auch bei den Mittelmächten die Weiterentwicklung des Telefons aufgehalten. Eine Meldung, die auf Angaben des Reichspostministeriums zurückgeht, erregt jedoch reichsweit Aufsehen; sie besagt, daß die »drahtlose Telephonie« nunmehr zur praktischen Anwendung gelangt sei zwischen den Elektrizitätswerken in Oberschöneweide und Rummelsburg bei Berlin.

Eine Versuchsstation des Reichspostministeriums bei Berlin bei der Aufnahme und Wiedergabe von Gesprächen im Rahmen der »drahtlosen Telephonie«

Von 1917 bis 1919 entstand nach Plänen von H. Muthesius die Großrundfunkstation im brandenburgischen Nauen

Luftschiff überfliegt erstmals Atlantik

2. Juli. Erstmals überquert ein Luftschiff den Atlantik. Das britische Luftschiff »R 34« verläßt um 1 Uhr 48 Mitteleuropäischer Zeit mit sieben Offizieren und 25 Mann Besatzung an Bord seine Halle in East Fortune in Südschottland und landet nach einem Flug von 108 Stunden und zwölf Minuten am 6. Juli auf dem Flugplatz Hazlehurst in Long Island in den USA.

Im Weltkrieg hat der Luftschiffbau großen Aufschwung genommen. Die vom deutschen Zeppelin »L 59« 1917 aufgestellte Rekordfahrt von 6757 km ist noch ungebrochen. Das erste deutsche Nachkriegsluftschiff, die »Bodensee«, erreicht 1919 eine Rekordgeschwindigkeit von 133 km/h. Der Versailler Friedensvertrag (→28.6./S.122) verbietet den Deutschen den Luftschiffbau.

Seit dem Ende des Ersten Weltkriegs werden in Großbritannien und den USA verstärkt Luftschiffe gebaut; im Bild das britische »Riesenluftschiff« »R 33«

E-Wirtschaft setzt auf »weiße Kohle«

Ende Juli. Aus Bayern und Baden werden Proteste gegen die Pläne der Reichsregierung gemeldet, die Elektrizitätswirtschaft zu verstaatlichen. Die süddeutschen Länder und Sachsen sind nach dem Ersten Weltkrieg dazu übergegangen, unter staatlicher Kontrolle große Hochspannungsnetze auszubauen und fürchten nun, daß reichsgesetzliche Regelungen ihre wirtschaftlichen und finanziellen Interessen gefährden können.

Zur Zeit gibt es im Deutschen Reich etwa 4000 Elektrizitätswerke. Private und kommunale Sonderinteressen haben bisher der Zusammenarbeit der Werke entgegengestanden. Wegen der Bestimmungen des Versailler Vertrags über das Saargebiet (→ 28.6./S.126) und wegen der Verpflichtung des Deutschen Reichs über Kohlenlieferungen an das Ausland muß in den kommenden Jahren mit einem starken Kohlenmangel gerechnet werden. Zur Elektrizitätsversorgung soll daher auf den Ausbau der Wasserkraft, der »weißen Kohle«, gesetzt werden. Die dabei anfallenden hohen Kosten könne, so die Reichsregierung, nur das Reich aufbringen. Um die Energieversorgung sicherzustellen, müsse daher die »privatkapitalistische« Beteiligung an Elektrizitätswerken in Reichseigentum überführt werden.

Alliiertes Verbot für Adlershof

22. Juli. Aus Berlin wird die Schließung der Flugzeugmeisterei Adlershof gemeldet. Die Maßnahme hängt mit den Bestimmungen des Versailler Friedensvertrags (→ 28.6./S.122) zusammen, die dem Deutschen Reich keine Luftstreitkräfte zugestehen.

Adlershof war während des Ersten Weltkriegs das Zentraldepot für den gesamten Nachschub aller deutschen Fliegerformationen. Zeitweilig waren hier 20 000 Mann beschäftigt, noch im November 1918 zählte die Belegschaft 13 000 Menschen. Die zur Zeit noch 4500 Beschäftigten sollen in Kürze die Kündigung erhalten. Die Flugzeughallen müssen wie viele Betriebe als »Beutehallen« an die alliierten Siegermächte ausgeliefert werden.

Verkehr 1919:

Bahnverkehr und Schiffahrt durch Reparationen behindert

Die zentrale Bedeutung des Verkehrs im Deutschen Reich zeigt die Schaffung eines eigenen Verkehrsministeriums. Am 1. Oktober 1919 nimmt es seine Tätigkeit auf. Diese neue Einrichtung ist Ausdruck dafür, daß die Regierung nicht mehr nur die Eisenbahn als Hauptträger des Verkehrs ansieht, sondern die anderen Verkehrsmittel gleichermaßen staatlich kontrollieren und fördern will. Das deutsche Reichsverkehrsministerium entwickelte sich aus dem 1873 geschaffenen Reichseisenbahnamt. In Österreich besteht ein entsprechendes Ministerium seit Oktober 1918. Vor der Errichtung des Staatsamts für Verkehrswesen gab es hier das Amt für Eisenbahnen.

Die Folgen des Ersten Weltkriegs für den Verkehr in den besiegten Ländern sind katastrophal. So muß das Deutsche Reich nach dem Waffenstillstandsvertrag 500 Lokomotiven und 19 000 Eisenbahnwaggons an die alliierten Siegermächte abliefern (→16.1./S.18), auch die Handelsflotte wird ausgeliefert (→17.1./S.36).

Durch diese Bestimmungen wird der Verkehr auf der Schiene und zu Wasser stark eingeschränkt, z.T. kommt er fast völlig zum Erliegen. Folgen sind u.a. die zeitweise Einstellung des Personenverkehrs bei der Bahn und enorme Schwierigkeiten beim Transport von Le-

Sieben bayerische »C IV«-Lokomotiven und eine sächsische Güterzuglok werden von Hof aus als Reparationsleistung nach Frankreich überführt

»Der Auto-Turm«, Möglichkeit für die Lösung der Parkprobleme

Der luxuriöse Passagierraum des Farman-Flugzeugs »Goliath«

bensmitteln und Kohle. So ist die Kohlennot im Deutschen Reich zu einem großen Teil auf den Mangel an Lokomotiven und Waggons zurückzuführen. Im Juni, in dem im Vergleich zu den Wintermonaten weniger Kohlen benötigt werden, beträgt die tägliche Fehlziffer an Waggons zum Transport der Kohle aus dem Ruhrgebiet 700 bis 2000; im August steigt diese Zahl auf 5000-6000 Wagen täglich. Die Haldenbestände im Ruhrbezirk betragen im August 4-500 000 t; es fehlen Lokomotiven und Waggons, um sie zu den Verbrauchern zu transportieren. Da die Zechen die Halden nicht vergrößern wollen, geht die Kohle in den sog. Landverkauf: Tag für Tag verlassen Automobilkolonnen mit dem »schwarzen Gold« die Zechen und versorgen die Umgebung. Verbraucher, die auf den Bahnversand angewiesen sind, gehen vielfach leer aus.

Die Schwierigkeiten bei der Bahn wiederum führen zur Verlängerung der Ladezeiten auf den Wasserstraßen. Die Reisezeiten der Schiffe auf dem Rhein werden darüber hinaus verlängert durch Formalitäten der Besatzungsmächte. Während die Kähne früher nach etwa 20 Tagen in die Verladehäfen zurückkehrten, brauchen sie 1919 durchschnittlich einen Monat, was wiederum die Frachtkosten emporschnellen läßt.

Positives ist hingegen beim Flugverkehr zu verzeichnen. Seit dem Ende des Ersten Weltkriegs werden zahlreiche Fluggesellschaften gegründet. Die Deutsche Luft-Reederei (DLR) nimmt am 6. Februar den von der Reichspostverwaltung eingerichteten Luftpostdienst auf der Strecke Berlin-Weimar auf (→6.2./S.53). Der Flottenpark der DLR besteht hauptsächlich aus ehemaligen Militärflugzeugen. Im März richten die Junkers-Flugzeugwerke einen Flugdienst zwischen Dessau und Weimar ein. Am 25. Juni wird auf dieser Strecke erstmals die »F 13« eingesetzt, das erste Ganzmetall-Verkehrsflugzeug der Welt. Am 24. August wird der Zeppelinflugverkehr Friedrichshafen-Berlin eröffnet (S.161).

Passagierflug in Straßenkleidung: Von New York nach Atlantic City (200 km) in nur eineinviertel Stunden

<u>Mode 1919:</u>

»Langsam geht uns der Sinn fürs Zivil wieder auf«

Die Mode steht zu Beginn des Jahres im Zeichen der Vermeidung jeglicher Extravaganzen. Einfache, gerade Kittelkleider mit loser, entweder hoch- oder tiefliegender Gürtung dominieren. Der Saum ist wadenlang und leicht eingezogen, so daß eine faßartige Linie entsteht. Schwarz ist die vorherrschende Farbe, vor Grau, Dunkelblau oder Lila.

Im Sommer wird die Mode lieblicher und einfallsreicher. Kleider mit Volantröcken und Tuniken aus weißem Batist oder Bastseide mit Weißstickerei tauchen auf. Wer auf sich hält denkt wieder an modisches Äußeres für die Sommerfrische ebenso wie an Strand- und Badekleidung für die Ostsee, wo »das freche Badekleid aus Taft mit dem Trikotanzug rivalisiert«.

Für Herbst und Winter propagieren die Modejournale eine neue Linie. »Man kultiviert seitliche Tütentaschen sowie eine Fülle von Raffungen und Volants, die rund um die Röcke laufen oder sich bemühen, die Hüftlinie zu verbreitern.« Gleichzeitig wagt die Dame abends ein tiefes, eckiges oder spitzes Dekolleté, das - wenn bis zur Taille reichend - mit einem Satin- oder Lingerieeinsatz versehen ist. »Langsam geht uns der Sinn fürs Zivil wieder auf«, schreibt die »Elegante Welt« über die Herrenmode. »Noch ist das moderne Sakko ein Kleidungsstück halb englische Offiziersuniform, halb Bergsteigeranzug, halb Kommisbluse. Wir sehen darin aus, wie 'Mars auf Urlaub'. Kein Sakko ohne die praktische Brusttasche und den gewohnten Gürtel«.

Wegen der noch schlechten Stoffe -vielfach wird der alte Uniformrock umgearbeitet - ist man gezwungen, dem Sakko Halt durch Steifleinenfutter zu geben. Man spricht vom sog. Stehbrustsakko. Dieses ist äußerst knapp (körpernah) geschnitten und hat eine sehr hochliegende und enge Taille. Die Hosen sind um den Bund bequem gearbeitet und werden zum Saum hin eng, die sog. Korkenzieherhose. Sie haben einen schmalen Umschlag und enden oberhalb des Knöchel, weshalb häufig Gamaschen getragen werden.

Gerade herabfallender Sackpaletot aus rauhem Stoff mit Fransen

Gesellschaftskleid aus Tüll mit nach vorn gerafftem Rock und Flügelteilen

Umhang in Tonnenform, kaffeebrauner Georgette mit Pelzstreifen

Große Abendtoilette aus schwarzem Cheffonsamt; Taille aus flachliegendem golddurchwirktem grünem Brokat; der Rock ist seitlich gerafft

Die Herrenkleidung wird sportlicher; dazu gehört der weiche Hut

Hut aus bräunlichem Pedalstroh mit weißem Rand und Zierblumen

Tour de France mit dem Gelben Trikot

14. Juli. Der belgische Radsportler Firmin Lambot gewinnt die 13. Tour de France vor den Franzosen Jean Alavoine und Eugène Christophe. Die 5558 km legt Lambot mit einer Durchschnittsgeschwindigkeit von 24,202 km/h zurück. Von den 69 Teilnehmern erreichen nur zehn das Ziel dieser Tour.

Die grundlegende Neuerung der ersten Tour de France nach dem Krieg ist die Einführung des Gelben Trikots: Nach dem Willen der Tourlei-

Lambot gewinnt die Tour de France, das längste und berühmteste Etappenrennen für Berufsfahrer; es führt von Nordfrankreich über die Pyrenäen und die Alpen nach Paris; die Tour wurde 1903 erstmals ausgefahren und wird seither jährlich veranstaltet mit Ausnahme der Kriegsjahre 1915 bis 1918

tung sollte der führende Fahrer im Gesamtklassement für die Zuschauer besonders auffallend gekleidet sein. Da die Auswahl an Farben und Stoffen nicht sehr groß ist, greifen die Veranstalter auf knallgelbe Jerseys zurück.

Wettschwimmen »Quer durch Berlin«

27. Juli. 150 000 Zuschauer erleben in Berlin das 4000-m-Schwimmen »Quer durch Berlin«. Der Initiator dieses Wettbewerbs ist der Berliner Journalist und Schwimmsportfunktionär Gustav Putzke.

Das von dem Berlin-Reinickendorfer Schwimm-Klub veranstaltete Schwimmen ist das erste, das auf der Spree in der Reichshauptstadt durchgeführt wird. Der Startpunkt liegt hinter dem Reichstagsgebäude, das Ziel ist die Achenbachbrücke im Tiergarten. Für Frauen und Männer, Junioren und Senioren finden getrennte Wertungen statt. Die neuen Schwimmwettkämpfe finden den ungeteilten Beifall von Sportlern und Publikum. Otto Happich wird Sieger bei den Junioren, Warmuth ist der Schnellste der Senioren, Kellner gewinnt im Soldatenschwimmen, und Jung erreicht als Erster der Jugendklasse das Ziel. Siegerin im Damenschwimmen wird Murray.

Boxidol Jack Dempsey entthront Willard

4. Juli. Der US-Amerikaner Jack Dempsey wird neuer Boxweltmeister im Schwergewicht. In Toledo im US-Bundesstaat Ohio besiegt er seinen Landsmann Jess Willard, einen fast zwei Meter großen Weizenfarmer aus Kansas, durch K.o. in der vierten Runde. Willard hatte den Titel des Schwergewichtsweltmeisters seit 1915 gehalten.

Der 24jährige Jack Dempsey hat erst 1914 mit dem Boxen begonnen, ein Jahr bevor Willard den farbigen Champion Jack Johnson stürzte. Von den ersten 27 Kämpfen als Boxprofi beendet Dempsey 17 siegreich durch K.o. Um ihm einen Kampf um den Weltmeistertitel zu ermöglichen, entfachte Dempseys Manager Jack Kearns eine Pressekampagne.

Er brach dadurch die Widerstände der führenden US-amerikanischen Boxpromoter, die in Dempsey keinen Gegner für Willard sahen. Dempsey schlägt den amtierenden Weltmeister in den ersten 120 Sekunden siebenmal zu Boden. Doch erst nach der vierten Runde zählt der Ringrichter den Zwei-Meter-Mann Willard aus.

Für den Weltmeisterschaftskampf in Toledo sagte Jack Dempsey einen K.o.-Sieg voraus, doch erst in der vierten Runde ist es soweit, und er versetzt dem amtierenden Weltmeister den entscheidenden Schlag; Jess Willard bleibt nach dem Auszählen apathisch in der Ecke sitzen; Jack Dempsey hatte seit 1918 durch eine große Zahl von K.o.-Siegen auf sich aufmerksam gemacht

Französin Suzanne Lenglen zweimal siegreich in Wimbledon

17. Juli. *Das Finale im Dameneinzel der »All England Championships«, des internationalen Tennisturniers in Wimbledon, gewinnt die Französin Suzanne Lenglen mit 10:8, 4:6, 9:7 gegen Dorothea Lambert Chambers aus Großbritannien. Suzanne Lenglen gewinnt auch das Damendoppel. An der Seite von Elizabeth Ryan (USA) schlägt sie Lambert Chambers/Ethel Larcombe 4:6, 7:5, 6:3. Die Französin war von ihrem wohlhabenden Vater schon als Kind auf eine internationale Tenniskarriere vorbereitet worden. In einer Villa in Cannes ließ er seine Tochter täglich mehrere Stunden trainieren. Schon mit 15 Jahren war die 1899 geborene Suzanne Lenglen die beste Hartplatzspielerin der Welt. Auch in den folgenden Jahren feiert sie in Wimbledon große Erfolge. Bis 1925 erringt sie dort 15 Titel. Die Abbildung zeigt Suzanne Lenglen beim Mixed im Racing Club.*

August 1919

<table>
<tr><td>Mo</td><td>Di</td><td>Mi</td><td>Do</td><td>Fr</td><td>Sa</td><td>So</td></tr>
<tr><td></td><td></td><td></td><td></td><td>1</td><td>2</td><td>3</td></tr>
<tr><td>4</td><td>5</td><td>6</td><td>7</td><td>8</td><td>9</td><td>10</td></tr>
<tr><td>11</td><td>12</td><td>13</td><td>14</td><td>15</td><td>16</td><td>17</td></tr>
<tr><td>18</td><td>19</td><td>20</td><td>21</td><td>22</td><td>23</td><td>24</td></tr>
<tr><td>25</td><td>26</td><td>27</td><td>28</td><td>29</td><td>30</td><td>31</td></tr>
</table>

1. August, Freitag

Die Räterepublik in Ungarn bricht zusammen. →S.158

Die Zürcher Arbeiterschaft legt zur Unterstützung der Arbeiter von Basel, wo am 31. Juli ein Generalstreik begonnen hat, die Arbeit nieder. Der Generalstreik in Zürich und Basel richtet sich gegen die Lebensmittelteuerung, wird jedoch von bürgerlicher Seite als »revolutionär-bolschewistisch« bezeichnet.

Mit Wirkung vom 1. August wird das am 25. April für das rechtsrheinische Bayern verhängte Kriegsrecht aufgehoben. Zugleich werden Volksgerichte eingesetzt, die Straftaten bei inneren Unruhen verhandeln.

Die italienische Abgeordnetenkammer in Rom billigt die Wahlreformvorlage über die Einführung des Verhältniswahlrechts (→ 16.11./S.196).

In der Landesversammlung des Freistaats Gotha wird mitgeteilt, der frühere Herzog habe die angebotene Abfindung von fünf Millionen Mark in bar und die Überlassung von Grundstücken, Gebäuden und beweglichen Gütern im Wert von 15 Millionen Mark abgelehnt. Daraufhin nimmt die Landesversammlung den Gesetzentwurf über die Verstaatlichung zahlreicher Güter an, die dem Herzog angeboten worden waren (→ 29.7./S.143).

Im Münchner Glaspalast wird die erste Freie Kunstausstellung eröffnet.

2. August, Sonnabend

Die »Hamburger Nachrichten« veröffentlichen einen offenen Brief Prinz Heinrichs von Preußen über die Auslieferung des deutschen Ex-Kaisers Wilhelm II. →S.155

Die »Münchener Zeitung« veröffentlicht ein Schreiben des früheren Kronprinzen Rupprecht von Bayern. Rupprecht lehnt es ab, im Fall eines Auslieferungsbegehrens der Alliierten »ein Gericht anzuerkennen, in dem der Kläger zugleich Richter ist und welches in Wirklichkeit als Instrument der Befriedigung des Rachebedürfnisses dient oder zur Ostentation der angeblich reineren Kriegsmoral unserer bisherigen Gegner«. → S.155

In Preußen wird das Staatskommissariat für öffentliche Ordnung eingerichtet.

In Luzern beginnt eine Internationale Sozialistenkonferenz. Es ist die zweite Konferenz dieser Art in der Schweiz seit Jahresbeginn. Sie dauert bis zum 9. August (→ 3.2./S.55).

Der Landtag des Fürstentums Liechtenstein beschließt einstimmig, den seit 1852 bestehenden Zollverein mit Österreich-Ungarn aufzukündigen.

Die Universität zu Bonn feiert wegen des Kriegs mit fast einem Jahr Verspätung den 100. Jahrestag ihrer (Neu-)Gründung am 18. Oktober 1818.

4. August, Montag

Rumänische Truppen besetzen die ungarische Hauptstadt Budapest (→ 1.8./S.158).

Der anhaltische Landtag in Dessau genehmigt den Gesetzentwurf zur Abfindung des früheren Herzogshauses. Der Herzog tritt Grundbesitz im Wert von 30 Millionen Mark an den Staat ab und erhält dafür eine Abfindung von 6,5 Millionen Mark. Die Theaterstiftung, die Kulturstiftung, Kunstgegenstände, Gemälde, Sammlungen usw. gehen in Staatsbesitz über (→ 25.3./S.69).

Im Kronprinzen-Palais in Berlin wird die Staatliche Galerie moderner Kunst eröffnet. → S.161

5. August, Dienstag

Nach einem Erlaß des deutschen Reichspräsidenten Friedrich Ebert (MSPD) erhält das Reichsmarineamt die neue Bezeichnung Admiralität. Die Admiralität ist die oberste Kommando- und Verwaltungsbehörde der Reichsmarine.

6. August, Mittwoch

Der deutschösterreichische Staatskanzler Karl Renner (SPÖ) überreicht der Friedenskonferenz in Saint-Germain-en-Laye die Antwort Deutschösterreichs auf den Friedensvertragsentwurf der Alliierten (→ 20.7./S.145).

Die Alliierten zwingen die sozialistische ungarische Regierung unter Gyula Peidl in Budapest zum Rücktritt und ernennen Erzherzog Joseph von Österreich zum Reichsverweser. Dieser ernennt Stephan Friedrich, den ehemaligen Staatssekretär im Kriegsministerium, zum Ministerpräsidenten (→ 1.8./S.158).

Die Berliner Presse meldet eine gemeinsame Aktion des Reichsernährungsamts und des Reichswirtschaftsministeriums gegen den wilden Handel. Der Schwarzmarkt im Deutschen Reich wird seit Monaten zunehmend aus den besetzten Gebieten versorgt. Lebens- und Genußmittel sowie Gebrauchsgegenstände aller Art werden in Massen und zum einzigen großen Teil unter Mitwirkung der Besatzungssoldaten. → S.154

7. August, Donnerstag

Antonio José de Almeida wird mit überwältigender Mehrheit zum Präsidenten Portugals gewählt als Nachfolger von Joao do Canto e Castro, der dieses Amt seit der Ermordung des Diktators Sidónio Bernadino Cardoso da Silva Pais im Dezember 1918 vorläufig ausübte. Almeida tritt sein Amt am 5. Oktober an.

Der Staatenausschuß (ab 11. August: Reichsrat), die Vertretung der deutschen Länder bei der Weimarer Nationalversammlung, genehmigt den Entwurf einer Reichsabgabenordnung, nach der die einzelstaatlichen Finanzverwaltungen an das Reich übergehen (→8.7./S.142).

Das britische Unterhaus in London nimmt den Gesetzentwurf über die Kohlenbergwerke an, durch den der Siebenstundentag eingeführt wird.

Der Oberste Rat der Alliierten in Paris beschließt die Aufhebung der Wirtschaftsblockade gegen Ungarn nach dem Ende der Räterepublik (→ 1.8./S.158).

In Lauffen am Neckar wird trotz heftiger Proteste das Geburtshaus des Dichters Johann Christian Friedrich Hölderlin abgerissen. Der neue Besitzer, ein reicher Weinhändler, hatte den Abriß in Auftrag gegeben, obwohl er dem Württembergischen Bund für Heimatschutz die Zusage gemacht hat, das Hölderlinhaus zu erhalten.

Der französische Pilot Charles Godefroy fliegt in Paris unter dem Arc de Triomphe hindurch. → S.161

8. August, Freitag

In der indisch-indischen Stadt Rawalpindi im Punjab wird der Friedensvertrag zwischen Großbritannien und Afghanistan unterzeichnet. → S.158

Die italienischen Gewerkschaften teilen in Rom mit, daß Frankreich von Italien die Entsendung von 150 000 Arbeitern für die Bergwerke des Saarbeckens erbeten habe. → S.156

9. August, Sonnabend

Die sächsische Regierung entsendet vier Bataillone in die Umgebung von Chemnitz, nachdem es am 7. und 8. August zu blutigen Lebensmittelkrawallen mit antisemitischen Ausschreitungen gekommen war. Schieber und Lebensmittelhändler machen die Juden für die hohen Lebensmittelpreise verantwortlich.

Regierungsvertreter von Persien und Großbritannien unterzeichnen in Teheran ein Protektoratsabkommen. → S.158

Das Vorarlberger Volk protestiert in mehr als 30 Veranstaltungen gegen die Wiener Regierung, die das Selbstbestimmungsrecht von Vorarlberg nicht anerkennen will. Gleichzeitig wird in Vorarlberg ein Aufruf an das Schweizer Volk beschlossen, in dem dieses als »Verkünder der Rechte Vorarlbergs für die weite Welt« angerufen wird (→ 11.5./S.108).

11. August, Montag

Der deutsche Reichspräsident Friedrich Ebert (MSPD) unterzeichnet die neue Verfassung des Deutschen Reichs, die sog. Weimarer Verfassung. Sie tritt am 14. August in Kraft (→ 21.8./S.155).

In Berlin beginnen deutsch-polnische Verhandlungen über die Räumung der deutschen Ostgebiete, die im Versailler Vertrag Polen zugesprochen wurden. → S.156

Der sowjetrussische Rat der Volkskommissare in Moskau erläßt ein Dekret, nach dem die Landbevölkerung mit Industrieartikeln nur noch auf dem Weg des Austauschs gegen landwirtschaftliche Produkte beliefert wird.

12. August, Dienstag

Der bayerische Landtag in Bamberg nimmt die Verfassungsurkunde des Freistaats Bayern an.

Der Oberbefehlshaber der österreichischungarischen Flotte im Ersten Weltkrieg, Miklós Horthy, wird zum Oberbefehlshaber der gesamten ungarischen Wehrmacht ernannt (→ 1.8./S.158).

Vor der allgemeinen Debatte über neue Finanzgesetze in der Weimarer Nationalversammlung hält Reichsfinanzminister Matthias Erzberger (Zentrum) eine Grundsatzrede über Wege aus der Krise im Deutschen Reich, die er als »das größte Finanzelend, das die Welt zu sehen bekam«, bezeichnet.

13. August, Mittwoch

Während einer Demonstration mehrerer tausend Hüttenarbeiter vor dem Parlament in Luxemburg für eine Teuerungszulage dringen Demonstranten in das Parlamentsgebäude ein und feuern Schüsse ab. Luxemburgisches und französisches Militär stellen die Ordnung wieder her.

Die deutsche Reichsregierung unter Ministerpräsident Gustav Bauer (MSPD) weist den Vorwurf der alliierten Siegermächte zurück, die Räumung Lettlands durch die deutschen Truppen werde absichtlich verzögert (→ 24.8./S.157).

Das spanische Parlament in Madrid lehnt einen Antrag der Republikaner ab, Frankreich, dem Deutschen Reich und Deutschösterreich durch Darlehen zu helfen. Nach dem Willen der Republikaner sollte das neutrale Spanien, das während des Ersten Weltkriegs bedeutende Kriegsgewinne erzielt hat, durch diese Anleihe zur Linderung der Kriegsfolgen beitragen.

14. August, Donnerstag

Die neue Verfassung des Deutschen Reiches, die sog. Weimarer Verfassung, tritt in Kraft (→ 21.8./S.155).

Die Weimarer Nationalversammlung beschließt, daß sie durch das Inkrafttreten der neuen Reichsverfassung »nicht automatisch in einen Reichstag« umgewandelt werde. Erst eine aus Neuwahlen hervorgegangene künftige parlamentarische Körperschaft werde die in der Verfassung vorgesehene, wieder in Berlin tagende Reichstag sein (→ 21.8./S.155).

In Konstanz treffen die letzten deutschen Kriegsgefangenen ein, die im Verlauf des Ersten Weltkriegs in der Schweiz interniert wurden. → S.155

Der deutschösterreichische Staatskanzler Karl Renner (SPÖ) bittet in einer Note an den Obersten Rat der Alliierten in Paris um Zustimmung zur Besetzung Westungarns durch deutschösterreichische Sicherheitsorgane zum Schutz der öffentlichen Ordnung (→ 1.8./S.158) nach der Zerschlagung der Räterepublik.

Der bayerische Landtag in Bamberg verabschiedet das Lehrergesetz und das Schulbedarfsgesetz. Die Volksschulen gehen aus der Gewalt der Gemeinden in die Gewalt des Staates über, der auch alle Personalkosten übernimmt (→ 25.1./S.39).

Titelblatt der Zeit-
schrift »Jugend«
von dem Maler
Esmell; die 1896
gegründete
»Jugend«, die der
Kunstrichtung des
Jugendstils den
Namen gab, zählte
während des
Kaiserreichs zu
den führenden
»modernen«
Kunstzeitschriften;
nach dem Welt-
krieg schwenkt sie
weitgehend ins Un-
verbindliche ab

15. August, Freitag

Die Verfassung des Freistaats Bayern, die sog. Bamberger Verfassung, tritt in Kraft.

In Finnland kommt es zu einer Regierungskrise, als sich der frühere Reichsverweser, General Carl Gustaf Emil Freiherr von Mannerheim, weigert, den Oberbefehl über das finnische Heer zu übernehmen. Nach dem Rücktritt der Regierung Karl Castrén bildet Juho Vennola ein neues Kabinett.

Das britische Unterhaus in London nimmt das Gesetz gegen Preistreiberei (Profiteering Bill) an. Dadurch erhält das Handelsministerium die Befugnis, Nachforschungen über die Herstellungskosten und die Preise aller Waren anzustellen.

Die Berliner Nachrichtenagentur Wolffs Telegraphen-Bureau (WTB) veröffentlicht ein Telegramm von Reichspräsident Friedrich Ebert an den Schweizer Bundespräsidenten Gustave Ador; Ebert bedankt sich darin für die »liebevolle« Behandlung deutscher Kriegsgefangener in der Schweiz (→ 14.8./S.155).

16. August, Sonnabend

Der spanische König Alfons XIII. unterzeichnet den vom Parlament angenommenen Gesetzentwurf über den Eintritt Spaniens in den Völkerbund (→ 28.4./S.80).

Die Weimarer Nationalversammlung verabschiedet das Gesetz gegen Kapitalflucht ins Ausland.

In Weimar findet die erste Plenarsitzung des neugebildeten Reichsrats, der Vertretung der Länder des Deutschen Reiches, statt (→ 19.11./S.195).

Der bayerische Landtag tritt zu seiner letzten Sitzung in Bamberg zusammen. →S.157

Die Budapester Stadthauptmannschaft ordnet die Verhaftung aller ehemaligen Volksbeauftragten der ungarischen Räterepublik an (→ 1.8./S.158).

Die ungarischen Gemeinden in Westungarn beschließen, sich aus dem ungarischen Staatsverband zu lösen und proklamieren ihren Anschluß an die Steiermark (Steiermark). Der Anschluß wird von den alliierten Siegermächten untersagt. Am folgenden Tag warnt die unabhängige Regierung Deutschösterreich, Truppen nach Westungarn zu entsenden.

17. August, Sonntag

Der bayerische Landtag und die bayerische Staatsregierung übersiedeln von Bamberg nach München (→ 16.8./S.157).

Auf Burg Lichtenstein südlich von Reutlingen bricht wegen des starken Besucherandrangs die Zugbrücke. 50 bis 60 Touristen stürzen zehn Meter tief in den Burggraben, sechs von ihnen werden schwer, 20 leicht verletzt.

18. August, Montag

In Oberschlesien wird der verschärfte Belagerungszustand verhängt, nachdem sich die Streikbewegung im oberschlesischen Hüttenrevier am Vortag zu einem bewaffne-

ten Aufstand mit Plünderungen ausgeweitet hat. Gegen die Aufständischen, die von polnischer Seite unterstützt werden, gehen Regierungstruppen vor (→ 11.8./S.157).

19. August, Dienstag

Japan erläßt ein Autonomiedekret für Korea, das seit 1910 als Generalgouvernement Chosen unter japanischer Herrschaft steht. (→ 1.3./S.73).

20. August, Mittwoch

Durch eine Verordnung des deutschen Reichspräsidenten Friedrich Ebert (MSPD) geht die Ausübung des Oberbefehls über die Wehrmacht auf Reichswehrminister Gustav Noske über. → S.156

Wegen der Unruhen in Oberschlesien bricht die polnische Regierung die deutsch-polnischen Verhandlungen in Berlin über die Übergabe deutscher Gebiete an Polen ab (→ 11.8./S.157).

21. August, Donnerstag

Der deutsche Reichspräsident Friedrich Ebert (MSPD) wird vor der Weimarer Nationalversammlung auf die neue deutsche Reichsverfassung (Weimarer Verfassung) vereidigt. → S.155

Im Schloß von Weimar vereidigt der deutsche Reichspräsident Friedrich Ebert (MSPD) die Reichsminister auf die Weimarer Verfassung. → S.155

Im Auswärtigen Amt in Berlin beraten Vertreter der deutschen Reichsregierung und der britischen, französischen, italienischen und japanischen Militärmissionen über die Unruhen in Oberschlesien. Es wird vereinbart, daß eine Interalliierte Militärkommission nach Oberschlesien reist, um die von Polen erhobenen und von der Reichsregierung zurückgewiesenen Anschuldigungen zu überprüfen (→ 11.8./S.157).

Der Landtag des Freistaats Oldenburg stimmt der Abtrennung des am 14. Juli zur unabhängigen Republik proklamierten früheren Fürstentums Birkenfeld zu.

22. August, Freitag

Die ungarische gegenrevolutionäre Regierung unter Desiderius Abraham in Szeged löst sich auf und stellt alle ihre Organe und Truppen der Budapester Regierung zur Verfügung (→ 1.8./S.158).

Beim Reichskongreß der Erwerbslosen in Hamburg diskutieren Abgesandte aus 90 Städten über die soziale und wirtschaftliche Situation der Arbeitslosen im Deutschen Reich. → S.154

In der dänischen Hauptstadt Kopenhagen tritt die internationale Nordschleswig-Kommission zusammen. → S.156

23. August, Sonnabend

Nach Protesten der Tschechoslowakei, des Königreichs der Kroaten, Serben und Slowenen (Jugoslawien) und Italiens gegen die Rückkehr eines Habsburgers nach Ungarn fordern die alliierten Siegermächte vom Weltkriegs Erzherzog Joseph von Österreich zum Rücktritt von seinem Amt als

ungarischer Reichsverweser auf. Der Erzherzog tritt noch am selben Tag zurück. Gleichzeitig erklärt die Regierung Stephan Friedrich ihren Rücktritt (→ 1.8./S.158).

Der Zentralrat der deutschen sozialistischen Republik in Berlin erläßt eine Wahlordnung zur Neuwahl der Arbeiterräte. Die Neuwahlen sollen bis zum 30. November abgeschlossen sein. Der Zentralrat beschließt ferner, sich künftig »Zentralrat der deutschen Arbeiterräte« zu nennen.

24. August, Sonntag

Die deutschen Truppen im Baltikum verweigern der deutschen Reichsregierung den Gehorsam. Trotz des Befehls zur Rückkehr ins Deutsche Reich bleiben sie in ihren Stellungen. → S.157

Die Wahlen zum Sobranje, der Volksvertretung des Königreichs Bulgarien, enden mit einem überwältigenden Sieg der Linken, die ihre Mandatszahl vervierfachen. Die Militärpartei, die bisher die Hälfte der Abgeordneten gestellt hat, bekommt nur einen einzigen Sitz.

Die Wiener »Neue Freie Presse« veröffentlicht einen aufsehenerregenden Artikel über den außenpolitischen Kurswechsel des deutschösterreichischen Staatskanzlers Karl Renner (SPÖ). → S.157

In Travemünde stirbt Friedrich Naumann, der erste DDP-Vorsitzende, im Alter von 59 Jahren (→ 13.12./S.207).

Mit dem Passagier-Luftschiff LZ 120 »Bodensee« wird die deutsche Inlandslinie Friedrichshafen-Berlin eröffnet. → S.161

In Nürnberg finden die deutschen Leichtathletikmeisterschaften statt. → S.162

25. August, Montag

In München wird in Gegenwart von Reichspräsident Friedrich Ebert (MSPD) und Reichswehrminister Gustav Noske (MSPD) die Übergabe der bayerischen Heeres und der Heeresverwaltung an das Reich vollzogen (→ 20.8./S.156).

26. August, Dienstag

Die Arbeiterschaft der oberschlesischen Gruben und Hütten nimmt die Arbeit wieder auf. Der verschärfte Belagerungszustand wird aufgehoben (→ 11.8./S.157).

Der sowjetische Partei- und Regierungschef Wladimir I. Lenin unterzeichnet in Moskau das Dekret des Rats der Volkskommissare über die Vereinigung des Theaterwesens. → S.162

27. August, Mittwoch

Der am 23. August zurückgetretene ungarische Ministerpräsident Stephan Friedrich bildet ein neues Kabinett. Seine Politik stellt er unter das Motto »Für ein christliches Ungarn« (→ 1.8./S.158).

Im Rusthof (Pretoria) stirbt Louis Botha im Alter von 56 Jahren. Der südafrikanischer General und Politiker war seit 1910 erster Premierminister der Südafrikanischen Union. Von 1907 bis 1910 war er Premierminister von Transvaal.

28. August, Donnerstag

Das australische Unterhaus nimmt das Einwanderungsgesetz an. Es sieht ein Einwanderungsverbot für »Anarchisten« und »Staatsfeinde« auf fünf Jahre vor. Danach soll der Generalgouverneur entscheiden.

29. August, Freitag

In Lyngby, nordwestlich von Kopenhagen, wird die erste dänische Radiotelegrafenanlage in Betrieb genommen.

30. August, Sonnabend

Der französische Kommandant in Birkenfeld, Major Bastiani, löst den Landesausschuß von Birkenfeld auf und setzt die Mitglieder der rechtmäßigen oldenburgischen Regierung ab. Die Amtsgeschäfte übernimmt eine revolutionäre Provinzialregierung, die von Frankreich unterstützt wird. (→ 19.11./S.195).

In Bern beginnt die Tagung des Rats des Internationalen Friedensbüros, in dem die Mehrzahl aller nationalen Friedensgesellschaften vereinigt sind. Die Konferenz, die bis zum 2. September tagt, diskutiert über die Ursachen des Ersten Weltkriegs und die Verantwortlichkeit für den Krieg.

31. August, Sonntag

Die britische Nachrichtenagentur Reuter meldet, daß die britische Regierung unter Premierminister David Lloyd George befohlen hat, alle deutschen Kriegsgefangenen, die in britisch verwalteten Lagern in Frankreich interniert sind, unverzüglich in ihre Heimat zu entlassen (→ 1.9./S.169).

In Berlin beginnt die zweitägige Tagung des Alldeutschen Verbandes. Verabschiedet wird auf dieser Veranstaltung u.a. folgender Programmsatz: »Den unentbehrlichen Zusammenschluß aller nationalen Kräfte in Stadt und Land zu betreiben und zu vollenden wird der Alldeutsche Verband nicht unversucht lassen. Für alle unmittelbar deutschen Männer und Frauen ist das Hauptziel: Rettung und Wiederaufrichtung des durch den Zusammenbruch vom Jahre 1918 mit Untergang bedrohten deutschen Volkes und Deutschen Reiches.«

Das seit 1658 bestehende Gouvernement Groß-Berlin wird aufgelöst. Die Geschäfte übernimmt ein Gruppenkommando der Reichswehr.

In Teplitz (Teplice) beginnt der Parteitag der deutschen Sozialistischen Arbeiterpartei der Tschechoslowakei. Auf der bis zum 4. September dauernden Veranstaltung beschließen die Teilnehmer u.a. den Anschluß an die Zweite Internationale. Im Gegensatz zur von Lenin kontrollierten Moskauer Dritten Internationale verfolgt diese einen reformistischen Kurs.

Das Wetter im Monat August

Station	Mittlere Lufttemperatur (°C)	Niederschlag (mm)	Sonnenscheindauer (Std.)
Aachen	17,1 (17,2)	39 (82)	— (188)
Berlin	16,6 (17,2)	32 (68)	— (212)
Bremen	16,1 (17,1)	42 (79)	— (182)
München	18,3 (16,6)	70 (96)	— (211)
Wien	— (18,6)	— (68)	— (242)
Zürich	18,9 (16,6)	41 (132)	276 (219)
( ) Langjähriger Mittelwert für diesen Monat — Wert nicht ermittelt			

Das Titelblatt der »Berliner Illustrirten Zeitung« vom 24. August löst Empörung im Deutschen Reich und Schadenfreude und Hohn bei der Entente aus; es zeigt den jetzigen Reichspräsidenten Friedrich Ebert (r.) und den jetzigen Reichswehrminister Gustav Noske in einer alten Aufnahme; in das Foto hineinmontiert wurde der junge Mann mit Dreizack

Ebert und Noske in der Sommerfrische.
Aufgenommen während eines Besuchs des Seebads Haffkrug bei Travemünde.

»Arbeit im Dienste des Gemeinwohls«

6. August. Die Berliner Presse veröffentlicht Berichte, wonach das Reichsernährungsamt in Zusammenarbeit mit dem Reichswirtschaftsministerium Maßnahmen zur Einschränkung des »wilden Handels« einleiten will.

Der Schwarzmarkt im Deutschen Reich wird seit Monaten aus den besetzten linksrheinischen Gebieten (→ 17.5./S.107) versorgt. Lebens-

Reichsfinanzminister Erzberger (Abb.) umreißt seine Forderungen so: »Wir müssen ein durchdachtes Steuersystem aufstellen, einheitliche Erfassung aller Steuerquellen, Gerechtigkeit auf der einen Seite, Gewissenhaftigkeit auf der anderen. Nur so ist Hoffnung und Möglichkeit, daß Deutschland vor dem Staatsbankrott, der hier ein Volksbankrott ist, bewahrt bleibt«

und Genußmittel sowie Gebrauchsgegenstände aller Art werden in Massen eingeführt, zu einem großen Teil unter Beteiligung von Besatzungssoldaten. Der Schleich- bzw. Schwarzhandel hat solche Ausmaße angenommen, daß einige Transportversicherungsfirmen sog. Schleichhandelsversicherungen anbieten. Damit können sich Kaufleute gegen Verluste versichern, die durch Beschlagnahmungen von Schmuggelware entstehen.

Schwarzhändler in Berlin; die Waren gelangen hauptsächlich aus den von den alliierten Siegermächten des Weltkriegs besetzten Gebieten auf den Markt

Solche Auswüchse will die deutsche Reichsregierung ebenso verbieten wie die organisierte Steuerflucht aus dem Deutschen Reich, wie Reichsfinanzminister Matthias Erzberger (Zentrum) in einer Grundsatzrede am 12. August in der Weimarer Nationalversammlung klarstellt. Die Lösung der Wirtschaftsprobleme knüpft Erzberger an die Parole: »Arbeit im Dienste des Gemeinwohls.« In diesem Sinn will er die neuen Finanzgesetze verstanden wissen, die am 14. August den Ausschüssen überwiesen werden: Die Gesetzesvorlage über das Reichsnotopfer sieht eine einmalige Vermögensabgabe zur teilweisen Abdeckung der Kriegsschuld vor; die Umsatzsteuer soll künftig auch von freiberuflich Tätigen abgeführt werden. Geplant ist ferner die Erhöhung der Postgebühren. In Vorbereitung ist darüber hinaus ein Gesetzentwurf über die Besteuerung von Mineralölen.

»Steuern«, so der Finanzminister, »sind sonst keine Wohltat für ein Volk, aber die Steuern, die hier beschafft werden sollen, sollen und werden für das deutsche Volk eine Wohltat sein.«

22. August. In Hamburg wird der Reichskongreß der Erwerbslosen eröffnet. Delegierte von Erwerbslosenräten aus 90 deutschen Städten debattieren zwei Tage lang über die Lage der Arbeitslosen.

Nach der gesetzlichen Einrichtung der Erwerbslosenfürsorge im November 1918 haben sich meist auf kommunistische Initiative im ganzen Deutschen Reich Erwerbslosen- bzw. Arbeitslosenräte gebildet. Sie vertreten die Interessen der Erwerbslosen gegenüber den örtlichen Fürsorgeausschüssen. Durch das Gesetz vom November 1918 wurden die Gemeinden verpflichtet, eine Erwerbslosenfürsorge einzurichten, die rechtlich getrennt von der seit langem gewährten Armenpflege sein muß.

Zentrale Themen auf dem Reichskongreß sind die von der Reichsregierung geplante Senkung der Erwerbslosenunterstützung und die Pläne, arbeitslose Deutsche beim Wiederaufbau der Gebiete in Nordfrankreich und Belgien einzusetzen, die während des Ersten Weltkriegs zerstört wurden.

Zeitgenössische Künstler fertigen im Auftrag der Behörden Plakate an, in denen die Arbeiter aufgefordert werden, weniger zu streiken und mehr zu arbeiten

Nationalversammlung wieder nach Berlin

21. August. Der deutsche Reichspräsident Friedrich Ebert (MSPD) wird vor der Weimarer Nationalversammlung auf die neue deutsche Reichsverfassung (Weimarer Verfassung) vereidigt. Es ist die letzte Amtshandlung der Nationalversammlung im Weimarer Nationaltheater vor ihrer Übersiedlung nach Berlin. Ihre erste Sitzung in der Reichshauptstadt ist für den 30. September vorgesehen.

Ebert hat die Verfassung (→ 31.7./S.140) am 11. August unterzeichnet. Sie ist am 14. August in Kraft getreten. Gleichfalls am 14. August hat die Nationalversammlung beschlossen, daß sie durch das Inkrafttreten der Reichsverfassung nicht automatisch in einen »Reichstag« umgewandelt wird. Erst eine aus Neuwahlen hervorgegangene künftige parlamentarische Körperschaft soll der in der Verfassung vorgesehene Reichstag sein.

Der Vereidigung des sozialdemokratischen Reichspräsidenten sind die Fraktionen von DNVP und USPD ferngeblieben. Nach seiner Vereidigung hält Ebert vom Balkon des Nationaltheaters aus eine Ansprache an die Weimarer. Anschließend vereidigt er im Weimarer Schloß die Reichsminister des Kabinetts von Gustav Bauer (→21.6./S.120) auf die Verfassung.

△ *Der Präsident der Nationalversammlung, K. Fehrenbach, bei der Ansprache nach der Vereidigung Eberts; auf den Bänken l. u. r. das Kabinett*

◁ *Reichspräsident Friedrich Ebert zeigt sich nach seiner Ansprache auf dem Balkon des Nationaltheaters von Weimar*

Kriegsgefangene verlassen Schweiz

14. August. In Konstanz trifft der letzte Transport von deutschen Kriegsgefangenen ein, die in der Schweiz interniert waren, acht Offiziere und 40 Mannschaften. Zwei Tage zuvor haben 248 Offiziere und 296 Mannschaften die Schweiz verlassen. Damit sind die Interniertentransporte aus der Schweiz beendet. Für die nächsten Tage werden noch Einzelpersonen erwartet und ein Transport Schwerverletzter.

Der deutsche Reichspräsident Friedrich Ebert (MSPD) richtet am 15. August ein Danktelegramm an den schweizerischen Bundespräsidenten Gustave Ador für die »liebevolle schweizerische Fürsorge«, die den deutschen Kriegsgefangenen, Verwundeten, Kranken und Zivilinternierten in der Schweiz zuteil geworden sei.

Nach dem Ausbruch des Ersten Weltkriegs wurde im September 1914 in der neutralen Schweiz die Stelle für Heimschaffung internierter Zivilpersonen eröffnet. Ab 1916 wurden Kriegsgefangene der Mittelmächte und der Alliierten als sog. Internierte aufgenommen. Die Schweiz übernahm auch den Austausch von Invaliden und Schwerverwundeten zwischen den kriegführenden Mächten und beförderte Gefangenenpostsendungen.

Proteste gegen Forderung nach Auslieferung des Kaisers

2. August. Die »Hamburger Nachrichten« veröffentlichen einen offenen Brief des Prinzen Heinrich von Preußen, der an König Georg V. von Großbritannien appelliert, von einer Auslieferung des deutschen Ex-Kaisers Wilhelm II. an Großbritannien abzusehen.

Wilhelm II. überschritt am 10. November 1918 von Spa aus, dem Sitz des Großen Hauptquartiers, die niederländische Grenze und dankte am 28. November ab. In den Niederlanden lebt er in Amerongen in der Provinz Utrecht auf einem Schloß des Adelsgeschlechts Bentinck. Nach Artikel 232 des Versailler Friedensvertrags (→S.126-127) fordern die alliierten Siegermächte des Ersten Weltkriegs von der niederländischen Regierung die Auslieferung des deutschen Ex-Kaisers, um ihn als Kriegsverbrecher vor Gericht zu stellen. Der britische Premierminister David Lloyd George hat im Juli London als Sitz des Gerichtshofs genannt, der Wilhelm II. aburteilen soll.

Ein offizielles Auslieferungsgesuch an die Niederlande ist bisher nicht gestellt worden. Sprecher der niederländischen Regierung betonen, daß der Ex-Kaiser und Ex-Kronprinz Wilhelm jederzeit die Niederlande verlassen könnten, solange kein Auslieferungsgesuch gestellt sei. Im Falle eines Gesuchs müßte der Gerichtshof von Utrecht nach Anhörung des ehemaligen Kaisers ein Rechtsgutachten erstellen. Es sei jedoch wenig wahrscheinlich, daß die niederländische Regierung der

An alle Deutschen!

An die Regierung der Niederlande wurde gedrahtet:

Dankerfüllt für die Gastfreundschaft, die Holland dem Deutschen Kaiser gewährt, bittet der Deutsche Offizierbund auch im Namen von Millionen Deutscher die Regierung der Niederlande, die Auslieferung des Kaisers zu verweigern.

Wir können unseren ehemaligen Kriegsherrn jetzt mit unseren Leibern nicht schützen, erwarten aber von dem Edelmut der Niederländer, daß uns die letzte und erniedrigendste Schmach erspart bleibt.

Deutscher Offizierbund Berlin
Bundesleitung.

In der deutschen Presse erscheinen zahlreiche Aufrufe, in denen auf das Problem des Kaiser-Auslieferung aufmerksam gemacht wird

Auslieferung zustimmen würde. Der offene Brief von Prinz Heinrich ist keine Einzelaktion (→ 25.6./S.129). Ebenfalls am 2. August veröffentlicht die »Münchener Zeitung« ein Schreiben des früheren Kronprinzen von Bayern, Rupprecht, der es ablehnt, »ein Gericht anzuerkennen, in dem der Kläger zugleich Richter ist und welches in Wirklichkeit als Instrument der Befriedigung des Rachebedürfnisses dient«.

Prinz Eitel Friedrich von Preußen hatte sich am 5. Juli dem britischen König gemeinsam mit seinen vier Brüdern als Geiseln an Stelle seines Vaters angeboten. Vertreter zahlreicher Adelshäuser und Politiker fast aller Parteien wenden sich an die Reichsregierung, eine Auslieferung zu verhindern.

Reich übernimmt deutsche Länderheere

20. August. Durch eine Verordnung des deutschen Reichspräsidenten Friedrich Ebert (MSPD) wird die Ausübung des Oberbefehls über die gesamte Wehrmacht dem Reichswehrminister Gustav Noske (MSPD) übertragen. Gleichzeitig geht die Heeresverwaltung auf das Reich über, die Selbständigkeit der Heeresverwaltungen der einzelnen Länder wird aufgehoben. Die Kriegsministerien der Länder müssen bis zum 1. Oktober 1919 aufgelöst werden.

Die Grundlagen für ein noch zu schaffendes Wehrgesetz sind die Artikel 159 bis 202 des Versailler Friedensvertrags (→ 28.6./S.126). Die wichtigsten Unterschiede zum Heer der Vorkriegszeit sind der Fortfall der allgemeinen Wehrpflicht (gemäß Artikel 173 des Versailler Vertrags) und die Übernahme des Heeres in die Verwaltung des Reichs. Der vom Reichswehrminister ausgeübte Oberbefehl liegt nach Artikel 47 der Weimarer Verfassung (→ 31.7./S.140) in der Verantwortlichkeit des Reichspräsidenten. Die Wehrmacht besteht aus dem Reichsheer und der Reichsmarine. Das Reichsheer darf nach Artikel 160 des Versailler Vertrags eine Stärke von 100 000 Mann einschließlich 4 000 Offiziere nicht überschreiten. Die Stärke der Reichsmarine ist nach Artikel 183 des Versailler Vertrags auf 15 000 Mann begrenzt. Luftstreitkräfte und Unterseeboote sind verboten. Alle militärischen Akademien, Kriegsschulen, Kadettenanstalten, Unteroffiziersschulen u.a. sind aufgelöst. Erziehungsanstalten, Universitäten und Vereine dürfen sich nicht mit militärischen Dingen beschäftigen. Militärische Erziehung der Jugend ist im Deutschen Reich damit untersagt.

Eine vorläufige Reichsmarine wurde bereits im März 1919 gebildet. Bis zum Erlaß des endgültigen Wehrmachtsgesetzes soll sie die Küstensicherung übernehmen, durch Minenräumung den freien Handelsverkehr sichern und Seepolizeifunktionen wahrnehmen.

»Bluthund« Gustav Noske

Gustav Noske (Abb.), der künftig den Oberbefehl über die Wehrmacht ausübt, zählt zum rechten Flügel der MSPD, der einen Bürgerkrieg im Deutschen Reich vor allem durch militärische Maßnahmen verhindern will. 1906 war er in den Reichstag gewählt worden und machte sich einen Namen als Militärexperte. Nach der Novemberrevolution 1918 übernahm Noske die Zuständigkeit für Heer und Marine im Rat der Volksbeauftragten. Er befahl u.a. die Niederschlagung des Spartakusaufstands (→12.1./S.28), was ihm den Beinamen »Bluthund« eintrug.

Überall werden die Nordschleswiger zur Abstimmung aufgerufen

Abstimmung über Schleswig-Holstein

22. August. In Kopenhagen trifft die internationale Nordschleswig-Kommission zu Beratungen über die Vereinigung Nordschleswigs mit Dänemark zusammen. Der nördliche Teil der preußischen Provinz Schleswig-Holstein soll nach den Artikeln 109 bis 114 des Versailler Friedensvertrags (→ 28.6./S.126) an Dänemark abgetreten werden, sofern sich die Bevölkerung bei einer Abstimmung dafür ausspricht. Abgestimmt werden soll 1920 in zwei Zonen, im südlichen und im nördlichen Schleswig. Die Grenze zwischen den Zonen verläuft nördlich von Flensburg.

Arbeiter aus Italien für Saarbergwerke

8. August. In Rom wird bekannt, daß Frankreich Italien um 150 000 Arbeiter für die Bergwerke des Saarbeckens gebeten hat. Nach dem Versailler Friedensvertrag (→ 28.6./S.126) erhält Frankreich auf 15 Jahre das alleinige Recht zur Ausbeutung der Kohlengruben an der Saar. Da sich die meisten Deutschen weigern, unter den Franzosen in den Saargruben zu arbeiten, sucht Frankreich im Ausland Ersatz. Die italienischen Gewerkschaften fordern die Arbeiter auf, alle französischen Angebote mit dem »größten Mißtrauen« zu prüfen, da die Arbeitsbedingungen vielfach an »Sklaverei« erinnerten.

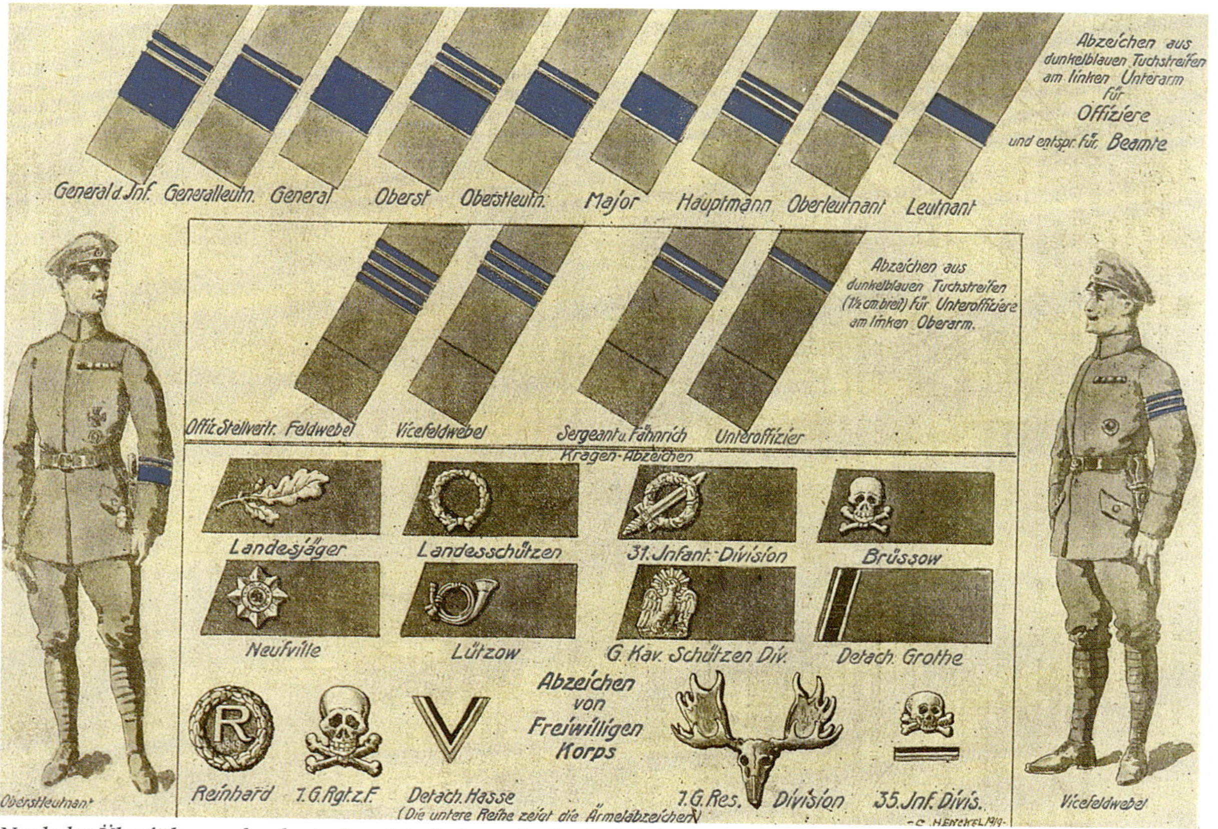

Nach der Überführung der deutschen Länderheere in das Reichsheer werden die Dienstrangabzeichen vereinheitlicht

Baltikum-Truppen gegen den Rückzug

24. August. Die deutschen Truppen im lettischen Kurland verweigern der Reichsregierung den Gehorsam. In Mitau (Jelgava) wird folgendes Telegramm an die Regierung aufgegeben: »Sämtliche reichsdeutsche Truppen … haben beschlossen, hier im Lande zu bleiben. Sie wollen Erfüllung des Versprechens des Bürgerrechts … und sind bereit, weiter als Vorposten die Heimat, besonders Ostpreußen, vor Bolschewismus zu schützen.«

Dem Versailler Friedensvertrag (→ 28.6./S.122) entsprechend hat die Reichsregierung die Baltikumtruppen zur Rückkehr aufgefordert. Die Freiwilligenverbände waren im November 1918 zur Verteidigung des Baltikums gegen Sowjetrußland gebildet worden. Die lettische Regierung hatte allen deutschen Soldaten, die mindestens vier Wochen gegen Sowjetrußland kämpfen, das lettische Staatsbürgerrecht zugesagt; sie zeigt sich nun aber nicht bereit, die Zusage zu halten.

Bayerischer Landtag zurück nach München

16. August. Der bayerische Landtag tritt zu seiner letzten Sitzung in Bamberg zusammen. Einen Tag später übersiedeln der Landtag und die bayerische Staatsregierung von Bamberg wieder in die Landeshauptstadt München. Nach der Ausrufung der Räterepublik in München am 7. April (S.83) war die Regierung unter Ministerpräsident Johannes Hoffmann (MSPD) zuerst nach Nürnberg und am selben Tag noch nach Bamberg geflohen. Dort hatte der Landtag aus Platzmangel in einem Konzertsaal getagt (Abb.). Nach dem Ende der Räte ist der Weg nach München frei.

Scheitern deutsch-polnischer Gespräche

11. August. In Berlin beginnen die deutsch-polnischen Verhandlungen über politische, wirtschaftliche und Verkehrsfragen, die sich aus der Abtretung deutscher Gebiete an Polen gemäß dem Versailler Friedensvertrag ergeben (→ 28.6./S.126). Am 20. August bricht Polen die Verhandlungen wegen der Ereignisse in Oberschlesien ab. Die deutsche Regierung hatte dort Truppen gegen einen von Polen unterstützten Streik eingesetzt, der sich zum offenen Aufstand gegen die Reichsregierung ausweitete.

Deutsche Reichstruppen nehmen im oberschlesischen Hüttenrevier polnische Aufständische gefangen; am 18. August wurde das Standrecht proklamiert

Die polnische Delegation, in der Mitte Delegationsleiter Wroblewski, Unterstaatssekretär im Außenministerium

Österreich wendet sich Alliierten zu

24. August. Die Wiener »Neue Freie Presse« veröffentlicht einen Bericht über den außenpolitischen Kurswechsel des deutschösterreichischen Staatskanzlers Karl Renner (SPÖ). Für Renner stehe nicht mehr der Anschluß an das Deutsche Reich im Vordergrund, sondern die sog. Westorientierung, d.h. die Annäherung an die alliierten Siegermächte des Ersten Weltkriegs. Damit sei auch die Abkehr vom Gedanken einer Donauföderation verbunden, eines engen Zusammenschlusses mit den Nachfolgestaaten der ehemaligen Donaumonarchie.

Neue Ziele der Außenpolitik

»Es ist wohl begreiflich, daß die unbedingten Anhänger des Anschlußgedankens an Deutschland durch die Erklärung Renners, daß Deutschösterreich im Vertrauen auf den Völkerbund allein durchzukommen versuchen wolle, sich beunruhigt fühlen. Es handelt sich hier vielleicht nicht allein um eine Frage der Auffassung, sondern um eine Frage des Vertrauens. Staatskanzler Renner hat die Annäherung an die Westmächte vollzogen und unser Schicksal in ihre Hand gelegt. Von der Entente und dem Völkerbund wird es abhängen, ob Deutschösterreich imstande sein wird, die ihm im Friedensvertrag als Bedingung auferlegte staatsrechtliche und wirtschaftliche Unabhängigkeit aufrechtzuerhalten, ja überhaupt als Staat fortzuexistieren … Unsere künftige Politik ist geleitet vom Vertrauen auf den Völkerbund, der die moralische Verpflichtung hat, unserem Volke das Leben zu ermöglichen.« (aus »Neue Freie Presse«)

Staatskanzler Renner ist seit dem 26. Juli auch Leiter des Staatsamts des Äußeren. Sein Vorgänger im Außenministerium, Otto Bauer (SPÖ), hatte am 25. Juli seinen Rücktritt erklärt. Als Gründe nannte er das Scheitern seines Versuchs, mit Italien zur Verständigung über Südtirol zu gelangen (→2.5./S.108), und sein vergebliches Eintreten für den Anschluß an das Deutsche Reich (→25.2./S.54), durch das er den »Machthabern« in Frankreich »mißfällig« geworden sei. Renner hat daraus die Konsequenz gezogen.

Volkskommissar Pogányi wirbt in Budapest für den Eintritt in die Rote Armee zum Kampf gegen die alliierten Truppen

Zerschlagung der Räterepublik Ungarn

1. August. Die Räterepublik in Ungarn bricht 133 Tage nach ihrer Proklamation (→ 21.3./S.71) zusammen. Der Revolutionäre Regierende Rat gibt in einer Sitzung des Budapester Zentralarbeiterrats seine Demission bekannt. Die Regierungsgewalt übernimmt ein von Vertretern der Gewerkschaften gebildetes sozialistisches Kabinett unter Ministerpräsident Gyula Peidl, das den Staatsnamen in »Ungarische Volksrepublik« ändert. Béla Kun u.a. Führer der Räterepublik fliehen ins Ausland.

Nach der Ausrufung der Räterepublik hatte der Revolutionäre Regierende Rat den alten Staatsapparat zerschlagen, die Rote Garde zur Aufrechterhaltung der Ordnung im Innern (→ 25.6./S.130) und die Rote Armee zur Verteidigung gegen die Intervention der Alliierten und ihrer Verbündeten geschaffen. Die Räteregierung hatte außerdem Maßnahmen zur Beseitigung der kapitalistischen Wirtschaftsordnung eingeleitet. So wurden die Banken, Industriebetriebe mit mehr als 20 Beschäftigten, die Schulen und der Grundbesitz über 50 ha entschädigungslos enteignet. Die Alliierten ließen tschechische und rumänische Truppen gegen die Räterepublik aufmarschieren und entsandten selbst Truppen, gegen die sich die Rote Armee im Frühjahr zunächst erfolgreich verteidigte. Die Übermacht der Angreifer und die

Rumänische Militärpatrouille im eroberten Budapest; nach der Zerschlagung der Räterepublik werden Tausende von Rätepolitikern brutal ermordet

Gegenrevolution im Inneren führen nun zum Zusammenbruch der Räterepublik. In den rumänisch und französisch besetzten Gebieten haben sich Gegenregierungen gebildet, von denen die mit dem früheren k.u.k. Konteradmiral Miklós Horthy im südungarischen Szeged am einflußreichsten ist.

Am 4. August besetzen rumänische und französische Truppen Budapest. Am folgenden Tag ziehen auch britische und US-amerikanische Truppenverbände in die ungarische Hauptstadt ein.

Am 6. August zwingen die Alliierten Peidl zum Rücktritt und ernennen Erzherzog Joseph von Österreich zum Reichsverweser, d.h. zum vorläufigen Staatsoberhaupt. Joseph ernennt Stefan Friedrich, den früheren k.u.k. Staatssekretär im Kriegsministerium, zum Ministerpräsidenten. Nach Protesten der Tschechoslowakei, des Königreichs der Serben, Kroaten und Slowenen (Jugoslawien) und Italiens gegen die Rückkehr eines Habsburgers nach Ungarn tritt Erzherzog Joseph nach Aufforderung der Alliierten als Reichsverweser zurück.

Am 12. August übernimmt Horthy den Oberbefehl der gesamten ungarischen Wehrmacht. Es folgt ein blutiger »weißer« Terror: Rund 5 000 Anhänger der Räterepublik werden ermordet, mehr als 70 000 werden eingekerkert.

Frieden zwischen London und Kabul

8. August. Der Vertrag von Rawalpindi beendet den Dritten Afghanisch-Britischen Krieg, der im Mai dieses Jahres ausgebrochen ist.

Der neue Emir von Afghanistan, Aman Ullah (→ 28.2./S.57), hatte im Mai zum Heiligen Krieg gegen Großbritannien aufgerufen, das seit 1879 die Hoheit über die afghanische Außenpolitik innehat. Nach Anfangserfolgen mußte die afghanische Armee vom strategisch bedeutenden Khaiberpaß, dem wichtigsten westlichen Zugang zu Britisch-Indien, nach Dschalalabad zurückweichen. 1841/42 hatten die Afghanen die britische Armee an diesem Paß vernichtend geschlagen, 1878 verloren sie jedoch den Paß wieder an Großbritannien.

Im Vertrag von Rawalpindi erkennt Großbritannien die Unabhängigkeit Afghanistans auch in der auswärtigen Politik an. Afghanistan darf diplomatische Vertretungen im Ausland errichten. Dafür stellt Großbritannien die Zahlung von Jahrgeldern an Afghanistan ein.

Widerstand gegen »Schutzvertrag«

9. August. Regierungsvertreter Persiens und Großbritanniens unterzeichnen in Teheran einen sog. »Schutzvertrag«, der Persien zum Vasallenstaat macht. Danach wird Großbritannien »Berater« nach Persien entsenden, die Schlüsselstellungen in der Verwaltung des Landes übernehmen; britische Offiziere sollen die »Ausbildung einer einheitlichen persischen Streitmacht« übernehmen. Die britische Regierung bewegt den Schah, Ahmad Schah, durch Geldzahlungen zur Vertragsunterzeichnung.

Das Abkommen wird geschlossen, nachdem Sowjetrußland auf alle aus der Zarenzeit stammenden Forderungen und Guthaben in Persien verzichtet hat. Dadurch hatte Großbritannien freie Hand.

Die britische Regierung hat jedoch nicht mit dem Widerstand der persischen Bevölkerung gerechnet. Nach der Vertragsunterzeichnung kommt es zu antibritischen Kundgebungen, über Teheran wird der Belagerungszustand verhängt. Am 12. August verläßt der Schah fluchtartig das Land.

Die 1. US-Division zieht durch den Triumphbogen in New York

Jubel in USA über Kriegsheimkehrer

August. Die aus Europa zurückkehrenden US-Truppen werden in ihrer Heimat begeistert empfangen. Die USA hatten im April 1917 dem Deutschen Reich den Krieg erklärt und damit die Wende im Ersten Weltkrieg zugunsten der Alliierten herbeigeführt. Auslöser für den Kriegseintritt war die Proklamation des uneingeschränkten U-Boot-Kriegs durch das Deutsche Reich.

Am 19. August 1919 wird US-Präsident Woodrow Wilson vom Ausschuß für Auswärtige Angelegenheiten über die Unvermeidbarkeit des Kriegseintritts der USA befragt: »Denken Sie, daß, wenn Deutschland keinen Akt kriegerischer Natur und keinen Akt der Ungerechtigkeit gegen unsere Bürger begangen hätte, daß wir dann uns in diesen Krieg hineinbegeben haben würden?« Wilson antwortet darauf: »Ja, das glaube ich.«

Die Verwundeten und Kriegsbeschädigten nehmen an der großen Parade in New York in Automobilen teil

Urlaub und Freizeit 1919:

Auslandsreisen stoßen auf scharfe Kritik

Die ersten Urlauber, die 1919 die Nord- und Ostseebäder aufsuchen, werden überall mit den Spuren des Ersten Weltkriegs konfrontiert: Reste von Stacheldrahtzäunen, Unterstände in den Dünen, Baracken, bombensichere Munitionsbauten und Beobachtungsstände der Artillerie, die zurückgelassenen Geschütze und unzählige Kaninchenställe erinnern daran, daß hier fünf Jahre lang der Krieg tobte und das Badeleben ruhte. Der Sommer des Jahres 1914 versprach für die Nord- und Ostseebäder ein Rekordjahr zu werden. Doch mitten im Urlaubsvergnügen mußten die Gäste bei Kriegsausbruch die Bäder und Inseln verlassen und Platz für die anrückenden Soldaten machen. Als erstes Nordseebad eröffnet im Frühjahr 1919 Wangerooge den Badebetrieb. An Pfingsten reisen die ersten Gäste mit den Salonschnelldampfern »Lachs« und »Delphin« des Norddeutschen Lloyd an. Die aus der Vorkriegszeit bekannten »Badezüge« können in diesem Jahr wegen Kohlenmangels und fehlender Lokomotiven und Waggons nicht eingesetzt werden. Wer sich eine Fahrt zu den Bädern gönnen will, muß meist tief in die Tasche greifen und mit Flugzeug oder Automobil anreisen.

Die meisten Deutschen können sich nach dem Krieg ein solches Vergnügen nicht leisten. Sie sind auf die Erholungsmöglichkeiten in der Umgebung ihres Wohnortes angewiesen, auf Frei- und Strandbäder und auf Seen.

Für erholungsbedürftige Stadtkinder stehen Sommerheime bereit, elf davon in Dänemark. Dänische Gutsbesitzer haben diese Häuser zur Verfügung gestellt, das Geld für die Aufenthalte sammelte die dänische Bevölkerung. In Zürich vermittelt eine »Zentralstelle« die Unterbringung von unterernährten deutschen Kindern während der Ferien in Privatfamilien. In sog. Gesandtschaftsheimen, in Lugano, Ascona und Davos, werden kranke deutsche Kinder zur Kur untergebracht, tuberkulosekranke z.B. vorzugsweise in Davos. Abgesehen von solchen Kuraufenthalten vor allem für Kinder, Ju-

gendliche und Kranke sind Reisen ins Ausland verpönt, obwohl Deutsche, die ihren Urlaub außerhalb des Deutschen Reiches verbringen, ohnehin nur in Länder reisen, die nicht als »Feindstaaten« angesehen werden: Sie verbringen ihren Urlaub vorzugsweise in der Schweiz, in Österreich, in den Niederlanden oder in Dänemark. Wegen der schlechten Devisenlage im Deutschen Reich stoßen solche Auslandsreisen auf Kritik . »Wenn man sieht, wie heute wieder ein wahrer Strom von Vergnügungsreisenden, denen auch hier während des Krieges nichts abgegangen ist, sich in die Schweiz ergießt, so kann einem manchmal das Blut in den Kopf steigen«, schreibt die angesehene »Frankfurter Zei-

tung« im Juli. »All diese Herrschaften, die gerade so gut nach dem Schwarzwald und Oberbayern gehen könnten, berauben ihre Volksgenossen notwendiger Einfuhren und verteuern das, was hereinkommt. Leider gehen hier ehemalige Minister und gegenwärtige Ministerfamilien mit schlechtem Beispiel voran. Es wäre deshalb sehr zu empfehlen, Schweizerreisen nur für geschäftliche Zwecke oder aber für Schwerkranke zu genehmigen.« Als gute Beispiele werden Reichspräsident Friedrich Ebert und Reichswehrminister Gustav Noske genannt, die angeblich an der Ostsee ausspannen, was durch eine manipulierte Fotografie zu unerfreulichen Schlagzeilen führt (→ S.172).

Einweihung des von der Alpenvereinssektion Garmisch-Partenkirchen in Gemeinschaft mit der österreichischen Gemeinde Lermoos auf dem 2 342 m hohen Daniel bei Lermoos in Tirol errichteten Bergkreuzes; Blick gegen die Zugspitze; das Bergwandern ist ein beliebtes Vergnügen

Im Familienbad Swinemünde auf der Insel Usedom an der Swine, die hier in die Ostsee mündet; die Seebäder erfreuen sich großen Andrangs

Sopran Lula Mysz-Gmeiner

Kammersängerin Cläre Dux

Konzertsängerin Julia Culp

Konzertsängerin E. Gerhardt

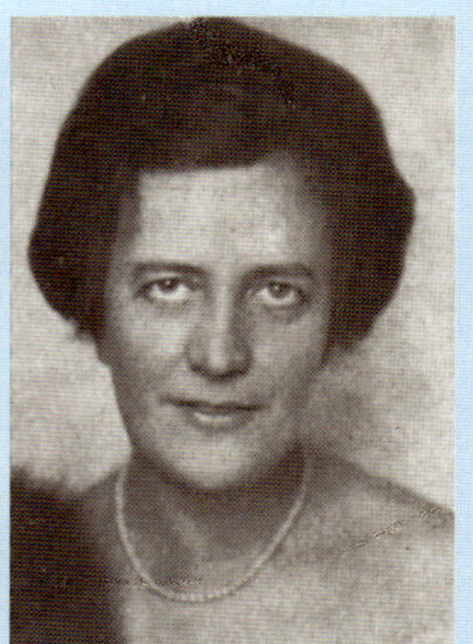

Emmi Leisner, Altistin

Musik 1919:

Revolutionen bewirken keinen neuen Aufbruch in der Musik

Während die Oper »Die Revolutionshochzeit« traditionellen musikalischen Konventionen folgt und große Erfolge feiert (die Abb. zeigt die Uraufführung in Leipzig), können sich innovative Strömungen nicht durchsetzen. Besonders Arnold Schönbergs Zwölftonmusik, die auf die herkömmliche Tonalität bewußt verzichtet, stößt bei »Traditionalisten« auf Empörung und Ablehnung. Die von dem Dirigenten Hermann Scherchen gegründete »Neue Musik-Gesellschaft« findet wenig Resonanz. Dem Neutöner Edgar Varèse kommt lediglich in den USA stärkere Beachtung zu. Das Interesse des europäischen Publikums konzentriert sich eher auf die Uraufführung von Igor Strawinskijs »Pulcinella« und Richard Strauss' Oper »Die Frau ohne Schatten«. Auch musikalisch ist die »Revolutionshochzeit« keine Revolution: D'Albert »wandelt weiter in veristischen Bahnen«, wie ihm die Kritik bescheinigt. Den italienischen Verismus hatte d'Albert bereits 1903 mit seiner Oper »Tiefland« ins Deutsche übertragen.

D'Albert gilt neben Richard Strauss und Hans Pfitzner als der z.Z. bedeutendste Komponist im deutschsprachigen Raum. Strauss und sein Dichterfreund Hugo von Hofmannsthal bringen am 10. Oktober in Wien »Die Frau ohne Schatten« zur Uraufführung, die zu den bedeutendsten Strauss-Werken zählt. Die Musikwelt blickt nicht zuletzt wegen dieses Erfolgs gespannt nach Salzburg zu den diesjährigen Festspielen.

◁ *Die Uraufführung von Eugen d'Alberts Oper »Die Revolutionshochzeit« am 26. Oktober in Leipzig (Abb.) steht stellvertretend für das musikalische Schaffen dieses Jahres. Die Premiere gestaltet sich zum Triumph, steht jedoch zugleich für das Fehlen eines Neuaufbruchs in der Oper nach der allgemeinen revolutionären Entwicklung des Jahres 1918. Während der politische Umsturz eine z.T. radikale Veränderung auf den Sprechbühnen und in der Malerei bewirkt hat, bleibt die Oper alten Konventionen verhaftet. Der Titel suggeriert »Revolutionäres«, doch inszeniert wird eine Liebesgeschichte während der Wirren der Französischen Revolution. Die Opernliebhaber scheinen nicht zu denen zu gehören, die auf Neues begierig sind.*

Der lyrische Tenor Richard Tauber hat große Erfolge als Mozart-Interpret

Der Pianist und Musiklehrer Carl Friedberg, Schüler von C. Schumann

Rudolf Laubenthal ist als Jugendlicher Heldentenor sehr gefragt

Waghalsiger Flug durch den Triumphbogen

7. August. *Der französische Pilot Charles Godefroy fliegt mit einem Doppeldecker vom Typ »Nieuport-Bébé« unter dem Arc de Triomphe in Paris hindurch. Mit einer Geschwindigkeit von 140 km/h schießt Godefroy mit der Maschine, die eine Spannweite von 9 m hat, durch den 14,60 m breiten Innenbogen. Nach seinem Flug begründet Godefroy die Aktion damit, daß die französische Luftwaffe bei der Parade zum Ende des Ersten Weltkriegs am →14. Juli (S.138) nicht genügend gewürdigt wurde und er auf ihre Leistungen aufmerksam machen wolle. Abb.: Godefroy hat es geschafft.*

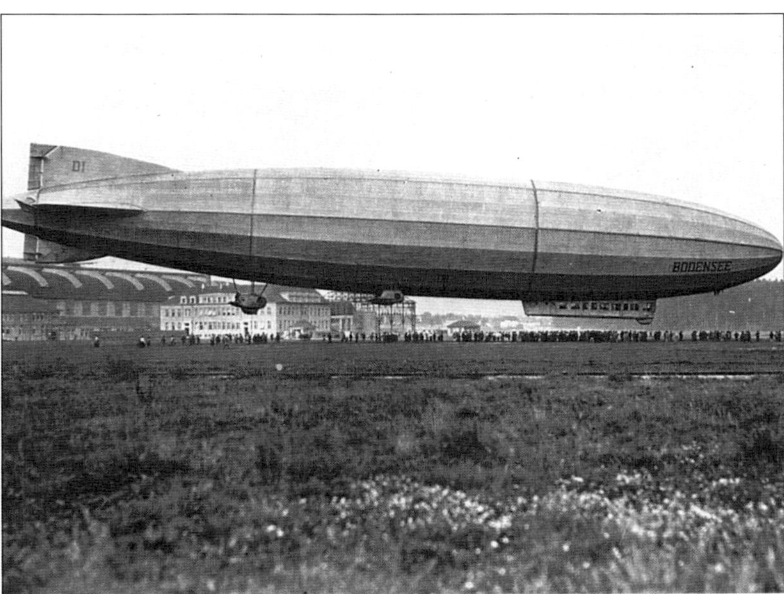

Inlandflüge mit Luftschiff »LZ 120 Bodensee«

24. August. *Mit dem Passagier-Luftschiff »LZ 120 Bodensee« wird die Inlandslinie Friedrichshafen-Berlin eröffnet. Die Flugzeit beträgt sieben Stunden. Die Abbildung zeigt das Luftschiff bei der Ankunft in Berlin. Die 1919 gebaute »Bodensee« ist das erste deutsche Luftschiff der Nachkriegszeit. Mit einer Länge von 120 m ist es nur etwa halb so groß wie das letzte deutsche Kriegsluftschiff »LZ 71« (226,5 m) von 1918. Die »Bodensee« ist mit vier Motoren ausgerüstet, die eine Gesamtleistung von 1040 PS erbringen, die »LZ 71« verfügte über sechs Motoren mit 1560 PS.*

Neue Häuser für die Kunst

4. August. Im ehemaligen Kronprinzen-Palais in Berlin wird die moderne Abteilung der Berliner Nationalgalerie eröffnet. Leiter ist der Kunsthistoriker Ludwig Justi, der seit 1909 auch Direktor der Nationalgalerie ist.

Im Kronprinzen-Palais werden Werke deutscher Gegenwartskunst aus Malerei und Bildhauerei gezeigt. Einen Schwerpunkt bildet der Berliner Impressionismus, der durch Max Slevogt, Lovis Corinth, Max Liebermann u.a. vertreten wird. Von Oskar Kokoschka sind die Bilder »Die Freunde« und »Stockholmer Hafen« zu bewundern. Unter den Werken der modernen Bildhauer sind u.a. Plastiken von Ernst Barlach ausgestellt.

Vor zweieinhalb Monaten, am 31. Mai, ist der Neubau der Kunsthalle zu Hamburg eröffnet worden. Sie soll Werke aus unterschiedlichen Kunstepochen einem breiten Publikum nahebringen.

Hauptsaal der Großen Berliner Kunstausstellung; l. Metzners »Lessing«

Die neu eröffnete Staatsgalerie im ehemaligen Kronprinzen-Palais/Berlin

Theaterstreit der Sowjets

26. August. Der sowjetische Partei- und Regierungschef Wladimir I. Lenin unterzeichnet in Moskau das Dekret des Rats der Volkskommissare über die Vereinigung des Theaterwesens in Sowjetrußland. Es soll die Nationalisierung des russischen Theaters einleiten. Die alten Theater werden als Akademische Theater dem Volkskommissariat für Volksbildung unterstellt, das von dem Dramatiker Anatoli W. Lunatscharski geleitet wird.

Schon 1918 hatte die Sowjetregierung das Dekret zur Überführung der russischen Klassiker in Staatseigentum erlassen. Seither sind Werke von Alexandr S. Puschkin, Lew N. Tolstoi, Alexandr N. Ostrowski u.a. der breiten Öffentlichkeit auch in Buchform zugänglich. Bis dahin

Lenin erläßt ein Dekret über die Verstaatlichung der Filmindustrie

lagen die Rechte zur Veröffentlichung bei den Erben, die Neuauflagen der Werke häufig nicht zustimmten.

Während hinsichtlich des »klassischen« Theaters eine einheitliche Linie verfolgt wird, ist die Sowjetregierung uneinig, was das zeitgenössische Drama betrifft. In Übereinstimmung mit der Meinung Lenins, die Kunst gehöre dem Volk, kommt es seit der Oktoberrevolution von 1917 zur Gründung zahlreicher Theater. Im Gegensatz zu Lenin setzt sich Lunatscharski für die Einbeziehung dieser Bühnen in den nachrevolutionären Aufbau des Theaters ein und für die Existenz verschiedener literarischer Richtungen im Theaterwesen. Während Lenin diesen sog. Proletkult ablehnt und Lew D. Trotzki, der Volkskommissar für Verteidigung, eine »proletarische Kultur« sogar für ganz ausgeschlossen hält, steht Lunatscharski dieser Bewegung positiv gegenüber.

Die Proletkultbewegung hat sich seit der Oktoberrevolution zu einer Massenbewegung entwickelt. Sie will das Entstehen einer proletarischen Kultur als Überbau der industriellen Basis fördern, z.B. durch kollektive Improvisationen, Massenschauspiele, durch »Maschinenkonzerte« und Formen des Straßentheaters. Träger dieser Kultur soll die Arbeiterklasse mit dem Industrieproletariat an der Spitze sein, unabhängig von der Partei. Bevorzugte Themen dieser öffentlichen Aufführungen sind der Kampf der Arbeiterklasse für die Weltrevolution und der Ruhm der Arbeit.

△ *Theaterpropagandazug in Sowjetrußland; von vielen Mitgliedern der KP wird das Proletkult-Theater abgelehnt; seine Unabhängigkeit sei vor der Oktoberrevolution sinnvoll gewesen, nun aber destruktiv, daher müsse die gesamte Kulturarbeit der Partei unterstellt werden*

◁ *Der Konstruktivist Wladimir J. Tatlin erhält 1919 von der Akademie der Schönen Künste den Auftrag für das Denkmal der III. Internationale; seinen Entwurf für einen 800 m hohen gläsernen Turm fertigt er mit einem Künstler-Kollektiv als Vision der Dynamik von Sozialismus und Kommunismus an*

Filmdreharbeiten auf dem Kudamm

August. *In Berlin, der Hauptstadt des deutschen Films, werden Passanten immer häufiger Zeugen von halsbrecherischen Dreharbeiten. Die Abbildung zeigt einen »Stunt« auf dem Kurfürstendamm: Den Sprung von einem fahrenden Omnibus in ein daneben fahrendes Automobil. Schauspieler, die sich auf gefährliche, akrobatische Leistungen spezialisiert haben, sind im Film der Nachkriegszeit gefragt. Das Publikum will den Nervenkitzel, und der Film bietet ihn.*

Deutscher Meister springt über 7 m

24. August. Bei den Deutschen Leichtathletikmeisterschaften in Nürnberg siegt Arthur Holz von der Turngemeinde Charlottenburg im Weitsprung mit 7,05 m vor Josef Schmidt und Ernst Söllinger (beide TSV München 1860). Holz hat sechs Wochen vorher den Deutschen Rekord von Willi Dünker (TV 1847 Düsseldorf) aus dem Jahr 1914 um neun Zentimeter auf 7,15 m verbessert. Er ist der erste Weitspringer, der bei den Deutschen Leichtathletikmeisterschaften weiter als 7 m springt.

Literatur 1919:

Politische Umwälzungen verändern die Lesergewohnheiten

Die politischen Umwälzungen seit November 1918 schlagen sich in deutlich veränderten Leserwünschen nieder: Sog. vaterländische Literatur bleibt in den deutschen Buchhandlungen ebenso liegen wie Literatur über den Weltkrieg. Verlangt werden hingegen Bücher, die sich mit der Entstehung des Weltkriegs und der Schuldfrage befassen. Gefragt sind außerdem Werke über Sozialismus und sozialpolitische Fragen sowie Autoren, die sich mit Mystik und Okkultismus befassen. Unterhaltungsliteratur ist kaum gefragt. Ein »Bestseller« fehlt 1919. Deutlich wird die Tendenz, Literatur in einen Zusammenhang mit anderen Künsten zu bringen. Wichtige Impulse gehen dabei vom Dadaismus (→ 2.6./S.132) und vom Expressionismus aus. Viele expressionistische Schriftsteller, die sich in den letzten Kriegsjahren zum Pazifismus bekannt hatten, stehen den revolutionären Vorgängen positiv gegenüber; Ernst Toller, Erich Mühsam u.a. beteiligen sich führend an der Münchner Räterepublik. Nach dem Scheitern dieser Versuche ziehen sich viele zurück. Andere glauben nur noch an die Möglichkeit einer Wandlung zu einem neuen, verinnerlichten Menschen. Kurt Pinthus schreibt dazu: »Eine Zeit ist gekommen, da die Kunst nicht mehr isoliert und abgesprengt von den anderen Ausdrucksmöglichkeiten des menschlichen Geistes verharrt … es geht ihr nicht um die Kunstfertigkeit, sondern um den Willen - den Willen zur Menschheit. Diese Kunst wird also allenthalben das Ästhetische zersprengen. Hier mündet die Kunst ins Ethische, ins Politische, fraglich, ob zum Besten der Kunst, sicherlich zum Besten der Menschheit.«

Die schwedische Erzählerin Selma Lagerlöf, die mit ihrem Roman »Gösta Berling« und ihren Kinderbüchern »Die wunderbare Reise des kleinen Nils Holgersson mit den Wildgänsen« bekannt wurde und 1909 den Nobelpreis für Literatur erhielt, versucht mit dem Roman »Das heilige Leben« an ihre Erfolge anzuknüpfen; wie auch in ihren anderen Werken sind der Glaube an das Gute im Menschen und eine tiefe Religiosität für diesen Roman bezeichnend und treffen nach dem Ersten Weltkrieg die Gemütslage vieler Menschen im Deutschen Reich

Selma Lagerlöfs neuer Roman

Soeben erschien:

Selma Lagerlöf
Das heilige Leben

Roman

Preis geheftet 6 Mark, gebunden 9 Mark

Erstauflage 15000

„Vorwärts", Berlin: Nun liegt soeben ein neues Werk von der Lagerlöf vor, das diesmal eine Reihe von Begebenheiten zum Inhalt hat, die besonders eindringlich zu uns sprechen. Wie diese vor uns aufgerollt und erzählt werden, wie eine kraftvolle Romantik uns hier so in den Bann schlägt, daß wir, anfänglich widerstrebend, die Tatsachen als durchaus begreiflich empfinden lernen, das ist das Geheimnis dieser Lagerlöfschen Kunst, welche von Herz und Verstand so einmütig und geschlossen durchpulst ist, daß die Worte des Herzens nicht trivial, die des Geistes nicht wie kalte Pedanterie wirken ... Während des Krieges hätte eine solche Stimme der Liebe und Vernunft nicht durchdringen können; es sei unser Glaube, daß sie es wenigstens in den Tagen des Bruderkampfes vermag, und als glutvollen Weckruf zur Besinnung grüßen wir dieses Werk, so daß unsere Liebe zwiefach dankt: der Dichterin und der Dichtung.

Wiener Mittagspost: Der Gedanke von der Heiligkeit des Lebens lag in den glücklichen Nordstaaten wohl in der Luft. Selma Lagerlöf aber hat ihm Form gegeben. Eine Form, die so einfach, so elementar ist, wie der Gedanke selbst. Was hätte einer unserer Modernen aus ihm gemacht! Er hätte ihn zergliedert, zerfasert, mit allen Mäntelchen moderner Philosophie behängt und ihn dadurch unserem natürlichsten Empfinden ferngerückt. Die unerhörte Schlichtheit, mit der ihn die Lagerlöf ausspricht, macht ihn zum Allgemeingut der noch nicht ganz verblendeten Menschheit. Dies Buch kann jeder lesen, wird jeder verstehen und mit ihm die Idee, die es geschaffen hat.

Zu beziehen durch die Buchhandlungen oder von
Albert Langen, Verlag, München-S

Ina Seidel (*1885) begann mit empfindsamer, klangvoller Lyrik (»Gedichte«, 1914), ehe sie während des Ersten Weltkriegs bekannt wurde mit vaterländischen Gedichten (»Neben der Trommel her«, 1915, »Weltinnigkeit«, 1918)

Else Lasker-Schüler (*1869) erlebt 1919 die Uraufführung ihres in Wuppertaler Platt geschriebenen dramatischen Erstlings »Die Wupper« (1909), in dem sie das Proletarierelend und den Fabrikantenwohlstand in entlarvender Deutlichkeit gegenüberstellt

Klabund (*1890) verbindet in seinen traurigzarten, zuweilen auch kabarettistisch burlesken Gedichten Lust am poetischen Experiment und Nachempfindung fremder, v.a. fernöstlicher Literaturtraditionen, z.B. in »Der himmlische Vagant«

Bruno Frank (*1887) begann mit Reflexionslyrik und ist 1919 vor allem als Novellist bekannt; seine Novellen und Erzählungen erschienen bisher in Sammelbänden wie »Der Himmel der Enttäuschten« (1916). Seine Lyrik ist in ihren Anfängen von Rilke beeinflußt

Arnold Zweig (*1887), Erzähler, Dramatiker und Essayist, errang 1912 seinen großen Erfolg mit den »Novellen um Claudia«, einem »Roman in Novellen«; 1915 wurde er mit dem Kleist-Preis ausgezeichnet für das Drama »Ritualmord in Ungarn«

Der aus Budapest stammende Erwin Guido Kolbenheyer (*1878) übersiedelt 1919 von Wien nach Tübingen; 1908 erschien der Roman »Amor Dei«, 1917 der erste Teil seiner »Paracelsus«-Trilogie, »Die Kindheit des Paracelsus«

Der Schweizer Robert Walser (*1878) zeichnet in seinen Erzählungen (»Kleine Dichtungen«, 1914,) impressionistische Miniaturen aus dem Alltagsleben und schildert in seinen Romanen die Konfrontation des Menschen mit einer abgestumpften, lebensfeindlichen Umwelt

Seit der Revolution erzielt Carl Sternheim (*1878) große Bühnenerfolge; in seiner Komödienreihe »Aus dem bürgerlichen Heldenleben« prangert er die verlogene Moral des Bürgertums und der mit allen Mitteln nach oben Strebenden während des Kaiserreichs an

Gustav Meyrink (*1868) erzielt große Erfolge mit okkultistisch-romantischen Romanen und Novellen, deren Schauplatz oft das gespenstisch-unheimlich wirkende Prag der alten Sagen und Legenden ist und die z.T. verfilmt werden (»Der Golem«, 1915)

Der in Prag geborene Pazifist Max Brod (*1884), befreundet u.a. mit Franz Kafka, ist Vorkämpfer des Zionismus; von jüdischem Gedankengut ist auch sein bedeutendster Roman getragen, »Tycho Brahes Weg zu Gott«, den er 1916 veröffentlichte

September 1919

<table>
<tr><td>Mo</td><td>Di</td><td>Mi</td><td>Do</td><td>Fr</td><td>Sa</td><td>So</td></tr>
<tr><td>1</td><td>2</td><td>3</td><td>4</td><td>5</td><td>6</td><td>7</td></tr>
<tr><td>8</td><td>9</td><td>10</td><td>11</td><td>12</td><td>13</td><td>14</td></tr>
<tr><td>15</td><td>16</td><td>17</td><td>18</td><td>19</td><td>20</td><td>21</td></tr>
<tr><td>22</td><td>23</td><td>24</td><td>25</td><td>26</td><td>27</td><td>28</td></tr>
<tr><td>29</td><td>30</td><td></td><td></td><td></td><td></td><td></td></tr>
</table>

1. September, Montag

In Köln-Deutz treffen die ersten aus britischer Kriegsgefangenschaft entlassenen deutschen Kriegsgefangenen ein. → S.169

In Dresden beginnt der erste Deutsche Evangelische Kirchentag. → S.171

Das Sekretariat des Internationalen Sozialistischen Büros siedelt nach dem Ende des Ersten Weltkriegs aus Den Haag wieder nach Brüssel über.

In Chicago findet der Gründungskongreß der Kommunistischen Partei der USA statt.

In der Schweiz wird die Brotrationierung aufgehoben.

In Leipzig findet die erste 'Friedensmesse' statt. → S.171

Rund 4 000 Menschen wohnen in Königsberg in Preußen den Feiern anläßlich des fünften Jahrestages der Schlacht bei Tannenberg (August 1914) bei. An den nicht anwesenden Generalfeldmarschall Paul von Hindenburg werden »Danktelegramme« gesandt.

Das bayerische Ministerium für soziale Fürsorge in München weist in einer Bekanntmachung darauf hin, daß »Fremdenzuzugsverbote« in absehbarer Zeit nicht mehr erlassen werden. Die bisher bestehenden Verbote waren am 28. August aufgehoben worden. Sollte »in einzelnen Gemeinden ein ungewöhnlich hoher Fremdenzuzug« erfolgen, könnten jedoch wieder Einschränkungen beantragt werden.

2. September, Dienstag

Der französische Ministerpräsident Georges Benjamin Clemenceau fordert im Namen der Alliierten das Deutsche Reich ultimativ dazu auf, den Artikel 61 der Reichsverfassung zu streichen; der Artikel beinhaltet die Zulassung Deutschösterreichs zum Reichsrat und die Gleichstellung der Republik Deutschösterreich mit den das Deutsche Reich bildenden deutschen Ländern (→ 10.9./S.168).

Sowjetrußland macht nach dem siegreichen Vordringen der Roten Armee Estland ein Friedensangebot. Weitere Friedensgebote werden Finnland (am 11. September), Lettland (12.), Litauen (12.) und der Ukraine gemacht (→ 15.11./S.196).

In einem Brief an den bayerischen Landtag legt der im Exil in den Niederlanden lebende bayerische Ex-Kronprinz Rupprecht die Gründe für seine Abwesenheit aus Bayern dar. Er schreibt u.a.: »Daß ich selbst kraft der unbestreitbaren Tatsache einer 800jährigen glücklichen und segensreichen Schicksalsgemeinschaft zwischen Bayern und Wittelsbach für lebensfähig halte, wird jeder billig denkende Deutsche mir glauben und

mir die Freiheit geben, es offen auszusprechen. Da ich aber in der Monarchie keinen Personenkult, sondern ein geistiges Prinzip sehe, steht für mich über jeder Dynastie das Land. Darum verlange ich von mir wie von jedem deutschen Fürsten, daß er sich vorbehaltlos der staatlichen Entwicklung seiner Heimat fügt und alle Versuche weit von sich weist, ... sich in den inneren Gestaltungsprozeß einzumengen.«

Die Berliner unabhängigen Arbeiterräte beschließen einstimmig, sich an den vom Zentralrat der Deutschen Republik ausgeschriebenen Arbeiterratswahlen nicht zu beteiligen. Sie wollen auch weiterhin an ihrem eigenen Organisationsaufbau des Rätesystems festhalten.

An Berliner Schulen finden am sog. Sedanstag - Jahrestag der Schlacht bei Sedan während des Deutsch-Französischen Kriegs am 1./2. September 1871 - nach Meldung der »Berliner Zeitung« prokaiserliche Schülerstreiks statt. Anstatt sich in die Klassenzimmer zu begeben, ziehen die Schüler mit Eichenkränzen und der preußischen Flagge zum Kaiser-Wilhelm-Denkmal.

3. September, Mittwoch

Die italienische Abgeordnetenkammer in Rom billigt die Vorlage über die Einführung des Frauenwahlrechts. Mit Ausnahme von Prostituierten erhalten alle Frauen das aktive und passive Wahlrecht (→ 4.4./S.87; 16.11./S.196).

US-Präsident Woodrow Wilson tritt eine mehrwöchige Propagandareise durch die Vereinigten Staaten an. Bei 37 Veranstaltungen in 29 Städten wirbt er für den Beitritt der USA zum Völkerbund (→ 25.9./S.170).

Die Delegierten des britischen Bergarbeiterverbands beschließen in einer Vollversammlung, von der Regierung David Lloyd George die Verstaatlichung der Bergwerke zu fordern.

4. September, Donnerstag

In Paris konstituiert sich auf Initiative des französischen Schriftstellers Henri Barbusse die Gruppe »Clarté«, die sich für die Erhaltung des Weltfriedens einsetzt. → S.173

Eine Staffel britischer Luftwaffenhelferinnen stellt in London einen Weltrekord über 4x110 yards auf. → S.173

5. September, Freitag

Der Landtag der Republik Braunschweig stimmt einem Antrag zu, die Mitgliederzahl des Rats der Volksbeauftragten von fünf auf sechs zu erhöhen. Nach der Wahl eines Abgeordneten der Vereinigten Bürgerlichen besteht die Regierung aus drei Mehrheitssozialdemokraten und drei Bürgerlichen.

6. September, Sonnabend

Die deutschösterreichische Konstituierende Nationalversammlung in Wien nimmt den Friedensvertrag von Saint-Germainen-Laye an. → S.168

Auf einer deutsch-britischen Gefangenenkonferenz in Köln wird vereinbart, daß Großbritannien mit eigenen Verkehrsmitteln täglich bis zu 3000 Gefangene in Köln

übergeben und wöchentlich mit eigenen Schiffen weitere 3 000 Mann nach Rotterdam transportieren wird (→ 1.9./S.169).

Frankreich und Polen schließen ein Abkommen über die Entsendung von 100 000 polnischen Arbeitern. Frankreich hat einen hohen Bedarf an Arbeitskräften zum Wiederaufbau der im Krieg zerstörten Regionen (→ 8.8./S.156).

7. September, Sonntag

Das Schwurgericht der belgischen Provinz Brabant in Brüssel verurteilt den flämischen Aktivisten August Borms wegen »Begünstigung der Pläne des Feindes« zum Tode. Borms war während der Besetzung des Landes durch das Deutsche Reich im Ersten Weltkrieg Delegierter des Rats von Flandern für nationale Verteidigung.

Die deutsche Reichsregierung unter Gustav Bauer (MSPD) protestiert in einer Note an die Alliierten in Versailles gegen die antideutsche 'Hetze' Polens wegen der Unruhen in Oberschlesien (→ 11.8./S.157).

8. September, Montag

In Glasgow beginnt der britische Gewerkschaftskongreß, der bis zum 11. September dauert. Die zentralen Themen sind die sog. direkte Aktion (Streik) und die Verstaatlichung der Bergwerke.

Ab heute wird München in den Zepplin-Flugverkehr Friedrichshafen-Berlin einbezogen. Das Luftschiff »Bodensee« macht von nun an eine Zwischenlandung in München (→ 24.8./S.161).

9. September, Dienstag

In Weimar wird der Zentralverband der Angestellten gegründet. → S.171

Die Berliner Nachrichtenagentur Wolffs Telegraphen-Bureau (WTB) meldet, daß Polen gemäß Artikel 228 des Versailler Friedensvertrags eine Liste deutscher Militär- und Zivilbeamten, Offiziere und Soldaten zusammengestellt hat, die wegen »Verbrechen an polnischen Bürgern und polnischem Boden« während des Weltkriegs zur Verantwortung gezogen werden sollen. Die polnische Regierung beabsichtigt, vom Deutschen Reich die Auslieferung dieser Personen zu verlangen.

10. September, Mittwoch

In Saint-Germain-en-Laye wird der Friedensvertrag zwischen den Alliierten und Österreich unterzeichnet. → S.168

Vertreter der Tschechoslowakei und der Alliierten unterzeichnen in Paris ein Abkommen über den Schutz der nationalen Minderheiten in der Tschechoslowakei.

Das gesamte diplomatische Korps der Alliierten verläßt Archangelsk, den Hauptstützpunkt der alliierten Interventionstruppen in Sowjetrußland, nachdem Großbritannien seinen Rückzug seiner Truppen angekündigt hat (→ 15.11./S.196).

In Riga beginnt die erste Randstaatenkonferenz. Vertreter Estlands, Litauens und Lettlands beraten über die Grundlinien einer gemeinsamen Politik der baltischen Staaten

gegenüber Sowjetrußland und der Entente (→ 23.12./S.205).

Die Friedensabteilung des deutschen Auswärtigen Amts in Berlin veröffentlicht eine Bekanntmachung über die Rückgabe von Gegenständen, die aus Gebieten stammen, die während des Ersten Weltkriegs vom Deutschen Reich besetzt waren. Die Rückgabe muß bis zum 15. Dezember an die Deutsche Restitutionsstelle in Frankfurt am Main erfolgen.

Der am 23. April über das Stadt- und Landgebiet von Bremen verhängte Belagerungszustand wird aufgehoben.

11. September, Donnerstag

Die türkische Unabhängigkeitsbewegung unter Führung von General Mustafa Kemal Pascha (Kemal Atatürk) verabschiedet im anatolischen Sivas den sog. Nationalpakt. → S.170

Philipp Scheidemann (MSPD), der erste Reichsministerpräsident nach der Novemberrevolution 1918, fordert in Kassel während einer Rede über den Sozialismus und den Frieden zur Geschlossenheit der Arbeiterklasse auf (→ 19.12./S.207).

Das sowjetrussische Volkskommissariat für das Bildungswesen verordnet die Errichtung von Arbeiterfakultäten an den Universitäten.

12. September, Freitag

Der italienische Dichter Gabriele D'Annunzio besetzt mit einer Schar von Freiwilligen verschiedener Waffengattungen im Handstreich die Stadt Fiume (Rijeka) an der Adriaküste. → S.170

Der antibolschewistische russische General Anton I. Denikin beginnt in Südrußland eine zunächst erfolgreiche Offensive in Richtung Moskau.

Der Österreicher Adolf Hitler besucht in München eine Veranstaltung der rechtsradikalen Deutschen Arbeiterpartei, in die er wenig später eintritt und deren Führung er übernimmt. → S.169

13. September, Sonnabend

Der Rücktransport der deutschen Kriegsgefangenen aus Lagern der US-amerikanischen Streitkräfte in Frankreich beginnt (→ 1.9./S.169).

Nach aufsehenerregenden Presseveröffentlichungen über dänisch-deutsche Geheimverhandlungen vor dem Ersten Weltkrieg veröffentlicht der Ausschuß, der von der dänischen Regierung mit der Untersuchung der Vorgänge beauftragt wurde, das gesamte Aktenmaterial. Danach führte der frühere dänische Ministerpräsident Jens Christian Christensen in den Jahren 1902 und 1906 ohne Wissen des Parlaments Verhandlungen über den Abschluß einer dänisch-deutschen Militärkonvention; als Gegenleistung forderte Christensen ein deutsches Entgegenkommen in der Schleswigfrage.

Im US-Senat in Washington fordern mehrere Senatoren, einen Separatfrieden zwischen den USA und dem Deutschen Reich.

Auf der Titelseite feiert das in Frankfurt am Main erscheinende »Illustrierte Blatt« die Rückkehr der ersten deutschen Kriegsgefangenen aus den Lagern der Alliierten im September

Heimgekehrt!

Kleiderempfangnahme für Kriegsgefangene im Durchgangslager Gießen.

Der preußische Kriegsminister Walther Reinhardt reicht sein Abschiedsgesuch ein, da sein Amt nach dem Übergang der Kommandogewalt des obersten Länder auf das Reich überflüssig geworden ist. Reinhardt bleibt aber Chef der Reichswehrbefehlsstelle Preußen (→ 20.8./S.156).

Der spanische König Alfons XIII. unterzeichnet einen Amnestieerlaß für politische Vergehen gegen die Neutralität Spaniens im Ersten Weltkrieg. Unter die Amnestie fallen auch Inhaftierte, die wegen Auflehnung und Desertion während des Ersten Weltkriegs verurteilt wurden.

14. September, Sonntag

Der Dampfer »Weimar« trifft als erstes Schiff nach Beendigung des Ersten Weltkriegs mit Stückgut aus London in Hamburg ein.

15. September, Montag

Eine alliierte Offizierskommission trifft in Berlin ein; sie soll kontrollieren, ob die militärischen Bestimmungen des Versailler Friedensvertrags eingehalten werden (→ 28.6./S.126).

Frankreich und Großbritannien schließen das Syrienabkommen. Danach werden die britischen Truppen bis zum 1. November nach einem Zonenplan die syrischen Gebiete räumen (→16.12./S.206).

In Lyon beginnt der 14. Nationalkongreß des französischen Gewerkschaftsverbands Confédération Générale du Travail (C.G.T.), an dem Delegierte von 1807 Gewerkschaften teilnehmen. → S.171

Durch Erlaß des deutschen Reichspräsidenten Friedrich Ebert (MSPD) werden das Reichswirtschaftsministerium und das Reichsernährungsministerium zu einem Ministerium unter der Bezeichnung Reichswirtschaftsministerium vereinigt. Die beiden Ministerien stehen bereits seit dem 12. Juli unter der Leitung des Mehrheitssozialdemokraten Robert Schmidt.

Wegen der katastrophalen Ernährungslage dürfen ab heute in Bayern nur noch 30 % der verfügbaren Betten in Hotels, Pensionen und ähnlichen Betrieben belegt werden, ab 1. Oktober nur mehr 10 %. Damit kommt der Fremdenverkehr in Bayern vorübergehend fast völlig zum Erliegen.

16. September, Dienstag

Bei der Eröffnung der Generalstaaten, des niederländischen Parlaments in Den Haag, kündigt Königin Wilhelmina die Einführung einer Luxus- sowie einer Tabak-, Zigarren- und Zigarettensteuer an. Wie in anderen europäischen Ländern versucht auch die niederländische Regierung, neue Einnahmequellen zu erschließen.

17. September, Mittwoch

In deutschen Städten häufen sich Schülerdemonstrationen gegen die Entfernung von Bildern des früheren Kaisers Wilhelm II. aus den Klassenzimmern. Aus Kassel werden gewaltsame Zusammenstöße zwischen Arbeitern und »ein paar tausend« demonstrierenden Schülern beiderlei Geschlechts gemeldet. Auch in Stettin und dem Ruhrge-

biet finden »spontane Kundgebungen« für die Beibehaltung der Kaiserbilder statt.

Das sozialdemokratische Parteiorgan »Vorwärts« berichtet über die Mißhandlung eines sozialdemokratischen Leutnants durch nationalistische Kameraden in Potsdam. Übergriffe dieser Art häufen sich seit Abschluß des Versailler Vertrags in der Reichswehr.

18. September, Donnerstag

Die deutsche Reichsregierung unter Gustav Bauer (MSPD) erklärt in einer Note an die Alliierten in Versailles, »daß, soweit die deutsche Verfassung und der Friedensvertrag miteinander in Widerspruch stehen, die Verfassung nicht vorgehen kann«. Artikel 61 Absatz 2 der Weimarer Verfassung, der die Zulassung Deutschösterreichs zum Reichsrat und die Gleichstellung der Republik Deutschösterreich mit den Ländern des Deutschen Reiches umfaßt, wird für »kraftlos« erklärt.

Das Volksgericht für den Landesgerichtsbezirk München I erläßt nach 18tägiger Verhandlung das Urteil im sog. Geiselmörderprozeß (→ 30.4./S.84). Sechs Angeklagte werden zum Tod verurteilt, sieben zu 15 Jahren Zuchthaus, zwei werden freigesprochen. Die Todesurteile werden einen Tag später durch Erschießen vollstreckt.

In Berlin wird der Ufa-Palast am Zoo mit der Uraufführung des Ernst-Lubitsch-Films »Madame Dubarry« eröffnet. → S.173

19. September, Freitag

Der Provinzialrat der Juden von Palästina in Jerusalem spricht sich gegen die Bildung einer Jüdischen Gesetzgebenden Versammlung aus (→ 3.1./S.18).

20. September, Sonnabend

Der Danziger Oberbürgermeister Heinrich Sahm legt den Verfassungsentwurf für die künftig vom Deutschen Reich unabhängige Freie Stadt Danzig vor (→ 12.11./S.194).

Das österreichische Staatsamt des Äußern veröffentlicht »Diplomatische Aktenstücke zur Vorgeschichte des Krieges 1914«.

21. September, Sonntag

In der französischen Hauptstadt Paris beginnt der dreitägige Kongreß der Radikalen und der Radikalsozialistischen Partei, der erste seit sechs Jahren. Zum Vorsitzenden der Partei wird Édouard Marie Herriot gewählt, der Bürgermeister von Lyon.

22. September, Montag

Der belgische König Albert I. reist zu einem Besuch in die USA.

23. September, Dienstag

Die Regierung der Republik Birkenfeld, die ihre Unabhängigkeit vom deutschen Freistaat Oldenburg erklärt hat, erläßt eine Bekanntmachung, laut der die französischen Besatzungsbehörden u.a. erklären: »Die Republik Birkenfeld wird von ihrer Entstehung ab anerkannt. Sie unterstellt sich dem Oberpräsidenten der Rheinlande als Vermittler für die besetzten Gebiete bis zur

endgültigen Lösung der Anschlußfrage« (→ 19.11./S.195).

Der Tiroler Landtag in Innsbruck verabschiedet einstimmig eine Stellungnahme gegen die Südtirolbestimmungen des Friedensvertrags von Saint-Germain-en-Laye: »Der Landtag erblickt in dem Friedensvertrag, der mit den Wilsonschen Punkten im krassesten Widerspruch steht, eine unerhörte Vergewaltigung des Landes Tirol, das gegen den klar ausgesprochenen Willen der Gesamtheit der Bevölkerung auseinandergerissen wird« (→ 10.9./S.168).

Die »Ostrauer Zeitung« meldet, daß sich die deutschnationalen Parteien in Böhmen, die deutschsoziale Volkspartei für Nordmähren und Schlesien und die Vertrauensmänner der deutschnationalen Parteien aus Mittel- und Südmähren in Olmütz (Olomouc) zur Deutschnationalen Partei zusammengeschlossen haben.

24. September, Mittwoch

Die bisherigen Landesregierungen von Deutschböhmen, des Sudetenlandes und Südmärens treten vor ihrer Auflösung im Sitzungssaal der österreichischen Konstituierenden Nationalversammlung in Wien zusammen. → S.171

25. September, Donnerstag

US-Präsident Woodrow Wilson erleidet in Wichita in Kansas einen Nervenzusammenbruch, der ihn für Monate arbeitsunfähig macht. → S.170

Der alliierte Oberste Rat in Paris spricht Spitzbergen, eine Inselgruppe im Nordpolarmeer, unter Einschränkungen Norwegen zu. Die Inseln sind wegen ihrer reichen Kohlevorkommen mehrfach Streitobjekt verschiedener Länder gewesen.

Der württembergische Landtag in Stuttgart nimmt mit 120 zu neun Stimmen die neue Verfassung des Freistaats an.

Bei einem Bombenanschlag von Konterrevolutionären auf den Sitz der sowjetrussischen Zentralregierung in Moskau werden sechs Menschen getötet und zahlreiche verletzt, darunter der Wirtschaftstheoretiker Nikolai I. Bucharin.

Der US-Transportdampfer »Pocahontas« läuft von New York mit deutschen Kriegsgefangenen an Bord in Richtung Rotterdam aus (→ 1.9./S.169).

26. September, Freitag

In Berlin werden die am 20. August wegen der Unruhen in Oberschlesien abgebrochenen deutsch-polnischen Verhandlungen über die Übergabe deutscher Gebiete an Polen wieder aufgenommen (→ 11.8./S.157; → 24.10./S.182).

27. September, Sonnabend

Ein Transport deutscher Kriegsgefangener, der unter US-amerikanischer Bewachung von Marseille ins Deutsche Reich fährt, wird im Bahnhof Pompey bei Nancy von französischen Sodaten beschossen, als die Gefangenen ihren in französischer Kriegsgefangenschaft befindlichen Landsleuten aus dem Zug heraus Lebensmittel zu-

werfen. Ein deutscher Unteroffizier wird tödlich getroffen.

28. September, Sonntag

In Großbritannien beginnt ein Streik der Eisenbahner, der das gesamte Bahnnetz lahmlegt. → S.171

Bei der Volksabstimmung im Großherzogtum Luxemburg votieren 66 811 Stimmberechtigte für die Beibehaltung der monarchischen Staatsform unter Großherzogin Charlotte, 1 286 wünschen eine andere Großherzogin und 889 eine andere Dynastie. 16 885 Menschen sprechen sich für die Proklamation der Republik aus. Bei der Frage »Soll mit Frankreich oder Belgien ein wirtschaftlicher Anschluß eingegangen werden?« fordern 60 135 den Anschluß an Frankreich und 22 242 den an Belgien (→ 6.11./S.199).

Die bayerische Landeskonferenz der MSPD in Nürnberg spricht sich für eine Umbildung der bayerischen Staatsregierung unter stärkerer Beteiligung der bürgerlichen Parteien aus; in der bayerischen Staatsregierung haben bisher die MSPD-Vertreter eine Mehrheit.

29. September, Montag

Das norwegische Völkerbundskomitee in Kristiania (Oslo) spricht sich für den Eintritt des neutralen Landes in den Völkerbund aus.

Das schwedische Abgeordnetenhaus in Stockholm nimmt den Gesetzentwurf über die Einführung des Achtstundentags an. Das Gesetz tritt am 1. Januar 1920 in Kraft (→ 17.4./S.87).

30. September, Dienstag

Die Deutsche Nationalversammlung tagt erstmals nach ihrem Umzug aus Weimar im Berliner Reichstagsgebäude. → S.169

Die preußische Armee wird aufgelöst und in die deutsche Reichswehr überführt (→ 20.8./S.156).

Die preußische Gesandschaft in Oldenburg wird geschlossen.

Die britische Admiralität veröffentlicht eine Übersicht über die Schiffsverluste während des Ersten Weltkriegs. Danach verlor Großbritannien an größeren Schiffen 13 Schlachtschiffe, drei Schlachtkreuzer, 13 Panzerkreuzer und zwölf kleine Kreuzer.

Das Theater »Die Tribüne« des Regisseurs Erwin Piscator in Berlin wird mit der Uraufführung des Dramas »Die Wandlung« von Ernst Toller eröffnet. Toller ist zur Zeit in Bayern inhaftiert wegen führender Teilnahme an der Münchner Räterepublik (→ 3.6./S.129).

Das Wetter im Monat September

Station	Mittlere Lufttemperatur (°C)	Niederschlag (mm)	Sonnenscheindauer (Std.)
Aachen	15,3 (14,5)	39 (68)	— (160)
Berlin	15,6 (13,8)	32 (46)	— (194)
Bremen	15,0 (14,0)	42 (60)	— (164)
München	16,4 (13,4)	70 (84)	— (176)
Wien	— (15,0)	— (56)	— (184)
Zürich	15,9 (13,5)	39 (101)	209 (166)

( ) Langjähriger Mittelwert für diesen Monat
— Wert nicht ermittelt

*Seit der November-
revolution von 1918
hat das Plakat in
Werbung und Poli-
tik einen ungeheu-
ren Aufschwung
erfahren; dieser
Entwicklung trägt
die Zeitschrift »Das
Plakat« in ihrer
Septembernummer
durch eine Extra-
beilage »Die Kultur
der Reklame«
Rechnung*

Saint-Germain: Das Versailles von Deutschösterreich

10. September. Der deutschösterreichische Staatskanzler Karl Renner (SPÖ) unterzeichnet in Saint-Germain-en-Laye bei Paris den Friedensvertrag zwischen den Siegermächten des Ersten Weltkriegs und Deutschösterreich.

Der Vertrag behandelt Deutschösterreich als Nachfolgestaat der österreichisch-ungarischen Doppelmonarchie. Das Land muß größere Gebietsabtretungen akzeptieren: Südtirol und das Kärntner Kanaltal fallen an Italien, die Südsteiermark und das Kärntner Mießtal an das Königreich der Serben, Kroaten und Slowenen (Jugoslawien). Den niederösterreichischen

◁ *Am 6. September empfiehlt Renner (7.v.l.) der Nationalversammlung: »Die Entscheidung ist ernst und verantwortungsvoll. Der Kabinettsrat hat sich seiner Verantwortung nicht entzogen und gibt Ihnen den Rat, zu zeichnen. Wird der Friede gezeichnet, so erwächst uns daraus der unmittelbare Vorteil, daß unser Staat ... völkerrechtlich anerkannt ist, ... daß der entsetzlichen Ungewißheit und der moralischen, politischen und wirtschaftlichen Einschließung endlich ein Ende bereitet wird ... Wir können weder den Krieg wieder aufnehmen, noch können wir weiterleben in dem Zustand, in dem wir uns jetzt befinden«*

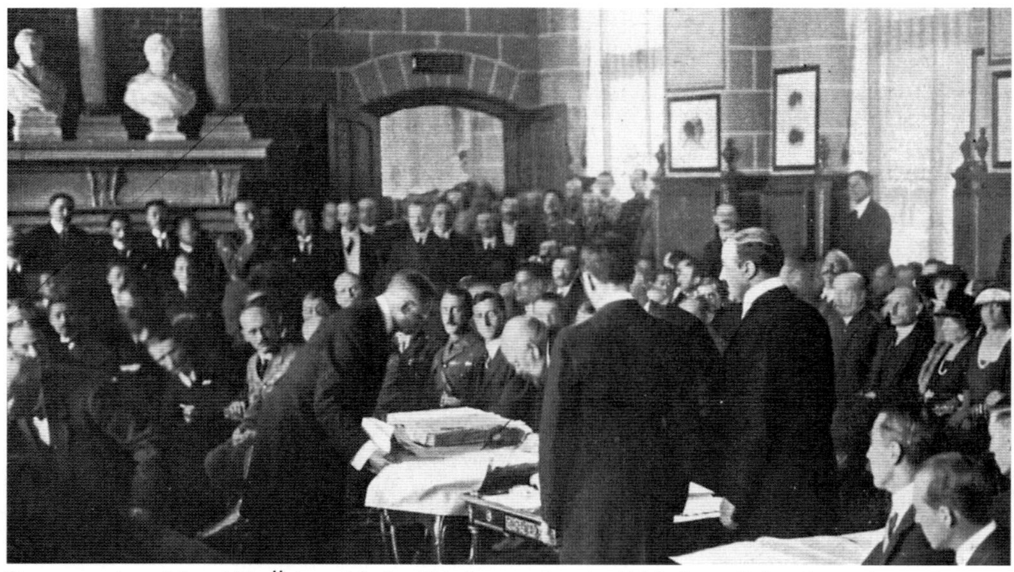

Renner unterzeichnet für Österreich den Friedensvertrag im Schloß von Saint-Germain-en-Laye

Staatskanzler Karl Renner nach der Unterzeichnung

Streifen um Feldsberg erhält die Tschechoslowakei. Das deutschsprachige Gebiet Westungarns (Burgenland) bleibt bei Deutschösterreich; im gemischtsprachigen Gebiet Kärntens ist eine Volksabstimmung über die zukünftige Staatszugehörigkeit vorgesehen.

Der Vertrag enthält außerdem folgende wichtige Bestimmungen: Der Staatsname »Deutschösterreich« wird in »Österreich« geändert, der Anschluß an das Deutsche Reich wird verboten. Österreich muß die Territorien der unabhängigen Staaten Polen, Tschechoslowakei, Ungarn und des Königreichs der Serben, Kroaten und Slowenen anerkennen. Es wird zu Wiedergutmachungsleistungen verpflichtet. Die allgemeine Wehrpflicht wird verboten; gestattet wird nur ein 30 000 Mann starkes Söldnerheer.

»Wir standen einer Mauer gegenüber«

6. September. Die deutschösterreichische Konstituierende Nationalversammlung in Wien nimmt den Friedensvertrag von Saint-Germain-en-Laye »unter feierlichem Protest vor aller Welt« an. Vor der Abstimmung sagt Staatskanzler Karl Renner (SPÖ), der den Vertrag unterzeichnen wird, im Parlament:

»Das, was uns aufgebürdet bleibt, ist ungeheuerlich, und es gibt wohl keinen einzigen Staatsbürger in Deutschösterreich, der nicht die Empfindung hätte: Uns geschieht Unrecht ... Die Delegation hat vom ersten bis zum letzten Tage das nationale Selbstbestimmungsrecht aller Deutschen Österreichs verteidigt, sie hat um jeden Landstrich, um jede Stadt, um jedes Dorf gerungen, und schmerzlich ist das Einbekenntnis, daß dieser Kampf in der Hauptsache ohne Erfolg geblieben ist. Wir standen einer Mauer gegenüber. Nicht bloß einer Mauer von Vorurteilen, denn diese wären vielleicht zu besiegen gewesen und sind zum Teil auch überwunden. Das unübersteigbare Hindernis bildeten die vorher zwischen den alliierten Mächten geschlossenen Verträge, die jeweils für einen Teil erworbene Rechte begründeten und auch dann nicht mehr abgeändert werden konnten, wenn selbst der andere Teil sich zur besseren Einsicht bekehrte. So haben feste Abmachungen dem tschechoslowakischen Staate seine historischen Grenzen garantiert, so hatte der Londoner Vertrag für die Brenner Grenze entschieden ... Es war der Welt das nationale Selbstbestimmungsrecht und die Freiheit der Völker als Grundsatz verkündet worden, aber dieser Grundsatz wird gegen uns verleugnet ... Es gibt keinen Deutschen, der diese Lösung nicht als nackte Vergewaltigung empfinden würde, und der Schmerz darüber wird nie stille, die Klage über dieses Unrecht nie stumm werden ... Deutschösterreich, das sollte besagen, alle Deutschen des ehemaligen Österreich bilden einen Staat ... nun ist unser Staat nur mehr die Republik der deutschen Alpenlande«.

Eintritt Hitlers in die antisemitische DAP

5. September. Der Österreicher Adolf Hitler besucht in München eine Versammlung der Deutschen Arbeiterpartei (DAP), der er einen Monat später beitritt. Nach dem Beitritt des fanatischen Antisemiten und Antimarxisten wird die

Hitler verließ die Realschule ohne Abschluß, um Künstler zu werden; im Wien der Vorkriegszeit schlug er sich mit Gelegenheitsarbeiten durch, von 1914 bis 1918 war er an der Westfront; nach der Novemberrevolution stellte er sein rhetorisches Talent in den Dienst der Münchner Reichswehr

Splitterpartei Keimzelle des Nationalsozialismus. Die DAP wurde am 5. Januar von dem Maschinenschlosser Anton Dexler und dem Sportjournalisten Karl Harrer gegründet. Die DAP steht der logenartigen, antisemitischen »Thule-Gesellschaft« nahe, zu der u.a. Rudolf Heß, Alfred Rosenberg und Hans Frank gehören.

Berlin löst Weimar als Tagungsort der Nationalversammlung ab

30. September. *Die Verfassunggebende Deutsche Nationalversammlung, die als Weimarer Nationalversammlung bisher im Nationaltheater in Weimar getagt hat (→6.2./S.44), tritt zu ihrer ersten Sitzung im Berliner Reichstag zusammen (Abb.). Präsident Konstantin Fehrenbach (Zentrum) eröffnet die Sitzung: »Die Verfassunggebende Deutsche Nationalversammlung hat den Umzug von Weimar nach der Reichshauptstadt in das*

Haus der deutschen Volksvertretung, in das Reichstagsgebäude, vollzogen. Möge der Einzug ein gesegneter sein!« Nach der »Blutweihnacht« von 1918 sowie dem Spartakus-Aufstand von Januar 1919 (→5.1./S.24) und anderen blutigen Unruhen in der Reichshauptstadt hatten sich die Politiker dafür entschieden, die Nationalversammlung solange in Weimar tagen zu lassen, bis in Berlin wieder Ruhe und Ordnung hergestellt seien.

Deutsche Soldaten kehren aus Gefangenschaft zurück

1. September. In Köln-Deutz treffen die ersten von den alliierten Siegermächten des Ersten Weltkriegs entlassenen deutschen Kriegsgefangenen ein. Der 999 Mann starke Transport kommt aus dem britischen Lager Étaples bei Dunkerque (Dünkirchen), das mit 5 000 Gefangenen belegt ist.

Am 6. September verpflichtet sich Großbritannien auf einer deutschbritischen Konferenz in Köln, mit eigenen Verkehrsmitteln täglich bis zu 3 000 deutsche Gefangene in Köln zu übergeben und wöchentlich mit eigenen Schiffen 3 000 Mann nach Rotterdam zu bringen. Am 13. September beginnt der Rücktransport der Kriegsgefangenen aus den Lagern der US-Truppen in Frankreich. Zu diesem Zeitpunkt befinden sich 48 000 deutsche Soldaten in US-amerikanischer Kriegsgefangenschaft. Die französischen Behörden wollen mit dem Rücktransport ihrer Gefangenen so lange warten, bis das Parlament in Paris den Versailler Friedensvertrag ratifiziert hat (→28.6./S.122). Dies geschieht am 2. Oktober.

Aus der französischen Kriegsgefangenschaft Entlassene bei der Rückkehr nach Hause in den Straßen von Stuttgart

Die Gefangenenrückkehr bringt Probleme: Kriegsversehrte demonstrieren in Berlin für ihre Soziale Versorgung

Wie hier in Gießen werden überall im Deutschen Reich Durchgangslager für die Heimgekehrten eingerichtet

Kemal Pascha im Kampf gegen Alliierte

11. September. Unter dem Vorsitz von Mustafa Kemal Pascha (Kemal Atatürk), dem erfolgreichsten türkischen General des Ersten Weltkriegs, verabschiedet die national-türkische Unabhängigkeitsbewegung auf ihrem zweiten Nationalkongreß im anatolischen Sivas den sog. Nationalpakt. In dieser Grundsatzerklärung fordern die Nationalisten die Unabhängigkeit aller Gebiete Anatoliens und Thrakiens als Voraussetzung für eine Friedensregelung zwischen der Türkei und den alliierten Siegermächten des Ersten Weltkriegs.

Die alliierte Kontrolle über Konstantinopel (→ 11.1./S. 18), die Übernahme der Bagdadbahn durch Großbritannien (→ 28.1./S. 23), die Invasion der Griechen (→ 15.5./S. 109), die geplante Aufteilung weiter Teile Anatoliens durch die Alliierten und die Demobilisierung der türkischen Armee haben den bewaffneten Widerstand nationalistischer Gruppen hervorgerufen, die sich in den Gebieten Anatoliens organisieren, die nicht von den Alliierten besetzt sind. Kemal Pascha hat sich im Mai an die Spitze dieser Volksbewegung gestellt. Am 23. Juli eröffnete Kemal, der inzwischen von der türkischen Regierung für vogelfrei erklärt wurde, in Erzurum den ersten sog. Nationalkongreß. Im Namen mehrerer Provinzen proklamierte er dort die Unabhängigkeit der von ihm kontrollierten Regionen von der Türkei.

Die Nationalisten um Kemal bilden faktisch eine Gegenregierung. Sie führen einen Unabhängigkeitskrieg vor allem gegen die Griechen im Westen und gegen die französische Besetzung Kilikiens.

Antigriechische Massenkundgebung in Konstantinopel unter der Parole: »Zwei Millionen Türken dürfen nicht 200 000 Griechen werden«

Zusammenbruch

25. September. *US-Präsident Woodrow Wilson (Abb.) erleidet in Wichita/Kansas einen schweren Nervenzusammenbruch, der ihn für Monate arbeitsunfähig macht. Am 3. September hatte er eine ausgedehnte Vortragsreise angetreten, um für den Beitritt der Vereinigten Staaten zum Völkerbund zu werben.*

D'Annunzio besetzt die umstrittene Hafenstadt Fiume

12. September. Der italienische Dichter und Politiker Gabriele D'Annunzio besetzt als Anführer nationalistischer Freischärler die zwischen Italien und dem Königreich der Serben, Kroaten und Slowenen (Jugoslawien) umstrittene Stadt Fiume (Rijeka) an der Küste Dalmatiens. Die wichtige Hafenstadt wird kampflos besetzt; die italienischen Regierungstruppen gehen zu D'Annunzio über, die französischen Truppen verhalten sich neutral, britische und US-Verbände verlassen die Stadt.

Fiume war 1814 an Österreich gefallen, kam 1822 zu Ungarn und gehörte zeitweise zu Kroatien. Der Zerfall der österreichisch-ungarischen Doppelmonarchie 1918 machte Fiume zum Streitobjekt zwischen Italien und dem Königreich der Serben, Kroaten und Slowenen. Mit der Besetzung der Stadt und der Proklamation des Anschlusses an Italien will D'Annunzio eine Entscheidung herbeiführen.

Ansprache des Dichters und Freikorps-Führers D'Annunzio, der auch während des Kriegs ähnlich spektakuläre Aktionen durchführte (1917: Flug über Wien)

Gebäude in Fiume werden mit Porträts von D'Annunzio geschmückt

D'Annunzio hatte schon im Mai gefordert, die Regierung solle kein Risiko scheuen, um Fiume für Italien zurückzugewinnen; die politische Linke verurteilt seine Aktion

Zentralverband der Angestellten

9. September. Der Zentralverband der Handlungsgehilfen, der Verband der Bureau-Angestellten und der Verband der Versicherungsbeamten schließen sich in Weimar zum Zentralverband der Angestellten zusammen.

Der Zentralverband versteht sich als freigewerkschaftliche Einheitsorganisation für alle in Handel, Verkehr, Industrie, Gewerbe und Landwirtschaft tätigen Handlungsgehilfen und Büroangestellten; außerdem vertritt er die in der Sozial- und Privatversicherung und bei Behörden und Rechtsanwälten beschäftigten Angestellten. Mit 350 000 Mitgliedern ist der parteipolitisch neutrale Verband der größte Angestelltenverband der Welt. Die Angestelltengewerkschaften sind in den 90er Jahren des 19. Jahrhunderts neben den Arbeitergewerkschaften entstanden, z.B. der 1897 gegründete Zentralverband der Handlungsgehilfen. Diese freigewerkschaftlichen Verbände pflegen enge Kontakte zur sozialistischen Arbeiterbewegung.

Neue Verfassung für Evangelische Kirche

1. September. In Dresden beginnt der erste Deutsche Evangelische Kirchentag. Hauptaufgabe der bis zum 5. September dauernden Veranstaltung ist die Gründung eines Ausschusses, der die Neuschaffung der kirchlichen Verfassung nach dem Wegfall des landesfürstlichen Episkopats durch die Revolution von 1918 einleiten soll.

Der Kirchentag beschließt, die Schaffung eines Deutschen Evangelischen Kirchenbundes vorzubereiten. »Der Bund soll einen möglichst engen Zusammenschluß der deutschen evangelischen Landeskirchen und die Förderung des gesamten deutschen Protestantismus auf allen Gebieten seiner Glaubenstätigkeit herbeiführen und die Vertretung dieser Interessen nach außen übernehmen. Es ist nicht an eine Reichskirche gedacht. Der Bund erfüllt seine Aufgabe unter Wahrung der Selbständigkeit und des Bekenntnisstandes der Landeskirchen.« Von 1848 bis 1872 gab es schon einmal theologisch-gesellschaftspolitische Kirchentage.

Gewerkschaften beim C.G.T.- Kongreß

15. September. In Lyon beginnt der 14. Nationalkongreß der französischen Gewerkschaft Confédération Générale du Travail (C.G.T.). 1807 Gewerkschaften, darunter aus Argentinien, Belgien, den Niederlanden und Italien, nehmen an der bis zum 20. September dauernden Veranstaltung teil.

Die programmatische Erklärung, die der Kongreß am letzten Tag verabschiedet, entsteht unter der Federführung des als gemäßigt geltenden Generalsekretärs Léon Jouhaux: »Der Kongreß verkündet, daß das Gewerkschaftsziel sich nur durch die soziale Umbildung der Gesellschaft erfüllen läßt. Das wesentliche Ziel der Arbeiterorganisation ist das Verschwinden der Meisterschaft [Hierarchie in Wirtschaftsunternehmen] und der Lohnarbeit ... Die direkte Aktion, die gegen die Meisterschaft angewendet werden muß, darf sich nicht ausschließlich in Akten der Gewalt und Überraschung äußern ...«

Die Erklärung befürwortet ferner die Verstaatlichung der Großbetriebe ohne Erweiterung der Befugnisse des Staates. Sie drückt ihre Sympathie für die Revolution in Rußland aus und verurteilt die Intervention der Alliierten (→ 26.5./S.109). Die Transportarbeiter werden aufgerufen, die Beförderung von Waffen und Munition für die konterrevolutionären Truppen in Rußland ab sofort zu verweigern.

Wie im Deutschen Reich ist 1919 auch in Frankreich ein »Streikjahr«

Kampf um nationale Selbstverwaltung

24. September. Die zurückgetretenen deutschösterreichischen Regierungen von Deutschböhmen, des Sudetenlandes und von Südmähren erlassen im Sitzungssaal der österreichischen Konstituierenden Nationalversammlung in Wien einen Aufruf an die Deutschen in den Sudetenländern. Sie reagieren damit auf die Regelungen des Vertrags von Saint-Germain-en-Laye (→ 10.9./ S.168), demzufolge diese Gebiete an die Tschechoslowakei fallen. Im Aufruf heißt es: »Wir verkünden es feierlich im Namen unseres ganzen Volkes, daß unser Volk niemals den Anspruch auf sein Selbstbestimmungsrecht aufgeben, niemals die Vergewaltigung des Rechtszustandes anerkennen, niemals aufhören wird, den Kampf um seine nationale Freiheit mit allen geeigneten Mitteln zu führen. Unsere nächste Aufgabe ist, dem deutschen Volke im Rahmen des Staates, in den die imperialistische Macht der Weststaaten es gezwungen hat, die volle uneingeschränkte Selbstverwaltung seiner Nation zu verschaffen.«

Leipziger »Friedensmesse«

1. September. *Die erste »Friedensmesse« in Leipzig, die Leipziger Herbstmesse 1919 (Abb.), wartet mit größerer Beteiligung auf als ihre Vorgängerinnen von vor 1914, obwohl weniger Unternehmen aus den bisherigen Feindstaaten vertreten sind: 9500 Aussteller aus Industrie und Handel präsentieren ihre Erzeugnisse. Stark vertreten sind Firmen aus Deutschösterreich, der Schweiz, den Niederlanden, Polen und Schweden. Die Veranstalter bedauern, daß durch den Krieg der »internationale Charakter« der Messe gelitten habe.*

Großbritannien ohne Eisenbahn

28. September. *In Großbritannien beginnt wegen Lohnforderungen ein Generalstreik der Eisenbahner, der den Verkehr auf allen größeren Bahnhöfen des Landes ruhen läßt (Abb.). Die Hoffnung, auch andere Arbeiterverbände würden sich dem Ausstand anschließen, erfüllt sich nicht. Am 5. Oktober wird der Streik beendet. Die Regierung sagt zu, die Löhne der Eisenbahner bis zum 30. September 1920 auf der gegenwärtigen Höhe zu halten. Erst dann soll über eine Neufestsetzung verhandelt werden.*

Arbeit und Soziales 1919:

Qualifizierte Facharbeiter gefragt - Akademiker chancenlos

1919 besteht in der deutschen Landwirtschaft erstmals ein Überangebot an jüngeren und älteren männlichen Arbeitskräften, meist aus den »gebildeten Ständen« und aus städtischen Kreisen; sie wollen die Landwirtschaft erlernen. Die Gutsbetriebe werden mit Anfragen wegen der Aufnahme von Lehrlingen und Praktikanten geradezu überhäuft, aber nur einem Bruchteil der Bewerber gelingt es, eine Stelle zu erhalten.

Ursache dieser Erscheinung ist die katastrophale Situation in der deutschen Nachkriegswirtschaft mit einem Heer von Arbeitslosen. Die aus der Armee entlassenen Jugendlichen, die vor dem Ersten Weltkrieg noch keinen Beruf erlernt hatten, zahlreiche Offiziere, die durch die Demobilmachung beschäftigungslos wurden, aber auch viele Akademiker drängen in die Landwirtschaft. Das liegt nicht nur daran, daß diesem Wirtschaftszweig im allgemeinen gute Zeiten vorausgesagt werden, sondern auch an der Propagierung eines großzügigen Siedlungswerks im Deutschen Reich. Am →19. Juli (S.145) verabschiedet die Nationalversammlung dazu das Reichssiedlungsgesetz.

Trotz der hohen Arbeitslosigkeit macht sich in einer Reihe von gewerblichen Berufen Mangel an qualifizierten Arbeitskräften bemerkbar, z.B. im Metall-, Holz-, Konfektions- und Schuhmachergewerbe. Mangel an Arbeitskräften herrscht außerdem in den Unternehmen der sog. Urerzeugung, im Bergbau- und Hüttenwesen. Dieses widersprüchliche Bild des Arbeitsmarkts mit hoher Arbeitslosigkeit auf der einen Seite und Mangel an geschulten Fachkräften auf der anderen, ist auf die hohen Kriegsverluste und die fehlende Ausbildung der Jugendlichen während des Kriegs zurückzuführen.

Katastrophal ist auch die Lage in den sog. Akademikerberufen. Hier herrscht ein völliges Überangebot an Arbeitskräften. Wegen der Bestimmungen des Versailler Friedensvertrags fallen mehrere tausend Offiziersstellen in Heer und Marine fort. Die Offiziere, die normalerweise beim Militär geblieben wären, sind nun gezwungen, ihren Abschied zu nehmen und sich nach einem anderen Broterwerb umzusehen. Michael von Faulhaber, der Erzbischof von München und Freising, bestätigt in einer öffentlichen Ansprache, daß sich bei den Kirchen täglich Offiziere melden, die das geistliche Amt ergreifen wollen.

Durch den Verlust Elsaß-Lothringens, deutsch-tschechischer und deutsch-polnischer Landesteile fallen alle bisher von Deutschen besetzten Behördenstellen in diesen Gebieten weg; die betroffenen Beamten sind darauf angewiesen, daß entsprechende Stellen für sie im Deutschen Reich freigemacht werden. Doch die Kassen des Reichs, der Länder und der Gemeinden sind leer; es wird gespart, wo immer es möglich ist: Bei Neueinstellungen, Bezahlungen, Pensionierungsmöglichkeiten usw.

Auch die Ärzteschaft ist betroffen. In den großen Zeitungen wird gewarnt: »Die Aussichten für Ärzte sind die denkbar schlechtesten geworden durch die große Ausdehnung der Krankenversicherung und die dadurch bedingte weitere Einschränkung der Privatpraxis, die Zunahme der Kurpfuscherei, das Einwandern deutscher Ärzte aus dem Ausland und den gefährdeten Landesteilen in Ost und West und den Wegfall der Schiffarztstellen. Seit Kriegsbeginn wurden 5800 Ärzte approbiert bzw. notapprobiert.«

Qualifizierte Arbeiter finden leichter eine Stelle als qualifizierte Akademiker. Schlosser und Monteure werden benötigt, nicht aber Ingenieure. Die Bauwirtschaft stellt Maurer ein, braucht aber keine Architekten. Ingenieuren wird geraten, sich als Erdarbeiter beim Bau von Kraftwerken zu bewerben. Werden Stellen für Akademiker ausgeschrieben, kommen etwa 50 Bewerber auf eine freie Stelle. In dieser Situation wird der Ruf laut, die Frauen sollten die Arbeitsplätze, die sie während des Kriegs an der »Heimatfront« übernommen haben, zugunsten arbeitsloser Männer aufgeben.

Arbeitslose — hier in Hamburg — suchen angesichts der katastrophalen Lage meist vergeblich eine Beschäftigung

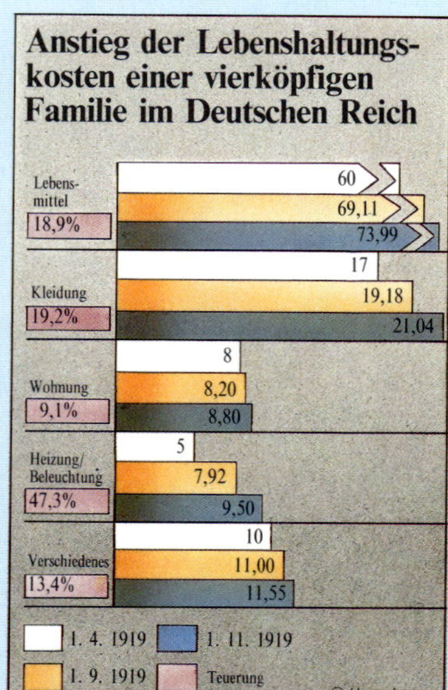

Anstieg der Lebenshaltungskosten einer vierköpfigen Familie im Deutschen Reich

	1. 4. 1919	1. 9. 1919	1. 11. 1919
Lebensmittel 18,9%	60	69,11	73,99
Kleidung 19,2%	17	19,18	21,04
Wohnung 9,1%	8	8,20	8,80
Heizung/Beleuchtung 47,3%	5	7,92	9,50
Verschiedenes 13,4%	10	11,00	11,55

1. 4. 1919   1. 11. 1919   1. 9. 1919   Teuerung

© Harenberg

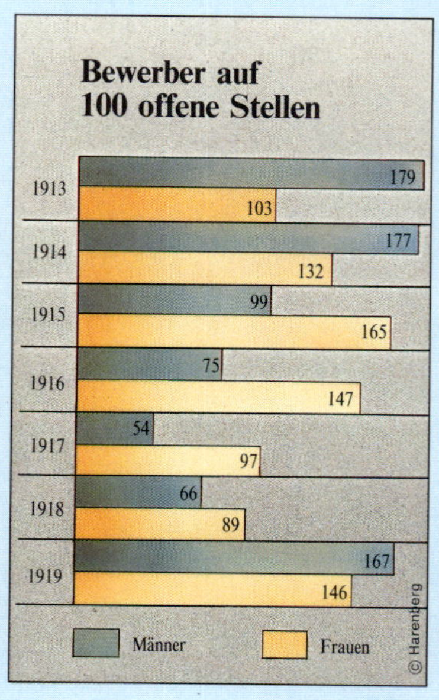

Bewerber auf 100 offene Stellen

	Männer	Frauen
1913	179	103
1914	177	132
1915	99	165
1916	75	147
1917	54	97
1918	66	89
1919	167	146

© Harenberg

Wirbel um Badebild von Ebert und Noske

September. Für Wirbel im In- und Ausland sorgt das Titelbild der Berliner »Illustrirten Zeitung«, das den deutschen Reichspräsidenten Friedrich Ebert und Reichswehrminister Gustav Noske (MSPD) im Badekostüm zeigt (Abb. →S. 153). In der Rechtspresse und in ausländischen Zeitungen ist das Bild Anlaß für Hohn und Spott.

Die »Frankfurter Zeitung« schreibt über die Entstehungsgeschichte des Bildes: »Es hat sich keineswegs um eine Aufnahme ad hoc gehandelt, sondern, wie man uns sagte, sind die beiden Personen aus einer eine größere Anzahl von Personen umfassenden Gruppenaufnahme herausgenommen worden, die lange vor der Revolution gemacht wurde, also lange bevor Ebert und Noske in Amt und Würden waren… Dem Bilde in der 'Illustrirten Zeitung' sollen überdies, wohl um es 'aktueller' zu machen, noch einige Attribute - so der Aegirkopf - hinzugefügt worden sein.«

»Clarté« gegen den Krieg

4. September. In Paris findet die konstituierende Sitzung der pazifistischen Gruppe »Clarté« (Klarheit) statt. Sie entsteht auf Initiative des französischen Schriftstellers Henri Barbusse als internationale Vereini-

Der Schriftsteller Stefan Zweig war zu Beginn des Weltkriegs im Wiener Kriegsarchiv tätig, emigrierte als Kriegsgegner jedoch in die Schweiz, wo er 1917 das Antikriegsdrama »Jeremias« schrieb

gung von Schriftstellern und Kulturschaffenden unterschiedlicher politischer Ansichten. Die Mitglieder vereint das gemeinsame Bestreben, den Frieden zu erhalten und gegen den Krieg zu kämpfen. So wendet sich die Gruppe auch gegen die Intervention der Alliierten in Rußland (→ 26.5./S.109). Ab 11. Oktober gibt sie die Zeitung »Clarté, Bulletin français de l'Internationale de la Pensée« heraus, die bald als Zeitschrift erscheint.

In der Gruppe wirken neben dem Gründer der spanische Romancier Vicente Blasco Ibáñez, der französische Literaturnobelpreiskandidat Anatole France, der deutsche Schriftsteller Heinrich Mann, der britische Mathematiker und Philosoph Bertrand Russell, der irische Dramatiker George Bernard Shaw, der US-amerikanische Schriftsteller Upton Sinclair, der britische Schriftsteller Herbert George (H.G.) Wells, der österreichische Schriftsteller Stefan Zweig u.a. Barbusse, der Gründer der Gruppe, ist Autor des 1916 erschienenen Antikriegsromans »Das Feuer«, der in mehr als 60 Sprachen übersetzt und 1917 mit dem Prix Goncourt ausgezeichnet wurde. Schon nach seiner Entlassung aus der Armee 1916 bemühte sich Barbusse um die Bildung einer antimilitaristischen Einheitsfront aus ehemaligen Soldaten.

Britinnen laufen neue Weltbestzeit

4. September. Während einer Militärschau in London stellt eine Staffel britischer Luftwaffenhelferinnen mit 55,2 Sekunden eine Weltbestzeit in der 4x110-yard-Staffel auf (1 yard = 0,914 m). Die Mannschaft der Woman's Royal Air Force verbessert dabei ihre eigene Rekordmarke von 1918 um 3,6 Sekunden. Für die Leichtathletik-Frauen werden Weltrekorde noch nicht registriert (erst ab 1922). Anders ist es bei den männlichen Leichtathleten, wo in einigen Disziplinen bereits seit Ende des 19. Jahrhunderts offiziell Weltrekorde anerkannt werden. So wurden die 66,10 m des finnischen Speerwerfers Jonni Myyrä (Stockholm, 24. August) in die Weltrekordliste aufgenommen, nachdem er die Marke des Schweden Eric Lemming (62,32 m/1912) seit 1914 bereits dreimal übertroffen hatte. Die Zehnkampfleistung des Norwegers Helge Lövland (7 786,12 Punkte am 19./20. Juli) ist dagegen nur inoffizieller Weltrekord.

Ufa-Lichtspieltheater mit »Madame Dubarry« eröffnet

18. September. In Berlin wird der Ufa-Palast am Zoo eröffnet, mit über 1000 Sitzplätzen das größte Kino der Reichshauptstadt.

Nach der Festansprache des Schriftstellers Herbert Eulenberg gelangt der historische Film »Madame Dubarry« von Ernst Lubitsch zur Uraufführung. Die Hauptrollen in dem Monumentalfilm spielen Pola Negri als Madame Dubarry, Emil Jannings als ihr königlicher Geliebter Ludwig XV., Reinhold Schünzel als Herzog von Choiseul und Harry Liedtke als Student Armand de la Foix. Dieser Stummfilm über den Aufstieg und Fall von Marie Jeanne Gräfin Dubarry, der Mätresse des französischen Königs Ludwigs XV., wird ein Welterfolg.

Die 1917 gegründete Ufa-Lichtspielgesellschaft, die Filme produziert, aber auch Lichtspielhausbesitzerin ist, sieht in den neu aufkommenden Großkinos die Möglichkeit, ihre Publikumszahlen zu erhöhen. Nicht nur die große Zahl an Sitzplätzen, sondern auch die elegante Ausstattung des Lichtspieltheaters sollen das bürgerliche Publikum stärker als bisher anziehen und den wirtschaftlichen Erfolg sicherstellen. Die Aufmachung des neuen Großkinos kommt der eines Theaters nahe. Wirkungsvolle Innenbeleuchtung, sorgfältige architektonische Einrichtung, bequeme Sessel, und das reiche Angebot an Erfrischungen sollen den Kinobesuch erstrebenswert werden lassen.

Emil Jannings (l.) spielt den seiner Mätresse (Pola Negri) hörigen französischen König Ludwig XV.

Die Dubarry wird vom Revolutionstribunal zum Tode durch die Guillotine verurteilt

In den Massenszenen erweist sich Lubitsch als Meister des kunstvollen, dramatischen Arrangements

Oktober 1919

Mo	Di	Mi	Do	Fr	Sa	So
		1	2	3	4	5
6	7	8	9	10	11	12
13	14	15	16	17	18	19
20	21	22	23	24	25	26
27	28	29	30	31		

1. Oktober, Mittwoch

Die antibolschewistische weißgardistische Nordwestarmee des russischen Generals Nikolai N. Judenitsch beginnt eine großangelegte Offensive gegen Petrograd (Leningrad). Bis Mitte des Monats dringen die Weißgardisten bis auf zehn Kilometer an die Stadt heran, werden dann jedoch von den Sowjettruppen zurückgeschlagen (→ 15.11./S.196).

Die Truppen des von der türkischen Regierung für vogelfrei erklärten türkischen Generals Mustafa Kemal Pascha (Kemal Atatürk), des Führers der nationalen Unabhängigkeitsbewegung, erobern das von den Alliierten besetzte Konya (→ 11.9./S.170).

In Estland tritt das Agrargesetz in Kraft, durch das der feudale Großgrundbesitz enteignet wird (→ 19.2./S.57).

Das deutsche Reichsverkehrsministerium nimmt offiziell seine Tätigkeit auf. → S.179

Die Kriegsministerien der deutschen Länder hören zu bestehen auf. Sie werden im Reichswehrministerium in Berlin unter Reichswehrminister Gustav Noske (MSPD) zu einer Befehlsstelle zusammengefaßt (→ 20.8./S.156).

Bei der deutsch-polnischen Konferenz in Berlin, die über die Übergabe deutscher Gebiete an Polen berät, wird ein Abkommen über die Entlassung festgehaltener Personen und Kriegsgefangenen geschlossen. Personen, die im Zusammenhang mit militärischer, politischer oder nationaler Tätigkeit verhaftet wurden, sollen weitgehende Straffreiheit erhalten (→ 24.10./S.182).

Der bayerische Landtag tritt zum ersten Mal seit seiner Übersiedlung von Bamberg nach München wieder zusammen (→ 16.8./S.157).

In Berlin scheitern die Verhandlungen zur Beilegung des seit Wochen anhaltenden Streiks in der Metallindustrie am Widerstand der Arbeiterorganisationen. → S.180

In Spanien wird der Achtstundentag eingeführt (→ 17.4./S.87).

Im Deutschen Reich tritt eine Erhöhung der Post-, Telegramm- und Fernsprechgebühren in Kraft. → S.180

In Frankfurt am Main wird die Internationale Einfuhrmesse eröffnet. → S.180

2. Oktober, Donnerstag

Die französische Abgeordnetenkammer in Paris ratifiziert den Versailler Friedensvertrag nach einer mehr als einmonatigen Aussprache. → S.181

Der Führer der (sozialistischen) Bauernpartei Bulgariens, Alexandar Stamboliski, der während des Ersten Weltkriegs inter-

niert war, wird zum Ministerpräsidenten seines Landes gewählt.

Die Partei des Ungarischen Königtums fordert die Bürger Ungarns auf, »den Traditionen der tausendjährigen ungarischen Nation entsprechend, einen würdigen Nachfolger mit der Krone des heiligen Stephan auf den Thron« zu setzen. »Die Wahl des Königs wollen wir der weisen Einsicht der Nationalversammlung überlassen«.

3. Oktober, Freitag

Die deutsche Reichsregierung unter Gustav Bauer (MSPD) fordert in einem Aufruf die noch im Baltikum stehenden deutschen Truppenverbände auf, das Baltikum sofort zu räumen. Die Alliierten hätten in dieser Angelegenheit bereits mit der Besetzung von Frankfurt am Main und des Ruhrgebiets gedroht (→ 24.8./S.157).

Die DDP tritt wieder in die deutsche Reichsregierung unter Gustav Bauer (MSPD) ein. Eugen Schiffer (DDP) übernimmt die Leitung des Reichsjustizministeriums, das seit 21. Juni unbesetzt war. Er löst außerdem Matthias Erzberger (Zentrum) als stellvertretenden Reichskanzler ab. Der Kasseler Oberbürgermeister Erich Koch (DDP) wird Reichsminister des Innern als Nachfolger von Eduard Heinrich Rudolph David (MSPD). Dem Kabinett Bauer gehören nun sechs Minister der Mehrheitssozialdemokraten, vier Zentrums- und zwei DDP-Politiker an. S.178

Der bayerische Landtag in München wählt die Mitglieder des Bayerischen Staatsgerichtshofs. Gewählt werden je drei Vertreter der Bayerischen Volkspartei (BVP) und der MSPD sowie drei Vertreter der bürgerlichen Parteien.

Im Königreich der Serben, Kroaten und Slowenen (Jugoslawien) wird der Achtstundentag in allen Betrieben der Industrie, des Bergbaus, des Handels und des Verkehrs eingeführt (→ 17.4./S.87).

4. Oktober, Sonnabend

Die französische Abgeordnetenkammer in Paris nimmt die Regierungsvorlage über die provisorische Verwaltung von Elsaß und Lothringen an. → S.181

5. Oktober, Sonntag

Im Kampf gegen den Berberstamm der Kabylen in Marokko erobern die spanischen Truppen die Stellung El Fondak.

Bei einer Volksabstimmung in Norwegen über die Aufrechterhaltung des Verbots starker alkoholischer Getränke stimmen etwa 430 000 Menschen mit Ja und etwa 280 000 mit Nein. Nur in der Hauptstadt Kristiania (Oslo) stimmen 70 000 gegen und 19 000 für das Verbot (→ 29.10./S.184).

6. Oktober, Montag

Der italienische König Viktor Emanuel III. ratifiziert per Dekret die Friedensverträge von Versailles und Saint-Germain-en-Laye (→ 2.10./S.181).

Die Mitglieder der neu gebildeten sächsischen Regierung treten ihre Ämter an. In das bisher nur aus Mitgliedern der MSPD

bestehende Kabinett unter Georg Gradnauer sind zwei Politiker der linksliberalen Deutschen Demokratischen Partei (DDP) eingetreten.

7. Oktober, Dienstag

Die deutsche Reichsregierung unter Gustav Bauer (MSPD) bittet die Schweiz um Vermittlung bei Gesprächen über eine Verbesserung der Situation deutscher Kriegsgefangener, die in französischen und US-amerikanischen Gefangenenlagern untergebracht sind (→ 14.8./S.155; → 1.9./S.169).

Der deutsche Reichskanzler Gustav Bauer (MSPD) eröffnet die zweite Lesung des Reichshaushaltsplans für das Jahr 1919 durch die Deutsche Nationalversammlung in Berlin. → S.180

8. Oktober, Mittwoch

Der USPD-Vorsitzende Hugo Haase wird vor dem Gebäude des Deutschen Reichstags in Berlin bei einem Attentat schwer verletzt. → S.179

Der oppositionelle DVP-Abgeordnete Gustav Stresemann betont in einer Rede vor der Deutschen Nationalversammlung in Berlin, Großbritannien stehe nach wie vor auf dem Standpunkt, das Deutsche Reich müsse wirtschaftlich zerstört werden. Frankreich dagegen habe das größte Interesse an einem regen wirtschaftlichen Leben in Deutschland. Stresemann fordert die Regierung unter Gustav Bauer (MSPD) auf, nicht zu sehr zu betonen, daß sie die Bedingungen des Versailler Friedensvertrags restlos erfüllen müsse, da sich alle Parteien darüber einig seien, daß er unerfüllbar sei.

In Washington wird die Nationale Industriekonferenz eröffnet, bei der u. a. über die Stellung der Gewerkschaften bei Tarifverhandlungen beraten wird. → S.184

Im Deutschen Reich findet eine provisorische Volkszählung statt. Deutschland hat 60 898 554 Einwohner.

Das deutsche Luftschiff »Bodensee« fliegt mit 22 Passagieren an Bord in siebeneinhalb Stunden von Staaken bei Potsdam nach Stockholm (→ 24.8./S.161).

9. Oktober, Donnerstag

Am Sächsischen Landestheater in Dresden wird »Das bist du. Ein Spiel in fünf Verwandlungen« uraufgeführt, der dramatische Erstling von Friedrich Wolf.

10. Oktober, Freitag

Der Oberste Rat der Alliierten in Paris verhängt eine Wirtschaftsblockade über Sowjetrußland (→ 15.11./S.196).

Wegen des Angriffs der deutschen Truppen auf Riga sperren die Alliierten die Ostsee für alle deutschen Schiffe. Die deutschen Einheiten kämpfen entgegen den Befehlen der Reichsregierung zur Rückkehr weiter in den baltischen Ländern als »Vorhut gegen den Bolschewismus« (→ 24.8./S.157).

Der britische König Georg V. unterzeichnet die Ratifikationsurkunde zum Versailler Friedensvertrag, nachdem das Unterhaus in London und die Staaten des Britischen

Empire dem Vertrag zugestimmt haben (→ 2.10./S.181).

Die Oper »Die Frau ohne Schatten« von Richard Strauss, für die Hugo von Hofmannsthal das Libretto schrieb, wird in Wien uraufgeführt. → S.185

11. Oktober, Sonnabend

Die »Deutsche Allgemeine Zeitung« veröffentlicht einen Notruf der Bevölkerung des Saargebiets. Sie weist nach auf ständige Übergriffe der französischen Besatzungstruppen gegen Einheimische aufmerksam.

Die sowjetische Offensive gegen die Truppen des weißrussischen Generals Anton I. Denikin beginnt. Sie leitet die Rückeroberung Südrußlands ein (→ 15.11./S.196).

12. Oktober, Sonntag

Die letzten britischen Truppen verlassen Murmansk. An ihre Stelle treten weißrussische Truppen, die längs der Eisenbahn Archangelsk-Wologda nach Süden vorrücken (→ 15.11./S.196).

Der Parteivorstand der MSPD fordert in einem Aufruf die Parteigenossen auf, alle Vorbereitungen zu treffen, den 9. November als ersten Jahrestag der Republik würdig und feierlich zu begehen (→ 9.11./S.193).

13. Oktober, Montag

Die Stadt Danzig, die den Bestimmungen des Versailler Vertrags entsprechend vom Deutschen Reich getrennt wird, übernimmt als Treuhänderin die deutschen Reichs- und Staatsbetriebe auf Ihrem Territorium (→ 12.11./S.194).

14. Oktober, Dienstag

Die preußische Landesversammlung in Berlin nimmt das Gesetzentwurf zur Errichtung der Provinz Oberschlesien an, in der im kommenden Jahr eine Volksabstimmung über die künftige Staatszugehörigkeit durchgeführt werden soll (→ 9.11./S.194).

Die deutsche Reichsregierung erläßt einen Aufruf an die Bewohner der Gebiete, in denen gemäß den Bestimmungen des Versailler Friedensvertrags Volksabstimmungen über die Staatszugehörigkeit durchgeführt werden sollen. Die Bevölkerung der Regionen, zu denen Nordschleswig, Teile von Ost- und Westpreußen, Eupen-Malmedy gehören, wird aufgefordert, an den Abstimmungen teilzunehmen (→ 9.11./S.194).

Die tschechoslowakische Nationalversammlung in Prag verabschiedet das Gesetz, das den 28. Oktober, den Tag der Ausrufung der Tschechoslowakischen Republik, zum Nationalfeiertag erklärt.

Die Berliner Verwaltungsakademie wird eröffnet. Das Ziel der neuen Lehranstalt in der Reichshauptstadt ist die allgemeine Fortbildung der Beamten und die Ausbildung Einzelner für Sonderaufgaben.

15. Oktober, Mittwoch

Der französische Staatspräsident Raymond Poincaré hebt per Dekret die allgemeine Mobilmachung der französischen Armee auf.

Daheim

56. Jahrg. Nr. 2.   **11. Oktober 1919**

Aus der ❈ Zeit ❈

Der bekannte Schweizer Fliegeroffizier Oberleutnant Ackermann hat, nachdem ihm zahlreiche Überquerungen der Alpen gelungen sind, jetzt den Versuch gemacht, eine Landung in der Zone des ewigen Schnees vorzunehmen. Auf dem **Jungfraujoch** in einer Höhe von 3600 Metern über dem Meere wurde der Landungsplatz erkundet, die Landezeichen ausgelegt. Der Schnee wurde etwas geebnet, so daß die Räder des Flugzeuges auf der immer leicht gefrornen Oberschicht nach dem Aufsetzen ohne Hindernis rollen konnten. Von Thun aus (200 Meter über dem Meere) schraubte sich der kühne Flieger nun empor, überquerte dann den Thuner See, folgte dem Lauf der Aare und der weißen Lütschine, nach und nach die Höhe der Jungfrauspitze gewinnend. Dann

Für die ❈ Zeit ❈

ließ er sich auf den Landeplatz nieder. Voll glückte die Landung nicht. Die Schneedecke gab nach und brach durch. Die Räder versanken in dem weichen Untergrund, so daß das Flugzeug sich verfing und das Gleichgewicht verlor. Der Schwanz schlug hoch. Es kam zu einem „Kopfstand" in gefährlicher Nähe einer Gletscherspalte, jedoch ohne daß Flieger oder Flugzeug Schaden nahmen. Trotz des scheinbaren Mißerfolges erklärte Oberleutnant Ackermann, Flug und Landung doch für so gut geglückt, daß man nunmehr beabsichtigt in der Nähe des Haltepunktes „Joch" der Jungfraubahn einen ständigen Landeplatz für Flugzeuge einzurichten, der sorgfältiger vorbereitet und befestigt wird, so daß Unglücksfälle ausgeschlossen erscheinen.

Im Flugzeug auf das Jungfraujoch. Aufnahme der Atlantic-Photo-Co.

Nachdruck verboten.

Die Universität der Arbeiter und Bauern in Petrograd (Leningrad) wird eröffnet.

16. Oktober, Donnerstag

Die österreichische Konstituierende Nationalversammlung in Wien verabschiedet ein Gesetz, durch das die Staatsregierung zur Verpfändung, Veräußerung und Ausfuhr von historisch, künstlerisch und kulturell wertvollen Gegenständen aus staatlichem Besitz ermächtigt wird.

17. Oktober, Freitag

Die österreichische Konstituierende Nationalversammlung in Wien ratifiziert den Friedensvertrag von Saint-Germain-en-Laye (→ 21.10./S.181).

Der österreichische Staatskanzler Karl Renner (SPÖ) bildet sein drittes Kabinett.

In der Deutschen Nationalversammlung in Berlin kommt es zu Auseinandersetzungen wegen des seit Wochen anhaltenden Arbeitskampfes in der Berliner Metallindustrie (→ 1.10./S.180).

Die Untergrundbahn in der spanischen Hauptstadt Madrid wird in Betrieb genommen.

18. Oktober, Sonnabend

Der Landtag von Braunschweig faßt den Beschluß, daß die Regierung des Freistaats nicht mehr die Bezeichnung Rat der Volksbeauftragten, sondern Ministerium tragen soll. → S.179

Die französische Abgeordnetenkammer in Paris nimmt das Amnestiegesetz an, das auf Straftaten angewendet wird, die während des Ersten Weltkriegs begangen wurden. Dadurch werden rund 150 000 Personen begnadigt, die wegen kleinerer politischer oder militärischer Vergehen verurteilt worden waren. Die Amnestie erstreckt sich nicht auf Desertion, Verrat, Spionage und Preistreiberei.

Der spanische König Alfons XIII. tritt eine Reise nach Paris und London an. Die französische Presse mißt dem Besuch hohe politische Bedeutung bei.

In Spanien wird die Luftpost eingeführt.

19. Oktober, Sonntag

Auf dem Parteitag der Deutschen Volkspartei (DVP) in Leipzig wird das Grundsatzprogramm der rechtsliberalen Partei verabschiedet. →S.179

20. Oktober, Montag

Das große Hauptquartier der Alliierten wird aufgelöst. Ein Kriegsgebiet gibt es in Europa nicht mehr.

Der USPD-Politiker Karl Kautsky wird als Sachverständiger vor dem ersten Unterausschuß des parlamentarischen Untersuchungsausschusses über die Kriegsschuld in Berlin gehört. → S.178

Der britische Feldmarschall Edmund Henry Hynman Allenby wird zum Britischen Oberkommissar in Ägypten ernannt. → S.182

21. Oktober, Dienstag

Die österreichische Konstituierende Nationalversammlung in Wien verabschiedet das Gesetz über die definitive Staatsform des Landes. → S.181

Otto Geßler (DDP) wird zum Leiter des neuerrichteten Reichsministeriums für den Wiederaufbau ernannt. → S.180

Der zweite Unterausschuß des parlamentarischen Untersuchungsausschusses der Deutschen Nationalversammlung in Berlin tritt zu seiner ersten öffentlichen Sitzung zusammen. Seine Aufgabe ist, »Aufklärung sämtlicher Möglichkeiten zu schaffen, zu Friedensbesprechungen mit den Feinden zu gelangen, weiter die Aufklärung der Gründe, die solche Möglichkeiten oder dahingehende Pläne und Beschlüsse deutscherseits zum Scheitern gebracht haben, bzw. wenn Besprechungen stattgefunden haben, aus welchen Gründen solche Besprechungen erfolglos geblieben sind« (→ 20.10./S.178).

Der österreichische Kabinettsrat in Wien beschließt, aus finanziellen Gründen keine österreichischen Delegierten zur Washingtoner Arbeitskonferenz zu entsenden (→ 29.10./S.184).

Die österreichische Konstituierende Nationalversammlung in Wien verabschiedet das Gesetz über die Aufhebung der Generalinspektion der österreichischen Eisenbahnen; ihre Geschäfte übernimmt das neuerrichtete Staatsamt für Verkehrswesen (→ 1.10./S.179).

22. Oktober, Mittwoch

In Berlin wird ein provisorisches deutschpolnisches Wirtschaftsabkommen über die Lieferung von Kohlen und Lebensmitteln unterzeichnet.

23. Oktober, Donnerstag

Vor dem französischen Senat in Paris als Staatsgerichtshof beginnt der Prozeß gegen den früheren französischen Ministerpräsidenten Joseph Caillaux, der 1918 auf Betreiben des jetzigen Ministerpräsidenten Georges Benjamin Clemenceau wegen Begünstigung defätistischer Stimmung verhaftet worden war. Mehrere konservative Blätter fordern die Todesstrafe für den Politiker der radikalen Partei.

Bei der Beratung des Haushalts des Auswärtigen Amts im Reichstag fordert Hermann Müller (MSPD), der deutsche Reichsminister des Auswärtigen, mehr Geld für sein Ressort. → S.178

24. Oktober, Freitag

Das Hohe Kommissariat für französisch-US-amerikanische Kriegsangelegenheiten in Paris wird aufgelöst.

In der deutschen Reichshauptstadt Berlin wird das deutsch-polnische Abkommen über die militärische Räumung der an Polen abzutretenden Gebiete durch die deutschen Truppen unterzeichnet. → S.182

George Nathaniel Curzon wird zum britischen Außenminister ernannt als Nachfolger des 71jährigen Arthur James Balfour (→28.10./S.182).

Der deutsche Reichsminister der Finanzen, Matthias Erzberger (Zentrum), führt zur Bekämpfung der Steuerflucht den Depotzwang für inländische Wertpapiere und die Bankenkontrolle ein.

In der preußischen Landesversammlung in Berlin lassen die Bewohner des Memelgebiets eine »Abschiedserklärung« verlesen. → S.182

25. Oktober, Sonnabend

Karl Seitz (SPÖ), als Erster Präsident der österreichischen Konstituierenden Nationalversammlung vorläufiges Staatsoberhaupt der Republik Österreich, vollzieht in Wien die Ratifizierung des Staats- bzw. Friedensvertrags von Saint-Germain-en-Laye (→ 10.9./S.168).

In Essen im Ruhrgebiet wird der erste Manteltarifvertrag im Steinkohlenbergbau unterzeichnet. → S.180

26. Oktober, Sonntag

Die Wahlen zum schweizerischen Nationalrat finden erstmals nach dem Verhältniswahlrecht statt. → S.181

Bei den Parlamentswahlen in Luxemburg erringen die Klerikalen die absolute Mehrheit.

Bei den Wahlen zum Landesausschuß von Birkenfeld, das mit französischer Unterstützung die Unabhängigkeit von Oldenburg proklamiert hat, erhält die von Frankreich unterstützte Regierungspartei lediglich zwei Mandate, die vereinigten bürgerlichen Parteien erhalten 23 Mandate, die USPD kommt auf 47 Abgeordnete (→ 19.11./S.195).

27. Oktober, Montag

Bei der zweiten Lesung des Reichshaushaltsplans in der Deutschen Nationalversammlung in Berlin bezeichnet Reichswirtschaftsminister Robert Schmidt (MSPD) die Lebensmittelversorgung als gesichert. → S.179

Die »Deutschösterreichische Staatskorrespondenz« in Wien meldet amtlich, daß die ehemaligen Erzherzoge Franz Salvator, Hubert Salvator, Josef Ferdinand und Heinrich Ferdinand, die ehemaligen Erzherzoginnen Magarete, Agnes und Germana sowie die ehemalige Erzherzogin Alice von Toskana eine Erklärung abgegeben haben, daß sie auf die Mitgliedschaft im Hause Habsburg-Lothringen sowie auf alle Herrschaftsansprüche verzichten; sie hätten sich gleichzeitig als getreue Staatsbürger der Republik bezeichnet.

28. Oktober, Dienstag

In der Tschechoslowakei wird der (erste) Jahrestag der Ausrufung der Tschechoslowakischen Republik als Nationalfeiertag begangen.

Das während des Ersten Weltkriegs gebildete britische Kriegskabinett wird aufgelöst. → S.182

Der französische Ministerpräsident Georges Benjamin Clemenceau kündigt in einem Brief an die Straßburger Radikalen an,

daß er sich aus dem politischen Leben zurückziehen werde. Zugleich verzichtet er auf eine Bewerbung um ein Mandat bei den Parlamentswahlen am 16. November (→ 16.11./S.196).

Das britische Unterhaus in London nimmt zwei Anträge an, nach denen verheiratete Frauen zu Richterinnen ernannt werden können und Inhaberinnen der Peerswürde im Oberhaus dieselben Rechte genießen wie die männlichen Peers. Das britische Oberhaus hatte am 31. Juli die Zulassung von Frauen abgelehnt (→ 4.4./S.87).

Der Nürnberger Landesparteitag der bayerischen USPD beschließt den Beitritt zur Dritten Internationale (→ 2.3./S.72).

Der US-Senat in Washington verabschiedet das Antialkoholgesetz, das den Beginn der sog. Prohibition darstellt. → S.184

29. Oktober, Mittwoch

In Washington beginnt die Internationale Arbeitskonferenz, bei der die Internationale Arbeitsorganisation als Organ des Völkerbunds ins Leben gerufen wird. → S.184

Der deutsche Reichswehrminister Gustav Noske (MSPD) erteilt allen Putschversuchen, ob von links oder rechts, eine Absage. → S.178

30. Oktober, Donnerstag

Die deutsche Reichsregierung unter Gustav Bauer (MSPD) beschließt, daß alle deutschen Soldaten auf dem Baltikum, die nicht bis zum 11. November die deutsche Grenze passiert haben, als fahnenflüchtig betrachtet werden. Sie sollen die deutsche Staatsangehörigkeit und damit auch alle Versorgungsansprüche verlieren (→ 24.8./S.157).

Der deutsche Reichsfinanzminister, Matthias Erzberger (Zentrum), gibt die Verschuldung des Deutschen Reiches vor der Deutschen Nationalversammlung in Berlin mit 204 Milliarden Mark an. → S.178

Der finnische Ministerpräsident Juho Vennola lehnt eine Einmischung seiner Regierung in die inneren Angelegenheiten Rußlands ab, wo seit der Revolution 1917 der Bürgerkrieg tobt. → S.181

31. Oktober, Freitag

Auf Druck der alliierten Siegermächte verfügt der deutsche Reichskolonialminister Johannes Bell (Zentrum) die Auflösung der deutschen Schutztruppen in Deutsch-Ostafrika und Deutsch-Südwestafrika. In einem Erlaß gibt Bell der Hoffnung Ausdruck, daß »der stolze Glanz und das achtunggebietende Ansehen des deutschen Namens in fernen Erdteilen dereinst wieder in hellerem Lichte erstrahlen« werde.

Das Wetter im Monat Oktober

Station	Mittlere Lufttemperatur (°C)	Niederschlag (mm)	Sonnenscheindauer (Std.)
Aachen	6,5 (10,0)	52 (64)	— (123)
Berlin	7,2 (8,8)	64 (58)	— (123)
Bremen	7,2 (9,4)	32 (47)	— (104)
München	6,1 (7,9)	46 (62)	— (130)
Wien	— (9,6)	— (57)	— (118)
Zürich	6,0 (8,4)	66 (80)	79 (108)

( ) Langjähriger Mittelwert für diesen Monat
— Wert nicht ermittelt

Auf die Kohlennot macht die im Verlag Ullstein in Berlin erscheinende Vierteljahresschrift »Welt-Echo« in ihrer Oktobernummer aufmerksam

Die Hölle ohne Kohlen

„Verdammt, wie soll ich nun den Leuten die Hölle heiß machen!"

Parteienstreit um Reichswehrführung

29. Oktober. Die deutsche Nationalversammlung in Berlin setzt die Beratung des Reichshaushaltsplans für das Jahr 1919 mit einer Debatte über die Verwaltung des Reichsheers fort. Während der Aussprache kommt es zu zahlreichen lautstarken Auseinandersetzungen zwischen Abgeordneten der verschiedenen Parteien, obwohl mit Ausnahme der USPD keine Partei die Notwendigkeit einer generellen Stärkung der Reichswehr bestreitet. Die USPD befürchtet einen Mißbrauch der Reichswehr für die politischen Ziele der Rechtsparteien DNVP und DVP. Sie beschuldigt die Rechten, bei den Truppen gegenrevolutionäre Propaganda zu treiben und monarchistische Offiziere zu unterstützen. Die Rechtsparteien klagen, daß die MSPD-Zentrums-Regierung nicht alles tue, um die Reichswehr zu stärken.

Gustav Noske: »Gegen Tollheiten von rechts und Narrheiten von links«

Während der Debatte über die Reichswehr kündigt Reichswehrminister Gustav Noske (MSPD), der den Spartakusaufstand im Januar niederschlagen ließ (→12.1./S.28), ein scharfes Vorgehen der Regierung gegen jeden Putschversuch an:

»Über die Farbe schwarz-weiß-rot [die Farben des Kaiserreichs] kann man denken, wie man will, aber es sind nicht mehr die Reichsfarben, und es darf nicht damit demonstriert werden. Wer sich nicht auf den Boden der Tatsachen stellt, kann gehen … Die Reichswehr sollte nicht Sache des Parteiengezänks sein. Sie wird aber von links geschmäht, von rechts umworben …

Am demokratischen Stammtisch kann man über absolute Freiheit reden, aber bei einem Schicksal von 60 Millionen steht mehr auf dem Spiel. Das Reich darf weder durch Tollheiten von rechts noch durch Narrheiten von links gefährdet werden. Ich werde jeden Putschversuch von rechts genau so bedenken wie einen von links. Je kleiner die Truppe, desto schärfer wird sie zupacken. Wir müssen das Land retten, mögen dabei Späne fallen rechts oder links. Vorwärts und aufwärts!«

Der Untersuchungsausschuß hört Helfferich und Bethmann Hollweg

Parlamentarier klären Kriegsschuld

20. Oktober. Der erste Unterausschuß des parlamentarischen Untersuchungsausschusses über die Kriegsschuld vernimmt in Berlin den USPD-Politiker Karl Kautsky als Sachverständigen. Kautsky hat die Aufgabe, einen Fragenkatalog zu erarbeiten für die Befragungen von Politikern über die Entwicklung vor Kriegsausbruch.

Artikel 34 der Weimarer Verfassung sieht die Errichtung von Untersuchungsausschüssen zur Feststellung von Tatsachen vor, für die der Reichstag eine umfassende Klärung herbeiführen möchte.

Weimarer Koalition wieder vollständig

3. Oktober. Die Deutsche Demokratische Partei (DDP) tritt in die Reichsregierung ein. Damit ist die sog. Weimarer Koalition aus den Parteien MSPD, Zentrum und DDP wieder komplett.

Aus Protest gegen die Unterzeichnung des Versailler Friedensvertrags (→ 28.6./S.122) hatte sich die DDP zunächst nicht an der Regierungsbildung unter Gustav Bauer (MSPD) beteiligt (→ 21.6./S.120). Nun übernimmt Eugen Schiffer das Justizministerium und das Vizekanzleramt, und Erich Koch wird Reichsminister des Inneren.

Der Wiedereintritt der DDP in die Regierung wird in Kommentaren als Zeichen dafür gewertet, daß die Parteien, die sich zur Weimarer Verfassung bekennen, gewillt sind, die Republik gegen alle Anfeindungen zu verteidigen. Die »Vossische Zeitung« bemerkt dazu:» Ein Winter voller wirtschaftlicher Sorgen liegt vor uns, und es ist nicht von der Hand zu weisen, daß Angriffe von rechts und links auf unsere Staatsform drohen. Demgegenüber muß sich zusammenfinden suchen, wer unsere junge Verfassung und die Ordnung im Staate erhalten will.«

212 Milliarden Schulden

30. Oktober. Der deutsche Reichsminister der Finanzen, Matthias Erzberger (Zentrum), beziffert bei der Beratung des Reichshaushaltsplans die Reichsschuld auf 204 Milliarden Mark. Wegen der Zinsen wird sich diese Rekordsumme bis 1. April 1920 voraussichtlich auf 212 Milliarden Mark erhöhen.

Entwicklung der Reichsschulden

Stand	Gesamtschuld
31.3.1916	38,855 Milliarden Mk
31.3.1917	69,023 Milliarden Mk
31.3.1918	105,251 Milliarden Mk
31.3.1919	156,092 Milliarden Mk
31.3.1920	212,812 Milliarden Mk

(1920: Schätzung)

In Erzbergers Aufstellungen sind die Zahlungen nicht berücksichtigt, die sich aus dem Versailler Friedensvertrag ergeben (→ 7.5./S.100), aus folgendem Grund: »Man hat bemängelt, daß der Etat keine genauen Zahlen enthält über die Ausgaben aus Anlaß des Friedensvertrags. Solange wir auf diesem Gebiete nicht völlig klar sehen können, werde ich einen solchen Betrag in den Etat nicht einsetzen … Würden wir heute schon eine bestimmte Ziffer nennen, so würden wir damit unserem Volke den schlechtesten Dienst erweisen. Denn jede Ziffer würde von der Gegenseite als zu niedrig bezeichnet werden. In Frankreich und Belgien würden die Leidenschaften auf ein Höchstmaß gesteigert werden, und man würde dort sagen, daß Deutschland sich vor seiner Verpflichtung drücken will.«

Erzberger (r. sein Sekretär Hemmer) läßt die Reparationszahlungen bei den Schulden unberücksichtigt

Mehr Gelder für die auswärtige Politik

23. Oktober. Bei der Beratung des Haushalts des Auswärtigen Amts fordert Reichsaußenminister Hermann Müller (MSPD) mehr Geld für sein Ressort. Obwohl der Versailler Vertrag unterzeichnet ist, unterhält das Deutsche Reich noch immer keine diplomatischen Beziehungen zu den ehemaligen Feindstaaten. Müllers Ministerium will diesen Mißstand schnellstmöglich beheben: »Seit dem Abschluß des Waffenstillstands sind fast zwölf Monate vergangen, aber wir sind in unseren diplomatischen Bemühungen noch immer auf die Neutralen angewiesen. Wir hoffen, bald wieder mit der ganzen Welt in Verbindung zu treten.«

Der DVP-Parteitag; unter der Büste der Vorsitzende Gustav Stresemann

DVP billigt neues Parteiprogramm

19. Oktober. Der DVP-Parteitag in Leipzig, den Gustav Stresemann am Vortag eröffnet hat, nimmt das neue Programm der Rechtsliberalen an. Darin heißt es: »Deutsches Wesen zu pflegen und ihm Geltung und Achtung in der Welt zu erringen, ist Bestreben der DVP ... Sie ruft ... auf zur Mitarbeit an einer inneren Erneuerung ... aufgrund voller Gleichberechtigung, ernster Pflichterfüllung und echter Liebe zum Vaterlande.« Die DVP wurde 1918 gegründet. Sie wird insbesondere von Vertretern der Schwerindustrie und der Banken gefördert.

Mordanschlag auf USPD-Vorsitzenden

8. Oktober. Der USPD-Vorsitzende Hugo Haase wird beim Betreten des Reichstags in Berlin bei einem Attentat schwer verletzt. Der Lederarbeiter Voß aus Wien schießt mehrmals auf den Politiker, der am 7. November an den Folgen des Anschlags stirbt. Der als geistesgestört bezeichnete Voß hatte in Flugblättern führende Sozialdemokraten beschuldigt, die Rückkehr der Monarchie zu betreiben: »Die bestochenen Scheidemänner samt dem Schweigegeldnehmer Haase regieren uns und posieren die roten Revolutionsmänner, wobei die Scheidemänner heimlich die Plätze für die kommenden Hohenzollerngeschlechter freihalten.«

Minister statt Volksräte

18. Oktober. Gegen die Stimmen der USPD beschließt der Landtag von Braunschweig, daß die Regierung des Freistaats nicht mehr die Bezeichnung »Rat der Volksbeauftragten«, sondern »Ministerium« tragen soll. Damit gibt es im Deutschen Reich nur noch in Reuß und in Sachsen-Meiningen »Volksbeauftragte«, alle anderen deutschen Länder sind zu den traditionellen Bezeichnungen »Ministerium« bzw. »Minister« zurückgekehrt.

Diese Namensänderung signalisiert das Ende der revolutionären Phase und die Stabilisierung bürgerlicher Verhältnisse. Die Änderung der Bezeichnung markiert auch formell die Abkehr vom Gedanken des Rätesystems, d.h. einer direkten Demokratie, in der zuvor unterprivilegierte Schichten in Form von Räten die Macht ausüben. Nach sowjetrussischem Vorbild bildeten sich während der Novemberrevolution 1918 im Deutschen Reich Arbeiter- und Soldatenräte, so in Berlin am Morgen des 9. November. Am 10. November bestätigte dann die Vollversammlung der Berliner Arbeiter- und Soldatenräte den »Rat der Volksbeauftragten«, eine Koalition aus SPD und USPD, als provisorische deutsche Regierung. Nach der Wahl zur Weimarer Nationalversammlung übertrug dieser Rat der Volksbeauftragten seine Macht der Nationalversammlung. Seither besteht die Regierung des Deutschen Reichs wieder aus »Ministern«. So bestimmt es auch Artikel 52 der Weimarer Verfassung: »Die Reichsregierung besteht aus dem Reichskanzler und den Reichsministern.«

Auch in mehreren deutschen Ländern wurde während der Novemberrevolution als Regierung ein »Volksrat« bzw. »Rat der Volksbeauftragten« gebildet. In Sowjetrußland heißt die Regierung seit der Oktoberrevolution von 1917 »Rat der Volkskommissare«, die Minister heißen »Volkskommissare«.

Erste Ministerien für Verkehrswesen

1. Oktober. Das im Juni eingerichtete deutsche Reichsverkehrsministerium nimmt offiziell seine Tätigkeit auf. Es wird geleitet von Johannes Bell, der zugleich Reichsko-

Der Zentrumspolitiker Johannes Bell wurde im Februar Reichskolonialminister und im Juni zugleich Reichsverkehrsminister; seine wichtigste Aufgabe im Bereich des Verkehrs ist die Übernahme der Eisenbahnen in Reichsbesitz; Bell war neben Müller Unterzeichner des Versailler Vertrags

lonialminister ist. Auch in Großbritannien wird in diesem Monat erstmals ein Verkehrsministerium eingerichtet. In den Industrienationen setzt sich zunehmend die Erkenntnis durch, daß eine zentrale Leitungsinstanz für das Verkehrswesen Voraussetzung für wirtschaftliche Entwicklung ist.

In einer Berliner Schule werden amerikanische Milchspenden verteilt

Wiederaufbauminister O. Geßler

»Die Lebensmittelversorgung ist gesichert«

27. Oktober. Der neuernannte Wiederaufbauminister des Deutschen Reiches, Otto Geßler (DDP), äußert sich vor der Nationalversammlung über die Gesundung der Wirtschaft optimistisch. Auch Reichswirtschaftminister Robert Schmidt (MSPD) bezeichnet die Lebensmittelversorgung als gesichert: »Die Ausmahlung des Mehls wurde auf 80 % herabgesetzt, wodurch wir ein besseres Brot erhielten. Ferner konnten wir im Laufe des Wirtschaftsjahres durch eine erhebliche Einfuhr amerikanischen Mehls und Getreides eine Zusatzration gewähren. Auch ein großes Quantum Speck wurde eingeführt, was gleichfalls als Zusatzration verteilt wurde. Durch Einführung von Konserven wurde die heimische Ablieferung von Vieh verringert und trotzdem unsere Fleischration aufrechterhalten ... Unsere Fleischbelieferung ist deshalb so schlecht, weil der Bauer sein Vieh für die Aufrechterhaltung seiner Landwirtschaft braucht ... Wir müssen unsere Viehbestände im Inland schonen durch Einfuhr von ausländischem Fleisch.« Schmidt tritt Gerüchten entgegen, daß der Bevölkerung ein ähnlicher Hungerwinter bevorstehe wie in den letzten Jahren.

Tarifvertrag
für das rheinisch-westfälische Steinkohlenrevier.

Zwischen dem Zechenverband und den der Zentralarbeitsgemeinschaft angeschlossenen gewerkschaftlichen Organisationen der im rheinisch-westfälischen Steinkohlenbergbau beschäftigten Arbeiter ist heute folgender Tarifvertrag geschlossen worden:

§ 1.
Geltungsbereich.

1. Der Vertrag hat für alle bergbaulichen Betriebsanlagen der dem Zechenverband angeschlossenen Zechen einschl. der mit ihnen örtlich und organisch zusammenhängenden Nebenbetriebe Geltung.
2. Sonderabmachungen von der einen oder anderen Seite, die den Bestimmungen dieses Vertrages zuwiderlaufen, dürfen nicht getroffen werden.
3. Der Vertrag gilt auch für die Unternehmer, die auf den in den Geltungsbereich fallenden Zechen unter Tage bergbauliche Arbeiten ausführen. Er erstreckt sich ferner auch auf die im Bergwerksbetriebe beschäftigten Unternehmerarbeiter über Tage insoweit, als diese nicht einem Tarifvertrag eines anderen Berufes unterliegen.

§ 2.
Arbeitszeit.

1. Die Schichtzeit unter Tage einschließlich Ein- und Ausfahrt beträgt für jeden einzelnen Mann vom Betreten bis zum Verlassen des Förderkorbes 7 Stunden.
   An Arbeitspunkten mit einer Temperatur von mehr als 28 Grad Celsius

Erster Manteltarifvertrag im Ruhrbergbau

25. Oktober. *In den Räumen des Zechenverbands in Essen wird nach 15tägigen Verhandlungen zwischen den Vertretern der Bergbauunternehmen und der vier Bergarbeiterverbände der erste Manteltarifvertrag für den rheinisch-westfälischen Steinkohlenbergbau unterzeichnet (Abb.). Das Abkommen enthält Lohn-, Arbeitszeit- und Urlaubsregelungen für die etwa 400 000 Beschäftigten im Ruhrbergbau. Voraussetzung war die Anerkennung der Gewerkschaften als einzige Arbeitnehmervertretung.*

Streik in der Berliner Metallindustrie

1. Oktober. *Die Verhandlungen über eine Beilegung des seit Wochen andauernden Streiks in der Berliner Metallindustrie scheitern. Tarifverhandlungen hatten am 21. Oktober zu einem Schiedsspruch geführt, der aber vom Metallarbeiterverband abgelehnt wurde. Die Regierung, die Militär gegen die Streikenden einsetzt (Abb.), wirft dem Verband vor, aus politischen und nicht aus wirtschaftlichen Gründen den Streik fortzusetzen und es auf den Sturz der Regierung und der Demokratie abgesehen zu haben.*

Post und Telefon: Höhere Gebühren

1. Oktober. Im Deutschen Reich tritt die Erhöhung der Post-, der Telegramm- und der Fernsprechgebühren in Kraft.

Neue Tarife im Briefverkehr

Fernbrief bis 20 g	0,20 Mk
Ortsbrief bis 20 g	0,15 Mk
Ortspostkarte	0,10 Mk
Fernbrief über 20 - 250 g	0,30 Mk
Ortsbrief über 20 - 250 g	0,20 Mk
Fernpostkarte	0,15 Mk
Rohrpostbrief	0,60 Mk
Rohrpostkarte	0,50 Mk
Drucksachen bis 50 g	0,05 Mk
Geschäftspapiere bis 250 g	0,20 Mk
Warenproben bis 250 g	0,20 Mk
Pakete bis 5 kg, Nahzone	0,75 Mk
Pakete bis 5 kg, Fernzone	1,25 Mk
Einschreibgebühr	0,30 Mk

Neue Tarife im Fernsprechverkehr

Ortsgespräch	0,10 Mk
Ferngespräch bis 25 km	0,40 Mk
Ferngespräch bis 50 km	0,50 Mk
Ferngespräch bis 100 km	1,00 Mk
Ferngespräch bis 500 km	2,00 Mk
Ferngespräch bis 1000 km	3,00 Mk
Ferngespräch über 1000 km	4,00 Mk

Die Neuordnung der politischen Verhältnisse hat auch die deutsche Postverwaltung nicht unberührt gelassen. Anstelle des Reichspostamts trat das Reichspostministerium, das auch die früher selbständigen Postverwaltungen Bayerns und Württembergs übernahm.

Bauer: »Noch immer zu viele Streiks«

7. Oktober. Der deutsche Reichskanzler Gustav Bauer (MSPD) eröffnet die zweite Lesung des Reichshaushaltsplans 1919 in der deutschen Nationalversammlung in Berlin mit einer programmatischen Rede über die Wirtschaftslage und die Folgen des »furchtbaren« Versailler Friedensvertrags.

Über den »Geisteszustand« der Arbeiter im Deutschen Reich bemerkt der Kanzler: »Es geht wieder ein Zug nach Arbeit, nach Konsolidierung durch das Volk, besonders durch die Arbeiter ... Gewiß, es wird immer noch zuviel gestreikt in Deutschland, viel zu viel. Für die Riesenaufgabe, das deutsche Wirtschaftsleben wieder in Gang zu bringen, ist jeder Tag erzwungener Arbeitsruhe verderblich. Aber wenn es auch heute noch politischen Einpeitschern gelingt, bald hier, bald dort die Arbeiter aus den Betrieben herauszubringen: Die wilde, stets bereite, unbedenkliche Streiklust ist verraucht! ... Der Streik wird wieder und muß wieder werden, was er war: Das letzte, nur mit höchster Selbstzucht anzuwendende wirtschaftliche Kampfmittel, das eine zweischneidige Sache ist.«

Zu wenig Platz bei Frankfurter Messe

1. Oktober. In Frankfurt am Main wird die Internationale Einfuhr-Messe eröffnet. 3 000 Aussteller aus dem In- und Ausland führen Rohstoffe und Halbfabrikate vor. Mehr als 1 000 Aussteller konnten wegen Platzmangels nicht berücksichtigt werden. Die Messeleitung betont, daß Frankfurt als Messeplatz nicht in Konkurrenz zu Leipzig treten will (→ 1.9./S.171).

Die Festhalle mit dem Ausstellungsgelände in Frankfurt am Main

Neues Ministerium für Wiederaufbau

21. Oktober. Der Nürnberger Oberbürgermeister Otto Geßler (DDP) wird zum Leiter des neuerrichteten »Reichsministeriums für Wiederaufbau« ernannt. Das Ministerium übernimmt als oberste Reichsbehörde die Durchführung der Wiedergutmachungen, die sich für das Deutsche Reich aus dem Versailler Friedensvertrag (→ 28.6./S.126) ergeben. Dazu gehört u.a. der Wiederaufbau der zerstörten Gebiete in Nordfrankreich.

Auf das Ministerium gehen neben den Wiedergutmachungen gemäß Versailler Vertrag folgende Funktionen über: Ausgleich der Schäden in den feindlichen Staaten des Ersten Weltkriegs; Abwicklung der Liquidationen (Entschädigung von Reichsbürgern, die durch den Versailler Vertrags geschädigt wurden bzw. werden); Entschädigung der Auslandsdeutschen; Ausgleich der Kriegsschäden der deutschen See- und Binnenschiffahrt sowie der Fischereiwirtschaft.

Geßler betont in einer ersten Stellungnahme, seine Arbeit bedeute nicht weniger als den Wiederaufbau eines neuen Staates aus den Trümmern eines alten.

Alliierte ratifizieren Versailler Vertrag

2. Oktober. Die französische Abgeordnetenkammer in Paris ratifiziert den Friedensvertrag von Versailles (→28.6./S.122) mit 372 gegen 53 Stimmen bei 73 Enthaltungen. Mit Ausnahme der Vereinigten Staaten ratifizieren im Oktober die Hauptmächte der Alliierten den Friedensvertrag mit dem Deutschen Reich. Die Weimarer Nationalversammlung hat das Vertragswerk bereits am 9. Juli angenommen.

Am 6. Oktober ratifiziert der italienische König Viktor Emanuel III. die Friedensverträge von Versailles und von Saint-Germain-en-Laye (→ 10.9./S.168) per Dekret; die Abgeordnetenkammer hatte die Verträge wegen unerfüllter italienischer Forderungen zuvor abgelehnt. Am 10. Oktober unterzeichnet der britische König Georg V. die Ratifikationsurkunde des Friedensvertrags, nachdem der Vertrag vom britischen Unterhaus und den Parlamenten der britischen Dominions und Kolonien angenommen wurde. Die Ratifikation der Friedensverträge zwischen den Alliierten und den sog. Mittelmächten ist Voraussetzung für das Inkrafttreten des Friedenszustands in Europa.

US-amerikanische Ausrüstung wird nach Kriegsende von Paris aufgekauft

Deutschösterreich wird »Österreich«

21. Oktober. Die deutschösterreichische, Konstituierende Nationalversammlung in Wien verabschiedet das Gesetz über die Staatsform. Danach ist Deutschösterreich in seiner durch den Staatsvertrag von Saint-Germain-en-Laye (→ 10.9./S.168) bestimmten Abgrenzung eine demokratische Republik mit dem Namen »Republik Österreich«. Wo in den geltenden Gesetzen von der Republik »Deutschösterreich« oder ihren Hoheitsrechten die Rede ist, wird diese Bezeichnung durch »Österreich« ersetzt. Gemäß des Staatsvertrags wird die bisherige gesetzliche Bestimmung, »Deutschösterreich ist ein Teil des Deutschen Reiches« (→ 4.3./S.70), ab sofort außer Kraft gesetzt.

Nach dem Gesetz über die Staatsform übernimmt die Republik Österreich - »unbeschadet der im Staatsvertrag von St. Germain auferlegten Verpflichtungen« - nicht die Rechtsnachfolge der k.u.k. Monarchie Österreich-Ungarn.

Finnen gegen Intervention

30. Oktober. Der finnische Ministerpräsident Juho Vennola erklärt im Reichstag in Helsingfors (Helsinki), sein Land wolle zwar eine Schutzmauer gegen den Bolschewismus bilden, werde sich jedoch nicht in die inneren Angelegenheiten Rußlands einmischen. Der Reichstag billigt die Erklärung mit 70 Stimmen der Fortschritts- und Kleinbauernpartei gegen 44 Stimmen der Konservativen bei 80 Enthaltungen der Sozialisten, die für einen Frieden mit Moskau sind.

Vorausgegangen sind Verhandlungen zwischen Finnland und der antibolschewistischen nordwestrussischen Regierung des Generals Nikolai N. Judenitsch. Für eine Intervention in Sowjetrußland treten in Finnland die stark konservativen Kreise um den früheren Reichsverweser Carl Gustaf Emil Freiherr von Mannerheim ein. Die finnische Regierung hingegen vertritt den Standpunkt, daß sie sich an einem Feldzug gegen die Bolschewiken nicht beteiligen kann, solange die Unabhängigkeit Finnlands nicht von einer international anerkannten russischen Regierung verfassungsmäßig sichergestellt sei. Finnland war bis 1917 ein russisches Großfürstentum, ehe es selbständige Republik wurde (→ 23.6./S.130).

Kaarlo Juho Ståhlberg, der erste Präsident der Republik Finnland

Elsaß-Lothringen wieder französisch

4. Oktober. Die französische Abgeordnetenkammer in Paris nimmt die provisorische Verfassung für Elsaß und Lothringen an. Danach bleiben im wesentlichen die gegenwärtige, vom Deutschen Reich geschaffene Verwaltungsorganisation und die Gesetzgebung bestehen. Georges Benjamin Clemenceau als Ministerpräsident bleibt im Besitz der Regierungsgewalt, die er durch einen Generalkommissar ausüben läßt und für die er dem Parlament verantwortlich ist. Die endgültige Verfassung für diese Region soll vom neuen Parlament verabschiedet, das am →16. November (S.196) gewählt wird und in das die drei Kreise Oberelsaß, Unterelsaß und Lothringen 24 Abgeordnete und 14 Senatoren entsenden.

Nach dem Deutsch-Französischen Krieg von 1870/71 hatte das besiegte Frankreich Elsaß und Lothringen an das Deutsche Reich abtreten müssen. Gemäß den Bestimmungen des Versailler Friedensvertrags (→ 28.6./S.126) ist das deutsche »Reichsland Elsaß-Lothringen« ohne Volksabstimmung wieder an Frankreich gefallen.

Freisinn verliert Alleinherrschaft

26. Oktober. Die Wahlen zum schweizerischen Nationalrat finden erstmals nach dem Verhältnis- bzw. Proporzwahlrecht statt.

Die Freisinnig-demokratische Partei (FdP) erringt 28,8 % der Stimmen und erhält 63 Mandate. Damit ist ihre absolute Mehrheit verloren. Die vom bisherigen Mehrheits- bzw. Majorzwahlrecht benachteiligten Sozialdemokraten (SPS) kommen auf 23,5 % der Stimmen und stellen 41 Abgeordnete. Die Katholisch-Konservativen (KK) erhalten 21,0 % der Stimmen und sind nun im Nationalrat mit ebenfalls 41 Abgeordneten vertreten. Viertstärkste Kraft ist die Bauern-, Gewerbe- und Bürgerpartei (BGB) mit 15,3 % der Stimmen und 25 Mandaten.

Durch den Wahlausgang ist zwar die Alleinherrschaft der freisinnigen Mehrheitspartei gebrochen, doch erringen die Sozialdemokraten nicht den erhofften überwältigenden Sieg. Die Mehrheit der Bürgerlichen bleibt gesichert.

Deutsche Ostgebiete an Polen übergeben

24. Oktober. In Berlin wird der deutsch-polnische Vertrag über die militärische Räumung der an Polen abzutretenden Gebiete durch die deutschen Truppen unterzeichnet. Es wird im November ergänzt durch ein weiteres Abkommen, das auch die Übergabe der Zivilverwaltung mit einbezieht.

Voraussetzung für das Inkrafttreten des Abkommens ist die Ratifikation des Versailler Friedensvertrags (→28.6./S.122) durch Polen. Das Deutsche Reich hat den Vertrag bereits am 9. Juli ratifiziert. Am 30. Oktober unterzeichnet der polnische Staatspräsident Jósef Klemens Pilsudski die Ratifikationsurkunde. Nach dem deutsch-polnischen Abkommen soll die militärische Räumung durch die Deutschen und die Besetzung der abgetretenen Gebiete durch die Polen sieben Tage, nachdem der Versailler Friedensvertrags endgültig rechtskräftig geworden ist (Frühjahr 1920), beginnen. Die Räumung und Besetzung erfolgt zonenweise und ist in West- und Ostpreußen in 19 Tagen, in Posen und Schlesien in drei Tagen durchzuführen. Für die Aufrechterhaltung der öffentlichen Ordnung werden besondere Sicherheitsvorkehrungen getroffen.

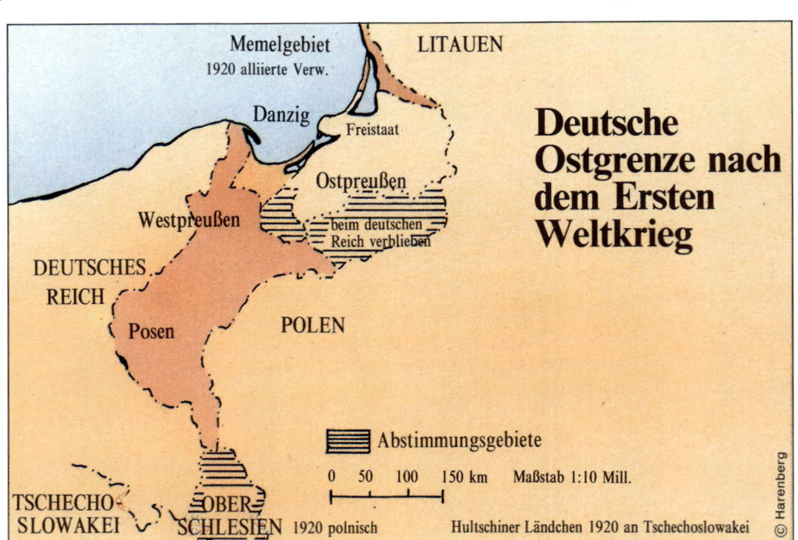

An Polen fällt der Hauptteil der Provinzen Posen und Westpreußen (Artikel 28, 87 des Versailler Friedensvertrags). Dadurch wird der sog. Polnische Korridor geschaffen, ein Gebietsstreifen zwischen Pommern und der Weichsel, den das Deutsche Reich an Polen abtreten muß (15 865 km² mit rund 330 000 Einwohnern). Polen erhält so den für seine Wirtschaft wichtigen Zugang zur Ostsee. Der Polnische Korridor trennt Danzig und Ostpreußen vom Deutschen Reich.

Volksabstimmungen über die künftige Staatszugehörigkeit sind vorgesehen für Oberschlesien (Artikel 88) und für die west- und ostpreußischen Bezirke Allenstein und Marienwerder (Artikel 94ff.). Die vom Deutschen Reich abgetrennte Freie Stadt Danzig wird unter den Schutz des Völkerbunds gestellt. Die außenpolitische Vertretung von Danzig, sein Strom- und Eisenbahnsystem wird Polen übertragen; außerdem wird die Freie Stadt in das polnische Zollgebiet eingegliedert.

Britische Herrschaft in Ägypten gefestigt

20. Oktober. Der britische Feldmarschall Edmund Henry Hynman Allenby wird formell Oberkommissar (High Commissioner) für Ägypten als Nachfolger von Reginald Wingate. Allenby hatte schon am 22. April in Kairo die Note entgegengenommen, in der die US-amerikanische Regierung das britische Protektorat über Ägypten anerkannte (→22.4./S.82).

Der Beginn des Ersten Weltkriegs hatte Großbritannien die Gelegenheit geboten, seine faktische Herrschaft über Ägypten auch rechtlich abzusichern: 1914 wurde Ägypten als britisches Protektorat vom Osmanischen Reich (Türkei) offiziell losgelöst. Unter dem Einfluß der Revolutionen am Ende des Weltkriegs kam es jedoch zu einem Aufschwung der nationalägyptischen Befreiungsbewegung. Die Führung dieses Befreiungskampfs hat der Wafd (»Delegation«) übernommen, die politische Organisation der Bürger und liberalen Grundbesitzer. In der Wafd sammeln sich aber auch Tausende von unzufriedenen Fellachen, die als Kleinbauern nur ein sehr kärgliches Auskommen haben.

Demonstration in Kairo unter der Parole »Unabhängigkeit! Freiheit!«

Auf der Pariser Friedenskonferenz hatten Vertreter der Wafd vergeblich die Unabhängigkeit Ägyptens gefordert. Nach der Verhaftung und Deportation des Wafd-Führers Sad Saghlul brach im März ein nationaler Aufstand aus. In Kairo kam es zu Zusammenstößen mit britischen Militäreinheiten, in den Dörfern des Nildeltas bildeten die Fellachen bewaffnete Abteilungen; in einigen Städten konstituierten sich provisorische Regierungen, die den Sturz des Sultans Fuad I. und die Gründung der Republik Ägypten proklamierten. Dieser Aufstand wurde jedoch niedergeschlagen.

Am 11. November läßt die britische Regierung in Kairo folgende Proklamation veröffentlichen: »Die britische Politik ist in Ägypten auf die Autonomie des Landes unter britischem Schutz und auf die Entwicklung eines Systems der Selbstregierung unter einem ägyptischen Herrscher gerichtet.«

Der Abschied der Memeldeutschen

24. Oktober. In der preußischen Landesversammlung in Berlin lassen die Bewohner des Memelgebiets, das nach den Bestimmungen des Versailler Friedensvertrags an die Alliierten abgetreten werden muß (→28.6./S.126), eine sog. Abschiedserklärung verlesen. Darin wird festgestellt, daß die Bewohner des Memelgebiets vom Deutschen Reich und von Preußen nur unfreiwillig scheiden; sie hoffen aber, daß die Trennung keinen dauernden Bestand haben werde, und rechnen damit, dem deutschen Vaterland wiedergegeben zu werden: »Wir gehören zu Deutschland, wir sind als Deutsche geboren, wir werden suchen, deutsche Art und deutsche Kultur aufrechtzuerhalten. Möge aber auch Deutschland seine Brüder im Osten nicht vergessen!«

Nach Artikel 99 des Vertrags von Versailles muß das Deutsche Reich auf einen Teil des nordöstlichen Preußen, das Memelgebiet, zugunsten der Alliierten verzichten.

»Friedenskabinett« in Großbritannien

28. Oktober. Der britische Premierminister David Lloyd George wandelt das sog. »Kriegskabinett« in ein »Friedenskabinett« um. Die meisten Minister der Koalitionsregierung von Liberalen und Konservativen behalten ihre Ämter (→10.1./S.22). Lloyd George begründet die Maßnahme mit der Ratifikation des Versailler Friedensvertrags durch das britische Unterhaus (→2.10./S.181). Die deutsche Presse wertet die Übernahme von Politikern wie George Nathaniel Curzon (Äußeres), Alfred Milner (Kolonien) und Winston Churchill (Krieg und Luftstreitkräfte) als Zeichen dafür, daß Großbritannien wenig an einer Aussöhnung gelegen sei. Diese Männer hätten schon »vor dem Kriege unausgesetzt die öffentliche Meinung durch die angebliche deutsche Gefahr zu beunruhigen gewußt«, schreibt z. B. die »Vossische Zeitung« in einem Kommentar.

Wissenschaft und Technik 1919:

Trotz Niederlage und Not Erfolge für deutsche Forschung

Die Auszeichnung von drei deutschen Wissenschaftlern mit Nobelpreisen wird weltweit mit besonderer Aufmerksamkeit registriert. Im Deutschen Reich werden die Auszeichnungen als Ausdruck dafür gewertet, daß deutsche Wissenschaft und Technik international Maßstäbe setzen, trotz der Niederlage im Ersten Weltkrieg und der katastrophalen Wirtschaftslage. 1919 erhalten Max Planck (Physik) und Fritz Haber (Chemie) die Nobelpreise für 1918, Johannes Stark erhält den Physiknobelpreis für 1919.

Die Nobelpreise sind Auszeichnungen für Leistungen in der Vergangenheit, doch auch in der Nachkriegsgegenwart geht das Forschen in Wissenschaft und Technik im Deutschen Reich weiter: Walther Bauersfeld, Konstruktionsleiter der Firma Carl Zeiss in Jena, beginnt mit der Entwicklung des ersten brauchbaren Projektionsplanetariums (Zeiss-Projektionsplanetarium), bei dem die Gestirne an die Innenwand einer halbkugelförmigen Kuppel projiziert werden.

Ingenieure und Wissenschaftler in Europa und den USA befassen sich intensiver denn je mit der Entwicklung neuer Verfahren zur Informationsübermittlung. Joseph Massolle, Jo Benedict Engl und Hans Vogt entwickeln das Triergon-Lichttonverfahren zur Aufnahme und Wiedergabe von Tonfilmen (erste öffentliche Vorführung 1922). Dem ungarisch-deutschen Ingenieur Dénes von Mihály, der bereits vor fünf Jahren ein Fernsehsystem konstruierte, gelingt im Juli des Jahres mit seinem »Teleohr« genannten oszillographischen Bildfeldzerleger die Übertragung bewegter Bilder über mehrere Kilometer. In einer Textilfabrik im österreichischen Velm wird die erste Flügel-bzw. Kaplan-Turbine installiert. Diese Strömungsmaschine, die 1912 von dem österreichischen Ingenieur Viktor Kaplan konstruiert wurde, erlaubt die Gewinnung von Energie aus Wasserkraft. Durch verstellbare Laufradschaufeln kann ihre Leistung dem Energiebedarf angepaßt werden.

Auch auf dem Gebiet der theoretischen Physik wird die Forschung nach dem Ende des Krieges weitergetrieben. Der Physiker Arnold Sommerfeld veröffentlicht den ersten Band von »Atombau und Spektrallinien« (1919/1929), eines der grundlegenden Werke der Quantentheorie und Atomphysik im 20. Jahrhundert.

Das alles überragende technische Thema im Jahr 1919 ist allerdings die Luftfahrt. Die Flugzeugindustrie, die vor dem Weltkrieg noch in den ersten Anfängen steckte, hat sich während des Krieges in allen kriegführenden Ländern stark

entwickelt. Trotz zahlreicher Neukonstruktionen ist die Entwicklung 1919 noch stark von militärischen Aspekten geprägt; z.T. kommen erst jetzt Neuerungen zum Tragen, die während des Kriegs für militärische Zwecke entwickelt wurden, wie z.B. der britische Flugzeugträger »Hermes«, der am 11. September in Großbritannien vom Stapel läuft. Am 25. Juni unternimmt das erste Ganzmetall-Verkehrsflugzeug der Welt, die deutsche Junkers F 13, ihren Jungfernflug. Sie ist der Prototyp eines modernen Verkehrsflugzeugs. Die F 13 wurde kon-

struiert von Hugo Junkers, der 1919 in Dessau die Junkers-Flugzeugwerk AG gründet. Der Flugzeugkonstrukteur Hanns Klemm vollendet die »L 15«, das mit einem 7,5-PS-Motor ausgestattete erste Leichtflugzeug der Welt. Der US-Amerikaner Robert H. Goddard beschreibt in dem Buch »Eine Methode zum Erreichen extrem großer Höhen« erstmals die Flüssigtreibstoff-Raketen. Der Spanier Juan de la Cierva entwickelt den Tragschrauber bzw. Autogiro, ein Zwitterflugzeug aus Propellermaschine und Hubschrauber.

Die von Hugo Junkers konstruierte Junkers F 13 ist das erste zivile Ganzmetallflugzeug mit geschlossener Passagierkabine; Junkers konstruierte schon 1915 das erste Ganzmetallflugzeug der Welt mit frei tragenden Flügeln, die F 1

Waghalsige Flugpioniere überwinden Ozeane und Kontinente

Das Jahr 1919 steht luftfahrttechnisch im Zeichen bedeutender Pionierflüge. Die rasante Entwicklung, die der Flugzeugbau in den kriegführenden Staaten während der vergangenen vier Jahre durchgemacht hat, manifestiert sich erstmals nicht mehr in Leistungen an der Front und hohen Abschußzahlen; sie zeigt sich in Flügen, bei denen Distanzen zurückgelegt werden, deren Überwindung vor dem Weltkrieg unvorstellbar war:

Im Mai überqueren der US-Commander Albert Cushing Read und seine Besatzung mit dem Rie-

senflugboot »NC-4« erstmals den Atlantik (von Neufundland nach Portugal), allerdings mit einer Zwischenlandung auf den Azoren (→ 17.5./S.112). Der erste Nonstopflug über den Atlantik in West-Ost-Richtung gelingt am 14./15. Juni Captain John W. Alcock und Athur Whitten Brown mit einer Vickers-Vilmy. Anfang Juli überquert das erste Luftschiff den Atlantischen Ozean, die britische »R 34«; sie überfliegt ihn in beiden Richtungen, von West nach Ost und zurück (→2.7./S.146). Am 7. August überfliegt Captain E.C. Hoy erstmals die kanadischen

Rocky Mountains (von Vancouver nach Calgary). Im November/Dezember fliegen die australischen Brüder Keith und Ross Smith von Großbritannien nach Australien (→ 11.12./S.207).

An diesen Leistungen zeigt sich, wie der Fortschritt in der Flugzeugtechnik im Frieden nutzbar gemacht werden kann und welche neuen Möglichkeiten sich eröffnen. Zwar werden noch keine Passagierflüge zwischen den Kontinenten durchgeführt, doch werden in vielen Ländern, auch im Deutschen Reich, die ersten regulären Fluglinien eröffnet.

Prohibition in den Vereinigten Staaten

29. Oktober. Der US-Senat in Washington genehmigt gegen das Veto von Präsident Woodrow Wilson das Volstead-Gesetz. Dieses Prohibitionsgesetz war am 25. Juli vom Repräsentantenhaus mit 287 zu 100 Stimmen angenommen und an den Senat weitergeleitet worden. Es handelt sich um das Ausführungsgesetz zum 18. Verfassungszusatz, durch den Alkoholherstellung, -handel und -konsum in den USA verboten wird. Der Verfassungszusatz tritt im Januar 1920 in Kraft.

Die Gegner des Gesetzes, allen voran die großen Brauereien, geben ihren Kampf nach dieser Entscheidung aber noch nicht auf. Mit der Begründung, das Verbot beschneide die Freiheiten der US-Bürger und sei daher verfassungswidrig, wenden sie sich an den Obersten Bundesgerichtshof. Dieser entscheidet jedoch am 16. Dezember, das Gesetz sei verfassungsmäßig.

Das Volstead-Gesetz wird in der Folgezeit noch ergänzt. Danach sind in den USA Herstellung, Verkauf, Tausch, Beförderung, Ein- und Ausfuhr, Lieferung, Besorgung und Besitz aller berauschenden Getränke mit einem Alkohlgehalt ab 0,5 % verboten. Die Verabschiedung des Prohibitionsgesetzes ist das Signal für Schmuggler und kriminelle Gruppen, den Alkoholhandel in den USA zu übernehmen.

△ *Während der Prohibition in den USA ist abgefangene Schmuggelware nicht nur eine Sache für die Staatsanwaltschaft, sondern wird auch zu öffentlichen Demonstrationszwecken verwendet: Der Bürgermeister (l.) von Zion City (Illinois) und ein Alkoholgegner leeren unter Aufsicht des Polizeichefs mehrere tausend Flaschen Bier in den Ausguß*

◁ *Um für die verbotenen alkoholischen Getränke Ersatz zu schaffen, haben findige Geschäftsleute neue Drinks gemixt, die angeblich keinen Alkohol enthalten; die Regierung traut dieser Angabe nicht und läßt alle diese neuen Getränke durch staatliche Chemiker prüfen*

Gewerkschaften in USA nicht anerkannt

8. Oktober. In Washington wird die Nationale Industriekonferenz eröffnet. Unter dem Vorsitz von Innenminister Franklin K. Lane, der US-Präsident Woodrow Wilson vertritt (→ 25.9./S.170), beraten je 15 Vertreter der Industriearbeiterschaft, der Landarbeiter und der Unternehmer über die Stellung der Gewerkschaften bei Tarifverhandlungen. Die Konferenz scheitert, da die Arbeitgeber die Gewerkschaften als Partner bei Tarifverhandlungen nicht anerkennen und auf dem Recht der »individuellen Freiheit des Arbeitsvertrags« beharren.

Die Internationale Arbeitskonferenz

29. Oktober. In Washington in den USA wird die Gründungskonferenz der Internationalen Arbeitsorganisation (ILO) eröffnet. Delegierte aus 41 Ländern beraten aufgrund des Artikels 424 des Versailler Vertrags bis zum 29. November über Arbeitszeitverkürzung, Kinder- und Frauenarbeit, Arbeitsschutz u.a. arbeitsrechtliche Fragen sowie über die Gründung der ILO als Organisation des Völkerbunds. Danach werden die Hauptorgane der ILO die Internationale Arbeitskonferenz, der Verwaltungsrat und das Internationale Arbeitsamt sein.

Die Beschlüsse der Konferenz sind »Empfehlungen«, also nicht bindend für die Mitgliedsstaaten.

Alkoholverbote im Kampf gegen die Unmoral

Der erste Bundesstaat der USA, in dem die Prohibition eingeführt wurde, war Maine (1849). Ihm folgten bald zwölf weitere Staaten der Union. Zwar wurden die meisten Verbote wieder aufgehoben und durch Konzessionsvorschriften ersetzt, doch um die Jahrhundertwende erfolgte eine zweite Verbotswelle. Bis Ende 1917 waren bereits 29 Bundesstaaten »trocken«, Ende 1919 sind es über 30 der 48 Staaten.

Die Gründung von Abstinenzvereinen (Temperance Organizations) begann in den USA an der Wende vom 18. zum 19. Jahrhundert. 1808 wurde in Saratoga in New York der erste Abstinenzverein gegründet, fünf Jahre später erfolgte eine Gründung in Massachusetts; bereits 1833 gab es rund 6 000 solcher Vereine in den Vereinigten Staaten. Die treibenden Kräfte waren hauptsächlich puritanisch-protestantische Kreise, für die Selbstdisziplin, Fleiß, Sparsamkeit, Gehorsam und moralischer Lebenswandel höchste Werte darstellten.

Der »moralische« Kampf ging jedoch einher mit dem »politischen« Kampf: 1869 wurde die Prohibition Party (Prohibitionspartei) gegründet, deren Präsidentschaftskandidat John Bidwell 1892 immerhin 271 000 von zwölf Millionen Stimmen erhielt.

Die wichtigste Stütze der Prohibitionisten waren neben den Kirchen die Frauen besonders durch ihren Einfluß auf die Jugenderziehung; so wurde in manchen Orten von Frauenverbänden »Nüchternheitsunterricht« an Schulen gefordert. 1874 wurde in Cleveland im Bundesstaat Ohio die National Woman's Christian Temperance Union gegründet, die sich in den 80er Jahren international ausweitete (World's Woman's Christian Temperance Union, 1883) und sich zur größten Frauenorganisation der Welt entwickelte.

Anders als in den Vereinigten Staaten wird das Alkoholverbot in den skandinavischen Ländern nicht »moralisch«, sondern mit dem Schutz der Volksgesundheit begründet. In den nordischen Ländern besteht die Prohibition zur Zeit in Island, Norwegen und seit 1. Juni 1919 auch in Finnland.

Arbeitervertreter Frank Morrison (r.) und John D. Rockefeller

Lob der Kritik für neue Strauss-Oper

10. Oktober. Die Oper »Die Frau ohne Schatten« von Richard Strauss wird in Wien uraufgeführt. Das Libretto stammt aus der Feder von Hugo von Hofmannsthal.

Das Werk erhält nicht den gleichen Beifall wie andere Strauss-Opern. Kritiker bezeichnen die Musik jedoch als das Bedeutendste, was Strauss geschaffen habe.

»Die Frau ohne Schatten« ist die einzige Strauss-Uraufführung in Wien

Bühnenbildentwurf von Alfred Roller zur »Frau ohne Schatten«; Roller, Mitglied der Wiener Secession, zählt zu den bedeutendsten Bühnenbildnern

Radsportduell Golle gegen Koch

5. Oktober. Richard Golle heißt der Sieger bei den Straßenmeisterschaften von Deutschland. In 9:32:53 h legt der Berliner Radsportathlet die 287,6 km lange Strecke zurück und fährt vor Paul Koch durchs Ziel.

Die Berliner Golle und Koch gelten als beste deutsche Straßenfahrer des Jahres 1919. Sie starten bei einer Vielzahl von Rennen und begeistern das Publikum durch ihre Zweikämpfe. Golle, der erheblich spurtstärker als Koch ist, gewinnt 1919 außer der Meisterschaft von Deutschland auch die Meisterschaft von Niederbarnim vor Koch. Auch in den Rennen »Rund um Breslau« und »Durch die drei Frankenkreise« bleibt er siegreich.

Paul Koch leitet die Reihe seiner Erfolge 1919 mit dem Sieg in der Fahrt Berlin-Bitterfeld-Berlin ein; er gewinnt darüber hinaus das Rennen Berlin-Magdeburg, den Großen Presto-Preis, die Straßenmeisterschaft von Berlin, »Rund um Berlin« und Dresden-Leipzig-Dresden. Bedingt durch die Wirtschaftslage tritt die Industrie 1919 kaum als großzügige Förderin des Radsports auf.

Das Kino zieht wie Zirkus und Jahrmarkt über die Dörfer

Oktober. Findige Unternehmer gründen sog. Landkinos, die den Bewohnern ländlicher Gebiete im Deutschen Reich Abwechslung und Unterhaltung bieten. Sie transportieren die ganze Einrichtung eines Kinos auf Lastwagen von Ort zu Ort. Einen Film zu sehen, ist für jeden erschwinglich; das Landkino wird für die Veranstalter zum einträglichen Geschäft. Für die Landbevölkerung hat die Ankunft des Landkinos oft die gleiche Bedeutung wie der Jahrmarkt oder das Kirchweihfest. In Buden und Zelten werden die Filme vorgeführt. Jeder kann hier Wunder der Technik und Phantasiebilder bestaunen, Neuigkeiten und Sensationen sehen, Märchen auf der Leinwand bewundern. Viele, denen der Zugang zu den Theatersälen und Konzerthallen, Kunstausstellungen und Museen verwehrt ist oder deren Unterhaltungsbedürfnisse sich eher auf das Leichte und Heitere richten, suchen hier Ablenkung vom harten Alltag im Nachkriegsdeutschland. Doch den Sittenwächtern sind solche Landkinos suspekt; denn viele sehen sich den Leidensweg Jesu lieber auf Zelluloid an, statt die Sonntagspredigt zu hören. In der Nationalversammlung wird nach der Zensur gerufen: In den Filmen häufe sich »Gemeinheit auf Gemeinheit«, und, so ein DNVP-Abgeordneter, »schon mit den Filmtiteln wird eine Verwüstung schlimmster Art im Volke angerichtet«.

Die Landkinogesellschaft läßt die Ausrüstung zur Vorführung der Filme in Lastwagen auf die Dörfer bringen

Theater 1919:

Von Zensur befreite Theaterbühnen im Dienst der Revolution

Die Revolution von November 1918 hat dem deutschen Theater die Befreiung von der Zensur gebracht. Kein Gesetz verbietet den Theaterdirektoren, Stücke aufzuführen, die sie der Aufführung für wert halten. Das bürgerliche Publikum entdeckt plötzlich, daß die meisten Stücke, die während des Kaiserreichs nur hinter verschlossenen Türen für geladene Gäste aufgeführt werden konnten, gar nicht so »heimtückisch« und »verrucht« sind, wie die Zensurbehörden behauptet hatten.

Walter Hasenclevers früher verbotenes expressionistisches Stück »Der Sohn«, das 1916 in Prag uraufgeführt wurde, zählt 1919 zu den bedeutendsten Theaterereignissen. Es löst in den Berliner Kammerspielen Begeisterung und Widerspruch aus. Doch kaum einer der Besucher hat »moralische« Bedenken bei Hasenclevers Darstellung des Generationskonflikts. Diskussionsstoff liefert vielmehr der programmatische Charakter des Stücks: Die Lossagung des »Sohns« von der Generation der Väter wird zugleich als Symbol für die Lossagung der jungen Generation von der Gesellschaft des Kaiserreichs verstanden.

Mit der Novemberrevolution hat im deutschen Drama ein neues Kapitel begonnen. Die Dramatiker nehmen Stellung zu den politischen Vorgängen und versuchen, mit Hilfe der Bühne das politische und »revolutionäre Bewußtsein« der Massen zu schärfen und den »revolutionären Prozeß« weiterzutreiben. Nach dem Vorbild von Sowjetrußland werden in den Städten proletarische Theater, Proletkultbühnen (→26.8./S.162) u.a. gegründet, die sich direkt an die Arbeiter wenden. Sie gehen aus von dem Gedanken, das Theater dürfe nicht warten, bis das Arbeiterpublikum zum Theater komme, sondern müsse zu den Arbeitern in die Betriebe gehen.

Der Dramatiker Ernst Toller, führendes Mitglied der Münchner Räterepublik, ist einer der Repräsentanten dieser Art von Theater. Während Toller in der Festung Niederschönenfeld (→3.6./S.129) das »den Proletariern« gewidmete Drama »Masse - Mensch« schreibt, wird am 30. September das Berliner Theater »Die Tribüne« mit seinem Stück »Die Wandlung« eröffnet unter der Parole: »Wir werden nicht spielen, sondern Ernst machen.« Das von Erwin Piscator geleitete Theater will klassenkämpferisch orientiertes Tribunal sein mit dem Ziel, die Gesellschaft zu erneuern. Das Stück zeigt die Wandlung eines Kriegsfreiwilligen zum Revolutionär; neben Hasenclevers »Sohn« zählt es zu den herausragenden Stücken dieses Jahres. Der Kritiker Herbert Jhering schreibt über die Aufführung: »Sie ist keine Verteidigung und kein Angriff, kein Vorher und kein Nachher. Sie ist die Revolution des Menschlichen selbst …«

Der Regisseur Max Reinhardt hatte bereits vor der Revolution versucht, die Idee vom Theater für die Massen zu verwirklichen, und u.a. in der Arena vom Zirkus Busch Klassiker inszeniert. Im Zirkus Schumann, den der Architekt Hans Poelzig zum Großen Schauspielhaus für 5000 Besucher umgebaut hat, erfüllt er sich nun den Traum vom Massentheater. Hier inszeniert er William Shakespeares »Hamlet« u.a. Klassiker des Theaters.

Arnold Zweigs Tragödie »Ritualmord in Ungarn« in der Neufassung als »Semaels Sendung« in Frankfurt/M.

Hans Junkermann und Hermine Sterler in H. Kessers »Summa Summarum«

Leo Viktor und Ernst Stahl-Nachbaur in G. Kaisers »Die Bürger von Calais«

Heinrich George als Marquis von Arcis und Maria Karsten in Carl Sternheims Diderot-Bearbeitung »Die Marquise von Arcis«

Paul Edger inszeniert am Schauspielhaus in Hamburg »Kain« von Byron

Frank Wedekinds »Überfürchtenichts« am Phantastischen Theater in Berlin

Hertha Hambach und Eduard Rennecke in Arthur Schnitzlers »Hochzeitsmorgen«

Ernst Deutsch und Käthe Richter in Oskar Kokoschkas Stück »Der brennende Dornbusch«, ein gutes Beispiel des Expressionismus

Margarete Anton als Betty in Otto Flakes »Im dritten Jahr«

C. Verspermann und I. Grüning in R. Laukners Drama »Christa, die Tante«

Die Uraufführung der »Wupper« von Else Lasker-Schüler in Berlin

Heinrich George (l.) und Jakob Teldhammer in »Semaels Sendung«

November 1919

<table>
<tr><td>Mo</td><td>Di</td><td>Mi</td><td>Do</td><td>Fr</td><td>Sa</td><td>So</td></tr>
<tr><td></td><td></td><td></td><td></td><td></td><td>1</td><td>2</td></tr>
<tr><td>3</td><td>4</td><td>5</td><td>6</td><td>7</td><td>8</td><td>9</td></tr>
<tr><td>10</td><td>11</td><td>12</td><td>13</td><td>14</td><td>15</td><td>16</td></tr>
<tr><td>17</td><td>18</td><td>19</td><td>20</td><td>21</td><td>22</td><td>23</td></tr>
<tr><td>24</td><td>25</td><td>26</td><td>27</td><td>28</td><td>29</td><td>30</td></tr>
</table>

1. November, Sonnabend

Die deutsche Reichsregierung unter Gustav Bauer (MSPD) verfügt die Einstellung des Personenzugverkehrs in der Zeit vom 5. bis zum 15. November. Durch diese Maßnahme sollen die Kohlen- und Kartoffeltransporte gesteigert werden.

Die Essener und die Berliner Richtung der wirtschaftsfriedlichen Gewerkschaften schließen sich zum Deutschen Arbeiterbund zusammen; diese sog. Gelben Gewerkschaften lehnen Streik als Mittel des Arbeitskampfes ab und propagieren eine Interessengemeinschaft von Arbeitern und Unternehmern.

US-Zeitungen berichten, daß die noch verwendbaren Schiffe der deutschen Kriegsflotte, die sich am → 21. Juni im britischen Scapa Flow selbst versenkt hat (S. 128) Frankreich zugewiesen werden. Die Selbstversenkung sei nur möglich gewesen, weil die britische Marine ihre Kontrollpflicht nur ungenügend erfüllt habe.

In Berlin wird die Gläserne Kette gebildet, ein Rundbriefwechsel moderner Architekten (→ S. 58).

2. November, Sonntag

Die Volkshochschule in Darmstadt wird eröffnet.

3. November, Montag

In London beginnt eine vom Rat zur Bekämpfung des Hungers einberufene viertägige internationale Wirtschaftskonferenz, an der auch Vertreter aus dem Deutschen Reich teilnehmen. Der Kongreß sieht im Versailler Friedensvertrag eine Bedrohung für die gesamte zivilisierte Welt.

Nach einer amtlichen Mitteilung aus Bern hat der schweizerische Bundesrat die Forderung der Alliierten abgelehnt, sich der Blockade Sowjetrußlands anzuschließen.

Die Alliierten fordern in einer Note an das Deutsche Reich die Unterzeichnung eines Protokolls, in dem alle Verpflichtungen aufgelistet sind, denen das Deutsche Reich gemäß dem Friedensvertrag von Versailles nachkommen muß, die es aber bisher noch nicht erfüllt hat. → S. 197

Nach Mitteilung der schweizerischen Gesandtschaft in Tokio stehen die Verhandlungen mit der japanischen Regierung über die Heimbeförderung der deutschen Kriegsgefangenen vor dem Abschluß. Spätestens im Januar sollen die ersten Transportschiffe, die von der Gesandtschaft gechartert wurden, mit deutschen Gefangenen Japan verlassen.

Der spanische Arbeitgeberverband Federación Patronal Española beginnt mit der Aussperrung der seit Wochen streikenden Arbeiter in Barcelona.

Admiral David Earl Beatty übernimmt das Amt des Ersten Seelords der britischen Admiralität als Nachfolger von Admiral Rosslyn Wemyss.

4. November, Dienstag

Die bayerische Regierung unter Ministerpräsident Johannes Hoffmann (MSPD) hebt den 1914 über das links- und rechtsrheinische Bayern verhängten Kriegszustand zum 1. Dezember 1919 auf.

Mit Ausnahme der USPD verabschieden alle Parteien des Bayerischen Landtags in München einen Aufruf, in dem die Bevölkerung aufgefordert wird, den Schwierigkeiten des kommenden Winters »mit erhöhtem Gemeinsinn« entgegenzutreten.

Der deutsche parlamentarische Untersuchungsausschuß über die Friedensmöglichkeiten während des Ersten Weltkriegs vernimmt in Berlin Arthur Zimmermann, den ehemaligen Staatssekretär im Auswärtigen Amt (→ 20.10./S.178).

Der seit sieben Wochen andauernde Streik der Berliner Metallarbeiter droht zu eskalieren. Eine Versammlung KPD- und USPD-naher Arbeiter- und Betriebsräte und Betriebsfunktionäre aller Industriereiche beschließt einstimmig, den Generalstreik auszurufen, falls das von der Generalversammlung der Metallarbeiter den Arbeitgebern gestellte Ultimatum abgelehnt wird (→ 17.10./S.180).

Die Belegschaften mehrerer Ruhrgebietszechen beschließen in Dortmund, die Reichsregierung zu drastischen Maßnahmen gegen Wucherer und Schieber aufzufordern. Die für Schwerarbeiter bestimmten Lebensmittelrationen gelangen zum größten Teil auf den Schwarzmarkt und nicht zu den vorgesehenen Empfängern.

5. November, Mittwoch

Der alliierte Oberste Rat bestimmt Paris zum Sitz der ersten Zusammenkunft des Vollzugsausschusses des Völkerbunds.

Der finnische Staatspräsident Kaarlo Juho Stählberg unterzeichnet in Helsingfors (Helsinki) den Gesetzesvorschlag über die Regelung der Amtssprache. Danach dürfen die Beamten diejenige Sprache benutzen, die von der Bevölkerungsmehrheit in ihrem Amtsbezirk gesprochen wird.

Die kommunistische Zeitung »Freiheit« in Berlin druckt einen Aufruf zum Generalstreik, der aber nicht befolgt wird.

6. November, Donnerstag

Der Hamburger Senat läßt der Bürgerschaft den Entwurf einer endgültigen Verfassung zugehen. Bislang ist nur eine Notverfassung in Kraft.

Die österreichische Konstituierende Nationalversammlung in Wien verabschiedet die sog. Friedensamnestie. Sie gilt für alle politischen Straftaten, die zwischen der Beendigung des Ersten Weltkriegs und dem 25. Oktober 1919 begangen wurden und mit denen keine gemeinen Verbrechen verbunden waren.

In der Kathedrale von Luxemburg wird die Vermählung von Großherzogin Charlotte mit Prinz Felix von Bourbon-Parma vollzogen. → S.199

7. November, Freitag

Die tschechoslowakische Nationalversammlung in Prag ratifiziert die Friedensverträge von Versailles und Saint-Germain-en-Laye. Am 10. November unterzeichnet Staatspräsident Tomás Garrigue Masaryk die Ratifikationsurkunde.

Die deutsche Reichsregierung unter Gustav Bauer (MSPD) appelliert an die französische Regierung, die deutschen Kriegsgefangenen zu entlassen. → S.193

Die Alliierten lockern die Ostseesperre für deutsche Leichter, die nun entlang der Küste zwischen den deutschen Häfen verkehren dürfen.

In München beginnen die Feiern zum ersten Jahrestag der Revolution im Deutschen Reich, die bis zum 9. November gehen. Am 7. November 1918 hatte der USPD-Politiker Kurt Eisner den Freien Volksstaat Bayern ausgerufen.

Die alliierte Kommission für das Baltikum trifft in Berlin ein. Sie reist am 11. November weiter.

Das deutsche Reichskolonialministerium wird aufgelöst, da das Deutsche Reich seinen Kolonialbesitz durch den Versailler Friedensvertrag abgeben mußte. → S. 195

8. November, Sonnabend

Beim traditionellen Lord-Mayor-Bankett in der Londoner Guildhall betont der britische Premierminister David Lloyd George in einer Rede, daß kein Friede mit Sowjetrußland möglich sei, solange nicht auch in Rußland der Friede eingekehrt sei; die zivilisierte Welt könne ein chaotisches Rußland nicht dulden, doch seien die Bolschewiki nicht durch Waffengewalt zu besiegen (→ 15.11./S.196).

Durch Erlaß des deutschen Reichspräsidenten Friedrich Ebert (MSPD) wird das Reichskommissariat zur Ausführung von Aufbauarbeiten in den zerstörten Gebieten mit Sitz in Berlin errichtet.

Der deutsche Reichsrat in Berlin nimmt den Entwurf einer Verordnung über Sondergerichte gegen Schleichhandel und Preistreiberei an.

In Berlin wird ein deutsch-tschechoslowakischer Kohlenvertrag unterzeichnet.

9. November, Sonntag

Im Deutschen Reich finden Feiern zum ersten Jahrestag der Gründung der Republik statt. → S.193

Das Zweite Pariser Kriegsgericht verurteilt den Hauptmann Jacques Sadoul wegen Fahnenflucht und Einvernehmen mit dem Feind zum Tod bei gleichzeitiger Degradierung. Sadoul, der sich 1918 im Auftrag der französischen Regierung in Sowjetrußland aufhielt, hatte dem Befehl zur Rückkehr nicht entsprochen und sich in sowjetische Dienste gestellt.

In Berlin wird ein deutsch-polnisches Abkommen unterzeichnet, nach dem die deutschen Beamte in den an Polen abzutretenden Gebieten vorläufig in ihren Ämtern belassen werden.

In Oberschlesien finden Gemeinderatswahlen statt. → S.194

In Bern stirbt der mehrmalige schweizerische Bundespräsident Eduard Müller (1899,1907 und 1913). Der freisinnige Politiker wurde am 12. November 1848 in Dresden geboren. Seine Hauptleistungen sind die Vereinheitlichung des Straf- und Zivilrechts sowie die Neuordnung des Militärwesens.

10. November, Montag

Victor Berger, der einzige Sozialist im US-Repräsentantenhaus, wird aus der Volksvertretung der Vereinigten Staaten ausgeschlossen. → S.198

Am 160. Geburtstag von Friedrich von Schiller nimmt die Weimarer Freie Volksbühne mit einer Inszenierung von Schillers Schauspiel »Wilhelm Tell« den Betrieb auf.

11. November, Dienstag

Um 11.11 Uhr stehen im ganzen britischen Empire für zwei Minuten die Räder still. Mit diesen Schweigeminuten wird der Unterzeichnung des Waffenstillstands vor einem Jahr und der Beendigung des Ersten Weltkriegs gedacht. → S.192

Der französische Staatspräsident Raymond Poincaré und seine Frau treffen zu einem Besuch des britischen Königspaares in London ein.

12. November, Mittwoch

Der österreichische Nationalfeiertag zur Erinnerung an die Ausrufung der Republik vor einem Jahr verläuft ohne nennenswerte Zwischenfälle.

Der Brite Reginald Tower wird provisorischer Verwalter von Danzig. → S.194

Das seit 1868 bestehende päpstliche Verbot für die Bewohner des Kirchenstaats, an politischen Wahlen teilzunehmen, wird aufgehoben (→ 16.11./S.196).

13. November, Donnerstag

Die rumänischen Truppen räumen nach Aufforderung durch die Alliierten die ungarische Hauptstadt Budapest (→ 1.8./S.158).

Der Reichsverband für deutsche Jugendherbergen wird gegründet; in ihm schließen sich rund 1000 Jugendherbergen zusammen. → S.199

14. November, Freitag

Die ersten Verbände der ungarischen Nationalarmee unter Miklós Horthy ziehen in Budapest ein, wo das Standrecht proklamiert wird. Am 16. November findet die feierliche Begrüßung Horthys durch Ministerpräsident Stephan Friedrich statt (→ 1.8./S.158).

Die Eroberung von Kingisepp durch Sowjettruppen markiert den Zusammenbruch der antibolschewistischen Armee Nikolai N. Judenitschs (→ 15.11./S.196).

"

L'ILLUSTRATION

RENÉ BASCHET, directeur.

SAMEDI 1er NOVEMBRE 1919
77e Année. — N° 4000.

Maurice NORMAND, rédacteur en chef.

APRÈS DEUX ANS DE GUERRE CIVILE. — La misère des soldats des armées de l'ordre en Russie.

Photographie prise à l'armée Koltchak par notre correspondant Ludovic Grondijs. — Voir l'article à la page suivante.

15. November, Sonnabend

Sowjettruppen erobern Omsk, die Hauptstadt Westsibiriens. → S.196

In Stockholm werden nachträglich die Nobelpreise für das Jahr 1918 verliehen (→ 10.12./S.209).

Die deutsche Zollgrenze im Westen, die nach der deutschen Niederlage im Ersten Weltkrieg aufgehoben wurde, wird wieder hergestellt.

In Wien beginnt der Parteitag der Christlichsozialen Partei (CP). Hauptthema der Beratungen ist die künftige Politik nach der empfindlichen Wahlniederlage der Partei im Februar. → S.195

Der Chemiker Alfred Werner stirbt im Alter von 52 Jahren in Zürich. Der schweizerische Wissenschaftler begründete die Stereochemie anorganischer Verbindungen und wurde 1913 mit dem Chemienobelpreis ausgezeichnet.

16. November, Sonntag

In Frankreich finden die Wahlen zur Abgeordnetenkammer statt. Der Nationale Block ist der Wahlsieger, während die Linksparteien erhebliche Stimmenverluste zu verzeichnen haben. → S.196

Bei den Parlamentswahlen in Italien erringen die Sozialisten 156 und die Klerikalen 101 Mandate. → S.196

Gewinner der Parlamentswahlen in Belgien sind die Sozialisten mit einem Zuwachs von 30 auf 70 Mandate. Die seit 1884 bestehende absolute Mehrheit der Klerikalen, die nur noch 73 Abgeordnete stellen, ist gebrochen.

Die deutsche Delegation für die Internationale Arbeiterkonferenz reist nach Washington ab. Sie wird bereits am folgenden Tag zurückgerufen, als klar wird, daß sie die Konferenz wegen Schwierigkeiten mit Pässen und Schiffspassagen nicht rechtzeitig erreichen kann (→ 29.10./S.184).

17. November, Montag

Die Berliner Nachrichtenagentur Wolffs Telegraphen-Bureau (WTB) meldet aus Karlsruhe, daß sich Frankreich nach langen Verhandlungen bereit erklärt hat, Einrichtungsgegenstände u.a. von Deutschen im ehemaligen Reichsland Elsaß-Lothringen freizugeben.

Aus Protest gegen die britische Einflußnahme auf die Erarbeitung der neuen Verfassung Ägyptens erklärt Ministerpräsident Muhammad Said Pascha seinen Rücktritt. → S. 196

18. November, Dienstag

Der Senat der Vereinigten Staaten in Washington ratifiziert den Versailler Vertrag nicht. Die USA werden dem Völkerbund nicht beitreten. → S.193

Generalfeldmarschall Paul von Hindenburg und General Erich Ludendorff werden in Berlin vom parlamentarischen Untersuchungsausschuß über die Friedensmöglichkeiten während des Ersten Weltkriegs vernommen. → S.194

Auf Druck der Alliierten tritt der ungarische Ministerpräsident Stephan Friedrich, der von Erzherzog Joseph von Österreich zum Ministerpräsidenten ernannt worden war, zurück. Friedrich beauftragt Kultusminister Karl Huszár mit der Bildung eines »Konzentrationskabinetts« (→ 1.8./S.158).

Der tschechoslowakische Ministerpräsident Wlastimil Tusar erklärt in der Nationalversammlung in Prag, die Regierung denke nicht daran, die noch in Sibirien befindlichen 200 000 tschechoslowakischen Legionäre gegen Sowjetrußland kämpfen zu lassen. Die Soldaten sollen so schnell wie möglich über Wladiwostok nach Hause befördert werden.

19. November, Buß- und Bettag

Der schweizerische Nationalrat in Bern beschließt den Beitritt der Schweiz zum Völkerbund. → S.193

Der deutsche Zentrumspolitiker Adolf Gröber stirbt im Reichstag in Berlin nach einem Schlaganfalls (→ 26.11./S.195).

Der oldenburgische Ministerpräsident Theodor Tantzen (DDP) teilt dem Landtag mit, daß die Verwaltung von Birkenfeld, das seine Unabhängigkeit von Oldenburg erklärt hatte, dem Oberpräsidenten der Rheinprovinz ohne staatsrechtliche Änderungen übertragen wird. → S.195

Die ungarische Regierung erläßt eine Verordnung über die Gleichberechtigung aller Bürger des ungarischen Staates: »Die Zugehörigkeit zu irgendeiner nationalen Minderheit darf weder Vorteile noch Nachteile zur Folge haben.« (→ 1.8./S.158)

20. November, Donnerstag

Der deutsche Reichsrat in Berlin erhält eine neue Geschäftsordnung. Der Reichsrat vertritt u.a. die deutschen Länder in der Reichsgesetzgebung. → S.195

In Berlin beginnt der Gründungskongreß der Kommunistischen Jugendinternationale innerhalb der (Moskauer) Kommunistischen Internationale (→ 2.3./S.72). Das Exekutivkomitee der Jugendinternationale soll bis 1921 von dem Deutschen Wilhelm Münzenberg geleitet werden.

21. November, Freitag

In Berlin findet eine vorbereitende Sitzung zur Gründung des Reichskohlenrats statt. Das Gremium, das paritätisch von Vertretern der Bergbauunternehmer und der Gewerkschaften besetzt ist, soll sozialpolitische Beratungsaufgaben wahrnehmen. (→ 18.1./S.36)

Otto Hörsing (MSPD), der Reichs- und Staatskommissar für Schlesien und Westposen, erklärt seinen Rücktritt, nachdem das preußische Ministerium des Innern seinen Antrag auf Aufhebung des Belagerungszustands in Oberschlesien abgelehnt hat (→ 24. 10./S. 182).

»L'Osservatore Romano«, die Tageszeitung des Vatikans, meldet, daß Papst Benedikt XV. beschlossen hat, in Japan eine apostolische Vertretung einzurichten. Zum ersten Legaten ist Fumasoni Biondi, der bisherige apostolische Vertreter in Ostindien, ernannt worden.

22. November, Sonnabend

In Berlin wird ein Kreditabkommen zwischen den dänischen und schwedischen Gewerkschaften und dem Allgemeinen Deutschen Gewerkschaftsbund (ADGB) geschlossen. Der ADGB erhält einen Kredit von fünf Millionen dänischen Kronen (→ 5.7./S.145).

Die Berliner Nachrichtenagentur Wolffs Telegraphen-Bureau (WTB) teilt mit, daß Preußen seine Gesandtschaften in München, Dresden, Stuttgart, Karlsruhe, Darmstadt, Hamburg, Oldenburg und Weimar bis zum 31. März 1920 auflösen wird.

Der französische Staatspräsident Raymond Poincaré eröffnet die Universität Strasbourg (Straßburg) neu.

Das Drama »Der tote Tag« von Ernst Barlach wird im Leipziger Schauspielhaus uraufgeführt. → S.199

23. November, Sonntag

Der Totensonntag wird im Deutschen Reich als Trauertag für die Gefallenen des Ersten Weltkriegs begangen.

Das italienische Kriegsministerium in Rom ordnet die Schleifung des römischen Festungsgürtels an.

24. November, Montag

Der am 18. November auf Druck der Alliierten zurückgetretene ungarische Ministerpräsident Stephan Friedrich übergibt die Regierungsgewalt dem neuen Ministerpräsidenten Karl Huszár, der ein Koalitionskabinett unter Beteiligung der Sozialisten bildet. Die Mehrheit der Regierungsmitglieder gehört dem christlichnationalen Block an (→ 1.8./S.158)

25. November, Dienstag

Die Fraktion der USPD in der Deutschen Nationalversammlung in Berlin wählt als Nachfolger von Hugo Haase, der an den Folgen eines Attentats starb (→ 8.10./S.179), Alfred Henke und Friedrich Geyer zu Vorsitzenden (→ 6.12./S.206).

Laut einer amtlichen Meldung der Münchner »Korrespondenz Hoffmann« hat sich Papst Benedikt XV. nachdrücklich bei der französischen Regierung dafür verwendet, die Heimbeförderung der deutschen Kriegsgefangenen bis zum kommenden Weihnachtsfest zu erwirken.

26. November, Mittwoch

Die Fraktion des Zentrums in der Deutschen Nationalversammlung in Berlin wählt Karl Trimborn zum Vorsitzenden als Nachfolger des am 19. November verstorbenen Adolf Gröber. → S.195

27. November, Donnerstag

In Neuilly-sur-Seine bei Paris wird der Friedensvertrag zwischen Bulgarien und den Siegermächten des Ersten Weltkriegs unterzeichnet. → S.192

Die Deutsche Nationalversammlung in Berlin verabschiedet die Reichsabgabenordnung (Erzbergersche Finanzreform).

Die Deutsche Nationalversammlung in Berlin nimmt einstimmig ein Hilfsprogramm für die Hungernden in Deutschösterreich an. Die deutschen Mehlrationen werden zu diesem Zweck für vier Wochen um insgesamt 200 g pro Verbraucher gekürzt. Die Deutschen erhalten einen Monat lang 1 700 statt 1 750 g Mehl wöchentlich.

28. November, Freitag

Die britische Regierung verbietet alle Organisationen der irischen Partei Sinn Féin. Die radikal nationalistische Partei kämpft seit 1905 für die Unabhängigkeit Irlands, das unter britischer Vorherrschaft steht.

Gegen die Stimmen von MSPD und USPD lehnt die preußische Landesversammlung in Berlin den Antrag der USPD ab, den 9. November zum gesetzlichen Feiertag zu erklären und den Bußtag als gesetzlichen Feiertag aufzuheben (→ 9.11./S.193).

Der spanische Außenminister Salvador Bermúdez de Castro y O'Lawlor erklärt in Madrid, sein Land könne keine freundschaftlichen Beziehungen zu Sowjetrußland unterhalten, das durch die Erstürmung der spanischen Botschaft in Petersburg (Leningrad) ebenfalls keine freundliche Haltung gezeigt habe.

Bei einer Ersatzwahl zum britischen Unterhaus wird in Plymouth die konservative Kandidatin Nancy Witcher Astor gewählt. Sie ist die erste weibliche Abgeordnete im britischen Unterhaus.

Das Große Schauspielhaus in Berlin wird mit der »Orestie« von Aischylos in der Inszenierung Max Reinhardts eröffnet. → S.199

29. November, Sonnabend

Der Vorstand der MSPD fordert die deutschen Arbeiter auf, in die Einwohnerwehren einzutreten.

30. November, Sonntag

Die Einwohner des Freistaats Coburg sprechen sich mit der Mehrheit von 26 102 zu 3466 Stimmen für den Anschluß Coburgs an Bayern aus (→ 29.7./S.143).

In Leipzig wird der außerordentliche Parteitag der USPD eröffnet. Auf der bis zum 6. Dezember dauernden Veranstaltung wird ein Aktionsprogramm auf der Grundlage des Klassenkampfes und des Rätesystems verabschiedet.

In München wird die Bayerische Königspartei gegründet. Sie fordert die Wiederherstellung eines freien selbständigen Königreichs Bayern mit einem freien Volkskönig an der Spitze.

Baden, Württemberg und Hessen vereinbaren die Kanalisierung des Neckar.

Das Wetter im Monat November

Station	Mittlere Lufttemperatur (°C)	Niederschlag (mm)	Sonnenscheindauer (Std.)
Aachen	2,0 (6,0)	112 (67)	— (62)
Berlin	- 0,6 (3,9)	85 (46)	— (50)
Bremen	0,8 (5,3)	73 (60)	— (50)
München	1,9 (3,0)	80 (53)	— (54)
Wien	— (4,5)	— (53)	— (58)
Zürich	2,4 (3,3)	105 (72)	44 (51)

( ) Langjähriger Mittelwert für diesen Monat
— Wert nicht ermittelt

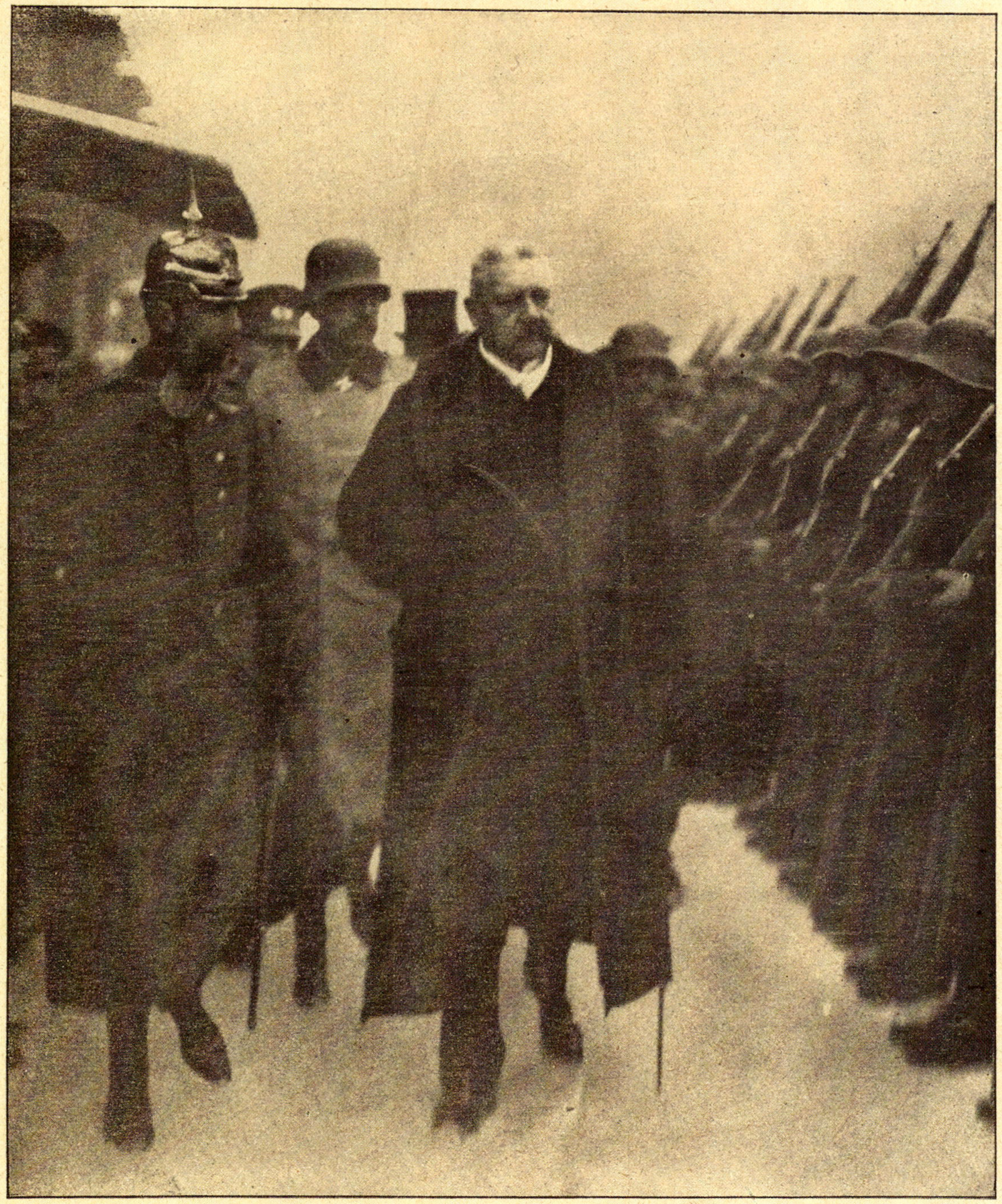

Spezialaufnahme der „Woche"

Hindenburg in Berlin.
Der Generalfeldmarschall beim Abschreiten der Ehrenkompagnie nach seiner Ankunft am Bahnhof Zoologischer Garten.

Schweigeminuten ein Jahr nach dem Waffenstillstand

11. November. Um 11.11 Uhr stehen im britischen Empire zwei Minuten die Räder still, die Arbeit ruht, die Polizei stoppt jeden Verkehr. Auf Initiative von König Georg V. werden die Schweigeminuten anläßlich des Waffenstillstands vor einem Jahr durchgeführt.

Am Abend empfängt der König im Buckingham Palace den französischen Staatspräsidenten Raymond Poincaré zu einem Festakt. Georg betont, Großbritannien werde das auf dem Schlachtfeld erprobte Bündnis mit Frankreich auch in Zukunft halten (→ 28.6./S.127).

In einem Eisenbahnwaggon im Wald von Compiègne unweit von Paris hatte am 11. November 1918 der deutsche Reichstagsabgeordnete Matthias Erzberger (Zentrum) die Waffenstillstandsbedingungen unterzeichnet, die der französische General und Oberbefehlshaber der Alliierten, Ferdinand Foch, ultimativ vorgelegt hatte. Der Waffenstillstand, der die Kämpfe des Ersten Weltkriegs beendete, kam einer bedingungslosen Kapitulation der deutschen Truppen gleich.

Die Londoner Oxford Street während der Schweigeminuten; die Arbeit ruht, die Männer nehmen ihre Hüte ab

Neuilly: Frieden mit bulgarischen Gebietsverlusten

27. November. In Neuilly-sur-Seine bei Paris wird der Friedensvertrag zwischen Bulgarien und den alliierten Siegermächten des Ersten Weltkriegs unterzeichnet. Die bulgarische Friedensdelegation besteht aus dem Ministerpräsidenten Alexandar Stamboliski u.a. Mitgliedern der Regierung sowie dem früheren Ministerpräsidenten (1911-1913) Iwan E. Geschow.

Bulgarien muß die Süddobrudscha an Rumänien und die Grenzgebiete Strumica und Caribrod an das Königreich der Serben, Kroaten und Slowenen (Jugoslawien) abtreten. Thrakien zwischen Struma und Maritza fällt an Griechenland. Dadurch verliert Bulgarien den Zugang zum Ägäischen Meer, wo ihm nur die freie Benutzung des Hafens Dedeagaç (Alexandrupolis) zugesichert wird. Bulgarien muß ferner eine Kriegsentschädigung in Höhe von 2,25 Milliarden Goldfranken in Jahresraten bis 1958 zahlen.

Rumänien, Griechenland und das Königreich der Serben, Kroaten und Slowenen erhalten als Ersatz für Kriegsschäden Tausende Stück Vieh. An das Königreich der Serben, Kroaten und Slowenen muß Bulgarien außerdem fünf Jahre lang 50 000 t Kohle liefern. Militärisch wird das Land auf ein Söldnerheer von 20 000 Mann und ein Landjägerkorps von 10 000 Mann abgerüstet. Eine Interalliierte Kontrollkommission mit Sitz in Sofia soll die Durchführung der Vertragsbestimmungen überwachen und, falls Bulgarien seinen Verpflichtungen nicht nachkommt, die Verwaltung aller Steuern und Staatseinkünfte übernehmen.

Bulgarien war 1915 auf der Seite der Mittelmächte in den Krieg eingetreten und hatte rumänische, serbische und griechische Gebiete besetzt, die es im Zweiten Balkankrieg (1913) verloren hatte.

Bulgariens Ministerpräsident Alexandar Stamboliski unterzeichnet als einziger Vertreter seiner Delegation im Rathaus von Neuilly-sur-Seine den Friedensvertrag zwischen Bulgarien und den alliierten Siegermächten des Weltkriegs

Feiern zum ersten Jahrestag der Republik

9. November. In den größeren Städten des Deutschen Reichs finden Veranstaltungen zum ersten Jahrestag der Gründung der Republik statt. Allein in Berlin sprechen bekannte Politiker und Politikerinnen von MSPD und USPD auf 40 gut besuchten Kundgebungen. Die Unabhängigen Sozialdemokraten veranstalten außerdem mehrere Massenkundgebungen für die Opfer der Revolution. Größere Veranstaltungen im Freien werden allerdings durch die Kälte und das starke Schneetreiben beeinträchtigt. Demonstrationszüge, die sich im Anschluß an die Veranstaltungen formieren, werden von der Sicherheitspolizei aufgelöst. Zu Zusammenstößen kommt es aber nicht.

Im Steglitzer Schloßpark spricht Philipp Scheidemann (MSPD), der wegen des Versailler Friedensvertrags zurückgetretene erste Reichsministerpräsident (→ 20.6./S.119), über die Revolution und ihre Folgen. Der damalige Ministerpräsident Max, Prinz von Baden, habe zu lange gezögert, den Kaiser zur Abdankung zu veranlassen. Als er den

Mut zum entscheidenden Wort gefunden habe, sei es zu spät gewesen, die Revolution sei schon auf dem Marsch gewesen. Die Revolutionsregierung sei durch die Spartakisten (Kommunisten) und die USPD in ihrer Arbeit behindert worden. Noch heute, so Scheidemann, drohten der jungen Republik Gefahren von links und von rechts. Die von links nehme er nicht so ernst, schlimmer seien die von rechts.

Der MSPD-Abgeordnete Philipp Scheidemann ruft am 9. November 1918 um 14 Uhr von einem Balkon des Berliner Reichstags die deutsche Republik aus; zwei Stunden vor dieser Proklamation hatte Reichskanzler Max von Baden die Abdankung von Kaiser Wilhelm II. bekanntgegeben und später das Reichskanzleramt Friedrich Ebert übertragen

Umsturz mit Gewalt war nicht gewollt

9. November. Der erste Jahrestag der Republik gibt der deutschen Presse Anlaß zu kritischen Rückblicken. Die angesehene, liberale »Frankfurter Zeitung« schreibt zu diesem Thema:

»Das deutsche Volk hat den gewaltsamen Umsturz nicht gewollt, so wenig wie ihn die Führer der Parteien gewollt haben, die durch ihn heute zur Macht gelangt sind - denn sie haben die deutsche Katastrophe, die fürchterliche Niederlage des deutschen Machtgedankens und damit zugleich des Deutschen Reiches nicht gewollt. Beides aber hängt aufs engste zusammen: Der 9. November und die vorausgegangenen Putschtage wären unmöglich gewesen, wenn die alten Gewalten, die Deutschland beherrscht haben, nicht restlos und mit einer Widerstandslosigkeit, die eben nur aus der schrecklichen moralischen Katastrophe zu erklären ist, zusammengebrochen wären ... Der 9. November, ein Tag der Einkehr, ein Buß- und Bettag.«

USA ratifizieren Versailles nicht

18. November. Der US-Senat in Washington lehnt mit 53 zu 38 Stimmen die Ratifizierung des Versailler Friedensvertrags (→ 28.6./S.126)

Für US-Präsident Woodrow Wilson bedeutet die Ablehnung des Versailler Friedensvertrags und damit der Nichtbeitritt der USA zum Völkerbund eine persönliche Niederlage; in seinem 14-Punkte-Programm zur Beendigung des Ersten Weltkriegs hatte Wilson 1918 die Gründung des Völkerbunds vorgeschlagen

ab. Auf Kritik sind einige Bestimmungen des Völkerbundsvertrags gestoßen, die nach Meinung der Senatoren Eingriffe in die nationalen Belange der Mitgliedstaaten zur Folge haben.

Diese Entscheidung bedeutet, daß die USA dem Völkerbund, den US-Präsident Woodrow Wilson initiiert hat, nicht beitreten werden und daß der seit 1917 mit dem Deutschen Reich bestehende Kriegszustand nicht aufgehoben wird.

Dienst beim Wiederaufbau

7. November. Die deutsche Reichsregierung unter Gustav Bauer (MSPD) richtet eine Note an die französische Regierung mit dem Hinweis, die Heimkehr deutscher Soldaten aus belgischer, britischer und US-Kriegsgefangenschaft nehme einen normalen Verlauf (→ 1.9./S.169). Frankreich dagegen versage den Gefangenen die Freiheit.

Der französische Ministerpräsident Georges Benjamin Clemenceau betont in seiner Antwort, die Kriegsgefangenen würden beim Wiederaufbau nordfranzösischer Gebiete eingesetzt, die während des Weltkriegs von den Deutschen zerstört wurden. Dies geschehe gemäß den Bestimmungen des Versailler Friedensvertrags.

Völlig am Ende ihrer Kräfte: Deutsche Soldaten 1918 in französischer Kriegsgefangenschaft; wann sie heimkehren werden, bleibt weiterhin ungewiß

Neutrale Schweiz in den Völkerbund

19. November. Der schweizerische Nationalrat in Bern beschließt in namentlicher Abstimmung mit 128 zu 43 Stimmen den Beitritt der Schweiz zum Völkerbund. Bedingung soll die Aufrechterhaltung der Neutralität der Schweiz sein. Außerdem soll eine Volksabstimmung über den Beitritt stattfinden.

Gegen den Beitritt stimmen u.a. die Sozialdemokraten. Ihrer Meinung nach habe der Versailler Friedensvertrag gezeigt, daß der Völkerbund nichts anderes bezwecke, »als die kapitalistischen Methoden in ein neues Gewand zu stecken und die Völker durch die Demokratie zu gewinnen, um alsdann das wahre Wesen der Demokratie um so schneller zu verraten«.

Bundesrat Edmund Schulthess (FdP) fordert dagegen den Beitritt: »Es wäre ein schweres Problem, Rohstoffe hereinzubringen, wenn wir kein Mitglied des Völkerbundes wären. Das ist kein Geschäftsstandpunkt, sondern Sorge um das Gedeihen unserer Volkswirtschaft und unserer Arbeiterschaft.«

Das Auto Hindenburgs wird in Berlin von rechtsgerichteten Anhängern umlagert, die ihm zujubeln

Hindenburg (M.), General Ludendorff (r.) und der kaiserliche Vizekanzler Helfferich (l.) vor dem Reichstag

Hindenburg vor Parlamentsausschuß

18. November. Im Reichstag in Berlin werden Generalfeldmarschall Paul von Hindenburg und General Erich Ludendorff vor dem parlamentarischen Untersuchungsausschuß über die Friedensmöglichkeiten während des Ersten Weltkriegs vernommen (→ 20.10./S.178). Die beiden einflußreichsten kaiserlichen Offiziere erkennen die Verfassungsmäßigkeit des Untersuchungsausschusses nicht an; sie wollen jedoch aussagen »aus der Erwägung, daß nach einem vierjährigen Kriege ein so starkes Volk wie das deutsche ein Recht darauf hat zu sehen, wie sich die Tatsachen unverzerrt und ohne Parteileidenschaft an der Front und in der Heimat abgespielt haben«.

Die gigantische Hindenburg-Holzstatue, die während des Ersten Weltkriegs zu Ehren des Siegers der Schlachten bei Tannenberg und an den Masurischen Seen vor der Siegessäule im Berliner Tiergarten errichtet worden war, wird 1919 entfernt; Stück für Stück wird der große Held von Tannenberg zersägt

Deutsches Heer von hinten »erdolcht«

18. November. Vor dem parlamentarischen Untersuchungsausschuß in Berlin stellt der deutsche Generalfeldmarschall Paul von Hindenburg die umstrittene These auf, die deutsche Armee sei nicht besiegt, sondern von hinten »erdolcht« worden (Dolchstoßlegende):

»Die Heimat hat uns von diesem Augenblick an (1916) nicht mehr unterstützt. Wir erhoben oft unsere warnende Stimme. Seit dieser Zeit setzte auch die heimliche Zersetzung von Heer und Flotte ein. Die Wirkung dieser Bestrebungen war der Obersten Heeresleitung während des letzten Kriegsjahres nicht verborgen geblieben. Die braven Truppen, die sich von der revolutionären Einwirkung frei hielten, hatten unter der Einwirkung der revolutionären Kameraden schwer zu leiden. Unsere Forderung, strenge Zucht und strenge Handhabung der Gesetze durchzuführen, wurde nicht erfüllt. So mußten unsere Operationen mißlingen, so mußte der Zusammenbruch kommen, die Revolution bildete nur den Schlußstein. Ein englischer General sagte mit Recht: Die deutsche Armee ist von hinten erdolcht worden. Wo die Schuld liegt, bedarf keines Beweises. Das ist in großen Linien die tragische Entwicklung des Krieges für Deutschland.«

Brite Verwalter in Danzig

12. November. Auf Beschluß der alliierten und assoziierten Mächte wird der Brite Reginald Tower zum provisorischen Verwalter des künftigen Freistaats Danzig ernannt. Nach den Bestimmungen des Versailler Friedensvertrags soll Danzig vom Deutschen Reich abgetrennt und in einen Freistaat mit der amtlichen Bezeichnung Freie Stadt unter dem Schutz des Völkerbunds umgewandelt werden. Die außenpolitische Vertretung von Danzig soll die polnische Regierung übernehmen, doch sind die Beziehungen zwischen Danzig und Polen noch nicht vertraglich geregelt. Auch ist Danzig von den Siegermächten des Ersten Weltkriegs noch nicht formell zum Freistaat erklärt worden.

Danzig besitzt noch keine Verfassung. Ende September hat Oberbürgermeister Heinrich Sahm einen Verfassungsentwurf vorgelegt. Der Freistaat soll danach den Namen »Freie und Hansestadt Danzig« führen. Stadtverordnetenversammlung und Magistrat sollen durch »Bürgerschaft« und »Senat« abgelöst werden. Die Polen verhalten sich dem Entwurf gegenüber nicht ablehnend, bezeichnen jedoch die Bestimmung »Die Amtssprache ist deutsch« als »unannehmbar«.

Bei den Wahlen zur Stadtverordnetenversammlung am 14. Dezember erringt die vereinigte SPD 20 Mandate und wird stärkste Fraktion, gefolgt von DNVP (14), Wirtschaftlicher Vereinigung (10), DDP (9) und Zentrum (8). Überraschend ist das Abschneiden der Polen, die trotz massiver Propaganda nur fünf Abgeordnete stellen.

Wahlen in Oberschlesien

9. November. Bei den Gemeinderatswahlen in Oberschlesien gewinnen in den Städten die deutschen Parteien, auf dem Land dagegen die polnischen. Die MSPD verliert, gemessen an den Wahlen zur Weimarer Nationalversammlung (→ 19.1./S.32), rund 70 % der Stimmen an die radikale USPD. Die alliierten Siegermächte des Ersten Weltkriegs erklären die Wahlen am 13. November für nichtig, da sie die geplante Volksabstimmung über das Schicksal des Landes in ungeeigneter Weise beeinflussen könnten.

Polen erhob auf der Pariser Friedenskonferenz mit Unterstützung Frankreichs Anspruch auf das preußische Oberschlesien. Dem deutschen Reichsminister des Auswärtigen, Ulrich Graf von Brockdorff-Rantzau, gelang es jedoch mit britischer Unterstützung, Oberschlesien zum Abstimmungsgebiet erklären zu lassen. Nach Artikel 88 des Versailler Friedensvertrags (→ 28.6./S.126) sollen die Bewohner des Landes in einer Volksabstimmung darüber entscheiden, ob sie zu Polen oder zum Deutschen Reich gehören wollen.

Im August kam es zu einem gewaltsamen Aufstand der polnischen Bevölkerung gegen die Deutschen (→ 11.8./S.157), der von deutschen Regierungstruppen niedergeschlagen wurde. Am 14. Oktober wurde durch preußisches Gesetz der bisherige Regierungsbezirk Oppeln verwaltungsmäßig vom übrigen Schlesien (Niederschlesien) abgetrennt und unter dem Namen »Oberschlesien« in den Stand einer Provinz erhoben.

Reichsrat als deutsche Ländervertretung

20. November. Der deutsche Reichsrat in Berlin erhält seine Geschäftsordnung. Nach den Artikeln 60 bis 67 der Weimarer Verfassung (→ 31.7./S.140) bildet der Reichsrat die Vertretung der Länder bei der Gesetzgebung und der Verwaltung des Reiches. Die in Artikel 61 vorgesehene Teilnahme Deutschösterreichs am Reichsrat wurde nach dem Widerspruch der alliierten Siegermächte des Weltkriegs nicht verwirklicht. Der Reichsrat ist an die Stelle des Bundesrats der Reichsverfassung von 1871 getreten.

Nach der neuen Geschäftsordnung ist der Reichsrat permanent versammelt. Eine Unterbrechung seiner Sitzungen bedarf der Zustimmung der Reichsregierung. Einberufung und Durchführung der Sitzungen wird dem Reichsministerium des Innern übertragen. Die Vollsitzungen finden öffentlich statt. Bei Abstimmungen entscheidet die einfache Mehrheit. Die endgültige Stimmenzahl der einzelnen Länder soll nach einer künftigen Volkszählung festgelegt werden, wobei auf 700 000 Einwohner je eine Stimme entfallen soll. Zur Zeit besteht folgendes Stimmenverhältnis: Preußen 25, Bayern 7, Sachsen 5, Württemberg und Baden je 3, alle anderen Länder je eine Stimme, die beiden Reuß zusammen eine Stimme.

Blick in den Sitzungssaal der Preußischen Landesversammlung in Berlin; Preußen ist mit Abstand das einflußreichste Land der neuen Republik

Karl Trimborn an der Spitze des Zentrums

26. November. Die Zentrumsfraktion in der Deutschen Nationalversammlung in Berlin wählt Karl Trimborn zu ihrem Vorsitzenden als Nachfolger des vor kurzem verstorbenen Adolf Gröber.

Gröber, eine der führenden Persönlichkeiten des politischen Katholizismus, war am 19. November im Büro der Nationalversammlung einem Schlaganfall erlegen. Er gehörte von 1887 bis 1918 dem Reichstag an; seit 1889 war er zugleich Mitglied des württembergischen Landtags in Stuttgart. Im Januar 1919 wurde er in die Weimarer Nationalversammlung gewählt. Er gilt als der eigentliche Gründer der Zentrumspartei. Vor Ausbruch der Novemberrevolution 1918 war er im Kabinett des Prinzen Max von Baden Staatssekretär ohne Geschäftsbereich. Er saß außerdem im Vorstand des Volksvereins für das katholische Deutschland und der Zentralkommission der Generalversammlung der Katholiken Deutschlands, zu deren Präsident er zweimal gewählt wurde.

Trimborn, der neue erste Mann des Zentrums, gehörte ab 1896 dem Reichstag und dem preußischen Abgeordnetenhaus an, wo er zu den führenden Politikern des demokratisch-sozialen Flügels seiner Partei zählt. Auf ihn geht die sog. Lex Trimborn (1902) zurück, nach der aus dem Mehrertrag landwirtschaftlicher Zölle ein Fonds für die Witwen- und Waisenversorgung finanziert wurde (1911 aufgehoben). In der parlamentarischen Reichsregierung des Prinzen Max war er Staatssekretär des Innern. Im Januar 1919 wurde er in die Nationalversammlung gewählt. Nach der Revolution unterstützte Trimborn, ähnlich wie der Kölner Oberbürgermeister Konrad Adenauer, die gegen den preußischen Zentralismus gerichteten Separationsbestrebungen. Im Verfassungsausschuß der Nationalversammlung trat er vehement für die Teilung Preußens und die Bildung einer rheinisch-westfälischen Republik ein.

Gegner des Zentralismus
Der landespolitisch engagierte Zentrumspolitiker Karl Trimborn (Abb.) war maßgeblich beteiligt an dem Kompromißantrag über die Neubildung von Ländern innerhalb des Deutschen Reiches. Die Weimarer Nationalversammlung verabschiedete im Juli bei der Lesung des Verfassungsentwurfs diesen Antrag: »Die Änderung des Gebietes von Ländern innerhalb des Reiches durch Vereinigung oder Abtrennung setzt die Zustimmung der daran unmittelbar beteiligten Länder voraus und bedarf der Zustimmung durch Reichsgesetz ... Der Wille der Bevölkerung ist durch Abstimmung festzustellen ... Die Reichsregierung ordnet die Abstimmung an.«

Ministerium für Kolonien aufgelöst

7. November. Das deutsche Reichskolonialministerium in Berlin wird aufgelöst. Minister Johannes Bell (Zentrum), der zugleich Reichsverkehrsminister ist, wird von seinen Aufgaben entbunden.

Gemäß dem Versailler Friedensvertrag mußte das Deutsche Reich alle Kolonien abtreten. Sie werden als Mandate des Völkerbunds der Verwaltung der Siegermächte unterstellt; eine deutsche Kolonialverwaltung ist damit überflüssig.

Birkenfeld bleibt weiter umstritten

19. November. Bei der Eröffnung des oldenburgischen Landtags teilt Ministerpräsident Theodor Tantzen (DDP) mit, daß die Verwaltung von Birkenfeld provisorisch dem Oberpräsidenten der preußischen Rheinprovinz übertragen wurde. Der politische Status von Birkenfeld ist nach wie vor unklar. Die an das Saargebiet grenzende oldenburgische Provinz, die von französischen Truppen besetzt ist, hatte am 14. Juli, dem französischen Nationalfeiertag, ihre Unabhängigkeit proklamiert. Die Separatisten, die von Frankreich unterstützt werden, erlitten bei Wahlen am 26. Oktober jedoch eine vernichtende Niederlage. Trotzdem beharren sie auf ihrer Unabhängigkeit, während Oldenburg die Provinz als Teil seines Territoriums betrachtet.

Wien: Parteitag der Christlichsozialen

15. November. In Wien beginnt der zweitägige Parteitag der Christlichsozialen Partei (CP). Im Mittelpunkt der Beratungen stehen die verheerenden Stimmenverluste bei den Wahlen zur Nationalversammlung (→ 16.2./S.54), bei den Wahlen zur niederösterreichischen Landesversammlung und zum Wiener Gemeinderat (→ 4.5./S.108). Der Parteitag erblickt, heißt es in einer Entschließung, in der mit den Sozialdemokraten geschlossenen Koalition eine schwere Belastung für die CP, erkenne jedoch an, daß diese Koalition den letzten Versuch darstelle, das Vaterland vor dem drohenden Untergang zu retten.

Ägyptischer Protest gegen die Briten

17. November. Der ägyptische Ministerpräsident Muhammad Said Pascha tritt zurück. Er protestiert damit gegen die Entscheidung der britischen Schutzmacht (→ 22.4./

Der britische Kolonialminister Alfred Milner vertritt die Ansicht, das britische Protektorat über Ägypten müsse aufgegeben und durch ein bloßes Bündnis ersetzt werden; Milner ordnete von 1889 bis 1892 als Unterstaatssekretär die ägyptischen Finanzen

S.82), eine Kommission unter Leitung von Kolonialminister Alfred Viscount Milner zur Erarbeitung einer ägyptischen Verfassung zu entsenden. Gleichzeitig kommt es in Alexandria und Kairo zu blutigen antibritischen Ausschreitungen (→ 20.10./S.182). Großbritannien läßt am 19. November erklären: »Die Kommission wird keineswegs Ägypten eine Verfassung aufzwingen. Sie hat lediglich die Aufgabe, die Zustände kennenzulernen.«

Neue Mehrheiten in Italiens Parlament

16. November. Die erstmals nach dem Verhältniswahlrecht durchgeführten Parlamentswahlen in Italien bringen das Ende der seit 1876 bestehenden liberalen Mehrheit.

Die von dem katholischen Priester Luigi Sturzo gegründete Partei Partito Populare Italiano gilt als die eigentliche Wahlsiegerin; der Vatikan hatte kurz vor der Wahl das päpstliche Verbot für Katholiken, sich an politischen Wahlen zu beteiligen, aufgehoben

Stärkste Parteien werden der sozialistische Partito Socialista Italiano (PSI) und der von Luigi Sturzo im Januar gegründete katholische Partito Populare Italiano (PPI). Der PSI stellt 156 statt bisher 55 Abgeordnete, dem PPI fallen 101 Mandate zu, die Liberalen stellen nur noch 230 statt 380 Abgeordnete.
Der Wahlausgang wird vor allem als Absage an die radikalen nationalistischen Kräfte gewertet. Die Faschisten erhalten kein Mandat.

Paris: Wahlsieg des Nationalen Blocks

16. November. In Frankreich finden die Wahlen zur Abgeordnetenkammer statt. Frauen sind nicht wahlberechtigt. Die Wahl läßt einen Rechtsruck in der französi-

Die Wahlen in Fankreich bestätigen den Kurs des Ministerpräsidenten Clemenceau, der sich selbst jedoch aus der Politik zurückziehen will wegen seines »vorgerückten Alters, der ungeheuren Befriedigung über den Sieg und wegen seines Gesundheitszustandes«

schen Bevölkerung offenkundig werden. Der sog. Nationale Block verfügt über die absolute Mehrheit von 409 Sitzen, die Opposition kommt auf 204 Mandate.
Der Wahlausgang bedeutet eine Bestätigung für die diktatorische Regierung unter George Benjamin Clemenceau. Sie war zur Wahl angetreten unter der Parole: Zusammenschluß der »guten« Franzosen zur Abwehr des von den Sozialisten erstrebten »Bolschewismus«.

Andersdenkende in USA diskriminiert

10. November. Victor Berger, als Vertreter des US-Bundesstaats Milwaukee der einzige Sozialist im US-Repräsentantenhaus in Washington, wird mit 300 zu einer Stimme aus der Volksvertretung ausgeschlossen. Er war von Gerichten des Vergehens gegen das Spionagegesetz für schuldig befunden worden. Gleichzeitig hatte er erklärt, werde von seinen »Spionagereden« nichts zurücknehmen, sondern sie künftig noch schärfer fassen. Berger ist eines der Opfer der von US-Justizminister Alexander Mitchell Palmer geschürten Hysterie gegen Kommunisten und Andersdenkende (»Palmer Raids«). Zu dieser Atmosphäre des Rassismus paßt, daß der 1915 neu gegründete Ku Klux Klan als gewalttätige, fremdenfeindliche Organisation immer mehr Anhänger findet. Doch auch die Socialist Party ist nicht frei von rassistischen Strömungen. Als der Einfluß v.a. russischer Einwanderer immer größer wird, treten viele Mitglieder aus der SPA aus, um sich der demokratischen Partei unter Woodrow Wilson anzuschließen.

Entscheidende Kriegserfolge der sowjetischen Truppen

15. November. Sowjetische Truppen erobern Omsk, die Hauptstadt Westsibiriens. Die antibolschewistischen Truppen des Admirals Alexandr W. Koltschak (→ 26.5./S.109) fliehen z.T. in Panik vor den heranrückenden Sowjetsoldaten.
Am Tag zuvor ist den sowjetischen Truppen auch an der Nordwestfront der entscheidende Sieg gelungen: Die Eroberung von Kingisepp markiert den Zusammenbruch der antibolschewistischen Armee von Nikolai N. Judenitsch. Die Reste seiner Armee treten auf estländisches Territorium über.
Von der Südfront wird die Eroberung von Tschernigow und Kursk durch die Rote Armee gemeldet, die Truppen des konterrevolutionären Generals Anton I. Denikin befinden sich auf der ganzen Südfront auf dem Rückmarsch.
Die Erfolge der Sowjets wiegen um so mehr, als die alliierten Siegermächte des Ersten Weltkriegs am 10. Oktober eine Wirtschaftsblockade über das bolschewistische Rußland verhängt haben.

Die Bemühungen der Alliierten, eine Machtübernahme der Bolschewiki zu verhindern, erwiesen sich als erfolglos. In einer international beachteten Rede in der Londoner Guildhall vertritt der britische Premierminister David Lloyd George am 8. November daher die Ansicht, die zivilisierte Welt könne ein chaotisches Rußland nicht dulden, doch seien die Bolschewiki nicht durch Waffengewalt zu besiegen.

Lew D. Trotzki, der sowjetrussische Volkskommissar für Verteidigung, spricht zu Soldaten der Roten Armee, die seit über zwei Jahren gegen die Weißen kämpft

Nikolai N. Judenitsch führt die antisowjetischen Truppen in Nordwesten

In den Berlin-Spandauer Heereswerkstätten werden Geschütze demontiert, das Metall wird eingeschmolzen

Auch die Seeflugstationen werden abgerüstet: Hier wird der Motor aus einem Wasserflugzeug entfernt

Deutsche Kanonen und Panzer zur Bezahlung der alliierten Reparationsforderungen

3. November. *Der französische Ministerpräsident Georges Benjamin Clemenceau schickt als Vorsitzender der Pariser Friedenskonferenz der deutschen Reichsregierung eine Note, in der u.a. die Waffenstillstandsbedingungen aufgezählt werden, die das Deutsche Reich noch nicht erfüllt habe: Danach muß das Deutsche Reich u.a. noch 42 Lokomotiven (von 5000) und 4460 Eisenbahnwaggons (von 150000) abliefern. Auch die Ausliefe-rung der gesamten deutschen Handelsflotte sei noch nicht erfolgt. Während die Alliierten ihre Ansprüche aus dem Versailler Friedensvertrag durchsetzen wollen, wird im Deutschen Reich abgerüstet. Viele militärische Einrichtungen werden demontiert. Alles Brauchbare wie Metalle, Motoren, Holz u.a. wird zur Weiterverwendung und zur Abgeltung der alliierten Reparationsforderungen aus Heeresbeständen entfernt.*

Krieg läßt Preise weltweit steigen

November. Der Erste Weltkrieg und seine Folgen führen im Deutschen Reich zu einer Inflation mit einem Preisanstieg, der vor allem die ärmeren Schichten der Bevölkerung trifft. Die Inflation erfaßt jedoch auch andere Staaten. Der Geldbedarf ist während des Weltkriegs bei allen kriegführenden Mächten so angestiegen, daß die Regierungen den Papiergeldumlauf erhöhten und sich ohne Rücksicht auf die nun spürbar werdenden Folgen verschuldeten.

Inflation im Deutschen Reich

Der Wert von zehn Papiermark entspricht in Goldmark (GM):

Januar 1918	8,00 GM
November 1918	5,71 GM
Januar 1919	5,13 GM
Februar 1919	4,65 GM
März 1919	4,00 GM
April 1919	3,41 GM
Mai 1919	3,32 GM
Juni 1919	3,11 GM
Juli 1919	2,86 GM
August 1919	2,29 GM
September 1919	1,88 GM
Oktober 1919	1,66 GM
November 1919	1,26 GM

Durch Preisvorschriften — hier auf einer Tafel am Weimarer Wochenmarkt — versuchen die Behörden während der Inflationszeit dem Wucher zu begegnen

Wenig Interesse für die Lotterieanleihe

Ende November. Mit großer Enttäuschung registrieren die Reichsregierung und Finanzkreise im Deutschen Reich das Ergebnis der Deutschen Sparpämienanleihe, das sich trotz der Zeichnungsfrist bis zum 10. Dezember schon jetzt abzeichnet. Statt der erwarteten fünf Milliarden Mark werden bis Ende November nur rund 3,8 Milliarden gezeichnet. Die Sparprämienanleihe, eine Anleihe des Deutschen Reiches, ist am 29. August herausgebracht worden. Sie wird in Form einer Lotterieanleihe durchgeführt, da wegen der unübersichtlichen Finanzverhältnisse im Deutschen Reich für Interessenten ein besonderer Anreiz geschaffen werden sollte. Die Anleihe, die mit einigen Steuervergünstigungen verbunden ist, soll innerhalb von 80 Jahren zurückgezahlt werden. Zweimal jährlich sind Verlosungen im Wert von 25 Millionen Mark vorgesehen. Die Anleihe, mit der sich das Deutsche Reich Kredit verschaffen will, findet auch im Ausland Beachtung: Banken und Regierungen betrachten ihr Ergebnis als Maßstab für die Kreditwürdigkeit der Reichsregierung nach der Revolution.

Die Radsportler Düwel, Lewanow und Kuschkow werben für »Home-Trainer«; die Zeiger geben die auf den Rollbahnen gefahrenen Kilometer an

Trotz des polizeilichen Verbots tummeln sich auch Kinder unter 16 Jahren in dieser Berliner »Spielautomaten«-Halle; der Einsatz beträgt 10 Pfennig

Unterhaltung 1919:

Europa im Taumel von »Vergnügungssucht« und »Tanzwut«

»Wir taumeln in den Frieden hinein, wie wir in den Krieg hineingetaumelt sind, in keiner Weise auf den Frieden vorbereitet«, so charakterisiert in der französischen Abgeordnetenkammer in Paris ein Parlamentarier die Situation im ersten Friedensjahr, was die »Unterhaltung« betrifft. Die Erscheinung ist in allen am Krieg beteiligten Staaten die gleiche: »Vergnügungssucht, Spiel- und Tanzwut« wird das Phänomen im Deutschen Reich genannt.

Im August 1914 »tanzten« Berlin und Paris in den Krieg hinein, erfaßt von einem urteilslosen Taumel, der den Blick für die brutale Wirklichkeit trübte. Auf der einen Seite »riß 'Die Wacht am Rhein' die Herzen empor«, auf der anderen Seite »peitschte die 'Marseillaise' die Gemüter auf«. Der »Taumel« geht nach dem Krieg weiter. Eine der ersten Verfügungen des Rats der Volksbeauftragten, der provisorischen deutschen Regierung nach der Revolution, war die Aufhebung des bestehenden Tanzverbots; »kaum eine der anderen Freiheiten, die die Revolution gebracht, ist von den Berlinern so freudig begrüßt und so nachhaltig ausgenutzt worden wie diese«, heißt es in einem zeitgenössischen Kommentar: »Berlin tanzt, tanzt bis zur Raserei.«

Zwar wimmelt es auf den Straßen von Bettlern, Krüppeln und Prostituierten, doch wer nur ein bißchen Geld hat, stürzt sich ins »Vergnügen«. Klassenunterschiede sind weitgehend aufgehoben, die politischen Tagesereignisse -

Tanztee in »Nelsons Künstlerspielen« am Kurfürstendamm in Berlin; Persönlichkeiten von Theater und Film sowie aus der Unterhaltungsbranche führen hier Tänze wie Boston und Ragtime (ein Vorläufer des Jazz) vor

Streiks, Schießereien, Straßen- und Häuserkämpfe - werden ignoriert. Berlin ist die Kokain-Hochburg Europas und hat die bekanntesten Nachtlokale. Um anonym zu bleiben, setzen sich viele Besucher Dominomasken auf und genießen Cocktails, Drogen, pornographische Filme und Darbietungen in sog. esoterischen Clubs. Die Polizei ist machtlos. Sie rüstet bewaffnete Expeditionen von bis zu 600 Beamten und Soldaten aus, um einen »Club« zu schließen: Die Gäste fahren lachend zur Feststellung ihrer Personalien. An die Stelle einer Bar, die geschlossen wird, treten drei neue. »Dielen« schießen wie Pilze aus der Erde. Je höher die Preise, je dekadenter das Vergnügen, desto größer der Zulauf. Niemand fragt, woher das Geld kommt. Niemand weiß, wer diese Leute sind, die für eine Stunde Vergnügen Tausende in Papier hinblättern. »Kriegsgewinnler«, meinen die einen, »Revolutionsgewinnler« die anderen, »les nouveaux riches« nennen die Franzosen den neuen Typ.

Das Phänomen prägt das Leben im Nachkriegsdeutschland so entscheidend, daß in den Zeitungen Aufrufe »Gegen Vergnügungssucht und Tanzwut« erscheinen. Reichsminister Johannes Bell (Zentrum) spricht das Thema sogar in der Nationalversammlung an: »Erwachen wir nicht endlich aus dem wahnsinnigen Taumel der Vergnügungssucht, der Spiel- und der Tanzwut, dann bleiben alle Mittel zur Steuerung der Nöte unseres Landes und Volkes vergeblich.«

Verband deutscher Jugendherbergen

13. November. Die inzwischen fast 1000 Jugendherbergen im Deutschen Reich schließen sich zum Reichsverband für deutsche Jugendherbergen zusammen.

Die Jugendherbergen dienen der Förderung des sog. Jugendwanderns. Sie bieten Jugendlichen bei-

Richard Schirrmann, der Initiator der Jugendherbergen, gilt als »Mann des Friedens«; das Kriegserlebnis, das ihn am meisten beeindruckte, war Weihnachten 1915, als an seinem Frontabschnitt in den Vogesen Deutsche und Franzosen spontan Weihnachtsfrieden schlossen und sich gegenseitig besuchten und beschenkten

derlei Geschlechts von 15 bis 20 Jahren und Jugendlichen, die in der Berufsausbildung stehen bis zu 25 Jahren, preiswerte Übernachtungsmöglichkeiten mit Kochstelle und Aufenthaltsraum unter der Aufsicht eines Herbergsleiters.

Gründer des Deutschen Jugendherbergswerks (DJH) ist der Volksschullehrer Richard Schirrmann. Er gründete 1909 in der Burg Altena die erste Jugendherberge, um Arbeiterkindern einen Wanderurlaub zu ermöglichen. Ein Jahr später rief er den DJH ins Leben, der Aktivitäten im gesamten Reichsgebiet entfaltete.

△ Das Jugendwandern wurde ausgelöst durch den »Wandervogel« (1901 durch Karl Fischer gegründet)

◁ Schlafraum in der Jugendherberge der Burg Altena 1912; die Jugendherberge soll für den Wanderer ein »sicheres Heim« sein

Großes Schauspielhaus Berlin eröffnet

28. November. Das Große Schauspielhaus in Berlin wird mit einer Inszenierung der »Orestie« des Aischylos unter der Regie von Max Reinhardt eröffnet.

Das 5000 Zuschauer fassende Theater entstand nach den Vorstellungen Reinhardts aus dem ehemaligen Zirkus Schumann am Bahnhof Friedrichstraße. Mehrere Architekten, in der Endphase vor allem Hans Poelzig, bauten das Zirkusgebäude zu einem Theater um, das mit modernster Technik ausgestattet ist. Hauptattraktion ist die als Stalaktitengrotte gestaltete Kuppel. Wo sich die Manege befand, erhebt sich die Bühne, eine Verbindung aus Guckkastenbühne und Arena.

Max Reinhardt will hier seine Idee vom Volks- und Massentheater verwirklichen. Niedrige Eintrittspreise sollen auch Arbeitern den Kunstgenuß ermöglichen.

Poelzig gab der Kuppel des Großen Schauspielhauses in Berlin »eine gestaffelte Form mit hängenden Zapfen, wodurch die Tonwellen zerstreut werden«

Barlach-Premiere: »Der tote Tag«

22. November. Das Drama »Der tote Tag« von Ernst Barlach wird im Schauspielhaus Leipzig uraufgeführt. Das Stück ist das erste Schauspiel des bekannten Grafikers und Bildhauers (→ 20.3./S.75). Es erschien bereits 1912 im Druck.

Ernst Barlach ist als Dichter wesentlich vom Expressionismus beeinflußt mit seinem Hang zu ekstatischer Aussage und der grotesken Typisierung der Figuren; Leid und Erlösungssehnsucht der Menschen erscheinen in den Dramen als existentielle Grunderlebnisse

In dem mystischen Familiendrama geht Barlach der Frage nach der Herkunft des Menschen nach. Im Schlußsatz enthüllt der expressionistische Dichter seine Sicht des menschlichen Lebens: »Sonderbar ist nur, daß der Mensch nicht lernen will, daß sein Vater Gott ist.«

Charlotte heiratet französischen Prinz

6. November. In der Kathedrale von Luxemburg findet die Vermählung der 23jährigen Großherzogin Charlotte von Luxemburg mit Prinz Felix von Bourbon-Parma statt. Anwesend sind nur die Eltern und Ge-

Großherzogin Charlotte heiratet den den Alliierten genehmen Prinzen Felix von Bourbon-Parma; eines der 17 Geschwister dieses Prinzen ist die österreichische Ex-Kaiserin Zita

schwister des Brautpaars sowie alliierte Militärs. Die Schwester der Braut, die frühere Großherzogin Marie Adelheid, ist nicht zugegen. Sie war im Januar aufgrund massiver Kritik der alliierten Siegermächte des Ersten Weltkriegs an ihrer deutschfreundlichen Politik zurückgetreten. Nach dem Thronwechsel haben die Alliierten erkennen lassen, daß diplomatischen Beziehungen nun nichts mehr im Weg steht.

Dezember 1919

Mo	Di	Mi	Do	Fr	Sa	So
1	2	3	4	5	6	7
8	9	10	11	12	13	14
15	16	17	18	19	20	21
22	23	24	25	26	27	28
29	30	31				

1. Dezember, Montag

Bei der Eröffnung der neugewählten italienischen Abgeordnetenkammer in Rom durch König Viktor Emanuel III. kommt es zu einem Eklat, als die sozialistische Fraktion beim Erscheinen des Monarchen die Kammer verläßt. → S.205

In Brüssel beginnt die Länderkonferenz für den Völkerbund. → S.205

In Elsaß-Lothringen wird das französische Strafgesetzbuch eingeführt (→ 4.10./S.181).

In Österreich werden wegen des Preisverfalls und der Staatsverschuldung die Post- und Telegraphengebühren um durchschnittlich 100 % erhöht.

Der Komponist und Dirigent Richard Strauss übernimmt die Leitung der Wiener Staatsoper. → S.209

2. Dezember, Dienstag

Die alliierten und assoziierten Siegermächte des Ersten Weltkriegs laden Ungarn zur Friedenskonferenz nach Neuilly-sur-Seine bei Paris ein.

3. Dezember, Mittwoch

Die Berliner Nachrichtenagentur Wolffs Telegraphen-Bureau (WTB) veröffentlicht den Inhalt des deutsch-polnischen Abkommens über die Räumung der Abtretungsgebiete und die Übergabe der Zivilverwaltung an Polen. Sie soll zonenweise erfolgen, in West- und Ostpreußen innerhalb von 19, in Posen und Schlesien innerhalb von drei Tagen (→ 24.10./S.182).

Reichsfinanzminister Matthias Erzberger (Zentrum) erläutert vor der Deutschen Nationalversammlung in Berlin die Grundzüge der von ihm angestrebten Steuerreform.

In Cagnes-sur-Mer stirbt der französische Maler, Grafiker und Bildhauer Auguste Renoir im Alter von 78 Jahren. → S.209

4. Dezember, Donnerstag

Papst Benedikt XV. erläßt eine Enzyklika über das Missionswesen der katholischen Kirche. Er warnt die Missionare, sich von nationalen und materiellen statt von geistlichen Interessen leiten zu lassen.

Der sowjetische Politiker Karl Radek wird nach einem Dreivierteljahr Schutzhaft in Berlin nach Sowjetrußland abgeschoben (→ 12.2./S.50). Radek war mit dem Auftrag der sowjetischen Führung gekommen, die KPD zu unterstützen.

5. Dezember, Freitag

Die preußische Staatsregierung hebt den am → 3. März über Groß-Berlin verhängten Belagerungszustand auf (S.66).

Der VII. Allrussische Sowjetkongreß in Moskau beschließt, während des Bürgerkriegs in Rußland den westlichen Siegermächten die Aufnahme von Friedensgesprächen anzubieten (→ 16.12./S.206).

Aus Belgrad wird die Unterzeichnung eines Vertrages zwischen dem Königreich der Serben, Kroaten und Slowenen (Jugoslawien) und dem ökumenischen Patriarchen von Konstantinopel (Istanbul) bezüglich der von Serbien annektierten Gebiete gemeldet. Danach werden das Gebiet von Strumica sowie Bosnien und die Herzegowina dem serbischen Patriarchen unterstellt. Das ökumenische Partriarchat gestattet ferner gegen eine Entschädigungszahlung die Union der unabhängigen montenegrinischen mit der serbischen Kirche.

In Innsbruck kommt es zu Hungerkrawallen, bei denen Lebensmittelläden und das Kartoffellager der Hauptstadt von Tirol geplündert werden.

6. Dezember, Sonnabend

Am letzten Tag des außerordentlichen USPD-Parteitags in Leipzig werden Arthur Crispien und Ernst Friedrich Däumig zu Parteivorsitzenden gewählt. → S.206

Der Vorarlberger Landtag in Bregenz nimmt mit 20 zu sieben Stimmen einen Antrag an, nach dem der Landtag von der österreichischen Staatsregierung in Wien verlangen soll, das Selbstbestimmungsrecht des Landes Vorarlberg anzuerkennen. Diese Forderung soll er auch beim Obersten Rat der Alliierten in Paris zur Sprache bringen (→ 6.9./S.168).

In einer Rede in Manchester appelliert der britische Premierminister David Lloyd George an alle Parteien, den politischen Burgfrieden aufrechtzuerhalten. Die nationale Einigkeit müsse fortbestehen, um den Frieden sicherzustellen.

Der zwölfjährige Alfried Krupp von Bohlen und Halbach gibt das Startsignal zur Jungfernfahrt der ersten Lokomotive aus der Nachkriegsproduktion der Essener Krupp-Werke. → S.206

7. Dezember, Sonntag

Die deutsche Reichsregierung in Berlin erhält eine Denkschrift der Alliierten, in der die deutsche chemische Industrie unter Berufung auf den Versailler Friedensvertrag aufgefordert wird, Auskunft über Fabrikationsgeheimnisse zu geben. Das Hauptinteresse der Alliierten richtet sich auf Spreng- und Giftstoffe.

Die Bewohner der Insel Föhr, die bei der Abstimmung in Schleswig mitentscheiden sollen, ob sie künftig zum Deutschen Reich oder zu Dänemark gehören (→ 22.8./S.156), bekennen sich auf Wahlversammlungen mit großer Mehrheit zum Deutschen Reich. Die entsprechenden Veranstaltungen des dänischen Wählerverbands sind nur spärlich besucht.

Im deutschen Reichsministerium des Innern in Berlin wird der Vorentwurf für ein Gesetz über die Einführung der Filmzensur besprochen. Unterstaatssekretär Theodor Lewald verlangt, das Kino müsse ein brauchbares Volksbildungs- und Unterhaltungsmittel« werden.

---

8. Dezember, Montag

Bei der Eröffnung der neuen Sitzungsperiode der französischen Abgeordnetenkammer in Paris wird die Rückkehr der Vertreter Elsaß-Lothringens als »Beginn einer neuen Ära in der Geschichte Frankreichs« gefeiert (→ 4.10./S.181).

Der Oberste Rat der Alliierten in Paris legt die Curzon-Linie als provisorische Ostgrenze Polens fest; sie verläuft von der Bahnlinie Dünaburg-Grodno über Brest bis Przemysl und von dort weiter Richtung Süden. Sie ist benannt nach dem britischen Politiker George Nathanial Curzon.

Der Regisseur und Theaterleiter Max Reinhardt eröffnet im Untergeschoß des Großen Schauspielhauses in Berlin sein Kabarett »Schall und Rauch« (→ 28.11./S.199).

9. Dezember, Dienstag

Die hessische Volkskammer in Darmstadt nimmt den Entwurf einer vorläufigen Verfassung für den Volksstaat Hessen an.

Das deutsche Auswärtige Amt in Berlin veröffentlicht eine vierbändige Aktensammlung zum Ausbruch des Ersten Weltkriegs unter dem Titel »Die deutschen Dokumente zum Kriegsausbruch«.

Der spanische Ministerpräsident Joaquín Sánchez de Toca tritt zurück. Dies ist der dritte Kabinettswechsel in diesem Jahr im von inneren Unruhen erschütterten Spanien. Am 13. Dezember bildet Manuel Allendesalazar eine Koalitionsregierung.

Nach Pressemeldungen hat der Verband deutscher Reichsangehöriger in Mexiko 50mal 5000 Mark überwiesen, die dafür bestimmt sind, »darbende deutsche Kinder und Frauen zum Weihnachtsfeste mit Geld, Kleidung, Lebensmitteln und Heizstoffen zu versehen«. Das Geld soll durch Vertrauensleute der Behörden verteilt werden »ohne Unterschied von Partei und Glauben«.

10. Dezember, Mittwoch

In der schwedischen Hauptstadt Stockholm vergibt die Schwedische Akademie der Wissenschaften die Nobelpreise. → S.209

11. Dezember, Donnerstag

In London beginnen viertägige Gespräche zwischen dem britischen Premierminister David Lloyd George und dem französischen Ministerpräsidenten Georges Benjamin Clemenceau. → S.205

Der Volksrat des deutschen Volksstaats Reuß in Gera nimmt den Vertrag über die Abfindung des ehemaligen Fürstenhauses an. Von den auf 64 Millionen Mark bewerteten Besitztümern müssen u.a. Forsten, Schlösser, Parks, das ehemalige Hoftheater und die Hofkapelle im Gesamtwert von 30 Millionen Mark an den Staat abgetreten werden (→ 25.3./S.69).

Der Tiroler Landtag in Innsbruck nimmt einen Dringlichkeitsantrag an, nach dem Verhandlungen mit der österreichischen Staatsregierung in Wien aufgenommen werden sollen über den Zusammenschluß von Tirol und dem Deutschen Reich zu einem Wirtschaftsgebiet (→6.9./S.168).

In Madrid beginnt ein zweitägiger außerordentlicher Parteitag der spanischen Sozialisten. Bei der Abstimmung entscheiden sich die Delegierten mit geringer Mehrheit für den Anschluß an die neugegründete, reformistisch ausgerichtete (Genfer) Zweite Internationale und damit gegen die (Moskauer) Dritte Internationale (→2.3./S.72).

Der große Bergarbeiterstreik in Indianapolis, der am 1. November begonnen hat, wird auf der Grundlage von Vorschlägen des US-Präsidenten Woodrow Wilson beigelegt; Wilson sprach sich u.a. für 40 % Lohnerhöhungen aus.

Der erste Flug von Großbritannien nach Australien geht nach 27 Tagen erfolgreich zu Ende. → S.207

12. Dezember, Freitag

Im Budapester Terroristenprozeß werden 14 Männer wegen mehrerer Morde während der Zeit der Räterepublik zum Tod durch den Strang verurteilt. Die Urteile werden am 18. Dezember vollstreckt (→1.8./S.158).

Das Königreich der Serben, Kroaten und Slowenen (Jugoslawien) ordnet die sofortige Entlassung aller österreichischen und ungarischen Kriegsgefangenen an.

13. Dezember, Sonnabend

Die Deutsche Nationalversammlung in Berlin nimmt das Gesetz zur Verfolgung von Kriegsverbrechen und Kriegsvergehen an. Das Gesetz sieht die Verpflichtung zur Verfolgung von Kriegsstraftaten auch für den Fall vor, daß die Tat im Ausland begangen wurde.

In Leipzig wird der Parteitag der linksliberalen Deutschen Demokratischen Partei (DDP) eröffnet. → S.207

Der Oberste Rat der Alliierten beschließt in London, die Unterstützung der »Weißen«, antisowjetischen Armeen in Rußland einzustellen (→ 16.12./S.206).

14. Dezember, Sonntag

Bei den Stadtverordnetenwahlen in Danzig erhalten die Polen nur fünf Mandate bzw. 8 % der Stimmen. Die anderen Mandate gehen an die vereinigte SPD (20), an die DNVP (14), die Wirtschaftliche Vereinigung (10), die DDP (9) und das Zentrum (8) (→ 12.11./S.194).

Am Jahrestag der Ermordung des portugiesischen Diktators Sidónio Bernadino Cardoso da Silva Pais kommt es zu Unruhen in Lissabon und Porto, nachdem die republikanische Regierung alle Gedächtnisfeiern verboten hat.

Das Schloß von Compiègne in der Picardie wird durch eine Feuersbrunst stark beschädigt. → S.207

15. Dezember, Montag

Der Nationalrat in Fiume stimmt den Vorschlägen der italienischen Regierung für eine Übergangsregelung zu. Danach wird Fiume von italienischen Truppen besetzt (→ 12.9./S. 170).

»Ski heil« verspricht
die in Leipzig
erscheinende
»Illustrirte Zeitung«
ihren Lesern zum
Jahresende

ILLUSTRIRTE ZEITUNG
VERLAG von J. J. WEBER in LEIPZIG
Nr. 3990.
Einzelpreis 1 Mark 40 Pfg.
(Jede Woche eine Nummer, vierteljährlich 15 Mark.)
153. Band.

In der preußischen Landesversammlung in Berlin beginnen dreitägige Beratungen über den Antrag der Regierungsparteien auf Schaffung eines deutschen Einheitsstaates ohne Länderparlamente. Angesichts des wirtschaftlichen Elends, so die Regierung, könne sich das Deutsche Reich nicht länger 168 Minister und 3 000 Abgeordnete leisten.

Die preußische Landesversammlung in Berlin stimmt einem Gesetzentwurf zu, der eine Erweiterung des Stadtkreises Hannover um Linden vorsieht.

Papst Benedikt XV. ernennt in einer geheimen Kardinalsversammlung, einem Konsistorium, im Vatikan sieben neue Kardinäle, darunter den Fürstbischof von Breslau, Adolf Johannes Bertram.

Das Volksgericht am Landgericht München I verurteilt die Landtagsmörder vom → 21.Februar zu hohen Freiheitsstrafen (S.52). Der Hauptangeklagte, der Metzger Lindner, erhält 14 Jahre Zuchthaus. Ihm wird »niedrige Gesinnung« nachgewiesen.

Der Landtag von Mecklenburg-Schwerin in Schwerin nimmt gegen die Stimmen der Sozialdemokraten den Abfindungsvertrag zwischen dem Freistaat und dem ehemaligen Großherzog Friedrich Franz IV. an. Der Großherzog erhält außer seinem Privatvermögen vier Güter im Wert von 2,122 Millionen Mark, ausgedehnte Waldungen, zwei Schlösser mit Nebengebäuden und Gärten, drei Sommerwohnungen, ein Kavaliergehöft und sechs Millionen Mark in bar (→ 25.3./S.69)

16. Dezember, Dienstag

Der US-Bundesgerichtshof weist Klagen gegen das Gesetz über das Alkoholverbot ab und erklärt es für verfassungsmäßig (→ 29.10./S.184).

Nach einer Meldung der französischen Zeitung »Journal des débats« haben die französischen Truppen die Verwaltung des türkischen Kilikien in Südost-Anatolien übernommen. → S.206

Der Volksrat des künftigen Freistaats Thüringen, zu dem sich mehrere deutsche Länder, darunter die sächsischen und die Schwarzburger Staaten, zusammenschließen, tritt in Weimar zusammen. → S.207

Die Rückführung der deutschen Truppen aus dem Baltikum ist mit der Ankunft des Detachements »Roßbach« auf deutschem Boden beendet. → S.205

Der Landtag von Salzburg nimmt einen Antrag an, nach dem der Landesrat den Obersten Rat der Alliierten in Paris ersuchen soll, den wirtschaftlichen Anschluß Salzburgs an das bayerische Wirtschaftsgebiet zu ermöglichen.

Die Rote Armee, die auf dem Vormarsch gegen die sog. Weißen Truppen ist, erobert die ukrainischen Hauptstadt Kiew. → S.206

17. Dezember, Mittwoch

Die österreichische Konstituierende Nationalversammlung in Wien verabschiedet die Gesetzesvorlage über die Einführung des Achtstundentags in allen gewerblichen Betrieben des Landes (→ 17.4./S.87).

Die Deutsche Nationalversammlung in Berlin verabschiedet das Reichsnotopfergesetz. Es sieht eine einmalige Vermögensabgabe zur teilweisen Abdeckung der Reichsschulden vor. Große Teile der Bevölkerung werden zur Zahlung des Notopfers herangezogen. Finanzminister Matthias Erzberger (Zentrum) sieht im Reichsopfer auch ein »Sühneopfer für den mammonistischen Geist« vieler Deutscher.

Der preußische Kultusminister Konrad Haenisch (MSPD) fordert in einem Erlaß zur Pflege der plattdeutschen Sprache auf.

18. Dezember, Donnerstag

Bei den Wahlen zur Nationalversammlung in der Türkei erzielen die nationalistischen Parteien große Stimmengewinne. → S.206

Das Gesetz über die Sozialisierung (Verstaatlichung) der Elektrizitätswirtschaft wird von der Deutschen Nationalversammlung in Berlin angenommen.

Die Deutsche Nationalversammlung in Berlin verschärft die bisher geltenden Bestimmungen des Strafgesetzbuchs über das Glücksspiel. Hintergrund dieser Maßnahme ist eine starke Ausbreitung von Spielkasinos und Glücksspielveranstaltungen.

Das finnische Parlament in Helsingfors (Helsinki) nimmt ein Amnestiegesetz an, durch das alle früheren Rotgardisten begnadigt werden.

19. Dezember, Freitag

In Dublin wird auf John Denton Pinkstone French, den britischen Lord Lieutenant in Irland, ein erfolgloses Bombenattentat verübt (→ 22.12./S.205).

Der frühere Volksbeauftragte und erste Reichsministerpräsident, Philipp Scheidemann (MSPD), wird zum Oberbürgermeister von Kassel gewählt. → S.207

Der bayerische Landtag in München genehmigt mehrere Anträge über den Ausbau von Wasserkraftwerken. So soll das Bayernwerk nach den Plänen Oskar von Millers ausgebaut werden.

Die im bayerischen Landtag vertretenen Parteien lehnen die von den preußischen Regierungsparteien geforderte Schaffung eines deutschen Einheitsstaats ohne Länder entschieden ab.

20. Dezember, Sonnabend

Die badische Regierung in Karlsruhe erhebt Einspruch gegen die von den preußischen Mehrheitsparteien vorgeschlagene Schaffung eines deutschen Einheitsstaats. Die Länder sehen ihre Interessen durch die Schaffung eines Einheitsstaats gefährdet.

21. Dezember, Sonntag

Das britische Unterhaus in London verabschiedet das neue Fremdengesetz, das an die Stelle der bisher gültigen Kriegsbestimmungen tritt. Danach können alle Ausländer, auch solche aus den mit Großbritannien verbündeten Ländern, als unerwünscht von der Einreise ausgeschlossen werden, wenn ihre Anwesenheit »nachweislich von Schaden ist«.

22. Dezember, Montag

Das US-amerikanische Repräsentantenhaus in Washington genehmigt das Einwanderungsgesetz, das die Deportation aller Ausländer vorsieht, die anarchistischen Organisationen angehören. Einen Tag später werden auf dem Marinetransportschiff »Busard« 249 »Anarchisten« von New York nach Sowjetrußland abgeschoben. Das Justizministerium erklärt, die sowjetrussischen Staatsangehörigen seien eine Gefahr für Gesetz und Ordnung.

Im britischen Unterhaus in London gibt Premierminister David Lloyd George die mit Spannung erwarteten Pläne der Regierung zur Lösung der irischen Frage bekannt. → S.205

Vertreter aller nichtsozialistischen deutschen Parteien in Böhmen überreichen dem tschechoslowakischen Ministerpräsidenten Wlastimil Tusar in Prag eine Denkschrift mit den Forderungen der Deutschen im Vielvölkerstaat. Verlangt wird u.a. die Auflösung der Nationalversammlung und die Ausschreibung von Neuwahlen zu einer verfassunggebenden Nationalitätenversammlung.

Die sowjetische Regierung ersucht Polen um unmittelbare Einleitung von Friedensverhandlungen.

23. Dezember, Dienstag

Der britische König Georg V. betont in London den Willen der britischen Behörden, die für Indien vorgesehene Verfassungsreform durchzuführen. → S.206

Die gothaische Landesversammlung in Gotha nimmt die Verfassung des nach der Novemberrevolution von 1918 entstandenen Freistaats an.

Der lippische Landtag in Detmold nimmt den Vergleich mit dem ehemaligen Fürsten an. Dieser erhält das frühere Residenzschloß in Detmold, das Jagdschloß Lopshorn, Gestüt und Teile des Jagdbezirks Lopshorn, die Oberförsterei Berlebeck, an Grundbesitz insgesamt 3 527 ha; ferner eine Million Mark in bar, einige Fonds in Höhe von rund 900 000 Mark und Teile des Hausschmucks (→ 25.3./S.69).

Das Kopenhagener Pressebüro des baltischen Staats Lettland veröffentlicht Berichte über den Abschluß eines lettisch-litauischen Militärpakts. → S.205

24. Dezember, Mittwoch

Die deutsche Reichsregierung unter Gustav Bauer (MSPD) übermittelt den deutschen Kriegsgefangenen die Weihnachtsgrüße des »deutschen Vaterlandes«.

Im Deutschen Reich wird die erste »Friedensweihnacht« seit 1914 gefeiert. → S.210

25. Dezember, 1. Weihnachtstag

Von Rhein, Mosel, Saar und Main wird Hochwasser gemeldet, das in den folgenden Tagen noch ansteigt. In Köln tritt der Rhein über die Werftmauern und überflutet mehrere Straßen; der Hafenverkehr muß eingestellt werden. In Heidelberg ist der Neckar über die Ufer getreten und hat zahlreiche Gassen unter Wasser gesetzt.

26. Dezember, 2. Weihnachtstag

In Genf beginnt der Internationale Kongreß der sozialistischen Studenten (bis zum 29. Dezember). Die Frage des Anschlusses an die reformistisch orientierte Zweite (Genfer) oder Dritte (Moskauer) Internationale (→ 2.3./S.72) oder die Gründung einer internationalen Vereinigung der revolutionären Studenten führt zur Spaltung des Kongresses.

Der sowjetische Rat der Volkskommissare in Moskau erläßt das Dekret über die Abschaffung des Analphabetentums. Die sowjetische Führung sieht in der Beseitigung des verbreiteten Analphabetentums die einzige Möglichkeit zur wirtschaftlichen Entwicklung des Landes.

27. Dezember, Sonnabend

In Berlin beginnt der zwölfte Kongreß der Freien Vereinigung deutscher Gewerkschaften (Syndikalistenkongreß). Der bis zum 30. Dezember tagende Kongreß »erklärt sich solidarisch mit der russischen Sowjetrepublik«.

28. Dezember, Sonntag

Die deutsche Mark fällt an den internationalen Devisenmärkten auf den tiefsten Stand seit Jahresbeginn. → S. 204

Die deutsche Reichshauptstadt Berlin leidet unter strengem Frost. Temperaturen von bis zu 14 Grad unter dem Gefrierpunkt beeinträchtigen den Verkehr und verschlimmern die ohnehin kritische Lage in der Brennstoffversorgung.

29. Dezember, Montag

Im deutschen Reichsministerium des Innern wird das Amt für künstlerische Beratung des Reichs geschaffen. Die Leitung als »Reichskunstwart« übernimmt der Kunsthistoriker Edwin Redslob.

30. Dezember, Dienstag

Das rumänische Parlament in Bukarest ratifiziert die Verordnungen König Ferdinands I. über die Eingliederung aller »befreiten« Gebiete (Bessarabien, Bukowina, Siebenbürgen, Maramures).

31. Dezember, Mittwoch

Sowjetrußland und Estland schließen in Dorpat einen Waffenstillstand (→ 16.12./S.206). Auch die anderen Baltenstaaten verhandeln mit Moskau.

Die französische Abgeordnetenkammer in Paris beschließt eine drastische Erhöhung der Eisenbahntarife: Um 55 % für die erste, 50 % für die zweite und 45 % für die dritte Klasse. Warentransporte sollen um 115 % teurer werden.

Das Wetter im Monat Dezember

Station	Mittlere Lufttemperatur (°C)	Niederschlag (mm)	Sonnenscheindauer (Std.)
Aachen	4,0 (3,1)	156 (62)	— (49)
Berlin	0,3 (0,7)	88 (41)	— (36)
Bremen	1,8 (2,2)	111 (54)	— (33)
München	1,2 (- 0,7)	130 (44)	— (41)
Wien	— (0,9)	— (51)	— (41)
Zürich	1,8 (0,2)	179 (73)	26 (37)

( ) Langjähriger Mittelwert für diesen Monat
— Wert nicht ermittelt

Heizmaterial, Brennstoff und Fleisch sind die sehnlichsten Weihnachtswünsche im Deutschen Reich, meint die Berliner politisch-satirische Wochenschrift »Kladderadatsch« in ihrer Weihnachtsnummer

Preis 50 Pfennig
Einschl. Teuerungszuschl.
Dritte Weihnachts-Nummer
Preis 50 Pfennig
Einschl. Teuerungszuschl.
Nr. 50
Berlin, den 14. Dezember 1919
LXXII. Jahrgang
Kladderadatsch
PETROLEUM
A. JOHNSON
Der Weihnachtsmann, wie wir ihn uns in diesem Jahre wünschen!

Selbst wenn Geld vorhanden ist, kann auf dem freien Markt kaum Brennmaterial beschafft werden; für die Wiener Bevölkerung ist das Holzsammeln im Wiener Wald die einzige Möglichkeit

Kälte und Schnee vergrößern die Verkehrsnot; man ist froh, wenn man überhaupt ein Transportmittel erwischt

Verfall der deutschen Währung: Der Schwarzmarkt blüht

28. Dezember. Die Entwertung der deutschen Mark erreicht auf den internationalen Devisenmärkten den diesjährigen Rekordtiefstand: 48,5 Mark müssen in Berlin für einen US-Dollar gezahlt werden, das entspricht einer Entwertung von 1 050 % gegenüber dem Vorkriegsstand, der sog. Friedensparität. Vor dem Ersten Weltkrieg wurde ein US-Dollar mit 4,208 Mark gehandelt. Im September wurden für den Dollar noch »nur« 30 Mark gezahlt (613 % über Friedensparität).

Der Dollar hat sich 1919 endgültig als Standardzahlungsmittel weltweit durchgesetzt. Er steht gegenüber allen europäischen Währungen über Friedensparität. Einen höheren Wert hat nur der japanische Goldyen (1105 % über Friedensparität), der aber im europäischen Zahlungsverkehr nur von untergeordneter Bedeutung ist. Ebenfalls hoch im Kurs stehen der Schweizer Franken (+ 980 %), der niederländische Gulden (+ 980 %) und das britische Pfund (+ 810 %). Aber auch die stark unter Druck stehenden Währungen Frankreichs und Italiens notieren mit + 460 % bzw. + 350 % gegenüber der Friedensparität. Vor dem Krieg mußten für einen Franc 0,81 Mark gezahlt werden, nun sind es 4,54 Mark. Lediglich die österreichische Krone und die Währungen der östlichen Nachbarstaaten des Deutschen Reichs notieren niedriger als die Mark. Die polnische Mark, die Wiener Krone, die Budapester Krone

Mit Schlitten und Handwagen ziehen Berliner zur Kohlenbeschaffung aus

und die Prager Krone werden an den internationalen Divisenbörsen noch schlechter gehandelt als die Mark. Die durch den Ersten Weltkrieg stark geschädigten Länder müssen dadurch weitere wirtschaftliche Nachteile im internationalen Handel hinnehmen.

Die deutsche Reichsregierung versucht mit Mitteln der Gesetzgebung dem Währungsverfall entgegenzuwirken. So ist es trotz der Papiermarkentwertung im Deutschen Reich bis Dezember gesetzlich verboten, für eine Goldmark mehr als eine Papiermark zu verlangen. Die Folge dieser Vorschrift war, daß kein Gold mehr in Umlauf gelangte und fast nur noch Papiergeld kursierte. Jeder Goldbesitzer war darauf bedacht, seine wertvolle Habe nicht gegen Papiergeld zu tauschen, das täglich an Wert verlor. Gleichzeitig entwickelte sich ein blühender Schwarzmarkt. Schieber verlangen Anfang Dezember 110 Papiermark für zehn Goldmark. Gleichzeitig war das Reich selbst genötigt, die eigenen Vorschriften zu durchbrechen. So verlangte das Reich an den Grenzen die Zollzahlung in Gold. Um überhaupt an die Zolleinnahmen zu kommen, gingen die Zollbehörden dazu über, bei einer Zollpflicht von z.B. zehn Goldmark 90 Papiermark zu akzeptieren; umgekehrt erhielt derjenige, der bei einer Zollpflicht von 15 Goldmark mit einem 20-Mark-Goldstück bezahlte, nicht fünf Papiermark als Wechselgeld, sondern den vollen Goldwert in Papier.

Wechselkurse an den internationalen Devisenbörsen (aus »Frankfurter Zeitung« Dezember 1919)

Es wird bewertet in:	Berlin	New York	London	Paris	Schweiz	Holland	Schweden	Spanien	Japan	Italien	Dänemark
die deutsche Mark	—	0.025 P. 0.238 — 89.5%	1.304 P. 11.70 — 89%	0.22 P. 1.2345 — 82%	0.114 P. 1.2345 — 90.75%	0.55 P. 0.5926 — 90.75%	0.10 P. 0.892 — 88.75%	0.108 P. 1.2345 — 91.25%	0.04 P. 0.478 — 91.5%	0.274 P.1.2345 — 87.75%	0.1135 P. 0.892 — 87.95%
der US-amerikan. Dollar	48.5 P. 4.208 + 1050%	—	63 P. 49.32 + 27.5%	10.85 P. 5.18 + 109.5%	5.57 P. 5.18 + 7.5%	2.67 P. 2.487 + 7.5%	4.79 P. 3.74 + 28%	5.209 P. 5.18 + 0.5%»	1.038 P. 2.01 — 3.5%	13.35 P. 5.18 + 158%	5.44 P. 3.74 + 45%
das englische Pfund	186.— P. 20.43 + 810%	3.8075 P. 4.862 — 21.5%	—	41.38 P. 25.225 + 64%	21.10 P. 25.225 — 16%	10.145 P. 12.107 — 16.5%	17.92 P. 18.17 — 1.5%	20.38 P. 25.225 — 19%	7.39 P. 9.76 — 24.5%	50.35 P. 25.225 + 100%	19.70 P. 18.17 + 8.5%
der französische Franc	4.54 P. 0.81 + 460%	0.091 P. 0.193 — 53%	5.8 P. 9.53 — 39%	—	0.52 P. 1.— — 48%	0.248 P. 0.48 — 48.50%	0.44 P. 0.721 —39 %	0.485 P. 1,— — 51.5%	0.178 P. 0.387 — 54%	1.24 P. 1,— + 24%	0.4975 P. 0.721 — 31%
der Schweizer Franken	8.75 P. 0.81 + 980%	0.179 P. 0.193 — 7%	11.37 P. 9.53 + 19%	1.92 P. 1,— + 92%	—	0.48 P. 0.48 0	0.85 P. 0.731 + 18%	0.935 P. 1,— — 6.5%	0.35 P. 0387 — 9.5%	2.39 P. 1,— + 139%	0.983 P. 0.721 + 385
der japanische Yen	25.20 P. 2.0925 + 1103%	0.516 P. 0.498 + 3.5%	32.5 P. 24.58 + 32%	5.603 P. 2.583 + 117%	2.857 P. 2.583 + 11%	1.374 P. 1.24 + 11%	2.426 P. 1.86 + 30%	2.67 P. 2.583 + 3.5%	—	6.819 P. 2.583 + 164%	2.667 P. 1.86 + 43%
die italienische Lire	3.63 P. 0.81 + 350%	0.075 P. 0.193 — 61.5%	4.76 P. 9.53 — 50%	0.806 P. 1,— — 19.5%	0.419 P. 1,— — 58%	0.201 P. 0.48 — 58%	0.355 P. 0.721 — 51%	0.391 P. 1,— — 61%	0.146 P. 0.387 — 62.5%	—	0.415 P. 0.721 — 42%

P. = Friedensparität — Währungskurs vor Kriegsausbruch

Soldaten zurück aus dem Baltikum

16. Dezember. Die Rückführung der deutschen Truppen aus dem Baltikum ist mit der Ankunft des Detachement »Roßbach« auf deutschem Boden beendet.

Teile der deutschen kaiserlichen 8. Armee waren 1918 auf dem Baltikum verblieben, um gegen Sowjetrußland zu kämpfen. Dem auf Drängen der alliierten Siegermächte von der deutschen Regierung im Oktober 1919 befohlenen Rückzug war nur ein Teil der Verbände gefolgt. Die Verbände, die im Baltikum blieben, wurden nach massiven Protesten vor allem der lettischen Regierung z.T. mit Gewalt bis zum 13. Dezember aufgelöst.

Baltische Staaten rücken zusammen

23. Dezember. Das lettische Pressebüro in Kopenhagen meldet den Abschluß eines Offensiv- und Defensivbündnisses zwischen Lettland und Litauen. Der Vertrag, der in der provisorischen litauischen Hauptstadt Kowno (Kaunas) unterzeichnet wird, sieht die Bildung eines gemeinsamen Generalstabs und die Ernennung eines gemeinsamen Oberkommandierenden vor. Das Bündnis der beiden baltischen Staaten, die bis 1917/18 zum Russischen Reich gehörten, richtet sich gegen Sowjetrußland (→ 3.1./S.21). Im September fand in der lettischen Hauptstadt Riga, in Schloß Toompea (Estland) und in der estnischen Hauptstadt Reval (Tallinn) die sog. Randstaatenkonferenz statt. Daran nahmen außer den Ministerpräsidenten und Außenministern Estlands, Litauens und Lettlands auch Vertreter Finnlands teil.
Ergebnis dieser Konferenz war die Proklamation einer »Entente« der baltischen Staaten ohne Finnland. Die Länder einigten sich, keinen Separatfrieden mit Sowjetrußland zu schließen und im Fall eines Friedensschlusses Garantien für die Erhaltung ihrer Unabhängigkeit zu verlangen.
Die baltischen Staaten bemühen sich um einen Ausgleich mit Sowjetrußland. Am 31. Dezember schließt Estland als erstes einen Waffenstillstandsvertrag mit Rußland. Im kommenden Jahr folgen die anderen »Entente«-Partner.

Politik gegenüber Sowjets verabredet

11. Dezember. Der französische Ministerpräsident Georges Benjamin Clemenceau trifft zu einem viertägigen Besuch in London ein. Zentrales Thema der Gespräche mit dem britischen Premierminister David Lloyd George ist die Haltung beider Regierungen gegenüber Sowjetrußland (→ 15.11./S.196). Beschlossen wird, weder mit den Sowjets zu verhandeln noch die antisowjetischen Truppen direkt zu unterstützen. Den Gegnern der Sowjets soll »indirekte politische Hilfe« geleistet werden. Erwogen wird die Bildung eines Rats der Regierungschefs von Frankreich, Großbritannien und Italien.

Lösungsvorschlag zur irischen Frage

22. Dezember. Der britische Premierminister David Lloyd George gibt in London die Pläne zur Lösung der irischen Frage bekannt. Danach soll das britische Irland eine selbständige Regierung erhalten mit einem Parlament für den Süden und einem für Ulster im Norden.
Am 21. Januar haben Führer der nationalistischen Partei Sinn Féin die Unabhängigkeit der Republik Irland proklamiert, die von der Pariser Friedenskonferenz aber nicht bestätigt wurde. Im selben Monat wurde die Irisch-Republikanische Armee (IRA) gegründet. Sie führt den bewaffneten Kampf gegen die britische Vorherrschaft.

Delegierte beraten über Völkerbund

1. Dezember. 80 Delegierte aus 17 alliierten und neutralen Staaten treten in Brüssel zur sog. Länderkonferenz für den Völkerbund zusammen. Eingeladen hat Léon Victor Bourgeois, der designierte erste Vorsitzende des Völkerbundrats.
Auf der bis zum 4. Dezember dauernden Veranstaltung werden vor allem Rechte und Pflichten der Mitgliedsstaaten des Völkerbunds diskutiert. Die Konferenz fordert ferner die Einsetzung von Völkerbundskommissionen für Handel, Hygiene und Erziehung. In allen Mitgliedsstaaten soll u.a. der Schulbesuch bis mindestens zum 14. Lebensjahr Pflicht werden.

König Viktor Emanuel III. bei der Verlesung der Thronrede anläßlich der Parlamentseröffnung in Rom

Eklat bei Parlamentseröffnung in Italien

1. Dezember. Bei der Eröffnung der neugewählten italienischen Abgeordnetenkammer in Rom durch König Viktor Emanuel III. kommt es zu einer antimonarchistischen Demonstration. Nach dem Erscheinen des Königs und seines Gefolges verlassen die sozialistischen Abgeordneten, die mit 156 Abgeordneten die stärkste Fraktion bilden, mit dem Ruf »Es lebe der Sozialismus!« und unter Singen der »Internationale« geschlossen den Saal. Die bürgerlichen Parteien versuchen, den Gesang der Sozialisten mit Ovationen für den König und für die Monarchie zu übertönen.

Im Anschluß an den Auszug der PSI kommt es auf den Straßen Roms zu sozialistischen Demonstrationen. Dabei werden einige sozialistische Abgeordnete von radikalen Nationalisten und Faschisten mißhandelt. Die Sozialisten reagieren darauf mit einem Generalstreik in Rom, der u.a. auch Florenz und Bologna erfaßt. Erst am 5. Dezember wird der Ausstand beendet.

Die Thronrede, mit der Viktor Emanuel III. die 25. Legislaturperiode eröffnet, ist ein Bekenntnis zum Frieden und zur Arbeit: »Italien ist aus dem größten Krieg der Geschichte als Sieger hervorgegangen und wird seine Kraft zur Sicherung des Friedens verwenden.« »Mäßigung und Menschlichkeit« müßten zur Herrschaft kommen. Der »Aufstieg der arbeitenden Klassen« soll zu »einer immer mehr demokratischen Zusammenarbeit der einzelnen Völker führen«.

Friedensproduktion in Krupp-Werken

6. Dezember. Der zwölfjährige Alfried Krupp von Bohlen und Halbach, der Sohn des Firmenchefs Gustav, gibt mit einem Pfeifsignal das Startzeichen für die Jungfernfahrt der ersten Lokomotive aus den Essener Krupp-Werken, die nach Kriegsende gebaut wurde.

Krupp, früher »Waffenschmiede des Reiches«, hat den Übergang von der Kriegs- zur Friedenswirtschaft erfolgreich bewältigt. Im Januar, zwei Monate nach der Unterzeichnung des Waffenstillstands im Ersten Weltkrieg, haben die Essener Krupp-Werke die Friedensproduktion aufgenommen. Waren in einem Großteil der mechanischen Werkstätten, Stahlherstellungs- und Bearbeitungsbetrieben in den vergangenen Jahren Geschütze und andere Waffen gefertigt worden, so wurde nun die Produktion auf Güter wie Landwirtschafts- und Textilmaschinen, Bagger, Motorräder, Registrierkassen, optische und chirurgische Instrumente usw. umgestellt. Aus dem korrosionsbeständigen und geschmacksneutralen V2A-Stahl der Krupp-Werke wur-

Die erste Kruppsche Nachkriegslokomotive, eine Heißdampf-Güterzuglok des Typs »G 10«, wurde gebaut für die Preußischen Staatsbahnen

den Gebisse für verwundete Soldaten hergestellt. Halberzeugnisse und Geräte für den nichtmilitärischen Bereich, z.B. für den Lokomotiv- und Waggonbau, stellt Krupp zwar schon seit Jahrzehnten her, die völlige Umstellung der Fabrikation ist jedoch erst durch die Bestimmungen des Versailler Friedensvertrags (→ 28.6./S.126) erzwungen worden. Um die Produk-

tionsumstellung schnell zu bewerkstelligen, fordert die Firmenleitung die Beschäftigten auf, Vorschläge für neue Produkte zu machen. Für geeignete Ideen zahlt das Werk Prämien. Im Juni konnte der erste wirtschaftliche Erfolg verbucht werden, als Krupp einen Auftrag zum Bau von 2 000 Lokomotiven und Waggons für die preußischen Staatsbahnen erhielt.

Ledebour verliert Wahl gegen Däumig

6. Dezember. Auf dem außerordentlichen USPD-Parteitag, der seit 30. November in Leipzig stattfindet, wird Arthur Crispien als Vorsitzender bestätigt und Ernst Friedrich

Crispien schloß sich während des Weltkriegs der USPD an; nach der Novemberrevolution war er Innenminister der württembergischen Revolutionsregierung (bis Januar 1919); er lehnt den Anschluß seiner Partei an die Moskauer Internationale ab

Däumig als Nachfolger des ermordeten Hugo Haase (→ 8.10./S.179) neu in den Vorsitz gewählt.

Das Wahlergebnis bedeutet den Sieg des linken Parteiflügels. Die Gemäßigten hatten an Stelle von Däumig, der sich für den Anschluß der Partei an die kommunistische Dritte (Moskauer) Internationale ausspricht (→ 2.3./S.72), Georg Ledebour als Kandidaten vorgeschlagen. Ledebour erhält nur 124 Stimmen, Däumig dagegen 151.

Grundstein für den neuen Staat Syrien

16. Dezember. Nach einer Meldung der französischen Zeitung »Journal des Débats« hat Frankreich die Verwaltung des türkischen Kilikien in Ost-Anatolien übernommen; die sog. Zone A in Palästina, das Gebiet von Damaskus, Homs, Hama und Aleppo, wurde zugleich der Verwaltung des arabischen Emirs Faisal (Faisal I.) unterstellt. Frankreich und Großbritannien haben sich in mehreren Abkommen auf die Bildung eines syrischen Staats auf Gebieten des ehemaligen Osmanischen Reichs (Türkei) geeinigt. Außerdem hatten sich beide Staaten verständigt, bestimmte Zonen selbst zu kontrollieren. Frankreich übernahm die Zone A und Großbritannien die Zone B, das obere Mesopotamien.

Der Emir Faisal, dem nun die Zone A unterstellt wird, war während des Ersten Weltkriegs führend am Aufstand der Araber gegen das Osmanische Reich beteiligt. 1918 zog er siegreich mit britischen Truppen in Damaskus ein.

Rote Armee weiter auf dem Vormarsch

16. Dezember. Die sowjetische Rote Armee erobert Kiew und setzt ihren siegreichen Vorstoß zur Eroberung des Steinkohlengebiets Donbass und der Ukraine fort. Am 11. Dezember hatte sie den antisowjetischen General Anton I. Denikin aus Charkow vertrieben.

Auch von anderen Frontabschnitten melden die Sowjets Erfolge (→ 15.11./S.196). Am 14. Dezember eroberten sie den Eisenbahnknotenpunkt Nowonikolajewsk (Nowossibirsk) an der Transsibirischen Eisenbahn und erbeuteten 300 Lokomotiven und 20 000 Waggons sowie Kriegsmaterial.

Angesichts der militärischen Erfolge der sowjetischen Truppen hat der Oberste Rat der Alliierten schon am 13. Dezember in London beschlossen, die Unterstützung der antisowjetischen »weißen« Armeen in Rußland einzustellen und nur noch »politisch« zu helfen. Der militärische Widerstand gegen den Vormarsch der Bolschewiki verliert damit seine wichtigsten Helfer.

Türken wählen ihr Nationalparlament

18. Dezember. In der Türkei finden die Wahlen zur Nationalversammlung statt. Dies ist ein Zugeständnis von Sultan Muhammad an die Opposition, die gegen die Politik der Regierung gegenüber den Alliierten kämpft (→ 11.9./S.170). Sieger der Wahl sind die Nationalisten, der Einfluß der alliiertenfreundlichen Partei schwächt sich ab.

Die Partei von Mustafa Kemal Pascha (Kemal Atatürk) wird gestärkt

Verfassungsreform für Britisch-Indien

23. Dezember. Georg V., König von Großbritannien und Kaiser von (Britisch-)Indien, erläßt in London eine Proklamation, in der er die Bedeutung der im Mai veröffentlichten britischen Verfassungsreform für Indien (Government of India Act) hervorhebt. Gleichzeitig verkündet er eine Amnestie für politische Straftäter in der Kolonie Britisch-Indien (→ 13.4./S.82).

Die britische Verfassungsreform sieht die schrittweise Einführung der Selbstregierung in Indien vor. Nach dem Prinzip der Dyarchie (Doppelherrschaft) sollen bei den Provinzregierungen die Ressorts aufgeteilt werden: Indische Minister erhalten Bereiche wie Erziehung; die Kontrolle über Finanzen, Justiz, Wehrfragen u.a. bleibt den britischen Exekutivräten vorbehalten. Die Durchführung der Verfassungsreform wird jedoch durch die Verlängerung des Ausnahmezustands verzögert, der während des Ersten Weltkriegs über Indien verhängt wurde.

Weimar: Deutscher Freistaat Thüringen

16. Dezember. Unter der Leitung von Arnold Paulssen (DDP) tritt in Weimar der Volksrat des neu zu schaffenden Freistaats Thüringen zur ersten Sitzung zusammen. Von

Arnold Paulssen (DDP), der Ministerpräsident von Sachsen-Weimar-Eisenach, ist die treibende Kraft beim Zusammenschluß der thüringischen Staaten; 1920 wird er der erste Ministerpräsident des neugeschaffenen deutschen Landes

den 39 Abgeordneten gehören 14 der MSPD, neun der USPD, acht der DDP und acht der vereinigten Liste von DNVP und DVP an.

Zu der neuen »Staatengemeinschaft«, die sich 1920 als Land des Deutschen Reiches konstituiert, schließen sich die Staaten Sachsen-Weimar-Eisenach, Sachsen-Altenburg, Sachsen-Gotha, Schwarzburg-Rudolstadt, Schwarzburg-Sondershausen, Sachsen-Meiningen und Reuß zusammen.

Neues DDP-Programm

13. Dezember. In Leipzig beginnt der außerordentliche Parteitag der linksliberalen Deutschen Demokratischen Partei (DDP). Zum Vorsitzenden wird Carl Petersen gewählt als Nachfolger des im

Der neue Vorsitzende der DDP, Carl Petersen, wurde am 31. Januar 1868 in Hamburg geboren. Seit 1899 Mitglied der Hamburger Bürgerschaft gehört er seit September 1918 dem Senat an. Er ist Mitbegründer der Deutschen Demokratischen Partei (DDP)

August verstorbenen Friedrich Naumann. Unter dem starken Einfluß Naumanns (*25.3.1860, + 24.8.1919) war die DDP im November 1918 gegründet worden, und zwar als Zusammenschluß der damaligen liberalen Fortschrittlichen Volkspartei und dem linken Flügel der Nationalliberalen. Das neue Parteiprogramm trägt noch sehr stark die Handschrift Naumanns. Am 15. Dezember nehmen die Delegierten einstimmig das Parteiprogramm an. Darin heißt es u.a.:»In der höchsten Not unseres Vaterlandes ist die Deutsche Demokratische Partei geboren. Nicht als Fortsetzung alter Parteigebilde, sondern durch die Zusammenfassung des ganzen Volkes, im Geiste der neuzeitlichen Demokratie will sie den Weg zu einem Staatswesen der stetigen kulturellen und sozialen Entwicklung bahnen und aufrecht verfolgen. Seine unverrückbaren Grundsteine aber heißen: Freiheit und Recht. Das ganze Volk - ohne Unterschied von Klasse, Beruf und Religion; denn Demokratie heißt Interessenausgleich, heißt Aufhebung jeden dauernden Gegensatzes zwischen Herrschenden und Beherrschten, heißt gleiches Recht für alle in den Einrichtungen des Staates wie der Gesellschaft. Frei sei der einzelne in seiner geistigen Entfaltung und wirtschaftlichen Betätigung. In Freiheit baue sich der Staat auf mit der Selbstverwaltung der Gemeinden, der Länder, des Reiches … Wir glauben an das deutsche Volk, und wir vertrauen fest darauf, daß es sich aus den Niederungen der Gegenwart wieder erheben wird.«

Scheidemann jetzt Oberbürgermeister

19. Dezember. Philipp Scheidemann (MSPD) wird von den Stadtverordneten in Kassel zum Oberbürgermeister seiner Heimatstadt gewählt. Damit ist der Wechsel des Politikers von der Reichs- zur Kommunalpolitik perfekt.

Scheidemann, der seit 1911 dem sozialdemokratischen Parteivorstand angehört, rief am Mittag des 9. November 1918 in Berlin die deutsche Republik aus. Als Mitglied des Rats der Volksbeauftragten, der provisorischen deutschen Regierung, war er neben Friedrich Ebert (MSPD) die zentrale Persönlichkeit der unmittelbaren Nachkriegszeit. Im Februar 1919 wählte ihn die Weimarer Nationalversammlung zum Reichsministerpräsidenten (→ 13.2./S.45); damit leitete er das erste parlamentarische Kabinett der Weimarer Republik. Da er den Versailler Vertrag als unannehmbar wertete, trat er im Juni von seinem Amt zurück (→ 20.6./S.119). Bezogen auf die innenpolitischen Auseinandersetzungen prägte er im Herbst des Jahres das Schlagwort:»Der Feind steht rechts!«

Feuersbrunst verwüstet Schloß Compiègne

14. Dezember. *Das Schloß von Compiègne in der Picardie wird durch einen Brand schwer beschädigt (Abb.). Bei den Löscharbeiten werden auch deutsche Kriegsgefangene eingesetzt. Der französische König Ludwig XIV. hatte den Bau des Schlosses in Auftrag gegeben, der unter Napoleon I. ausgebaut wurde. Das von Jacques Gabriel und seinem Sohn Jacques-Ange im 18. Jahrhundert errichtete Gebäude beherbergte 1917/18 das große Hauptquartier der Alliierten. Während der deutschen Frühjahrsoffensive 1918 wurde es schon durch eine Bombe schwer beschädigt. Im Wald von Compiègne unterzeichnete 1918 das Deutsche Reich den Waffenstillstand.*

In 27 Tagen von London nach Australien

Dezember. *Mit Riesenschritten hat sich in diesem Jahr der Luftverkehr entwickelt. Die Abbildung zeigt den »Farmman«-Doppeldecker, einen sog. »Aerobus«, mit dem der erste regelmäßige Luftverkehr Europas eröffnet wurde. Zwölf Passagiere können nun täglich einmal von Paris nach London und zurück fliegen. Auch in anderen Ländern Europas, in den USA und in Australien wurden die ersten kommerziellen Flugverbindungen in Betrieb genommen. Am 11. Dezember beendet der australische Flugkapitän Ross Smith nach 17 Tagen den ersten Flug von Großbritannien nach Australien. Er wechselte während des Flugs dreimal die Maschine.*

Wohnen und Design 1919:

Wohnraumknappheit belastet Kommunen

Das Jahr 1919 steht für die deutsche Bevölkerung im Zeichen extremer Wohnungsnot. Betroffen sind vor allem die größeren Städte. In Anzeigenserien warnen die Zeitungen vor dem Zuzug.

Während des Ersten Weltkriegs ist der Bau neuer Wohnungen in fast allen europäischen Staaten zum Erliegen gekommen. Dies betraf nicht nur kriegführende Länder wie das Deutsche Reich oder Österreich-Ungarn, sondern auch neutrale Staaten wie die Schweiz: Hauptursache war die Materialknappheit. In den kriegführenden Staaten kam erschwerend hinzu, daß fast alle wehrfähigen Männer zum Dienst in den Armeen eingezogen waren und die verfügbaren Arbeitskräfte für die Rüstungsindustrie tätig waren.

Mit dem Ende der Kampfhandlungen wachsen die Wohnungsprobleme in den deutschen Städten. Hunderttausende Soldaten kehren aus dem Krieg zurück. Zahllose Menschen flüchten aus dem jetzt französischen Elsaß-Lothringen und aus den an Polen abzutretenden Ostgebieten in das Deutsche Reich, andere kehren aus den ehemals deutschen Kolonien zurück oder verlassen die von den Alliierten besetzten Gebiete.

Nach vierjähriger Pause auf dem Bausektor ist der Wohnungsmarkt diesem Ansturm nicht gewachsen. Das Wohnungselend der Großstädte im deutschsprachigen Raum ist ein Hauptproblem der kommunalen Behörden. Jeder Ort, der irgendwie bewohnbar erscheint, muß genutzt werden. Die Wohnungs- und Mietämter teilen z.B. große Wohnungen, die nur von wenigen Personen bewohnt werden, noch einmal auf, um heimatlose Familien unterzubringen. Oft teilen sich mehrere Familien eine Kochstelle. Manche Stadtverwaltungen, z.B. Charlottenburg (Berlin), sind dazu übergegangen, große Barackenbauten anzulegen und Omnibusse, ausrangierte Eisenbahnwaggons u.a. Notunterkünfte als Wohnungen herzurichten. Zum Bau neuer Wohnungen fehlen auch nach Kriegsende die Rohmaterialien.

In den Hauptstädten Berlin und Wien ist die Wohnungsnot am größten; in Charlottenburg bei Berlin läßt die Stadtverwaltung Wohnbaracken mit kleinen Gärten errichten - Notunterkünfte für Flüchtlinge und Kriegsheimkehrer

Selbst die armseligsten Unterkünfte werden genutzt; hier eine ehemalige Baubude im Berliner Scheunenviertel, als Wohnung hergerichtet

Vier Menschen dient diese Küche zugleich als Wohn-, Arbeits- und Schlafzimmer; die Versuche der Behörden, große Wohnungen, die nur von einer Partei belegt sind, unter mehrere Familien aufzuteilen, scheitern meist daran, daß sich keine zweite Koch- und Wasserstelle installieren läßt

Der bekannte niederländische Architekt und Designer Gerrit Rietveld vermittelt mit seinen Möbelentwürfen aus Holz und Stahl dem Bauhaus entscheidende Impulse; die Abb. zeigt ein Sideboard aus Holz mit Farbtupfern

Der Prototyp des rot-blauen Stuhls von Gerrit Rietveld wird in der Fachzeitschrift »De Stijl« vorgestellt

Nobelpreise gehen an drei Deutsche

10. Dezember. In Stockholm findet die Verleihung der Nobelpreise für 1918 und 1919 statt. Die einzigen Nobelpreise für 1918 gehen an deutsche Wissenschaftler: Max Planck erhält den Physiknobelpreis wegen seiner Verdienste um die Quantenphysik. Fritz Haber wird der Chemienobelpreis verliehen für die Entwicklung des zusammen mit Carl Bosch entwickelten Verfahrens zur Ammoniaksynthese, das sog. Haber-Bosch-Verfahren.

Fritz Haber erhält den Nobelpreis »für die Synthese von Ammoniak aus dessen Elementen«; Haber synthetisierte das farblose Gas unter hohem Druck und bei hohen Temperaturen durch den Einsatz von Katalysatoren unmittelbar aus atmosphärischem Stickstoff

Johannes Stark wird mit dem Nobelpreis ausgezeichnet »für seine Entdeckung des Dopplereffekts bei Kanalstrahlen und der Zerlegung der Spektrallinien im elektrischen Feld«

Dem Schweizer Dichter Carl Spitteler wird 1920 nachträglich der Nobelpreis für Literatur 1919 »im besonderen Hinweis auf sein mächtiges Epos 'Olympischer Frühling'« verliehen

Der Physiknobelpreis für 1919 wird an den Deutschen Johannes Stark vergeben für die Entdeckung des Dopplereffekts bei Kanalstrahlen und die Aufspaltung von Spektrallinien im starken elektrischen Feld. Preise für Literatur, Frieden, Medizin und Chemie werden 1919 nicht vergeben bzw. ist ihre Verleihung erst für 1920 vorgesehen. Der aussichtsreichste Kandidat für den Friedensnobelpreis ist US-Präsident Woodrow Wilson. Für den Literaturnobelpreis werden dem Schweizer Carl Spitteler die größten Chancen eingeräumt.

Maler der heiteren Seiten des Lebens

3. Dezember. Der französische Maler, Grafiker und Bildhauer Auguste Renoir stirbt in Cagnes-sur-Mer. Er zählt zu den Hauptmeistern des französischen Impressionismus. Renoir, der 1841 in Limoges geboren wurde, bevorzugte in seiner Malerei die heiteren Seiten der Natur und des Lebens, die Darstellung von Krankheit oder Häßlichkeit lehnte er ab. Gesundheit, Licht und Freude kennzeichnen seine Bilder. Er stellte Kinder, Frauen, Blumen und lichtdurchflutete Landschaften dar und schuf zahlreiche weibliche Akte. Zu seinen bekanntesten Gemälden zählen »Die Loge« (1874), und »Akt in der Sonne« (1876).

Renoir (mit Bart) auf seinem Bild »Kneipe der Mutter Anthony« (1866)

Strauss übernimmt Wiener Staatsoper

1. Dezember. Der Komponist und Dirigent Richard Strauss verläßt Berlin, um in Wien gemeinsam mit Franz Schalk die Direktion der Staatsoper zu übernehmen.

Strauss war 1898 als Hofkapellmeister an die Berliner Oper gekommen und 1908 zum Generalmusikdirektor berufen worden. Wegen seiner zahlreichen Gastspielreisen legte er 1910 sein Amt nieder. Seitdem wirkte er an der Berliner Oper nur noch als Dirigent. Strauss übernimmt in Wien die Leitung des Hauses, in dem am → 10. Oktober seine Oper »Die Frau ohne Schatten« uraufgeführt wurde, für die Hugo von Hofmannsthal das Libretto schrieb.

Carpentier in 64 Sekunden zum Sieg

4. Dezember. Nur wenig mehr als eine Minute dauert der Kampf um die Europameisterschaft 1919 im Schwergewichtsboxen im Holborn Stadion in London. Nach 64 Sekunden geht der britische Herausforderer Beckett zu Boden, zehn Sekunden später ist er ausgezählt. Sieger ist der alte und neue Europameister, der Franzose Carpentier. 200 000 Menschen drängen sich während des Boxkampfes in der Umgebung des Stadions, Karten - gegen Goldwährung - haben nur 4 000 erhalten.

Um 9.56 Uhr beginnt der mit Spannung erwartete Kampf, zehn Sekunden später verbucht Carpentier bereits Punkte durch Treffer ins Gesicht seines Gegners, der ihm in jeder Beziehung unterlegen ist. 54 Sekunden später ist alles vorbei.

Momentaufnahmen vom 64-Sekunden-Europameisterschaftskampf zwischen dem amtierenden Europameister Carpentier (helle Hose) aus Frankreich und seinem deutlich unterlegenen britischen Herausforderer Beckett

Weihnachten 1919: »Der Stollen hat wieder Rosinen«

24. Dezember. Seit sechs Jahren wird das Weihnachtsfest im Deutschen Reich erstmals wieder als »Friedensweihnacht« gefeiert. Die Zeit der »Kriegsweihnachten« von 1914 bis 1917 gehört endgültig der Vergangenheit an. Der Versailler Friedensvertrag (→28.6./S.122) hat zumindest offiziell einen Schlußstrich unter den Weltkrieg gezogen, auch wenn viele deutsche Soldaten sich weiterhin in Kriegsgefangenschaft befinden. Auch innenpolitisch haben die Kämpfe aufgehört, die in den Monaten nach dem November 1918 das Deutsche Reich erschütterten. Die »Blutweihnacht« 1918, als sich das Rattern von Maschinengewehrfeuer mit dem Klang der Weihnachtsglocken mischte, wiederholt sich nicht.

»Christbaumlichter sind dünn«

Das Weihnachtsfest des Jahres 1919 im deutschen Durchschnittshaushalt beschreibt ein Kommentar aus der Zeitschrift »Die Woche«: »Weihnachten … trübe genug, auch diesmal noch, aber die Zahlen 1919 umschwebt doch nicht mehr der blutige Schein der vergangenen Jahre. Neben der Erinnerung, die von diesem Gestern spricht, zittert im Glanz der Weihnachtskerzen die Hoffnung, die in ein schöneres Morgen deutet. Seien wir ehrlich! Es ist doch alles schon weihnachtlicher! Die Lichter, die der Christbaum trägt, sind zwar noch immer dünn, sind, weiß Gott, alles andere als Friedensware.

Aber unter diesem Baum liegen wieder, wenn auch spärlich, Honigkuchen und Nüsse, Äpfel und Schokolade, die Stolle aus weißem Mehl hat wieder Rosinen, und hie und da wird selbst auf bescheidener Tafel die alte Weihnachtsgans nicht fehlen. Die fürsorgliche Hausfrau hat sie der Keulen beraubt, die, eingepökelt, für Neujahr aufgespart werden. Aber sie schmeckt auch ohne Keulen. Und wo es nicht eine Gans ist, ist es ein Stück davon. Denn das kann sich heute jeder leisten, der arbeitet.

Und das ist vielleicht das Schönste an diesem Weihnachten: Es wird in Deutschland wieder gearbeitet! Vernunft scheint eingekehrt, wo Wahnsinn so lange selbstmörderisch wütete.«

△ An den Ständen der Schwarzhändler werden neben Weihnachtsäpfeln auch Gänse für das Christfest und für Silvester angeboten

Silvesterfeier in einem Altersheim für Schauspieler; ein alter Balettänzer zeigt seinen Kollegen, daß er das Tanzen noch immer nicht verlernt hat

◁ Die überladene Fülle der Weihnachtsmärkte der Zeit vor dem Ersten Weltkrieg bleibt 1919 ein Wunschtraum; der Besucherandrang hält sich in Grenzen

▽ Eisgang im Hamburger Hafen; die Kälte wird durch den Brennstoffmangel bedrohlich

Charakteristisches des Jahres 1919 karikiert »Das Illustrierte Blatt«

Die Zukunftsaussichten für das neue Jahr satirisch betrachtet

»Die Völker sind es müde, an der Diplomatie herumzuraten«

31. Dezember. Die »Frankfurter Zeitung« veröffentlicht zum Jahreswechsel einen Leitartikel, in dem sie die Ereignisse des Jahres 1919 zusammenfaßt und einen Ausblick in die Zukunft gibt:

»Der Krieg war in Europa ausgebrochen … Der Ausgang führt wieder zum Anfang zurück. Eine neue Weltordnung hat der ungeheure Streit nicht gebracht. Der Idealismus, der den Völkerbund forderte, war nicht so stark wie die Interessen der Machtpolitik. In Paris begnügte man sich, den Frieden in Europa zu besiegeln und brachte die auf dem ganzen Erdball aufgerüttelten Kräfte nicht in das Gleichgewicht, das die Ruhe verbürgt. Das englische Imperium steht da siegreich, selbstherrlich, aber nicht ohne Sorge um den Brand im eigenen Haus. Amerika [das den Völkerbundbeitritt ablehnt] will sich nicht binden an das Schicksal der innereuropäischen Probleme, die es zur kriegerischen Entscheidung bringen half.

Die Völker sind es müde, an der undurchsichtigen Diplomatie herumzuraten, welche die Unterzeichnung des Schlußprotokolls [des Versailler Friedensvertrags] immer wieder hinausschiebt … Sie warten ungeduldig auf den Eintritt des neuen Rechtszustandes, der ihnen gestattet, alle Kraft für den Wiederaufbau ihres Wirtschaftslebens einzusetzen. Sie warten auch darauf, die Bande von Mensch zu Mensch wieder zu knüpfen, aus denen allein die geistige Gemeinschaft wieder aufblühen und die Erlösung von den Bürden des Hasses erhofft werden kann. Wir wissen, daß Geduld der beste Gärtner ist für die Pflanze des Friedens … In Paris hat es, durch die Hand von einigen Meistern der Gewaltpolitik, das bißchen Idealismus zurückgestoßen, das [US-Präsident Woodrow] Wilson [mit seinem 14-Punkte-Programm zur Beendigung des Weltkriegs] wie ein Echo aus Europas besserer Vergangenheit über den Ozean gebracht hatte. Aber gerade diese Diktatur ist es, die Europa von sich abwerfen muß. Es darf nicht dulden, daß der Völkerbund nur ein unter Großmachtinteressen gebeugter Gerichtshof bleibe. Es muß den Wahnwitz von einigen Wenigen vernichten, die glauben, das vielgestaltige Leben der Völker von einem Punkt aus gängeln zu können. Europa muß die Freiheit zurückfordern zu einer demokratischen Entwicklung, welche von unten herauf die Konflikte löst, nicht durch Hungerdrohungen und militärische Sicherungen … Wir stehen an der Wende des Jahres, das uns bittere Erfahrungen gebracht hat. Aber was uns nicht getötet hat, muß uns stärken.«

Neue Postwertzeichen 1919 im Deutschen Reich

Wohltätigkeits-Marken zugunsten Kriegsbeschädigter

Zur Eröffnung der Nationalversammlung erscheinen Sonderausgaben mit den Symbolen Baum, junge Baumtriebe und Maurer als Sinnbilder für den neuen deutschen Staat

Flugpost-Marken; in diesem Jahr wird die erste regelmäßig bediente Luftpostlinie im Deutschen Reich eingerichtet

Freimarken-Ausgabe für die frühere Kolonie Deutsch-Neuguinea; die Marke wird nur an Berliner Sammlerschaltern verkauft

Freimarken-Aushilfsausgabe der Republik Bayern; überdruckte Kriegsausgaben mit dem Porträt von König Ludwig III.

Freimarken-Aushilfsausgabe: Briefmarken früherer Jahre werden in Bayern mit dem Aufdruck »Volksstaat Bayern« weiterhin verwendet

Freimarken-Ergänzungswerte aus Bayern mit dem Porträt des früheren Monarchen Ludwig III.

Freimarken-Aushilfsmarken aus Bayern, die ab dem 6. August 1919 ausgegeben werden; Kriegsmarken von 1916 sind mit dem Aufdruck »Freistaat Bayern« versehen worden

Wohltätigkeitsmarken zugunsten der bayerischen Kriegsgeschädigten mit Aufdruck des neuen Wertes

Überdruckte Freimarken-Ausgaben mit dem Bild des letzten bayerischen Königs Ludwig III.

Freimarken-Aushilfsausgabe aus Bayern; bei den Postwertzeichen wurden die neuen Werte nachträglich aufgedruckt

Ergänzungswerte zu bayerischen Dienstmarken von 1916 mit dem Wappen Bayerns und dem Aufdruck »Volksstaat Bayern«

Freimarken-Aushilfsausgabe des Freistaats Bayern; Postwertzeichen aus dem Jahr 1916 mit dem Porträt von König Ludwig III. werden mit neuem Aufdruck in Umlauf gebracht

Postwertzeichen des Deutschen Reiches mit dem Bild der Germania, die in Bayern mit dem Aufdruck »Freistaat Bayern« als Freimarken-Aushilfsausgaben neu ausgegeben und verwendet werden

Marken der Staatsdruckerei in Berlin mit dem Aufdruck »Freistaat Bayern« dienen in Bayern als Freimarken-Aushilfsausgaben; die Marken zeigen (v.l.n.r.) das Reichspostamt, »Nord und Süd«, die Enthüllung des Denkmals Wilhelms I. und eine Gedenkfeier zur Reichsgründung

Dienstmarken der Republik Württemberg (14 Werte); frühere Ausgaben wurden mit dem Aufdruck »Volks-staat Württemberg« versehen

Dienstmarken mit zweizeiligem Aufdruck »Volksstaat Württemberg« (10 Werte); die ursprünglichen Wert-zeichen wurden schon 1906 ausgegeben

Württembergische Dienstmarken: Wertzeichen von 1906 mit Aufdruck 50 Pf, ein Ergänzungswert und eine Aushilfsausgabe

Ergänzungswert und Aushilfs-Ausgabe, die in Württemberg als Dienstmarken ausgegeben werden

Anhang

Deutsches Reich, Österreich und Schweiz 1919 in Zahlen

Die Statistiken für die drei deutschsprachigen Länder umfassen eine Auswahl von grundlegenden Daten. Es wurden vor allem Daten aufgenommen, die innerhalb der einzelnen Länder vergleichbar sind. Maßgebend für alle Angaben waren die amtlichen Statistiken. Die Zahlen beziehen sich, falls nicht anders vermerkt, auf die jeweiligen Staatsgrenzen von 1919. Nicht in allen gesellschaftlichen Bereichen finden jährliche Erhebungen statt, so daß mitunter die Daten aus früheren Jahren aufgenommen werden mußten. Das Erhebungsdatum ist jeweils angegeben (unter der Rubrik »Stand«). Die aktuellen Zahlen des Jahres 1919 werden — wo möglich — durch einen Vergleich zum Vorjahr relativiert. Wichtige Zusatzinformationen zum Verständnis einzelner Daten sind in den Fußnoten enthalten.

Deutsches Reich

Erhebungsgegenstand	Wert	Vergleich Vorjahr (%)	Stand
Fläche			
Fläche (km²)	474 304	—	28. 6. 1919
Bevölkerung			
Wohnbevölkerung	60 898 584[1]	—	8. 10. 1919
— männlich	29 011 216[1]	—	8. 10. 1919
— weiblich	31 887 368[1]	—	8. 10. 1919
Einwohner je km²	128,3	—	8. 10. 1919
Ausländer	1 264 461[2]	—	1. 12. 1910[3]
Privathaushalte	14 283 380	—	1. 12. 1910[3]
— Einpersonenhaushalte	1 045 143	—	1. 12. 1910[3]
— Mehrpersonenhaushalte	13 238 237	—	1. 12. 1910[3]
Lebendgeborene	1 299 404	+ 35,9	1919
Gestorbene	1 017 284	— 37,8	1919
Eheschließungen	844 339	+139,5	1919
Ehescheidungen	22 022	+ 65,0	1919
Familienstand der Bevölkerung			
— Ledige insgesamt	35 941 510	—	1. 12. 1916[3]
männlich	16 398 807	—	1.12.1916[3]
weiblich	19 542 703	—	1. 12. 1916[3]
— Verheiratete	21 023 944	—	1. 12. 1916[3]
— Verwitwete und Geschiedene	3 861 219	—	1. 12. 1916[3]
männlich	860 485	—	1. 12. 1916[3]
weiblich	3 000 734	—	1. 12. 1916[3]
Religionszugehörigkeit			
— Christen insgesamt	64 096 820	—	1. 12. 1910[3]
katholisch	23 821 453	—	1. 12. 1910[3]
evangelisch	39 991 421	—	1. 12. 1910[3]
sonstige	283 946	—	1. 12. 1910[3]
— Juden	615 021	—	1. 12. 1910[3]
— andere, ohne Konfession	214 152	—	1. 12. 1910[3]
Altersgruppen			
unter 5 Jahren	6 331 514	—	1. 12. 1916[3]
5 bis unter 10 Jahren	7 423 480	—	1. 12. 1916[3]
10 bis unter 15 Jahren	7 321 959	—	1. 12. 1916[3]
15 bis unter 20 Jahren	6 567 397	—	1. 12. 1916[3]
20 bis unter 30 Jahren	8 078 695	—	1. 12. 1916[3]
30 bis unter 40 Jahren	7 231 926	—	1. 12. 1916[3]
40 bis unter 50 Jahren	6 873 484	—	1. 12. 1916[3]
50 bis unter 60 Jahren	5 549 943	—	1. 12. 1916[3]
60 bis unter 70 Jahren	3 453 498	—	1. 12. 1916[3]
70 bis unter 80 Jahren	1 641 122	—	1. 12. 1916[3]
80 bis unter 90 Jahren	334 214	—	1. 12. 1916[3]
90 bis unter 100 Jahren	16 409	—	1. 12. 1916[3]
100 und darüber	170	—	1. 12. 1916[3]
Die zehn größten Städte			
— Berlin	1 902 509	—	8. 10. 1919
— Hamburg	985 779	—	8. 10. 1919
— Köln	633 904	—	8. 10. 1919
— München	630 711	—	8. 10. 1919
— Leipzig	604 380	—	8. 10. 1919
— Dresden	529 326	—	8. 10. 1919
— Breslau	528 260	—	8. 10. 1919
— Essen	439 257	—	8. 10. 1919
— Frankfurt am Main	433 002	—	8. 10. 1919
— Düsseldorf	407 338	—	8. 10. 1919
Erwerbstätigkeit			
Erwerbstätige	21 830 549	—	1. 12. 1916[3]
— männlich	13 026 245	—	1. 12. 1916[3]
— weiblich	8 804 304	—	1. 12. 1916[3]
— nach Wirtschaftsbereichen			
Land- und Forstwirtschaft, Tierhaltung und Fischerei	5 514 549	—	1. 12. 1916[3]
Produzierendes Gewerbe	7 376 364	—	1. 12. 1916[3]
Handel und Verkehr	2 574 057	—	1. 12. 1916[3]
Militär und Freie Berufe	3 900 529	—	1. 12. 1916[3]
Sonstige	936 778	—	1. 12. 1916[3]
Ausländische Arbeitnehmer	428 863	—	1. 12. 1916[3]
Arbeitslose	87 205	—	1. 12. 1916[3]
Betriebe			
— Landwirtschaftliche Betriebe	5 736 082	—	1907[3]
— Industrie, einschließlich Bergbau und Baugewerbe	2 086 368	—	1907[3]
— Handel, Gastgewerbe, Reiseverkehr	83 931	—	1907[3]
Außenhandel			
— Einfuhr in Mio. Mark	10 769,7	—	1913
— Ausfuhr in Mio. Mark	10 097,2	—	1913
— Ausfuhrüberschuß in Mio. Mark	672,5	—	1913
Verkehr			
— Eisenbahnnetz (km)	55 950,8	— 7,6	Ende 1919
Beförderte Personen	53 037 000	—	1918[3]
Beförderte Güter (1 000 t)	387 021	—	1918[3]
— Bestand an Kraftfahrzeugen	93 072[4]	—	1. 1. 1914[3]
davon Pkw	83 333	—	1. 1. 1914[3]
davon Lkw	9 739	—	1. 1. 1914[3]
— Binnenschiffe zum Gütertransport (Tragfähigkeit in t)	7 394 657	—	1. 1. 1913[1]
Beförderte Güter (1 000 t)	407 587	—	1917[3]
— Handelsschiffe/Seeschiffahrt (BRT)	5 238 937	—	1. 1. 1914[3]
— Luftverkehr			
Beförderte Personen	2 042 000	—	1919
Beförderte Güter (t)	163 070	—	1919
Bildung			
— Schüler an Volksschulen	10 336 100	—	1911[3]
Mittelschulen	354 054	—	1911[3]
Höheren Schulen	664 156	—	1911[3]
— Studenten	113 477	+ 34,4	1919
Gesundheitswesen			
— Ärzte	30 558	—	1909[3]
— Zahnärzte	11 213	—	1909[3]
— Krankenhäuser	4 512	+ 1,9	1919
Sozialleistungen			
— Mitglieder der gesetzlichen Krankenversicherung	15 840 850	+ 9,8	1919
— Rentenbestand Rentenversicherung der Arbeiter	1 912 030	+ 6,2	1919
Finanzen und Steuern			
— Gesamtausgaben des Staates in Mio. Mark	54 867,0	+ 14,2	1919
— Gesamteinnahmen des Staates in Mio. Mark	16 907,0	— 46,5	1919
— Schuldenlast des Staates in Mio. Mark	156 452,4	+ 48,6	1919
Löhne und Gehälter			
— Wochenarbeitszeit in der Industrie (Stunden)	50-60	—	1913/14
— Bruttostundenverdienst männlicher Facharbeiter (Rpf)	65,9	—	1913
weiblicher Facharbeiter (Rpf)	38,2	—	1913

[1] Ortsanwesende Bevölkerung
[2] Ohne Kriegsgefangene
[3] Letzte verfügbare Angabe
[4] Ohne Krafträder
[5] Jahresdurchschnitt in Bayern

Statistische Zahlen 1919

Erhebungsgegenstand	Wert	Vergleich Vorjahr (%)	Stand
Preise			
— Index der Einzelhandelspreise (= 100)			
— Einzelhandelspreise ausgewählter Lebensmittel in Mark[5]			
Butter, 1 kg	7,92	+ 51,7	1919
Weizenmehl, 1 kg	0,90	+ 36,4	1919
Schweinefleisch, 1 kg	7,12	+142,2	1919
Rindfleisch, 1 kg	4,94	+ 22,9	1919
Eier, 1 Stück	0,23	+ 4,5	1919
Kartoffeln, 1 kg	0,33	+ 37,5	1919
Vollmilch, 1 l	0,44	+ 37,5	1919

Erhebungsgegenstand	Bremen	Berlin	Breslau	Aachen	Stuttg.	München
Klimatische Verhältnisse						
— Mittlere Lufttemperatur						
Januar (⁰C)	1,6	0,9	1,2	2,2	1,9	1,1
Februar	0,4	0,2	0,2	1,4	0,8	—0,3
März	3,4	3,2	3,7	4,0	5,4	4,1
April	6,8	6,6	7,1	6,0	6,6	5,1
Mai	12,7	12,1	10,8	13,6	13,9	11,6
Juni	15,1	15,9	16,4	14,9	17,5	16,3
Juli	14,7	16,1	16,3	13,9	15,7	14,8
August	16,1	16,6	17,2	17,1	19,3	18,3
September	15,0	15,6	16,7	15,3	17,2	16,4
Oktober	7,2	7,2	7,6	6,5	6,9	6,1
November	0,8	—0,6	—0,5	2,0	3,2	1,9
Dezember	1,8	0,3	0,2	4,0	2,6	1,2
— Niederschlagsmengen						
Januar (mm)	37	21	37	32	13	32
Februar	22	13	17	45	29	26
März	49	40	38	73	54	103
April	37	62	39	57	49	87
Mai	20	18	46	29	13	39
Juni	48	61	95	85	54	114
Juli	77	34	95	101	66	142
August	42	32	52	39	21	70
September	39	14	41	65	46	24
Oktober	32	64	39	52	23	46
November	73	85	61	112	88	80
Dezember	111	88	71	156	146	130

[1] Ortsanwesende Bevölkerung
[3] Letzte verfügbare Angabe
[5] Jahresdurchschnitt in Bayern
[6] Zahlen für das alte Staatsgebiet Österreich-Ungarn

Österreich

Erhebungsgegenstand	Wert	Vergleich Vorjahr (%)	Stand
Fläche			
Fläche (km²)	78 061		1918[3]
Bevölkerung			
Wohnbevölkerung	6 419 563[1]	—	1919
— männlich	3 283 565	—	1910[3]
— weiblich	3 362 419	—	1910[3]
Einwohner je km²	96,5	—	31. 12. 1913[3]
Privathaushalte	1 391 230	—	1918[3]
Lebendgeborene	118 518	+ 28,0	1919
Gestorbene	130 658	— 24,3	1919
Eheschließungen	80 363	+ 91,0	1919
Ehescheidungen	1 779	—	1918[3]
Familienstand der Bevölkerung[6]			
— Ledige insgesamt	17 050 231	—	1910[3]
männlich	8 701 431	—	1910[3]
weiblich	8 348 800	—	1910[3]
— Verheiratete	9 885 617	—	1910[3]
— Verwitwete und Geschiedene	1 634 952	—	1910[3]
männlich	428 339	—	1910[3]
weiblich	1 206 613	—	1910[3]
Religionszugehörigkeit[6]			
— Christen insgesamt	26 538 313	—	1910[3]
katholisch	25 949 627	—	1910[3]
evangelisch	588 686	—	1910[3]
sonstige	667 056	—	1910[3]
— Juden	1 313 687	—	1910[3]
— andere, ohne Konfession	52 869	—	1910[3]
Altersgruppen[6]			
unter 6 Jahren	4 199 464	—	1910[3]
6 bis unter 10 Jahren	3 293 336	—	1910[3]
11 bis unter 15 Jahren	3 056 698	—	1910[3]
16 bis unter 20 Jahren	2 645 602	—	1910[3]
21 bis unter 30 Jahren	4 395 812	—	1910[3]
31 bis unter 40 Jahren	3 631 950	—	1910[3]
41 bis unter 50 Jahren	2 950 765	—	1910[3]
51 bis unter 60 Jahren	2 253 077	—	1910[3]
61 bis unter 70 Jahren	1 430 724	—	1910[3]
71 bis unter 80 Jahren	604 226	—	1910[3]
81 bis unter 90 Jahren	103 615	—	1910[3]
91 und darüber	5 531	—	1910[3]
Die zehn größten Städte			
— Wien	2 031 498	—	1910[3]
— Graz	151 781	—	1910[3]
— Linz	87 769	—	1910[3]
— Innsbruck	53 194	—	1910[3]
— Salzburg	36 188	—	1910[3]
— Wiener Neustadt	32 874	—	1910[3]
— Klagenfurt	28 911	—	1910[3]
— Sankt Pölten	21 805	—	1910[3]
— Baden	20 632	—	1910[3]
— Villach	19 298	—	1910[3]
Erwerbstätigkeit			
Erwerbstätige[6]	16 020 405	—	1910[3]
— nach Wirtschaftsbereichen			
Land- und Forstwirtschaft, Tierhaltung und Fischerei	8 506 466	—	1910[3]
Produzierendes Gewerbe	3 627 816	—	1910[3]
Handel und Verkehr (inkl. Gast- und Schankwirtschaft)	1 576 623	—	1910[3]
öffentlicher Dienst und Militärdienst, freie Berufe	2 309 500	—	1910[3]
Arbeitslose	46 203	—	1. 12. 1918
Betriebe			
— Bergbau	368	—	1915[3]
— Verarbeitendes Gewerbe	15 887	—	1915[3]
— Beherbergungsbetriebe	6 261	—	1915[3]
Außenhandel			
— Einfuhr in Mio. Kronen (Mark)	2 981 (2001)	—	1914[3]

Erhebungsgegenstand	Wert	Vergleich Vorjahr (%)	Stand
— Einfuhr in Mio. Kronen (Mark)	2981 (2001)	—	1914[3]
— Ausfuhr in Mio. Kronen (Mark)	2245 (1507)	—	1914[3]
— Ausfuhrüberschuß in Mio. Kronen (Mark)	736 (494)	—	1914[3]
Verkehr			
— Straßennetz (km)	127110524	—	1916[3]
— Handelsschiffe/Seeschiffahrt (Nettoregistertonnen)	442444	—	1912[3]
Bildung			
— Schüler an Volks- und Bürgerschulen	913255	—	1918/19
Mädchenlyzeen	5122	—	1918/19
Realschulen und Realgymnasien	9063	—	1918/19
Gymnasien	12916	—	1918/19
— Studenten	23587	—	Winter 1918
Sozialleistungen			
— Mitglieder der gesetzlichen Krankenversicherung	785095	—	1918
Finanzen und Steuern			
— Gesamtausgaben des Staates[7] in Mio. Kronen (Mark)	17357 (11655)	—	1914/15[3]
— Gesamteinnahmen des Staates in Mio. Kronen (Mark)	16710 (11220)	—	1914/15[3]
Preise			
— Index der Einzelhandelspreise (1914 = 100)	2600	+147,6	April 1919
— Einzelhandelspreise ausgewählter Lebensmittel in Kronen (Mark)[8]			
Butter, 1 kg	12,35 (8,29)	—	Juli 1918
Weizenmehl, 1 kg	1,60 (1,07)	—	Juli 1918
Schweinefleisch, 1 kg	15,17 (10,9)	—	Juli 1918
Rindfleisch, 1 kg	6,68 (4,48)	—	Juli 1918
Eier, 1 Stück	0,60 (0,40)	—	Juli 1918
Kartoffeln, 1 kg	0,67 (0,45)	—	Juli 1918
Vollmilch, 1 l	0,61 (0,41)	—	Juli 1918
Zucker, 1 kg	1,53 (1,03)	—	Juli 1918
Kaffee, 1 kg	0,58 (0,39)	—	Juli 1918

Schweiz

Erhebungsgegenstand	Wert	Vergleich Vorjahr (%)	Stand
Fläche			
Fläche (km²)	41298,35	± 0	1919
Bevölkerung			
Wohnbevölkerung	3869160	— 0,3	1919[1]
— männlich	1845529	—	1910[3]
— weiblich	1907764	—	1910[3]
Einwohner je km²	96,1	—	1918
Ausländer	552011	—	1910[3]
Privathaushalte	829009	—	1910[3]
Lebendgeborene	72125	— 0,7	1919
Gestorbene	54932	— 26,8	1919
Eheschließungen	30751	+ 17,7	1919
Ehescheidungen	1977	+ 16,4	1919
Familienstand der Bevölkerung			
— Ledige insgesamt	2259951	—	1910[3]
männlich	1146662	—	1910[3]
weiblich	1113289	—	1910[3]
— Verheiratete	1252876	—	1910[3]
— Verwitwete und Geschiedene	240466	—	1910[3]
männlich	70316	—	1910[3]
weiblich	170150	—	1910[3]

3) Letzte verfügbare Angabe
7) Ordentliche und außerordentliche Etataufwendungen
8) Arithmetisches Mittel ausgewählter Großstädte
9) Schätzung
10) Umrechnung in Mark Stand Dezember 1919

Erhebungsgegenstand	Wert	Vergleich Vorjahr (%)	Stand
Religionszugehörigkeit			
—Christen insgesamt	3701352	—	1910[3]
katholisch	1593538	—	1910[3]
evangelisch	2107814	—	1910[3]
— Juden	18462	—	1910[3]
— andere, ohne Konfession	33479	—	1910[3]
Altersgruppen			
unter 5 Jahren	403747	—	1910[3]
5 bis unter 10 Jahren	394369	—	1930[3]
10 bis unter 15 Jahren	375124	—	1910[3]
15 bis unter 20 Jahren	365520	—	1910[3]
20 bis unter 30 Jahren	619741	—	1910[3]
30 bis unter 40 Jahren	547102	—	1910[3]
40 bis unter 50 Jahren	422378	—	1910[3]
50 bis unter 60 Jahren	293079	—	1910[3]
60 bis unter 70 Jahren	210568	—	1910[3]
70 bis unter 80 Jahren	101029	—	1910[3]
80 und darüber	21136	—	1910[3]
Die zehn größten Städte			
— Zürich	210870	— 0,5	1919[9]
— Basel	132950	— 0,5	1919[9]
— Genf	136800	— 2,3	1919[9]
— Bern	105850	+ 5,0	1919[9]
— Lausanne	69800	— 1,1	1919[9]
— St. Gallen	69700	+ 0,3	1919[9]
— Luzern	44800	+ 0,2	1919[9]
— La Chaux-de-Fonds	38800	— 2,6	1919[9]
— Biel	33300	+ 3,6	1919[9]
— Winterthur	23000	— 0,8	1919[9]
Erwerbstätigkeit			
Erwerbstätige	1783195	—	1910[3]
— männlich	1178782	—	1910[3]
— weiblich	604413	—	1910[3]
— nach Wirtschaftsbereichen			
Land- und Forstwirtschaft, Tierhaltung und Fischerei	477118	—	1910[3]
Industrie und Handwerk	644102	—	1910[3]
Handel und Verkehr	208064	—	1910[3]
Sonstige	453911	—	1910[3]
Ausländische Arbeitnehmer	296924	—	1910[3]
Arbeitslose	135522	+ 39,2	1919
Außenhandel			
— Einfuhr in 1000 sFr. (1000 Mark[10])	3533386 (30917127)	+ 47,1	1919
— Ausfuhr in 1000 sFr. (1000 Mark[10])	3298088 (28858270)	+ 68,0	1919
— Ausfuhrüberschuß in 1000 sFr. (1000 Mark[10])	−235298 (2058875)	— 46,3	1919
Verkehr			
— Eisenbahnnetz (km)	5772	+ 0,0	1919
Beförderte Personen	330211000	+ 6,9	1919
Beförderte Güter (t)	19639000	— 0,1	1919
— Bestand an Kraftfahrzeugen	6292	—	1917
davon Pkw	5076	—	1917
davon Lkw	1216	—	1917
— Binnenschiffe zum Personentransport (Tragfähigkeit in t)	9813,1	+ 76,2	1919
Beförderte Personen (t)	4327552	+ 40,8	1919
Bildung			
— Schüler an Grundschulen und Hauptschulen	545145	— 1,8	1919
Realschulen und Mittelschulen	30467	+ 14,5	1919
Gymnasien und Sekundarschulen	49692	+ 0,5	1919
— Studenten	7327	+ 3,9	1919
Gesundheitswesen			
— Ärzte	2652	—	1917
— Zahnärzte	490	—	1917
— Krankenhäuser	104	± 0	1919
Sozialleistungen			
— Mitglieder der gesetzlichen Krankenversicherung	842611	+ 16,8	1919

Erhebungsgegenstand	Wert	Vergleich Vorjahr (%)	Stand
— Rentenbestand Rentenversicherung allgemein	8 687	— 2,7	1919
Finanzen und Steuern			
— Gesamtausgaben des Staates in 1 000 sFr. (1 000 Mark[10])	382 535 (3 347 181)	+ 34,9	1919
— Gesamteinnahmen des Staates in 1 000 sFr. (1 000 Mark[10])	286 879 (2 510 191)	+ 29,4	1919
— Schuldenlast des Staates in 1 000 sFr. (1 000 Mark[10])	3 677 662 (3 217 954)	+ 14,1	1919
Löhne und Gehälter			
— Index der realen Durchschnitts-Stundenlöhne von angelernten und gelernten Arbeitern in der gewerblichen Wirtschaft (1913 = 100)	94	+ 16,0	1919
Preise			
— Index der Lebenshaltungskosten (1914 = 100)	259,1	+ 12,8	1. 6. 1919
— Einzelhandelspreise ausgewählter Lebensmittel in sFr. (Mark[10])			
Butter, 1 kg	7,70 (67,38)	± 0	30. 4. 1919
Weizenmehl, 1 kg, Vollmehl	0,84 (7,35)	± 0	30. 4. 1919
Schweinefleisch, 1 kg	9,00 (78,75)	+ 5,5	30. 4. 1919
Rindfleisch, 1 kg	6,70 (58,63)	+ 41,9	30. 4. 1919
Eier, 1 Stück	0,49 (4,29)	± 0	30. 4. 1919
Kartoffeln, 1 kg	0,29 (2,54)	± 0	30. 4. 1919
Vollmilch, 1 l	0,36 (3,15)	+ 2,9	30. 4. 1919

Erhebungsgegenstand	Zürich	Basel	Bern	Genf	Davos	Lugano
Klimatische Verhältnisse						
— Mittlere Lufttemperatur Januar (°C)	0,7	1,5	— 0,3	1,6	— 7.1	3,0
Februar	— 0,2	1,2	— 1,2	1,9	— 6,7	3,0
März	4,4	5,2	3,7	5,2	— 2,4	7,2
April	5,3	6,6	4,9	6,5	— 0,1	10,6

Erhebungsgegenstand	Zürich	Basel	Bern	Genf	Davos	Lugano
Mai	12,7	14,2	12,6	13,7	5,5	15,9
Juni	16,4	17,5	16,3	17,6	10,1	20,7
Juli	14,8	15,7	14,5	16,3	9,1	19,3
August	18,9	20,0	18,9	20,7	13,1	22,4
September	15,9	16,7	15,6	16,8	9,8	18,6
Oktober	6,0	6,5	5,2	7,0	— 0,2	9,7
November	2,4	3,6	1,6	3,5	— 4,0	4,1
Dezember	1,8	3,5	1,3	3,3	— 5,7	2,9
— Niederschlagsmengen Januar (mm)	23	13	29	54	44	245
Februar	74	77	111	106	42	49
März	145	103	103	147	33	126
April	107	74	104	82	96	220
Mai	38	21	41	22	48	8
Juni	96	53	82	42	120	64
Juli	135	85	118	95	133	149
August	41	24	29	43	62	36
September	39	55	49	104	57	217
Oktober	66	34	56	49	46	86
November	105	115	128	139	121	233
Dezember	179	76	146	137	170	32
— Sonnenscheindauer Januar (Std.)	37	39	40	56	81	93
Februar	69	87	75	63	95	126
März	96	100	107	122	120	161
April	106	104	99	146	119	187
Mai	281	298	273	309	213	289
Juni	254	288	274	316	192	269
Juli	188	189	185	279	151	246
August	276	305	308	346	246	291
September	209	198	221	249	221	229
Oktober	79	74	87	112	130	156
November	44	51	47	57	69	98
Dezember	26	52	42	54	62	137

[10] Umrechnung in Mark Stand Dezember 1919

Regierungen Deutsches Reich, Österreich und Schweiz 1919

Neben den Staatsoberhäuptern des Deutschen Reichs, Österreichs und der Schweiz sind in der Zusammenstellung die einzelnen Kabinette des Jahres 1919 in chronologischer Reihenfolge enthalten. Hinter den Namen der wichtigsten Regierungsmitglieder steht in Klammern der Zeitraum ihrer Tätigkeit.

Deutsches Reich

Staatsform:
Republik (Weimarer Verfassung am 31 . 7. 1919)
Reichspräsident:
Friedrich Ebert (11. 2. 1919-1925)

Rat der Volksbeauftragten (provisorische Regierung 1918-13. 2. 1919):
Friedrich Ebert (Mehrheits-SPD)
Philipp Scheidemann (Mehrheits-SPD)
Otto Landsberg (Mehrheits-SPD)
Gustav Noske (Mehrheits-SPD)
Rudolf Wissell (Mehrheits-SPD)
Staatssekretäre der Reichsämter:
Auswärtiges:
Ulrich Graf von Brockdorff-Rantzau (parteilos; 1918-20. 6. 1919)
Inneres:
Hugo Preuß (DDP; 1918-20. 6. 1919)
Reichsschatzamt:
Eugen Schiffer (DDP; 1918-19. 4. 1919)
Reichsjustizamt:
Paul von Krause (nationalliberal; 1917-20. 2. 1919)
Reichspostamt:
Otto Rüdlin (1917-6. 2. 1919)
Reichsmarineamt:
Ernst Ritter von Mann, Edler von Tiechler (1918-13. 2. 1919)
Kriegsernährungsamt:
Emanuel Wurm (1918-13. 2. 1919)
Reichswirtschaftsamt:
August Müller (1918-13. 2. 1919)
Reichsarbeitsamt:
Gustav Bauer (Mehrheits-SPD; 1918-13. 2. 1919)

Kabinett Scheidemann (13. 2. - 20. 6. 1919):
Reichsministerpräsident:
Philipp Scheidemann (Mehrheits-SPD; 13. 2.-20. 6. 1919)
Stellvertreter:
Eugen Schiffer (DDP; 13. 2.-19. 4. 1919), Bernhard Dernburg (DDP; 30. 4.-20. 6. 1919)
Auswärtiges:
Ulrich Graf von Brockdorff-Rantzau (parteilos; 1918-20. 6. 1919)
Inneres:
Hugo Preuß (DDP; 1918-20. 6. 1919)
Finanzen:
Eugen Schiffer (DDP; 1918-19. 4. 1919), Bernhard Dernburg (DDP; 30. 4.-20. 6. 1919)
Wirtschaft:
Rudolf Wissell (Mehrheits-SPD; 13. 2.-15. 7. 1919)
Arbeit:
Gustav Bauer (Mehrheits-SPD; 13. 2.-20. 6. 1919)
Justiz:
Otto Landsberg (Mehrheits-SPD; 13. 2.-20. 6. 1919)
Wehr:
Gustav Noske (Mehrheits-SPD; 13. 2. 1919-1920)
Post:
Johann Giesberts (Zentrum; 13. 2. 1919-1920, 1920-1922)
Ernährung:
Robert Schmidt (Mehrheits-SPD; 13. 2.-15. 9. 1919)
Kolonien:
Johannes Bell (Zentrum; 13. 2. 1919-1920)
Schatz:
Georg Gothein (DDP; 3. 4.-20. 6. 1919)
Demobilmachung (Reichsminister ohne Stimme im Kabinett):
Joseph Koeth (13. 2.-30. 4. 1919, Auflösung des Ministeriums)
Ohne Geschäftsbereich:
Eduard David (Mehrheits-SPD; 13. 2. 1919-1920), Matthias Erzberger (Zentrum; 13. 2.-20. 6. 1919), Georg Gothein (DDP; 13. 2.-3. 4.1919, dann Schatz)
Staatssekretär beim Ministerpräsidenten:
Curt Baake (Mehrheits-SPD; 13. 2.-5. 3. 1919), Heinrich Albert (parteilos; 5. 3. 1919-1921)
Pressechef:
Ulrich Rauscher (SPD; 13. 2. 1919-1920)

Kabinett Bauer (21. 6. 1919-1920):
Reichsministerpräsident (ab 14. 8. 1919: Reichskanzler):
Gustav Bauer (Mehrheits-SPD; 21. 6. 1919-1920)
Stellvertreter:
Matthias Erzberger (Zentrum; 21. 6.-3. 10. 1919), Eugen Schiffer (DDP; 3. 10. 1919-1920)
Auswärtiges:
Hermann Müller (Mehrheits-SPD; 21. 6. 1919-1920)
Inneres:
Eduard Heinrich Rudolph David (Mehrheits-SPD; 21. 6.-3. 10. 1919), Erich Koch (DDP; 3. 10. 1919-1921)
Finanzen:
Matthias Erzberger (Zentrum; 21. 6. 1919-1920)
Wirtschaft:
Rudolf Wissell (Mehrheits-SPD; 13. 2.-12. 7. 1919), Robert Schmidt (Mehrheits-SPD; 12. 7. 1919-1920)
Arbeit:
Alexander Schlicke (Mehrheits-SPD; 21. 6. 1919-1920)
Justiz:
Eugen Schiffer (DDP; 3. 10. 1919-1920)
Wehr:
Gustav Noske (Mehrheits-SPD; 13. 2. 1919-1920)
Post:
Johann Giesberts (Zentrum; 13. 2. 1919-1920, 1920-1922)
Verkehr:
Johannes Bell (Zentrum; 1. 10. 1919-1920)
Ernährung:
Robert Schmidt (Mehrheits-SPD; 13. 2.-15. 9. 1919)
Kolonien:
Johannes Bell (Zentrum; 13. 2. 1919-1920)
Schatz:
Wilhelm Mayer (Zentrum; 21. 6. 1919-1920)
Wiederaufbau:
Otto Geßler (DDP; 21. 10. 1919-1920)
Ohne Geschäftsbereich:
Eduard Heinrich Rudolph David (Mehrheits-SPD; 13. 2. 1919-1920)
Staatssekretär der Reichskanzlei:
Heinrich Albert (parteilos; 21. 6. 1919-1921)
Pressechef:
Ulrich Rauscher (Mehrheits-SPD; 13. 2. 1919-1920)

Regierungen der deutschen Länder, Freien Hansestädte und Berlins

Anhalt (Freistaat, Verfassung am 18. 7. 1919):
Wolfgang Heine (Mehrheits-SPD), Ministerpräsident (1918 bis Juli 1919), Heinrich Deist (Mehrheits-SPD), Ministerpräsident (23. 7. 1919-1924, 1924-1932)
Baden (Freistaat, Verfassung als Republik am 21. 3./13. 4. 1919):
Anton Geiß (Mehrheits-SPD), Ministerpräsident (1918-1920), Minister- und Staatspräsident (2. 4. 1919-1920)
Bayern (Republik seit 1918, Zweite Revolution am 21. 2. 1919, Dritte Revolution = Proklamation der Räterepublik am 7. 4. 1919, Vierte Revolution = Machtübernahme durch die Kommunisten am 13. 4. 1919, Diktatur der Roten Garde am 29. 4. 1919, Zerschlagung der kommunistischen Herrschaft am 2. 5. 1919, neue Verfassung am 15. 8. 1919):
Kurt Eisner (USPD), Ministerpräsident und Außenminister (1918-21. 2. 1919), Johannes Hoffmann (Mehrheits-SPD), Leiter des Zentralrats der bayerischen Republik (21. 2.-17. 3. 1919), Johannes Hoffmann (Mehrheits-SPD), Ministerpräsident und Außenminister (17. 3. 1919-1920, in Bamberg 7. 4.-16. 8. 1919), Franz Lipp, Leiter der Räteregierung in München (7. 4.-13. 4. 1919), Max Levin und Eugen Leviné, Leiter des Münchner Vollzugsrats (13. 4.-1. 5. 1919)
Berlin:
Adolf Wermuth, Oberbürgermeister (1912-1920)
Braunschweig (Republik seit 1918):
August Merges (USPD), Leiter des Rats der Volksbeauftragten (1918-22. 2. 1919), Sepp Oerter (USPD), Leiter des Rats der Volksbeauftragten (22. 2.-16. 4. 1919), Heinrich Jasper (Mehrheits-SPD), Leiter des Rats der Volksbeauftragten (18./19. 4.-21. 10. 1919) bzw. Ministerpräsident (21. 10. 1919-1920, 1922-1924, 1927-1930)
Bremen (Sozialistische Republik am 10. 1. 1919, von Reichstruppen erobert und unter Belagerungszustand ab 4. 2. 1919, vorläufige Verfassung 9. 4. 1919):
Hildebrand Deichmann, Erster Bürgermeister (17. 4. 1919-1920)
Coburg (Freistaat mit gemeinsamer Verwaltung mit Gotha ab 1918, Trennung von Gotha am 13. 4. 1919, ab 1920 zu Bayern gehörig) nach der Volksabstimmung vom 30. 11. 1919 und der Bamberger Stipulation vom 29. 7.
Gotha (Freistaat mit gemeinsamer Verwaltung mit Coburg ab 1918, Trennung von Coburg am 13. 4. 1919; Verfassung am 23. 12. 1919; ab 1. 5. 1920 zu Thüringen gehörig)
Hamburg (Freistaat, neue Verfassung am 26. 3. 1919):
Friedrich Sthamer, Erster Bürgermeister (1919-1920)
Hessen (Republik seit 1918, Verfassung am 9. 12. 1919):
Karl Ulrich (Mehrheits-SPD), Ministerpräsident (1918-1928)
Lippe (Freistaat seit 1918):
Klaus Becker (Mehrheits-SPD), Ministerpräsident (13. 2. 1919-1920)
Lübeck (Freistaat = Freie und Hansestadt, Verfassungsänderungen am 26. 3. 1919):
Emil Ferdinand Fehling, Regierender Bürgermeister (1917-1920)
Mecklenburg-Schwerin:
Hugo Wendorff (DDP; 1918-1920)
Mecklenburg-Strelitz (Freistaat, Landesgrundgesetz am 29. 1. 1919):
Peter Stubmann (DDP), Vorsitzender des Ministeriums (1918-5. 1. 1919), Hans Krüger (Mehrheits-SPD), Vorsitzender des Ministeriums bzw. Landeshauptmann (5. 1.-14. 10. 1919), Kurt Artur Freiherr von Reibnitz (Mehrheits-SPD), Minister (14. 10. 1919-1923, 1928-1929, 1929-1931)
Oldenburg (Freistaat seit 1918, Verfassung am 17. 6. 1919):
Bernhard Kuhnt, Ministerpräsident (1918-28. 2. 1919), Theodor Tantzen (DDP), Ministerpräsident (21. 6. 1919-1923, 1945/46)
Preußen (vorläufige Verfassung am 20. 3. 1919):
Paul Hirsch (Mehrheits-SPD), Ministerpräsident (1918-1920)
Reuß (Volksstaat, entstanden am 4. 4. 1919 durch Zusammenschluß der Freistaaten Reuß jüngere Linie und Reuß ältere Linie; der Volksstaat wird am 1. 5. 1920 Teil des Landes Thüringen):
Freiherr von Bodenstein, Erster Minister (4. 4. 1919-1920)
Sachsen (Republik ab 1918, vorläufiges Grundgesetz am 20. 2. 1919):
Richard Lipinski (USPD), Ministerpräsident, Außen- und Innenminister (1918-21. 1. 1919), Georg Gradnauer (SPD), Ministerpräsident (21. 2. 1919-1920)
Sachsen-Altenburg (Republik ab 1918, provisorische Verfassung am 27. 3. 1919, Teil des Landes Thüringen ab 1. 5. 1920):
Frölich, Ministerpräsident (27. 3. 1919-1920)
Sachsen-Weimar-Eisenach (Freistaat seit 1918, Verfassung am 19. 5. 1919, Teil des Landes Thüringen ab 1. 5. 1920):
Arnold Paulßen (DDP), Ministerpräsident (20. 5. 1919-1920)
Schaumburg-Lippe:
Heinrich Lorenz (Mehrheits-SPD), Ministerpräsident (1918 bis März 1919, 1927-1933), O. Bönners (parteilos), Ministerpräsident (14. 3. 1919-1922)
Schwarzburg-Rudolstadt (Freistaat ab 1918, Teil des Landes Thüringen ab 1. 5. 1920):
Hartmann (Mehrheits-SPD), Ministerpräsident (23. 5. 1919-1920)
Schwarzburg-Sondershausen (Freistaat ab 1918, Verfassung am 1. 4. 1919, Teil des Landes Thüringen ab 1. 5. 1920):
Bauer, Staatsminister (1. 4. 1919-1920)
Württemberg (Freistaat ab 1918, Verfassung am 25. 9. 1919):
Wilhelm Blos (Mehrheits-SPD), Ministerpräsident und Außenminister (1918-1920) sowie Staatspräsident (7. 3. 1919-1920)

Österreich

Staatsform:
Republik
Präsident der Konstituierenden National-versammlung und vorläufiges Staats-oberhaupt:
Karl Seitz (SPÖ; 16. 2. 1919-1920)

1. (provisorisches) Kabinett Renner (1918-3. 3. 1919):
Staatskanzler:
Karl Renner (SPÖ; 1918-1920, 1945)
Äußeres:
Otto Bauer (SPÖ; 1918-26. 7. 1919)
Inneres:
Heinrich Mataja (Christlichsozial; 1918-3. 3. 1919)
Unterricht:
Rafael Pacher (Deutschnational; 1918-3. 3. 1919)
Justiz:
Julius Roller (Deutschnational; 1918-3. 3. 1919)
Finanzen:
Otto Steinwender (Deutschnational; 1918-3. 3. 1919)
Handel und Industrie:
Karl Urban (Deutschnational; 1916/17, 1918-3. 3. 1919)
Öffentliche Arbeiten:
Johann Zerdik (Christlichsozial; 1918-3. 3. 1919)
Landwirtschaft:
Josef Stöckler (Christlichsozial; 1918-1920)
Heerwesen:
Josef Mayer (1918-3. 3. 1919)

Volksernährung:
Hans Löwenfeld-Ruß (1918-1920)
Verkehrswesen:
Karl Jukel (Christlichsozial; 1918-3. 3. 1919)
Gesundheit:
Ignaz Kaup (1918-3. 3. 1919)
Fürsorge:
Ferdinand Hanusch (SPÖ; 1918-3. 3. 1919)

2. Kabinett Renner (15. 3.-17. 10. 1919):
Staatskanzler:
Karl Renner (SPÖ; 1918-1920, 1945)
Vizekanzler:
Jodok Fink (Christlichsozial; 15. 3.-17. 10. 1919)
Äußeres:
Otto Bauer (SPÖ; provisorisch 1918-26. 7. 1919), Karl Renner (SPÖ; 26. 7. 1919-1920)
Inneres und Unterricht:
Karl Renner (SPÖ; 15. 3.-9. 5. 1919), Matthias Eldersch (SPÖ; 9. 5. 1919-1920)
Justiz:
Richard Bratusch (15. 3.-17. 10. 1919)
Finanzen:
Joseph Schumpeter (15. 3.-17. 10. 1919)
Handel, Gewerbe und Industrie:
Johann Zerdik (Christlichsozial; 15. 3. 1919-1920)
Soziale Verwaltung:
Ferdinand Hanusch (SPÖ; 15. 3. 1919-1920)
Verkehr:
Ludwig Paul (15. 3. 1919-1920)
Land- und Forstwirtschaft:
Josef Stöckler (Christlichsozial; 1918-1920)

Übergangswirtschaft:
Wilhelm Ellenbogen (SPÖ; 15. 3.-17. 10. 1919)
Heerwesen:
Julius Deutsch (SPÖ; 15. 3. 1919-1920)
Volksernährung:
Hans Löwenfeld-Ruß (1918-1920)
Gesundheit:
Julius Tandler (SPÖ; 15. 3.-17.10.1919)

3. Kabinett Renner (17. 10. 1919-1920):
Staatskanzler:
Karl Renner (SPÖ; 1918-1920, 1945)
Vizekanzler:
Jodok Fink (Christlichsozial; 17. 10. 1919-1920)
Äußeres:
Karl Renner (SPÖ; 26. 7. 1919-1920)
Inneres und Unterricht:
Matthias Eldersch (SPÖ; 9. 5. 1919-1920)
Verfassungs- und Verwaltungsreform:
Michael Mayr (Christlichsozial; 17. 10. 1919-1920)
Justiz:
Rudolf Ramek (Christlichsozial; 17. 10. 1919-1920)
Finanzen:
Richard Reisch (17. 10. 1919-1920)
Handel, Gewerbe, Industrie und Bauten:
Johann Zerdik (Christlichsozial; 15. 3. 1919-1920)
Soziale Verwaltung:
Ferdinand Hanusch (SPÖ; 15. 3. 1919-1920)
Verkehr:
Ludwig Paul (15. 3. 1919-1920)
Land- und Forstwirtschaft:
Josef Stöckler (Christlichsozial; 1918-1920)

Heerwesen:
Julius Deutsch (SPÖ; 15. 3. 1919-1920)
Volksernährung:
Hans Löwenfeld-Ruß (1918-1920)

Schweiz

Staatsform:
Republik
Bundespräsident:
Gustave Ador (freisinnig)

Politisches Departement (Äußeres):
Felix Calonder (freisinnig; 1913-31. 12. 1919)
Inneres:
Gustave Ador (freisinnig; 1917-31. 12. 1919)
Justiz und Polizei:
Eduard Müller (freisinnig; 1911-9. 11. 1919), Felix Calonder (freisinnig; 13. 12. 1919-1920)
Finanzen und Zölle:
Giuseppe Motta (katholisch-konservativ; 1911 bis Dezember 1919), Jean-Marie Musy (katholisch-konservativ; 11. 12. 1919-1934)
Militär:
Camille Decoppet (freisinnig; 1912-7. 11. 1919), Karl Scheurer (freisinnig; 13. 12. 1919-1929)
Volkswirtschaft:
Edmund Schultheß (freisinnig; 1912-1935)
Post und Eisenbahn:
Robert Haab (freisinnig; 1918-1929)

Staatsoberhäupter und Regierungen ausgewählter Länder 1919

Die Einträge zu den wichtigsten Ländern des Jahres 1919 informieren über die Staatsform (hinter dem Ländernamen), Titel und Namen des Staatsoberhaupts sowie in Klammern dessen Regierungszeit. Es folgen — soweit vorhanden — die Regierungschefs, bei wichtigeren Ländern auch die Außenminister des Jahres 1919; jeweils in Klammern stehen die Zeiträume der Amtsausübung. Eine Kurzdarstellung gibt — wo es sinnvoll erscheint — einen Einblick in die innen- und außenpolitische Situation des Landes. Über bewaffnete Konflikte und Unruhegebiete, auf die hier nicht näher eingegangen wird, informiert der Anhang »Kriege und Krisenherde des Jahres 1919« gesondert.

Abessinien: Kaiserreich
Kaiserin:
Zäudito (1916-1928)
Regent und Thronfolger:
Täfäri Mäkwännen (1916-1928, danach König 1928-1930 und Kaiser 1930-1974 als Haile Selassie I.)

Afghanistan: Emirat
Emir:
Habib Ullah Khan (1901-20. 2. 1919), Aman Ullah (20. 2. 1919-1929, König ab 1926)
Seit 1879 erkennt das Land die britische Oberhoheit über seine Außenpolitik an.

Ägypten: Sultanat
Seit Ausbruch des Ersten Weltkriegs britisches Protektorat unter Aufhebung der osmanischen Oberhoheit
Britischer Oberkommissar:
Francis Reginald Wingate (1916-1919),

Edmund Henry Hynmann Allenby, Viscount of Megiddo and Felixstowe (1919-1925)
Sultan:
Fuad I. (1917-1922, danach König 1922-1936)

Albanien: Republik
Staatspräsident:
Turchan Pascha (1918-1924)
Während des Ersten Weltkriegs war Albanien von Italien und Österreich besetzt. Die Integrität des Landes wird 1919 wiederhergestellt.

Algerien:
Französisches Generalgouvernement
Generalgouverneur:
Célestin Charles Jonnart (vorläufig 1918-26. 8. 1919), Jean-Baptiste Eugène Abel (29. 8. 1919-1921)
Algerien ist politisch und wirtschaftlich dem Mutterland angegliedert.

Annam: Königreich
De facto französisches Protektorat
König:
Khwai Dinh (1916-1925, Kaiser ab 1922)

Argentinien: Bundesrepublik
Präsident:
Hipólito Irigoyen (1916-1922, 1928-1930)

Aserbaidschan: Nationale Republik
Präsident des Nationalrats:
Mehmet Emin Resuzade (1918-1920)
Ministerpräsident:
Fath Ali Chan Cho'i (1918-14. 4. 1919), Nasib Bey Jusufbejli (14. 4. 1919-1920)

Äthiopien: Siehe Abessinien

Australien: Bundesstaat
im Britischen Empire
Ministerpräsident:
William Morris Hughes (1915-1923)
Britischer Generalgouverneur:
Ronald Craufurd Munro-Ferguson (1914-1920)

Belgien: Königreich
König:
Albert I. (1909-1934)
Ministerpräsident:
Léon Delacroix (1918-1920)
Außenminister:
Paul Hymans (1918-1920, 1924/25, 1927-1934)

Bhutan: Königreich
König:
Ugyen Wangchuk (1907-1926)

Das Land erkennt die britisch-indische Vormacht an, regelt seine inneren Angelegenheiten jedoch selbständig.

Birma: Provinz von Britisch-Indien
Birma wurde 1886 von Großbritannien annektiert.

Bolivien: Republik
Präsident:
José N. Gutiérrez Guerra (1917-1920)

Brasilien: Bundesrepublik
Präsident:
Delfin Moreira da Costa Ribeiro (1918-28. 7. 1919), Epitácio da Silva Pessoa (28. 7. 1919-1922)

Bulgarien: Königreich
König bzw. Zar:
Boris III. (1918-1943)
Ministerpräsident:
Theodor Tódorow (1918-2. 10. 1919), Alexandar Stamboliski (2. 10. 1919-1923)
Der Friede von Neuilly-sur-Seine am 27. 11. 1919 beendet für Bulgarien den Ersten Weltkrieg.

Chile: Republik
Präsident:
Juan Luis Sanfuentes Andonaegui (1915-1920)

China: Republik
Präsident:
Hsü Shih-ch'ang (1918-1922)
China ist zersplittert in die Machtbereiche regionaler Militärcliquen.

Costa Rica: Republik
Präsident:
Federico Tinoco Granados (1917-6. 5. 1919), Julio Acosta García (7. 5.-13. 8. 1919), Juan Bautista Quirós (13. 8. 1919-1920)
Das Land steht politisch und wirtschaftlich unter dem Einfluß der USA.

Dänemark: Königreich
König:
Christian X. (1912-1947)
Ministerpräsident:
Carl Theodor Zahle (1909/10, 1913-1920)

Dominikanische Republik:
1916-1924 von den USA besetztes Land
(*Präsident:*
Frederico Henríquez y Carvajal 1916-1922)
Die tatsächliche Regierungsgewalt liegt bei einem US-Militärgouverneur, der jede Form von Opposition unterdrückt.

Ecuador: Republik
Präsident:
Alfredo Baquerizo Moreno (1916-1920)

El Salvador: Republik
Präsident:
Carlos Meléndez (1913/14, 1915-28. 2. 1919), Jorge Meléndez (1. 3. 1919-1923)

Estland: Republik
Ministerpräsident:
Konstantin Päts (1918 bis Mai 1919, 1921/22, 1923/24, 1931/32, 1932/33, 1933-1938, Staatspräsident 1938-1940), Otto Strandmann (19. 5.-13. 11. 1919, 1929-1931), Hans Tönisson (13. 11. 1919-1920, 1927/28, 1933)

Finnland: Republik ab 17. Juni 1919
Reichsverweser:
Carl Gustaf Emil Freiherr von Mannerheim (1918 bis Juni 1919)
Staatspräsident:
Kaarlo Juho Ståhlberg (25. 7. 1919-1925)
Ministerpräsident:
Lauri Ingman (1918-17. 4. 1919), Kaarl Castrén (17. 4.-15. 8. 1919), Juho Vennola (15. 8. 1919-1920, 1921/22, 1931)

Frankreich: Republik
Präsident:
Raymond Poincaré (1913-1920)
2. Kabinett Clemenceau (1917-1920):
Ministerpräsident:
Georges Benjamin Clemenceau (1906-1909, 1917-1920)
Außenminister:
Stéphan Pichon (1906-1911, 1913, 1917-1920)

Georgien: Demokratische Republik
Staatspräsident:
Noe Zordania (1918-1921)

Griechenland: Königreich
König:
Alexander (1917-1920)
Ministerpräsident:
Eleftherios Weniselos (1910-1915, 1917-1920)
Außenminister:
Nikolaos Politis (1917-1920)

Großbritannien: Königreich
König:
Georg V. (1910-1936)

1. Kabinett Lloyd George (liberal; 1916-10. 1. 1919):
Premierminister:
David Lloyd George (1916-1922)
Außenminister:
Arthur James Balfour (1916-1919)
Schatzkanzler:
Andrew Bonar Law (1916-10. 1. 1919)
Seesperrenminister:
Laming Worthington-Evans (1918-10. 1. 1919)
Kolonialminister:
Walter Hume (1916-10. 1. 1919)
Staatssekretär für Indien:
Joseph Austen Chamberlain (1916-10. 1. 1919)
Vorsitzender des Geheimen Rats:
George Nathaniel Marquess Curzon of Kedlestone (1916-24. 10. 1919)
2. Kabinett Lloyd George (Koalition liberal-konservativ; 10. 1. 1919-1922):
Premierminister:
David Lloyd George (1916-1922),
Außenminister:
Arthur James Balfour (1916-1919), George Nathaniel Marquess Curzon of Kedlestone (24. 10. 1919-1924)
Schatzkanzler:
Sir Joseph Austen Chamberlain (10. 1. 1919-1921)
Kolonialminister:
Alfred Viscount Milner (10. 1. 1919-1921)
Staatssekretär für Indien:
Edwin Samuel Montagu (10. 1. 1919-1922)
Vorsitzender des Geheimen Rats:
George Nathaniel Marquess Curzon of Kedlestone (1916-24. 10. 1919), Arthur James Balfour (24. 10. 1919-1922)

Guatemala: Diktatur
Präsident:
Manuel Estrada Cabrera (1898-1920)

Haiti: Von den USA besetzte Republik
Präsident:
Philippe Sudre Dartiguenave (1915-1922)
Seit 1915 ist Haiti von den USA besetzt (bis 1934), die das politische Geschehen, die Finanzen und die Zölle kontrollieren. Der Präsident ist mit Hilfe der US-Regierung an die Macht gekommen.

Honduras: Republik
Präsident:
Francisco Bertrand (1913-8. 9. 1919), López Gutiérrez (1. 11. 1919-1924)
Honduras ist eine der wichtigsten Wirtschaftsregionen des US-Bananentrusts United Fruit Company.

Indien (Britisch-Indien):
Britisches Vizekönigreich
Vizekönig:
Frederick Johann Napier Thesiger (seit 1921: Viscount Chelmsford) (1916-1921)

Indochinesische Union:
Französisches Protektorat
Generalgouverneur:
Albert Sarraut (1917-1919), Montguillot (vorläufig 1919/20, 1925, 1928)
Die Indochinesische Union ist ein französisches Protektorat, bestehend aus den 1887 vereinigten französischen Protektoraten Annam, Tonkin und Kambodscha, der Kolonie Kotschinchina und ab 1893 auch Laos.

Irak: Von Großbritannien besetzt
Irak war bis 1914 Teil des Osmanischen Reichs, wurde 1914 von britischen Truppen besetzt und wird 1921 Königreich.

Iran: Siehe Persien
(amtlich »Iran« ab 1934)

Irland: Teil von Großbritannien
Irland ist seit 1801 dem Vereinigten Königreich von Großbritannien und Irland eingegliedert; Freistaat ab 1921.

Island: Republik
Ministerpräsident:
Jon Magnússon (1917-1922)
Island ist von 1918 bis 1944 ein selbständiger Staat in Personalunion mit Dänemark. 1944 wird es unabhängig.

Italien: Königreich
König:
Viktor Emanuel III. (1900-1946)
1. Kabinett Orlando (1917-19. 1. 1919):
Ministerpräsident:
Vittorio Emanuele Orlando (1917-19. 6. 1919)
Außenminister:
Giorgio Sidney Baron Sonnino (1914-19. 6. 1919)
2. Kabinett Orlando (19. 1.-19. 6. 1919):
Ministerpräsident:
Vittorio Emanuele Orlando (1917-19. 6. 1919)
Außenminister:
Giorgio Sidney Baron Sonnino (1914-19. 6.1919)
1. Kabinett Nitti (23. 6. 1919-1920):
Ministerpräsident:
Francesco Saverio Nitti (23. 6. 1919-1920)
Außenminister:
Tommaso Tittoni (23. 6.-3. 11. 1919), Vittorio Scialòja (3. 11. 1919-1920)
Im September besetzt Gabriele D'Annunzio das zwischen Italien und Jugoslawien umstrittene Fiume.

Japan: Kaiserreich
Kaiser:
Joschihito (1912-1926)
Ministerpräsident:
Takaschi Hara (1918-1921)
Außenminister:
Yasuya (ab 1920: Graf) Uchida (1918-1923)

Jemen: Königreich
König:
Hamid Ad Din Jahja (1918-1948, zuvor Imam 1904-1918)

Jordanien: Britisches Mandat
Jordanien ist ein Teil des Osmanischen Reichs; Emirat Trans-Jordanien ab 1921 bzw. 1923.

Jugoslawien:
»Königreich der Serben, Kroaten und Slowenen«
König:
Peter I. Karadordević (1903-1921, 1903-1918 König von Serbien)
Ministerpräsident:
Stojan Protić (1918-19. 8. 1919, 1920), Ljubomir Davidović (19. 8. 1919-1920)
Außenminister:
Ante Trumbić (1918-1920)
Das Land wird 1929 in »Königreich Jugoslawien« umbenannt.

Kambodscha: Königreich
unter französischem Protektorat
König:
Sisovath (1904-1927)
Kambodscha ist ein zur Indochinesischen Union gehörendes französisches Protektorat.

Kanada: Bundesstaat
Britisches Dominion
Premier- und Außenminister:
Sir Robert Laird Borden (1911-1920)
Britischer Generalgouverneur:
Victor Cavendish Herzog von Devonshire (1916-1921)

Kirchenstaat: Siehe Päpste

Kolumbien: Republik
Präsident:
Marco Fidel Suarez (1918-1921)

Korea:
Japanisches Generalgouvernement Chosen (1910-1945)
Generalgouverneur:
Yoshimicho Graf Hasegawa (1916-1919), Makato Graf Saito (September 1919 bis 1927, 1929-1931)
Vom 1. März an finden Massendemonstrationen für die Unabhängigkeit des Landes statt. Japan reagiert mit einer »Politik der kulturvollen Verwaltung«.

Kuba: Republik
Präsident:
Mario García Menocal (1913-1921)
Das Land ist wirtschaftlich (Zucker, Tabak) und politisch völlig abhängig von den USA, die sich seit der Räumung der Insel 1902 Interventionsrecht vorbehalten haben.

Laos: Königreich
Unter französischem Protektorat
König:
Sisavong Vong (1904-1959)
Laos ist seit 1893 ein zur Indochinesischen Union gehörendes französisches Protektorat.

Lettland: Republik
Staatspräsident:
Karlis Ulmanis (1918-16. 4. 1919, 1936-1940), danach fungiert bis 1922 kein Staatspräsident.
Ministerpräsident:
Karlis Ulmanis (1918-28. 4. 1919, 16. 7. 1919-1921, 1925/26, 1931, 1934, 1934-1940), Andreas Needra (28. 4.-16. 7. 1919)

Libanon:
Französisches Völkerbundmandat
Libanon wird 1926 Republik.

Liberia: Republik
Präsident:
Daniel Howard (1916-1920)

Liechtenstein: Fürstentum
Fürst:
Johann II. (1858-1929)

Litauen: Republik
Präsident:
Antanas Smetona (4. 4. 1919-1922, 1926-1940)
Ministerpräsident:
Nikolaus Slezevicius (1918-7. 3. 1919, 12. 4.-7. 10. 1919, 1926), Franz Dovydaitis (12. 3.-12. 4. 1919), Ernst Galvanauskas (7. 10. 1919-1920)

Luxemburg: Großherzogtum
Großherzogin:
Marie Adelheid (1912-14. 1. 1919), Charlotte (14. 1. 1919-1964)
Ministerpräsident und Außenminister:
Emil Reuter (1918-1925)

Marokko: Sultanat
Französisches Protektorat
Sultan:
Jusuf (1912-1927)
Französischer Generalresident:
Louis Hubert Lyautey (1912-1925)

Mexiko: Bundesrepublik
Präsident:
Venustiano Carranza (1915-1920)

Monaco: Fürstentum
Fürst:
Albert (1889-1922)

Nepal: Königreich
König:
Tribhuwan Bir Bikram Schah (1911-1950,
1952/53)
Ministerpräsident:
Maharadscha Sri Tschandra Schah Rana
(1901-1929)

Neuseeland: Dominion
im britischen Commonwealth
Premierminister:
William Ferguson Massey (1912-1925)

Nicaragua: Republik
Präsident:
Emiliano Chamorro Vargas (1917-1920,
1926)
1912 sind US-Marinetruppen in Nicaragua gelandet, die bis 1933 im Land
bleiben.

Niederlande: Königreich
Königin:
Wilhelmina (1890-1948)
Kabinettsbilder:
Charles Joseph Maria Ruys de Beeren-
brouck (katholisch; 1918-1925, 1929-
1933)
Außenminister:
Herman Adriaan van Karnebeeck (1918-
1927)

Norwegen: Königreich
König:
Håkon VII. (1905-1957)
Ministerpräsident:
Gunnar Knudsen (1908-1910, 1913-1920)

Panama: Republik
Unter faktischen Protektorat der USA
Präsident:
Belisario Porras (1912-1916, 1918-1924)
Die Verfassung von 1904 sieht das Inter-
ventionsrecht der USA vor, die davon
mehrmals Gebrauch machen (1908, 1912,
1918).

Papst: Absolute Monarchie
Papst:
Benedikt XV., vorher Giacomo della Chie-
sa (1914-1922)

Kardinalstaatssekretär:
Kardinal Pietro Gasparri (1914-1930)
Der frühere Kirchenstaat ist seit 1870 dem
italienischen Nationalstaat eingegliedert.
Erst 1929 wird durch die Lateranverträge
der autonome Stadtstaat Vatikanstadt geschaffen.

Paraguay: Republik
Präsident:
Manuel Franco (1916-5. 6. 1919), José P.
Montero (5. 6. 1919-1920)

Persien: Kaiserreich
Kaiser/Schah:
Ahmad Schah (1909-1925)

Peru: Republik
Präsident:
José Pardo y Barreda (1904-1908, 1915-4.
7. 1919), Augusto Bernardino Leguía
(1908-1912, 20. 7. 1919-1930)

Philippinen: Gouvernement der USA
Generalgouverneur:
Francis Burton Harrison (1913-1921)
Durch die 1916 vom US-Kongreß verabschiedete Jones-Akte ist den Philippinen
die staatliche Unabhängigkeit in Aussicht
gestellt worden, sobald eine stabile Regierung gebildet sei (realisiert erst 1946).

Polen: Republik
Staatspräsident:
Jósef Klemens Pilsudski (1918-1922)
Ministerpräsident:
Jedrzej Moraczewski (1918-17. 1. 1919),
Ignacy Jan Paderewski (18. 1.-5. 12. 1919),
Leopold Skulski (13. 12. 1919-1920)
Außenminister:
Marian Seyda (1918-17. 1. 1919), Ignacy
Jan Paderewski (18. 1.-5. 12. 1919), Stanis-
laus Patek (13. 12. 1919-1920)

Portugal: Republik
Staatspräsident: (vorläufig):
João do Canto e Castro (1918-5. 10.
1919)
Staatspräsident:
Antonio José de Almeida (5. 10.
1919-1923)
Ministerpräsident:
João Tamagnini Barbosa (1918-25. 1.
1919), José Relvas (25. 1.-31. 3. 1919), Do-
mingo Leite Pereira (31. 3.-1. 7. 1919), Alfredo Ernesto de Sá Cardoso (1. 7.
1919-1920)

Rumänien: Königreich
König:
Ferdinand I. (1914-1927)
Ministerpräsident:
Ion C. Brătianu (1909/10/11, 1914-1918,
1918-12. 11. 1919, 1922-1926, 1927), Artur Văitoianu (12. 9.-4. 12. 1919), Alexan-
dru Vajdu-Voevod (4. 12. 1919-1920,
1932, 1933)

Rußland: Republik
unter Sowjetherrschaft
*Vorsitzender des Allrussischen Zentral-
vollzugsausschusses (Staatsoberhaupt):*
Jakow M. Swerdlow (1917 bis März 1919),
Michail I. Kalinin (März 1919 bis 1946)
Parteichef:
Wladimir I. Lenin (bis 1922)
*Vorsitzender des Rates der Volkskommissa-
re (Ministerpräsident):*
Wladimir I. Lenin (1917-1924)
Volkskommissar des Äußeren:
Georgi W. Tschitscherin (1918-1930)
Volkskommissar für Verteidigung:
Leo D. Trotzki (1918-1924)
Volkskommissar für Volksbildung:
Anatoli W. Lunatscharski (1917-1930)
In Rußland wird der Bürgerkrieg zwi-
schen »Roten« und »Weißen« ausgetragen.

Sansibar: Sultanat
unter britischem Protektorat
Sultan:
Chalifa II. (1911-1960)

Saudi-Arabien: Königreich
König:
Husain Ibn Ali (»König der Araber«,
1916-1924)

Schweden: Königreich
König:
Gustav V. (1907-1950)
Ministerpräsident:
Nils Eden (1917-1920)

Siam: Siehe Thailand

Spanien: Königreich
König:
Alfons XIII. (1886-1931)
Ministerpräsident:
Alvaro Figueroa y Torres, Graf Romano-
nes (1918-14. 4. 1919), Antonio Maura y
Montaner (1903-1905, 1907-1909, 1918,
14. 4.-20. 7. 1919, 1921/22), Joaquín Sán-
chez de Toca (20. 7.-9. 12. 1919), Manuel
Allendesalazar (9. 12. 1919-1920, 1921)

Südafrikanische Union: Dominion
im britischen Commonwealth
Ministerpräsident:
Louis Botha (1910-27. 8. 1919), Jan Chri-
stiaan Smuts (3. 9. 1919-1924)
Generalgouverneur:
Sydney Viscount Buxton (1914-1920)

Thailand: Königreich
König:
Rama VI. (1910-1925)

Tibet: Autonomer Staat seit 1914
Dalai-Lama:
Thupten Gjatso (1876/95-1933)
Pantschen-Lama:
Tschökji Njima (1883-1937)

Tschechoslowakei: Republik
Staatspräsident:
Tomáš Garrigue Masaryk (7. 11. 1918 bzw.
27. 5. 1920-1935)
Ministerpräsident:
Karel Kramář (14. 11. 1918-1919), Wlasti-
mil Tusar (10. 7. 1919-1920)
Außenminister:
Eduard Beneš (1918-1935)

Tunis:
Französisches Protektorat
Bei:
Muhammad V. (1906-1922)
Generalresident:
Pierre Étienne Flandin (1918-1921)

Türkei: Sultanat
Sultan:
Muhammad VI. (1918-1922)
Großwesir:
Ahmad Taufik Pascha (1909, 1918-10. 3.
1919, 1920-1922)

Ungarn: Republik
Präsident:
Mihály Graf Károlyi von Nagykárolyi
(11. 1. - 21. 3. 1919), Alexander Garbai
(21. 3. bis Dezember 1919)
*Ministerpräsident eines Revolutionsmini-
steriums:*
Mihály Graf Károlyi von Nagykárolyi
(1918-21. 1. 1919)
Ministerpräsident:
Desiderius Berinkey (18. 1. 1919-21. 3.
1919) Sándor Garbai (22. 3.-24. 6. 1919),
Anton Dovcsak (24. 6.-1. 8. 1919), Gyula
Peidl (1.-6. 8. 1919)
*Ministerpräsident der gegenrevolutionä-
ren Regierung in Arad:*
Gyula Graf Andrássy d. J. (5. 5.-14. 7.
1919), Desiderius Abraham (14. 7.-7. 8.
1919)
*Ministerpräsident der gegenrevolutionä-
ren Regierung in Budapest:*
Stefan Friedrich (7. 8.-17. 11. 1919), Karl
Huszár (23. 11.1919-1920)

Uruguay: Republik
Präsident:
Feliciano Viera (1915-1. 3. 1919), Baltasar
Brum (5. 3. 1919-1923)

USA: Bundesstaat
Präsident:
Thomas Woodrow Wilson (Demokrat);
28. Präsident (1913-1921)
Vizepräsident:
Thomas Riley Marshall (1913-1921)
Außenminister:
Robert Lansing (1915-1921)

Venezuela: Diktatur
Präsident:
Juan Vicente Gómez (1908-1929, 1931-
1935)

Kriege und Krisenherde des Jahres 1919

Die herausragenden politischen und militärischen Krisensituationen des Jahres 1919 werden — alphabetisch nach Ländern geordnet — im Überblick dargestellt.

3. Afghanisch-Britischer Krieg

Der Vertrag von Rawalpindi am 8. August 1919 beendet den im Mai dieses Jahres ausgebrochenen Dritten Afghanisch-Britischen Krieg. Der neue Emir von Afghanistan, Aman Ullah, hatte im Mai zum Heiligen Krieg gegen Großbritannien aufgerufen, das seit 1879 die afghanische Außenpolitik kontrolliert. Nach Anfangserfolgen mußte die afghanische Armee vom strategisch bedeutenden Khaiberpaß, dem wichtigsten westlichen Zugang zu Britisch-Indien, nach Dschalalabad zurückweichen. Im Vertrag von Rawalpindi erkennt Großbritannien die Unabhängigkeit Afghanistans in der auswärtigen Politik an; es erhält das Recht, fremde Vertretungen zu empfangen und Gesandtschaften im Ausland zu errichten. Dafür stellt Großbritannien die bisher geleistete Zahlung von sog. Jahrgeldern an Afghanistan ein.

Vierte-Mai-Bewegung in China

Die Nachricht, daß gemäß dem Friedensvertrag von Versailles die deutschen Privilegien in China auf Japan übertragen werden, führt am 4. Mai 1919 in Peking zu blutigen Studentendemonstrationen gegen die Japaner. Die Studenten werden in ganz China durch Solidaritätsstreiks unterstützt, erstmals schließen sich auch Arbeiter den Kundgebungen an.
Die sog. Vierte-Mai-Bewegung, die diese Demonstrationen auslöst, ist die erste chinesische Nationalbewegung. Japan, das 1910 Korea annektiert hat, will sich auch in China festsetzen.

Spartakusaufstand in Berlin

Mit der Besetzung des Berliner Zeitungsviertels am 5. Januar 1919 durch kommunistische Spartakisten beginnt der Spartakusaufstand. Anlaß für den Aufstand war die Absetzung des Polizeipräsidenten Emil Eichhorn (USPD). Daraufhin riefen die revolutionären Obleute (Vertrauensleute) der Berliner USPD und KPD zum Generalstreik auf, um die Regierung der Volksbeauftragten unter Friedrich Ebert und Philipp Scheidemann zu stürzen. Nur ein Teil der Arbeiterschaft folgt jedoch dem Aufruf. Die Regierung reagiert mit der Verkündung des Belagerungszustands. Gustav Noske (MSPD), Mitglied des Rats der Volksbeauftragten, befiehlt den Regierungstruppen den Sturm auf das Zeitungsviertel. Am 11./12. Januar findet der Aufstand ein blutiges Ende, 157 Menschen kommen ums Leben. Im Zusammenhang mit dem Aufstand werden die USPD-Führer Rosa Luxemburg und Karl Liebknecht am 15. Januar durch Freikorpsoffiziere in Berlin ermordet.

Generalstreik in Berlin

Die KPD ruft am 3. März 1919 die Berliner Arbeiterschaft zum Generalstreik auf. In ihrem Parteiorgan »Die Rote Fahne« verkündet sie: »Nieder mit der Regierung Ebert/Scheidemann! Nieder mit der Nationalversammlung! Alle Macht den Arbeiterräten!« Für die KPD, die sich an den Wahlen zur Weimarer Nationalversammlung am 19. Januar nicht beteiligt hat, und für die USPD ist die im November 1918 ausgebro-

chene Revolution noch nicht beendet. Ihr Ziel ist die Errichtung einer sozialistischen Räterepublik nach russischem Vorbild. Reichswehrminister Gustav Noske (MSPD) verhängt den Belagerungszustand und läßt Truppen gegen die Streikenden vorgehen. Die von Noske mobilisierten Streitkräfte bestehen zum großen Teil aus Freiwilligenverbänden ehemaliger Frontsoldaten, die sich auf Initiative einzelner Führer bilden und ausschließlich diesen folgen. Am 9. März befiehlt Noske, jeden zu erschießen, der »mit Waffen in der Hand gegen die Regierungstruppen kämpfend angetroffen wird«. Am 12. März ist der Aufstand niedergeschlagen. 1200 Menschen fanden den Tod.

Räterepublik in München

Der Münchner Zentralrat der Arbeiter-, Bauern- und Soldatenräte ruft am 7. April 1919 die Räterepublik aus. Mitglieder sind u. a. Franz Lipp, Silvio Gesell, Erich Mühsam, Gustav Landauer, Ernst Toller, Max Levien und Tobias Axelrod. Die Regierung des Ministerpräsidenten Johannes Hoffmann (MSPD) flieht nach Bamberg. Die Kommunisten beteiligen sich nicht, weil die Räteregierung ihrer Ansicht nach nicht die Interessen der Arbeiterschaft vertritt. Die neue Regierung verhängt den Belagerungszustand, erläßt Verfügungen über Sozialisierungsmaßnahmen und die Bildung einer Roten Armee. Ein Putsch gegenrevolutionären Militärs am 13. April scheitert.
Die nach Bamberg geflohene Regierung Hoffmann ruft Reichstruppen zu Hilfe, die mit bayerischen Freiwilligen — unter dem Kommando von Offizieren der früheren Reichswehr — die Räterepublik zerschlagen. Am 2. Mai wird München von Regierungsgtruppen und Freikorps besetzt. Damit endet der im Deutschen Reich bis dahin längste Versuch, eine Räteherrschaft nach sowjetischem Vorbild zu errichten. Bei der Eroberung der bayerischen Hauptstadt werden Hunderte von tatsächlichen und vermeintlichen Anhängern der Räteregierung erschossen. Es kommt zu Straßenkämpfen, zahlreiche Räteanhänger werden standrechtlich hingerichtet.

Griechisch-Türkischer Krieg

Griechische Truppen besetzen nach der Niederlage des Osmanischen Reichs (Türkei) im Ersten Weltkrieg am 15. Mai im Auftrag der alliierten Siegermächte die osmanische Hafenstadt Smyrna (Izmir). Dies ist der Beginn des Griechisch-Türkischen Kriegs. Smyrna bleibt bis zum Ende dieses Kriegs 1922 von Griechenland besetzt.
Das Osmanische Reich und die Alliierten haben 1918 den Waffenstillstand von Mudros geschlossen. Das Osmanische Reich öffnete die Dardanellen, lieferte alle Kriegsschiffe aus und gab sein Staatsgebiet für Operationen der Alliierten frei. Der Waffenstillstand von Mudros bedeutete faktisch das Ende des Osmanischen Reichs. Die griechischen Truppen dringen 1919 auch in Konstantinopel ein und besetzen in der Folgezeit das Hinterland von Izmir sowie Adrianopel und Bursa. Gegen die Besetzung formiert sich in der Türkei eine bewaffnete nationale Unabhängigkeitsbewegung unter Führung von Mustafa Kemal Pascha (Kemal Atatürk).

Indien: Massaker von Amritsar

Der britische General Reginald Edward Harry Dyer läßt am 13. April 1919 in der indischen Stadt Amritsar im Pandschab das Feuer auf eine unbewaffnete Protestversammlung eröffnen, an der etwa 10 000 Menschen teilnehmen. Dabei werden 400 Zivilisten getötet und fast 1 200 verletzt.
Die Unruhen im Pandschab begannen, als die britische Kolonialmacht die »Rowlatt Acts« — auch »Schwarze Gesetze« genannt — verabschiedete. Sie verlängern den Ausnahmezustand, der 1915 über Britisch-Indien verhängt wurde, und beschneiden die Rechte der einheimischen Bevölkerung. Während des Ersten Weltkriegs haben die Inder loyal auf der Seite der Briten gekämpft. Der Pandschab stellte rund 50% der indischen Truppen. Nach dem Krieg müssen die Inder nun feststellen, daß sie nicht mehr wie Verbündete behandelt werden, sondern wie Eingeborene zweiter Klasse. Die von der britischen Kolonialmacht angekündigten Reformen werden nicht verwirklicht.
Durch die »Government of India Act« vom 23. Dezember will Großbritannien Indien größere Autonomie gewähren. Mit aufgenommen in diese Verfassungsreform, durch die die britische Herrschaft liberalisiert wird, sind die 1918 von Edwin Samuel Montagu, dem britischen Staatssekretär für Indien, und von Frederick John Napier Thesiger Viscount Chelmsford, dem Vizekönig von Indien, erarbeiteten Montagu-Chelmsford-Reformen.
Die Durchführung der Reformen wird durch die Rowlatt-Gesetze hinausgezögert, die eine Verlängerung des während des Ersten Weltkriegs eingeführten Ausnahmezustands erlauben.

Italien: D'Annunzio erobert Fiume

Aus Protest gegen den für Italien unbefriedigenden Ausgang der Pariser Friedensverhandlungen nach dem Ersten Weltkrieg besetzt der italienische Dichter und Politiker Gabriele D'Annunzio im September 1919 als Anführer einer Freischar die zwischen Italien und dem Königreich der Serben, Kroaten und Slowenen (Jugoslawien) umstrittene Stadt Fiume (serbokroatisch Rieka, heute Rijeka) an der Küste Dalmatiens.
Die im Widerspruch zum Waffenstillstandsabkommen stehende Aktion geschieht mit Wissen der italienischen Militärs. D'Annunzio räumt Fiume erst nach 16 Monaten. Die dalmatinische Stadt mit ihrem verkehrswichtigen Adriahafen wird 1920 Freistaat.
Fiume war 1814 an Österreich gefallen und 1822 an Ungarn, zwischenzeitlich hatte es zu Kroatien gehört. Der Zerfall der österreichisch-ungarischen Doppelmonarchie 1918 machte Fiume zum Streitobjekt zwischen Italien und dem Königreich der Serben, Kroaten und Slowenen (Fiume-Frage).

Korea: Massenproteste gegen Japan

Anläßlich der Beisetzungsfeierlichkeiten für den koreanischen Exkaiser Yi Taehwang am 1. März 1919 in Seoul kommt es in ganz Korea zu antijapanischen Ausschreitungen. Japan hat Korea 1910 unter dem Namen Provinz Chosen annektiert. Japanisches Militär schlägt die Demonstrationen, an denen rund zwei Millionen Menschen teilnehmen, blutig nieder. 47 000 Koreaner werden verhaftet, es gibt 23 000 Verletzte und Tote.

Der Tag dieses Blutbads wird in der koreanischen Bevölkerung zum Symbol: In der Folgezeit formiert sich eine passive Widerstandsbewegung gegen die Japaner, die sog. Bewegung des 1. März (»Samil-undong«). Im April 1919 gründet Syngman Rhee eine koreanische Exilregierung in Shanghai.

Kommunisten scheitern in Österreich

Durch die Ausrufung der kommunistischen Räterepublik in Ungarn bestärkt, unternehmen die Kommunisten am 17. April 1919 in Wien den Versuch, eine Räterepublik zu schaffen. Der Sturm auf das Parlament wird jedoch von der Polizei zurückgeschlagen. Der sog. Gründonnerstagsputsch fordert sechs Tote und fast 100 Verletzte.
Ein erneuter Putschversuch der Kommunisten am 15. Juni desselben Jahres wird bereits im Keim erstickt: Der Wiener Polizeipräsident Johannes Schober läßt 100 kommunistische Funktionäre verhaften. Als ihre Parteigänger daraufhin zur Roßauer Kaserne ziehen wollen, kommt es in der Hörlgasse zu gewaltsamen Auseinandersetzungen mit der Polizei, die 20 Tote und etwa 80 Verletzte fordern.
Auf einer Reichskonferenz der Arbeiterräte am 3. Juli in Wien lehnt die antikommunistische Mehrheit der Delegierten die Proklamation einer Räterepublik ab. Damit sind die Kommunisten endgültig gescheitert, die Entwaffnung des Volkswehrbataillons 41 am 27. August beraubt sie außerdem ihres militärischen Arms.

Blockade gegen Rußland

Angesichts der drohenden Niederlage der Weißrussen (Zaristen und Bürgerliche) gegen die bolschewistische Rote Armee Leo D. Trotzkis verhängen die alliierten Siegermächte des Ersten Weltkriegs am 10. Oktober 1919 eine Wirtschaftsblockade über Rußland.
Auf dem Dritten Allrussischen Sowjetkongreß der Arbeiter- und Soldatendeputierten ist 1918 die Russische Sozialistische Föderative Sowjetrepublik (RSFSR) proklamiert worden. Rußland wurde zur Sowjetrepublik erklärt, die aus der Föderation nationaler Sowjetrepubliken besteht und die Macht an die Sowjets der Arbeiter-, Soldaten- und Bauerndeputierten übergibt.

Räterepublik Ungarn

Der Budapester Arbeiterrat proklamiert am 21. März 1919 die Räterepublik. Schlüsselfigur der kommunistischen Regierung ist Béla Kun, der das Volkskommissariat für Auswärtiges übernimmt. Am selben Tag ist der im Januar zum Staatspräsidenten gewählte Mihály Graf Károlyi von Nagykárolyi aus Protest gegen die Entscheidung der alliierten Siegermächte des Ersten Weltkriegs, Siebenbürgen an Rumänien zurückzugeben, von seinem Amt zurückgetreten; er geht ins Exil. Die Bemühungen der Räteregierung um internationale Anerkennung schlagen fehl. Im April kommt es zu militärischen Auseinandersetzungen zwischen Ungarn, der Tschechoslowakei und Rumänien. Als die militärische Lage aussichtslos wird, dankt die ungarische Regierung, der Regierende Rat, am 1. August ab, Kun flieht nach Österreich. Drei Tage später ziehen rumänische Truppen in die ungarische Hauptstadt. Nachdem sie am 14. November abrücken, zieht am 16. November Miklós Horthy, der Oberbefehlshaber der gegenrevolutionären ungarischen Nationalarmee, in Budapest ein.

Ausgewählte Neuerscheinungen auf dem Buchmarkt 1919

Die Auswahl berücksichtigt nicht nur Neuerscheinungen von literarischem oder wissenschaftlichem Wert, sondern auch vielgelesene Bücher des Jahres 1919. Innerhalb der einzelnen Länder sind die erschienenen Werke alphabetisch nach Autoren geordnet.

Deutsches Reich

Rudolf G. Binding
Keuschheitslegende
Novelle
Rudolf G. Binding (1867-1938) gibt mit der Novelle »Keuschheitslegende«, die bei der Ernst-Ludwig-Presse in Darmstadt erscheint, ein Beispiel des Neuklassizismus in der Nachfolge Conrad Ferdinand Meyers. Ein Mädchen, dem von der Jungfrau Maria die Gnade verliehen worden ist, die Begehrlichkeit der Männer zu erregen, verwünscht diese Gnade, als auch der Geliebte keinerlei Begierde zeigt. Die Jungfrau Maria nimmt die Gnade zurück.
Binding, der als Übersetzer der Werke des italienischen Schriftstellers Gabriele D'Annunzio begann, zeigt in seinem Werk eine »geistig-aristokratische«, »heroische« Haltung und preist eine männlich-ritterliche Härte, wobei er sich oft auf heidnischgermanische Mythen bezieht. In seinen formal kunstvollen Novellen, die gelegentlich allerdings ins Kitschige abgleiten, stellt er heroisch-kämpferische Männer und stolze, opferbereite Frauen als Beispiele für »deutsche Art« dar.

Hans Blüher
Die Rolle der Erotik in der männlichen Gesellschaft
Sexualwissenschaftliches Werk
Mit dem zweiten und letzten Band liegt das sexualwissenschaftliche Werk »Die Rolle der Erotik in der männlichen Gesellschaft« von Hans Blüher (1888-1955) komplett vor, 1917 war der erste Band erschienen. Blüher zählt zu den einflußreichsten Theoretikern der Jugendbewegung (»Wandervogel«. Geschichte einer Jugendbewegung«, 1912, »Die deutsche Wandervogelbewegung als erotisches Phänomen«, 1912). Er trennt strikt zwischen Sexualität und Erotik. Die zentralen Thesen des an Platon orientierten Autors sind in diesem Werk, daß die homoerotische Liebe zwischen Männern nichts Pathologisches, sondern ein »reines« Triebphänomen sei, und daß in allen Gesellschaften homoerotische Gemeinschaftsformen von Männern entscheidende kultur- und staatsbildende Faktoren gewesen seien, z. B. in der Antike.

Hermann Hesse
Demian
Die Geschichte einer Jugend von Emil Sinclair
Roman
Beim Verlag Fischer in Berlin veröffentlicht Hermann Hesse (1877-1962), Literaturnobelpreisträger 1946, ohne Nennung des eigenen Namens den Roman »Demian. Die Geschichte einer Jugend von Emil Sinclair«. Hesse will testen, ob das Werk sich auch ohne den bekannten Namen Hesse durchsetzen wird. Das Werk, das nach Aussage von Thomas Mann von »elektrisierender Wirkung« ist, wird mit dem Fontane-Preis ausgezeichnet.
»Demian« markiert die Abwendung vom Lyrischen, Neuromantischen früherer Werke. In den Vordergrund tritt unter dem Einfluß Friedrich Nietzsches und Arthur Schopenhauers die weltanschaulich-philosophische Reflexion. Die rückhaltlose Selbstanalyse des schwerverwundeten Soldaten Emil Sinclair und die Frage nach der Selbstverwirklichung des Einzelnen in der Gesellschaft bilden das zentrale Thema des Romans. Zugleich stellt es eine Art Hoheslied der Freundschaft dar. Emil Sinclair und Demian verkörpern die Polarität von Kunst und Leben. In der brutalen Wirklichkeit des Krieges übernimmt Sinclair von Demian das Vermächtnis, ein von Konventionen unverfälschtes Leben zu führen. — 1920 erscheint der Roman unter dem Titel »Demian. Die Geschichte von Emil Sinclairs Jugend von Hermann Hesse«.

Hermann Graf Keyserling
Das Reisetagebuch eines Philosophen
Philosophisches Tagebuch
Hermann Graf Keyserling (1880-1946), Enkel des Naturforschers Alexander Graf Keyserling, ab 1919 verheiratet mit Marie, der Tochter des Fürsten Herbert von Bismarck, versuchte in seinen hauptsächlich naturphilosophischen Schriften »Das Gefüge der Welt« (1906), »Unsterblichkeit« (1907), »Schopenhauer als Verbilder« (1910) und »Prolegomena zur Naturphilosophie« (1910) aufzuzeigen, daß die Welt nur verstandesmäßig nicht zu erfassen sei. In seinem erfolgreichen »Reisetagebuch eines Philosophen« (1919, achte Auflage 1932) weist er darauf hin, daß auch fremde Kulturen (Indien, China) für das geistige Sein des Europäers nutzbar gemacht werden müßten. Zu diesem Zweck gründet er 1920 in Darmstadt die »Schule der Weisheit«, in der er den Gegensatz zwischen Rationalismus und Irrationalismus zu überwinden versucht und das moderne Leben durch eine »neue Synthese von Geist und Seele« erneuern will.

Kurt Schwitters
Anna Blume
Gedichtsammlung
1919 montiert der Maler und Schriftsteller Kurt Schwitters (1887-1948), der von 1909 bis 1914 an der Dresdener Akademie studiert hat, sein erstes Merz-Bild, aus »wesensfremden Bestandteilen zum Kunstwerk vereinigt durch Kleister, Nagel, Hammer, Papier, Stoffetzen, Maschinenteile, Ölfarbe, Spitzen etc.«. Ebenfalls 1919 erscheint sein dadaistischer Gedichtband »Anna Blume«, der wegen seiner Skurrilität großes Aufsehen erregt und als einer der bedeutenden Vorläufer der konkreten Poesie gilt.
Das Ziel von Schwitters ist die Schaffung eines Gesamtkunstwerks, in dem die Grenzen zwischen Kunst und Nichtkunst aufgehoben sein sollen. Durch die Verwendung von Haaren, Nägeln, Abfällen, Draht u. a. will er auch diese Materialien in den Bereich des Ästhetischen heben. Parallel dazu sucht Schwitters in seinen poetischen Texten, sprachliche Elemente zu originellen Textcollagen zusammenzufügen und so die durch Presse und Kommerz mißbrauchte Sprache neu zu beleben.

Jakob Wassermann
Christian Wahnschaffe
Roman
Der breitangelegte, figurenreiche zweibändige Roman »Christian Wahnschaffe«, der beim Verlag Fischer in Berlin erscheint, gilt als Hauptwerk des neuromantischen Erzählers Jakob Wassermann (1873-1934). Es ist die Geschichte eines reichen jungen Mannes, der die kapitalistische Gesellschaft ebenso ablehnt wie die sozialistische Revolution, und, angeekelt vom leeren Luxusdasein der Reichen, seinen ganzen Besitz verkauft, zuletzt sogar seinen Namen ablegt, um sich auf die Suche nach dem Menschen zu machen und in tätiger Liebe für die Menschen zu wirken. Aus messianischem Erlöserdrang leidet er mit den Armen und Unterdrückten mit. — Das überaus erfolgreiche Werk erscheint 1932 in einer bearbeiteten Fassung. 1933 erreicht es eine Auflage von 107 000.

Finnland

Frans Eemil Sillanpää
Sterben und Auferstehen
(Hurskas kurjuus)
Roman
Frans Eemil Sillanpää (1888-1964) erringt den literarischen Durchbruch mit dem Roman »Sterben und Auferstehen«, in dem er die Eindrücke des im Jahr zuvor beendeten finnischen Bürgerkriegs verarbeitet. Sillanpää schildert das Schicksal des aufständischen Kätners Juha Toivola, der wegen Mordes an einem Gutsherrn verurteilt und — obwohl unschuldig — erschossen wird. — Die deutsche Übersetzung erscheint 1948. 1939 wird dem Autor der Nobelpreis verliehen »für die geistige Tiefe und die Kunst, mit der er das Wesen Finnlands und das Leben der finnischen Bauern in ihren wechselseitigen Beziehungen dargestellt hat«.

Frankreich

Jean Cocteau
Das Potomak
(Le Potomak)
Das dem Surrealismus nahestehende Jugendwerk »Das Potomak«, das 1913/14 entstanden ist, will Jean Cocteau (1889-1963) als Ausdruck einer persönlichen Krise verstanden wissen. Der erfolgreiche Dichter, der am Publikum und seinen eigenen Werken zu zweifeln begann, formuliert in »Das Potomak«: »Was dir das Publikum vorwirft, das entwickle, denn das bist du.« Kernstück seines Werkes ist eine Serie surrealistischer Zeichnungen, denen Cocteau Gedichte, Aphorismen und andere Texte zuordnet.

Sidonie Gabrielle Colette
Mitsou
(Mitsou ou Comment l'esprit vient aux filles)
Roman
Sidonie Gabrielle Colette (1873-1954), die Autorin der erfolgreichen »Claudine«-Romanserie, erzielt mit dem im Milieu der Music-Halls spielenden Roman »Mitsou« abermals einen internationalen Erfolg. Die hübsche Mitsou, eine mäßig begabte Revuesängerin, verliebt sich in einen Leutnant, der sich von ihr ein Traumbild geschaffen hat, dem sie in der Wirklichkeit nicht entsprechen kann. — Die deutsche Übersetzung erscheint 1927.

Roland Maurice Dorgelès
Die hölzernen Kreuze
(Les Croix en bois)
Roman
»Die hölzernen Kreuze« wird der bekannteste und erfolgreichste Kriegsroman von Roland Maurice Dorgelès (1886-1973). In lose aneinandergereihten Bildern stellt der Autor realistisch das Grauen des Krieges dar und analysiert die Gefühle und Reaktionen des Menschen in dieser Situation. — Die deutsche Übersetzung erscheint 1930.

André Gide
Die Pastoralsymphonie
(La Symphonie pastorale)
Erzählung
André Gide (1869-1951), Literaturnobelpreisträger 1947, beschreibt das Thema seiner vor allem in protestantischen Kreisen heftig kritisierten Erzählung »Die Pastoralsymphonie« als Kritik einer Form des Selbstbetrugs. Ein protestantischer Pfarrer nimmt eine 15jährige Waise, die blinde Gertrude, in seine Familie auf. Seine Liebe und erwachende Leidenschaft zu dem Mädchen hält er für Nächstenliebe. Als sich ein Verhältnis zwischen seinem Sohn Jacques und Gertrude anbahnt, trennt er die Liebenden. Bald weiß jeder aus seiner Umgebung, daß sein Gefühl für die blinde Gertrude ihn selbst »blind« macht. Als sich Gertrude einer erfolgreichen Augenoperation unterzogen hat, sieht sie, daß die Welt nicht so schön und harmonisch ist wie Ludwig van Beethovens »Pastorale«, die sie als Blinde gehört hat. Sie erkennt »Sünde« und »Wahrheit« und entzieht sich der ehebrecherischen Liebe des Pfarrers durch Selbstmord. — Die deutsche Übersetzung erscheint 1925.

Marcel Proust
Pastiches und Vermischte Schriften
(Pastiches et mélanges)
Parodien und Essays
Die bereits 1908 entstandenen »Pastiches und Vermischte Schriften« von Marcel Proust (1871-1922) zerfallen in zwei Teile: In den »Pastiches« parodiert Proust den Stil und die Eigenart bekannter französischer Autoren des 19. Jahrhunderts; in den Essays untersucht er das Wesen von Kunstphilosophie und Literaturkritik. — Die deutsche Übersetzung erscheint 1969.

Großbritannien

Joseph Conrad
Der goldene Pfeil
Eine Geschichte zweier Aufzeichnungen
(The Arrow of Gold
A Story Between Two Notes)
Roman
Joseph Conrad (1857-1924), Verfasser von Romanen und Kurzgeschichten im Stil eines romantischen Realismus, schildert in dem Roman »Der goldene Pfeil« die Abenteuer eines jungen Seemanns, der Waffen von Marseille nach Spanien schmuggelt. — Die deutsche Übersetzung erscheint 1932.

Thomas Hardy
Gesammelte Werke
Während die ab 1912 herausgegebene 23bändige Wessex Edition der gesammelten Werke des englischen Romanschriftstellers und Lyrikers Thomas Hardy (1840-1928) 1919 bereits in zweiter Auflage erscheint, kommt ebenfalls 1919 die auf 37 Bände angelegte Mellstock Edition auf den Buchmarkt. Sie soll bis zum Jahr 1921 komplett vorliegen.

Hardy, ursprünglich Architekt, lebte ab 1880 als freier Schriftsteller. Seinen frühen pittoresken Erzählungen folgten düstere, pessimistische Schicksalsromane, in denen alltägliche Charaktere in ihrem Streben nach Glück an der unausweichlichen, gnadenlosen Vorsehung scheitern. Seine bekanntesten Werke sind die Romane »Die Liebe der Fancy Day« (1872), »Fern der rasenden Menge« (1874), »Die Rückkehr« (1878), »Der Bürgermeister von Casterbridge« (1886), »Eine reine Frau — Tess von d'Urbervilles« (1891), »Juda der Unberühmte« (1895) und das epische Geschichtsdrama »Die Dynasten« (1903-1908), das in Blankversen, in Prosa und Chorgesprächen die Napoleonischen Kriege zum Thema hat.

Hugh Walpole
Jeremy
(Jeremy)
Roman
Hugh Walpole (1884-1941) legt mit dem Roman »Jeremy« den ersten Teil einer autobiographisch gefärbten Familientrilogie vor, in der er humorvoll und anschaulich das bürgerliche Leben in einer idyllischen Kleinstadt des viktorianischen England schildert. Im Mittelpunkt der Handlung steht der Pfarrersohn Jeremy Cole. — Die deutsche Übersetzung erscheint 1930. Das Urteil von Hermann Hesse: »Eines der besten Bücher über Kinder, die ich gelesen habe.« Die weiteren Romane der Trilogie sind »Jeremy und sein Hund« (1923) und »Jeremy auf der Schule« (1927).

Niederlande

Johan Huizinga
Herbst des Mittelalters
(Herfsttijd der middeleeuwen)
Studien über Lebens- und Geistesformen des 14. und 15. Jahrhunderts in Frankreich und in den Niederlanden
Kulturhistorisches Werk
Der niederländische Kulturhistoriker Johan Huizinga (1872-1945), seit 1905 Professor in Groningen, legt mit »Herbst des Mittelalters« sein Hauptwerk vor, das mit großem Interesse aufgenommen wird. Huizinga berührt in diesen »Studien über Lebens- und Geistesformen des 14. und 15. Jahrhunderts in Frankreich und in den Niederlanden« die internationale Geschichte kaum und die städtische Wirtschaftsgeschichte gar nicht. Was ihn interessiert, ist das Spannungsfeld, in dem der mittelalterliche Mensch zwischen Ausschweifung und asketischer Weltabgewandtheit lebt. Zu den kulturhistorischen Glanzleistungen des Werks gehören die Kapitel über die spätmittelalterliche Kunst. — Die deutsche Übersetzung erscheint 1924.

Österreich

Franz Kafka
In der Strafkolonie
Erzählung
Beim Verlag Wolff in Leipzig erscheint die bereits 1914 geschriebene Erzählung »In der Strafkolonie« von Franz Kafka (1883-1924). Ein Offizier erklärt einem Forschungsreisenden einen »eigentümlichen Apparat«, mit dem einem Verurteilten sein Urteil mit Hilfe von Nadeln auf den Leib geschrieben wird: »Ehre deinen Vorgesetzten«. Der Verurteilte weiß nicht, daß er verurteilt ist, er weiß auch nicht, welches Urteil ihn erwartet. Als der Reisende gegen »die Ungerechtigkeit des Verfahrens und die Unmenschlichkeit der Exekution« protestiert, legt sich der Offizier unter die Maschine, die sich jedoch selbst zerstört und ihn dabei tötet.

Rumänien

Lucian Blaga
Poeme des Lichts
(Poemele luminii)
Gedichte
Der rumänische Dichter und Philosoph Lucian Blaga (1895-1961), der auch Johann Wolfgang von Goethe, Rainer Maria Rilke und Friedrich Hölderlin ins Rumänische übersetzt, veröffentlicht 1919 seinen ersten Gedichtband, »Poeme des Lichts«. Die Lyrik Blagas ist Illustration seiner Philosophie, nach der sich der im Organischen verwurzelte Mensch durch Mythos und Magie den Bereichen des Jenseits (Gott, Himmel) annähern kann.

Schweden

Hjalmar Bergman
Markurell
(Markurell)
Roman
Die Kleinstadt ist Gegenstand der erzählerischen Analyse und Satire in Hjalmar Bergmans (1883-1931) Roman »Markurell«, einer Mischung aus Farce und psychologischem Drama. Der Geizkragen Markurell macht eines Tages die bittere Entdeckung, daß sein Sohn Johan aus der Verbindung seiner Frau mit einem Liebhaber stammt. Zwar bricht nun eine Welt für den alten Wucherer zusammen, doch Markurell merkt allmählich, daß Sohnesliebe nicht nur eine Frage der Blutsverwandtschaft, sondern der Sympathie und des gegenseitigen Verstehens ist. Markurell wandelt sich vom egoistischen, geizigen, überheblichen und vulgären Menschen zum liebevollen Familienvater. — Das

Werk, das als das bedeutendste von Bergman gilt, wird im selben Jahr dramatisiert und 1930 verfilmt. Die deutsche Übersetzung erscheint 1935.

Schweiz

Karl Barth
Der Römerbrief
Exegetisches Werk
Mit dem exegetischen Werk »Der Römerbrief« fordert der schweizerische reformierte Theologe Karl Barth (1886-1968) als Ansatzpunkt der Theologie die Offenbarung Gottes in seinem »Wort«. Das Werk gilt neben der 1515/16 von Martin Luther verfaßten Auslegung als die bedeutendste Interpretation des Paulusbriefs.
Barth gibt dem Gottesverständnis der protestantischen Theologie eine neue Richtung, indem er den von Friedrich Schleiermacher stammenden Gedanken vom Sich-Eins-Fühlen des Menschen mit Gott verwirft und den »qualitativ unendlichen Abstand« zwischen Gott und Mensch betont. Nicht aus eigener Kraft könne der Mensch die Kluft zwischen sich und dem Göttlichen überbrücken, sondern einzig durch den Glauben an Gott, der sich im »Wort« durch Christus geoffenbart habe. Diese »dialektische Theologie«, als deren Mitbegründer Barth gilt, hält jede Diskussion über den Gottesbegriff für nutzlos und unangemessen. Seine Gedanken legt er später in der unvollendet gebliebenen 14bändigen »Kirchlichen Dogmatik« (1932-1967) dar. Barth wird 1921 Professor in Göttingen, 1925 in Münster und 1930 in Bonn. 1935 muß der Theologe, der Mitglied der Bekennenden Kirche ist und der Sozialdemokratie nahesteht, das Deutsche Reich verlassen. Barth, der auch die Kindertaufe verwirft, wendet sich u. a. gegen die kritiklose Übernahme des Antikommunismus durch die Christen.

USA

Sherwood Anderson
Winesburg, Ohio
(Winesburg, Ohio)
Zyklus von Kurzgeschichten
In den 23 Kurzgeschichten des Zyklus »Winesburg, Ohio« schildert Sherwood Anderson (1876-1941) Personen eines fiktiven Dorfs in Ohio, die zu Besessenen wurden: Ein fanatisch-religiöser Farmer, ein gestikulierender Lehrer, ein voyeuristischer Reverend usw. »Es waren die Wahrheiten, die diese Menschen zu grotesken Figuren machten«, heißt es in der einleitenden Parabel. »Sobald einer von ihnen sich eine dieser Wahrheiten zu eigen machte und sie seine

Wahrheit nannte und sein Leben danach einzurichten suchte, wurde er eine groteske Figur, und aus der Wahrheit, die er umfangen hielt, wurde etwas Unwahres.« — Die deutsche Übersetzung von Hans Erich Nossack erscheint 1958.

James Branch Cabell
Jürgen
Eine Komödie um die Gerechtigkeit
(Jurgen
A Comedy of Justice)
Roman
Als Romantiker, der seine eigene Perspektive gleichwohl ironisiert und sarkastisch-satirisch darstellt, verlegt James Branch Cabell (1879-1958) seinen literarischen Stoff in die Vergangenheit, in der er auch sein in Südfrankreich gelegenes mittelalterliches Traumreich Poictesme ansiedelt. Das Hauptwerk der Poictesme-Reihe ist der im Mittelalter spielende Roman »Jürgen«, der wegen seiner Darstellung sexueller Szenen einen Skandal provoziert. Jürgen, ein Pfandleiher, sucht seine Frau, die der Teufel entführt hat. Der Göttin Sereda gibt er zu diesem Zweck seinen Körper hin, worauf er zahlreiche amüsante und erotische Abenteuer erlebt, in fernen Ländern und sogar in der Hölle und im Himmel. — Die deutsche Übersetzung erscheint 1928.

John Broadus Watson
Psychologie aus der Sicht eines Behavioristen
(Psychology from the standpoint of a behaviorist)
Psychologische Abhandlung
Der US-amerikanische Psychologe John Broadus Watson (1878-1958), der Begründer des Behaviorismus, legt in seiner Abhandlung »Psychologie aus der Sicht eines Behavioristen« die Prinzipien dieser Forschungsrichtung dar. Watson, von 1908 bis 1920 Professor für experimentelle und vergleichende Psychologie an der Johns Hopkins University in Baltimore, danach in der Werbung tätig, lehnt die Selbstbeobachtung und das unmittelbare Verstehen fremden Seelenlebens als psychologische Methoden ab, fordert die Anwendung naturwissenschaftlicher Methoden auf die Psychologie und wird damit zum Hauptbegründer des Behaviorismus, der die »subjektive« (psychische) und »objektiv erfaßbare« Vorgänge streng trennt und sich nur mit letzteren befaßt. Der Behaviorismus beschreibt und erklärt Verhaltensvorgänge, enthält sich jedoch jeder subjektiven Deutung des Seelischen. Menschliches und tierisches Verhalten werden nach dem sog. Reiz-Reaktions-Schema gedeutet.
Von Watsons Beiträgen zur Psychologie des Säuglings und des Kleinkinds werden Pädagogik, Verhaltens- und Milieutherapie stark beeinflußt.

Uraufführungen in Schauspiel, Oper, Operette und Ballett 1919

Die bedeutendsten Uraufführungen aus Schauspiel, Oper, Operette und Ballett sind alphabetisch nach Ländern und innerhalb der Länder nach Autoren/Komponisten geordnet.

Deutsches Reich

Eugen d'Albert
Die Revolutionshochzeit
Oper in drei Akten
Die Oper »Die Revolutionshochzeit« von Eugen d'Albert (1864-1932) wird am 26. Oktober im Neuen Theater in Leipzig uraufgeführt. Mit veristischen Mitteln setzt der Komponist die Liebesgeschichte zwischen einem Offizier und einer adligen Dame während der Französischen Revolution musikalisch um.

Ernst Barlach
Der arme Vetter
Drama in fünf Akten
Der Bildhauer, Grafiker und Dichter Ernst Barlach (1870-1938) variiert in seinem zweiten Stück, »Der arme Vetter«, das dramatische Bekenntnis, das er in seinem Erstling »Der tote Tag« bereits 1912 formuliert hat: »Die Welt ist Leiden.« In »Der arme Vetter«, uraufgeführt am 20. März 1919 in den Hamburger Kammerspielen unter der Regie von Jürgen Fehling, begeht der Held des Dramas, der von der Gesellschaft philisterhafter Bürger geächtete Hans Iver, Selbstmord. Zuvor hat er einem kaltschnäuzigen Geschäftsmann gezeigt, daß persönliche Probleme mit Geld nicht aus der Welt zu räumen sind. Seine Hoffnung auf Erlösung, auf ein besseres Leben, lebt in der Verlobten des Geschäftsmannes weiter, der Hans vor seinem Tod einen Weg zu einem sinnvolleren Leben gewiesen hat.

Ernst Barlach
Der tote Tag
Drama in fünf Akten
Ernst Barlach (1870-1938), Bildhauer und Dichter, gestaltet in seinem ersten Drama, »Der tote Tag«, den Dualismus zwischen »Geisthaftigkeit« und »Erdhaftigkeit«, zwischen der Welt des Gott-Väterlichen und des Mütterlichen. Das Stück, das bereits 1912 im Druck erschien, wird am 22. November 1919 im Schauspielhaus Leipzig uraufgeführt. Der Schlußsatz des Dramas ist gleichzeitig als eine Interpretation des Dichters zu verstehen: »Sonderbar ist nur, daß der Mensch nicht lernen will, daß sein Vater Gott ist.«

Else Lasker-Schüler
Die Wupper
Schauspiel in fünf Akten
In ihrem dramatischen Erstling, »Die Wupper«, stellt Else Lasker-Schüler (1869-1945) das erbärmliche Proletarierdasein dem verfallenden Wohlstand einer Fabrikantenfamilie gegenüber. Das Stück, das schon 1909 im Druck erschien, wird am 27. April 1919 im Deutschen Theater in Berlin uraufgeführt. In locker aneinandergereihten Szenen wird das Leben und soziale Gefälle in einer Industriestadt an der Wupper geschildert. »Stadtballade« und »böse Arbeitermär«, so nennt die Dichterin selbst das von expressionistischen Stilmerkmalen geprägte Drama, in dem Dialektpassagen mit lytisch gestimmten Stellen abrupt abwechseln. Schauplatz ist eine Fabrikstadt in Wuppertal.

Carl Sternheim
1913
Schauspiel in drei Akten
Das schon zu Beginn des Ersten Weltkriegs entstandene Schauspiel »1913« von Carl Sternheim (1878-1942) wird am 23. Januar im Schauspielhaus in Frankfurt am Main uraufgeführt. Das Stück bildet den dritten Teil von Sternheims Dramenzyklus »Aus dem bürgerlichen Heldenleben«, in dem das wilhelminische Bürgertum karikiert wird. Während des Kaiserreichs konnte das gesellschaftskritische Schauspiel nicht aufgeführt werden, da es — laut Zensur — »geeignet ist, »den inneren Frieden zu stören«. Das Stück zeigt die Auseinandersetzungen zwischen dem Industriemagnaten Christian Maske und seinen Kindern und Erben. Während Maske, ein Vertreter individualistischen Ellbogenbewußtseins, seine Produkte nicht nur des Gewinns wegen auf den Markt bringt, sondern auch weil er durch Qualität die gesellschaftlichen Zustände zum Besseren verändern will, sehen seine Erben, Vertreter eines elitären Geldaristokratenbewußtseins, in den Verbrauchern nur eine Masse, deren Kaufkraft es skrupellos auszunutzen gilt. Dieses neue Denken ist für den alten Maske Ausdruck einer neuen Gesellschaft, die dem Untergang geweiht ist: »Nach uns der Zusammenbruch! Wir sind reif!«

Carl Sternheim
Tabula rasa
Schauspiel in drei Aufzügen
Das am 25. Januar 1919 im Kleinen Theater in Berlin uraufgeführte Schauspiel »Tabula rasa« des sozialkritischen, expressionistischen Dramatikers und Erzählers Carl Sternheim (1878-1942) ist die politische Analyse des Verhaltens eines Wohlstandsbürgers während der Wilhelminischen Zeit. Der Kunstglasbläser Ständer hat zwar ein »revolutionäres« Bewußtsein, was ihn jedoch nicht daran hindert, seine Magd schamlos auszubeuten. Durch Taktieren zwischen den Arbeitern und der Leitung seiner Firma, dem Aktionär er ist, bringt er es bis zum Mitdirektor des Glaswerks. Er erkennt, daß er trotz allen »revolutionären« Bewußtseins bei allem »im Grunde nur sich selbst ohne jeden Vergleich und das Wohl der eigenen Seele« im Auge gehabt hat. »Tabula rasa« gehört mit den Komödien »Die Hose« (1911), »Die Kassette« (1911), »Bürger Schippel« (1913), »Der Snob« (1914), »1913« (1919), »Der Nebbich« (1922) sowie den Stücken »Der Kandidat« (1915), »Perleberg« (1917) und »Das Fossil« (1925) zu Sternheims Dramenzyklus »Aus dem bürgerlichen Heldenleben«. Trotz seiner Bühnenerfolge wurde Sternheim im kaiserlichen Deutschen Reich von der offiziellen Kritik feindselig behandelt. Erst nach dem Ersten Weltkrieg erobern sich seine Stücke die deutschen Bühnen.

Ernst Toller
Die Wandlung
Drama in sechs Stationen und einem Vorspiel
In seinem ersten Stück, »Die Wandlung«, stellt sich Ernst Toller (1893-1939) mit der Verbindung von Formelementen des Sturm und Drang und Georg Büchners sowie der Stationentechnik August Strindbergs als Vertreter des expressionistischen Dramas vor. Das Stück wird am 30. September 1919 in der »Tribüne« in Berlin uraufgeführt: Ein idealistischer Künstler wandelt sich unter dem Eindruck der Schrecken des Krieges zum Revolutionär. Toller, Mitglied der Münchner Räteregierung, ist 1919 von einem Standgericht zu fünf Jahren Festungshaft verurteilt worden. Hier schreibt er die erste Fassung seines »den Proletariern« gewidmeten Dramas »Masse — Mensch«.

Friedrich Wolf
Das bist du
Ein Spiel in fünf Verwandlungen
Am 9. Oktober wird im Sächsischen Landestheater in Dresden das als »Spiel in fünf Verwandlungen« bezeichnete Stück »Das bist du« uraufgeführt, der dramatische Erstling Friedrich Wolfs (1888-1953). Dieses Bühnenwerk, in dem sich indische und christliche Religionsphilosophie, Einflüsse Arthur Schopenhauers und Elemente einer dialektisch-materialistischen Weltauffassung verbinden, ist ein charakteristisches Beispiel für Wolfs expressionistische Anfänge. Die »Neugeburt« des einzelnen Menschen steht im Mittelpunkt des dramatischen Geschehens.

Irland

James Joyce
Verbannte
(Exiles)
Schauspiel in drei Akten
Das unter dem Einfluß des Naturalismus Henrik Ibsens enstandene Schauspiel »Verbannte« ist das einzige Drama von James Joyce (1882-1941). Am 7. August 1919 wird es im Münchner Schauspielhaus uraufgeführt. Der mit seiner Lebensgefährtin Bertha aus der selbstgewählten Verbannung in Italien nach Dublin zurückgekehrte, egozentrische Schriftsteller Richard Rowen beharrt auf seiner rebellischen Haltung gegenüber den bürgerlichen und religiösen Konventionen, während sich zwischen Bertha und Richards Freund Robert ein Verhältnis anzubahnen scheint. Richard, der mit Roberts Verlobter Beatrice lange Gespräche führt, um Material für ein Buch zu sammeln, will der eifersüchtigen Bertha die Entscheidung überlassen, ob er die gleiche Freiheit von Moralkonventionen, die er für sich in Anspruch nimmt, auch anderen Menschen zugesteht. Bertha entscheidet sich für Richard.

Italien

Pier Luigi Maria Rosso di San Secondo
Die schlafende Schöne
(La bella addormentata)
Farbiges Abenteuer in drei Akten
Dem Erzähler und Dramatiker Pier Luigi Maria Rosso di San Secondo (1887-1956), neben Luigi Pirandello der bedeutendste italienische Dramatiker der Gegenwart, gelingt mit der Groteske »die schlafende Schöne« ein weiterer großer Erfolg nach »Marionetten, welche Leidenschaft!« (1918). Das Werk wird am 15. August 1919 im Teatro Olimpia in Mailand uraufgeführt. Die Hauptfigur, die schöne, aber aus Kummer kindisch gewordene Carmelina ist eine Unschuldige, die im Schmutz des Daseins ihre Reinheit bewahrt.

Österreich

Richard Strauss/Hugo von Hofmannsthal
Die Frau ohne Schatten
Oper in drei Akten
Die Oper »Die Frau ohne Schatten«, die am 10. Oktober 1919 in der Wiener Staatsoper unter der musikalischen Leitung von Franz Schalk uraufgeführt wird, zählt zu den Höhepunkten des Schaffens von Richard Strauss (1864-1949). Das Libretto schrieb Hugo von Hofmannsthal (1874-1929), der Motive aus der morgen- und abendländischen Märchen- und Sagenwelt verband, die Fabel jedoch selbst erfand: Eine Kaiserin, die Tochter des Geister-Königs, hat ihren Schatten verloren, weil sie nach der Verbindung mit einem Menschen, der sie in seiner allzu großen Liebe von der Welt abschließt, weder der Geister- noch der Menschenwelt richtig angehört. Durch ein selbstloses Opfer erhält sie ihren Schatten zurück. — Nach den eher kammermusikalischen Dimensionen von »Ariadne auf Naxos« (1912/16) findet Strauss in »Die Frau ohne Schatten« zur Großform mit mächtiger Orchesterbesetzung zurück.

Anton Wildgans
Dies irae...
Tragödie in fünf Akten
Der zwischen Naturalismus, Impressionismus und lyrischem Expressionismus stehende österreichische Lyriker und Dramatiker Anton Wildgans (1881-1932) gestaltet in seiner Tragödie »Dies irae...« den Widerspruch zwischen der Sehnsucht nach Erfüllung und Liebe und der Zerrüttung zwischenmenschlicher Verhältnisse. Der 18jährige Abiturient Hubert Vallmer geht an dem Haß, der in der Ehe seiner Eltern herrscht, zugrunde und begeht Selbstmord, als er erkennt, daß er im Grunde ein ungewolltes Kind ist. Das Stück hat bei der Uraufführung im Wiener Burgtheater am 8. Februar 1919 großen Erfolg.

Spanien

Manuel de Falla
Der Dreispitz
(El Sombrero de tres picos)
Ballett in zwei Teilen
Unter der Choreographie von Léonide Massine bringen Diaghilews Ballets Russes am 22. Juli 1919 im Alhambra Theatre in London das Ballett »Der Dreispitz« des Spaniers Manuel de Falla (1876-1946) zur Uraufführung. Vorhang, Bühnenbilder und Kostüme schuf Pablo Picasso. De Falla steht zwar den französischen Impressionisten um Claude Debussy nahe, seine Musik weist jedoch starke Bindungen an die Volkstänze und Volkslieder seiner spanischen Heimat auf. Ziel von de Falla, Massine und Picasso ist es, im »Dreispitz« den spanischen Tanz auf die Bühne zu bringen. Das Werk wird bei der Uraufführung vom Publikum begeistert aufgenommen.

Filme 1919

Die neuen Filme des Jahres 1919 sind entsprechend der Nationalität der Regisseure dem Länderalphabet zugeordnet und hier wiederum alphabetisch nach Regisseuren aufgeführt.

Deutsches Reich

Fritz Lang
Die Spinnen
Als erstes Abenteuer des zweiteiligen Filmzyklus »Die Spinnen« von Fritz Lang bringen die Richard-Oswald-Lichtspiele in Berlin am 3. Oktober 1919 »Der goldene See« mit Lil Dagover und Carl de Vogt in den Hauptrollen zur Uraufführung. Der zweite Teil, »Das Brillantenschiff«, wird Anfang 1920 uraufgeführt.
Der Inhalt des Stummfilms entspricht dem Geschmack der Nachkriegszeit für Abenteuer und Exotik: Ein Forscherteam sucht nach einem sagenhaften Maya-Schatz, ein Detektiv (Vogt) rettet die Tempelpriesterin (Lil Dagover), die den Schatz bewacht, und schließlich wird die Geheimorganisation der »Spinnen«, die eine Bergung des Schatzes verhindern soll, ausgeschaltet. »Ich hatte einfach Lust, Abenteuerfilme zu drehen«, meint der Regisseur Jahre später. »Damals war ich jung und liebte alles, was exotisch war. Außerdem wollte ich meine Reisesouvenirs verwenden.«
Der erste Teil der »Spinnen« wird ein so großer Erfolg, daß Lang die Regie von »Das Kabinett des Dr. Caligari« an Robert Wiene abgibt, um den zweiten Teil, »Das Brillantenschiff«, möglichst schnell zu beenden.

Ernst Lubitsch
Die Austernprinzessin
Die voller Witz, Einfälle und Tempo inszenierte Stummfilm-Verwechslungskomödie »Die Austernprinzessin« wird am 25. Juni 1919 in Berlin uraufgeführt. Obwohl zahlreiche Kritiker abwertend von »Vaudeville«, »Kalauer-Stück« oder »ungemein derber« Komödie sprechen, wird der Film für Regisseur Ernst Lubitsch und die Hauptdarstellerin Ossi Oswalda ein großer Erfolg. Ossi Oswalda spielt die verwöhnte Tochter eines reichen »Austernkönigs« (Victor Janson); sie will unbedingt einen Adligen heiraten. Der von einem Heiratsvermittler empfohlene Prinz Nucki (Harry Liedtke) schickt zunächst seinen Diener (Julius Falkenstein), der im Haus des Austernkönigs als der Prinz empfangen wird. Am folgenden Tag taucht der wirkliche Prinz auf, er und die Austernprinzessin werden ein Paar. »Die Austernprinzessin« war meine erste Komödie, die so etwas wie einen definitiven Stil hatte«, sagt Lubitsch über diesen Film. »Ich erinnere mich an eine Szene, die damals viel Aufsehen gemacht

hat. Ein armer Mann muß in der prachtvollen Empfangshalle im Haus eines Multimillionärs darauf warten, vorgelassen zu werden. Der Parkettboden dieser Halle zeigt ein ungeheuer kompliziertes Design. Um nach stundenlangem Warten mit seiner Ungeduld und der ihm angetanen Demütigung fertigzuwerden, beginnt der arme Kerl, die höchst komplizierten Linien dieses Musters auf dem Boden abzuschreiten ... hier habe ich meinen ersten Schritt von der Komödie zur Satire getan.«

Ernst Lubitsch
Madame Dubarry
Am 18. September 1919 wird anläßlich der Eröffnung des Ufa-Palasts am Zoo in Berlin der historische Film »Madame Dubarry« von Ernst Lubitsch mit Pola Negri (Madame Dubarry), Emil Jannings (König Ludwig XV.), Reinhold Schünzel (Herzog von Choiseul) und Harry Liedtke (Student Armand) in den Hauptrollen uraufgeführt. Dieser Stummfilm, der Aufstieg und Fall von Marie Jeanne Gräfin Dubarry, der Mätresse des französischen Königs Ludwig XV., zeigt, wird ein Welterfolg.
»Unter meinen historischen Kostümfilmen würde ich »Carmen«, »Madame Dubarry« und »Anna Boleyn« für die wichtigsten halten«, urteilt später der Regisseur Ernst Lubitsch. »Die Bedeutung dieser Filme liegt meiner Meinung nach in dem Umstand, daß sie sich radikal von der italienischen Schule der Monumentalfilme unterschieden, die damals sehr en vogue waren. Diese italienischen Filme hatten alle etwas von großer Oper an sich. Ich dagegen habe versucht, meine Filme zu ent-opern und meine historischen Figuren zu vermenschlichen. Für mich waren die Nuancen der Intimität genau so wichtig wie die Bewegungen der Massen; beides habe ich dann versucht, miteinander zu verschmelzen.«

Richard Oswald
Anders als die anderen
Von der Zensur zur Vorführung für das allgemeine Publikum verboten, wird in Berlin am 23. April 1919 Richard Oswalds Stummfilm »Anders als die anderen«, eine Anklage gegen den Homosexualitätsparagraphen 175, uraufgeführt. Der Film entstand unter der wissenschaftlichen Mitarbeit des Nervenarztes und Sexualforschers Magnus Hirschfeld. Conrad Veidt spielt einen homosexuellen Künstler, der, nachdem er erpreßt und angeklagt wird,

schließlich Selbstmord begeht. In einer Einstellung wird der Paragraph 175 mit einem Pinselstrich aus dem Strafgesetzbuch gestrichen. — Die Zensur erlaubt die Vorführung dieses »Aufklärungsfilms« nur »vor bestimmten Personenkreisen, nämlich Ärzten und Medizinbeflissenen, in Lehranstalten und wissenschaftlichen Instituten« und erkennt damit unausgesprochen seine hohen Qualitäten an.
Im selben Jahr gelangt Oswalds Aufklärungsfilm »Die Prostitution« zur Uraufführung.

Richard Oswald
Die Reise um die Erde in 80 Tagen
Richard Oswalds Stummfilm »Die Reise um die Erde in 80 Tagen«, der am 20. März 1919 im Marmorhaus in Berlin uraufgeführt wird, ist eine Verfilmung von Jules Vernes gleichnamigem Roman. Nach Auseinandersetzungen mit den Erben des französischen Autors wird der Titel des Films in »Die Reise um die Welt« geändert. Conrad Veidt spielt den jungen Phileas Fogg, der in 80 Tagen eine Reise um die Erde unternimmt, um eine Wette über 20 000 Pfund Sterling zu gewinnen. Die Berliner »Vossische Zeitung« schreibt nach der Premiere: »Die Verfilmung des Phantasieromans, von der Wirklichkeit, der Zeit der Luftschiffe und Flugmaschinen, längst überboten, mußte, als dramatischer Ausstattungsfilm gedacht, die deutsche Kinoindustrie rein örtlich vor unüberwindbare Schwierigkeiten stellen. Richard Oswald rückte mit einem genialen Griff die ganze Geschichte ins Groteske, und der Versuch ist glänzend gelungen. Aus der Weltreise wird eine Reise in den Grunewald, die Seereise zu einer ruhigen Fahrt auf einem biederen »Stern«-Dampfer. Witwenverbrennung, Indianerüberfall, Schiffsuntergang, Verhaftung, Selbstmordversuch — alles ist da und so unglaublich komisch und wirkungsvoll, daß die acht bilderreichen Akte keinen Augenblick Langeweile aufkommen lassen.« 1919 kommt ein weiterer »phantastischer« Oswald-Film ins Kino: »Unheimliche Geschichten« nach Erzählungen von Edgar Allan Poe, Robert Louis Stevenson u. a.

Frankreich

Abel Gance
Ich klage an
(J'accuse)
Der Stummfilm »Ich klage an« von Abel Gance ist eine erschütternde Anklage der Sinnlosigkeit des Kriegs und ein filmisch eindrucksvolles Plädoyer für den Pazifismus. Der Film, der zugleich der erste große Erfolg des Regisseurs wird, wurde mit staatlichen Geldmitteln 1918 noch vor dem En-

de des Ersten Weltkriegs gedreht. Gance hatte mehrere tausend Soldaten als Statisten gestellt bekommen, die nach Beendigung der Dreharbeiten alle an die Front zurückkommandiert wurden. Der Film beginnt mit einer Einstellung, bei der sich eine Vielzahl von Soldaten so gruppiert, daß sie die Buchstaben des Filmtitels bilden. Erzählt wird die Geschichte der jungen Edith (Maryse Dauvray), die von einem deutschen Offizier vergewaltigt wird, während ihr Mann (Romuald Joube) und ihr Freund (Séverin Mars) an der Front sind.
Der Film endet mit einer berühmt gewordenen Einstellung, einer Vision vom Krieg, bei der Tausende gefallener Soldaten aus ihren Gräbern steigen und in der Heimat Rechenschaft darüber verlangen, ob sich ihr Opfer gelohnt hat.

Schweden

Mauritz Stiller
Herrn Arnes Schatz
(Herr Arnes pengar)
»Herr Arnes Schatz« ist die Verfilmung von Selma Lagerlöfs gleichnamiger Erzählung. Der Stummfilm mit Hjalmar Selander, Richard Lund und Mary Johnson in den Hauptrollen gilt als Meisterwerk von Mauritz Stiller, der in der Folgezeit weitere Werke der Lagerlöf verfilmt. »Herrn Arnes Schatz« ist die Geschichte von drei schottischen Söldnern aus dem 16. Jahrhundert. Nach einer niedergeschlagenen Revolte gegen den schwedischen König überfallen sie das Haus des Pfarrers Arne, töten die ganze Familie bis auf die Pflegetochter und rauben einen Schatz. Der Anführer des Trios verliebt sich in die Pflegetochter, die er mit nach Schottland nehmen will.

USA

David Wark Griffith
Gebrochene Blüten
(Broken Blossoms)
»Gebrochene Blüten« ist der erste Film, den David Wark Griffith für die Produktions- und Verleihgesellschaft United Artists dreht, die er im selben Jahr zusammen mit Charlie Chaplin, Douglas Fairbanks und Mary Pickford gegründet hat. Der Film zählt zu den besten Werken des Regisseurs: Ein in London lebender chinesischer Junge (Richard Barthelmess) verliebt sich in ein Mädchen (Lillian Gish), das von seinem Vater, einem Berufsboxer, tyrannisiert wird. Der Junge nimmt das Mädchen schließlich bei sich auf. Als der Vater das Mädchen nach Hause holt und totschlägt, bringt der Chinese den Vater um und tötet sich daraufhin selbst.

Sportereignisse und -rekorde des Jahres 1919

Die Aufstellung erfaßt Rekorde, Sieger und Meister in wichtigen Sportarten. Aufgenommen wurden nur solche Wettbewerbe, die in den vergangenen Jahren bereits regelmäßig ausgetragen worden sind oder ab 1919 kontinuierlich zu den Sportprogrammen gehören. Sportarten in alphabetischer Reihenfolge.

Automobilsport

Grand-Prix-Rennen
1919 keine »Großen Preise«

Langstreckenrennen

Kurs/Länge (Datum)	Sieger (Land)	Marke	ø km/h
Indianapolis/500 ms (30. 5.)	Jim Wilcox (USA)	Peugeot	141,702
Targa Florio/432 km (23. 11)	André Boillot (FRA)	Peugeot	55,028

Rallyes
Ralley Monte Carlo   1919 nicht ausgetragen

Boxen/Schwergewicht

Ort/Datum	Weltmeister (Land)	Gegner (Land)	Ergebnis
Toledo (Ohio)/4.7.	Jack Dempsey (USA)	Jess Willard (USA)	k.o. 4. Rd.

Eiskunstlauf

Turnier	Ort	Datum
Weltmeisterschaften	nicht ausgetragen	
Europameisterschaften	nicht ausgetragen	
Deutsche Meisterschaften	Berlin	—

Einzel	Herren	Damen
Deutsche Meister	nicht ermittelt	E. Winter (Berlin)

Fußball

Länderspiele	Ergebnis	Ort	Datum
Deutschland 1919 keine Länderspiele			
Österreich			
Ungarn — Österreich	2:1	Budapest	
Österreich — Ungarn	2:0	Wien	
Ungarn — Österreich	3:2	Budapest	
Schweiz 1919 keine Länderspiele			

Landesmeister	
Deutschland	nicht ausgetragen
Österreich	Rapid Wien
Schweiz	FC Etoile Chaux-de-Fonds
Belgien	nicht ausgetragen
Dänemark	Akademisk Kopenhagen
England	nicht ausgetragen
Finnland	JK Helsinki
Holland	Ajax Amsterdam
Italien	nicht ausgetragen
Norwegen	Odd Skien
Schottland	Celtic Glasgow
Schweden	GAIS Göteborg

Landespokal	
Österreich	Rapid Wien — Wiener Sportklub 3:0
England	nicht ausgetragen
Frankreich	CAS Généraux — Olympique Paris 3:2
Holland	nicht ausgetragen
Schottland	nicht ausgetragen
Spanien	Arenas — FC Barcelona 5:2

Gewichtheben/Schwergewicht

Weltrekordhalter (Land)	Dreikampf	Drücken	Reißen	Stoßen
Karl Mörke (GER)	365,0 kg	115,0 kg	—	—
Hermann Görner (GER)	—	—	110,0 kg	—
Hermann Gässler (GER)	—	—	—	157,0 kg

Leichtathletik

Deutsche Meisterschaften (Nürnberg, 24.8.)

Disziplin	Sieger (Ort)	Leistung
Männer		
100 m	Richard Rau (Berlin)	11,1
200 m	Arthur Reinhardt (München)	23,4
400 m	Adolf Leber (München)	52,6
800 m	Adolf Meissner (Merseburg)	2:08,0
1 500 m	Fritz Franz (Fürth)	4:22,0
5 000 m	Karl Krümmel (München)	16:35,5
10 000 m	Hermann Sonnenberg (Braunschweig)	34:17,9
110 m Hürden	Otto Röhr (Dortmund)	16,4
3 000 m Hindernis	Emil Bedarff (Düsseldorf)	10:10,4
4 x 100 m	FSV Frankfurt	45,0
Hochsprung	Ernst Fritzmann (Berlin)	1,775
Stabhochsprung	Alfred Lehniger (Berlin)	3,42
Weitsprung	Arthur Holz (Charlottenburg)	7,05
Kugelstoßen	Curt Lehr (Stuttgart)	12,84
Diskuswurf	Xaver Geyer (München)	37,82
Speerwurf	Walter Lüdeke (Berlin)	48,10
Zehnkampf[3]	Arthur Holz (Charlottenburg)	549

Weltrekorde (Stand: 31. 12. 1919)

Disziplin	Name (Land)	Leistung	Datum	Ort
Männer				
100 m	Donald Lippincott (USA)	10,6	06. 07. 1912	Stockholm
200 m (Gerade)	Archie Hahn (USA)	21,6	31. 08. 1904	St. Louis
	Ralph Craig (USA)	21,2[1]	18. 05. 1910	Philadelphia
200 m (Kurve)	William Applegarth (GBR)	21,2[1]	04. 07. 1914	London
400 m	James Meredith (USA)	47,4[2]	27. 05. 1916	Cambridge/USA
800 m	James Meredith (USA)	1:51,9	08. 07. 1912	Stockholm
1 000 m	Anatole Bolin (SWE)	2:29,1	22. 09. 1918	Stockholm
1 500 m	John Zander (SWE)	3:54,7	05. 08. 1917	Stockholm
Meile	Norman Taber (USA)	4:12,6	16. 07. 1915	Cambridge/USA
3 000 m	John Zander (SWE)	8:33,2	07. 08. 1918	Stockholm
5 000 m	Hannes Kohlemainen (FIN)	14:36,6	10. 07. 1912	Stockholm
10 000 m	Jean Bouin (FRA)	30:58,8	16. 11. 1911	Paris
110 m Hürden	Forrest Smithson (USA)	15,0	25. 07. 1908	London
400 m Hürden	Charles Bacon (USA)	55,0	22. 07. 1908	London
3 000 m Hindern.[4]	Josef Ternström (SWE)	9:49,8	04. 07. 1914	Malmö
4 x 100 m	Deutschland	42,3	08. 07. 1912	Stockholm
4 x 400 m	USA	3:16,6	15. 07. 1912	Stockholm
Hochsprung	Edward Beeson (USA)	2,02	02. 05. 1914	Berkeley
Stabhochsprung	Marcus Wright (USA)	4,02	08. 06. 1912	Cambridge
Weitsprung	Peter O'Connor (IRL)	7,61	05. 08. 1901	Dublin
Dreisprung	Daniel Ahearn (USA)	15,52	30. 05. 1911	Celtic Parc
Kugelstoßen	Ralph Rose (USA)	15,54	21. 08. 1909	San Francisco
Diskuswurf	James Duncon (USA)	47,58	27. 05. 1912	New York
Hammerwurf	Patrick Ryan (USA)	57,77	17. 08. 1913	New York
Speerwurf	Jonni Myyrä (FIN)	66,10	24. 08. 1919	Stockholm
Zehnkampf[4]	Helge Lövland (NOR)	7 786,92	19./20.07.19	Oslo
Frauen[4]				
100 m	Nina Popowa (URS)	13,1	22. 08. 1913	Kiew
200 m	Lisie Nyström (FIN)	29,7	28. 09. 1913	Turku
400 m	Adi Bierbrauer (AUT)	70,0	05. 08. 1917	Wien
800 m	Elsa Dahl (SWE)	2:50,8	01. 11. 1914	Stockholm
	Berit Hjulhammar (SWE)	2:50,8	01. 11. 1914	Stockholm
4 x 100 m	Women's Royal Force (GBR)	55,2[2]	04. 09. 1919	London
Hochsprung	Dorothea Hover (USA)	1,44	16. 05. 1911	Aurora
	Isabelle Swain (USA)	1,44	16. 05. 1911	Aurora
	Miriam Heermans (USA)	1,44	16. 05. 1911	Aurora
Weitsprung	Maude Devereux (USA)	5,12	1916	Skidmore

[1] 220 Yard (201,17 m)
[2] 440 Yard (402,34 m)
[3] Berlin, 28. 9.
[4] inoffiziell, auch rückwirkend nicht anerkannt

Deutsche Rekorde (Stand: 31. 12. 1919)

Disziplin	Name (Ort)	Leistung	Datum	Ort
Männer				
100 m	Richard Rau (Berlin)	10,5	13. 08. 1911	Braunschw.
200 m	Richard Rau (Berlin)	22,0	28. 06. 1914	Berlin
400 m	Hanns Braun (München)	48,3	13. 07. 1912	Stockholm
800 m	Hanns Braun (München)	1:52,2	13. 07. 1912	Stockholm
1 000 m	Georg Mickler (Berlin)	2:32,3	22. 06. 1913	Hannover
1 500 m	Erwin von Sigel (Berlin)	4:06,5	23. 07. 1911	Berlin
3 000 m	Erwin von Sigel (Berlin)	8:59,6	28. 07. 1912	Hamburg
5 000 m	Richard Heinzenburg (Hamburg)	15:58,5	02. 10. 1910	Berlin
10 000 m	Gregor Vietz (Berlin)	33:45,1	26. 05. 1912	Leipzig
110 m Hürden	Walter Martin (Leipzig)	15,8	18. 08. 1912	Duisburg
400 m Hürden	Karl Weitling (Berlin)	60,4	09. 06. 1913	Berlin
4 x 100 m	Nationalstaffel	42,3	08. 07. 1912	Stockholm
	TSV 1860 München	42,6	28. 06. 1914	Berlin
Hochsprung	Robert Pasemann (Berlin)	1,923	13. 08. 1911	Braunschw.
Stabhochsprung	Robert Pasemann (Berlin)	3,79	06. 07. 1913	Berlin
Weitsprung	Ernst Söllinger (München)	7,15	06. 07. 1919	Wien
Dreisprung	Otto Bäurle (München)	14,17	12. 05. 1912	München
Kugelstoßen	Karl Halt (München)	13,16	23. 09. 1912	Karlsruhe
Diskuswurf	Heinrich Buchgeister (Berlin)	43,71	19. 07. 1914	Berlin
Hammerwurf	Max Furtwengler (Fürth)	36,33	29. 09. 1912	Nürnberg
Speerwurf	Julius Mandel (Berlin)	57,15	14. 05. 1911	Berlin
Zehnkampf	Karl Halt (München)	636	07.-09.07.14	Malmö
Frauen				
100 m	Marie Kießling (München)	13,5	25. 05. 1919	München
4 x 100 m	TSV 1860 München	56,4	25. 05. 1919	München

Das Rekordproblem: Seit der Mensch sportliche Leistungen registriert und vergleicht — und das geschieht überschaubar seit rund 100 Jahren — gibt es das Problem der genauen Feststellung der Rekorde.

Weltrekorde z. B. wurden zuerst privat aufgezeichnet. Später übernahmen internationale und nationale Verbände diese Aufgabe und gaben Höchstleistungen durch ihre Anerkennung offiziellen Charakter.

Probleme bei der Anerkennung der Rekorde gab es, weil nationale Verbände häufig im Ausland erzielte Rekorde nicht anerkannten oder Rekorde von Sportlern, die nicht zu einem Weltverband gehörten, ignorierten. Zudem wurden in einigen wenigen Fällen aufgrund sprachlicher Mißverständnisse und falscher Umrechnungen (z. B. yards in Meter, inches in Zentimeter) Weltrekorde anerkannt, die in Wirklichkeit gar keine waren.

Bis 1912 sind etwa 95 % aller Weltrekorde das Ergebnis privater Recherchen. Von 1912 bis 1945 halten einige Höchstleistungen den heutigen Maßstäben nicht stand. — Das bedeutet, daß einige offizielle Weltrekorde falsch und mehr oder weniger »privat« registrierte die richtigen sind.

In den Rekordlisten des Jahres 1919 sind also inoffizielle deutsche oder Welt- und Europarekorde genauso verzeichnet wie die offiziellen, sofern sie der Nachprüfung standhalten.

Pferdesport

Disziplin/Turnier	Sieger (Land)	Pferd (Gestüt)	Tag
Galopprennen			
Deutsches Derby	R. Kaiser (GER)	Gibraltar	
Trabrennen			
Deutsches Derby	Ignaz Lichtenfeld (UNG)	Dabendorferin (Tannenberg)	

Radsport

Disziplin, Ort	Plazierung, Name (Land)	Zeit
Rundfahrten (Etappen)		
Tour de France (15) Datum: 29. 6. - 27. 7. Länge: 5558 km 69 Starter, 10 im Ziel	1. Firmin Lambot (BEL)	231:07:15
	2. Jean Alavoine (FRA)	232:50:00
	3. Eugene Christophe (FRA)	233:33:00
Giro d'Italia (10) Datum: 21. 5. - 8. 6. Länge: 2984 km 63 Starter, 15 im Ziel	1. Costante Girardengo (ITA)	112:51:29
	2. Gaetano Belloni (ITA)	113:42:25
	3. Marcel Buysse (BEL)	113:57:00

Schwimmen

Deutsche Meisterschaften (Magdeburg, 17. 8.)

Disziplin	Sieger	Leistung
Männer		
Freistil 100 m	Fritz Goerges (Magdeburg)	1:09,2
Freistil 1 500 m	Georg Kunisch (Breslau)	24:24,0
Brust 100 m	Erich Rademacher (Magdeburg)	1:22,4
Rücken 100 m	Artur Beyer (Spandau)	1:23,6
Seite 100 m	Emil Benecke (Magdeburg)	1:17,6
Kunstspringen	Albert Zürner (Hamburg)	11
Mehrkampf	Hans Luber (Berlin)	70,5
Wasserball	1. Frankfurter SC	
Frauen		
Freistil 100 m	Grete Rosenberg (Hannover)	1:28,3

Weltrekorde (Stand: 31. 12. 1919)

Disziplin	Name	Leistung	Datum	Ort
Männer				
Freistil 100 m	Paoa Kahanamouku (USA)	1:01,4	09. 08. 1918	New York
Freistil 200 m	Norman Ross (USA)	2:21,6	16. 11. 1916	San Francisco
Freistil 400 m	Norman Ross (USA)	5:14,6	09. 10. 1916	Los Angeles
Freistil 800 m	Henry Taylor (GBR)	11:25,4	21. 07. 1906	Runcorn
Freistil 1 500 m	George Hogdson (CAN)	22:00,0	10. 07. 1912	Stockholm
Freistil 4 x 100 m	GER	4:34,0	20. 07. 1912	Hamburg
Freistil 4 x 200 m	AUS	10:11,2	15. 07. 1912	Stockholm
Brust 100 m	Willi Lützow (GER)	1:16,8	24. 05. 1914	Magdeburg
Brust 200 m	Willi Lützow (GER)	2:54,2	25. 04. 1914	Magdeburg
Rücken 100 m	Otto Fahr (GER)	1:15,6	29. 04. 1912	Magdeburg
Rücken 200 m	Otto Fahr (GER)	2:48,4	03. 04. 1912	Magdeburg
Frauen				
Freistil 100 m	Fanny Durack (AUS)	1:16,2	16. 02. 1915	Sydney
Freistil 200 m	Fanny Durack (AUS)	2:56,0	1915	Manly
Freistil 400 m	Ethelda Bleibtrey (USA)	6:30,2	16. 08. 1919	New York
Freistil 800 m	Gertrud Ederle (USA)	13:19,0	17. 08. 1919	Indianapolis
Freistil 1 500 m	Fanny Durack (AUS)	26:08,0	1914	Sydney
Freistil 4 x 100 m	GBR	5:52,8	15. 07. 1912	Stockholm
Brust 100 m	Erna Murray (GER)	1:33,2	17. 08. 1919	Magdeburg
Brust 200 m	G. Willner (GER)	3:41,6	1909	Hamburg
Rücken 100 m	Erna Murray (GER)	1:35,2	1918	Berlin

Deutsche Rekorde

Disziplin	Name (Land)	Leistung	Datum	Ort
Männer				
Freistil 100 m	Kurt Bretting (Magdeburg)	1:02,4	06. 04. 1912	Brüssel
Freistil 200 m	Kurt Bretting (Magdeburg)	2:27,3	20. 04. 1912	Magdeburg
Freistil 400 m	Oskar Schiele (Magdeburg)	5:31,2	21. 04. 1912	Magdeburg
Freistil 800 m	Otto Fahr (Cannstatt)	11:45,0	20. 04. 1912	Magdeburg
Freistil 1 500 m	Oskar Schiele (Magdeburg)	24:05,6	09. 08. 1913	Kassel
Freistil 4 x 100 m	Hellas Magdeburg	5:09,4	11. 07. 1910	Frankfurt
Brust 100 m	Willi Lützow (Magdeburg)	1:16,8	24. 05. 1914	Magdeburg
Brust 200 m	Willi Lützow (Magdeburg)	2:54,2	25. 04. 1914	Magdeburg
Rücken 100 m	Otto Fahr (Cannstatt)	1:15,6	29. 04. 1912	Magdeburg
Rücken 200 m	Otto Fahr (Cannstatt)	2:48,4	03. 04. 1912	Magdeburg
Frauen				
Freistil 100 m	Grete Rosenberg (Hannover)	1:22,2	28. 06. 1914	Berlin
Freistil 200 m	E. Bohne (Magdeburg)	3:46,4	1907	Hannover
Brust 100 m	Erna Murray (Berlin)	1:33,2	17. 08. 1919	Magdeburg
Brust 200 m	G. Willner (Hamburg)	3:41,6	1909	Hamburg
Rücken 100 m	Erna Murray (Berlin)	1:35,2	1918	Berlin

Tennis

Meisterschaften	Ort	Datum
Wimbledon	London	23. 6. - 8. 7.
US Open	Forest Hills (Herren-Einzel) Newport (Herren-Doppel) Philadelphia (Damen, Mixed)	
Australian Open	Melbourne (Herren)	
Internationale Deutsche	nicht ausgetragen	
Daviscup-Endspiel	Sydney/AUS	

Tennis (Forts.)

Turnier	Sieger (Land) — Finalgegner (Land)	Ergebnis
Herren		
Wimbledon	Gerald Patterson (AUS) — Norman Brookes (AUS)	6:3, 7:5, 6:2
US Open	Bill Johnston (USA) — Bill Tilden (USA)	6:4, 6:4, 6:3
Australian O.	A. R. F. Kingscote (GBR) — E. O. Pockley	6:4, 6:0, 6:3
Daviscup-Endspiel	Australien — Britische Inseln	4:1
Damen		
Wimbledon	Suzanne Lenglen (FRA) — Dorothea Lambert-Chambers (GBR)	10:8, 4:6, 9:7
US Open	Hazel (Hotchkiss-)Wightman (USA) — Marion Zinderstein	6:1, 6:2
Herren-Doppel		
Wimbledon	Patrick O'Hara Wood (AUS)/ Ronald Thomas (AUS) — R. W. Heath/ Randolph Lycett (AUS)	6:4, 6:2, 4:6, 6:2
US Open	Norman Brookes (AUS)/ Gerald Patterson (AUS) — Vinnie Richards (USA)/ Bill Tilden (USA)	8:6, 6:3, 4:6, 6:2
Australian O.	Patrick O'Hara Wood (AUS)/ Ronald Thomas — James Anderson (AUS)/ A. H. Lowe (GBR)	7:5, 6:1, 7:9 3:6, 6:3
Damen-Doppel		
Wimbledon	Suzanne Lenglen (FRA)/ Elizabeth Ryan (USA) — Dorothea Lambert-Chambers (GBR)/ Ethel Thomas Larcombe (GBR)	4:6, 7:5, 6:3
US Open	Eleanor Goss (USA)/ Marion Zinderstein — Eleonora Sears (USA)/ Hazel (Hotchkiss-)Wightman (USA)	9:7, 9:7
Mixed		
Wimbledon	Randolph Lycett (AUS)/ Elizabeth Ryan (USA) — A. D. Prebble/ D. Lambert Chambers (GBR)	6:0, 6:0
US Open	Vinnie Richards (USA)/ Marion Zinderstein — Bill Tilden (USA)/ F. A. Ballin	2:6, 11:9, 6:1

Abkürzungen zu den Sportseiten

AFG	Afghanistan	CUB	Kuba	HAI	Haiti	NIC	Nicaragua	SUI	Schweiz
ARG	Argentinien	DAN	Dänemark	HOL	Niederlande	NOR	Norwegen	SWE	Schweden
AUS	Australien	DOM	Dominikanische	HON	Honduras	NSE	Neuseeland	THA	Thailand
AUT	Österreich		Republik	IRA	Persien (Iran)	PAN	Panama	TUR	Türkei
BEL	Belgien	ECU	Ecuador	IRL	Irland	PAR	Paraguay	UNG	Ungarn
BOL	Bolivien	ETH	Abessinien	ITA	Italien	PER	Peru	URS	Sowjetunion
BRA	Brasilien		(Äthiopien)	JAP	Japan	POR	Portugal	URU	Uruguay
BUL	Bulgarien	FIN	Finnland	LIA	Liberia	PUR	Puerto Rico	USA	Vereinigte Staaten
CAN	Kanada	FRA	Frankreich	LIE	Liechtenstein	RUM	Rumänien		von Amerika
CHI	Chile	GBR	Großbritannien	LUX	Luxemburg	SAF	Südafrika	VEN	Venezuela
CHN	China	GER	Deutschland	MCO	Monaco	SAL	El Salvador		
COL	Kolumbien	GRE	Griechenland	MEX	Mexiko	SAN	San Marino		
COS	Costa Rica	GUA	Guatemala	NEP	Nepal	SPA	Spanien		

Nekrolog

Bekannte Persönlichkeiten aus allen Bereichen des gesellschaftlichen Lebens, die im Jahr 1919 gestorben sind, werden — alphabetisch geordnet — in Kurzbiographien dargestellt.

Endre Ady

ungarischer Dichter (*22. 11. 1877, Ermindszent), stirbt am 27. Januar 1919 in Budapest.
Ady gilt als bedeutendster ungarischer Lyriker des 20. Jahrhunderts. Seine von einer revolutionären und demokratischen Grundhaltung getragenen Gedichte wurden vor allem von der Jugend mit Begeisterung aufgenommen. Seine große Liebe, eine verheiratete Frau, beschreibt er in Versen, die zur schönsten ungarischen Liebesdichtung zählen.

John William Alcock

britischer Flugpionier (*6. 11. 1892, Manchester), kommt am 18. Dezember 1919 in der Nähe von Rouen bei einem Flugzeugabsturz ums Leben.
Alcock, Kampfflieger im Ersten Weltkrieg, überquerte am 14./15. Juni 1919 zusammen mit Arthur W. Brown als erster den Atlantik in einem Nonstop-Flug. Der Vickers-Vimy-Doppeldecker mit zwei Rolls-Royce-Motoren von 360 PS startete am 14. Juni in St. John's in Newfoundland. Nach 16 Stunden und 27 Minuten landete die Maschine bei Clifden in Irland. Ganz Großbritannien feierte die beiden Flieger, nachdem sie die 3050 km lange Strecke zurückgelegt hatten. Beide wurden in den Adelsstand erhoben.

Peter Altenberg

eigentl. Richard Engländer, österreichischer Schriftsteller (*9. 3. 1859, Wien), stirbt am 8. Januar 1919 in Wien.
Altenberg war einer der Hauptvertreter des Wiener Impressionismus. In Prosaskizzen und Aphorismen fing er Augenblickseindrücke und subjektive Stimmungen ein: »Wie ich es sehe« (1896), »Was der Tag mir zuträgt« (1900), »Prodromos« (1906), »Märchen des Lebens« (1908), »Bilderbögen des kleinen Lebens« (1909), »Semmering 1912« (1913), »Vita ipsa« (1918), »Mein Lebensabend« (1919).

Leonid N. Andrejew

russischer Erzähler und Dramatiker (*21. 8. 1871, Orel), stirbt am 12. September 1919 in Mustamäki in Finnland.
Zentrale Themen in Andrejews von einer pessimistischen Grundhaltung getragenem Schaffen sind die Einsamkeit des Menschen, die Ohnmacht der Vernunft, das Ausgeliefertsein an den Tod und die Entmenschlichung des Menschseins durch Krieg und Revolution. Nach der Oktoberrevolution floh Andrejew nach Finnland. Zu seinen Hauptwerken zählen die teils psychologisch-realistischen, teils expressionistischen Erzählungen »Das rote Lachen« (1904) und »Die Geschichte von den sieben Gehenkten« (1907) sowie das Drama »Das Leben des Menschen« (1907).

Sven Richard Bergh

schwedischer Maler (*28. 12. 1858, Stockholm), stirbt am 29. Januar 1919 in Storänge (Nacka).
Neben Nils Kreuger war Bergh der Hauptvertreter des schwedischen Realismus und Impressionismus. Er begann mit realistischen Landschaftsschilderungen und schuf später überwiegend figurative Kompositionen neuromantischer Prägung, die den Einfluß Arnold Böcklins zeigen (»Der Tod und das Mädchen«, 1888). Darüber hinaus schuf er meisterhafte psychologische Porträts (»August Strindberg«, 1905).

Oskar Bider

schweizerischer Flugpionier (*12. 7. 1891, Langenbruck/Basel-Landschaft), stirbt am 7. Juli 1919 bei einem Flugzeugabsturz in Dübendorf bei Zürich.
Bider überflog 1913 als erster die Pyrenäen von Pau nach Madrid und im selben Jahr die Alpen von Bern nach Mailand.

Louis Botha

südafrikanischer General und Politiker (*27. 9. 1862, Greytown/Natal), seit 1910 erster Premierminister der neugegründeten Südafrikanischen Union, stirbt am 27. August 1919 in Rusthof/Pretoria. Neuer Premierminister von Südafrika wird am 3. September Jan Christiaan Smuts.
Botha wurde im März 1900 Oberbefehlshaber der Transvaal-Streitkräfte während des Burenkriegs gegen Großbritannien. 1907 wurde er als Verfechter einer Aussöhnung mit Großbritannien der erste Premierminister der britischen Kolonie Transvaal und 1910 des britischen Dominions Südafrikanische Union. Während des Ersten Weltkriegs eroberte er 1915 Deutsch-Südwestafrika, 1919 nahm er an den Pariser Friedenskonferenzen teil.

Karl Brugmann

deutscher Sprachwissenschaftler und Indogermanist (*16. 3. 1849, Wiesbaden), stirbt am 29. Juni 1919 in Leipzig.
Brugmann vertrat in den zusammen mit Hermann Osthoff herausgegebenen sechsbändigen »Morphologischen Untersuchungen auf dem Gebiete der indogermanischen Sprachen« (1878-1910) die These der grundsätzlichen Ausnahmslosigkeit der Lautgesetze. Sein Hauptwerk ist der zweibändige »Grundriß der vergleichenden Grammatik der indogermanischen Sprachen« (1886-1892, überarbeitet 1897-1916). Unter Brugmann wurde Leipzig, wo er ab 1887 lehrte, internationales Zentrum sprachwissenschaftlicher Studien.

Andrew Carnegie

US-amerikanischer Stahlindustrieller schottischer Herkunft (*25. 11. 1835, Dunfermline/Schottland), stirbt am 11. August 1919 in Lenox/Massachusetts.
Carnegie, der 1848 mit seinem Vater in die USA auswanderte, begann als Laufbursche bei der Pennsylvania-Eisenbahn, erwarb sich in der Folgezeit jedoch ein riesiges Vermögen in der Stahlindustrie (Stahlschienenwerk, Heereslieferungen, Carnegie Steel Company). Getreu den Prinzipien, die er in »The Gospel of Wealth« (Das Evangelium des Reichtums, 1889) entwarf, legte er sein Vermögen in Stiftungen an. Er stiftete das Carnegie Endowment für International Peace (Stiftung für den internationalen Frieden), Carnegies Hall in New York (Konzerthalle), das Carnegie Institute of Pittsburgh (mehrere Bildungseinrichtungen) u. a.

Sir William Crookes

britischer Chemiker und Physiker (*17. 6. 1832, London), stirbt am 4. April 1919 in London.
Crookes entdeckte 1861 das metallische Element Thallium, erfand 1874 das Radiometer, ein Gerät zur Strahlenmessung, erkannte 1879 die Eigenschaften der Kathodenstrahlen und entdeckte das radioaktive Uran X1 sowie die Szintillationswirkung der Alphastrahlen. Außerdem führte er das Spiralenmodell des Periodensystems der chemischen Elemente ein.

Hedwig Dohm

deutsche Schriftstellerin und Theoretikerin des radikalen Feminismus (*20. 9. 1833, Berlin), stirbt am 4. Juni 1919 in Berlin.
Hedwig Dohm, verheiratet mit Ernst Dohm, einem der Redakteure der politisch-satirischen Zeitschrift »Kladderadatsch«, forderte als erste deutsche Frau schon 1873 öffentlich das Frauenstimmrecht. Als 40jährige begann die Mutter von fünf Kindern, über die Frauenfrage zu schreiben, 1888 war sie Mitbegründerin des Deutschen Frauenvereins Reform, der sich für das Frauenstudium einsetzte. Sie veröffentlichte u. a. »Der Jesuitismus im Hausstande. Ein Beitrag zur Frauenfrage« (1873), »Der Frauen Natur und Recht« (1876), »Die Antifeministen« (1902). Ihr letztes Buch, »Der Mißbrauch des Todes. Senile Impressionen« (1917), richtete sich gegen den Krieg.

Kurt Eisner

deutscher Politiker und Publizist (*14. 5. 1867, Berlin), Ministerpräsident des am 8. November 1918 ausgerufenen republikanischen Freistaats Bayern, wird am 21. Februar in München von dem Offizier Anton Graf von Arco auf Valley ermordet.
Eisner war nach einem Philosophie- und Germanistikstudium als Journalist tätig, u. a. ab 1899 als Redakteur des sozialdemokratischen Parteiorgans »Vorwärts«, wo er jedoch 1905 als Revisionist entlassen wurde. Von 1907 bis 1910 leitete er die »Fränkische Tagespost« in Nürnberg als Chefredakteur und ließ sich dann als freier Schriftsteller in München nieder. 1917 schloß er sich als Pazifist der USPD an. 1918 initiierte er in München den Streik der Rüstungsarbeiter und die Revolution, die ohne großen Widerstand zum Sturz des Königshauses der Wittelsbacher führte. Als Führer der Arbeiter-, Bauern- und Soldatenrats wurde er am 8. November 1918 Ministerpräsident und Minister des Auswärtigen des von ihm proklamierten republikanischen Freistaats Bayern in einer Regierung aus MSPD und USPD. Eisners Ziel war eine republikanische Erneuerung über die Parteigrenzen hinweg auf der Basis eines humanitären Sozialismus. Bei den bayerischen Landtagswahlen im Januar 1919 erhielt seine Partei jedoch nur drei von 180 Sitzen in der Volksvertretung.
Auf dem Weg zur Landtagseröffnung, wo Eisner vermutlich seinen Rücktritt erklären will, wird er am 21. Februar von Anton Graf von Arco auf Valley erschossen. Für die Gegner der Revolution gilt Eisner als Symbol des Juden und Bolschewisten. Seine Ermordung löst die Ausrufung der Räterepublik in München am 7. April aus.

Emil Fischer

deutscher Naturstoffchemiker, Chemienobelpreisträger 1902 (*9. 10. 1852, Euskirchen), stirbt am 15. Juli 1919 in Berlin.
Emil Fischer, ein Schüler von Adolf von Baeyer, zählt zu den bedeutendsten Naturstoffchemikern. Seine Arbeiten hatten großen Einfluß auf die Chemie der Nukleinsäuren sowie der Zucker- und der Eiweißstoffe. Seine Forschungen zur Aminosäure waren Ausgangspunkt für die Strukturermittlung der Proteine. Darüber hinaus war er Wegbereiter der Chemie polymerer Stoffe. Den Nobelpreis für Chemie erhielt er 1902 für seine Arbeiten über Kohlenhydrate und Purine.

Karl Adoph Gjellerup

dänischer Schriftsteller, Literaturnobelpreisträger 1917 (*2. 6. 1857, Roholte/Seeland), stirbt am 11. Oktober 1919 in Dresden.
Gjellerup ließ sich 1892 mit seiner Frau, einer gebürtigen Dresdnerin, in Dresden nieder, verstand sich als Jünger der deutschen und griechischen Klassik und schrieb einen Teil seiner Werke in deutscher Sprache. Um 1900 wandte er sich vom Epigonen des deutschen Idealismus unter dem Einfluß von Friedrich Nietzsche, Arthur Schopenhauer und Richard Wagner der indischen Mystik zu. Seine in Indien spielenden Romane »Der Pilger Kamanita« (1906) und »Die Weltwanderer« (1910) wurden Welterfolge. Seine drei letzten Romane, »Reif für das Leben« (1913), »Die Gottesfreundin« (1916) und »Der goldene Zweig« (1917), verbinden Christentum und vom Buddhismus beeinflußte Weltverachtung. 1917 erhielt er zusammen mit seinem Landsmann Henrik Pontoppidan den Literaturnobelpreis »in Anerkennung seiner reichen, vielfältigen, von hohen Idealen getragenen Dichtung«.

Hugo Haase

deutscher SPD- bzw. USPD-Politiker (*29. 9. 1863, Allenstein), stirbt am 7. November in Berlin an den Folgen eines Attentats. Haase war von 1897 bis 1906 und von 1912 bis 1918 Mitglied des Reichstags und leitete von 1911 bis 1916 zusammen mit Friedrich Ebert die SPD. 1916 geriet er mit seiner radikalpazifistischen Haltung in Gegensatz zur Fraktionsmehrheit. Als die Gegner der Zustimmung zu den Kriegskrediten aus der SPD-Reichstagsfraktion ausgeschlossen wurden, übernahm Haase im März 1916 die Leitung der Sozialdemokratischen Arbeitsgemeinschaft, wie die Abspaltung der Kriegsgegner in der SPD hieß.

Diese konstituierte sich 1917 in Gotha zur USPD (Unabhängige SPD), einer Massenpartei mit Haase und Wilhelm Dittmann als Vorsitzenden. Nach der Novemberrevolution 1918 wurde Haase Mitglied des Rats der Volksbeauftragten (deutsche Regierung), 1919 wurde er in die Weimarer Nationalversammlung gewählt. Beim Betreten des Parlamentsgebäudes am 8. Oktober schoß der Lederarbeiter Johann Voß aus Wien mehrmals auf Haase. Voß wurde später für geisteskrank erklärt.

Habib Ullah Khan

Emir von Afghanistan seit 1901 (*3. 7. 1872, Taschkent), wird am 20. Februar 1919 in Kallagusch im Laghmantal ermordet.
Habib Ullah Khan setzte die englandfreundliche Politik seines Vaters Abd Ur Rahman Khan fort. In seine Herrschaftszeit fällt das britisch-russische Abkommen von 1907, in dem beide Großmächte die Unabhängigkeit und den Besitzstand Afghanistans garantierten. Nach Ausbruch des Ersten Weltkriegs wurde Habib Ullah vom Osmanischen Reich als der Vormacht des Islams aufgefordert, in den Krieg einzutreten, blieb jedoch neutral. Auch eine deutsche diplomatische Mission (1915/16) konnte diese Haltung nicht ändern. Gegen diese englandfreundliche, aber gleichwohl neutrale Politik erhob sich eine starke antibritische Nationalbewegung. Nach der Ermordung Habib Ullahs erklärt sein Sohn Aman Ullah im Mai 1919 den Heiligen Krieg gegen Großbritannien.

Ernst Haeckel

deutscher Zoologe und Philosoph (*16. 2. 1834, Potsdam), stirbt am 9. August 1919 in Jena.
Haeckel, der Charles Darwins Evolutionstheorie im Deutschen Reich zum Durchbruch verhalf, formulierte das biogenetische Grundgesetz, nach dem die Individualentwicklung eines Lebewesens eine verkürzte Rekapitulation der Stammesgeschichte ist, wenn auch durch bestimmte Einflüsse etwas abgeändert. In seinem weitverbreiteten populärphilosophischen Hauptwerk »Die Welträthsel. Gemeinverständliche Studien über monistische Philosophie« (1899) stellte er die These auf, daß alles materielle und geistige Sein auf ein Prinzip zurückgeführt werden kann (Monismus). Die ganze Welt sei von Naturgesetzen bestimmt, so daß die Unterscheidung von Natur und Geist, wie z. B. das »dualistische« Christentum vollziehe, hinfällig sei. Haeckel war mit dieser These ein Vertreter des Positivismus, der davon ausgeht, daß gesicherte Erkenntnisse allein aus der Untersuchung der Tatsachen (des Positiven) gewonnen werden können.

Georg Graf von Hertling

deutscher Politiker und Philosoph (*31. 8. 1843, Darmstadt), Reichskanzler 1917/18, stirbt am 4. Januar in Ruhpolding.
Georg Graf (bis 1914: Freiherr) von Hertling war 1876, während des Kulturkampfs, Mitbegründer der Görres-Gesellschaft zur Pflege der Wissenschaft. Ziel dieser Gesellschaft, die von Hertling als erster Präsident bis 1919 leitete, war es, die wissenschaftliche Arbeit der deutschen Katholiken zu fördern. Als Professor der Philosophie ab

1880 in Bonn und ab 1882 in München vertrat er die scholastische Philosophie von einem bewußt katholischen Standpunkt aus. Von 1875 bis 1890 und von 1896 bis 1912 war er Mitglied des Reichstags in der Zentrumsfraktion, ab 1909 als Fraktionsvorsitzender. 1891 wurde er lebenslänglicher Reichsrat der Krone Bayerns, von 1912 bis 1917 war er königlich bayerischer Staatsminister des Königlichen Hauses und des Äußeren und zugleich Vorsitzender im Ministerrat. Vom 1. September 1917 bis zum 30. September 1918 war er während des Ersten Weltkriegs Reichskanzler, als erster Katholik.

Gustav Landauer

deutscher Schriftsteller und Politiker (*7. 4. 1870, Karlsruhe), wird am 2. Mai 1919 bei der Zerschlagung der Münchner Räterepublik von Freikorpsmitgliedern ermordet.
Landauer, sozialistischer Erzähler und Verfasser kulturkritischer Essays, bekannte sich unter dem Einfluß des russischen Revolutionärs Pjotr A. Fürst Kropotkin zum Sozialismus und zum Anarchismus ohne Gewalt und war ein Verfechter des Rätegedankens. Nach der Novemberrevolution wurde er 1918 Mitglied des Münchner Zentralarbeiterrats und am 7. April 1919 der Räteregierung. Verheiratet war er mit der Schriftstellerin und Übersetzerin Hedwig Lachmann (1865-1918). Er veröffentlichte den Roman »Der Todesprediger« (1893), die Novellensammlung »Macht und Mächte« (1903), die Schrift »Die Revolution« (1908) und einen »Aufruf zum Sozialismus« (1911).

Carl Olof Larsson

schwedischer Maler, Grafiker und Illustrator (*28. 5. 1853, Stockholm), stirbt am 22. Januar 1919 in Sundborn bei Falun.
Larsson, der mit impressionistischen Kleinlandschaften begann, wurde bekannt durch seine vom japanischen Farbholzschnitt beeinflußten dekorativen Aquarelle und Fresken in Formen des Jugendstils (»Das Haus in der Sonne«, 1910). Daneben schuf er Porträts (»August Strindberg«, 1899, »Selma Lagerlöf«, 1902).

Wilhelm Lehmbruck

deutscher Bildhauer und Grafiker des Expressionismus (*4. 1. 1881, Meiderich/Duisburg), Hauptmeister der deutschen Plastik zu Beginn des 20. Jahrhunderts, scheidet am 25. März 1919 in Berlin durch Freitod aus dem Leben.
Lehmbruck, Sohn eines Bergmanns, studierte von 1895 bis 1899 an der Kunstgewerbeschule und von 1901 bis 1907 an der Akademie in Düsseldorf. Seine frühen Arbeiten waren von Auguste Rodin und Constantin Meunier beeinflußt. Nach einem Ausstellungserfolg ließ er sich 1910 in Paris nieder, wo er u. a. Henri Matisse, Amedeo Modigliani, Aristide Maillol, Alexander Archipenko und Constantin Brancusi kennenlernte, die seinen Schaffen nachhaltig beeinflußten. Beim Ausbruch des Ersten Weltkriegs kehrte Lehmbruck 1914 ins Deutsche Reich zurück, floh jedoch 1917 nach Zürich, wo er sich ein Atelier einrichtete und im Kunsthaus ausstellte. Nach der Novemberrevolution übersiedelte er 1918

nach Berlin. Verzweifelt über die Sinnlosigkeit des Kriegs und vereinsamt nach dem Verlust seiner besten Freunde macht er hier seinem Leben freiwillig ein Ende.
Lehmbruck schuf Plastiken, die in ihrer Ausdruckstiefe an Werke der Gotik erinnern. 1911 wurde er mit der Plastik »Die Kniende« bekannt. Weitere Hauptwerke: »Emporsteigender Jüngling« (1913/14), »Der Gestürzte« (1915/16), »Sitzender Jüngling« (1918).

Ruggiero Leoncavallo

italienischer Opernkomponist (*8. 3. 1858, Neapel), stirbt am 9. August 1919 in Bagni di Montecatini (Montecatini Terme). Leoncavallo, ein Vertreter des Verismus, schuf einen Welterfolg mit der Oper »Der Bajazzo« (uraufgeführt 1892 in Mailand). Weitere Opern sind »La Bohème« 1897), »Zaza« (1900) und »Der Roland von Berlin« (1904).

Karl Liebknecht

deutscher sozialistischer Politiker (*13. 8. 1871, Leipzig), wird am 15. Januar 1919 in Berlin zusammen mit Rosa Luxemburg von Freikorpsoffizieren ermordet.
Karl Liebknecht, der Sohn des SPD-Politikers Wilhelm Liebknecht, war 1907 Mitbegründer der Sozialistischen Jugendinternationale, deren erster Präsident er bis 1910 war. Innerhalb der SPD, für die er von 1912 bis 1916 Reichstagsabgeordneter war, zählte er zum linken Flügel. Nach dem Ausbruch des Ersten Weltkriegs 1914 fügte er sich zunächst der Fraktionsdisziplin, stimmte dann jedoch am 2. Dezember 1914 als einziger gegen die Kriegskredite. 1916 gründete er mit Rosa Luxemburg und Franz Mehring die antimilitaristische Gruppe Internationale (ab 1918 Spartakusbund) und wurde aus der SPD-Fraktion ausgeschlossen. Im selben Jahr, am 1. Mai 1916, veranstaltete er in Berlin eine öffentliche Kundgebung gegen den Krieg, wurde verhaftet und wegen Hochverrats zu vier Jahren Zuchthaus verurteilt. Nach der Begnadigung im Oktober 1918 trat er mit Rosa Luxemburg an die Spitze des kommunistischen Spartakusbunds und beteiligte sich Ende 1918 an der Gründung der KPD. Während der Novemberrevolution proklamierte er in Berlin die Freie sozialistische Republik, wenige Stunden nachdem Philipp Scheidemann (MSPD) die Republik ausgerufen hatte. Nach dem Spartakusaufstand im Januar 1919 wurde er verhaftet und von Freikorpsoffizieren erschossen.

Hermann Lietz

deutscher Reformpädagoge (*28. 4. 1868, Dumgenevitz = Kasnevitz/Rügen), stirbt am 12. Juni 1919 in Haubinda (Westhausen).
Lietz gründete in Ilsenburg im Harz (1898), in Haubinda (1901) und in Schloß Bieberstein bei Fulda (1904) die ersten deutschen Landerziehungsheime. Das Prinzip des Zusammenlebens der in gleicher Weise verantwortlichen Lehrer und Schüler verband er mit den Forderungen der Reformpädagogik nach verstärkter musischer, sportlicher und handwerklicher Betätigung (Hermann-Lietz-Schule).

Rosa Luxemburg

deutsche sozialistische Politikerin polnischer Herkunft (*5. 3. 1870, Zamość in Russisch-Polen), Theoretikerin des Marxismus, wird am 15. Januar 1919 in Berlin zusammen mit Karl Liebknecht von Freikorpsoffizieren ermordet.
Rosa Luxemburg, die aus einer wohlhabenden jüdischen Kaufmannsfamilie stammte, mußte wegen ihres Engagements in der Arbeiterbewegung 1889 nach Zürich emigrieren. Nach dem Abschluß ihres Volkswirtschaftsstudiums übersiedelte sie nach Berlin, wo sie eine der führenden Persönlichkeiten des linken Flügels der SPD wurde. 1905/06 nahm sie an der Revolution in Rußland teil und war ein halbes Jahr in Warschau inhaftiert, ehe sie ins Deutsche Reich zurückkehrte und 1907 Dozentin an der SPD-Parteischule in Berlin wurde. Im selben Jahr gründete sie nach dem Ausbruch des Ersten Weltkriegs zusammen mit Liebknecht die antimilitaristische Gruppe Internationale (ab 1918 Spartakusbund). Von 1915 bis 1918 war sie fast ununterbrochen inhaftiert, setzte jedoch aus dem Gefängnis heraus ihre Propaganda fort und schloß sich 1917 mit dem Spartakusbund der USPD an. Nach ihrer Befreiung während der Novemberrevolution kämpfte sie für die Errichtung einer Räterepublik und verfaßte das »Spartakusprogramm«. Ende 1918 war sie Mitbegründerin der KPD. Nach dem Spartakusaufstand von Januar 1919 wurde sie erneut verhaftet. Auf dem Transport zum Untersuchungsgefängnis Moabit wird sie von Offizieren mißhandelt, gefoltert und dann erschossen. Ihre Leiche wird erst nach Monaten aus dem Landwehrkanal geborgen.

Franz Mehring

deutscher sozialistischer Politiker und Historiker (*27. 2. 1846, Schlawe in Pommern), stirbt am 29. Januar 1919 in Berlin.
Franz Mehring, der dem linken Flügel der SPD angehörte, zählt mit seinen Studien zur preußischen Geschichte und zur Geschichte der Sozialdemokratie zu den bedeutendsten Geschichtsschreibern der Sozialdemokratie. Er trat auch als Literaturhistoriker hervor (»Lessing-Legende«, 1893); in den deutschen Klassikern sah er Wortführer des aufstrebenden Bürgertums. 1916 gründete er zusammen mit Karl Liebknecht und Rosa Luxemburg die antimilitaristische Gruppe Internationale (ab 1918 Spartakusbund).

Eduard Müller

schweizerischer freisinniger Politiker (*10. 11. 1848, Dresden), stirbt am 9. November 1919 in Bern.
Müller gehörte von 1895 bis 1919 dem Bundesrat an, in dem er das Justiz- und Polizeidepartment (1895-1897 und 1912-1919) und das Militärdepartment (1897-1911) leitete. 1899, 1907 und 1913 amtierte er als Bundespräsident.

Friedrich Naumann

deutscher evangelischer Pfarrer und liberaler Politiker (*25. 3. 1860, Störmthal bei Leipzig), Vorsitzender der neugegründeten Deutschen Demokratischen Partei (DDP), stirbt am 24. August 1919 in Travemünde.

Naumann bemühte sich um die Verbindung zwischen evangelischem Christentum und sozialer Frage durch Gründung Evangelischer Arbeitervereine. 1896 gründete er den Nationalsozialen Verein, der sich nach seiner Auflösung 1903 der Freisinnigen Vereinigung anschloß, die er von 1907 bis 1910 als Reichstagsabgeordneter vertrat. Von 1910 bis 1912 und von 1913 bis 1918 war er Mitglied des Reichstags als Vertreter der Fortschrittlichen Volkspartei.

John William Strutt, Baron Rayleigh

britischer Physiker, Physiknobelpreisträger 1904 (*12. 11. 1842, Langford bei Maldon/Essex), stirbt am 30. Juni 1919 in Witham/Essex.
Rayleigh forschte insbesondere auf den Gebieten der Schwingungs- und Wellenlehre, der Schallmessung, der Wärmestrahlung und der Lichtstreuung. Mit William Ramsay entdeckte er 1894 das Edelgas Argon. 1904 erhielt er hierfür und für die im Zusammenhang mit dieser Entdeckung unternommen Dichtemessungen den Nobelpreis für Physik, zusammen mit Ramsay.

Leo Reinisch

österreichischer Ägyptologe und Sprachforscher (*26. 10. 1832, Osterwitz/Steiermark), stirbt am 24. Dezember 1919 in Laukowitz in der Steiermark.
Reinisch, 1866/67 Geheimsekretär des Kaisers Maximilian von Mexiko, ab 1868 Professor für Ägyptologie in Wien, unternahm zwischen 1865 und 1880 drei Expeditionen nach Äthiopien und Ägypten. Seine Forschungen galten den Zusammenhängen zwischen den afrikanischen Sprachen und dem Ägyptischen.

Auguste Renoir

französischer Maler, Grafiker und Bildhauer (*25. 2. 1841, Limoges), bis 1880 Hauptmeister des französischen Impressionismus, stirbt am 3. Dezember 1919 in Cagnessur-Mer.
Renoir, ursprünglich Porzellanmaler, 1864 erstmals in der offiziellen Pariser Kunstausstellung, dem »Salon«, vertreten, entwickelte Ende der 60er Jahre des 19. Jahrhunderts zusammen mit Claude Monet die Prinzipien des Impressionismus (»Lise mit dem Sonnenschirm«, 1867), den er in den 70er Jahren zu einem Höhepunkt führte. Mit Vorliebe stellte er die glücklichen Momente im Leben der Bürger und Bohémiens dar (»Die Loge«, 1874, »Le Moulin de la Galette«, 1976, »Akt in der Sonne«, 1876, »Frühstück im Freien«). Der Eindruck der klassischen Kunst während einer Italienreise bestärkte 1880 seine Zweifel hinsichtlich der impressionistischen Methode. In den folgenden Jahren betonte er stärker die Zeichnung und arbeitete nach der Kompositionstechnik der alten Meister (»Badende«, 1884-1886). In den 90er Jahren fand er zu einer Synthese zwischen klassischer Klarheit und Gelöstheit der Farben (»Schlafende«, 1897). In der dekorativ ungezwungenen Farbigkeit dieser Bilder dominierten Frauenakte in paradiesischer Natur (»Das Urteil des Paris«, um 1914).

Theodore Roosevelt

26. US-Präsident von 1901 bis 1909, Republikaner, Friedensnobelpreisträger 1906 (*27. 10. 1858, New York), stirbt am 6. Januar in Sagamore Hill/New York.
Roosevelt, ein Verfechter der US-Expansionspolitik seit dem ausgehenden 19. Jahrhundert, wurde 1901 nach der Ermordung von William McKinley Präsident der Vereinigten Staaten (Wiederwahl 1904). Er vertrat die These von der Polizeifunktion der USA in Lateinamerika. Die Monroe-Doktrin von 1823 — keine Einmischung der Europäer in amerikanische Angelegenheiten — wandte er 1904 als Reaktion auf eine deutsch-britische Blockade Venezuelas im Sinne einer internationalen Ordnungsfunktion der USA in der gesamten westlichen Hemisphäre an. Den Friedensnobelpreis von 1906 erhielt er wegen seiner Vermittlung des russisch-japanischen Friedensschlusses (1905). Während des Ersten Weltkriegs war er ein entschiedener Gegner der US-amerikanischen Neutralitätspolitik.

Maximilian Schmidt

genannt Waldschmidt, bayerischer Volksschriftsteller (*25. 2. 1832, Eschlkam bei Furth im Wald/Oberpfalz), stirbt am 8. Dezember 1919 in München.
Waldschmidt war mit seinen oberbayerischen Dorfgeschichten und Erzählungen aus dem bayerisch-böhmischen Waldgebirge der beliebteste Volksschriftsteller seiner Zeit. Er trat hervor als Erzähler, Dramatiker, Humorist, Dialektdichter, Folklorist und Autobiograph. Seine Hauptwerke sind die vier Bände »Volkserzählungen aus dem bayerischen Wald« (1863-1868) und die Gedichtsammlung »Altboarisch« (1884).

Simon Schwendener

deutsch-schweizerischer Botaniker (*10. 2. 1829, Buch/Sankt Gallen), stirbt am 27. Mai 1919 in Berlin.
Schwendener, Direktor des Pflanzenphysiologischen Instituts in Berlin, wies nach, daß Flechten symbiotische Verbindungen von Pilzen und Algen sind.

Johann Sigurjönsson

isländischer Dramatiker und Lyriker (*19. 6. 1880, Laxamyri), stirbt am 31. August 1919 in Kopenhagen.
Unter dem Einfluß von Friedrich Nietzsche und Georg Brandes schrieb Sigurjönsson lyrisch getönte Stücke, deren Stoffe er meist der isländischen Folklore und Volksdichtung entnahm: »Berg-Eyvind und sein Weib« (1911) schildert die Liebe zwischen einem wegen eines geringfügigen Diebstahls Verfolgten und seiner Frau; in »Der Wunsch« (1915) gestaltet er ein faustähnliches Motiv.

Karl Stamm

schweizerischer Lyriker (*29. 3. 1890, Wädenswil), stirbt am 21. März 1919 in Zürich.
Stamm, von Beruf Lehrer, verfaßte Lyrik mit z. T. expressionistischen Anklängen. Seine Gedichte zeugen von Naturgefühl und Menschenliebe: »Das Hohelied« (1913), »Der Aufbruch des Herzens« (1919). Postum werden 1920 zwei Bände »Dichtungen« herausgegeben.

Pawel P. Tschistjakow

russischer Maler (*5. 7. 1832, Prudy/Gebiet Kalinin), stirbt am 11. November 1919 in Detskoje Selo (Puschkin). Tschistjakows Bedeutung liegt vor allem in seiner Lehrtätigkeit an der Petersburger Akademie ab 1872, wo sein Wirken im Gegensatz zu den sonst von der Akademie praktizierten Lehrmethoden stand, so daß viele junge Künstler in ihm einen Verbündeten suchten: Wassili D. Polenow, Ilja J. Repin, Wassili I. Surikow, Wiktor M. Wasnezow, Michail A. Wrubel u. a. zählten zu seinen Schülern.

Alfred Werner

schweizerischer Chemiker elsässischer Herkunft, Chemienobelpreisträger 1913 (*12. 12. 1866, Mülhausen), stirbt am 15. November 1919 in Zürich.
Werner, ab 1893 Professor in Zürich, erforschte die Bindung der Atome in Molekülen und begründete damit die Stereochemie der anorganischen Verbindungen. 1913 erhielt er für seine Arbeiten den Nobelpreis für Chemie »aufgrund seiner Arbeiten über das Bindungsverhältnis der Atome im Molekül, wodurch er ältere Forschungsgebiete geklärt und neue erschlossen hat, besonders im Bereich der anorganischen Chemie«. Er legte damit Grundlagen zum Verständnis komplexer chemischer Vorgänge.

Emiliano Zapata

mexikanischer Revolutionär (*1879?, Aneneculco/Morelos), wird am 10. April 1919 in Süd-Mexiko ermordet. Neben Sancho Villa führte Zapata ab 1910 die bürgerlich-demokratische Revolution gegen General Porfirio Diaz, wobei er die Bauern des Südens, die sog. Zapatistas, vertrat. 1911 wurde Diaz als Präsident gestürzt. Villa und Zapata führten auch die Revolution gegen General Victoriano Huerta (1914). Unter der Präsidentschaft von Venustiano Carranza (ab 1915), der 1917 eine bürgerliche Verfassung verkünden ließ, wurde die von Villa und Zapata geführte Partisanen- und Bauernbewegung systematisch zerschlagen. Zapatas Hauptziel war eine Landreform zugunsten der Kleinbauern.

Personenregister

Sachregister

Das Sachregister enthält Suchwörter zu den in den einzelnen Artikeln behandelten Ereignissen sowie Hinweise auf die im Anhang erfaßten Daten und Entwicklungen. Kalendariumseinträge sind nicht in das Register aufgenommen. Während politische Ereignisse im Ausland unter den betreffenden Ländernamen zu finden sind (Beispiel »Gründonnerstagsputsch« unter »Österreich«), wird das politische Geschehen im Deutschen Reich unter den entsprechenden Schlagwörtern erfaßt. Begriffe zu herausragenden Ereignissen des Jahres sind ebenso direkt zu finden (Beispiel »Pariser Friedenskonferenz« eben dort). Ereignisse und Begriffe, die einem großen Themenbereich (außer Politik) zuzuordnen sind, sind unter einem Oberbegriff aufgelistet (Beispiel »Luftfahrt« unter »Verkehr«).

238

Bildquellenverzeichnis

Bildquellenverzeichnis
Bauhaus-Archiv, Berlin (1); Archiv Gerstenberg, Wietze (5); Harenberg Kommunikation, Dortmund (521); Historia-Photo, Hamburg (4); Deutsches Jugendherbergs-
werk, Detmold (2); Keystone Pressedienst, Hamburg (3); Archiv Rowohlt-Verlag, Reinbeck (1); Süddeutscher Verlag, München (2); Foto Strauß, Altötting (1)

© für die nachfolgend genannten Abbildungen
Hans Arp Ohne Titel, Cosmopress, Genf 1988
Otto Dix »Leda«, Erben Otto Dix, Baden 1988
George Grosz »Ecce Homo I«, XII, VG Bild-Kunst, Bonn 1988
Hannah Höch »Dada Rundschau«, VG Bild-Kunst, Bonn 1988
Marcel Janco: »Trophée austère«, Vereinigung Zürcher Kunstfreunde
Oskar Kokoschka »Ernst Rowohlt«, Cosmopress, Genf 1988
Joan Miró »Selbstbildnis«, VG Bild-Kunst, Bonn 1988
Tato »Spiralen«

© für die Karten und Graphiken
Harenberg Kommunikation, Dortmund (10)